Australien

Outback-Handbuch

Reise Know-How im Internet

Aktuelle Tipps rund ums Reisen,
Ergänzungen nach Redaktionsschluss,
Bücherprogramm, Sonderangebote,
Leseproben

http://www.reise-know-how.com

Reise Know-How
Edgar Hoff Verlag
ist Mitglied der Verlagsgruppe
Reise Know-How

Otmar Lind & Andrea Niehues

Australien

Outback-Handbuch

Impressum

Otmar Lind, Andrea Niehues
Australien
Outback-Handbuch
ISBN: 978-3-923716-24-1

© alle Auflagen
by *Reise Know-How Edgar Hoff Verlag*
Alle Rechte vorbehalten, insbesondere
die des Nachdrucks, auch auszugsweise,
der Entnahme von Abbildungen,
Karten und Plänen sowie der Wiedergabe
auf digitalem, fotomechanischem oder anderem Weg.

4. Auflage 2008

erschienen bei
Reise Know-How
Edgar Hoff Verlag
Zwalbacher Str. 3
D-66709 Rappweiler

Umschlaggestaltung: Hans-Georg Schneider
Karten: Hans-Joachim Ehrig
Zeichnungen: Bärbel Koslowski
Fotos: die Autoren und andere
Druck: CPI, Leck

Vertrieb für den Buchhandel
Deutschland: prolit, Postfach 9, 35461 Fernwald/Annerod
oder die Barsortimente
Schweiz: AVA-buch 2000, Postfach 89, CH-8910 Affoltern
Österreich: Mohr Morawa, Sulzengasse 2, A-1230 Wien

Das Australien Outback-Handbuch ist im Buchhandel oder gegen Voreinsendung
des Kaufpreises direkt beim Verlag erhältlich (Anschrift siehe oben).

Vorwort

Australiens *outback* – das ist ein Erlebnis, wie man es heute kaum mehr irgendwo findet. Vor allem im Landesinneren gibt es noch einsame, fast menschenleere Gebiete, aber auch im Nordwesten und Nordosten des Kontinents findet man große Landstriche mit unberührter Natur. Die wenigen Bewohner im legendären *outback* leben weit verstreut auf abgelegenen Farmen, in Siedlungen oder kleinen Städten, oft viele hundert Kilometer voneinander entfernt. Farmer sehen ihre Nachbarn nur selten, Schulkinder werden per Funk unterrichtet, und die Ärzte vom *Royal Flying Doctor Service* erreichen mit dem Flugzeug die entlegensten Winkel des Landes.

Wer durch das *outback* reisen will, darf sich von Temperaturen über 50 °C, endlosen Wüstengebieten, Meldungen über verdurstete Menschen, Staubstürme, Überflutungskatastrophen und Unfälle, von schlechten Straßen, unüberwindbaren Flüssen, turmhohen Dünen, Giftschlangen und Krokodilen nicht abschrecken lassen. Reißerische Zeitungsberichte über tragische Einzelfälle und die Verallgemeinerung persönlicher Erlebnisse, die in übertriebenen Darstellungen gipfelten, brachten dem *outback* den Ruf einer gefährlichen, zudem monotonen und wenig einladenden Gegend ein. Es entstand ein Bild, dass dieser faszinierenden Landschaft in keiner Weise gerecht wird.

Doch vor allem schlechte Reisevorbereitungen fordern immer wieder ihren Tribut. Wie man eine Tour durchs *outback* plant, welches Fahrzeug und welche Ausrüstung nötig sind, wann die beste Reisezeit ist, welche Strecken es gibt, wie man sich unterwegs helfen kann, wenn doch etwas schief läuft – darüber und über vieles mehr möchten wir Sie informieren. Dieses Buch soll dazu beitragen, dass die Reise zu einem schönen, unvergesslichen Erlebnis wird: Genießen Sie unberührte Natur, lernen Sie freundliche Menschen kennen, verbringen Sie Nächte unter funkelnden Sternen, erleben Sie die grenzenlosen Weiten des australischen *outback*.

Bochum, im Mai 2008
Andrea Niehues und Otmar Lind

Anhang

Besondere Artikel

Karten und Pläne

Abkürzungen

ACT	Australian Capital Territory
Ave.	Avenue
BT	Birdsville Track
Dve.	Drive
C.	Creek
Com.	Community
CP	Campingplatz
CSR	Canning Stock Route
GRR	Gibb River Road
GST	Gulf-Savannah Track
Hsd.	Homestead
4-WD	Four-Wheel-Drive – Allradfahrzeug
Fwy.	Freeway
Hwy.	Highway
Is.	Island
KM	Kilometerzahl
MH	Matilda Highway
Mt.(ns)	Mount, Mountains
NN	Meeresspiegelniveau
NP	National Park, Nationalpark
NPWS	National Park & Wildlife Service
NSW	New South Wales
NT	Northern Territory
OT	Oodnadatta Track
OTL	Overland Telegraph Line
Pde.	Parade
PH	Plenty Highway
PO Box	Post Office Box – Postfach
QLD	Queensland
Rd.	Road
SA	South Australia
SH	Sandover Highway
ST	Strzelecki Track
Std.	Stunde
STH	Stuart Highway
TBR	The Big Run
Tce.	Terrace
TT	Tanami Track
St.(s)	Street(s)
WA	Western Australia
Vic	Victoria
→	Zeichen für „siehe"

Zur Benutzung des Buches

Dieses Buch soll dazu beitragen, eine Reise durchs *outback* bestens vorzubereiten und durchzuführen. So ist es in drei leicht überschaubare Kapitel aufgeteilt:

Der *erste Teil* enthält allgemeine Informationen über Australien und stellt das **outback** vor, darunter Landschaften, Flora und Fauna, Klima, Geschichte, Ureinwohner, Erforschung Australiens und Royal Flying Doctor Service.

Der *zweite Teil* beschäftigt sich mit der **praktischen Vorbereitung** einer Reise (Tipps zur Wahl der Strecke und des Fahrzeugs, notwendige Ausrüstung, Camping, Fahrtechniken, Reparaturen, Hilfen im Notfall).

Der *dritte Teil* bietet eine Beschreibung **ausgewählter Strecken**. Diese sind in ihrem Zustand so beschrieben, wie die Autoren sie während ihrer Reisen vorfanden. Da aber die Wegverhältnisse im *outback* äußerst veränderungsanfällig sind, können grundsätzlich Abweichungen von der Beschreibung zu den momentan tatsächlichen Verhältnissen auftreten. Gutes, aktuelles Kartenmaterial sowie Hilfsmittel zur Orientierung (Kompass, Funk- oder GPS-Gerät) sind unerlässlich.

Im Buch sind vor jeder Streckenbeschreibung nützliche Angaben zu finden, so Entfernung, GPS-Punkte, Rufzeichen, Funkfrequenzen, empfohlene Reisedauer, reine Fahrzeit, Reisezeit und die erforderliche Ausrüstung (bezieht sich auf die beste Reisezeit; wer zu einer anderen Zeit fahren möchte, muss seine Ausrüstung entsprechend anpassen), Art und Zustand der Piste (bezieht sich in der Regel auf die angegebene Reisezeit; grundsätzlich sollte man sich vor Antritt der Fahrt über den Zustand der Strecke und das zu erwartende Wetter erkundigen), Tankmöglichkeiten und Versorgung an der Strecke, nützliche Adressen und Telefonnummern für unterwegs und besondere Hinweise, was vor der Fahrt zu bedenken ist.

Die Versorgungspunkte unterscheiden sich nach folgenden Kriterien:

- *Kompletter Service:* Darunter fallen alle größeren Orte, die mindestens einen Supermarkt und andere Einkaufsmöglichkeiten, verschiedene Unterkunftsmöglichkeiten, Reparaturwerkstätten, Ärzte, Polizei, mindestens eine Bank, Informationsstellen, wie z. B. Automobilclub, und Tankmöglichkeiten haben.
- *Grundversorgung:* Darunter fallen alle Orte, die eine eingeschränkte Versorgung bieten: motel- oder hotelähnliche Übernachtungsmöglichkeiten, einen *caravan park,* eine Reparaturwerkstatt, eine Tankmöglichkeit und einen Lebensmittelladen. Statt einer Bank gibt es meist nur eine Bankagentur.
- *Roadhouse:* Darunter fallen alle Tankstellen und auch Farmen, die einen ähnlichen Service wie Imbiss, Getränke, Kraftstoff, kleinen Laden, eventuell motelähnliche Unterkünfte oder Campingmöglichkeiten sowie kleinere Reparaturwerkstätten bieten.
- *Auflistung der Serviceleistungen:* Hier handelt es sich meist um Farmen *(stations)* oder kleine Ortschaften, die nur wenig Service bieten. Die wichtigsten Serviceleistungen sind aufgelistet.

Nach diesen Angaben wird in Einführungstexten **Wissenswertes** vermittelt, so über den geschichtlichen Hintergrund der Strecke, über Orte, Landschaften und Sehenswürdigkeiten an der Route.

Anschließend folgt das **kommentierte Streckenlog** mit Kilometerangaben und dazugehörigen Karten. Durch die Angabe der Kilometer sowohl von

Anfangs- als auch von Endpunkten aus kann man die Strecken ohne Probleme ebenfalls in umgekehrter Richtung fahren. Das Streckenlog ist so genau wie möglich, kann jedoch nicht exakt sein. Heftige Regenfälle können ganze Abschnitte wegspülen, Umfahrungen werden zur Hauptpiste, Schließungen von Streckenabschnitten, Tachoabweichungen etc. können den Streckenverlauf erheblich verändern.

Wie die Angaben im Kapitel „Streckenbeschreibungen" zu lesen bzw. zu verstehen sind, sei im Folgenden an einigen Beispielen erklärt:

- „Abzweigung links nach *Birdsville* nehmen (4 km); rechts nach *Windoruh* (384 km)" = Man fährt links in Richtung *Birdsville*; rechts geht es nach *Windoruh*. Bis *Birdsville* sind es noch 4 km, bis *Windoruh* 384 km.
- „Geradaus BT; Abzweigung links zu *Mulka Ruins* (1 km)" = Geradeaus weiterfahren auf dem Birdsville Track (BT); links geht es zu *Mulga Ruins,* die 1 km entfernt liegen.
- „Geradeaus BT; Abzweigung rechts ist die *Bypass Road* (→ KM 122,2)" = Geradeaus weiterfahren auf dem Birdsville Track (BT); rechts ist die Bypass Road; nähere Informationen dazu stehen bei Kilometerzahl 122,2 in diesem Streckenlog.
- „Beginn bzw. Ende von *Rokeby National Park* (Hinweisschild)" = Je nach Fahrtrichtung beginnt bzw. endet hier der Nationalpark. Ein Schild weist den Nationalpark aus.
- „Hinweisschild für entgegengesetzte Richtung: (KM 195,4)" = Ein Hinweisschild, das für die entgegengesetzte Fahrtrichtung gilt. Nähere Informationen dazu finden sich bei der Kilometerzahl 195,4 in diesem Streckenlog.
- „Versorgung: Yuendumu Community/264 km (Tankmöglichkeit); Rabbit Flat/ 570 km (*roadhouse*)" = Vom Ausgangspunkt der Strecke bis zur nächsten Tankmöglichkeit in Yuendumu Community sind es 264 km, bis zu Rabbit Flat Roadhouse 570 km.
- „T-Kreuzung: links nach Lyndhurst via Strzelecki Track fahren; rechts nach Moomba und Lyndhurst via Moomba Gasfield Road (→ Streckenbeschreibung 1, Tibooburra – Innamincka via Moomba Gasfield Road)" = Links über den Strzelecki Track in Richtung Lyndhurst fahren. Rechts geht es über die Moomba Gasfield Road nach Lyndhurst; nähere Informationen zur Strecke stehen unter der Streckenbeschreibung 1, Tibooburra – Innamincka via Moomba Gasfield Road.
- Die Zeichen (♦), (♦♦) und (♦♦♦) im Streckenlog weisen Nebenstrecken verschiedener Kategorien aus. Eine Strecke, ausgezeichnet mit dem Zeichen (♦), ist der Hauptstrecke untergeordnet; eine Strecke, ausgewiesen mit dem Zeichen (♦♦), ist der Nebenstrecke (♦) untergeordnet; eine Strecke, markiert mit dem Zeichen (♦♦♦) ist als eine Unterordnung von Strecke (♦♦) zu sehen.

Im Anhang befinden sich **nützliche Adressen, ausführliche Orts-, Personen- und Sachwortregister** wie auch Hinweise auf **weiterführende Literatur**.

Für Zuschriften über Ungenauigkeiten und Änderungen, die dazu beitragen, die nächste Ausgabe des Australien Outback-Handbuches zu aktualisieren, gibt es vom Verlag ein Freiexemplar.

Land & Leute

Outback – was ist das eigentlich?

Eine genaue Definition des Begriffs *outback* wird man vergeblich suchen. Auch Australier bleiben die Antwort auf entsprechende Fragen meist schuldig. Es ist das mystische Australien – mit rotem Staub, endlosen Weiten; erzählt von großen Abenteuern und furchtbaren Entbehrungen. Dem Sinn nach würde es in etwa heißen: „draußen hinter der Stadt". *Outback* umschreibt die Landstriche außerhalb dicht besiedelter Gebiete und Städte. Kein Wegweiser jedoch gibt die Richtung zum *outback* an, und keine Grenze markiert den Beginn, doch jeder wird es sofort erkennen. Auch gibt es, trotz der weit verbreiteten Meinung vieler Besucher, dieses Gebiet nicht nur in Zentralaustralien. Die tropische Halbinsel *Cape York* in Queensland gehört ebenso dazu wie die Kimberley-Region im Nordwesten von Western Australia. Eine ebenfalls irrige Meinung ist, dass dort, wo das *outback* anfängt, die asphaltierte Straße ende und man nur noch mit einem Geländewagen weiterkäme. Natürlich sind die meisten Straßen Schotterpisten *(gravelroads)*, Erd- oder Sandpisten, doch der *Stuart Highway* (von Adelaide über Coober Pedy und Alice Springs nach Darwin), der *Eyre Highway* (durch Nullarbor Plain) oder der *Matilda Highway* (in Queensland), um nur einige Beispiele zu nennen, wurden schon vor Jahren asphaltiert und führen ebenfalls durch *outback*. Einige Strecken werden instand gehalten, andere werden nur erhalten – durch Fahrzeuge, die hin und wieder die Piste befahren und so ein Überwuchern verhindern. Manche sind lang und wirken vielleicht eintönig, manche überraschen mit einer Fülle von Abwechslung. Allen gemeinsam aber ist, dass sie durch die abgelegensten Landstriche der Welt führen. Allgemein haben Landstriche, die als *outback* zählen, einige charakteristische Merkmale:

- Eine geringe Bevölkerungsdichte, da das Land sehr unwirtlich ist.
- Große Entfernungen zwischen einzelnen Farmen oder Orten (500 km sind keine Seltenheit).
- Landstriche, die als Farmland genutzt werden, durch Nationalparks oder andere Reservate geschützt sind, oder Wildnisgebiete, die weitgehend unberührt sind.
- Eingeschränkte Versorgungsmöglichkeiten (kaum Reparaturwerkstätten, keine Supermärkte, Tankmöglichkeiten nur in Siedlungen oder bei Farmen).
- Medizinische Versorgung vielfach auf dem Luftweg.
- Nur selten asphaltierte Straßen.

Outback beginnt für den Reisenden also da, wo er freiwillig auf die Annehmlichkeiten und die Sicherheit der Zivilisation verzichtet. Als Gegenleistung bekommt er einsame, meist unberührte Landschaften.

Australien im Überblick

Australien ist eine unabhängige Demokratie, in der über 17,6 Millionen Menschen leben. Die größte Bevölkerungsdichte weisen die Ost- und Südostküste Australiens auf. In Deutschland leben – rein rechnerisch gesehen – 220 Menschen auf einem Quadratkilometer, in Australien teilen sich gerade mal zwei Einwohner einen Quadratkilometer. Dabei ist Australien eines der urbanisiertesten Länder der Welt, denn über 70 % der Australier leben in den zehn größten Städten. Will man das Land von Norden nach Süden durchqueren, ist eine Strecke von etwa 3.500 km zurückzulegen (inklusive Tasmanien 3.900 km); von Osten nach Westen sind es 4.500 km. In diesen riesigen, kaum vorstellbaren Weiten leben somit weniger Menschen als im Bundesland Nordrhein-Westfalen.

Australiens Lebensstil ist westlich geprägt. Doch seine multikulturelle Bevölkerung setzt sich aus fast 200 Nationen zusammen. Vier von zehn Australiern sind Einwanderer oder deren erste nachfolgende Generation. Die Hälfte von ihnen kamen aus nicht englischsprechenden Ländern. 1991–92 machten Einwanderer aus ostasiatischen Ländern sogar 41 % aus. Insgesamt 1,5 % der Gesamtbevölkerung Australiens sind Aborigines und Torres Strait Islander (nach letzten Zählungen etwa 265.378). Zwei Drittel der Ureinwohner leben in Städten und Dörfern, viele andere in abgelegenen Siedlungen *(communities)* und/oder noch traditionell in kleineren Gruppen im Busch. Man datiert die Ankunft der Ureinwohner auf dem australischen Kontinent etwa 50.000 bis 60.000 Jahre zurück. Einige Wissenschaftler gehen sogar von über 100.000 Jahren aus.

Australien ist mit fast 7,7 Millionen Quadratkilometern eines der größten Länder dieser Erde und umfasst als einziges einen gesamten Kontinent. Trotz topografischer und klimatischer Auffälligkeiten – Regenwald und Savannen im Norden, schneebedeckte, alpine Gipfel im Südosten, Wüsten im Zentrum und fruchtbare Ackerböden im Osten, Süden und Südwesten – ist Australien, abgesehen von der Antarktis, der flachste und trockenste Kontinent der Erde. Die höchsten Punkte anderer Kontinente sind alle mehr als doppelt so hoch wie *Mt. Kosciusko* – mit 2.229 m der höchste Berg Australiens. Im Durchschnitt beträgt die Höhe Australiens gerade mal 330 m.

Australien liegt zwischen dem 15. und 35. Längengrad – also dort, wo die größten Wüsten der Erde zu finden sind – und zu mehr als 80 % in ariden und semiariden Klimazonen. Etwa 20 % bezeichnet man als Tropen oder Subtro-

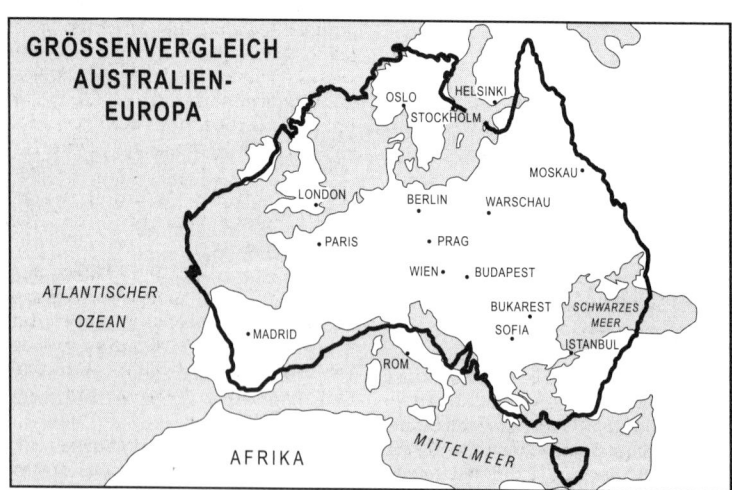

GRÖSSENVERGLEICH
AUSTRALIEN-
EUROPA

OSLO
HELSINKI
STOCKHOLM

MOSKAU •

LONDON
BERLIN
WARSCHAU

• PARIS
• PRAG

WIEN •
• BUDAPEST

ATLANTISCHER
OZEAN

BUKAREST
SCHWARZES
MEER

• MADRID
SOFIA
ISTANBUL

ROM

MITTELMEER

AFRIKA

pen. Mit einem durchschnittlichen jährlichen Niederschlag von 465 mm ist Australien mit Ausnahme der Antarktis um ein Drittel trockener als alle anderen Kontinente der Erde. Lediglich Asien mit seinen ausgedehnten Wüstenflächen in Arabien, Mesopotamien, Zentralasien und Nordwest-Indien hat ähnlich niedrige Niederschlagsmengen zu verzeichnen. Selbst Afrika mit den Wüsten Sahara und Kalahari ist proportional feuchter als Australien.

Auf etwa 70 % des australischen Kontinents ist es nicht möglich, Landwirtschaft in irgendeiner Form zu betreiben; das meiste Land ist nur für eine begrenzte Zahl von Schafen oder Rindern als Weidefläche nutzbar. Knapp ein Drittel dieser Fläche ist als Wüste anzusehen.

Landwirtschaft in Form von Ackerbau und Viehzucht ist nur auf einem schmalen Küstenstreifen an der Ostküste, in Tasmanien, im südlichen Victoria, im Südosten von Südaustralien, im Südwesten Westaustraliens und in kleinen Bereichen im Norden vom Northern Territory möglich. Diese Gebiete machen etwa 15 % des Landes aus, wobei allerdings ein großer Teil auch unzugängliches Gebirge ist. Schließlich bleiben noch knapp 10 % des Kontinents übrig, auf dem intensive Landwirtschaft betrieben werden kann. So findet man hier etwa 40 % aller Schafe, etwa 90 % der Rinder und auch 90 % des gesamten Getreideanbaus.

Die geologischen Verhältnisse

Sanft erhebt sich die Westseite des Fünften Kontinents aus dem Indischen Ozean und steigt in der schmalen Küstenzone bis auf eine Höhe von 400 bis 800 m an. Landeinwärts bildet sie ein leicht gewelltes Tafelland, das Western Australia, weite Teile von Northern Territory und einen Teil von South Australia umfasst. Diese Landschaft mit ihren vielen Salzseen wird dominiert von vier großen Wüsten – *Great Sandy Desert, Tanami Desert, Gibson Desert, Great Victoria Desert* – und einigen Bergketten, die aus dem flachen Land aufragen. Unmittelbar an *Victoria Desert* im Süden schließt sich *Nullarbor Plain*, eine baumlose Ebene, an.

Sand bedeckt weite Teile dieses sog. *westaustralischen Schilds*. Der Wind hat Dünen entstehen lassen, die jeweils nach der vorherrschenden Windrichtung in *Great Sandy Desert* von Osten nach Westen und in *Victoria Desert* von Westen nach Osten „wandern". In letzterer liegt die windzugewandte Seite (Luv) der Dünen im Osten; der Dünenhang ist hier flach ausgebildet. Die Westseite im Lee (windabgewandte Seite) dagegen fällt steil ab. In Victoria Desert haben die Dünen im Osten ihre steile Leeseite, im Westen ihre flache Luvseite. Unterbrochen werden die Dünen von riesigen Salzseen und Salzpfannen. Unmittelbar am Rand eines jeden größeren Dünenfeldes erstrecken sich weite Sandebenen. Die Rotfärbung des Sandes, die von Eisenoxid herrührt und je nach Konzentration variiert, gab Inneraustralien viele Namen. Die beiden geläufigsten haben sich mittlerweile durchgesetzt: *Red Centre* (Rotes Zentrum) oder auch *Red Heart* (Rotes Herz).

Markante Punkte in der unendlich weiten Landschaft sind vereinzelt emporragende Inselberge. Die bekanntesten sind *Mt. Augustus* im Westen, *Ayers Rock* (Uluru), *Mt. Olga* (Katatjuta) und der Tafelberg *Mt. Connor* im „Roten Zentrum".

Höhere Bergketten sind selten. Bekannt ist *MacDonnell Range* (1.500 m

NN) nahe Alice Springs, in der urzeitliche Flüsse schmale, tiefe Canyons geschaffen haben; weiter im Süden, nur durch die Amadeus-Senke getrennt, erhebt sich *Musgrave Range* (1.500 m NN) aus dem roten Wüstenboden; im Südosten, schon in Südaustralien, ragen *Flinders Ranges* bis auf 1.200 m (NN) auf. An der Westküste, nur wenige hundert Kilometer landeinwärts, erhebt sich oberhalb des *Wendekreises des Steinbocks* die zerklüftete Bergkette von *Hamersley Range* bis auf eine Höhe von 1.200 m (NN). Etwas weiter nördlich, im Nordwesten des Bundesstaates Western Australia, liegen die Berge der *Kimberleys*, jener Landschaft, die bis vor wenigen Jahrzehnten noch weitgehend unerforscht war, aber heute durch den Tourismus immer mehr an Bedeutung gewinnt. Im Norden von Northern Territory schließlich erstreckt sich das noch weitgehend unberührte Arnhemlandplateau. An seiner Grenze zur Carpentaria-Senke fügt sich *Barkly Tableland* an.

Auf dem westaustralischen Schild mit seinen Bergketten sind viele Wasserläufe zumeist trockengefallen; sie beginnen scheinbar im Nichts und enden im Nirgendwo. Nur die wenigen küstennahen Flüsse erreichen das Meer.

Eine Linie, die – bogenförmig nach Westen ausgerichtet – von Karumba am östlichen Golf von Carpentaria bis Adelaide in South Australia verläuft, markiert ungefähr die Grenze des westaustralischen Schildes zur *inneraustralischen Senke*. Diese umfasst das Carpentaria-Becken *(Carpentaria Basin)* im Nordosten und das Große Artesische Becken *(Great Artesian Basin)* im Zentrum bis zu den Tälern von *Murray-* und *Darling River (Murray-Darling River Basin)* im Süden und Südosten. Das Carpentaria-Becken gehört zu den niederschlagsreichen Monsunregio-nen. Die großen Flüsse in diesem Gebiet münden in den Golf von Carpentaria, die kleineren dagegen erreichen meist nur die mangrovengesäumte Küste, ohne eine ausgeprägte Mündung ins Meer. Leichte Erhebungen, die in etwa auf der Linie Mount Isa bis Townsville verlaufen, trennen das Carpentaria-Becken vom Großen Artesischen Becken. Dieses wird oft auch nach seinem größten See, *Lake Eyre* (15 m unter dem Meeresspiegel; 9.500 km^2), Eyrebecken genannt. Das unmittelbar an diesen Salzsee angrenzende Gebiet gehört zu den trockensten Landstrichen dieser Erde. Hier liegen *Tirari Desert, Sturt's Stony Desert, Strzelecki Desert* und *Simpson Desert.* Letztere wird, wie die Wüsten des westaustralischen Schildes, von unzähligen Sanddünen in Süd-Nord-Richtung durchzogen.

Der Reichtum der inneraustralischen Senke liegt tief in der Erde verborgen: Wasser, das an der Oberfläche so dringend benötigt wird, sammelt sich zwischen tief liegenden, wasserundurchlässigen Schichten. Dieses Gebiet ist mit einer Fläche von 1,8 Millionen km^2 das größte artesische Becken der Welt, das gleichsam als das größte Grundwasserreservoir der Erde gilt. An einigen Stellen tritt das Wasser aus artesischen Quellen zutage; an anderen hat man Brunnen angelegt, wo artesisches Wasser mittels Windrädern nach oben gepumpt wird.

Im Südwesten von Queensland, also nordöstlich von *Lake Eyre*, liegen große Schwemmlandebenen, die durch Ablagerungen von *Cooper River, Diamantina River* und anderen Flüssen entstanden sind. Das so genannte *Chanel-Country* (Kanalland; aufgrund der weit verzweigten Verästelungen der Flüsse) wird nur alle paar Jahre, wenn der Sommermonsun bis weit ins Land kommt, überschwemmt. Dann spülen die Flüsse riesige Mengen feinsten Sandes an. Charakteristisch für dieses Gebiet sind Flüsse ohne Abfluss. An ihrem Ende oder auch an bestimmten Stellen ihres Verlaufs bilden sie tiefe Wasserlöcher *(billabongs)*, die ganzjährig mit Wasser gefüllt sind. Im Südosten Australiens, genauer im Süden der inneraustralischen Senke, sammeln *Murray-* und *Darling River* wie auch ihre Zuflüsse das Wasser westlich von *Great Dividing Range* und münden in der Nähe von Adelaide ins Meer.

Die inneraustralische Senke wird im Osten durch das *ostaustralische Randgebirge (Great Dividing Range)* begrenzt. Dieses zieht sich von der äußersten Landspitze der Halbinsel Cape York bis nach Hobart in Tasmanien über eine Länge von 3.200 km hin. Im Norden beginnend, erstreckt sich der Gebirgszug an der Küste entlang bis *Atherton Tableland*; dann verläuft er bis zu 500 km weit ins Landesinnere und erreicht dort eine Höhe von 900 bis 1.500 Metern. Die höchste Erhebung erreicht diese Gebirgskette mit *Mt. Kosciusko* (2.229 m), südwestlich von Canberra.

Nur die kleine Halbinsel *Cape York* ist weitgehend unberührt. Sie wird im Westen von Flachland geprägt, das zur Ostküste langsam ansteigt und dann meist steil zum Meer abfällt. Alle größeren Flüsse in dieser Region entspringen im Osten und münden in den Golf von Carpentaria im Westen.

Flora und Fauna

Etwa 80 % der Pflanzenwelt und ein noch größerer Teil der Tierwelt Australiens sind endemische (nur hier verbreitete) Arten. Hauptursache für diese biologische Entwicklung ist die

Artesischer Brunnen – das Wasser steigt unter Druck nach oben

Unterbrechung der Landverbindung zu anderen Kontinenten vor etwa 65 Millionen Jahren. Verbreitungs-, Austausch- und Wandermöglichkeiten waren unterbunden, sodass sich zum Teil archaische (urtümliche) Pflanzen- und Tierarten erhalten bzw. weiterentwickeln konnten. Im Folgenden werden Tier- und Pflanzengemeinschaften vorgestellt, die im *outback* anzutreffen sind.

Pflanzengemeinschaften

Weite Flächen des *outback* sind von harten, spitzen Gräsern bedeckt. Den Hauptbewuchs bildet Spinifex- oder Stachelschweingras (*spinifex grass, auch porcupine grass*), das seinen Namen nicht zu Unrecht trägt. Typisch für dieses Gras ist sein Ringwachstum. Neues Gras wächst nur am Rand nach. Mit der Zeit stirbt das Gras in der Mitte ab, und es entsteht ein Kranz, dessen Durchmesser mit den Jahren wächst. Spinifex ist eine der wichtigsten Pflanzen der ariden Gebiete, oft ist es das einzige Gewächs überhaupt. Es bietet kleinen Tieren Unterschlupf und mit seinen Stacheln Schutz vor Feinden. Die Eintönigkeit dieser Landschaften lockern hier und da vereinzelte Kasuarinen (*casuarinas*), meist Wüsteneichen (*desert oaks*), auf.

Am häufigsten vorkommende Pflanzen in den Salzbuschsteppen – unwirtlichen Halbwüsten mit jährlich weniger als 250 mm Niederschlag, die sich vorwiegend um die mittelaustralischen Salzseen, in der Nullarbor-Ebene und im Wassereinzugsgebiet von *Darling River* konzentrieren – sind etwa ein Meter hohe, lichte Salzbüsche (*blue bush* oder *salt bush*). Selbst nach langen Dürreperioden haben sie noch genug Feuchtigkeit, um Rindern und Schafen als wichtige Nahrungsquelle zu dienen.

Je mehr man sich den großen Salzseen im Innern Australiens nähert, desto wüstenähnlicher wird die Landschaft. Allerdings bedecken reine Sandwüsten, wie etwa Teile der afrikanischen Sahara, nur sehr kleine Gebiete. Die Sanddünengebiete von *Simpson Desert* und *Great Sandy Desert* weisen größtenteils einen dichten Teppich aus Spinifex und vereinzelten, lichten Baumbestand auf, sodass man auch von den „grünen Wüsten" Australiens spricht. Zum Teil wachsen auf den Dünenkämmen von *Great Sandy Desert* sogar Eukalypten. Bei den australischen Sandwüsten handelt es sich größtenteils um Halbwüsten, bei denen die Gesamtfläche mit bis zu 40 % Vegetation bedeckt ist. Vollwüsten, in denen die Vegetation maximal 10 % von der Gesamtfläche ausmacht, sind in Australien die Ausnahme. Zu ihnen gehören meist nur kleinere Gebiete wie die Stein- und Geröllwüste *Sturt's Stony Desert* um die Granitberge Inneraustraliens, bestimmte Regionen von *Gibson-*, *Great Sandy-* und *Great Victoria Desert* sowie die Salzwüsten um *Lake Eyre*. Allen Wüsten jedoch gemeinsam ist die potentielle Verdunstungsrate, die höher als die jährliche Niederschlagsmenge ist, wobei in volltrockenen Gebieten weniger als 100 mm, in halbtrockenen Gebieten bis zu 250 mm jährlich Regen fällt. Ebenfalls typisch für alle Wüstengegenden sind die extremen Temperaturschwankungen zwischen Tag und Nacht im Winter: Tagsüber heizt sich das Land auf; nachts kühlt es aus, und die Temperaturen sinken enorm.

Zwei Vegetationsformen in den Gebieten mit 250 bis 350 mm Niederschlag im Jahr, der Übergangszone zwischen Halbwüste und Savanne, sind für die südlichen *outback*-Gebiete Australiens typisch: Mallee-Gestrüpp *(mallee-scrub)* und Mulga-Dickicht *(mulga-scrub)*. Sie schließen sich mit mehr als 400 Pflanzenarten an die zentralen Wüstengebiete an und gehen fließend in die Savannenzone über. Das Hauptmerkmal der Mallee-Eukalypten ist ihr vielstämmiger Wuchs. Jeder Stamm wächst einzeln aus einer holzigen Verdickung *(lignotuber)*, die sich über oder auch unter dem Boden befindet. Dieser Auswuchs schützt Keime, die nach einem Brand, wenn Stämme abgestorben sind, austreiben. Ebenso dient er als Nahrungsreserve für junge Stämme. Typische Mallee-Stämme sehen daher nie besonders alt aus. Sie sind selten älter als ein paar Jahrzehnte. Die Verdickungen dagegen können Hunderte von Jahren alt sein und mehrere Generationen von Stämmen hervorbringen. Besser als jede andere Eukalyptusart sind sie an die harschen, trockenen Verhältnisse angepasst. Auf den ersten Blick wirken Mallee-Gebiete sehr eintönig, doch ihre Struktur und Artenzusammensetzung ist vielfältig. Die Undurchdringlichkeit dieses Gestrüpps wird von *mulga-scrub*, der größtenteils aus Dornakazien besteht, noch übertroffen. Je nach Feuchtigkeit, die lokal sehr unterschiedlich verteilt ist, besteht der Unterwuchs dieser Vegetationsformen aus Gebüsch und Gräsern.

Das Überleben der Pflanzen in niederschlagsarmen Gebieten ist davon abhängig, wie gut sie sich an den ständigen Wassermangel angepasst haben. Ihre Wurzelsysteme breiten sich dicht unter der Oberfläche aus und beanspruchen ein großes Einzugsgebiet. So können sie möglichst schnell das spärlich fallende Wasser aufnehmen. Aus diesem Grund stehen die Pflanzen auch in weitem Abstand voneinander. Dort, wo Wasserlöcher nicht

Polsterpflanzen bieten vielen Kleintieren einen idealen Unterschlupf

so schnell oder gar nicht austrocknen oder der Boden länger Wasser speichert, ist die Vegetation üppiger, manchmal findet man sogar Palmen (z.B. in Palm Valley, südwestlich von Alice Springs) vor.

Lichte Eukalyptus-Savannen bilden den Übergang vom Trockenbuschgebiet zu den Hartlaubwäldern, in denen überwiegend Eukalypten wachsen; sie grenzen Inneraustralien von den umliegenden Landschaften ab. Auch hier ist leicht zu erkennen, dass der Baumbewuchs umso spärlicher ist, je weniger Niederschlag fällt. Nur nach einem Regen verwandelt sich die meist grau-bräunliche Landschaft in ein Meer von Blüten und Farben, dessen schöne Pracht aber schon nach zwei Wochen wieder verblasst.

Im tropischen Norden und Nordwesten Australiens, in Gebieten mit weniger als 750 mm Niederschlag im Jahr, bestimmen halbimmergrüne Wälder, durchsetzt mit Affenbrotbäumen (boabs), das Landschaftsbild. Diese Wälder mit laubabwerfendem Wald sind dort ausgebildet, wo drei bis vier Monate Trockenzeit ist.

Tropischer, subtropischer oder gemäßigter Regenwald bedeckt nicht einmal 20 % der Fläche Australiens. Er erstreckt sich im Flickenteppichmuster von der Halbinsel *Cape York* an der Ostküste entlang bis nach Tasmanien. Dabei gedeiht vom Kap bis zum *Wendekreis des Steinbocks* tropischer Regenwald mit Palmen, Farnen, Lianen, Orchideen, Moosen und Epiphyten (Gewächse, die auf anderen Pflanzen wurzeln). Im Gegensatz zum gemäßigten Regenwald dominiert keine unter den mehr als 500 Baumarten. Tropischer Regenwald braucht mindestens 3.000 mm Niederschlag pro Jahr. Das dichte, lichtundurchlässige Blätterdach in mehr als 50 m Höhe sorgt dabei für ein feuchtes Klima im Inneren des Waldes. Auch lässt es kaum Licht in die unteren Stockwerke eindringen, sodass die meisten Pflanzen möglichst schnell in die Höhe wachsen, um das lebensnotwendige Licht zu erhalten. So spielt das Dickenwachstum nur eine untergeordnete Rolle. Die Stämme sind gerade und dünn; Brettwurzeln geben den notwendigen Halt.

In fließendem Übergang schließt sich der subtropische Regenwald mit weniger Baumarten und geringeren Niederschlagsmengen an. Insgesamt ist sein Erscheinungsbild einheitlicher. In Gebieten mit einem jährlichen Niederschlag zwischen 1.000 und 2.500 mm und einer Trockenzeit von zwei bis fünf Monaten haben sich Feuchtsavannen und Monsunregenwälder ausgebildet (von den Kimberleys in Westaustralien über Arnhemland im Nordterritorium bis zum Golf von Carpentaria und als schmaler Streifen entlang des tropischen und subtropischen Regenwaldes bis nach Brisbane in Queensland). Monsunregenwald wächst im Gegensatz zu immergrünem Regenwald lichter, weist einzelne Baumgruppen und hohen Graswuchs auf. Er ist auch weitaus ärmer an Lianen und Epiphyten. Tropischen Regenwald und Monsunregenwald findet man zusammen nur auf Cape York.

Hauptsächlich auf den Westen Tasmaniens und auf feuchte Gebirgsgegenden in Südaustralien beschränkt ist der gemäßigte Regenwald, in dem meist nur zwei oder drei Baumarten dominieren. Man differenziert ihn je nach klimatischen Bedingungen in den warmgemäßigten und kaltgemäßigten Regenwald, die jedoch keine großen Artenunterschiede aufweisen.

Charakteristische Bäume

Am häufigsten anzutreffen sind Eukalypten, die mehr als 600 Arten umfassen und in allen Klimazonen vorkommen. Das Wort „Eukalyptus" bedeutet „gut bedeckt" und bezieht sich auf die Samenkapseln, die mit einer kleinen Kappe verschlossen sind. In den ariden Gebieten des *outback* wachsen sie licht und bilden kaum schattenspendende Bestände. In den Halbwüsten erreichen sie nur mit Mühe ein paar Meter Höhe. Im Gegensatz dazu sind die Ufer der Wasserläufe mit prächtigem Galeriewald aus Fluss-Eukalypten oder Coolabah-Eukalypten gesäumt.

Die schmalen, olivfarbenen Blätter der Eukalypten sind lederartig und trocken (Hartlaub). Sie stehen senkrecht zur Sonne, um die Verdunstung herabzusetzen. Im Wechsel der Jahreszeiten werfen Eukalypten nicht das Laub, sondern ihre Rinde ab.

Ähnlich weit verbreitet und noch artenreicher (etwa 700) sind Akazien, die im Gegensatz zu Eukalypten weniger anpassungsfähig an verschiedene Böden und Klimate sind. In wasserarmen Gebieten bilden sie mit Eukalypten den so genannten *mulga-scrub*. Einige Akazienarten wachsen hier kaum über den stacheligen Spinifexbewuchs hinaus, während andere in feuchteren Gegenden Höhen bis zu 15 Metern erreichen.

Kasuarinen *(she-oaks)* stehen meist einzeln oder in kleinen Gruppen in Eukalyptuswäldern und ariden Gebieten. Sie sind leicht an ihren nadelförmigen Blättern und den tief herabhängenden Zweigen zu erkennen, durch die sie an unsere Trauerweiden erinnern. Es sind anspruchslose, weit verbreitete Gewächse. Ihre Samen liegen in geschützten, holzigen Zapfen oder Kapseln, die sich erst durch Einwirkung

Exotisch – der Baobab

Wüsteneichen

23

von Feuer (Buschbrände) öffnen. Ihr Holz ist hart und widerstandsfähig, sodass sie vielfach im Schiffsbau oder in der Möbelindustrie Verwendung fanden. Die bekannteste Kasuarinenart im *outback* ist die Wüsteneiche *(desert oak)*, die z. B. bei einer Fahrt über den Gunbarrel Highway oder die Canning Stock Route häufig zu sehen ist.

In den trockenen Wäldern Südwestaustraliens, dem Hochland im Osten (Cape York) und auch in einigen ariden Gebieten des Westens und Nordwestens (Kimberleys) wachsen die eigentümlichen Grasbäume *(black boys)*, die zu den Liliengewächsen gehören. Auf einem kurzen, schwarzen Stamm sprießt ein dickes Büschel grasartiger Blätter. Zur Blütezeit oder nach einem Buschbrand ragen daraus ein bis zwei rohrkolbenartige Blütenstände bis zu drei Metern hoch empor. Da Grasbäume sehr langsam wachsen (ca. 3 mm im Jahr), sind bereits kleinere Exemplare Jahrzehnte alt.

Im Norden von Western Australia und in Northern Territory gedeihen die wohl auffälligsten Bäume, die Baobabs *(boabs)*. Sie gehören zu den Affenbrotbäumen, und die Bezeichnung Flaschenbaum, die eigentlich den ähnlichen *bottle tree* meint, erhielt auch dieser Baum wegen seines flaschenförmig verdickten Stammes, der ihm in Trockenzeiten als Wasserspeicher dient. Neben dem markanten Stamm zeichnen ihn die skurrilsten, knorrigsten Wuchsformen aus. Zum Teil nutzte man die dicksten Exemplare als Gefängnis (*Prison Tree* bei Derby) oder verfütterte in Dürrezeiten den saftigen Stamm ans Vieh. Bei einer Fahrt durch die Kimberleys oder das nördliche Northern Territory sind diese Bäume immer wieder Blickfang. Besonders bei Sonnenauf- oder -untergang bieten sie fantastische Fotomotive.

Tierwelt

Die Vorfahren der australischen Tiere stammen aus *Gondwanaland* (vor etwa 180 Millionen Jahren), aus einer Zeit, als Australien zusammen mit Afrika und Südamerika eine Landmasse bildete. Als diese auseinander brach, drifteten die einzelnen Schollen (die späteren Kontinente) voneinander weg. In der Folgezeit führte dies zu einer unterschiedlichen Entwicklung in der Tierwelt. Während sich bei Südamerika und Afrika Landverbindungen zu anderen Kontinenten bildeten, blieb Australien sich selbst überlassen. Nur so war es möglich, dass z. B. eierlegende Säugetiere wie Schnabeltier oder Schnabeligel, die hier keine natürlichen Feinde hatten, überleben konnten. Gravierende Veränderungen in der Tierwelt traten jedoch erst auf, als vor etwa zweihundert Jahren die ersten europäischen Siedler und ihre mitgebrachten Haustiere das Land in Besitz nahmen. In diesem erdgeschichtlich immens kurzen Zeitraum schafften sie es, viele der hier lebenden Tierarten auszurotten oder soweit zu dezimieren, dass sie kurz vor dem Aussterben stehen. Gerade im *outback* wird dies besonders deutlich. Rinder und Schafe als Nutztiere oder verwilderte Kaninchen machen den einheimischen Tieren das wenige Futter streitig. Verwilderte Katzen, Hunde und Füchse tragen zur Dezimierung der Kleinbeutler bei.

Mehr als die Hälfte aller australischen Landtiere gehört zur Spezies der Beuteltiere. Bis auf einige Arten (z. B. Baumkängurus in Neuguinea) beschränkt sich ihr Lebensraum auf den Fünften Kontinent. Besonderheit bei den Beuteltieren ist, dass den weiblichen Tieren die Plazenta (Mutterkuchen) fehlt (Ausnahme: Nasenbeutler). Deshalb gebären sie ihre Jungen im embryonalen Zustand. Im Beutel, der manchmal nur die Form einer Hautfalte hat, werden sie so lange genährt, bis sie selbständig genug sind, um ihn zu verlassen. Die bekanntesten und gleichzeitig größten Beuteltiere sind die Kängurus. Sie bewohnen Wüsten, Halbwüsten, Steppen, offene Ebenen, Wälder und Berge. Aufgrund ihrer Verbreitung in ganz Australien sind sie auch bei Reisen im *outback* am häufigsten zu sehen. Rote Riesenkängurus leben im Zentrum Australiens, Graue Riesenkängurus im verhältnismäßig feuchten Süden, Osten und Westen, Bergkängurus *(euros)* und *wallabies* sind mehr oder weniger überall anzutreffen. Kaninchenkängurus *(bettong* und *poteroo)*, die kleinsten Vertreter der Familie, bevorzugen offene Wälder bis hin zu Wüstengebieten. Man wird sie nur selten zu Gesicht bekommen.

Genauso bekannt wie das Känguru ist der Koala, der zur Familie der Kletterbeutler gehört. Lange Zeit war das Fell des Koalas eine begehrte Jagdtrophäe, sodass er kurze Zeit nach der Besiedlung Australiens auf der Liste der vom Aussterben bedrohten Tierarten stand. Seinem possierlichen Aussehen verdankt er es, dass er vielleicht eine Überlebenschance hat. Auf Fahrten durchs *outback* wird man wohl kaum einen Koala sehen. Selbst in seinen Revieren, den Eukalyptuswäldern, ist es schwierig, ein Exemplar seiner Art zu finden, denn diese Tiere verdösen die Tage hoch in den Bäumen und gehen erst nachts auf Nahrungssuche.

Weitaus häufiger anzutreffen sind Kusus *(possum)*, Kuskus *(cuscus)*, Honigbeutler *(honey-possum)*, Ringelschwanzbeutler *(ring-tailed possum)*, Schlafbeutler *(pigmy-possum)* und Gleitbeutler *(glider)*, die bei den Australiern alle unter die Oberbegriffe *possum* und *glider* fallen. Sie alle gehören ebenfalls zu den Kletterbeutlern. Bei den Gleitbeutlern entwickelte sich längsseitig des Körpers zwischen Vorder- und Hinterhand eine Flughaut, die es ihnen ermöglicht, bis zu hundert Meter weit von Ast zu Ast zu segeln. Die Kuskus bevölkern ausschließlich das kleine Gebiet der Halbinsel *Cape York*, wo auch einige der anderen erwähnten Tiere vorkommen. In den ariden *outback*-Gebieten dagegen haben diese Tiere keine Überlebenschance, da ihnen dort Wasser und Nahrungsquellen fehlen.

Auch Vertreter der Plumpbeutler *(wombats)* sind nur selten im *outback* zu beobachten. Während der Nacktnasenwombat den Osten und Südosten Australiens als Lebensraum bevorzugt, ist der Haarnasenwombat meist in den trockeneren Gebieten Südaustraliens (z. B. *Nullarbor Plain*) zu finden. Wombats sind nachtaktiv, und es gehört viel Glück dazu, einen dieser possierlichen Kerle zu sehen.

Nasenbeutler *(bandicoots)* verdanken ihren Namen der rüsselartig verlängerten Schnauze. Sie sind die einzigen Beuteltiere, die eine Art Plazenta ausbilden. Außer den Langnasenbeutlern *(long-nosed bandicoot)* sind die seltenen Kaninchennasenbeutler *(bilby)* mit ihrem seidigen, silberweißen Fell und den kaninchengroßen Ohren erwähnenswert. Nasenbeutler bevorzugen die ariden Gebiete Australiens (Savannen und Halbwüsten), sind nachtaktiv und ernähren sich von Insekten. Ihre Hinterläufe sind wie bei Kängurus kräftiger ausgebildet als ihre Vorderläufe, obwohl sie diese nicht zum Springen benutzen.

Zur Familie der Ameisenbeutler gehört der *Numbat*, dessen Bestand immer weiter zurückgeht. Er erreicht etwa die Größe einer Ratte, sein Fell ist rötlich, am Bauch hell, am Hinterteil dunkelbraun mit weißen Querstreifen.

Australische Schlangen

Auf dem australischen Kontinent leben einige der giftigsten Schlangen dieser Erde (14 der 20 giftigsten Arten), denen man am besten mit gehörigem Respekt und Abstand begegnet. Dabei bleiben die Seeschlangen noch unberücksichtigt.

Das Gift des Inland-Taipan (auch Wutschlange; *small-scaled snake* oder *fierce snake*), der in den einsamen Gebieten von *Simpson Desert* lebt, gilt als das tödlichste. Das bei nur einem Biss freigesetzte Gift reicht aus, um 250.000 Mäuse zu töten!

Festland-Tigerotter *(mainland tiger snake)* und Schwarze Tigerotter *(black tiger snake)* sind beide sehr giftig. Erstere lebt in Südostaustralien und taucht bei ihrer Jagd nach Mäusen oft in bewohnten Gebieten auf.

Am gefährlichsten sind Schwarzottern *(brown snakes)*, darunter die Königsbraunschlange (auch Mulgaschlange; *king brown snake*). Unter ihren Opfern ist die höchste Todesrate. Das Gift dieser Schlange ist in seiner Zusammensetzung außerordentlich komplex. Da die Verabreichung eines Antivenoms (Gegengifts) möglichst genau auf das Gift der Schlange abgestimmt sein muss, diese jedoch nur selten genau zu identifizieren ist und die Symptome, die ein Opfer zeigt, sich in vielen Fällen sehr ähneln, ist die richtige Diagnose für den Arzt schwierig. Hinzu kommt der Zeitfaktor: Bei einem Biss der Braunkönigsschlange stellt sich zumeist innerhalb weniger Minuten der Tod des Opfers ein, sodass kaum Zeit bleibt, die Schlange zu identifizieren und ein geeignetes Gegengift zu injizieren. In solchen Fällen weicht man oft auf so genannte *Polyantivenome* (in der Regel spezielle Mischungen aus verschiedenen Gegengiften) aus. Leider reichen diese Gegengifte bei der Braunkönigsschlange und ihren Verwandten selten aus.

Die Todesotter *(death adder)* nimmt eine gewisse Sonderstellung ein. Im Gegensatz zu anderen Schlangen flüchtet sie am Tage nicht unbedingt, wenn Menschen in ihre Nähe kommen. Zudem ist sie fast in ganz Australien in unberührtem Buschland anzutreffen. Diese Schlange ist leicht an ihrem dünnen, wurmartigen Schwanz, der sich direkt an den relativ dicken Körper anschließt, zu erkennen. Ihr sollte man mit besonderer Vorsicht begegnen.

Der Taipan, größte der australischen Giftschlangen, ist vor allem in Nordaustralien weit verbreitet. Durch seine Vorliebe für Mäuse, die ja bekanntlich Kulturfolger sind, kommt er häufig in die Nähe der Menschen.

Schlangen sind grundsätzlich scheue Tiere und flüchten vor Menschen, wann immer sie können. Sie sind stocktaub (bei näherem Hinsehen wird man feststellen, dass sie keine Ohröffnungen haben), dennoch registrieren sie schon von weitem, wenn sich ihnen ein Mensch – für sie ein großes „Tier" –

Da diesen Tieren der Beutel fehlt, saugen sich die Jungen an den Zitzen der Mutter fest oder klammern sich, wenn sie älter sind, an ihr Fell. Bevor die Europäer das Land besiedelten, reichte der Lebensraum der Numbats bogenförmig vom Südwesten über den Süden Australiens bis zu *Murray River* in Victoria und New South Wales. Heute beschränkt sich ihr Rückzugsgebiet auf nähert. Das liegt daran, dass sie mit der ganzen Unterseite ihres Körpers Bodenkontakt haben und so jede Vibration wahrnehmen können. Läuft nun ein Mensch durch den Busch, erkennt die Schlange an der Stärke der Vibrationen, dass es besser ist zu verschwinden. Dennoch wird es vorkommen, dass man gelegentlich am Straßenrand auf eine Schlange trifft. Sie sonnt sich gerade oder will die Piste überqueren. Geht man auf sie zu, wird sie versuchen, zu flüchten und ins nächste Gestrüpp zu kriechen. Menschen passen nun einmal nicht ins Nahrungsspektrum der Schlangen, die Mäuse und andere Kleintiere fressen. Sie haben nicht das geringste Interesse an Menschen. Ihre Giftzähne brauchen sie zur Tötung eines Beutetieres und zur Verteidigung. Wie aber kommt es dann, dass hin und wieder doch Menschen gebissen werden? Dafür gibt es nur eine Erklärung: Die Schlange fühlte sich bedroht und hat sich verteidigt. Solche Situationen ergeben sich häufig aus Unvorsichtigkeit und Unwissenheit. Die meisten Bisswunden ziehen sich Menschen an Füßen, Unterschenkeln oder Händen zu. Sie schleichen mit Sandalen oder gar barfuß durch den Busch und treten dabei zufällig auf eine Schlange. Eine ganz natürliche Reaktion der Schlange ist dann, dass sie zubeißt. Hätte man jedoch festes, hohes Schuhwerk und lange Hosen angehabt, wäre vielleicht nichts passiert. Wer im Busch unterwegs ist, sollte immer fest auftreten; so wird den Schlangen schon früh signalisiert, dass jemand kommt, und sie können sich zurückziehen. Ein anderer Fehler, den viele im Busch begehen, ist es, Äste, Steine oder Ähnliches vom Boden aufzuheben. Nicht selten verbirgt sich darunter eine Schlange. Sie wird blitzschnell zubeißen, weil sie überrascht wurde und sich angegriffen fühlt. Wenn man die „Buschtoilette" aufsucht, sollte man den Platz vorher kontrollieren, ob er nicht vielleicht gerade einer Schlange als Unterschlupf dient.

Eine Schlange zu identifizieren, ist für den Laien nicht so ohne weiteres möglich, zumal sich viele Schlangenarten kaum voneinander unterscheiden. Der Biss einer Giftschlange weist zwei dicht beieinander liegende Einstichstellen (von den Giftzähnen) auf. Auch am Rautenmuster der Haut lassen sich giftige und ungiftige Schlangen bestimmen. Ungefährliche Schlangen haben ein vielfach größeres Rautenmuster als giftige. Mit Rautenmuster ist allerdings nicht die Färbung der Haut, sondern die Größe und Lage der „Schuppen" gemeint, was aber oft nicht eindeutig zu erkennen ist. Die einfachste Grundregel lautet deshalb (und das nicht nur nach dem Biss): Behandle jede Schlange als Giftschlange und vermeide grundsätzlich jede Begegnung mit diesen Tieren. Wenn es trotz allem aber doch zu einem Biss gekommen ist, nach der ersten Hilfe sofort zum Arzt! Wer die Schlange töten will, um sie zu identifizieren, setzt sich der Gefahr aus, ebenfalls gebissen zu werden (→ Wenn die erste Hilfe nicht zur letzten werden soll).

einen kleinen Flecken in den Karri-Wäldern des Südwestens, d. h. bei Fahrten durchs *outback* sind sie nicht zu sehen.

Die zu den Raubbeutlern zählenden Beutelmäuse *(antechinus)*, unter ihnen auch die wie Minikängurus aussehenden Springbeutelmäuse *(planigale)*, sind die kleinsten Beuteltiere Australiens. Meist ernähren sie sich von Insekten, doch einige Vertreter dieser Unterfamilie fressen sogar Hausmäuse. Zwar kommen viele Arten in den *outback*-Gebieten vor, doch sie sind nachtaktiv, scheu, ziemlich klein und somit schwer zu entdecken.

Eine besondere Stellung innerhalb der Beuteltiere nehmen die Kloakentiere ein, deren Verdauungs- und Geschlechtsorgane in einem Ausgang, der so genannten „Kloake", enden. Zu ihnen gehören zwei Familien: der Schnabeligel *(echidna)* und das Schnabeltier *(platypus)*. Während das Schnabeltier endemisch ist, kommt der Schnabeligel auch in Neuguinea vor. Beide sind eierlegende Säugetiere. Während das Schnabeltier ausschließlich in einem schmalen Küstenstreifen im Osten und Süden Australiens vorkommt, ist der Schnabeligel in ganz Australien beheimatet. Dieser wird in der Regel in den Dämmerungsstunden aktiv, doch in ariden, heißen Gebieten verlässt er nur nachts seinen Bau, und im südlichen Verbreitungsgebiet ist er in den kalten Wintermonaten auch am Tage zu sehen.

Einziges höheres Säugetier, abgesehen von den heimischen Fledermäusen und den eingeführten Arten wie Kaninchen, Wasserbüffeln, Katzen, Hunden, Mäusen, Rindern und Schafen, ist der australische Wildhund. Dingos sieht man bei Touren durchs *outback* meist nur aus der Ferne. Häufig ist nachts ihr Heulen zu hören. Selten kommt ein Dingo bis zu einem Lagerplatz; nur wenn er sehr hungrig oder durstig ist, versucht er, einen Happen zu ergattern. Auf Routen wie der *Canning Stock Route*, dem *Gunbarrel Highway* oder in *Simpson Desert* ist uns dies einige Male passiert. Wilde Dingos im *outback* sind nicht zu vergleichen mit den wohlgenährten Tieren in Zoos. In der Regel sehen sie ziemlich abgemagert und räudig aus.

Australien ist nicht nur das Land der Beuteltiere, sondern auch das der Papageien. Über dreihundert dieser Vogelarten gibt es hier. Kakadus *(cockatoos)* mit ihrer Federhaube auf dem Kopf sind die typischste Papageienfamilie Australiens. Sie leben in riesigen Schwärmen, die sich nur zum Nisten auflösen. Ausnahme ist der Arakakadu *(palm cockatoo)* auf Cape York, der paarweise oder in kleinen Gruppen von fünf bis acht Vögeln lebt. An strategisch günstigen Punkten bleiben meist ein paar „Wächter" auf Bäumen zurück, während der Schwarm am Boden Nahrung sucht. Sobald die Dämmerung hereinbricht, sammeln sich die Tiere und fliegen zuerst zu ihrer Stammtränke und dann zur angestammten Schlafstelle, wo sie laut kreischend um die besten Plätze kämpfen. Sobald der Morgen anbricht, machen sich die Vögel meist wieder sehr geräuschvoll zur Nahrungssuche auf. Die heiße Mittagszeit verbringen sie oft im Schatten der Bäume. Im *outback* am häufigsten anzutreffen sind die rosa-grauen Rosakakadus *(galahs)*, die weißen Nacktaugenkakadus *(corellas)*, Gelbhaubenkakadus *(sulphur-crested cockatoos)* und die schwarzen Rabenkakadus *(black cockatoos)*. Häufig sitzen große Schwärme am Rand der Piste und flattern mit lautem Gekreisch auf, wenn sich ein Auto nähert.

Sittiche halten sich ebenfalls in ariden Gebieten auf, darunter der uns bekannte Wellensittich *(budgerigar* oder *budgy)* und der seltene, am Boden lebende Erdsittich *(ground parrot)*, der zu den bedrohten Vogelarten zählt. Wellensittiche sind häufig in großen Schwärmen an Wasserlöchern, selbst in weit entlegenen Gebieten zu entdecken.

Der größte Vogel Australiens ist der flugunfähige Emu *(emu)*, der zwar dem afrikanischen Strauß ähnelt, aber enger mit dem im tropischen Nordosten Queenslands lebenden Helmkasuar *(cassawory)* verwandt ist. Emus, die eine Laufgeschwindigkeit von 50 km/h erreichen können, bevorzugen die weiten Ebenen der ariden und semiariden Regionen. Häufig streifen die Tiere in kleinen Gruppen auf der Suche nach Nahrung umher. Ihr Verwandter, der Kasuar, bevorzugt den tropischen Regenwald an der Nordostküste Queenslands bis zur Halbinsel *Cape York*. Da sein Lebensraum immer kleiner wird, kann man ihn in naher Zukunft vielleicht nur noch im Zoo bewundern.

Eine interessante Form der Brutpflege entwickelten die Großfußhühner. Sie brüten ihre Eier nicht selbst aus, sondern bauen Hügelnester und lassen die Sonne brüten. Das Thermometerhuhn *(malleefowl)* und sein Verwandter, das Freycinet-Großfußhuhn *(orange-footed scrubfowl)*, sind die bekanntesten Vertreter dieser Art. Ihre Hügelnester sind z. B. in *Rokeby National Park* zu bewundern. Das Thermometerhuhn ist vor allem in den trockenen Landstrichen Südaustraliens beheimatet. Seinen Namen verdankt es seiner ungewöhnlichen Temperaturmessmethode. Es steckt seinen Kopf in den vorher geöffneten Bruthügel und misst die Temperatur. Seine Zunge dient ihm dabei vermutlich als eine Art Thermometer.

Der zur Familie der *Eisvögel* gehörende Jägerliest *(laughing kookaburra)*, dessen stimmgewaltiges Gelächter in weiten Teilen Australiens immer wieder zum Schmunzeln anregt, ist immer seltener anzutreffen, je weiter man ins *outback* vordringt. Diese Vögel bevorzugen die etwas feuchteren, baumbewachsenen Landstriche. Auf Cape York und in den Wäldern der Ostküste, ebenso in den Monsunwäldern im Norden und Nordwesten Australiens

ist der Blauflügel-Kookaburra *(blue-winged kookaburra)* zu Hause.

In Australien leben 18 Finkenarten, von denen zwei gut an trockene Landstriche angepasst sind: der Zebrafink *(zebra finch)* und der Gemalte Astrild *(painted firetail)*. Zebrafinken sind immer da anzutreffen, wo es garantiert Wasser gibt, denn als Samenfresser müssen sie bei heißem Wetter täglich trinken.

In küstennahen Gebieten, z. B. am Golf von Carpentaria, bestimmen Wasservögel, u. a. Brillenpelikane *(pelican)*, Australtölpel *(australian gannet)*, Kormorane *(cormorant)*, Kurzschwanzsturmtaucher *(mutton bird)* und Möwen *(seagull)* das Bild. Brillenpelikane wie auch Schwarze Schwäne sind auch oft auf Seen im *outback* zu beobachten. Tausende von Kilometern von der Küste entfernt sieht man sie zum Beispiel auf *Cooper Creek* in der Nähe von Innamincka oder auf *Lake Numalla* im Currawinya-Nationalpark. Die Sümpfe und Lagunen in Lakefield-Nationalpark auf Cape York sind die Heimat vieler Stelzvögel, unter ihnen der Seidenreiher *(little egret)*, Asien-Großstorch *(jabiru)*, Löffler *(spoonbill)*, Sichler *(ibis)* und Kranich *(crane)*.

An vielen Wasserläufen im Inland sind Honigfresser die dominierende Vogelart. Australien beheimatet 67 Arten, die in Größe und Aussehen variieren: So gibt es große, kahlköpfige Lederköpfe *(friarbirds)*, aber auch kleine bunte Scharlachhonigschmecker *(scarlet honeyeaters)*. Sie alle fallen in der Regel durch lautes morgendliches Geschnatter und ständige, hektisch anmutende Aktivität auf.

Stark vertreten sind auch Raubvögel. Da es in Australien keine Geier gibt, übernimmt größtenteils der Keilschwanzadler *(wedgetailed eagle)* die Aufgabe der Aasfresser. Über Kadaver an *outback*-Pisten machen sich meist mehrere Adler gleichzeitig her, die sich beim Herannahen eines Fahrzeuges eindrucksvoll in die Luft erheben.

Die größten Reptilien Australiens sind Johnston-Krokodil und Leistenkrokodil. Beide Krokodilarten bewohnen die Flüsse und Küstenstreifen nahe der Mündungen im Norden, Nordwesten und -osten. (→ Artikel: Reptilien der Urzeit – Krokodile). Darüber hinaus beheimatet Australien vierzehn der zwanzig giftigsten Schlangenarten der Welt. Von seinen rund 165 Schlangenarten zählen etwa 60 % zur Familie der Giftnattern. Im tropischen Regenwald kommen viele Pythons, ungefährliche Vertreter der Würgeschlangen, vor; Todesotter *(death adder)* und Taipan *(taipan)* dagegen bevorzugen trockenere Gebiete (→ Artikel: Australische Schlangen). In den tropischen Gewässern gibt es rund dreißig Arten von Wasserschlangen. Die meisten von ihnen sind wesentlich giftiger als ihre Artgenossen an Land.

Häufiger als auf Schlangen und Krokodile trifft man im *outback* auf ungefährliche Warane *(goannas)* wie den Sandwaran *(sand goanna)* und den Buntwaran *(lace monitor)*, auf Glattechsen wie den Blauzungenskink *(blue-tongued lizard)* und den Tannenzapfenskink *(shingle-back)* oder auf Agamen wie den Dornteufel *(thorny devil)*, die Bartagame *(bearded dragon)* oder die auffällige Kragenechse *(frilled lizard)*. Letztere entfaltet bei Gefahr ihren Hautkragen und rennt aufgerichtet auf ihren Hinterbeinen in unglaublicher Geschwindigkeit davon.

Auf die mit rund neunzig Arten vertretenen Geckos muss man bis nachts warten. Geckos haben Haftpolster an ihren Füßen, die es ihnen ermöglichen, an Wänden und Decken

„Salties" leben in den Küstengewässern Nordaustraliens

zu laufen. Die häufigsten Arten sind Blattschwanzgecko *(leaf-tailed gecko)* und Keulenschwanzgecko *(knob-tailed gecko)*. Geckos sind, auch wenn das seltsam klingen mag, am häufigsten auf Toiletten oder in anderen sanitären Einrichtungen im *outback* anzutreffen. Hier herrscht kein Wassermangel, und durch das Licht werden viele Insekten, die ihnen als Nahrung dienen, angelockt.

Viele australische Binnengewässer werden außer von Fischen wie Barramundi und Saratoga – begehrte Beute der Angler – von Schildkröten bewohnt. Bekannt sind die Schlangenhalsschildkröten *(snake-necked turtle)*, die ihren Namen dem langen Hals verdanken.

An Amphibien waren in Australien ursprünglich nur Frösche vertreten. Unter ihnen ist der bekannte, vom Aussterben bedrohte Magenbrüterfrosch *(gastric breeding frog)*, der seine Magensäureproduktion einstellen kann, seine Eier nach Ablage schluckt und im Magen ausbrütet. Dieser seltene Frosch lebt allerdings nur in einigen wenigen Nationalparks in Queensland. Eine andere interessante Art ist der im *outback* vorkommende Wasserreservoirfrosch *(waterholding frog)*. Er übersteht jahrelange Trockenzeiten, indem er in seinem Körper Wasser speichert und sich bis zum nächsten Regen eingräbt.

Im Nordosten, leider auch mittlerweile auf Cape York, hat sich die Agakröte *(cane toad)* weit verbreitet. Sie wurde 1935 aus Amerika eingeführt und sollte ursprünglich den Zuckerkäfer, einen Schädling des Zuckerrohrs, bekämpfen. Doch die Kröte verschmähte diese ihr zugedachte Nahrung und fraß lieber andere, auch nützliche Insekten. Außerdem zog sie sich aus den Zuckerrohrfeldern zurück und breitete sich weiter nach Westen, Süden und mittlerweile auch bis Cape York aus. Sie wurde, wie schon andere ins Land geholte Tiere, zur großen Plage, zumal sie giftig ist und so auch von möglichen Jägern (Dingos und Schlangen) verschmäht wird. Welchen Einfluss sie auf die noch weitgehend intakte Welt der Kaplandschaft hat, ist noch nicht erforscht.

Obwohl die Gruppe der Wirbellosen an Formen- und Artenvielfalt kaum zu übertreffen ist, spielt sie für die meisten Besucher eine untergeordnete Rolle. Von den mehr als 50.000 Arten stellen einen Großteil Ameisen und Termiten. Unter den Ameisen sei hier die Bulldog-Ameise *(bull ant)* erwähnt, deren Biss äußerst schmerzhaft sein kann. Termitenbauten verleihen vielen Landschaften, besonders in Northern Territory, Queensland und Western Australia, ein ganz besonderes Erscheinungsbild. Auffallend sind dabei die Bauten der Kompasstermiten *(magne-*

Bearded Dragon – Bartagame

Land und Leute

Reisevorbereitung

Strecken 1–3

Strecken 4–6

Strecken 7–8

Strecken 9–10

Strecken 11–12

tic termit), deren schmale Seiten immer in Nord-Süd-Richtung stehen. Auf der *Canning Stock Route* passiert man eine der wohl auffälligsten Termitenlandschaften. Nach Überquerung einer Düne blickt man auf Termitenbauten, die in Form und Anordnung an ein afrikanisches Rundhüttendorf erinnern. Man erwartet eigentlich jeden Augenblick, dass Menschen aus den „Hütten" treten.

Unter den mehr als 1.500 Spinnenarten – die meisten sind harmlos und schüchtern nur durch ihre Größe ein – leben drei giftige Arten auf dem Kontinent: die Falltürspinne *(trapdoor spider)*, die Trichterspinne *(funnel-web spider)* und eine Unterart der Schwarzen Witwe, die Rotrückenspinne *(red-back spider)*. Besonders getarnt und vielfältig in ihrer Form sind die Stab- und Gespenstheuschrecken – einige gleichen kleinen Zweigen, andere Eukalyptusblättern. Durch diese Anpassung an ihre Umgebung sind sie sehr leicht zu übersehen. Aber wer die Augen offen hält, wird sicher einige dieser exotischen Exemplare auf *outback*-Touren zu sehen bekommen.

Öfter anzutreffen, als einem vielleicht lieb ist, sind Skorpione. Meist sind die Exemplare recht klein und stellen keine ernsthafte Gefährdung für Menschen dar, wenn auch die Stiche recht schmerzhaft sein können. Skorpione lieben die Wärme, und so ist es nicht verwunderlich, dass sie häufig abends am Lagerfeuer auftauchen. Auch Hundertfüßler *(centipedes)* sind oft am Lagerplatz anzutreffen. Licht und die damit einfallenden Insekten locken sie an. Hundertfüßler können durch ihre Bisse auch Schmerzen verursachen. Skorpione wie auch Hundertfüßler kriechen nachts in herumliegende Kleidung oder Schuhe. Deshalb sind diese Sachen besser im Auto oder im Zelt untergebracht, oder aber man sollte

morgens Kleidung und Schuhe vorsichtig ausschütteln und kontrollieren.

Besonders lästig sind die Myriaden von Buschfliegen. Sie kriechen in Ohren, Augen, Nase, Mund und sind selbst durch ständiges Wedeln mit Tüchern oder Zweigen nicht zu vertreiben. Ihre massenhafte Vermehrung ist auf das Fehlen von Mistkäfern zurückzuführen, die die Nahrungsquelle der Fliegenmaden, die Kuhfladen, beseitigen könnten. Zwar versuchte man der Plage durch Einführung eines Mistkäfers aus Afrika Herr zu werden, doch diese Käferart begann mit dem Abbau des Dungs erst im Sommer, nachdem die Fliegen bereits im Frühling geschlüpft waren. Bester Schutz gegen die Plagegeister sind Fliegennetze, die es überall zu kaufen gibt und die einfach über den Hut gestülpt werden. Irgendwann hat man sich dann an die Fliegen gewöhnt und hört selbst auf einer längeren Tour durchs *outback* das Gesumme um den Kopf nicht mehr.

Klima

Australien ist ein Land der klimatischen Gegensätze. So gibt es im Norden und Nordosten Landstriche mit einer Niederschlagsmenge von mehr als 2.500 mm, andererseits liegen im Landesinneren einige Gebiete, die jährlich weniger als 100 mm Regen bekommen.

Im Zentrum des Kontinents dominieren Halbwüsten, in denen lange Dürreperioden keine Seltenheit sind. Sie fordern von allen Lebewesen eine außerordentliche Anpassungsfähigkeit. Der Sommer in Zentralaustralien ist von heißer, trockener Luft mit Tagestemperaturen zwischen 30 °C und 40 °C bestimmt. Im Nordwesten von Western Australia (Pilbaragebiet) sind auch 50 °C keine Seltenheit. Auch nachts sinkt das Thermometer nur minimal. Im Winter herrscht ein angenehmes Klima mit einer mittleren Tagestemperatur von 20 °C. Jedoch können die Temperaturen nachts leicht unter den Gefrierpunkt fallen. Der Winter ist eine der angenehmsten Reisezeiten für Touren durch Inneraustralien. Regen fällt in diesem Teil des Kontinents, wenn überhaupt, nur dann. Einige aride Gebiete, wie z. B. *Simpson Desert*, haben jährlich weniger als 150 mm Niederschlag.

Für die enormen Niederschlagsmengen im nördlichen Teil des Landes sorgen die von Nordosten heranziehenden Monsunregen. Sie gehen im australischen Sommer (Dezember bis März) nieder und lassen die Flüsse anschwellen, die dann auch weite Flächen überfluten. Diese Regenfälle haben auch Auswirkungen auf das Landesinnere. Sind die begleitenden Stürme stark, so werden die Wolken (und damit die Niederschläge) weit ins Landesinnere getrieben. Riesige Überschwemmungen sind die Folge, denn der ausgetrocknete Boden kann das Wasser nicht schnell genug aufnehmen. Auch kommt es im westlichen Inneraustralien vor, dass Regen, der oft Hunderte von Kilometern entfernt fällt,

Überschwemmungen verursacht. Im Osten des Kontinents gehen westlich von *Great Dividing Range* regelrechte Wassermassen nieder, die die Wirbelstürme mit sich bringen. Dann füllen sich die hier beginnenden, weit verzweigten Wasserläufe und fließen durchs Landesinnere, bis sie schließlich weit im Süden des Kontinents in *Lake Eyre* münden. Etwa alle 12 bis 25 Jahre (im vergangenen Jahrhundert geschah dies allerdings nur zweimal) reichen die Wassermengen aus, um den größten Salzsee Australiens, der sonst meist trocken ist, zu füllen.

Während der Zeit des Sommerregens herrschen im Norden Tagestemperaturen von 25 bis 35 °C, die durch die hohe Luftfeuchtigkeit fast unerträglich werden. Europäern macht die ungewohnt schwüle Hitze, die auch während der Nacht anhält, enorm zu schaffen. Im trockenen Winter liegen die Tagestemperaturen meist zwischen 20 und 30 °C, wobei es nachts abkühlt.

Aufgrund der klimatischen Voraussetzungen lässt sich leicht erkennen, dass die Sommermonate von Dezember bis März die ungünstigste Reisezeit für das *outback* sind. Entweder sind die Straßen wegen Überschwemmungen gesperrt oder die Temperaturen errei-

Rekordtemperaturen

Höchste gemessene Temperatur:
Cloncurry, Queensland · 53 °C (1889)

Höchste Jahresdurchschnittstemperatur:
Wyndham, West Australia · 28 °C

Längste Hitzeperiode:
Marble Bar, West Australia · 166 Tage/Jahr, mehr als 37,5 °C

Tiefste gemessene Temperatur:
Charlotte Pass, New South Wales · -23 °C (1984)

Größte gemessene Temperaturschwankung:
White Cliffs, New South Wales · 57 °C

chen Werte, die das Reisen zur Tortur werden lassen.

Da Australien auf der Südhalbkugel liegt, sind die Jahreszeiten den unseren entgegengesetzt:

- **Frühling:** September – November
- **Sommer:** Dezember – Februar
- **Herbst:** März – Mai
- **Winter:** Juni – August

Klimatische Extreme

Einige Orte Australiens beanspruchen für sich, der heißeste Platz Australiens zu sein. Dass alle nicht ganz falsch liegen, liegt daran, welche Messmethode man zugrunde legt: den Ort mit dem Hitzerekord, den Ort, wo es am längsten sehr heiß oder am häufigsten heiß ist, oder den Ort, wo im Jahresdurchschnitt die Temperatur am höchsten ist.

Die Niederschlagsmenge variiert stark. So hat Australien nicht nur extrem wenige Niederschläge, sondern unterliegt diesbezüglich starken Schwankungen.

Australiens Wüsten

Abgesehen von der Antarktis ist Australien der trockenste Kontinent der Welt. Auf etwa 35 % des Kontinents fallen so wenig Niederschläge, dass er effektiv als Wüste angesehen wird. Insgesamt fällt auf dem Festland jährlich im Durchschnitt weniger als 500 mm Niederschlag, sodass man Australien als aride bzw. semi-aride Klimazone bezeichnet (→ Australiens Wüsten). Die Wüsten bilden ca. 18 % der Gesamtfläche Australiens:

Erforschung Australiens
Terra Australis Incognita

In der spätmittelalterlichen Logik und Mythologie nahm man an, dass es ein so genanntes Südland, von den Geographen als Terra Australis Incognita bezeichnet, geben musste, das zur Ausbalancierung der nördlichen Landmassen notwendig sei.

Portugiesische und spanische Entdeckungsreisen
Als die Portugiesen im 15. Jahrhundert eine Handelsroute nach Indien suchten

---

Niederschläge im Vergleich

Durchschnittliche Niederschlagsmenge:
Australien gesamt   165 mm/Jahr

Trockenstes Gebiet:
Lake Eyre 125 mm/Jahr

Feuchteste Gebiete:
nördl./östl. Qeensland bzw. südl./westl. Tasmanien

Höchste gemessene Niederschlagsmenge/Jahr:
Bellenden Kerr, Queensland   11.251 mm (1979)

Höchste gemessene Niederschlagsmenge/24 Std.:
Crohamhurst, Queensland   907 mm (3.2.1893)

Durchschnittlich höchste Zahl der Regentage/Jahr:
Lake Margret, Tasmanien   250 Tage

Australiens Wüsten im Überblick

Name	Staat(en)	Größe (km²)	Anteil an Gesamtfläche (%)
Great Victoria Desert	WA, SA	348.750	4,5
Great Sandy Desert	WA	267.250	3,5
Tanami Desert	WA, NT	184.500	2,4
Simpson Desert	NT, Qld, SA	176.500	2,3
Gibson Desert	WA	156.000	2,0
Little Sandy Desert	WA	11.500	1,5
Strzelecki Desert	SA, Qld. NSW	80.250	1,0
Sturt Stony Desert	SA, Qld, NSW	29.750	0,3
Tirari Desert	SA	15.250	0,2
Pedirka Desert	SA	1.250	< 0,1

und systematisch die afrikanische West-küste erforschten, erwachte erneut das Interesse an der Entdeckung der legendären *Terra Australis*. Da es jedoch abseits des ozeanischen Handelskorridors lag und die vorherrschenden Windsysteme das Umsegeln des australischen Festlands erschwerten, blieb Australien noch lange Zeit unentdeckt.

Im 16. und frühen 17. Jahrhundert versuchten die Spanier im Südpazifik ihr Glück. Sie erhofften sich Gold für ihr Königreich und die römisch-katholische Kirche. Doch ihre Expeditionsreisen brachten nicht den gewünschten Erfolg: Sie fanden weder die gesuchten Reichtümer noch entdeckten sie bedeutsame Landmassen – und verloren so das Interesse an derartigen Unternehmungen.

Niederländische Forschungsreisen

Die Entmutigung Spaniens und das Desinteresse Portugals ermöglichten der aufstrebenden Handelsmacht der Niederlande einige Handelszentren vom Kap der Guten Hoffnung bis nach Indonesien zu errichten. Mit Segelschiffen ausgerüstet, die die widrigen Windverhältnisse im Südpazifik besser bewältigen konnten, ließen die Niederländer von Batavia und Bantam (Jakarta) aus den Traum von der Entdeckung Australiens Wirklichkeit werden: 1606 segelte *Willem Janszon* durch die Torres-Straße zwischen der Cape York-Halbinsel und Neuguinea. Er sichtete die Westseite von Cape York und nannte sie Kap Keer-Wear. Später wurde die Wasserstraße nach dem Spanier *Luis Vaez de Torres* benannt, der nur wenige Wochen später in dasselbe Gebiet segelte; er kam zu dem Schluss, dass Neuguinea eine Insel ist. Australien sichtete er aber mit fast hundertprozentiger Sicherheit nicht.

Von den Entdeckungen Janszons ermutigt, wurden weitere Expeditionen in den südlichen Ozeanen veranlasst, und im Oktober 1616 ankerte das Segelschiff Eendracht unter dem Kommando von *Dirk Hartóg* in Shark Bay (Westaustralien). Die Mannschaft der Eendracht waren vermutlich die ersten Europäer, die australischen Boden betraten. Es folgten zwischen 1626 und 1627 *Peter Nuyts*, der die südaustralische Küste erforschte, und weitere Niederländer, die Informationen über die Nord- und Westküste zusammentrugen. 1642 sichtete *Abel Janszoon Tasman,* der in die Gewässer Südaustraliens segelte, die Westküste der heute als Tasmanien bekannten Insel und nannte sie *Van Diemen's Land* – nach dem Gouverneur von Niederländisch-Indien. 1644 erforschte Tasman die Nordküste. Seinen Schilderungen zufolge bot Neuholland (so nannten die Niederländer ihre Neuentdeckung) nichts, was von Interesse für den europäischen Handel hätte sein können, sodass die niederländische Krone keine formellen Besitzansprüche stellte.

Britische Expeditionen und Besitzergreifung

1688 ging der englische Seeräuber *William Dampier* im Nordwesten an Land. Er überredete die Verantwortlichen, eine zweite Expedition zu finanzieren, die der Krone unerwartete Reichtümer bringen sollte. Doch diese Reise entlang der Westküste 1699–1700 brachte nicht den erhofften Erfolg. Zwar führte sie zur detailliertesten Dokumentation des Kontinents in der damaligen Zeit, doch die Schilderungen des Landes und seiner Bevölkerung erschienen den Engländern so trostlos, dass sie für die nächsten 70 Jahre jegliches Interesse an der weiteren Erforschung Australiens verloren.

1768 verließ Kapitän *James Cook* auf der Endeavour England und unternahm die erste seiner insgesamt drei Entdeckungsreisen, die ihn u.a. nach Australien führte. Am 29. April 1770 ankerte Cook in der Botany Bay (benannt nach Joseph Banks, dem Botaniker an Bord der Endeavour) an der Ostküste. Am 23. August 1770 hisste er zwei Seemeilen nördlich von Cape York auf der kleinen Insel Possession Island (Besitzinsel) die Flagge des britischen Königreichs, nahm Besitz vom Ostteil des Kontinents und nannte das Land New South Wales. Cooks weitere Reisen zum australischen Kontinent festigten den britischen Anspruch.

Matthew Flinders ist es schließlich zu verdanken, dass der Kontinent nicht den Namen *Neuholland* beibehielt, sondern in Anlehnung an Terra Australis ab 1817 offiziell als Australien bezeichnet wurde. Flinders kartierte auf seinen Reisen einen Großteil der Küstenlinie und konnte beweisen, dass es sich bei Tasmanien um eine Insel und bei Australien um eine einzige große Landmasse handelte.

Nach der Niederlage der Briten im Unabhängigkeitskrieg Nordamerikas (1775–1783) und der von Banks heraufbeschworenen illusorischen Vorstellung von Australien als grünem Land mit fruchtbarem Boden und saftigen Weiden, setzte am 13. Mai 1787 die erste Flotte unter dem Kommando von *Arthur Phillips* Segel gen Australien. Außer dem Flaggschiff *Sirius* befanden sich weitere zehn Schiffe mit insgesamt 1.500 Menschen, davon 736 Sträflinge, für die sich Australien als Abschiebeland anbot, in der Flotte. Die meisten Gefangenen waren im Durchschnitt 27 Jahre alt und wurden wegen Diebstahls deportiert. Am 19. Januar 1788 erreichte die erste Flotte Botany Bay. Statt des von Banks gelobten, fruchtbaren Landes fanden sie eine eintönige, dürre Buschlandschaft mit vereinzelten Eukalyptusbäumen vor, sodass sie weiter nordwärts im geschützten Port Jackson, dem späteren Sydney, siedelten. Am 7. Februar 1788 wurde New South Wales als erste australische Kolonie von Phillips offiziell gegründet.

Die Kolonie „Australien"

Der mitgeführte Vorrat an Lebensmitteln der ersten Flotte war für zwei Jahre ausgelegt. Man nahm an, dass sich die Kolonie spätestens dann würde selbst versorgen können. Unter militärischer Bewachung begannen die Sträflinge mit den Kultivierungs- und Bauarbeiten. Der Sandboden war unfruchtbar, und es standen nicht genügend Arbeitsgeräte zur Verfügung. Nur etwa ein Drittel der Sträflinge waren arbeitsfähig, darunter kaum qualifizierte Handwerker und Landwirte. So kam es in der ersten Jahren zu Missernten und Hungersnot. Die Rationen wurden immer knapper, Nachschub aus England ließ auf sich warten, und so herrschte statt Solidarität unter den Sträflingen ein nackter Kampf ums Überleben. Dass *Phillips* auf eine strenge Gleichbehandlung von Sträflingen, Soldaten und Matrosen achtete, führte zu Missmut unter den Bewachern, die immer kurz vor der Meuterei standen.

Am 3. Juni traf *Lady Juliana* mit 222 neuen weiblichen Gefangenen in Sydney ein und belastete die Kolonie mit dieser „Ladung" zusätzlicher Esser mehr, als sie ihr half. Wenig später landete eine zweite Flotte mit mehr als 1.000 Sträflingen – zum größten Teil Invaliden und nicht arbeitsfähige Menschen. Ebenso brachte die dritte Flotte 1864 weitere ausgemergelte und arbeitsunfähige Häftlinge. Da kaum jemand England freiwillig verließ, um sein Glück in Australien zu versuchen, ging man dazu über, ehemaligen Häftlingen, die ihre Strafe abgebüßt hatten, Land zu überschreiben: 1792 zum Beispiel 53 ehemaligen Strafgefange-

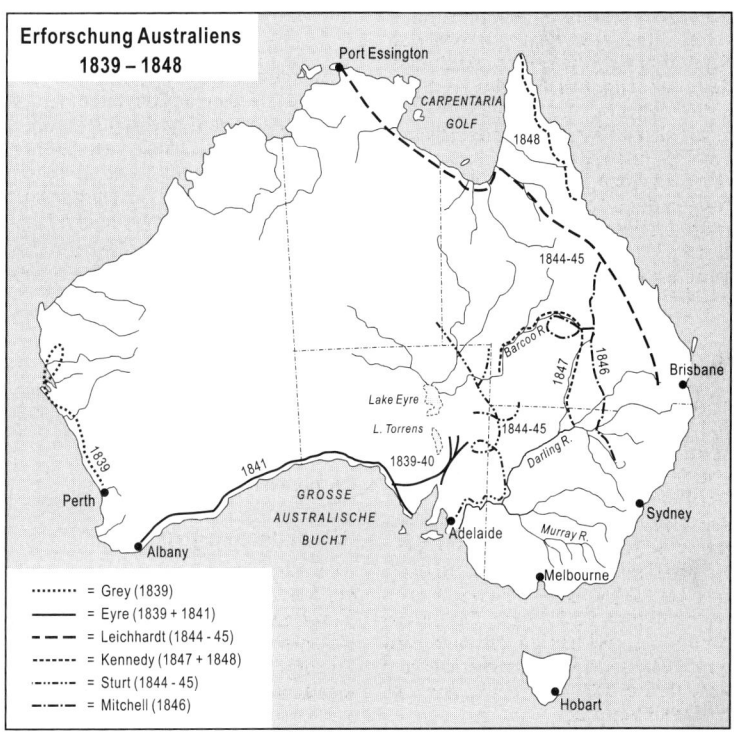

Erforschung Australiens 1839 – 1848

```
........ = Grey (1839)
———— = Eyre (1839 + 1841)
– – – = Leichhardt (1844 - 45)
------- = Kennedy (1847 + 1848)
–··–·· = Sturt (1844 - 45)
–·–·– = Mitchell (1846)
```

nen landwirtschaftlich Erfolg versprechendes Land in der Gegend um Parramatta. Außerdem stellte man ihnen landwirtschaftliche Geräte und Sträflinge als Arbeitssklaven zur Verfügung. Dies war der Beginn des *Zuweisungssystems*. Als 1792 die Kolonie den Status der Selbstverwaltung erreicht hatte, kehrte Phillips nach England zurück. Die Verwaltung übernahm nun das Militär unter der Führung der Offiziere *Francis Grose* und *William Paterson*. Sehr bald etablierte sich eine Elite, und die Gleichstellung unter Phillips wich der Vormachtstellung von Offizieren und Soldaten gegenüber Sträflingen und Zivilisten. Die Offiziere hatten mittlerweile das Rummonopol in New South Wales, was ihnen den Namen *Rumkorps* einbrachte. Sie machten sich die häufige Alkoholsucht der Sträflinge und Siedler zunutze und tauschten für billigen Rum deren Land ein, womit ein drastischer Rückgang des Besitzes von Ex-Sträflingen einsetzte. Weder *John Hunter*, der 1795 als Gouverneur von New South Wales eingesetzt wurde, noch seinem Nachfolger *Philip Gidley King*, der 1800 den Alkoholhandel verbot, gelang es, das Rumkorps zu schwächen. Als *John Macarthur*, ein hoher Militär, aus England Schafe mitbrachte, legte er den Grundstein zu einem der bedeutendsten Wirtschaftsfaktoren Australiens: der Schafzucht. England fehlte es an Rohwolle, und allgemein stieg die Nachfrage nach diesem Rohstoff. Die Elite erkannte schnell, wie gewinnbringend die Viehzucht sein würde. Als der im Jahr 1805 zum Gouverneur ernannte *Bligh* Rum als Zahlungsmittel verbot und nach zahlreichen Missernten die Landwirtschaft vorantreiben wollte, kam es zum Aufstand des Rumkorps, das 1808 schließlich die Regierung übernahm.

1810 traf *Lacklan Macquarie* als Gouverneur in New South Wales ein und entmachtete im Auftrag der englischen Regierung das Rumkorps. Mit ihm hielt der Fortschritt Einzug in die Kolonie. Er bemühte sich, die Situation zu verbessern, indem er höhere Zölle auf Spirituosen einführte, die Ausschanklizenzen einschränkte und die Öffnungszeiten der Pubs kürzte – ohne Erfolg, denn die Siedler verschuldeten sich lieber, als auf den Konsum von Alkohol zu verzichten. Sein Resozialisierungsprogramm für Sträflinge brachte ihm zudem viele Feinde unter der neureichen Elite, den *Merinos*, deren Reichtum auf billige Sträflingsarbeit und Schafzucht zurückzuführen war. Unter Macquarie begannen auch die Expansion nach Westen, wo es genügend Weideland für das Vieh gab, und der mühsame Straßenbau in Kettenkolonnen (die Häftlinge wurden mit Ketten aneinander gefesselt, damit sie nicht in die Wildnis entfliehen konnten), die sich westwärts durch die *Blauen Berge* kämpfen mussten. Wer die unmenschliche Arbeitsleistung überlebte – es wurden 200 km Straße in sechs Monaten durch die Wildnis getrieben – wurde vorzeitig aus der Haft entlassen. Einigen gelang die Flucht in die Wildnis. Doch das Leben im Busch war ein harter Kampf für die so genannten *Buschklepper*, die ihr Überleben durch die Jagd auf Kängurus und Viehdiebstahl sicherten. Trotz wachsender Spannungen während Macquaries Amtszeit verbesserte sich die Wirtschaft Australiens und verlieh der Regierung ein höheres Maß an Stabilität. Doch die Umsetzung von Macquaries politischen Zielen war kostenaufwändig, und in England fragte man sich, ob die Deportation von Kriminellen in die Überseekolonie – zumal sich die Kriminalitätsrate im Heimatland nicht senk-

Erforschung Australiens

Land und Leute

Reisevorbereitung

Strecken 1–3

Strecken 4–6

Strecken 7–8

Strecken 9–10

Strecken 11–12

te – die richtige Lösung sei. Zur Überprüfung der Verwaltung Macquaries entsandte man 1819 schließlich den Richter *John Thomas Bigge* nach Australien. Dieser empfahl zwar die Senkung der Ausgaben für die Kolonie, erkannte aber gleichzeitig der Bedeutung für freie britische Siedler. Auf seinen Bericht hin unterstützte die britische Regierung fortan die Auswanderung wohlhabender Briten durch großzügige Landschenkungen.

Der Nachfolger Macquaries, *Sir Thomas Brisbane,* trat 1821 das Amt des Gouverneurs von New South Wales an. Er selbst hatte nur geringen politischen Ehrgeiz und setzte keine

nennenswerten Veränderungen durch. Im Dezember 1825 übernahm *Ralph Darling* das Amt des Gouverneurs, und sein wichtigstes Verdienst war die Modernisierung der Verwaltung, vor allem des Polizeiapparats, des Postwesens und der Zollverwaltung.

Währenddessen ging die Besiedlung immer rascher voran: 1825 wurde aus Angst vor einer möglichen französischen Intervention die Westgrenze des von den Briten beanspruchten Hoheitsgebiets in westlicher Richtung bis zum 129. Längenkreis vorverlegt und Tasmanien der britischen Kolonie zugewiesen; in der nördlichen Region wurde in Bathurst eine Siedlung errich-

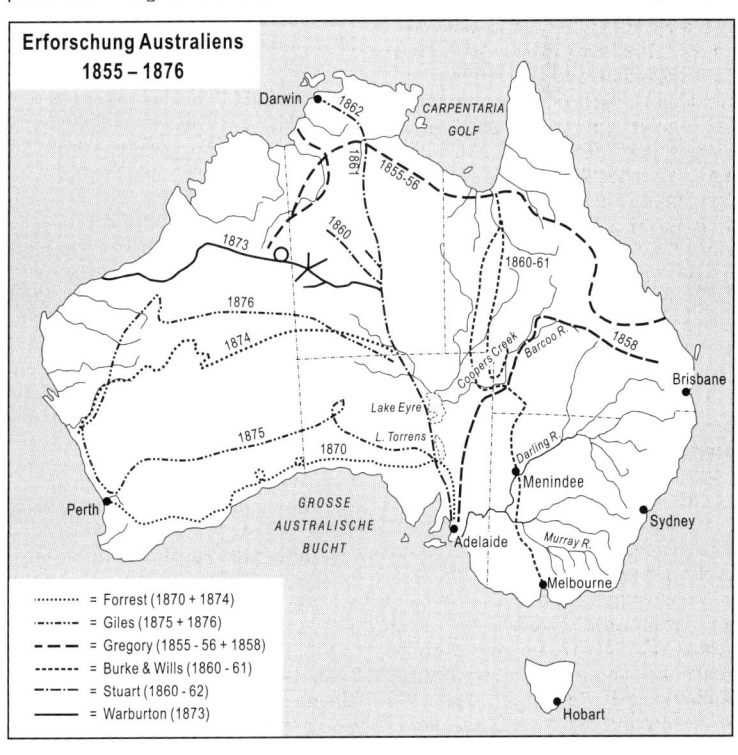

Erforschung Australiens 1855 – 1876

.... = Forrest (1870 + 1874)
–··–··– = Giles (1875 + 1876)
– – – = Gregory (1855 - 56 + 1858)
------- = Burke & Wills (1860 - 61)
–·–·– = Stuart (1860 - 62)
——— = Warburton (1873)

tet; 1826 kamen die Sträflingskolonie Albany an der Westküste, 1829 eine Siedlung an Swan River (das heutige Perth) sowie die beiden Kolonien Victoria und South Australia hinzu. Schließlich beanspruchte Großbritannien den gesamten australischen Kontinent für die Krone.

Durch die Erschließung des Landstrichs etwa 80 bis 120 km westlich von Sydney, eingeleitet durch *Gregory Blaxland* und *William Charles Wentworth*, die einen Weg durch das bis dahin unüberwindbare Gebirge der *Blue Mountains* gefunden hatten, konnten große Viehherden auf weiter im Inland gelegene Weideflächen getrieben werden. Auch die nach Süden führenden Tracks von *Andrew Hamilton Hume* und *William Hovell* (1824) sowie von *Major Thomas Mitchell* (1836) eröffneten neue Möglichkeiten. Bis 1829 war ein bogenförmiger Streifen von etwa 300 km Breite um Sydney besiedelt: *Nineteen Counties*. Die Viehzüchter wurden als *squatter* (illegale Siedler) bezeichnet, denn sie erwarben das Land nicht, sondern besetzten es kurzerhand.

In den dreißiger Jahren des 19. Jh. verlor New South Wales allmählich seinen Charakter als Sträflingskolonie: Durch Werbung in Großbritannien wanderten mehr freie Siedler ein, als Sträflinge deportiert wurden. (Von 1831 bis 1840 kamen etwa 65.000 freie Siedler und ca. 50.000 Sträflinge nach Australien.) Schließlich begann die erste Generation von frei in Australien Geborenen und Aufgewachsenen, die so genannten *currencies*, eine immer bedeutendere Rolle zu spielen. Mit zunehmender freier Einwanderung verlor Australien seine abschreckende Wirkung als Kontinent der Sträflinge. 1840 endete die Deportation nach New South Wales. Da es an der West-

küste an Arbeitskräften mangelte, ging der Gefangenentransport hierher noch weiter. Darüber hinaus wurden weiterhin Schwerstverbrecher nach Tasmanien gebracht.

In der Regierungszeit von Gouverneur *Gipps* (1838–1846) befand sich die australische Wirtschaft in einer Depression, und die Kolonie wurde durch den großen Zustrom von freien Einwanderern auf eine harte Belastungsprobe gestellt. Doch mit dem ersten Wahlkampf von 1842–1843 war der Status Australiens als Sträflingskolonie hinfällig. Im August 1850 eröffnete *The Australian Colonies Government Act* den Weg zu einer eigenen Verfassung Australiens und damit zu seiner zukünftigen Selbstbestimmung.

Expeditionen ins Ungewisse

Nicht die Segler, die die Küstenlinie des Kontinents kartographierten und ihre Entdeckungen der übrigen Welt mitteilten, sondern die ersten europäischen Forscher, die das australische Binnenland erkundeten, spielten eine bedeutende Rolle für die frühe wirtschaftliche Entwicklung Australiens. Es waren ihre Entdeckungen, die letztendlich die Vorstellungskraft der Australier fesselten und eine noch bedeutendere Funktion bei der Bildung des australischen Nationalbewusstseins hatten. Während es sich bei den ersten Expeditionen um die Suche nach neuen Agrarflächen und Siedlungsgebieten handelte, schlossen sich den Forschungsreisen Abenteurer an, die das Unbekannte reizte und die einfach wissen wollten, wie es im Herzen Australiens wirklich aussah. Das Innere Australiens – ein großer weißer Fleck auf den Landkarten – übte eine magische Anziehungskraft auf Forscher und Abenteurer aus. Wissbegierig und beflügelt von der Suche nach einer Antwort auf die Frage „Fließen die Flüsse der Great Dividing Range in ein riesiges Süßwassermeer?", machten sich die Entdecker unerschrocken auf den Weg. Dabei durchlitten sie unvorstellbare Strapazen, und einige bezahlten für ihren Wagemut sogar mit ihrem Leben.

Die Pionierarbeit leisteten *Blaxland* und *Wentworth* mit dem Überschreiten der Blue Mountains. Noch im selben Jahr überquerte *George William Evans* den Hauptgebirgszug.

In den nachfolgenden Jahren gelang *Hume* die erste Überlandreise von Sydney in die Gegend nordwestlich von Melbourne, erforschte *John Oxley* die inneraustralischen Ebenen und Flüsse, fertigte Zeichnungen von *Lachlan-* und *Macquarie River* an und erkundete die Südküste des heutigen Bundesstaates Queensland, der 1827 erstmals von *Alan Cunningham* auf einer Forschungsreise ins Landesinnere genauer inspiziert wurde. Bekanntester Teilnehmer dieser Reise war *Charles Sturt*, der zwischen 1829 und 1839 die Hauptzuflüsse des Murray-Darling-Beckens ausfindig machte – heute das landwirtschaftliche Herzstück Australiens. *Sir Thomas Livingstone Mitchell* bestätigte die Erkenntnisse von Sturt und erschloss 1836 die Route von New South Wales zum fruchtbaren Land im westlichen Teil von Victoria. Der eingewanderte Pole *Sir Paul Edmund de Strzelecki* erreichte 1840 den höchsten Punkt Australiens: Mount Kosciusko (2.229 m). 1837 bis 1840 wurde das Hinterland von Western Australia von *Sir George Grey* und *Edward John Eyre* kartographisch erfasst. Letzterem gelang in dieser Zeit die erste Ost-West-Durchquerung von Adelaide nach Perth. Doch weder Eyre noch Sturt konnten von Adelaide bis zum Zentrum des Kontinents vordringen. Im Jahr 1844 versuchte *Charles Sturt*, vom

Südosten aus die Mitte des Kontinents zu erreichen, scheiterte jedoch nördlich von Lake Eyre und musste umkehren. Der berühmteste aller eingewanderten Erforscher des zentralen und nordöstlichen Teiles von Australien war der Deutsche *Ludwig Leichhardt*. 1844 leitete er eine Expedition von Darling Downs in Queensland nach Port Essington im Northern Territory. Für die Strecke von 4.800 km brauchte er 15 Monate. Er versuchte, eine Inlandstrecke zu finden, die den Handel mit Indien erleichtern sollte, und viele sahen schon in Port Essington das „Singapur Australiens" – einen sicheren Hafen, um die Schätze Asiens gegen Getreide und Pferde einzutauschen. Doch nur vier Jahre später war Port Essington eine Geisterstadt, denn die Unbarmherzigkeit des umliegenden Landes und die Strapazen, die es kostete, über Land zu der Hafenstadt zu gelangen, ließen alle Hoffnung auf einen Handelshafen schwinden. 1847

Ludwig Leichhardt

William Ernest Powell Giles (1835 – 1897) – Von der Besessenheit, unberührten Boden zu betreten

Als am 27. August 1872 die Telegrafenleitung (Overland Telegraph Line) zwischen Adelaide und Darwin unter der Aufsicht von Sir Charles Todd fertig gestellt war, ging die Erschließung des Landesinneren voran. Zwar war der Ostteil Australiens weitestgehend erforscht, doch der Westen war noch immer eine große weiße Fläche auf den Landkarten.

Im Jahr 1872 stellte Ernest Giles eine Expedition zusammen und unternahm – getrieben vom brennenden Verlangen, als erster Europäer diese unberührte Wildnis zu betreten – den Versuch, das unbekannte Land zu durchqueren. Die kleine Gruppe startete etwa 160 km südlich von Alice Springs an Chambers Pillar. Dieser 45 m hohe, ockerfarbene Sandstein war eine bekannte Landmarke für Forscher und Siedler. 80 km nördlich der Olgas – von Giles entdeckt und nach der Königin Olga, der Frau eines seiner Geldgeber, Karl I. von Württemberg, und Tochter von Zar Nikolaus benannt – standen sie einem natürlichen Hindernis gegenüber: Menschen und Tiere versanken bis zu den Oberschenkeln in heißem Salzschlamm. Giles nannte den (150 x 15 km) großen Salzsee Lake Amadeus. Die Gruppe musste aufgeben und kehrte enttäuscht um.

1873 machte sich Giles, diesmal unterstützt von der südaustralischen Regierung und Baron von Müller, von Oodnadatta am Südrand der Simpsonwüste erneut auf den Weg. Etwa 480 km westlich von Ayers Rock errichteten sie in Rawlinson Range ein Basislager. Von hier aus wollten sie die Umgebung nach Wasserstellen absuchen, die ihre Weiterreise sichern sollten. Giles und Alfred Gibson machten sich mit einigen Pferden, beladen mit Wasserfässchen, auf die beschwerliche Suche, während die übrigen Männer im Lager auf sie warten sollten. Eins nach dem anderen brachen die Pferde vor Erschöpfung zusammen, bis schließlich nur noch zwei ausgemergelte Klepper übrig blieben. Sie ließen die Tiere zurück, und Giles schickte Gibson wieder ins Lager. Er selbst jedoch wollte nicht aufgeben und setzte die Suche fort. Aber es war nur eine Frage der Zeit, bis auch Giles Pferd 150 km vom Lager entfernt verendete. Für diesen Notfall hatten Giles und Gibson ein Wasserfass auf ihrem Weg im Sand vergraben, und Giles machte sich nun zu Fuß auf den langen Rückweg. Bis zu dem rettenden Wasserfass waren es knapp 50 km in sengender Sonne. Er folgte seiner eigenen und Gibsons Spur, bis er feststellte, dass diese vom richtigen Weg abzweigte: Gibson hatte den Fehler gemacht, der Spur eines der aufgegebenen Pferde zu folgen. Giles erreichte nach unvorstellbaren Strapazen, von Hunger und Durst geschwächt, tatsächlich das rettende Wasser. Er fand es unberührt vor, und so stand für ihn fest, dass

Gibson sich in der endlosen Wüste verirrt hatte und er seinen Begleiter nicht wieder sehen würde. Er lud sich das ca. 25 kg schwere Fass auf den Rücken und marschierte weiter. Nach sieben Tagen erreichte er schließlich das Basislager in Rawlinson Range. In sein Tagebuch schrieb er: „Ich hörte ein leises Piepsen, und als ich mich umsah, entdeckte ich ... ein sterbendes Wallaby-Junges, das seine Mutter offenbar aus ihrem Beutel geworfen hatte ... Kaum hatte ich es gesehen, da stürzte ich mich auch schon wie ein Adler darauf und aß es auf, lebendig, roh, sterbend – mit Pelz, Haut, Knochen und Schädel. Mein Leben lang werde ich nicht vergessen, wie köstlich dieses Tierchen schmeckte."

Giles nannte die Wüste, die er durchquert hatte, nach seinem dort verschwundenen Gefährten Gibson Desert und brach die Expedition ab.

Wer glaubte, dass Giles nun genug haben würde, irrte sich, denn er war ehrgeizig und besessen von der Einöde und der Wildnis. Er war einer jener Männer, die dieser Versuchung nicht widerstehen konnten, auch wenn es ihn das Leben kosten sollte, und schrieb dazu: „Die Verlockung, in neue noch unerforschte Gebiete zu reisen, wird nach dem ersten Versuche nur noch stärker. Der besondere Reiz liegt in der Bewältigung schwieriger und gefährlicher, wenn nicht sogar fast unmöglicher Aufgaben. Ein Forscher ist ein Forscher aus Liebe zur Sache, und dazu macht ihn die Natur, nicht die Kunst."

Voller Optimismus startete Giles 1875 eine dritte, von Sir Thomas Elder finanzierte Expedition mit dem ehrgeizigen Ziel, die unberechenbare Wüste zu bezwingen. Diesmal nahm man Kamele mit und startete 190 km nördlich von Port Augusta in Beltana. Am Rande einer großen Spinifexwüste fand die Gruppe eine Wasserstelle und errichtete hier ihr Basislager. Wie schon auf den Expeditionen zuvor unternahm Giles etliche Versuche, weitere Wasserstellen für die bevorstehende Durchquerung der Spinifexwüste, die Giles nach der Königin Victoria Great Victoria Desert benannte, zu finden. Alle Versuche blieben erfolglos, und Giles stand erneut vor der Entscheidung, die Expedition abbrechen zu müssen, als plötzlich ein Wolkenbruch niederging. Ermutigt marschierten die Männer einfach drauflos und fanden tatsächlich ein Wasserloch, das noch Tage zuvor trocken gewesen war. Sie ruhten sich ein paar Tage aus, füllten ihre Wasservorräte auf und setzten dann voller Hoffnung ihren Weg durch die Wüste fort. In dem stacheligen, knöchelhohen Spinifexgras zogen sich Mensch und Tier blutende Wunden zu und schon bald waren sie geschwächt, da auch der neue Wasservorrat wieder zur Neige ging und sie keine weitere Wasserstelle fanden. Einem Zufall ist es zu verdanken, dass die Expedition nicht scheiterte: Ein Aborigines-Junge namens Tommy entdeckte hinter einer Sanddüne eine Oase, die allen das Leben rettete, denn – wie sich später herausstellte – war die nächste Wasserstelle über 300 km entfernt. Man rastete erneut für neun Tage, sammelte Kräfte und marschierte schließlich weiter. Auf ihrer Reise verloren die Männer dann an einem Salzsee fast ihr Leitkamel und mussten sich, wie schon häufig auf ihrer Entdeckungsreise, gegen feindselige Aborigines wehren. Knapp 320 km nach ihrer letzten längeren Rast fanden sie erneut eine Wasserstelle, und nach kurzem Aufenthalt ging es weiter. Sie schafften es, die Wüste zu durchqueren und erreichten schließlich völlig erschöpft Perth an der Westküste. Im darauf folgenden Jahr kehrte Giles auf dem Landweg in Richtung Osten zurück, wobei er Gibson Desert erneut durchquerte.

Ernest Giles war der letzte der großen australischen Forscher, erlangte aber trotzdem nie die Berühmtheit und das Ansehen anderer Entdecker. Wer war schon an Niemandsland, spinifexbewachsenen Einöden und Wüsten interessiert. Er beschrieb seine Expeditionen in zwei Büchern: *Geographic Travels in Central Australia* (1875) und *Australia Twice Traversed* (1889). Bis zu seinem Tod im Jahr 1897 arbeitete Ernest Giles, mehr oder weniger vergessen, für 3 Pfund in der Woche als Büroangestellter im westaustralischen Coolgardie.

leitete Leichhardt eine weitere Expedition am Fluss Condamine (Queensland) entlang. Bei seinem letzten Vorhaben, einer Durchquerung Australiens von Ost nach West (1848), verschwanden Leichhardt und seine Mannschaft unter mysteriösen Umständen spurlos.

Zur gleichen Zeit wie Leichhardt waren auch *Edmund Kennedy* auf der Halbinsel Cape York und *Augustus Charles Gregory* im Nordwesten des Kontinents auf Expeditionsreisen unterwegs. In den Jahren 1860 und 1861 waren es *Robert O'Hara Burke* und seine Begleiter *John King* und *William John Wills*, denen die erste Süd-Nord-Durchquerung gelang. Auf der Rückreise starben Burke und Wills an Erschöpfung. Etwa gleichzeitig war auch *John McDouall Stuart* zu einer Süd-Nord-Durchquerung aufgebrochen. Im ersten Anlauf drang er von Spencer Gulf bis zum heutigen Tennant Creek vor, beim zweiten Mal kam er noch 250 km weiter. 1862 erreichte er auf dem Landweg das Meer in der Nähe der heutigen Stadt Darwin.

Zehn Jahre später baute man entlang der Route, die er genommen hatte, die *Overland Telegraph Line* (Überland-Telegrafen-Linie). In den Jahren 1850 bis 1900 erforschten Männer wie *Ernest Giles, John Forrest, David Carnegie, Lindsay* und *Peter Warburton* vor allem viele Teile West- und Inneraustraliens.

Neben Entdeckern und Forschern waren auch Landvermesser, Straßenbauer und Farmer an der Erschließung des Kontinents beteiligt. Denken wir nur an die vielen alten Viehtreiberrouten (*Birdsville Track, Strzelecki Track, Canning Stock Route* u. a.), die heute den Touristen den Zugang zur Faszination *outback* überhaupt erst ermöglichen. Einer der letzten großen Pioniere auf diesem Gebiet war ein Mann, der heute kaum mehr jemandem bekannt ist: *Len Beadell*. Er war als Leiter hauptverantwortlich für den Bau fast des gesamten Wegenetzes im

John McDouall Stuart

Inneren Westaustraliens. Strecken wie *Gunbarrel Highway*, *Gary Highway*, *Heather Highway* oder *Talawana Track* (→ Gunbarrel Highway und Canning Stock Route) sind alle von ihm vermessen und von seiner Mannschaft in den Busch gewalzt worden. Benannt hat er die Pisten, Kreuzungen oder markanten Punkte nach seinen engsten Familienangehörigen. Überhaupt kann man sagen, dass eine Reise über australischen Straßen eine Reise durch die Zeit ist. Wer sich die Mühe macht und versucht, den Ursprung der Namen herauszufinden, für den wird die junge Geschichte Australiens lebendig.

Leben im Outback – die Farmer

Leben im *outback* bedeutet ein Leben im engsten Familienkreis, weitab von Freunden, Nachbarn und den Vergnügungen in den Städten. Nur selten wird das Familienleben durch Arbeiter, die je nach Saison auf der Farm leben, etwas aufgelockert. Zu den Besuchen gehören die des Postboten, des Pfarrers, der auch die entlegensten Schäfchen betreut, oder die des Arztes, der mit dem Flugzeug kommt, wie auch die unter Freunden. Der Besuch eines Nachbarn bedeutet manchmal Hunderte von Kilometern Fahrt.

Monotonie ist allerdings für die Bewohner des *outback* nicht gleichzusetzen mit Langeweile. Kaum eine der Familien hier würde ihre Farm für ein Leben in der Stadt aufgeben. Sie sind glücklich mit dem, was ihnen ihre Farm bietet: Arbeit und Einkommen und ein Leben in und mit der Natur.

Kurz nach Sonnenaufgang beginnt der Alltag einer *outback-Familie* mit dem gemeinsamen Frühstück, bei dem zugleich der Arbeitstag geplant wird.

Die Hauptarbeit auf einer Rinder- oder Schaffarm besteht aus Reparaturen: Ständig sind Löcher in den Zäunen, ist eines der lebensnotwendigen Windräder defekt, leckt ein Wassertank, oder die durstigen Tiere haben die Tränke beschädigt. Auch die Wege innerhalb des Farmgeländes müssen instand gehalten werden. Nach den seltenen, aber dann heftigen Regenfällen sind sie oft in verheerendem Zustand. Seit der Tourismus das *outback* entdeckt hat, kommt für viele Farmer ein weiteres Ärgernis hinzu: Besucher kommen auf das Farmgelände und beachten aus Unwissenheit oder Gleichgültigkeit selbst grundlegende Regeln nicht: Sie campen an Wasserstellen und hindern so das Vieh am Trinken, sie beschädigen Farmeigentum oder befahren Wege selbst unter widrigsten Umständen. Zudem erwarten festsitzende Touristen wie selbstverständlich die Hilfe der Farmer. Kein Wunder also, wenn immer mehr Eigentümer von den Touristen Straßenbenutzungsgebühren verlangen oder gar den Zugang oder die Durchfahrt mit Verbotsschildern (keep off; keep out; no camping, no trespassing; private property) verwehren.

Neben der Instandhaltung steht die Arbeit mit den Tieren im Vordergrund. Alle ein bis zwei Jahre findet z. B. auf einer Rinderfarm ein *mustering* statt. Die Rinder werden mit modernen Cowboys auf Motorrädern, in Geländewagen, in Helikoptern oder auch noch traditionell zu Pferd zusammengetrieben. In den wasserärmeren Landstrichen geschieht dies auf den umzäunten Tränkplätzen. Kommen die Rinder zum Trinken, so werden die Tore geschlossen. Nach dem Einfangen werden die Rinder sortiert nach Schlachtvieh, Jungtieren, die ein Kennzeichen bekommen (Brandzeichen oder Ohrmarke), und Tieren, deren Hörner gestutzt werden müssen. Während eines *mustering*, zu dem meist Aushilfsarbeiter angeworben werden, herrscht hektische Betriebsamkeit auf der Farm. Die Zeit der *stockmen*, wie die australischen Cowboys genannt werden, wird jedoch bald vorüber sein. Mittlerweile haben es die Farmer schon schwer, Arbeiter zu finden, die vernünftig reiten können und sich mit dem kargen Leben begnügen.

Während die Männer draußen arbeiten, beginnt für die Frau der Alltag im Haus. Sie muss alles erledigen, was „nebenbei" so anfällt, sei es die Versorgung der Familie, das Beaufsichtigen der Schularbeiten, die Pflege des Gartens oder Büroarbeiten. Die Mehrfachbelastung als Mutter, Lehrerin, Hausfrau, Verwaltungsangestellte ist oft anstrengender als die Arbeit der Männer. Neuerdings zieht es wieder verstärkt jüngere Leute aus der Stadt aufs Land, die zumindest für eine gewisse Zeit das Landleben kennen lernen möchten und sich als Haushaltshilfen oder Hilfsarbeiter verdingen.

Für die Kinder scheint das Farmleben unseren Vorstellungen nach wenig angenehm zu sein. Das Spielen mit den Schulkameraden oder den Freunden entfällt, ebenso die sportliche Betätigung in einer *Rugby-*, *Football-* oder *Cricket-*Mannschaft. Wer hier aufwächst, ist auf sich, seine Fantasie und seine Familie angewiesen. Spielplatz ist die Natur, Freunde sind Geschwister und Tiere. Da die Kinder täglich nur eine halbe Stunde über die *School of the Air* per Funk unterrichtet werden, kommt den Hausaufgaben eine wichtige Bedeutung zu. Erst wenn die Grundschule absolviert ist, gehen die meisten Farmkinder auf ein Internat in der nächsten Stadt. Ein entscheidender

Beim Viehtrieb

Land und Leute

Reisevorbereitung

Strecken 1–3

Strecken 4–6

Strecken 7–8

Strecken 9–10

Strecken 11–12

Schritt in ihrem Leben, der nicht leicht fällt, aber nur so ist ein angemessenes Bildungsniveau zu erreichen.

Wer als Tourist nicht das Glück hat, auf eine Farm eingeladen zu werden, kann immer noch eine der vielen *stations* besuchen, die mit dem Tourismus ihr Einkommen etwas aufbessern. Diese Farmen haben in der Regel ihre Arbeiterunterkünfte hergerichtet und bieten sie Touristen an. Hier hat man die beste Gelegenheit, den Alltag auf einer Farm kennen zu lernen, zumal Besucher bei verschiedenen Arbeiten mithelfen können.

Outback-Etikette – ein nicht ganz ernst gemeinter Outback-Knigge

Man sollte denken, dass gesunder Menschenverstand im *outback* von Australien genügen müsste. Doch trifft man leider viele Dummköpfe und Leichtsinnige im *outback* (von den Australiern „bloody idiots" oder „arrogante bastards" genannt), die zumeist aus australischen Großstädten oder Übersee anreisen. Bei der Dummheit und Leichtsinnigkeit dieser Menschen verspürt man häufiger den Wunsch, sie hätten die Städte oder ihr Land nie verlassen. Viele hinterlassen einen so schlechten Eindruck, dass andere Reisende schwer überzeugen können, nicht dieser Kategorie anzugehören.

Fair dinkum oder bastard?

Was Australier am meisten schätzen, sind „Freundlichkeit und Hilfsbereitschaft – dann ist man „fair dinkum". Unfreundlichkeit und Ignoranz werden mit dem Titel „bastard" bezeichnet. Hier ein paar einfache Tricks, um als „fair dinkum" zu gelten:

Wer ein Bier im Pub, ein kaltes (!) Bier oder alkoholfreies Getränk aus dem *esky* am Lagerplatz ausgibt, gewinnt Freunde fürs Leben. Diese Gewohnheit wird auf Australisch „shout your mates" genannt.

„Bitte" und „Danke" sind nicht nur gern gehörte Worte oder Floskeln. Es gilt als absolut unhöflich, diese nicht zu benutzen. Die Definition für einen „bastard" ist z. B., wer sich ohne ein Dankeschön in seinen Allrad setzt und davonfährt, obwohl er gerade per Seilwinde aus einer misslichen Situation befreit wurde.

Ein Lächeln gilt nicht nur im *outback* noch als freundliche Geste. Wer angelächelt wird, sollte zurücklächeln; wer angesprochen wird, sollte sich nicht taub stellen und antworten, gerade dann, wenn er freundlich herumgeführt wird und ihm stolz die Geschichte von Birdsville erklärt wird. Auch wenn man kein Wort versteht oder nur schlecht Englisch spricht, öffnen ein Lächeln und einige Fragen und Antworten Tür und Tor. Gerade den deutschen Touristen sagt man in Australien eine gewisse Arroganz nach, was vielleicht daran liegen mag, dass wir wohlgemeinte Freundlichkeit und Interesse nicht mehr gewohnt sind.

Auch wenn es manchmal offensichtlich ist: Lautstarke Kommentare über die Rückständigkeit Australiens verglichen mit den „High Standards" in Europa – diese Art von Kritik, auch wenn vielleicht nicht so gemeint –, wird nicht gern gehört.

Social glue – Smalltalk

Smalltalk im *outback* – selbst wenn es immer wieder die gleichen Fragen sind – ist überaus wichtig. Freundlich lächelnd und nach Möglichkeit auch stolz sollte man folgende Fragen immer wieder gern beantworten:

❒ *How are ya?* (Wie geht es Ihnen?) – die Frage immer mit „gut" oder „sehr gut" beantworten, denn dies ist nur eine australische Floskel und nicht der Beginn eines psychologischen Gesprächs oder einer Problemdiskussion. Auch wenn man ein ernstzunehmendes Problem hat, z.B. einen kaputten Reifen, dazu kommt man erst viel später!

❒ *Where are ya from?* (Aus welchem Land kommen Sie?) – Nun gibt man sein Heimatland preis. Wer nicht die Stadt und die ungefähre Lage hinzufügt, wird anschließend gefragt:

❒ *Where abouts in <Land> do you come from?* (Woher in etwa <Land> kommen Sie?). Nun gilt es, die Lage der Heimatstadt ungefähr zu beschreiben. Auch wenn man feststellt, dass es mit „400 km südlich von Hamburg", „300 km westlich von Berlin" oder „200 km nördlich von Köln" wenig Sinn hat, so ist damit jedenfalls die Neugier nach der Herkunft zumeist befriedigt.

Schließlich will der Australier wissen:

❒ *How long have you been in Australia?* (Seit wann sind Sie in Australien?) – Dies ist natürlich abhängig von der Dauer des Aufenthalts – aber je länger desto besser.

❒ *Where have you been in Australia?* (Was haben Sie von Australien schon gesehen?) – Sehr gut, wenn man hier eine ganze Anzahl von interessanten Plätzen aufzählen kann.

Zum Abschluss kommen darauf Antwort und Frage:

❒ *That's great. You have seen more of Australia than most Australians. What do you think of Australia?* (Großartig. Sie haben mehr von Australien gesehen als die meisten Australier. Wie finden Sie Australien?) – Dies ist der richtige Moment, eine Liebeserklärung an Australien abzugeben. Man erläutert freudestrahlend, dass Australien der fantastischste Platz auf der ganzen Welt ist und dass die Australier besonders freundlich und hilfsbereit sind, wie wunderbar das Wetter ist und dass man viel zu wenig Zeit hat und gerne noch länger bleiben möchte. Das Einzige, worauf man schimpfen darf, sind selbstverständlich die Fliegen.

Diesen Smalltalk, mit seinen immer wiederkehrenden Fragen oder „social glue", wie die Australier diese nennen, ist gerade im *outback* wichtig. Erst danach gelangt man zu anderen, vielleicht viel wichtigeren Themen, wie z. B. der nächsten Reifenwerkstatt.

Xenophobia (Angst vor Fremden) und Rassismus

Generell sollte man Gespräche oder gar Diskussionen um die Lage und Rechte der Ureinwohner oder die Tugenden der neuen asiatischen Einwanderer vermeiden. Viele Anglo-Australier im *outback* sind auf diese Gesprächsthemen nicht besonders erpicht. Wer diese Themen dennoch anschneidet, bekommt einiges zu hören, was einem hoffentlich nicht gefällt – aber man beißt bei vielen Australiern auf Granit und wird sie nicht zum Umdenken bewegen. Der einzigen Eindruck, den man durch solche Diskussionen hinterlässt, ist, dass man als Tourist aus dem fernen Europa 16.000 km reist, um den Australiern zu erzählen, dass sie sich rassistisch verhalten oder wie sie mit gesellschaftlichen Problemen umzugehen haben. Dies wird von den meisten Australiern als sehr schlechtes Benehmen gedeutet. Wer noch dazu aus Deutschland kommt, wird dann schnell mit der eigenen Geschichte konfrontiert.

Aborigines – Australiens Ureinwohner

Die Geschichte der Aborigines in Australien nahm einen ähnlichen Verlauf wie die vieler anderer Naturvölker. Die Aborigines, denen persönlicher Besitz und Eigentumsdenken fremd waren, wurden von der weißen Zivilisation überrannt.

Zur Ankunftszeit der ersten Siedler lebten ca. 300.000 Aborigines in rund 600 Völkern auf dem Kontinent. Je mehr Siedler kamen, desto weiter drangen sie ins Land vor und vertrieben die dort lebenden Aborigines. Deren Zahl verringerte sich schnell. Eingeschleppte Krankheiten, Alkohol und sogar planmäßige Ausrottung taten ein Übriges. Dabei waren die völlig andersartigen Kulturen das größte Problem zwischen Aborigines und britischen Einwanderern. Die Aborigines, die ein Leben als Jäger und Sammler führten, hatten Nahrung im Überfluss. Sie mussten täglich nur wenige Stunden mit deren Beschaffung verbringen. Nach dem Verständnis der Aborigines gehörte alles allen, und jeder konnte sie nutzen.

Die weitere Erforschung und Inbesitznahme des Landes ließen ihnen immer weniger Lebensraum. Nach den Siedlern kamen die Goldsucher und nach den Goldsuchern die Minengesellschaften und nach den Minengesellschaften die Touristen. Wo immer man sich ein Geschäft erhoffte, wurden Aborigines vertrieben. (In Tasmanien ging man dabei besonders rigoros vor; nach einer Kampagne von nur fünfzig Jahren gab es dort keine Aborigines mehr.) Man gründete Reservate in meist unwirtlichen Gegenden und verfrachtete die Ureinwohner dorthin – in einen zumeist fremden Teil des Landes. In den Reservaten hatte man für

sie Häuser errichtet, mit denen die Aborigines jedoch nichts anfangen konnten, denn sie waren ein Leben in freier Natur gewöhnt. Man entwurzelte sie aus ihrer jahrtausendealten Kultur. Für das Land, das man ihnen genommen hatte, erhielten sie Geld. Alkohol, mit dem die Aborigines bereits bei Ankunft der ersten Siedler konfrontiert wurden, war mit diesem Geld leicht zu beschaffen, was verheerende Folgen mit sich brachte. Nach wie vor ist der unkontrollierte Alkoholkonsum

Law

Law never changes ...
always stays same.
Maybe it's hard,
but proper one for all people.
Not like white European law ...
always changing.
If you don't like it,
you can change.
Aboriginal law never changes.
Old people tell us,
„You got to keep it."
It always stays.

Frei übersetzt:
Unser Gesetz ändert sich nie ...
es bleibt immer gleich.
Vielleicht ist es hart,
aber es ist ein angemessenes
für alle Leute.
Nicht wie das Gesetz der
weißen Europäer ...
es ändert sich immer.
Wenn es jemandem nicht gefällt,
kann er es ändern.
Das Aboriginal-
Gesetz ändert sich nie.
Die alten Leute erzählen es uns,
„Ihr müsst es bewahren."
Es wird immer gelten.

(aus: Big Bill Neidjie „Australia's Kakadu Man")

Land und Leute

Reisevorbereitung

Strecken 1–3

Strecken 4–6

Strecken 7–8

Strecken 9–10

Strecken 11–12

eines der größten Probleme der Aborigines, auch wenn sie schon seit längerem versuchen, diesem Einhalt zu gebieten. So ist es grundsätzlich verboten, Alkohol in die Reservate einzuführen; einige *communities* (Aborigines-Gemeinden) legen sich auch selbst ein Alkoholverbot auf.

Die Aborigines sind zwar per Gesetz als vollwertige Mitglieder der Gesellschaft anerkannt, aber wie so oft stimmen auch hier Gesetz und Wirklichkeit nicht überein. Zum Beispiel hielt der eingeborene Maler *Albert Namatjira* (1902 – 1959) schon in den 1940er-Jahren mit seinen Werken Einzug in die australische Kunstgesellschaft. Er war in Künstlerkreisen zwar anerkannt, aber als Ureinwohner besaß er keine Rechte. Seine Bilder erzielten in den Galerien Höchstpreise, doch war es ihm nicht möglich, in seinem Land ein Grundstück für sich und seine Familie

zu erwerben. Seit 1967 besitzen Aborigines die vollen Bürgerrechte, doch noch immer stehen sie abseits der australischen Gesellschaft. Für Aborigines bedeuten diese Rechte nicht mehr als den Anspruch auf Arbeitslosen- oder Sozialhilfe.

Das Zusammenleben zwischen Aborigines und Eingewanderten ließe sich harmonisch gestalten, wenn sich die Mehrheit der weißen Australier bemühen würde, die Lebensweisen und Kultur der Aborigines zu verstehen und zu respektieren. Auch wir als Touristen können dazu beitragen, auch wenn unser erster Eindruck von den Aborigines vielleicht nicht gerade positiv ausfallen wird: Plastik und anderer Müll scheinen niemanden in einer *community* zu stören, betrunkene und verwahrloste Aborigines sind keine Seltenheit. Besucht man eine *community* (nur mit Genehmigung möglich) ist

„Unser Land – unser Leben"

Zuruckhaltung und Respekt gegenüber den Bewohnern angebracht.

Dem Bestreben nach Emanzipation verleihen die Ureinwohner in jüngster Zeit Nachdruck durch die Forderung nach Landrückgabe. 1985 erhielten sie von der Regierung *Uluru (Ayers Rock) National Park* zurück, mit der Vereinbarung, ihn für 99 Jahre an den Staat zu verpachten. Es war ein erster Schritt, das Land, das ihnen ursprünglich gehörte – obwohl sie es nie als ihren Besitz ansahen – zurückzubekommen. Seit dieser Landrückgabe werden immer wieder neue Ansprüche angemeldet. Aborigines werden in den nächsten Jahren mit Sicherheit große Schritte auf dem Weg zur Gleichberechtigung machen, und es bleibt zu hoffen, dass beide Bevölkerungsgruppen eine akzeptable Lösung für ein Zusammenleben finden (→ Artikel: Die „Traumpfade" der Ahnen; Aborigines und ihre Verbundenheit zum Land).

Royal Flying Doctor Service & School of the Air (School of Distance Education)

Die riesigen Entfernungen auf dem australischen Kontinent sind eines der größten Probleme bei der medizinischen Versorgung der Bevölkerung. Anfang des 20. Jh. nahm sich *Reverend John Flynn* dieser Sache an. Während seiner Reise durch das *outback* war Flynn als junger Missionar immer wieder geschockt über die unzureichende Hilfe für die Pioniere. Seine Vision war ein „Mantel der Sicherheit" *(the mantle of safety)* für all jene, die sich im *outback* niedergelassen hatten. Durch die vielfältigen Einsatzmöglichkeiten von Flugzeugen im Ersten Weltkrieg aufmerksam geworden, kam ihm die geniale Idee der Hausbesuche per Flugzeug. Der erste fliegende Arzt, *Dr. Kenyon St. Vincent Welch*, trat seinen Dienst am 15. Mai 1928 an und führte bereits zwei Tage später seine erste Operation bei Julia Creek, 137 km von der Basis entfernt, durch. Das erste Flugzeug der *Flying Doctors* war eine *Qantas DH50A* mit dem Namen *Victory*. Aber der Transport war nicht das einzige Problem, sondern es galt auch, die Kommunikation über lange Distanzen zu bewerkstelligen. 1929 erfand der Elektroingenieur *Alfred Traeger* den drahtlosen Pedalgenerator, der den Menschen im isolierten Hinterland ermöglichte, ein Funkgerät zu betreiben. Seitdem ist der *Royal Flying Doctor Service* (RFDS) mit 16 Basisstationen vertreten und weit über die Grenzen Australiens – auch durch die gleichnamige Fernsehserie – bekannt. 27 Ärzte und 70 Krankenschwestern verrichten beim *RFDS* ihren Dienst und versorgen medizinische Notfälle auf dem gesamten Kontinent. Sie decken ein Areal von 7 Millionen Quadratkilometern ab, haben täglich etwa 40 Notfälle zu behandeln und fliegen jährlich etwa 9,5 Millionen Kilometer. Im Northern Territory gibt es 2 Stationen: Alice Springs und Darwin. In Westaustralien liegen die Basisstationen in Derby, Port Hedland, Carnavon, Meekatharra, Kalgoorlie und Perth. Südaustralien hat 2 Stationen: Port Augusta und Adelaide. Victoria wird von Melbourne aus versorgt und New South Wales von Broken Hill, Sydney und Canberra. In Tasmanien befindet sich die RFDS-Basis in Launceston. Queensland hat 5 Basisstationen mit 8 Ärzten, 14 Krankenschwestern und 22 Piloten und arbeitet als eingeständige Gesellschaft unabhängig von den anderen RFDS's; die Stationen befinden sich in Cairns, Mount Isa, Rockhampton, Charleville und Brisbane.

Land und Leute

Reisevorbereitung

Strecken 1–3

Strecken 4–6

Strecken 7–8

Strecken 9–10

Strecken 11–12

Strecken 13–??

Teils werden die Menschen auch telefonisch betreut. Die *outback*-Farmen haben einen gut sortierten Medikamentenvorrat, wobei die Medikamente nummeriert sind. Per Telefon entscheidet der Arzt nach den geschilderten Symptomen, welches Medikament einzunehmen ist. Die Flugzeuge sind vor allem *Beechcraft King Air B200C* und *C90*, wobei die *B200C* eine Reichweite von 1.500 km hat, bis zu 500 km/h fliegt und neben Piloten und dem medizinischen Team noch 4 Patienten aufnehmen kann.

Wie wichtig diese Einrichtung ist, hat auch schon so mancher Tourist am eigenen Leib erfahren. Um seine Arbeit zu finanzieren, ist der RFDS auf Spenden und Einnahmen der *Flying Doctors Visitors Centres* angewiesen. Aber auch der Staat unterstützt die Ärzte. Auch für Touristen ist die Inanspruchnahme der Dienste kostenlos (!).

Neben dem *Royal Flying Doctor Service* ist eine weitere Einrichtung typisch für Australien: die *School of the Air*. Eine Schulrätin, *Adelaide Miethke,* besuchte den *RFDS* und kam auf die Idee, dessen Radionetz zum Unterricht für Kinder an entlegenen Orten zu nutzen. 1951 war es soweit: Der erste Unterrichtsraum mit einer Funkanlage, einem Tisch und einem Stuhl wurde in Alice Springs eingerichtet. Bis heute sind noch viele Unterrichtsräume dazugekommen. Allein die *School of the Air* in Alice Springs versorgt ein Gebiet von über 1,3 Millionen Quadratkilometern. Das entspricht etwa der vierfachen Fläche Deutschlands. Die durchschnittlich 140 Schüler wohnen bis zu 1.000 km vom Schulgebäude entfernt. Finanziert werden die Schulen durch das Bildungsministerium des jeweiligen Bundesstaates, wobei von den Eltern eine geringe Gebühr erhoben wird. Ein Air-Schulkind kostet den Staat etwa das

Doppelte wie ein Kind an einer städtischen Schule, jedoch die Alternative – ein Internatsplatz – wäre noch teurer.

Die Lehrer, die den Fernunterricht betreuen, sitzen in der jeweiligen Schaltzentrale, verteilen von dort aus Übungen und kontrollieren die Hausaufgaben. Die Unterrichtseinheiten für die einzelnen Schüler sind sehr kurz (ca. eine halbe Stunde). Jede Woche hat jeder Schüler zusätzlich 10 Minuten private Radiozeit mit dem Lehrer. Die Radiostunden ergänzen die Arbeit an den Fernkursen zu Hause, für die die Schüler 5–6 Stunden pro Tag an 6 Tagen in der Woche aufwenden.

Die Hausaufgaben werden nach zehn Tagen zusammen mit einer Stellungnahme der Mutter oder eines Hausaufgabenbetreuers per *road train* an die Schule geschickt, dort von den Lehrern korrigiert und mit neuen Lehrmaterialien zurück an den Schüler geschickt.

Aber auch auf den entlegenen Farmen zieht langsam der Fortschritt ein: Immer mehr Schüler und auch Eltern nutzen das Internet und kommunizieren per E-Mail. Der benötigte Strom wird über Dieselgeneratoren selbst erzeugt. Die Familien können die notwendige Ausstattung (Transceiver, TV-Geräte, Video-Recorder, Kassettenrecorder und Laptop) für eine geringe Gebühr von der Schule mieten. Die EDV-Ausbildung zählt mittlerweile ebenfalls zum festen Repertoire der Schulen.

Einmal im Jahr machen die Lehrer in schuleigenen Allradfahrzeugen oder per Flugzeug eine Runde durchs *outback* und besuchen ihre Schüler, um deren Lernumgebung und individuellen Bedürfnisse kennen zu lernen. Mindestens einmal im Jahr wird auch eine Freizeit organisiert, bei der sich alle Schüler einer Klasse treffen.

Reise-
vorbereitung

Erste Überlegungen

Vor der Planung einer Reise durch entlegene Gebiete Australiens sollte man sich folgende Fragen ernsthaft und ehrlich beantworten:

⇨ Wie viel Zeit steht mir für die Reise zur Verfügung?

⇨ Was möchte ich auf der Tour sehen?

⇨ Wie viele Stunden Fahrzeit auf schlechten Pisten kann ich verkraften?

⇨ Kann ich auf den Segen der Zivilisation wie Toilette, Bad, Kühlschrank und Herd verzichten?

⇨ Reizt mich das Abenteuer?

⇨ Fahre ich allein oder in einer Gruppe?

⇨ Wie viel Geld für Fahrzeug und Ausrüstung steht mir zur Verfügung?

Der Zeitfaktor spielt für *outback*-Fahrer die wichtigste Rolle, denn er bestimmt die Entfernung, die man sich vornehmen kann. Wer nur drei bis sechs Wochen zur Verfügung hat, sollte sich während zwei Dritteln der Reise auf die Erkundung eines kleinen Gebietes per Wagen beschränken und für den Rest das Flugzeug nehmen. Lange Distanzen bedeuten ständiges Fahren. Sehenswürdigkeiten oder andere lohnende Punkte abseits der gewählten Strecke werden so wegen des Zeitdrucks versäumt. Außerdem fährt es sich wesentlich stressfreier, wenn man weiß, es steht für ein kleines Gebiet ausreichend Zeit zur Verfügung.

Sinnvoll erschien es uns, eine Liste anzufertigen, auf der alles vermerkt ist, was man auf oder abseits der Strecke sehen möchte. Diese Liste sollte man unterteilen in „will ich unbedingt sehen" und „möchte ich gerne sehen, wenn die Zeit reicht". Die Route wird dann, unter Berücksichtigung der Wünsche der Mitfahrer, nach diesen Gesichtspunkten geplant. Anschließend sollte man noch einmal die Zeitkalkulation durchgehen und prüfen, ob die Zeit tatsächlich ausreicht. Dabei sollte man lieber großzügig bemessen, damit unterwegs noch etwas Spielraum bleibt.

Unwegsame Pisten, Staub, Fliegen, Hitze und das Fehlen sanitärer Einrichtungen sind nicht zu unterschätzen. Sechs Stunden auf einer Autobahn sind bei weitem nicht so anstrengend wie sechs Stunden Fahrt auf einer unbefestigten Piste bei 30 °C im Schatten. Widrigkeiten wie Schlaglöcher, wellblechartige Piste, Sand oder Schlamm fordern ständige Konzentration, die zudem durch die äußeren Umstände wie Staub und Hitze herabgesetzt wird. Damit die Reise nicht an den Nerven zerrt, sollte die Strecke nie so strikt geplant sein, dass man nicht auf andere, kürzere oder einfachere Strecken ausweichen kann. Natürlich spielt auch die Jahreszeit eine entscheidende Rolle. Fahrten durchs *outback* im australischen Sommer sind nach Möglichkeit zu vermeiden.

Außerdem sollte man sich bewusst sein, dass nach einem Fahrtag im *outback* nicht immer ein Bad oder eine Dusche zur Verfügung stehen. Wer also täglich seine Dusche braucht und auch auf andere Annehmlichkeiten nicht verzichten kann, sollte überlegen, ob ein Urlaub im *outback* abseits der Zivilisation das Richtige ist.

Entscheidend für die Wahl des Reiseziels ist die fünfte Frage. Man sollte wissen, dass Fahrten in entlegene Gebiete nichts Alltägliches sind und mehr oder weniger abenteuerlich sein können. Wer zweifelt, ob er eine Strecke und die dabei auftretenden Probleme wirklich bewältigen kann, sollte besser erst einmal einfachere Fahrten planen. Mit den hier gewonnenen Erfahrungen kann man sich später, etwa bei einer zweiten Reise durch Australien, an die schwierigeren Strecken wagen. Eine andere Möglichkeit besteht darin, mit mehreren in einem Konvoi zu fahren. Das erhöht zum einen die Sicherheit, zum anderen minimiert es die Nebenkosten, da viele Ausrüstungsgegenstände gemeinsam angeschafft werden können. Am besten ist es dann natürlich, wenn wenigstens einer der Teilnehmer Erfahrung mit dieser Art des Reisens hat.

Wenn geklärt ist, welches Gebiet und welche Strecken man bereisen möchte, muss man sich über das Fahrzeug und die damit verbundenen Kosten Gedanken machen. Wer einen Wagen mietet, hat zwar geringe Nebenkosten (→ Die Wahl des Geländewagens, hier: Mietwagen), dafür aber sind die Mietpreise bei einer längeren Leihzeit recht hoch. Die Alternative dazu wäre der Kauf eines Wagens (→ Die Wahl des Geländewagens, hier: Autokauf), aber das lohnt nur für einen längeren Aufenthalt. Nach der Wahl des Fahrzeugs steht dann die Beschaffung der notwendigen Ausrüstung an (→ Ausrüstung des Geländewagens).

Die richtige Route zur richtigen Jahreszeit

Bevor man eine Reise überhaupt plant, ist zu überlegen: Wann möchte ich fahren, und welche Strecken sind dann befahrbar?

Grundsätzlich lässt sich dazu sagen, dass alle *outback*-Strecken in der Regel vom Spätherbst bis zum Frühling (April

und Mai bis November) zu befahren sind. Dann ist die Regenzeit im Norden und Nordosten, die sich auf den Zustand vieler Strecken auswirkt, meist vorbei. Die Temperaturen sind tagsüber angenehm bis heiß (25° bis 35° Grad), können nachts im Juli und August (besonders in den Wüstengebieten) aber auch bis unter den Gefrierpunkt fallen. Im Sommer (Dezember bis März oder April) dagegen sind auf den Strecken im Zentrum Tage mit 50° Grad im Schatten keine Seltenheit, und das Fahren wird zur Qual, geschweige denn, dass die in der Hitze flimmernde Landschaft mit den ausgetrockneten Flüssen was fürs Auge böte. Während der Regenzeit im Sommer (*wet season*) sind folgende Strecken wegen heftiger Regenfälle und Überschwemmungen geschlossen: *Cape York Track, Gulf Track, Gibb River Road* und Teile der *Canning Stock Route*. Die besten Reisezeiten für diese Strecken liegen kurz bzw. unmittelbar nach der Regenzeit. Dann ist das Land grün, Flüsse und Wasserfälle führen noch Wasser, und die Touristenzahl hält sich in Grenzen. Nachteil in dieser Zeit ist der manchmal hohe Wasserstand der Bäche und Flüsse. Aufgrund dessen ist schon einige Erfahrung im Durchqueren von Wasserläufen erforderlich.

Alle anderen Strecken können in den Sommermonaten für einige Tage oder auch Wochen gesperrt sein. Das heißt, man muss sich auf jeden Fall vorher bei den Automobilclubs, besser noch am Ausgangsort des *track* erkundigen, ob die Strecke zurzeit befahrbar ist. Leider ist aber auch das australische Wetter launisch, und so kann es durchaus vorkommen, dass eine Strecke, die heute noch ohne Probleme befahrbar ist, sich innerhalb weniger Stunden in eine Schlammpiste verwandelt, auf der es kein Durchkommen mehr gibt.

Dann kann die Devise nur noch lauten: Abwarten und einen *billy-tea* trinken. Sind die Regenfälle nur von kurzer Dauer, kann man davon ausgehen, dass die Strecke innerhalb weniger Tage wieder zu befahren ist. Wenn es länger regnet, sollte man besser umkehren und einen anderen Weg wählen. Wir hatten zum Beispiel bei unserer Fahrt auf der Canning Stock Route Ende April noch heftigste Regenfälle, die die Piste innerhalb von Minuten in Bäche verwandelten. Zum Glück hielt der Regen nur kurz an, und das Wasser verschwand ebenso schnell im Wüstenboden, wie es sich aus dem düsteren Himmel ergoss. Während dieser Reise war auch der Nordteil der *Canning Stock Route* bis August wegen Überflutung des in der Regel trockenen *Lake Gregory* gesperrt. Gut, wenn man dann eine Umgehung kennt. Um die Orientierung zu erleichtern, sind bei den Infoangaben vor jeder Streckenbeschreibung die mögliche Reisezeit, die besten Reisemonate und Sperrzeiten für die entsprechende Strecke angegeben. Grundsätzlich sollte sich jeder Reisende vorher nach dem Zustand des jeweiligen *track* erkundigen und der Wettervorhersage unbedingt Aufmerksamkeit schenken.

Welches Fahrzeug für welche Strecke?

Die zweite entscheidende Frage ist: Welche Strecke möchte ich fahren, und welches Fahrzeug benötige ich dafür?

Wer sich nur auf relativ einfachen Pisten bewegen möchte, kommt dort bei vorsichtiger Fahrweise mit fast jedem Fahrzeug klar. Wir gehen hier einmal davon aus, dass man sich in der von uns angegebenen Reisezeit auf dieser Strecke bewegt. Dann sind viele Pisten (z. B. *Birdsville Track*, der neue *Strzelecki Track* bzw. *Moomba Gasfield Road*, *Oodnadatta Track*) durchaus mit Pkw zu befahren. Wenn wir dazu auch nicht unbedingt raten würden, so ist es doch möglich. Auf einer unserer Reisen trafen wir sogar einen VW-Bus auf der Fahrt zu *Cape York*. Diese Strecke per Campingbus *(camp-mobil)* oder Wohnmobil *(motorhome)* zu befahren, ist nicht zu empfehlen, da selbst die Umgehungsstraße nach der Abzweigung in Richtung Weipa bis hinauf zum Kap eine schlechte, wellblechartige Piste ist.

Die meisten Australienurlauber sind Kurzbesucher und mieten einen Pkw, Campingbus oder ein Wohnmobil. Diese Fahrzeuge sind für asphaltierte Straßen ausgelegt, wenn auch einfache Pisten damit zu fahren sind. Allerdings sind solche Mietfahrzeuge auf unbefestigten Straßen nicht versichert; etwaige Schäden am Fahrzeug und Bergungskosten gehen hier zu Lasten des Mieters. In der Regel steht im Vertrag der Mietwagenanbieter auch, dass unbefestigte Pisten ausgenommen sind und das Fahren des Wagens ausschließlich auf Asphalt gestattet ist. Die Wagen selbst sind meist in gutem Zustand und auch ausreichend ausgerüstet. Dennoch ist auf das Minimalzubehör wie Werkzeug, Wagenheber und Ersatzrad zu achten.

Da Miete oder Kauf eines Pkw oder Campingbusses bei den zahlreichen Anbietern (→ Adressen im Anhang) kein Problem sein sollten, gehen wir hier schwerpunktmäßig auf Geländewagen und die dazugehörige Ausrüstung ein.

Welcher Geländewagen?

Das Angebot an Geländewagen (4-WD) ist in Australien sehr vielfältig. Firmen wie *Toyota, Nissan, Holden* (gehört zu *General Motors*), *Rover, Mitsubishi, Ford, Lada* und *Mercedes Benz* sind vertreten. *Toyota* beherrscht den Markt, die anderen dagegen müssen sich mit relativ geringen Anteilen zufrieden geben. Größere Marktanteile haben in den letzten Jahren lediglich *Nissan* und *Holden* gewonnen.

Wenn man sich die Flotten der kommerziellen Fahrzeugvermieter ansieht, dann ist außer *Toyota* kaum eine andere Marke im Einsatz. *Toyota* stellt auch das Gros der Geländefahrzeuge in den ländlichen Gegenden; so sind auch im Fall einer Pannenbehebung relativ zügig Ersatzteile zu bekommen bzw. es findet sich eine Werkstatt. *Toyota* ist mit Sicherheit die Automarke, die an erster Stelle einzuordnen ist, vor allem, wenn es um den Kauf eines Geländewagens geht. Beim Mieten eines Geländewagens sind Überlegungen bezüglich der Automarke von eher untergeordneter Bedeutung, da die Mietwagenfirma je nach abgeschlossenem Vertrag die Reparaturkosten ganz oder teilweise übernimmt.

Grundsätzlich unterscheidet man in Australien zwischen drei Geländewagenkategorien und deren Streckentauglichkeit: *heavy duty* (Toyota Landcruiser, Nissan Patrol, Ford Maverick u. ä.), *light heavy duty* (Toyota Hi-Lux u. ä.) und *light duty* (Suzuki Vitara, Suzuki Sierra, Holden Jackaroo, Holden Rodeo, Mitsubishi Pajero u. ä.). Für lange und schwierige Strecken eignen sich die Wagen der ersten Kategorie aufgrund ihrer Robustheit und hohen Zulademöglichkeit am besten. Der beste *light heavy duty* ist der *Toyota Hi-Lux*. Die leichten Modelle der dritten Kategorie sind mit Ausnahme von *Holden Jackaroo, Holden Rodeo* und *Mitsubishi Pajero* nur für die einfachsten Strecken in Australien geeignet.

Die Firma *Toyota* hat verschiedene Modellreihen im Angebot. Die bekannteste ist wohl die *Landcruiser*-Serie, die auch in Australien am häufigsten vertreten ist. Das am meisten verbreitete Modell ist der *Troop Carrier*. Er gilt als das Arbeitspferd unter den Geländewagen, ist überaus robust und bietet genügend Stauraum. Nachteilig sind vielleicht die spartanische Ausrüstung und der Geräuschpegel, wobei sich dies bei den neueren Modellen in Grenzen hält. Die von den Vermietern angebotenen Modelle *Bushcamper* oder *Outback Camper* mit Dachzelt basieren alle auf diesem Modell. Auch wenn zehn oder zwölf Jahre alt, sind sie immer noch sehr beliebt in Australien. Gerade in der Dieselversion sind sie schwer zu bekommen, aber auch sehr leicht zu verkaufen. Jedoch muss gesagt werden, dass der Bushcamper nur bedingt für das Outback geeignet ist. Gerade bei Dünenüberfahrten stößt man aufgrund des hohen Schwerpunktes schnell an die Grenzen des Machbaren.

Die älteren Modelle (heute kaum noch im Einsatz) verfügten über eine fast vollständig geschraubte Karosserie. Der Wagen war innerhalb eines Tages zu zerlegen und wieder zusammenzusetzen. Unsere Reise 1992 mit einem dieser älteren Modelle bescherte uns einen Unfall kurz vor *Jardine River* auf der Halbinsel *Cape York*. Ein anderer Wagen wäre danach wahrscheinlich schrottreif gewesen, oder die Reparatur hätte Unsummen verschlungen. Uns kostete sie genau 2.000 $. Dabei beliefen sich allein die Kosten für den Mechaniker, der eigens aus Bamaga kam, auf 400 $. Achsgehäuse (inklusive Einbau), Motorhaube, Lampe, Seitenblech, Stoßstange und diverse Kleinteile bekamen wir als *secondhand*-Teile bei den Schrott- oder

Mietwagen

Land und Leute

Reisevorbereitung

Strecken 1-3

Strecken 4-6

Strecken 7-8

Strecken 9-10

Strecken 11-12

besser gesagt Gebrauchtteilhändlern *(wrecker)* und konnten sie dank der Schrauben auch selbst einbauen. So viel zur Robustheit und Gängigkeit dieses Modells. Leider haben die neuen Modelle, wie alle anderen Geländewagen auch, diese Vorzüge der zerlegbaren Karosserie nicht mehr, sodass selbst ein kleiner Blechschaden teuer wird, aber man findet zumindest immer noch überall gebrauchte Ersatzteile.

Neben dem Landcruiser-Modell gibt es noch den wesentlich komfortableren *station wagon* (FJ und HJ 80). Auch dieser ist in einer outbacktauglichen Version zu haben und ist bei Firmen wie *Travel Car Centre* in der Fahrzeugflotte. Meist verfügt er über einen Innenausbau mit Schubladensystem und 2–3 Sitzen. Für eine Outbacktour lässt sich viel Material zuladen und der Schwerpunkt bleibt niedrig. Übernachtet wird dann im Bodenzelt.

Grundsätzlich kommen aus der *Landcruiser*-Serie die Modelle *HJ Serie* ab 1985 und *FJ Serie* ab 1985 für *outback*-Touren in Frage (F = Benzin; H = Diesel). Entscheidend ist der Zustand des Wagens und ein entsprechend großer Tank (Doppeltank mit 180 l).

Als weitere Modellreihe gibt es den *Hi-Lux* in verschiedenen Variationen. Er ist preislich wesentlich günstiger als der *Landcruiser* und somit eine überdenkenswerte Alternative. Angeboten werden sie als *pick-up* (offene Ladefläche) mit einer Fahrkabine für zwei *(single cab)* oder vier Personen *(dual cab)*. Für die Ladefläche gibt es Kabinenaufsätze aus Fiberglas oder Tuch. Viele sind der Meinung, mit nur 90 Pferdestärken unter der Haube sei der *Hi-Lux* untermotorisiert. Die fehlenden Pferdestärken kann er aber aufgrund seines geringen Gewichts durchaus kompensieren. Probleme treten nur dann auf, wenn er übermäßig beladen wird. Ein

Nachteil des *Hi-Lux,* insbesondere der Version für vier Personen, ist der geringe Stauraum, der sich besonders bei langen Strecken negativ auswirkt.

Die Frage, ob Diesel oder Benziner, soll jeder für sich entscheiden, wobei anzumerken ist, dass Dieselmotoren klare Vorteile bieten. Zum einen haben sie einen wesentlich geringeren Kraftstoffverbrauch, und zum anderen sind sie weniger anfällig für Schäden. Es muss aber auch gesagt werden, dass Reparaturen bei einem Diesel wesentlich teurer werden als bei einem Benziner.

Mietwagen

Ein Mietwagen kommt für alle in Frage, die weniger als sechs Wochen im Land bleiben möchten. Erst bei einem längeren Aufenthalt rechnet sich der Kauf eines Geländewagens, sei es von privat oder bei einem Händler.

Mietwagen können über deutsche Reisebüros und Spezialveranstalter (z. B. Kangaroo Tours) oder in allen großen australischen Städten direkt gebucht werden. Kleinere Spezialveranstalter sind aber vorzuziehen, da sie die größere Auswahl an australischen Vermietern und meist über mehr Landeskenntnisse verfügen. Vorsicht ist geboten bei Vermittlern, die keinen Insolvenzversicherungsschein ausstellen! Wer in der Hochsaison einen Wagen möchte, muss allerdings schon Monate vorher bestellen. Große Anbieter von Mietwagen (Campingbussen und Geländewagen) sind *Kea* und *Apollo Motorhomes* und die auch in anderen Ländern tätigen Anbieter wie z.B. *Hertz* und *Avis,* die aber in der Regel nur reine Geländewagen im Angebot haben. Daneben gibt es die Firmen *Travel Car Centre, Boomerang Campers, Easy Life Campers, Territory Rent a Car* und *Camperworld* (→ Adressen im Anhang). *Travel Car Centre* z.B. bietet vier verschiedene Modelle von Geländewagen an (Bushcamper, Station Wagon mit oder ohne Dachzelt, Troop Carrier mit Schubladensystem). Auch was die Ausstattung betrifft, sind die kleinen Vermietern den großen deutlich überlegen. Oft sind umfangreiches Werkzeug, ein Bergungs-Kit, Hi-Lift-Jack oder andere Ausrüstungsgegenstände im Preis enthalten. Bei den großen Vermietern muss Campingausrüstung und Zusatzwerkzeug oftmals gemietet werden, wobei viele der Firmen die Reisenden auch ohne Hi-Lift-Jack oder Ersatzreifen ins *outback* fahren lassen. Wir trafen auf der letzten Cape-York-Tour Schweizer, denen man noch nicht einmal einen Schraubenzieher mitgegeben hatte.

Einwegmieten sind fast immer möglich; einige Anbieter verlangen hier einen Aufpreis, andere machen Einwegmieten von der Mietdauer abhängig.

Die Preise für Mietwagen z. B. den *bushcamper* (Toyota Troop Carrier mit Hochdach und Camperausbau) betragen ungefähr:

- Mietdauer 7–20 Tage: pro Tag 155 $ in der Nebensaison, bis 220 $ in der Hauptsaison
- Mietdauer 21–34 Tage: pro Tag 145 $ in der Nebensaison, bis 200 $ in der Hauptsaison
- Mietdauer 35 und mehr Tage: pro Tag 130 $ in der Nebensaison, bis 180 $ in der Hauptsaison

(Nebensaison ist in der Regel von Anfang April bis Ende Juni; Hauptsaison von Anfang Juli bis Ende November.)

Die oben genannten Preise sind lediglich die Mietkosten. Dabei ist der Wagen zwar auch versichert, aber in der Regel der Mieter 5.000–8.000 $ eines Schadens selbst. Eine zusätzliche Versicherung (CDW = *Collision Damage Waiver*), die oftmals für 30–35 $ pro Tag

bei der Wagenmiete mit abgeschlossen werden kann, reduziert den Selbstbehalt enorm (auf 2.000 $ je nach Versicherung). Bei der Rundumversicherung (CC = *Complete Cover*) für 40–48 $ am Tag kommt auf den Versicherten keine Beteiligung an den Kosten zu, auch nicht bei Alleinverschulden. Das Rundumpaket deckt auch mehr Schäden ab, z. B. an Windschutzscheiben, Reifen, Dach und Fahrzeugunterseite, wie auch Wasserschäden.

Zusätzlich zu den Mietkosten sind 2 % des Mietpreises als Steuer *(government tax)* an den Staat zu zahlen. Nimmt man also einen Wagen mit Vollkasko in der Hauptsaison für vierzehn Tage, kostet er über 200 $ pro Tag. Für diesen Preis sind Mietwagen nicht gerade üppig mit Werkzeug oder anderen Dingen, die man für eine *outback*-Reise benötigt, ausgerüstet. Relativ einfache *outback*-Strecken wie der *Birdsville Track, Oodnadatta Track* oder ähnliche sind mit dieser Ausrüstung in der Regel kein Problem. Allerdings sollten Mieter bei der Übernahme des Wagens die Werkzeugkiste überprüfen und gegebenenfalls noch ein paar Teile kaufen.

Neben Geländewagen bieten die oben genannten Firmen auch Campingbusse *(campervans)* und Wohnmobile *(motorhomes)* an. Die Mietpreise hierfür betragen bei einer Mietdauer von mindestens fünf Tagen in der Nebensaison ca. 85 $ und in der Hauptsaison ca. 165 $ (inklusive Steuer und CDW). Die großen, unhandlichen *motorhomes* kosten bei einer Mindestmietdauer von sieben Tagen in der Nebensaison ca. 160 $ und der Hauptsaison ca. 285 $ (inkl. Steuer und CDW).

Bei allen Firmen ist es meist preisgünstiger, die Wagen von Deutschland aus zu buchen, da in diesem Fall Sondertarife gelten. Geringe Preisdifferenzen gibt es zwischen *Britz Rentals,*

Kea und *Apollo Campervans*. Wesentlich preisgünstiger jedoch als diese sind Kleinanbieter wie *Travel Car Centre, Boomerang Campers, Easy Life, Camperworld* und andere (→ Adressen im Anhang). Bei ihnen kosten z. B. ein *Toyota Landcruiser* oder ein *Nissan Patrol*:

- Mietdauer 14–20 Tage: 160 $ pro Tag
- Mietdauer 21–34 Tage: 150 $ pro Tag
- Mietdauer über 35 Tagen: 140 $ pro Tag

In diesen Preisen sind zumeist alle Nebenkosten und die Vollkaskoversicherung enthalten. Zum Auto gehören oft umfangreiches Werkzeug (bei kleineren Spezialanbietern) ebenso wie auf Anfrage eine brauchbare Campingausrüstung. Nachteilig kann hier sein, wenn eine Kilometerbegrenzung pro Tag festgelegt ist (z. B. 300 km pro Tag). Allerdings sollte man bedenken, dass man bei einer Mietdauer von 20 Tagen immerhin 6.000 km fahren kann und ab 35 Miettagen viele Firmen die Beschränkung bei den Freikilometern aufheben. Oft werden auch kleine Campingbusse *(campervans)* und Kombis *(station wagons)* angeboten. Hier liegen die Mietpreise je nach Saison zwischen 65 $ bis 85 $ für Kombis und 95 $ bis 120 $ für Busse. In der Nebensaison werden oft Rabatte eingeräumt. Für Einwegmieten gibt es spezielle Tarife.

Fazit: Mieten lohnt sich für jeden, der nicht mehr als sechs Wochen mit einem Fahrzeug unterwegs sein will. Ein Vergleich von Preisen und Leistungen der verschiedenen Anbieter rechnet sich. Bei Übernahme des Fahrzeugs ist auf jeden Fall zu prüfen, ob das nötige Werkzeug und auch die notwendige Ausrüstung an Bord sind.

Hinweis: Die Adressen der einzelnen Anbieter sind im Anhang aufgelistet.

Autokauf

Die Entscheidung für einen Fahrzeugkauf hängt vor allem von der Zeit ab, die für die Reise zur Verfügung steht. Bei sechs oder mehr Wochen Aufenthalt sollte man die Möglichkeit des Kaufs in Betracht ziehen. Neben der Aufenthaltsdauer in Australien ist der Kaufpreis der zweite wichtige Faktor. Anders als bei einem Mietwagen muss hier der Wagen erst einmal voll bezahlt werden. So benötigt man zur Finanzierung schon vor Reisebeginn eine große Geldsumme, denn Geländewagen in Australien sind nicht gerade billig; für einen Wagen, der nicht älter als fünf Jahre sein soll, sind mindestens 30.000 $ auf den Tisch zu legen. Es gibt auch Fahrzeuge für unter 10.000 $, aber diese sind in der Regel mehr als 15 Jahre alt und haben, auch wenn sie außen noch tiptop sind, meist schon eine Fahrleistung von über 200.000 km hinter sich. Dass dies Spuren vor allem bei den beweglichen Teilen hinterlässt, sollte jedem klar sein. Natürlich kann man davon ausgehen, dass sich das Auto, besonders wenn es ein Diesel ist, auch wieder zu einem angemessenen Preis verkaufen lässt. Allerdings sollte man sich nicht der Illusion hingeben, an dem Verkauf noch etwas zu verdienen, wenn das auch in manchen Fällen möglich sein mag. Mitunter erfordert der Verkauf eines Wagens viel Zeit (Tage und mitunter Wochen) und eine gehörige Portion Glück. So manch einer hat am Ende seiner Reise das Fahrzeug unter dem ursprünglich angesetzten Preis verkaufen müssen.

Grundsätzlich gibt es vier Möglichkeiten, an den gewünschten Wagen zu

Land und Leute

Reisevorbereitung

Strecken 1–3

Strecken 4–6

Strecken 7–8

Strecken 9–10

Strecken 11–12

kommen: über Zeitung, Händler, Auktion oder spezielle Anbieter. Gute Aussichten, das gewünschte Fahrzeug zu finden, hat man über die Zeitung. In den Wochenendausgaben der großen Blätter oder in der *Trading Post* (vergleichbar unseren Schnäppchenzeitungen) stehen oft seitenweise Fahrzeugangebote, viele von Privatpersonen. Beim Kauf eines Gebrauchtwagens – sei es von privat, einem Autohändler oder auf einer Auktion – besteht immer das Risiko, einen Wagen zu erstehen, der nicht in Ordnung ist. Man benötigt sehr viel Sachverstand, Zeit und natürlich auch Glück, einen tauglichen Wagen zu finden. Unangenehme Erfahrungen bescherten uns so manche Autohändler, die skrupellose Verkaufsstrategien anwendeten. Bei unserer ersten Reise hatten wir uns ein Preislimit von ca. 5.500 $ für einen älteren Diesel gesetzt (SWB 10 Jahre und älter). Den ersten Satz, den wir fast überall zu hören bekamen, war: „Dafür bekommt Ihr nur Schrott. Aber vielleicht kann ich Euch helfen. Ich hab' einen wirklich guten, den ich Euch für 5.000 $ geben könnte." In der Regel sah das angebotene Fahrzeug schrottreif aus. Oftmals wollte man uns noch einen Rabatt von 500 $ gewähren, zum Ausgleich dafür, dass der Wagen ein Benziner war und „etwas" mehr Sprit verbrauche. Einlassen sollte man sich auf so etwas nicht, denn der Händler gewährt diesen Rabatt nicht ohne Grund. Genauso wie er den Wagen nicht verkaufen kann, ergeht es einem am Ende der Reise selbst. Wir fanden letztlich einen brauchbaren *Toyota Landcruiser* (SWB, Diesel, 12 Jahre alt) über die *Trading Post*. Der Wagen hatte zwar kein Zündschloss (gestartet wurde mit dem Schraubenzieher), insgesamt drei verschiedene Schlüssel, und auch der Lack war etwas lädiert, aber dafür gab es einen Zusatztank für 120 Liter Diesel, und das Auto war technisch okay. Die fehlenden Kleinteile für ein solches Fahrzeug bekommt man bei Gebrauchtteilhändlern. Mit Dieselversion und Zusatztank spart man je nach Reisedauer schon einiges.

Eine weitere Möglichkeit, an einen Wagen zu kommen, sind Auktionen *(auctions)*. Der Nachteil hierbei ist, dass der Wagen vorher nicht Probe gefahren werden kann. Andererseits besteht die Möglichkeit, ein richtiges Schnäppchen zu machen. Sind nur wenige Bieter da, oder keiner interessiert sich für den Wagen, kommt er für den Mindestpreis unter den Hammer. Aber Vorsicht, man kauft immer „die Katze im Sack". Wer nichts von Autos versteht, sollte besser kein Auto auf einer Auktion erstehen.

Wer sich nicht mit Händlern herumschlagen möchte, keine Zeit für die Suche in der Zeitung und den Besuch von Auktionen hat, für den gibt es noch eine letzte Alternative: den Kauf mit Rückkaufgarantie. Diese Variante aber wird seit Einführung der Mehrwertsteuer (GST) in Australien nur noch ebenso selten angeboten wie angefordert. Viele Händler haben sich seitdem auf sehr günstige Langzeitmieten umgestellt.

Fazit: Der Kauf eines Wagens, sei es auf einer Auktion, durch die Zeitung oder beim Händler, kann sich schon lohnen, wenn man länger als sechs Wochen im Land bleiben will. Dabei sind attraktive Langzeitmieten durchaus eine Überlegung wert. Die Adressen einiger Anbieter sind im Anhang aufgelistet.

Beachten sollte man auch die anfallenden Steuern und Gebühren. So muss die *GST* (Mehrwertsteuer) im Kaufvertrag ausgewiesen sein. Beim

Gigantische Outbacktrees, hier am Anne Beadell Highway (➤ Route 17)

Australische Outbackpisten sind vielfältig
oben: Schwerin Mural Crescent auf der Gibb River Road (➤ Route 20)
unten: Zufahrt zur Überquerung von Palm Creek (➤ Route 25)

oben: Auf dem Cape York Track (➤ Route 25)
unten: Durack River nach heftigen Regenfällen (➤ Route 20)

Wasserdurchquerungen sind immer mit einem Risiko verbunden
oben: Drysdale River (➤ Route 20)
unter: Dalhousie Creek (➤ Route 8)

Pentecost River – Hier ist die Furt mit Steinen markiert (➤ Route 20)

Wer die Hinweisschilder nicht beachtet, kann im Schlamm-Massel enden

oben: Auch kleinere Passagen können es in sich haben
unten: Wenn es dann doch passiert, geht es meist mit vereinten Kräften weiter

Diese Schilder sind ernst zu nehmen
oben links: Der Weg kann überflutet sein   *oben rechts: Gefährliche Kuppe*
unten links: In den Weg eingelassenes Gitter   *unten rechts: Achtung, tiefe Senke*

Umschreiben eines Fahrzeugs fällt die *stamp duty* (Stempelgebühr) an. Bei Neuwagen wird sie im Kaufvertrag ausgewiesen, bei einem Gebrauchtwagenkauf nicht. Hier erhält der Käufer nach der Umschreibung von der Zulassungsstelle eine Rechnung. Die *stamp duty* liegt zwischen 2,5 und 6 % je nach Bundesstaat. Bei einer hohen Kaufsumme kommt so noch einmal ein ordentlicher Batzen hinzu.

Ist das Fahrzeug outback-tauglich?

Egal ob man einen gebrauchten 4-WD kauft, ein Fahrzeug mietet oder mit dem eigenen Allrad unterwegs ist, einige grundlegende Überprüfungen am Fahrzeug sollten vor und während der Reise durchgeführt werden. Ein zuverlässiges Fahrzeug ist die wichtigste Lebensversicherung im *outback*. Einige der Überprüfungen (s.u.) kann man selbst vor Fahrzeugkauf oder -miete übernehmen. Doch um es auf echte Tauglichkeit zu prüfen, sollte man einen Fachmann zu Rate ziehen oder einen vertrauenswürdigen Autovermieter haben. Leider gibt es immer noch Vermieter, die Touristen mit unzureichender bis gar keiner Ausrüstung z.B. durch die Simpson Desert oder nach Cape York fahren lassen.

Reifen

Bei den Reifen gilt die Regel: je neuer desto besser. Es sollten ein bis zwei Ersatzreifen (drei bei längeren Entfernungen) dabei sein.

Getriebe

Unter das Fahrzeug legen und nach Leckstellen von Öl oder Fett an den vorderen und hinteren Differentialen suchen. Naben und Radkappen anschauen, ob Öl oder Fett ausgetreten ist. Manchmal sieht man dieses Problem allerdings erst nach mehreren Stunden Fahrt. Entlüfterschläuche prüfen, ob sie (a) richtig angebracht und (b) nicht mit Schmutz und Fett umgeben sind. Getriebegehäuse auf Risse und Leckstellen, die geschweißt werden müssen, überprüfen. Einige dieser Reparaturen, besonders ein undichtes Getriebe, können kostspielige Reparaturen nach sich ziehen. Wenn Öl an den Naben zu sehen ist, könnte dies auf defekte Dichtungen zurückzuführen sein. Langfristig könnten die Lager kaputtgehen. Dieses fällt dann unter die Kategorie „kein Spaß", geschieht es weit abseits im Outback.

Ölleckstellen

Besonders um das Getriebe und der Ölwanne herum nach Leckstellen suchen. Täglich und gewissenhaft den Schmierölstand überprüfen und ggf. Motoröl nachfüllen. Alle 5.000 Kilometer sollte ein Ölwechsel stattfinden, alle 10.000 Kilometer sollten der Ölfilter und vielleicht der Kraftstofffilter ausgetauscht werden.

Stoßdämpfer und Federn

Die „*shockies*" genau ansehen, ob sie ausgenudelt und verdreht sind. Das Auto mit Tempo über eine Bodenschwelle eines Parkplatzes fahren und darauf achten, was geschieht. Wenn das Auto sich sehr „weich anfühlt", könnten die Stoßdämpfer defekt sein. Natürlich kann man notfalls auch ohne Stoßdämpfer fahren, aber das ist auf Wellblechpisten wirklich kein Vergnügen. Außerdem ist die Steuerung des Fahrzeugs mit kaputten Stoßdämpfern sehr schwierig.

Steuerung

Das Auto sollte fest, aber leicht zu steuern sein. Ist die Steuerung zu schwer, könnten die Lenkdämpfer beschädigt sein.

Luftfilter

Einen Blick auf den Luftfilter werfen: Ist er alt und schmutzig oder beschädigt? Ein neuer und sauberer Luftfilter wirkt Wunder, was die Kraftstoffersparnis angeht.

Kühler

Kühler haben oft Risse oder Leckstellen. Ein undichter Kühler ist kein Spaß. Überprüfen Sie das Wasserniveau im Kühler täglich (!) und füllen Sie ggf. entsprechend auf.

Keilriemen

Den Keilriemen und alle anderen Riemen überprüfen, um festzustellen, ob der Gummi nicht zu alt und porös ist. Immer Ersatzriemen mitführen.

Motorlager

Auf Risse in den Motorlagern aufpassen. Die Maschine kann ausfallen, wenn man mal ein großes Schlagloch übersehen hat.

Auspuff

Der Auspuff sollte natürlich nicht alt oder rostig sein und fast herunterfallen.

Elektrisches System

Überprüfen Sie Elektrik am Fahrzeug, indem sie alle Lichter gleichzeitig aufdrehen. Prüfen Sie Blinker, die Scheibenwischer usw.

Das Fahrzeug sollte mit einer Doppelbatterieanlage ausgerüstet sein, die beide Batterien auflädt. Die zweite Batterie kann als Reserve für laufende Geräte, wie Kühlschrank oder *Eski* usw., genutzt werden. Wenn das System zwar die Hauptbatterie, aber nicht die zweite Batterie auflädt, ist das dem umgekehrten Fall vorzuziehen. Eine ausgefallene Hauptbatterie ist ebenfalls kein Vergnügen.

Bremsen und Kupplung

Bremsen und Bremsflüssigkeitsspiegel überprüfen. Natürlich sollte das Auto zum Testen der Bremsen gefahren werden. Das Fahrzeug muss beim Bremsen stoppen, und der Druck aufs Bremspedal sollte sich nicht „weich anfühlen".

Versicherung

Anders als in Deutschland ist in Australien mit der Zulassung des Autos (*registration*) eine Haftpflichtversicherung für Personenschäden eingeschlossen (*third party personal injury insurance*). Dies gewährleistet zumindest einen minimalen Versicherungsschutz für Personen. Dieser Versicherungsschutz sollte auf jeden Fall auf Sachschäden ausgedehnt werden (*third party property insurance*). Bei einem Kauf über Händler bieten diese den Kunden oft auch an, gewünschte Versicherungen abzuschließen. Wer jedoch sichergehen möchte, dass dies auch wirklich erledigt wird, sollte sich selbst darum kümmern, denn hin und wieder wird das Geld von den Händlern nicht an die Versicherungsgesellschaft weitergeleitet, und der Autofahrer fährt ohne Versicherungsschutz durch Australien. Ein seriöser Händler geht mit seinem Kunden zum Versicherungsbüro und zur Zulassungsstelle, um den Papierkram zu erledigen. Wer dieses Glück nicht hat, muss sich selbst um Versicherungsschutz kümmern. In der Regel geht auch das problemlos vonstatten.

Die größten Versicherer sind einmal die Automobilclubs (NRMA, RAC etc.) der einzelnen Bundesstaaten. Leider versichern sie meistens nur regional und sind aus diesem Grunde nicht zu empfehlen. Australienweit dagegen versichern *GIO, AAMI, FAI* und *SUN-CORP.* Um das Auto zu versichern, benötigt man seinen Führerschein (international), die Autopapiere (Kaufpapiere) und eine Adresse in Australien (Freunde, Bekannte, das Hotel oder der Autohändler). Günstig ist es, eine Bescheinigung (in englischer Sprache) über seinen Schadensfreiheitsrabatt in Deutschland mitzuführen. In der Regel erkennen die australischen Versicherer bei einer Vollkaskoversicherung die Rabatte an.

Die Versicherungsgebühren selbst sind in Australien wesentlich günstiger als in Deutschland. So kosten die Haftpflichtversicherung (für materielle Schäden) z. B. für einen *Toyota Landcruiser* für ein Jahr ca. 240 bis 400 $ und die Vollkaskoversicherung 800 bis 1.100 $, je nach Versicherer. Werden Versicherungsleistungen nicht in Anspruch genommen, so wird ein Teil der Prämie zurückgezahlt. Liegt die erstattete Summe unter 100 $, ist es günstiger, den Scheck an einen australischen Bekannten weiterzuleiten, der ihn dann auf seinem Konto einlöst. Die Einlösegebühren in Deutschland sind nämlich derart hoch, dass sich das Einlösen bei einer so geringen Summe nicht lohnen würde.

Zum Schluss noch ein wichtiger Hinweis: Wenn möglich, sollte das Auto bei der Versicherung auf einen festen Wert *(fixed value)* versichert werden. Kommt es dann zum Unfall, wird dieser Betrag auf jeden Fall erstattet. Ist dies bei der Versicherung nicht geschehen, wird der Schaden nach dem Marktwert beglichen, und der ist nicht immer gleich dem Kaufwert. Außerdem ist es wichtig, sich nach einem Unfall umgehend mit seiner Versicherungsgesellschaft in Verbindung zu setzen, um mit ihr das weitere Vorgehen abzuklären.

Zulassung

In Australien werden Fahrzeuge jeweils für ein Jahr zugelassen *(registration)*. Meist ist die Plakette *(sticker)* mit dem Datum der gültigen Zulassung an der Windschutzscheibe befestigt. Käufer sollten darauf achten, dass das Auto noch wenigstens einen Monat (am besten aber so lange wie möglich) über den beabsichtigten Aufenthalt in Australien hinaus registriert ist. Die Zulassungsgebühr *(registration fee)* wird nur bei Verlust (Unfall, Diebstahl) oder bei Ab- und Anmeldung des Fahrzeugs in einem anderen Bundesstaat zurückerstattet. Um sich aufwendige Umschreibeformalitäten zu ersparen, ist es günstiger, den Wagen in dem Staat zu verkaufen, in dem er bereits zugelassen ist. Hat der Wagen noch eine gültige Zulassung, so sollte man diese beim Kauf nicht unberücksichtigt lassen. Sie erhöht meist den Kaufpreis. Die Gebühren für eine Neuanmeldung variieren in den einzelnen Bundesstaaten: New South Wales ist mit ca. 700 $ für z. B. einen *Toyota Landcruiser* am teuersten, Western Australia mit ca. 350 $ am billigsten.

Bei der Zulassung ist dann noch die Stempelgebühr *(stamp duty)* an den Staat zu bezahlen. Sie beträgt in New South Wales 2,50 $ je 100 Dollar Kaufpreis plus 18 $ Gebühr oder z. B. in Victoria 4 $ je 100 Dollar Kaufpreis plus 21 $ Gebühr (macht bei 10.000 $ Kaufpreis zusätzlich 421 $ an Stempelgebühr).

Folgendermaßen geht eine Ummeldung *(transfer of registration)* vor sich: Vom Verkäufer erhält man die Autopapiere samt Verkaufsbescheinigung und – wenn das Auto neu zugelassen werden muss – den *Pink Slip* (in New South Wales) oder das *Road Worthness Certificate* (in Victoria). Beide Ausweise sind ähnlich unserer

TÜV-Bescheinigung, wenn auch das Auto bei weitem nicht so umfangreich geprüft wird. Mit den Autopapieren und der TÜV-Bescheinigung geht man zum nächsten Zulassungsbüro *(Road & Transport Authority)* und lässt sein Auto für ein Jahr registrieren.

Ausrüstung des Geländewagens

Steht das Fahrzeug bereit, muss noch die Ausrüstung zusammengestellt werden. Die folgenden Kapitel sollen dabei helfen, die richtige Ausrüstung für die geplante Strecke zu finden. Die Beschreibungen basieren auf eigenen Erfahrungen wie auch auf den Erfahrungen vieler Australier, mit denen wir unterwegs waren oder die wir unterwegs getroffen haben.

Nur selten wird man ein Fahrzeug finden – ob gemietet oder gekauft –, das optimal für eine Tour durchs *outback* ausgestattet ist. Deswegen gilt: Vorher genau erkundigen, welche Ausrüstung zum Wagen gehört, welche Ausrüstung man vom Vermieter ohne Aufpreis dazubekommen kann, welche Ausrüstung man zusätzlich benötigt und welche Kosten dafür anfallen. Da, wo die meisten Wagen angeboten werden, nämlich in den Großstädten, werden sie auch vornehmlich genutzt. Deshalb sind viele Geländefahrzeuge nicht entsprechend für eine Fahrt durchs *outback* ausgerüstet. So heißt es auch hier: Die Ausrüstung muss zusätzlich besorgt werden.

Da der Industriezweig der Auto- und speziell der *off road*-Ausrüster in Australien sehr groß ist, wird man keine Probleme haben, die benötigten Teile zu finden. Allerdings sind die Preise für Neuteile recht hoch, und der Reisende kann leicht die Hälfte des Wagenpreises noch einmal für das Zubehör ausgeben. Auch wenn man diese Zusatzteile später wieder verkaufen kann, ist es zunächst einmal eine Investition, für die Geld vorhanden sein muss. Deshalb sollte sich jeder vorher genau überlegen, welche Strecke er zu welcher Jahreszeit befahren möchte und welche Ausrüstung er dafür benötigt. Zu beachten ist auch, dass viele Ausrüstungsgegenstände zwar die Sicherheit, aber vor allen Dingen auch das Gesamtgewicht des Wagens erhöhen.

Grundausrüstung des Wagens

Hierbei handelt es sich um die Ausrüstung, die jeder auf längeren oder einsamen Strecken im *outback* an oder in einem Geländewagen haben sollte. Bei kurzen und relativ einfachen Strecken wie z. B. *Birdsville Track* oder *Plenty Highway* (immer vorausgesetzt, man ist zur richtigen Jahreszeit und bei guten Straßenverhältnissen unterwegs) kann jedoch darauf verzichtet werden. Einige Ausrüstungsgegenstände kann sich der handwerklich Geschickte auch selbst zusammenbauen oder an seinem Wagen anbringen.

Frontschutzbügel (bullbar oder roobar)

Dieser martialisch wirkende Vorbau hat durchaus einen Sinn. Australiens *outback* ist nur von wenigen Menschen besiedelt, dafür aber von umso mehr Tieren. Dazu gehören sowohl Wildtiere wie Kängurus, Emus oder Büffel als auch Farmtiere wie Rinder und Schafe. Viele Farmen im *outback* zäunen ihre riesigen Weideflächen nicht ein. So sind Farmtiere wie auch Wildtiere unterwegs, um etwa zu Tränken oder Futterplätzen zu gelangen. Dabei sind die Tiere nicht nur nachts aktiv. Besonders in den Dämmerungsstunden, d. h. in den drei Stunden nach Sonnenauf- bzw. vor Sonnenuntergang, sollte man vermehrt damit rechnen, dass unvermittelt ein Känguru über die Straße hüpft oder ein Rind hinter einer unübersichtlichen Kurve auf der Fahrbahn steht. Ein Zusammenstoß mit 300 bis 400 kg Lebendgewicht hinterlässt an jedem Auto mehr als nur eine Beule. Viele sind der Meinung, der Kauf eines Frontschutzbügels lohne nur dann, wenn Nachtfahrten geplant sind. Diesen Vorschlag halten wir aus dem oben erwähnten Grund für nicht sehr sinnvoll. Wahrscheinlich kommt es aber in Australien, wie überall sonst auch, häufiger zu Unfällen mit unglücklichem Ausgang durch unvorsichtige Autofahrer als durch den Zusammenstoß mit einem Tier. Wir waren zumindest heilfroh, dass wir einen Frontschutzbügel hatten, als uns ein *Ford Maverick* auf die

Hörner nahm. Eine *bullbar* nimmt die größte Wucht des Aufpralls, auch wenn man einmal von der Strecke abkommt und einen ungewollten Ausflug in den Busch macht. Deswegen würden wir in jedem Fall für einen Frontschutzbügel plädieren. Viele Gebrauchtwagen sind meist schon damit ausgerüstet. Sollte dies nicht der Fall sein, so kann man – abgesehen von einem neuen Frontschutzbügel (ca. 400 bis 800 $, mit Einbau) – auch einen gebrauchten vom Schrotthändler (200 bis 500 $, mit Einbau) kaufen. Eine Abnahme durch die Zulassungsstelle ist nicht erforderlich.

Reifen (tyres)

Hier kommen – wenn man die Vernunft sprechen lässt – nur Normalreifen, d. h. keine Breitreifen, in Frage. Letztere sind wirklich nur zu empfehlen, wenn ausschließlich auf sandigen

Ringgeteilte Felge

Strecken gefahren wird. Das ist aber so gut wie nie der Fall, denn immer wieder unterbrechen felsige Abschnitte oder Schotterstrecken die Pisten. Außerdem sind Normalreifen bei jeder Reifenreparaturwerkstatt – und davon gibt es mehr als genug in Australien – auch als Gebrauchtreifen *(secondhand tyres)* zu bekommen. Diese kosten in der Regel nicht mehr als 60 $ und halten auch noch einige tausend Kilometer – bei einem Kurzaufenthalt sicherlich eine gute Alternative zum Kauf neuer Reifen, die pro Stück ca. 170 $ kosten. Möchte man jedoch einen Satz neuer Reifen kaufen, dann sollte man zugunsten der Qualität nicht auf ein paar Dollar schauen. Die Hersteller empfehlen für jeden Wagen die Anzahl der Lagen *(plyrating)*, aus denen ein Reifen bestehen sollte. Ist z. B. für Geländewagenreifen eine *plyrating* von acht angegeben, sollte man, wenn sowieso neue gekauft werden müssen, Reifen mit einer *plyrating* von zehn montieren. Die zwei zusätzlichen Lagen erhöhen die Festigkeit und reduzieren die Anzahl der „Plattfüße".

Ein weiteres Diskussionsthema ist die Frage: mit oder ohne Schlauch *(tube)*? Schlauchreifen haben den Vorteil, dass die Schläuche mehrmals geflickt werden können und wesentlich einfacher aufzupumpen sind. Schlauchlose Reifen sind nur schlecht zu flicken und ohne Pressluft nur mit viel Glück wieder aufzupumpen. Es mag sein, dass Schlauchreifen heißer werden als schlauchlose und dass Reifenflicken keine angenehme Arbeit ist, aber sie sind zumindest einfacher zu reparieren und bieten größere Sicherheit, falls man unterwegs eine Panne hat. Außerdem kann man den Luftdruck bei Sandfahrten extrem reduzieren. Schlauchlose Reifen dagegen können aufgrund des niedrigen Luftdrucks

ihre Luft verlieren, wenn der Reifen an der Felge nicht mehr richtig dichtet. Die Grundausrüstung sollte also nach Möglichkeit aus Normalreifen mit Schläuchen bestehen. Als Ersatz nimmt man ein komplettes Ersatzrad und Flickzeug sowohl für die Schläuche als auch für die Reifen mit. Wer auf längeren und schwierigeren Strecken unterwegs ist, nimmt zusätzlich einen zweiten Reservereifen und zwei Reserveschläuche (30 bis 40 $) mit. Letztere sind übrigens auch als Schwimmreifen zu benutzen.
(Wie ein Reifen oder Schlauch geflickt wird → Reifenflicken leicht gemacht).

Felgen (rims)

Auch hier gibt es verschiedene Meinungen. Die einen bevorzugen die schön anzuschauenden Aluminium-Felgen, andere achten mehr auf die Haltbarkeit und die Einfachheit der Reifenreparatur und ziehen deshalb Stahlfelgen vor. Bei den Stahlfelgen unterscheidet man zwischen den normalen Felgen, wie sie jeder kennt, und ringgeteilten Felgen *(splitrims)* – hier besteht die Felge aus zwei Teilen: der eigentlichen Felge und einem aufgesetzten Kranz mit Schlitz. Nach einiger Übung kann man bei diesen Felgen innerhalb von zwanzig Minuten einen Schlauch wechseln (wie das funktioniert → Reifenflicken leicht gemacht), während das Wechseln des Reifens auf einer normalen Felge doch etwas mühsamer ist.
Einigermaßen gute Gebrauchtfelgen bekommt man bei Reifen- oder Schrotthändlern für 30 $ bis 50 $.

Kanister oder Zusatztank (jerry cans oder long range tank)

Wer größere Strecken zurücklegen möchte, wird mit dem serienmäßig eingebauten Tank (meist 90 Liter) nicht auskommen und benötigt zusätzliche Treibstoffreserven. Bei unserer ersten Reise hatten wir einen Zusatztank von 120 Litern im Heck unseres *Landcruiser* (SWB) eingebaut – sicher nicht die günstigste Stelle, den Tank einzubauen, denn hier mussten wir auch unser Gepäck unterbringen. Mittlerweile werden die neueren Geländewagen oft schon mit zwei Tanks mit insgesamt 180 Litern Fassungsvermögen ausgestattet, sodass man nur auf extremen Strecken wie der *Canning Stock Route* noch zusätzliche Kanister mitführen muss. Hat der Wagen jedoch keinen zweiten Tank, und man möchte keine Kanister mitnehmen, dann bleibt nur noch der Einbau eines Zusatztanks. Die meisten großen *off road*-Ausrüster wie *ARB* oder *Opposite Lock* bieten diese Zusatztanks an (→ Adressen im Anhang). Der Preis dafür beträgt je nach Tankgröße rund 700 bis 1.200 $.

Eine weitere Möglichkeit, den benötigten Sprit mitzunehmen, bieten Kanister. Da man sie jedoch außen am Wagen anbringen muss – das Transportieren im Wagen ist verboten – wird die Zahl begrenzt. Auch der Dachgepäckträger ist nicht die optimale Lösung, da gefüllte Kanister recht schwer sind. Kanister sind eine kostengünstige Alternative, wenn nur wenig Kraftstoff zusätzlich mitzunehmen ist. Neue Kanister kosten 30 bis 35 $; sie sind in Supermärkten, Tankstellen und Ausrüstungsläden erhältlich. Gebrauchte Kanister kosten zwischen 15 und 25 $ und sind vor allem in *secondhand*-Läden zu bekommen.

Doppel-Batterien-System (dual battery system)

Ständiges Gerüttel, extreme Witterungsverhältnisse und zusätzliche Stromverbraucher wie Kühlschrank oder Lampe setzen einer Batterie ganz schön zu. Deshalb ist es nicht ungewöhnlich, dass diese schneller ihren Geist als unter normalen Umständen aufgeben. Eine leere Batterie mitten im *outback* kann fatale Folgen haben. Selbst wenn am Wagen noch alles in Ordnung ist – ohne Saft läuft nichts. Zwar lässt sich auch ein Diesel im Notfall mit einem zweiten Auto anschleppen, aber was macht man, wenn gerade niemand in der Nähe ist? Die Lösung heißt: Vorbeugen mit einem *dual-battery-system*. Dabei wird eine zweite Batterie im Wagen eingebaut, die gleichzeitig mit der anderen Batterie von der Lichtmaschine aufgeladen wird. Ein kleines Zusatzgerät erlaubt dabei, dass der Ladestrom zur zweiten Batterie hinfließen, aber kein Strom von dieser Batterie abgezogen werden kann. Vorteil des Ganzen: Man hat immer eine zweite, voll aufgeladene Batterie in Reserve. Eine Anschaffung von 200 bis 300 $ inklusive Einbau, die sich immer bezahlt macht.

Zusatzausrüstung des Wagens

Die im Folgenden beschriebenen Ausrüstungsgegenstände sind bei einigen Strecken unter bestimmten Bedingungen von Vorteil, aber nicht unbedingt notwendig.

Dachgepäckträger (roof rack)

Dachgepäckträger sind nützlich, wenn man auf langen Strecken unterwegs ist und einige leichtere, sperrige Sachen hat, die dort verstaut werden können. Besonders zu achten ist auf Stabilität des Dachgepäckträgers und seine Befestigung am Chassis. Überlädt man den Gepäckträger, so wird nicht nur der Schwerpunkt des Wagens nach oben verlagert und damit die Gefahr des Umkippens bei abschüssigen Passagen erhöht, sondern auch Halterungen, Regenrinne oder Windschutzscheibe können Schaden nehmen. Im

Extremfall kann sich sogar das Dachblech lösen.

Wenn möglich, sollte die Ausrüstung im Wagen verstaut werden. Wenn ein Dachgepäckträger montiert wird, dann sollte er auf jeden Fall stabil genug sein, um auch auf holprigen Pisten nicht auseinander zu brechen.

Fliegenschutznetz oder Grasschutz

Das Fliegenschutznetz dient nicht nur dazu, Fliegen abzuhalten. Es wird auf einigen Strecken benötigt, um die Samen des Spinifexgrases vom Kühler fern zu halten. An der Front des Wagens (vor dem Kühler) angebracht, verhindert es, dass sich die harzigen Grassamen in den Kühler setzen und die Rippen verkleben. Die Scheinwerfer müssen natürlich ausgespart werden.

Klimaanlage (air conditioning)

Wer Wert auf angenehme Temperaturen im Wageninnern legt, für den ist die Klimaanlage unerlässlich. Zu bedenken ist, dass die kühle Luft den Spritverbrauch um 1 bis 2 Liter auf 100 Kilometer erhöht. So sind bei einer Strecke von 1.500 km ca. 30 Liter zusätzlich einzuplanen. Die meisten Wagen sind zwar mit Klimaanlage ausgestattet, doch trifft man im *outback* nur selten Australier, die sie dauernd nutzen. Verlässt man den wohltemperierten Wagen und begibt sich nach draußen, in eine Umgebungstemperatur von 30 bis 40 °C, erlebt der Körper einen regelrechten Schock. Setzt man die Fahrt fort, ist es natürlich angenehm, in einen relativ kühlen Wagen einzusteigen, wobei der Körper wieder einmal die Umstellung verkraften muss. Das Ergebnis einer derartigen körperlichen Belastung und des Fahrens im kühlen Wagen ist meist eine handfeste Erkältung. Gute Dienste leistet die Klimaanlage allerdings, wenn der Wagen längere Zeit in der Sonne geparkt war. Mit ihrer Hilfe lässt sich die Innentemperatur schnell herabsetzen. Von Vorteil ist sie auch, wenn man bei Passagen mit *bulldust* die Fenster geschlossen halten sollte.

Fazit: Eine Klimaanlage ist angenehm, sollte aber maßvoll eingesetzt werden, d. h. nicht ständig in Betrieb sein.

Luftansaugstutzen oder Schnorchel (snorkel)

Der Schnorchel dient dazu, bei Überflutung des Motorraumes (z. B. bei einer Flussdurchquerung) zu verhindern, dass Wasser in den Motor gelangt. Es handelt sich im Prinzip um einen erhöhten Luftansaugstutzen. So ein Schnorchel wirkt zwar sehr expeditionsmäßig, ist aber nicht notwendig, denn sicherlich haben 95 % aller mit einem Schnorchel ausgerüsteten Geländewagen noch nie einen Fluss, der tiefer als 50 oder 60 cm ist, durchquert. Gerade bei einer Flussdurchquerung kommt es ja nicht nur auf die Wassertiefe, sondern auch auf die Beschaffenheit des Untergrundes und die Fließkraft des Wassers an. Man kann also getrost davon ausgehen, dass es bei Flüssen mit mehr als einem Meter Wasserstand sowieso keine Durchquerungsmöglichkeiten gibt. Selbst bei einem Wasserstand von nur 60 bis 70 cm ist die Strömung in der Regel sehr stark, oder der Untergrund ist sehr weichsandig, sodass auch mit Schnorchel keine Durchquerung möglich ist. Steht man in der Trockenzeit doch einmal an einem Fluss und hat Bedenken wegen der Tiefe, kann man immer noch die Motorhaube öffnen, den Ansaugstutzen losschrauben und ihn nach oben biegen (→ Fahrtechniken und Problemlösungen, hier: Flussdurchfahrten). Das erhöht die mögliche Durchfahrttiefe um mindestens 20 cm. Sollte das noch nicht reichen, nimmt man, sofern man richtig ausgerüstet ist, noch ein 50 cm langes, flexibles Stück Schlauch (Durchmesser ca. 5 bis 10 cm) und befestigt es am Luftansaugstutzen.

Zusatzscheinwerfer (additional driving lights)

Sind sie schon am Fahrzeug angebracht, ist das sicherlich eine gute Sache. Zusätzliche Scheinwerfer extra anzuschaffen, lohnt sich wirklich nur für den, der überwiegend nachts unterwegs ist. Das aber sollte man nach Möglichkeit vermeiden (Gefahr, mit Tieren zusammenzustoßen oder sich zu verfahren).

Werkzeug und Ersatzteile

Ein Minimum an Werkzeug, gewissermaßen eine Basisausrüstung, sollte in jedem Wagen, egal ob in 4-WD oder Pkw, vorhanden sein. Dazu gehören Zange, Hammer, Schraubenzieher, Schraubenschlüssel, Wagenheber, Radmutternschlüssel und Erste-Hilfe-Kasten. Mit dieser Ausrüstung kann man sich begnügen, wenn lediglich Strecken wie der *Stuart Highway, Eyre Highway* und ähnliche gefahren werden. Viele begeben sich mit dieser Ausrüstung auch auf den *Oodnadatta-* oder *Birdsville Track.* Wir möchten von so viel Leichtsinn dringend abraten.

Für schwierigere und weniger befahrene Strecken ist eine umfangreiche Grundausrüstung an Werkzeug erforderlich. Wer die langen, einsamen und schwierigen Strecken, wie z. B. in *Simpson Desert* oder die *Canning Stock Route,* bewältigen möchte, sollte zur Grundausrüstung noch zusätzliches Werkzeug mitnehmen, um unterwegs anfallende Reparaturen ausführen zu können. Aus diesem Grund teilen wir das Werkzeug und die Ersatzteile ein

nach *Basisausrüstung,* die immer an Bord ist und nicht gesondert erwähnt wird, *Grundausrüstung,* die jeder dabeihaben sollte, wenn er im *outback* unterwegs ist, und *Zusatzausrüstung,* die man bei schwierigeren Strecken benötigt.

Grundausrüstung an Werkzeug und Ersatzteilen

Feuerlöscher (fire extinguisher)

Das ist ein Utensil, das man auf jeden Fall dabeihaben sollte. Nicht selten sieht man in Australien ausgebrannte Autowracks am Straßenrand stehen. Ein absolutes „Muss" ist der Feuerlöscher auf Strecken, die einen Mittenbewuchs mit Spinifex aufweisen. Das Gras bildet nach der Blüte einen harzigen Samen aus. Dieser sammelt sich unter dem Fahrzeugboden in allen nur erdenklichen Nischen und Ritzen und entzündet sich leicht am heißen Auspuff. Ist dann kein Feuerlöscher parat, dürfte die Reise vorzeitig beendet sein. Außerdem kann der Feuerlöscher wertvolle Dienste leisten, wenn beim abendlichen Campfeuer doch mal ein Funke fliegt und das umliegende Gras in Brand setzt. Er bietet also nicht nur Schutz für die eigene Person, sondern könnte auch einen Buschbrand verhindern.

Langhubiger Wagenheber (Hi-Lift-Jack)

Das ist zweifelsfrei der wichtigste Ausrüstungsgegenstand auf einer Tour durchs *outback.* Ihn benötigt man, um Reifen zu wechseln und zu reparieren, um den Wagen aus einem Schlammloch zu bergen, wenn er aufgesetzt hat, oder als Behelfswinde.

Wer nicht gerade während der Regenzeit im Norden unterwegs ist, kann sich den Kauf einer Winde, die

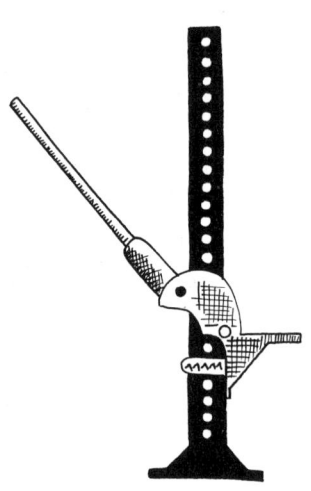

Hi-Lift-Jack

pressors erforderlich. Man könnte das natürlich auch mit einer Luftpumpe erledigen, wenn man ca. ein bis zwei Stunden Zeit in glühender Hitze opfern und sich abmühen würde. Kompressoren gibt es in den Autozubehörläden oder im Heimwerkermarkt schon für ca. 40 $. Sie sind für den zumeist kurzen Aufenthalt ausreichend. Es empfiehlt sich, zur Sicherheit immer noch eine Luftpumpe oder einen zweiten Kompressor mitzunehmen, falls einer unbrauchbar wird. Qualitativ hochwertige Kompressoren bieten die vielen *off road*-Ausrüster an (die Preise beginnen bei ca. 300 $). Hier sollte man zwei Kompressoren der billigen Sorte den Vorzug geben, zumal man auch bei einem teuren Gerät die Möglichkeit einer Beschädigung auf der Reise in Betracht ziehen muss oder für diesen Fall einen zweiten Kompressor dabeihaben sollte. Für die Haltbarkeit der Kompressoren ist es wichtig, dass sie nicht überhitzen (deshalb nie in der prallen Sonne betätigen und nie mehrere Reifen hintereinander aufpumpen). Bei Betrieb auf sandigem Untergrund immer eine Plane unterlegen.

Zu Kompressor und Luftpumpe gehört auf jeden Fall auch ein Reifenluftdruckmesser *(pressure gauge)*, der schon für wenige Dollar in großen Heimwerkermärkten zu haben ist.

mindestens 600 $ kostet, zumeist sparen. Der langhubige Wagenheber leistet ebenso gute Dienste (→ Der Hi-Lift-Jack richtig eingesetzt). *Hi-Lift-Jacks* sind bei allen *off road*-Ausrüstern zu bekommen und kosten ca. 130 $. Zu diesen Wagenhebern gehört immer eine stabile Unterlage *(base plate)*. Diese sollte – wenn möglich – eine Stahlplatte, ca. 5 mm dick und 30 bis 40 cm im Durchmesser, sein. Sie ist zusätzlich als Grillplatte oder – wenn sie in der Mitte ein Loch hat – als Erdanker für die Winde zu benutzen. Allerdings kann man sich auch mit einem stabilen Brett als Unterlage behelfen. Improvisation im *outback* ist eben äußerst wichtig.

Kompressor (compressor)

Ständig wechselndes Terrain (Anpassung des Reifendrucks) oder ein platter Reifen machen den Einsatz eines Kom-

Checkliste: Werkzeug, Ausrüstungs- und Ersatzteile

- ❏ Aerosol – Starthilfe für Diesel (8 $)
- ❏ Arbeitshandschuhe *(gloves*; 6 $)
- ❏ *billy*-Haken aus dickem Draht gebogen (3 $; Camping, hier: Grill, Kocher, Töpfe und Geschirr)
- ❏ Bremsflüssigkeit *(brake fluid*; 9 $)

❑ Draht – Bindedraht (*wire*; 2 $)

❑ Erste-Hilfe-Kasten
(*first aid kit*; 10–20 $)

❑ Expandergummis (*straps*;
mindestens 5 Stück; 5–10 $)

❑ Flickzeug für Reifen und
Schlauch (*puncture repair kit for
tubes and tyres*; 20 $)

❑ Gummihammer (*hammer*; 10 $)

❑ Isolierband (*tape*; 1 $)

❑ Keilriemen (*fan belt*; 7 $)

❑ Montiereisen (*tyre lever*;
2 Stück; 10–15 $)

❑ Motoröl (*engine oil*; 7 $)

❑ Plastikplanen
(*plastic tarpaulins*; 5 $)

❑ Plastiksäcke, durchsichtig
(*plastic bags*; 2 $)

❑ Plastikschlauch (*plastic hose*;
je nach Länge ab 5 $)

❑ Schnallgurte (*buckle straps*;
3 Stück; 10–12 $)

❑ Radmutternschlüssel (*wheel
spanner* oder *wheel brace*; 15 $)

❑ Schaufel oder Klappspaten
(*shovel*; 20–30 $)

❑ Schraubenziehersatz
(*screwdriver set*; 20–30 $)

❑ Schraubenschlüsselsatz oder
Steckschlüsselsatz (*spanner set*;
25–50 $)

❑ Sicherungen (*fuses*; 2 $)

❑ Taschenlampe
(*torch*; 10 –20 $)

❑ Zange (*tong*; 5 $)

❑ Zündkerzenschlüssel beim Benziner (*spark plug spanner*; 5 $)

Zusatzausrüstung an Werkzeug und Ersatzteilen

Snatch-em-Strap

Dieser teilelastische Gurt, der sich ab einem bestimmten Grad der Überdehnung ruckartig zusammenzieht, ist eine der einfachsten Möglichkeiten, um ein im Sand oder Schlamm festsitzendes Fahrzeug zu befreien. Man spannt ihn zwischen dem stecken gebliebenen Fahrzeug und einem anderen Wagen. Letzterer fährt dann an, wobei sich der Gurt dehnt, bis er den Punkt der Überdehnung erreicht. Dann zieht es sich ruckartig zusammen und katapultiert das festsitzende Fahrzeug regelrecht aus seiner Position. Allerdings hat es, wie schon oben erwähnt, den Nachteil, dass man dazu einen zweiten Wagen braucht. Ein *snatch-em-strap* kostet 25 bis 40 $.

Überbrückungskabel (jumper leads)

Ein Überbrückungskabel kann auf längeren Strecken, auch wenn man allein unterwegs ist, hilfreich sein. Wer sich im Schweißen etwas auskennt, wird wissen, dass mit einem Überbrückungskabel und zwei Batterien ganz gute Schweißergebnisse zu erzielen sind. Ohne fremde Hilfe und Ersatzteile kann das Überbrückungskabel vielleicht dazu beitragen, die Fahrt nicht abbrechen zu müssen (Wie das mit dem Schweißen funktioniert → Reparaturen im Busch leicht gemacht).

Winde (winch)

Hier muss man unterscheiden zwischen fest am Chassis montierten elektrischen oder motorgetriebenen Winden und den universell einsetzbaren Handwinden. Die Kaufentscheidung wird dabei allein oft schon vom Anschaffungspreis bestimmt: Eine annehmbare Elektrowinde kostet zwischen 1.400 und 1.700 $; hinzu kommt der Einbau, der nicht bei jedem Fahrzeug problemlos ist. Wesentlich günstiger sind Handwinden, die schon ab 600 $ zu haben sind. Handwinden haben zudem den Vorteil, dass sie flexibel einsetzbar sind. Das heißt, die Winde ist sowohl vorne als auch hinten am Fahrzeug zu befestigen. Eine fest montierte, elektrische Winde dagegen kann immer nur in einer Zugrichtung arbeiten. Ist man mit mehreren Fahrzeugen unterwegs, reicht eine Winde.

Zu einer Winde gehört selbstverständlich auch das richtige Zubehör: ein Baumschutzgurt *(tree trunk protector)*, mindestens zwei Schäkel *(shackles)*, eine Umlenkrolle *(snatch block)*, eventuell ein zusätzliches Stück Kette (5 m) und – nicht zu vergessen – mindestens 50 m Stahlseil oder ein vergleichbares Kunststoffseil. Auch dafür muss man noch einmal 150 bis 200 $ rechnen. Eine Winde ist aber nur dann erforderlich, wenn man auf Strecken unterwegs ist, die entweder schlammig oder sandig sind, und auf Strecken, auf denen tiefere Flüsse zu durchqueren sind. Eine Ersatzwinde, wenn auch ungleich schwieriger zu handhaben, wäre der *Hi-Lift-Jack* mit dem oben genannten Windenzubehör (→ Der Hi-Lift-Jack richtig eingesetzt).

Checkliste:
Werkzeug und Ersatzteile

- ❐ Axt oder Beil *(axe* oder *hatchet*; 10–20 $)
- ❐ Dichtungspapier *(sealpaper)*
- ❐ Feilen, grobe und feine *(files*; 5 $)
- ❐ Kraftstofffilter *(fuel filter*; 5 $)
- ❐ Kühlerschläuche *(hoses*; 5–20 $)
- ❐ Meißel *(chisel*; 3 $)

- ❐ Motoröl für kompletten Ölwechsel *(engine oil for complete oil change*; 20 bis 40 $)
- ❐ Ölfilter *(oil filter*; 15–20 $)
- ❐ Reparaturhandbuch *(repair manual*; 15–25 $)
- ❐ Spachtelmasse *(putty*; 5 $)
- ❐ Schweißbrille *(welding goggles*; 10 $; → Reparaturen im Busch leicht gemacht)
- ❐ Schweißelektroden, 2,5 mm *(welding electrode*; 5–10 $; → Reparaturen im Busch leicht gemacht)
- ❐ Unterlegplane – kann gleichzeitig als Regen- oder Sonnenschutz benutzt werden *(sheet tarpaulin*; 15–20 $)
- ❐ Zündkerzen beim Benziner *(spark plugs*; 10 $)

Camping

Camping in Australien könnte man fast schon als Philosophie bezeichnen. Kein Wunder, denn der gesamte Kontinent bietet gute Wetterbedingungen und grenzenlose Weiten, wo jeder Platz findet. Wer nur einmal unter Australiens funkelndem Sternenhimmel eingeschlafen ist und morgens von vielstimmigem „Vogelgezwitscher" geweckt wurde, wird das nie vergessen. Im *outback* hat der Camper die Möglichkeit, sein Zelt dort aufzustellen, wo immer es ihm gefällt. Selbst wenn man auf dem Gelände einer Farm campt, gibt es in der Regel keine Probleme (falls möglich, den Farmer vorher fragen). Ist das Campen an bestimmten Plätzen nicht erlaubt, steht dort meist auch ein Verbotsschild. Ganz gleich, wo man sein Lager aufschlägt, die allgemeinen Campingregeln sollten immer beachtet werden (→ Allgemeine Camping-regeln und Tipps).

Anders dagegen sieht es in Nationalparks, Naturreservaten und anderen Schutzgebieten aus. Hier sind meist feste Campingstellen eingerichtet, die unter Umständen sogar noch über Plumpsklos, Feuerstellen und Grilleinrichtungen *(barbecues)* verfügen. Die Benutzung dieser *camping areas* oder *bushcamps* (Campingstelle ohne sanitäre Einrichtungen und Feuerstellen) ist je nach Bundesstaat preisgünstig bis kostenlos.

Wer vor seiner Nachtruhe noch eine Dusche nehmen und auch auf Strom nicht verzichten möchte, muss seine Strecke so einteilen, dass er nach Möglichkeit abends eine Ortschaft mit Campingplatz *(caravan park)* erreicht. Für 12 bis 16 $ pro Platz (bei zwei Personen und Zelt) genießt man auf den Campingplätzen zwar keine unberühr-te Natur, dafür aber die Vorzüge der Zivilisation.

Campingregeln und Tipps

⇨ Das Lager möglichst an leicht erreichbaren Stellen aufschlagen. Unnötiges Umherfahren trägt nur zur Erosion bei. In Nationalparks oder anderen Schutzgebieten nur an den ausgewiesenen Stellen zelten.

⇨ Wenn möglich, das Fahrzeug so parken, dass man in einer Notsituation schnell losfahren kann.

⇨ Nicht in trockenen Flussbetten campen. Weit entfernte Regenfälle können plötzliche Fluten *(flash floods)* auslösen, die alles rasch wegspülen.

⇨ Nie unmittelbar an Viehtränken oder Wasserlöchern campen (möglichst mehrere 100 m entfernt). Rinder, Schafe und wilde Tiere sind sehr

Camping im Busch

... leave only your footprints.

scheu und kommen so nicht zum lebensnotwendigen Wasser.

⇨ Für das Lagerfeuer schon vorhandene Feuerstellen nutzen oder ein ca. 30 cm tiefes Loch graben und das Feuer darin entzünden. Das beugt zum einen der Brandgefahr durch Funkenflug vor, zum anderen braucht man am nächsten Tag das Loch nur mit Erde aufzufüllen, und von der Feuerstelle ist nichts mehr zu sehen.

⇨ Die Feuerstelle nicht unmittelbar unter Bäumen oder neben brennbarem Material anlegen. Grundsätzlich gilt: Alles entflammbare Material sollte im Umkreis von 3 m um das Lagerfeuer entfernt werden. Gerade in den trockenen Monaten ist die Brandgefahr nicht zu unterschätzen. Jährlich werden durch Unachtsamkeit mehrere hundert Quadratkilo-

meter Busch vernichtet, Menschen und Tiere gefährdet

⇨ Das Feuer nie unbeaufsichtigt lassen und nach Verlassen des Camps sorgfältig löschen. Zigaretten nie achtlos wegwerfen.

⇨ Ist die Brandgefahr durch ein offenes Feuer zu groß, verwendet man besser einen Gas- oder Spirituskocher. In einigen Regionen weisen Warntafeln darauf hin, welche Art von Feuer erlaubt bzw. verboten ist. An Tagen mit *Total Firebans* ist jegliches Feuer verboten (auch das Anzünden von Gaskochern, Gasgrills, Kerzen etc.). Warntafeln in brandgefährdeten Gebieten, Hinweise auf Brände in Zeitung, Radio und Fernsehen sollte man unbedingt beachten.

⇨ Feuerholz sparsam verwenden. Besonders in den trockenen Gebieten ist Holz ein nur langsam nachwachsender Brennstoff. Unnötig große Lagerfeuer *(bon fires)* sind deshalb unbedingt zu vermeiden. In einigen Naturreservaten ist das Sammeln von Feuerholz verboten. Den Hinweisschildern ist unbedingt Folge zu leisten!

⇨ Abfall ist soweit wie möglich zu verbrennen. Dosen werden vor dem Schlafengehen auf das Feuer gelegt und morgens wieder heruntergenommen. Mit einem Hammer sind sie nun leicht auf kleine, gut zu verstauende Platten zu reduzieren und durch das Ausbrennen sauber und geruchsneutral. So bleibt selbst nach einer Woche im Busch nicht mehr als eine kleine Tüte Abfall. Grundsätzlich gilt die Regel: Was man mit in den Busch hineinbringt, nimmt man auch wieder mit heraus.

⇨ Wer seinen Abfall unbedingt vergraben möchte, wie das manchmal empfohlen wird, sollte ihn vorher ebenfalls ausbrennen und erst dann in einem mindestens 50 bis 60 cm tiefen Loch vergraben, soweit wie möglich von Flussläufen entfernt. Oberflächlich vergrabenen Müll buddeln Tiere wieder aus, oder der nächste Regen bzw. die Flut fördern ihn wieder zutage. Im trockenen Wüstenboden dauert es Jahrzehnte, bis der Müll einigermaßen verrottet ist; deshalb ist es in jedem Fall besser, den Müll wieder mitzunehmen.

⇨ Wo wenig Wasser zur Verfügung steht, sollte man auch sparsam damit umgehen. Nachfolgende Camper sind notfalls darauf angewiesen.

⇨ Seife, Waschpulver, Müll u. Ä. gehören nicht ins Wasser. Gerade in trockenen Gebieten sind diese Ökosysteme sehr empfindlich gegenüber Verunreinigungen. Duschen und Wäschewaschen immer weit von Gewässern entfernt erledigen.

⇨ Sind keine Toiletten vorhanden, verrichtet man sein Geschäft mindestens 20 m vom nächsten Wasserlauf entfernt. Und daran denken: Wer tritt schon gerne in Sch... oder atmet ihren „Duft": Also ein Loch graben, hinterher auf das Papier ein brennendes Streichholz werfen und nach dem Abbrennen zuschaufeln. So beugt man auch dem Ausbuddeln durch Tiere vor.

⇨ Fluss-Eukalypten *(river red gums)* werfen oft alte oder trockene Äste ab. Wer sich vor Überraschungen im Schlaf schützen möchte, sollte keinesfalls sein Lager unter diesen Bäumen aufschlagen.

Fazit: *Take only photographs and just leave footprints!* – Frei übersetzt: *Nimm nichts mit außer Fotos, und hinterlasse nichts außer Fußspuren!*

Swag, Zelt oder Auto

Um die Frage nach der Art der Übernachtung zu entscheiden, sei im Folgenden zunächst erklärt, was ein *swag* ist. Im Prinzip handelt es sich dabei um einen etwas größeren Schlafsack mit einer eingearbeiteten Schaumstoffmatratze, der unter freiem Himmel ausgerollt wird. *Swags* sind ein Relikt aus der Pionierzeit Australiens, als sie zur Ausrüstung der Wanderarbeiter gehörten (→ Streckenbeschreibungen, Strecke 21, Matilda Highway). Heute gibt es sie sowohl in der Einzel- als auch Doppelversion. Der *swag* besteht aus grobem Baumwoll- oder Segeltuch, was ihn nicht gerade komfortabel in nassen Nächten macht. Nicht unwichtig für die Anschaffung eines *swag*, der immerhin um die 150 bis 300 $ kostet, sind deshalb auch Reisezeit und Reisegebiet. Ist man in den trockenen Jahreszeiten oder in den Wüstengegenden unterwegs und liegt abends in seinem *swag* unter einem funkelnden Sternenhimmel, dann ist das fürwahr ein einmaliges Erlebnis. Fährt man allerdings in der feuchten Jahreszeit in Gebiete mit relativ hohem Niederschlag, dann wird das Schlafen in einem *swag* eher zu einem Alptraumerlebnis, und man verbringt womöglich lieber mehrere Nächte auf unbequemen Autositzen. Natürlich ist so ein *swag* auch ein schönes Reiseandenken. Ein Nachteil, der hier nicht unerwähnt bleiben sollte, ist seine relativ unhandliche Packgröße. Da er ein Stück australischer Geschichte und Lebensphilosophie ist, benutzen ihn vor allem Australier, seltener Europäer. Alternativ zum *swag* bieten sich Schlafsack und Zelt an. Schlafsäcke sind handlicher und in guter Qualität zu kaufen. Zelte gibt es in allen Größen und Variationen, wobei Leichtgewichtzelte den Nachteil haben, wenig Raum für zwei

Land und Leute

Reisevorbereitung

Strecken 1–3

Strecken 4–6

Strecken 7–8

Strecken 9–10

Strecken 11–12

Personen zu bieten. Wer es etwas komfortabler liebt und ein größeres Zelt bevorzugt, sollte es sich in Australien zulegen. Diese Möglichkeit ist aber nur bei längeren Aufenthalten in Betracht zu ziehen. Zu empfehlen sind größere Kuppelzelte oder die australischen *bush-tents,* die auch meistens bei organisierten Touren verwendet werden. Ihr Vorteil ist die einfache Handhabung und die große Innenfläche.

Wer über einen Wagen mit stabilem Dachgepäckträger verfügt, kann sich dafür auch ein Dachzelt anschaffen. Die Miet- und Kaufwagen der kleineren Firmen sind häufig bereits mit einem solchen Dachzelt ausgerüstet.

Wer gar keine Lust hat, sich mit Auf- und Abbau des Zeltes zu beschäftigen oder nicht im Freien schlafen möchte, ist am besten mit einem Kombi mit Ladefläche *(panelvan)* oder mit geschlossener Kabine *(station wagon),* mit einem Campingbus *(campmobil)* oder 4-WD-Campingwagen *(bushcamper)* bedient. Die beiden ersteren haben den Nachteil, dass man abends das Gepäck ausladen oder auf die Vordersitze verfrachten muss. Bei Campingbussen und -wagen entfällt diese Prozedur. Man zieht abends einfach das Bett aus und legt sich schlafen. Nachteil jedoch bei allen Typen ist, dass das Fahrzeug den ganzen Tag der Hitze ausgesetzt ist, und es daher abends in dem relativ kleinen Innenraum und bei entsprechendem Wetter sehr warm und stickig werden kann.

Kühlschrank oder Kühlbox (fridge oder eski)

Wer auf längeren Strecken unterwegs ist, muss sich darüber Gedanken machen, wie Lebensmittel aufbewahrt werden können. Wenn man jeden zweiten Tag in eine Ortschaft kommt, reicht sicherlich eine Kühlbox *(eski).*

Den *eski* gibt es in zwei Versionen: einmal als Kunststoffkühlbox, wie wir sie aus Europa kennen, und als einfache Styroporausführung. Kühlboxen sind für 10 $ (das einfache Styropormodell) bis 50 $ (stabile Kunststoffmodelle) in jedem Supermarkt zu haben. Eis gibt es fast an jeder Tankstelle (ca. 2,50 $).

Jedoch für eine längere Tour auf einsamen Strecken lohnt sich die Anschaffung eines Kühlschrankes, die mit ca. 700 $ für ein kleines Modell zu Buche schlägt. Allerdings kann man ihn am Ende der Reise auch wieder gut verkaufen; man verliert nur 100 bis 200 $. Diese Summe muss man auf einer längeren Reise auch für die Anschaffung einer Kühlbox und das benötigte Eis ausgeben. Zudem kann man im Kühlschrank Lebensmittel länger frisch halten und so die Möglichkeit des Großeinkaufs in größeren Städten nutzen. Die Anschaffung eines Kühlschranks erübrigt sich natürlich dann, wenn im Mietfahrzeug oder beim gekauften Auto bereits ein Kühlgerät installiert ist.

Grill, Kocher, Töpfe und Geschirr

Die Grundausrüstung eines jeden australischen Campers besteht aus einem Gaskocher, einem Grillrost, einem oder zwei Blechgefäß(en) *(billy),* einem gusseisernen Topf, Teller, Besteck, Tasse und einer Schüssel. Heutzutage trifft man auch noch Leute – wenn auch selten –, die eine Art Sandwichtoaster *(jaffle-iron)* mit langen Stiel dabeihaben (Rezepte → Essen und Trinken). Diese sind bei den Campingausrüstern in Einzel- oder Doppelausführung zu bekommen und kosten 10 bis 15 $.

Der Gaskocher ist in Australien sicher die Kochgelegenheit, die neben dem Campfeuer am häufigsten genutzt wird. Zum einen kann man Gas-

Land und Leute

Reisevorbereitung

Strecken 1–3

Strecken 4–6

Strecken 7–8

Strecken 9–10

Strecken 11–12

kocher jeglicher Art und Größe selbst in kleineren Städten kaufen, zum anderen ist es ebenso problemlos, eine Gasflasche füllen zu lassen. Viele Camper nutzen zudem das Gas, um in der Nacht eine Gaslampe oder den Kühlschrank zu betreiben. Zum Kochen reicht allerdings auch ein Spirituskocher (Trangiakocher).

Viele Australier nehmen noch einen Grill mit auf die Tour. Dieser besteht aus einem Grillrost und einer Stahlplatte. Für Reisende, die nur einen oder zwei Monat(e) unterwegs sind, lohnt diese Anschaffung nicht. In den Nationalparks oder an Campingstellen an der Straße sind vielerorts schon Grills *(barbecues)* vorhanden.

Der *billy*, obwohl eigentlich nur ein einfacher Blechtopf, ist wohl eines der ureigensten Kochgeschirre Australiens. Für Australier ist ein *billy* zugleich Kochgerät und Lebensanschauung. Fragt man einen australischen Camper, wie der beste Tee zubereitet wird, dann kommt wahrscheinlich folgende Antwort: „Nimm Deinen *billy*, wirf eine Handvoll Tee hinein, fülle mit Wasser auf und hänge ihn über das offene Feuer." Zu Hause würde er seinen Tee ganz anders zubereiten, aber hier draußen im *outback* gehört der *billy* zur allabendlichen Teezubereitung wie etwa in Deutschland die Kaffeemaschine zum Kaffeekochen. Da *billies* sehr preisgünstig sind – ein 2-Liter-Topf kostet etwa 8 $ – und man sie für alles verwenden kann, was in Wasser gekocht wird (Nudeln, Kartoffeln etc.), lohnt sich die Anschaffung auf jeden Fall.

Zweitwichtigstes Gerät ist der gusseiserne Topf. Er kann für die verschiedensten Zubereitungen, wie Fleisch braten, Eintopf kochen, den Toast fürs Frühstück bräunen, Pizza backen und für Buschbrot – die zweite Spezialität der *outback-camper* (→ Essen und Trinken, hier: Damper-Rezept) genutzt werden. Töpfe aus Guss kosten 25 bis 65 $ je nach Größe. Aber auch hier lohnt sich die Anschaffung, wenn die Reise etwas länger dauert.

Wichtig für den *billy* wie auch für den gusseisernen Topf ist ein entsprechender Haken (*billy*-Haken). Das ist im Grunde nichts anderes als ein etwa 50 cm langer, stabiler Draht (mindestens 3, besser 5 mm Durchmesser), dessen unteres Ende zu einem Haken und dessen oberes Ende zu einem Griff geformt wird. Damit kann man den Topf vom Feuer nehmen und auch das Feuer schüren.

Ganz nützlich ist auch eine Thermoskanne für unterwegs. Man kann sie morgens mit frischem Kaffee füllen und hat so auch mittags noch Kaffee, ohne den Kocher wieder auspacken zu müssen.

Alle oben erwähnten Kochutensilien wie auch Tassen, Teller, Besteck und Schüsseln sind in Campingläden, *outdoor*-Läden und in den großen Super- oder Heimwerkermärkten erhältlich. Solche Gerätschaften von zu Hause mitzunehmen, lohnt nicht.

Ein Problem kann am Ende der Reise auftreten, wenn man die Sachen wieder verkaufen möchte. Eine Möglichkeit sind *secondhand*-Läden, die aber wie überall versuchen, den Preis zu drücken. Wer das Auto privat und möglicherweise an andere Reisende verkauft, kann das Kochgeschirr umsonst dazugeben und dafür den Preis für das Auto etwas nach oben setzen.

Sonstige Campingutensilien

Eine wichtige Frage – vor allem bei längeren Touren – ist: „Wie verstaue ich am besten alle Sachen?" Dazu gibt es folgende Möglichkeiten: Für die Aufbewahrung des Geschirrs kauft man eine oder zwei der auch bei uns bekannten

Speiseplan

So könnte ein Speiseplan für zehn Tage aussehen, wenn nur eine Kühlbox zur Verfügung steht.
(F = Frühstück, M = Mittagessen, A = Abendessen)

1. Tag
F: Brot, Margarine, Marmelade, Schinken, Käse, Cornflakes
M: Sandwiches, Käse, Tomaten, eingelegtes Gemüse, Salat, Gurken, Äpfel
A: Steak, eingelegtes Gemüse, Kartoffeln, Zwiebeln

2. Tag
F: Toast Hawaii mit Ananas und Schinken, Marmelade, Cornflakes
M: Sandwiches, Salami, Tomaten, eingelegtes Gemüse, Gurken, Birnen
A: Spaghetti Bolognese

3. Tag
F: *jaffles* mit Käse, Salami, Tomaten oder Bananen und Honig
M: Sandwiches, Salami, Käse, eingelegtes Gemüse, Gurken, Tomaten, Kuchen
A: Steak, eingelegtes Gemüse, Kartoffeln, Mais

4. Tag
F: Brot, Margarine, Marmelade, Erdnussbutter, Eier, Cornflakes
M: Sandwiches, Geflügelwurst, Käse, Tomaten, Gurke, Pfirsiche (in der Dose)
A: Eintopf mit Würstchen, Fladenbrot *(damper)*

5. Tag
F: Pfannkuchen (instant) mit Marmelade, Honig oder Zucker, Cornflakes

M: Sandwiches, Eier, Käse, Tomaten, Salat, Gurke, Kekse, Äpfel
A: Fleisch (Dose), Gemüse, Kartoffelpüree

6. Tag
F: Brot, Spiegeleier, Salami, Cornflakes, Marmelade, Nutella
M: Sandwiches, Salami, Käse, Tomaten, Gurken, Äpfel
A: Curry-Fleisch (Dose), Nudeln, Gemüse

7. Tag
F: Pfannkuchen mit Marmelade, Honig, Cornflakes
M: Sandwiches, Salami, Käse, Gurken, Kuchen
A: Bratkartoffeln mit Spiegelei und Speck

8. Tag
F: Brot, Salami, Marmelade, Nutella, Erdnussbutter, Cornflakes
M: Sandwiches, Eier, Käse, Salat, Gurken, Milchreis, Erdbeeren (Dose)
A: Spaghetti Carbonara, *damper*

9. Tag
F: Omelett mit Champignons, Brot, Marmelade, Nutella
M: Sandwiches, Geflügelwurst, Käse, Salat, Gurken, Kekse, Biskuits
A: Fleisch (Dose), Champignons, Zwiebeln, Reis, Gemüse

10. Tag
F: Brot, Marmelade, Nutella, Erdnussbutter, Honig, Cornflakes
M: Sandwiches, Salami, Käse, Salat, Gurken, Kuchen
A: Schinken (Dose), Weiße Bohnen, Fladenbrot *(damper)*

Plastikboxen mit Deckel. Diese sind ziemlich staub- und bruchsicher, können leicht übereinander gestapelt werden und kosten nur ca. 10–15 $ pro Stück. Für Essensvorräte und andere Sachen kann man sich mit Pappkartons behelfen, die es in jedem Super- oder Heimwerkermarkt gratis gibt. Wenn man Glück hat und stabile Kartons bekommt, stehen diese den Plastikboxen in nichts nach. Auf einer längeren Tour haben sie sogar den Vorteil, dass sie zu verbrennen sind, wenn man sie nicht mehr benötigt.

Wer es abends gern gemütlich hat, kauft noch einen Campingtisch und Klappstühle, die in jedem größeren Supermarkt erhältlich sind.

Essen und Trinken

Neben Trinkwasser ist die Lebensmittelaufbewahrung auf langen Strecken ein Problem, insbesondere, wenn man ohne Kühlschrank unterwegs ist. Kochen fängt ja bekanntlich schon mit dem Einkauf an, was einfach ist, solange ein Supermarkt in der Nähe ist. Wie sieht aber so ein Einkaufszettel aus, wenn man für ein oder zwei Wochen kein Geschäft anfahren kann? Wichtig dabei ist, dass schon vorher ein Speiseplan zusammengestellt wird.

Hat man einen Speiseplan ausgearbeitet (auf Haltbarkeit der Zutaten achten), kann man eine Liste mit den benötigten Zutaten anfertigen (→ Einkaufsliste). Dabei ist es wichtig, dass man von Tag zu Tag vorgeht und auch beachtet, welche Mengen jeweils gebraucht werden. Zum Schluss zählt man die Mengen zusammen und addiert etwas Reserve hinzu. Beim Einkaufen sollte man durchaus noch ein paar extra Leckereien für den kleinen Hunger zwischendurch mitnehmen. Die Auswahl der oben genannten Waren erfolgte nach den Gesichtspunkten der Haltbarkeit und Einfachheit der Zubereitung. Salami am Stück z. B. ist selbst ungekühlt über Wochen haltbar. Steaks kann man beim Metzger vakuumverpacken *(vacuum-packed)* lassen; im *eski* bleiben sie so zumindest

Damper-Rezept

3 Tassen Mehl *(self raising flour)*, 1 Tasse Wasser oder eventuell 1 Dose Bier, 1 Handvoll Rosinen (je nach Geschmack), 1 Teelöffel Zucker und 1/2 Teelöffel Salz.

Alle Zutaten werden vermischt und gut geknetet. Den Boden des gusseisernen Topfes mit Mehl bestäuben und die Teigkugel hineinlegen. Dann den Teig an einem warmen Ort (neben dem Lagerfeuer) 20 Minuten gehen lassen. Anschließend kommt der Deckel auf den Topf. Ist das Lagerfeuer heruntergebrannt, kann der Topf direkt auf die Glut gesetzt werden. Auf dem Deckel und rund um den Topf herum werden glühende Holzkohlestücke geschaufelt. Nach ca. 20 Minuten zieht ein angenehmer Duft durchs Camp. Der *damper* ist fertig und wird aus dem Topf genommen. In Stücke gebrochen, genießt man ihn mit Marmelade und einer Tasse kräftigem *billy-tea*.

Sollte kein gusseiserner Topf zur Verfügung stehen, kann man den *damper* auch im Sand backen. Dazu gräbt man eine kleine Mulde in den Sand und legt den Teig hinein, deckt ihn mit heißem Sand zu und schaufelt Holzkohlestücke auf. Nach 15 bis 20 Minuten ist auch diese Variante gebacken. Den Sand und die Asche einfach abklopfen – fertig.

vier bis fünf Tage lang frisch. Auch noch unreife Tomaten, feste Gurken und Obst halten sich – wenn sie einzeln in Papier eingewickelt sind – über eine Woche oder länger. Vakuumverpackter roher Schinken hält sich ebenfalls gut. Das australische Brot wird

Jaffles-Rezepte

In das aufgeklappte *jaffle*-Eisen (*jaffle iron*) wird auf jede Seite eine außen gebutterte Toastscheibe gelegt (außen gebuttert deshalb, damit sie nicht anbacken). Auf die Scheibe einer Seite kommt nun die Füllung: entweder deftig mit Tomaten, Käse, Salami oder mit gebackenen Bohnen (*baked beans*) oder süß, z. B. mit Honig und Bananenscheiben – der Fantasie sind keine Grenzen gesetzt. Anschließend wird das Eisen zugeklappt und ins Feuer gelegt. Nach zwei bis drei Minuten auf jeder Seite ist der Toast goldbraun und die Füllung heiß. Allerdings ist beim Essen Vorsicht geboten: Auch wenn der Toast außen schon abgekühlt ist, die Füllung ist immer noch höllisch heiß.

nach drei bis fünf Tagen hart, dann muss frisches gebacken oder auf Knäckebrot zurückgegriffen werden. Der australische Scheiblettenkäse muss wohl recht viel Chemie enthalten, denn ohne Kühlung war er selbst nach vier Wochen in Aussehen und Geschmack unverändert. Wir verwandten ihn vor allem für *jaffles* oder einen heißen überbackenen Toast am Morgen. Eine gute Alternative zu Dosengemüse ist Trockengemüse, das in kleinen Tüten angeboten wird. Es nimmt weniger Platz in Anspruch als Dosen und ist wesentlich leichter (Auf langen Touren sollte, wo immer möglich, an Gewicht gespart werden). Auch andere Lebensmittel sind in Pulverform oder getrocknet erhältlich (z. B. Milch, Champignons, Tomaten, Krabben, Gemüse, Zwiebeln, Obst).

Einkaufsliste

Die folgende Liste ist abgestimmt auf den durchschnittlichen Bedarf von zwei Personen in zehn Tagen. Alle Lebensmittel sind so gewählt, dass sie sich in Kühltasche bzw. Kühlbox halten. Wer einen Kühlschrank dabeihat, kann die Einkaufsliste um entsprechend frische Ware ergänzen.

- ❑ 1 Packung Margarine (500 g)
- ❑ 1 Glas Marmelade (500 g)
- ❑ 1 Glas Honig (500 g)
- ❑ 1 Glas Nuss-Nougat-Creme (500 g)
- ❑ 1 Glas Erdnussbutter (500 g)
- ❑ 2 Packungen Cornflakes (à 750 g)
- ❑ 1 Packung Scheiblettenkäse (48 Scheiben)
- ❑ 3 Packungen Brot (à 680 g)
- ❑ 2 Dutzend Eier
- ❑ 2 Packungen Instant-Pfannkuchen
- ❑ 16 feste Tomaten
- ❑ 2 Köpfe Eisbergsalat
- ❑ 2 Salatgurken
- ❑ 4 Steaks (1 kg)
- ❑ 1 Beutel Kartoffeln (1,5 kg)
- ❑ 1 Beutel Zwiebeln (1,5 kg)
- ❑ 8 Äpfel
- ❑ 1 Dose Ananas (425 g)
- ❑ 1 Packung Kochschinken (250 g)
- ❑ 1 Salami (750 g)
- ❑ 4 Birnen
- ❑ Hackfleisch (300 g)
- ❑ 1 Packung Bolognese-Fix
- ❑ 1 Packung Parmesan (100 g)

- ❏ 4 Bananen
- ❏ 2 abgepackte Fruchtkuchen (à 600 g)
- ❏ 2 Maiskolben
- ❏ 1 Dose Pfirsiche (850 g)
- ❏ 1 abgepackte Geflügelwurst o. Ä. (400 g)
- ❏ 1 Dose (850 g) oder Tüte (125 g) Linseneintopf
- ❏ 1 Glas Würstchen (300 g)
- ❏ 3 Packungen Kekse
- ❏ 3 Pakete Mehl (1 kg)
- ❏ 8 Tütchen Backpulver
- ❏ 2 Dosen Fleisch (400 g)
- ❏ 2 Dosen (425 g) Gemüse oder 4 Tüten (à 50 g) Trockengemüse
- ❏ 1 Packung Instant-Kartoffelpüree (300 g)
- ❏ 1 Dose Curry-Fleisch (400 g)
- ❏ 1 Packung Nudeln (250 g)
- ❏ 1 Packung Spaghetti (500 g)
- ❏ 1 Stück abgepackten Speck (250 g)
- ❏ 1 Dose Erdbeeren (425 g)
- ❏ 1 Dose Milchreis (425 g)
- ❏ 1 Packung haltbare Sahne (200 g)
- ❏ 1 Dose Champignons (850 g)
- ❏ 1 Packung Reis (500 g)
- ❏ 1 Dose Frühstücksfleisch, z. B. von *Spam* (400 g)
- ❏ 2 Dosen Weiße Bohnen (à 425 g)
- ❏ und natürlich Salz, Zucker, Gewürze, Kaffee, Tee, Milchpulver, Wasser und Getränke etc. je nach persönlichem Bedarf.

Wasser

Ob man nur eine kurze Strecke fährt oder sich auf eine längere Wüstenfahrt begibt, eines sollte auf keinen Fall fehlen: Trinkwasser. Viele Menschen, die in der trockenen Einöde Australiens unterwegs sind, unterschätzen diesen Aspekt, und es kommt zwangsläufig immer wieder zu Situationen mit tödlichem Ausgang. Auch auf Aussagen anderer Leute bezüglich Wasserstellen auf der Strecke sollte man sich auf keinen Fall verlassen, denn diese können innerhalb weniger Tage versiegt sein. Grundsätzlich gelten folgende Regeln:

⇨ Pro Person und Tag mindestens 2 Liter Trinkwasser (im Sommer mindestens 3 Liter).

⇨ Pro Person und Tag 2 Liter Wasser zum Kochen, Waschen, Zähneputzen etc.

⇨ Immer eine Reserve für mindestens fünf Tage mitführen!

Dass bei den oben genannten Wassermengen auf die tägliche Dusche verzichtet werden muss, versteht sich von selbst. Wer das nicht kann, muss entsprechend mehr Wasser einkalkulieren, das aber wieder Gewicht bringt. Bevor man zu einer längeren Tour aufbricht, sollte man auf einer kleineren Tour die persönlich benötigte Menge Wasser pro Tag ermitteln. Zur Sicherheit sollte man auf Entkeimungstabletten (Mikropur) zurückgreifen, denn nicht immer ist das Wasser im *outback* von bester Qualität. Erkrankungen unterwegs sind nicht gerade angenehm und können auf langen Strecken zum Problem werden. Da vom Trinkwasser das Überleben abhängen kann, sollte man beim Kauf der Wasserkanister auf deren Stabilität besonders achten. Meist werden sie auf den unwegsamen Geländestrecken hin- und hergerüttelt und dadurch enorm strapaziert. Bei

Land und Leute

Reisevorbereitung

Strecken 1–3

Strecken 4–6

Strecken 7–8

Strecken 9–10

Strecken 11–12

den angebotenen Kanistern ist auf die Wandstärke zu achten und die Verarbeitung an den Nähten, Kanten und Ecken. Wenn man einen zu dünnwandigen Kanister auf den Boden stellt, kann es passieren, dass feine Dornen mühelos durchdringen. Gute Kanister sind bei *K-Mart* zu finden, einer Einkaufskette, die in den *shopping centres* fast aller größeren Städte vertreten ist. Wenn man sich für gebrauchte Kanister entscheidet, sollte man sich vorher erkundigen, was darin gewesen ist.

Wer in einem Mietwagen unterwegs ist, hat oft einen eingebauten Wassertank zur Verfügung. Ist noch Wasser im Tank, sollte dieses ausgeleert und frisches eingefüllt werden. Bei diesen relativ großen Tanks spielt die Entkeimung eine größere Rolle als bei den kleinen Kanistern. Also nie vergessen, Mikropur (ist auch in Australien das gängigste Mittel) hinzuzugeben. Zur Sicherheit sollte dennoch ein Kanister mit mindestens 20 Litern mitgeführt werden. Da die Tanks eingebaut sind, bemerkt man undichte Stellen oft zu spät, und das wertvolle Nass versickert im heißen Wüstenboden.

Kanister sind im Wagen so zu verstauen, dass sie nirgendwo scheuern. Auf langen, holprigen Strecken kann schnell ein Leck entstehen. Deshalb: eine Polsterung unter und zwischen die Kanister legen (ein Stück stabile Pappe reicht zumeist völlig).

Road Manners – Gute Manieren im Outback

Wir fanden – und viele Australier gaben uns Recht –, dass Touristen aus Übersee vorsichtiger fahren und sorgfältiger in der Reiseplanung und -vorbereitung sind als Australier aus der Stadt. Wahrscheinlich liegt dies daran, dass der Überseetourist beachten muss, dass er in einem fremden Land, in ungewohntem Klima usw. unterwegs ist. „Der australische-Stadtmacho" dagegen fährt seinen neuen Landcruiser manchmal so, als wäre er auf der Ralley „Paris-Dakkar".

Verhalten auf Dirt Roads
Es ist eigentlich kein Mysterium, sicher auf Australiens *tracks* zu fahren.

Allgemeine Richtlinie: Langsam und entspannt fahren; sich Zeit nehmen. Die meisten tödlichen Unfälle im Busch sind durch zu schnelles Fahren – häufig auch noch betrunken – verursacht.
1. Sich nähernde Fahrzeuge: Wenn sich ein Fahrzeug nähert, vom Gas gehen und ggf. stoppen.
2. *Roadtrains*: Platz machen! Es gibt für die „Straßenzüge" keine Möglichkeit anzuhalten oder auszuweichen!
3. Menschen oder Fahrzeuge am Straßenrand: Anhalten und versuchen herauszufinden, ob die Personen Hilfe benötigen. Beim nächsten Mal kann es sein, dass Sie auf Hilfe warten.
4. Wanderer und Fahrradfahrer: Dasselbe gilt auch für sie. Etwas Wasser oder andere Unterstützung anbieten – sie haben es möglicherweise bitter nötig.

Unterwegs im Geländewagen

Während früher Allrad-Geländewagen lediglich in der Land- und Forstwirtschaft im Einsatz waren, hat sich dieses Bild in den letzten zwei Jahrzehnten enorm gewandelt. Vor allem Städter entdeckten nicht nur in Australien, wo sie scherzhaft „Pitt-Street-Farmer" (*Pitt Street* ist die Hauptgeschäftsstraße in Sydney) genannt werden, den *four-wheel drive* als angenehme Art der Fortbewegung. Es ist aber ein großer Unterschied, ob man seinen Wagen in Mitteleuropa durch den Stadtverkehr lenkt oder auf Australiens einsamen und nicht immer einfachen Pisten fährt. Dem Allradeinsteiger möchten wir hier einen kurzen Einblick geben:

Zwei wesentliche Dinge unterscheiden einen Geländewagen von einem „normalen" Auto: erstens der Antrieb aller vier Räder und zweitens die höhere Bodenfreiheit (Ausnahme: normale Pkw mit Vierradantrieb, z. B. Subaru, Audi). Der Vierradantrieb *(four-wheel drive)* ist bei den meisten Wagen zuschaltbar, d. h. er wird nur dann benutzt, wenn es nötig ist. Dazu werden die Freilaufnaben *(free-wheel-hubs)* an den Vorderrädern auf *lock* gestellt und der Schalthebel im Wageninneren (meist direkt neben dem Schaltknüppel) auf H4 *(high-range-four-wheel-drive)* gestellt. Nun hat man den Allradmodus eingeschaltet, und die Kraft überträgt sich auf alle vier Räder. Stellt man den Schalthebel wieder auf H2, werden nur noch die Hinterräder angetrieben. Fordert die Piste häufigen Wechsel zwischen Allrad- und Zweiradantrieb, kann man die Freilaufnaben in der Stellung *lock* belassen. Es ist dann möglich, während der Fahrt von H2 auf H4 und umgekehrt zu schalten

(Kupplungtreten nicht vergessen). Ist abzusehen, dass die Strecke den Allradantrieb in der nächsten Zeit nicht erfordert, sollte man die Freilaufnaben auf jeden Fall wieder in die Position *free* stellen. Fast alle neueren Geländewagenmodelle besitzen automatisch sperrende Freilaufnaben, bei denen das Sperren von *free* auf *lock* von Hand entfällt. Wer als Käufer die Wahl zwischen beiden Modellen hat, sollte sich für die von Hand zu sperrenden entscheiden. Sie sind wesentlich zuverlässiger und störunanfälliger als die automatischen. Bei einigen neueren Modellen ist der Schalthebel durch einen kleinen Schalter ersetzt, der den Wechsel von H2 auf H4 oder L4 per Elektronik regelt. Dies ist zwar bedienungsfreundlicher, aber aufgrund der zusätzlichen Elektronik auch störanfälliger und von Laien nicht mehr zu reparieren.

Der Schalthebel im Inneren des Wagens hat neben der Position H4 noch eine weitere: L4 *(low-range-four-wheel-drive).* Es ist eine Untersetzung, die die Geschwindigkeit des Fahrzeugs erheblich verringert, dafür aber die Kraft erhöht. Man benötigt diesen Allradmodus vor allem bei steilen Streckenabschnitten, Flussdurchfahrten und felsigen Passagen. Dabei muss wie immer darauf geachtet werden, dass beide Freilaufnaben an den Vorderrädern gesperrt *(lock)* sind. Im H4-Modus würde der Wagen ein Fahren mit ungesperrten Freilaufnaben noch überstehen, aber im L4-Modus wäre die auf die Hinterachse wirkende Kraft so groß, dass diese unweigerlich Schaden nehmen würde. Reparaturen an der Achse oder dem Differential sind zum einen teuer und zum anderen nur in einer Werkstatt möglich. Der L4-Modus darf im Gegensatz zum H4-Modus nur im Stand zugeschaltet werden, will man sich Ärger mit dem Getriebe ersparen. Neuere Fahrzeuge verfügen oftmals auch über zuschaltbare Differentialsperren *(diff locks)*. Diese sind ebenso wie der Allradantrieb zuschaltbar und verhindern ein einseitiges Durchdrehen der Räder, wenn man sich im Schlamm oder Sand festgefahren hat. Im Prinzip hat man also echten Vierradantrieb nur mit eingeschaltetem Allradmodus und zugeschalteten Differentialsperren. In der Praxis kommt man jedoch ganz gut ohne Differentialsperren aus.

Kilometerangaben

Zur Erstellung der Streckenlogs wurde ein *Toyota Landcruiser* mit vom Werk geeichtem Tachometer genutzt. Häufig weichen die Tachometer unterschiedlicher Fahrzeuge jedoch stark voneinander ab, d.h. eine Kreuzung, die laut Buch bei KM 200 kommen soll, erreicht man vielleicht erst bei KM 205. Die Abweichung von „nur" 5 km würde dann bei 1.200 gefahrenen Kilometern laut Streckenlog schon 30 km betragen. Deshalb sollte man seinen Tachometer vor Fahrtbeginn (oder während der ersten 100 Kilometer) anhand des Streckenlogs überprüfen und die Differenz zu den Kilometerangaben im Buch entsprechend addieren oder subtrahieren.

Highways, Tracks, Routes, Roads und Lines

Was in Australien manchmal *highway* genannt wird, würde hierzulande nicht mal die Bezeichnung „Feldweg" verdienen. Dies gilt aber nur für wenige

Straßen im *outback*. Bestes Beispiel dafür ist der *Gunbarrel Highway*. Die fast 1.500 km lange Piste ist zwar nicht die übelste aller australischen Strecken, aber mit ihrer wellblechartigen Beschaffenheit *(corrugations)* und den an manchen Stellen tiefen Auswaschungen gleicht sie wirklich einem schlechteren Feldweg. Kommt die Bezeichnung *track* oder *route* im Namen vor, dann handelt es sich um eine unbefestigte Piste. In der Regel sind es alte Viehtreiberstrecken, die heute ihre Bedeutung verloren haben und oftmals nicht mehr instand gehalten werden. Das Gleiche gilt für *lines (French Line* oder *Overland Telegraph Line)*. Es sind zum Teil alte Trassen, überwiegend angelegt von Minengesellschaften auf der Suche nach Bodenschätzen; sie dienten als Versorgungsstrecken zu abgelegenen Gebieten oder aber als Zugangswege für die Instandhaltung der Telegrafenverbindungen.

Grundsätzlich unterscheidet man in Australien vier **Straßenkategorien**:

⇨ *bitumen* oder *sealed road* (Teer- oder Asphaltstraße): Alle Hauptverkehrsstrecken, die – manchmal nur einspurig – geteert sind.

⇨ *gravelroad* (planierte Strecke mit Schotterbelag): Straße mit aufgeschüttetem Schotterbelag (z. B. *Oodnadatta Track*), die instand gehalten wird. Wie bei den geteerten Straßen gibt es hier meist auch an *creeks* Brücken, betonierte Furten und am Rand Dämme.

⇨ *formed earth road* (planierte Strecke, naturbelassen): Straße mit naturbelassener Oberfläche (z. B. *Gibb River Road*), die je nach Bedarf instand gehalten wird. Die Strecken werden nicht aufgeschüttet; so liegen sie meist tiefer als das umliegende Land und bilden eine Art Kanal. Da sie obendrein keinen festen Belag haben, verursacht Regen starke Auswaschungen. Der Untergrund reicht von fester Erde über Sand und Staub bis zum talkähnlichen, alles durchdringenden *bulldust*.

⇨ *earth road, sand road* etc. (naturbelassene Strecke): Zum Teil vor langer Zeit angelegte Strecken (z. B. *French Line*) mit naturbelassener Oberfläche oder einfach nur ein Weg, den sich Autos gesucht haben (z. B. auf der *Canning Stock Route*). Die Pisten haben keine verkehrstechnische Bedeutung und werden nicht instand gehalten. Charakteristisch sind oftmals der Bewuchs in der Mitte der Fahrspur und der wechselnde Untergrund von Sand, Geröll und Felsen.

Straßenzustand

Der Straßenzustand *(road condition)* im *outback* schwankt von gut bis unmöglich zu befahren. Dazwischen gibt es allerdings viele Variationen:

⇨ *Excellent road condition* – ausgezeichneter Straßenzustand: Straße wie ein Stadthighway – solche Straßen gibt es im *outback* nicht (2-WD).

⇨ *Good road condition* – guter Straßenzustand: Geteerte Straße mit zwei Fahrspuren oder breite, glatte Schotterpiste. Straßen, die man mit 90–100 km/h in einem 2-WD leicht fahren könnte. Die Piste nach Birdsville oder der Stuart Highway von Port Augusta nach Darwin sind solche Straßen.

⇨ *Reasonable road condition* – angemessener Straßenzustand. Wellblechpiste oder einspurige, schmale Bitumenstraße mit schlechter Oberfläche. Die Straße kann mit einem herkömmlichen Fahrzeug befahren werden.

⇨ *Rough road condition* – harte Bedingungen: Schotter-, Sand-, Schlamm- oder Staubpiste mit sandiger Oberfläche, Wellblech, *bulldust*, Schlammpfannen, Schlaglöchern, steinigen Abschnitten usw. Befahrbar in 4-WD mit hohem Radstand. Der Gunbarrel Highway ist eine solche Piste. Selbst wenn man die Allradzuschaltung nicht benötigt, ist es ratsam, die Naben zu entriegeln. Wenn man bis zum Unterboden im Schlamm feststeckt, wünscht man, man hätte ...

⇨ *Very rough road condition* – sehr raue Bedingungen: auf und ab, steile Felsen, steile Sanddünen, Schlamm- und Flussdurchfahrten, Bodenlöcher, ausgewaschene Strecken usw. Gelegentlich ist Zuschalten des L4-Modus *(low range)* erforderlich.

⇨ *Close to impossible* – nahe am Unmöglichen: Die Straße ist weggeschwemmt oder weggebrochen und nicht befahrbar.

Nach dem Straßenzustand erkundigt man sich am besten an den Reparaturwerkstätten, Tankstellen, *roadhouses*, *stations* oder bei Reisenden, die man auf *caravan parks* oder im Pub trifft. Die meisten Reiseführer empfehlen, mit der Polizei zu sprechen. Diese scheint aber selten sehr interessiert zu sein und ist im Allgemeinen über Straßenzustände nicht besonders informiert. Oft wird man dann zum *shire* geschickt und kommt dort auch nicht wirklich weiter. Wenn man im *outback* von Farmbesitzern oder am *roadhouse* erklärt bekommt, dass eine Straße oder Piste zu unwegsam ist – unbedingt glauben! Die Einheimischen unterschätzen eher Probleme, als dass sie übertreiben. Ein „No" heißt zweifellos „No way"!

Fahrtechniken und Problemlösungen

Grundsätzlich sollte jeder, der keine Fahrpraxis mit einem Geländewagen hat, sich vor einer Fahrt durch Australiens einsame Weiten mit einem solchen Fahrzeug vertraut machen. Von der Annahme, mit einem 4-WD bliebe man niemals stecken, sollte man sich schnell verabschieden. Es passiert nur nicht so häufig wie mit einem 2-WD, aber doch öfter, als einem lieb ist. Magazine wie *Auto-Off, Allrad Abenteuer, Offroad* oder ähnliche bieten Informationen und viele Daten von *off road*-Veranstaltungen sowie Adressen der verschiedenen Clubs, bei denen eventuell erste Fahrübungen absolviert werden können. Auch die australischen Automobilclubs bieten 4-WD-Kurse an (meist für 1 oder 2 Tage). Wichtig ist eine gute Vorbereitung auf eine solche Reise. Erst einmal unterwegs, wird es schwer, Versäumtes nachzuholen. Grundsätzlich sind ein paar Basisregeln zu beachten:

⇨ Ist man unsicher, wie der zu befahrende Untergrund beschaffen ist, vor allem bei Wasser oder Schlamm, heißt die Devise: aussteigen und nachschauen.

⇨ Der Daumen liegt immer an der Außenseite des Lenkrades: Plötzlich auftretende Schlaglöcher können das Lenkrad herumreißen und zu Verstauchungen oder gar Daumenbruch führen.

⇨ Niemals in einer heiklen Situation den Gang wechseln. Im Zweifelsfall immer im niedrigen Gang fahren.

⇨ Der Reifendruck ist sehr wichtig: Zuviel lässt die Fahrt unangenehm werden, und man sitzt unter Umständen öfter fest; zuwenig zerstört die Reifen. Natürlich bestimmt auch die Ladung den Reifendruck. Allgemein fährt man mit 210 bis 280 pka (30 bis 40 psi).

Sandpassagen

Reine Sandpisten sind in Australien sehr selten. Werden verschiedene Pisten (Geröll, Schotter o. Ä.) befahren, für die widerstandsfähigere Reifen nötig sind, sollte die Wahl auf normal breite Reifen fallen. Auf Sandstrecken wird dann der Reifendruck reduziert, um den gleichen Effekt wie bei Breitreifen zu bekommen. Je nach Tiefe des Sandes kann der Druck bei schlauchlosen Reifen um 50 % und bei Reifen mit Schlauch um 60 % ohne weiteres gesenkt werden. Da das meiste Gewicht in der Regel auf der Hinterachse liegt, kann der Druck der Vorderreifen um zusätzliche 10 % reduziert werden. Ist man sich nicht ganz sicher, beginnt man mit ungefähr 140 kPA (20 psi) je Reifen. Ist man schwer beladen, kann

Grid – ein in die Fahrbahn eingelegtes Gitter

dies jedoch schon zu wenig Druck sein und 175 kPA (25 psi) sind möglicherweise besser angebracht. Wer sein Fahrzeug nur leicht beladen kann, ist vielleicht mit 105 kPA (15 psi) Reifendruck gut bedient.

Auf den meisten Strecken im *outback* trifft man irgendwann auf einen sandigen Streckenabschnitt. Das kann auch eine Passage mit tiefem, sehr feinkörnigem, lockerem Sand sein. Geschieht das unerwartet, ist Fahrzeugbeherrschung gefragt. Ähnlich wie auf Eis fängt das Auto an zu schlingern und versucht auszubrechen. Das kann an solchen Stellen sehr schnell zum Verhängnis werden, da die Ränder der Pisten (insbesondere der Sandpisten) oft sehr hoch und schräg sind – ein Überschlag ist geradezu vorprogrammiert. Ein wichtiger Faktor beim Befahren von Sandpisten ist auch die Stärke des Motors. Vor allem untermotorisierte Fahrzeuge haben es im Sand schwer. Dadurch, dass die Reifen im Sand einsinken, müssen sie immer wieder Höhenunterschiede überwinden. Dies erfordert einen enorm hohen Kraftaufwand, sodass der Wagen immer langsamer wird. Dem begegnet man durch schnelles Herunterschalten. Wer sich dabei jedoch verschaltet, hat verloren. Das Fahrzeug bleibt stehen, und nichts geht mehr. Durch unnötiges Gasgeben drehen die Räder durch, der Wagen gräbt sich ein, und die Lage wird verschlimmert. Dann helfen meist nur noch Schaufel oder Winde. Ist der Sandabschnitt nur noch wenige Meter lang, lässt sich die *Tausend-Umdrehungen-Technik* anwenden. Dabei wird die Drehzahl des Motors konstant im Bereich von 1.000 Umdrehungen gehalten und das Lenkrad in rascher Folge nach links und rechts bewegt (je eine halbe Umdrehung). Hilft der Beifahrer schieben, kann man ziemlich sicher

sein, wieder frei zu kommen. Zweige, Bretter, Steine oder auch Gras unter den Reifen unterstützen die Befreiungsaktion zusätzlich. Ist diese Methode erfolglos, sollte man versuchen, rückwärts aus dem *sandpatch* herauszufahren (das geht meist etwas einfacher, da die eigene Fahrspur genutzt werden kann), und die Durchfahrt erneut mit mehr Schwung und eventuell im L4-Modus probieren. Mit etwas Erfahrung werden die Bewältigung von Sandpassagen und das Einstellen des Reifendrucks schnell zur Routine.

Bulldust

Eine besonders tückische Angelegenheit auf einigen Strecken ist der *bulldust*, ein puderähnlicher, feiner Staub, der durch jede noch so kleine Ritze dringt und alles überzieht. Schon nach wenigen *bulldust*-Passagen ist das gesamte Wageninnere, inklusive der sich darin befindenden Personen, mit einer dünnen Staubschicht bedeckt. Doch neben diesem lästigen Effekt birgt dieser feine Staub drei große Gefahren: Fährt ein entgegenkommendes Fahrzeug durch einen *bulldust*-Abschnitt, wird die Sicht gleich Null. Der explosionsartig meterhoch aufgewirbelte Staub verdeckt alles, und man fühlt sich wie ein Pilot beim Blindflug durch die Wolken. Oberstes Gebot in einer solchen Situation: sofort vom Gas gehen; am besten zur Seite ausweichen und anhalten. Ganz besonders übel ist es, wenn auf einer viel befahrenen Strecke (z. B. auf *Cape York*) gleich hinter dem entgegenkommenden Fahrzeug ein zweites Auto sozusagen im Windschatten folgt. Im Allgemeinen wird auch mitten auf dem *track* gefahren, darauf hoffend, dass entgegenkommende Fahrzeuge anhalten oder ausweichen. Man kann dann nur froh sein, wenn die ganze Sache ohne größeren Personenschaden ausgeht.

Die zweite Gefahr besteht darin, dass sich das Auto bei *bulldust*-Passagen wie auf einer Eisschicht verhält und ins Schlingern gerät. Schnelle Reaktionen und Fahrzeugbeherrschung sind unerlässlich. Sind *bulldust*-Abschnitte extrem tief und lang, kann es sogar vorkommen, dass der Wagen stecken bleibt. Glücklich schätzen kann sich dann, wer im Konvoi unterwegs ist, eine Winde oder zumindest eine Schaufel mitführt.

Die dritte Gefahr sind einzelne *bulldust*-Löcher (tiefe Auswaschungen, gefüllt mit Staub), die nicht rechtzeitig erkannt werden. Bei entsprechender Tiefe und zu hoher Geschwindigkeit sind Schäden an Rädern oder Achse keine Seltenheit.

Dünenüberquerungen

Dünen sind ein Hindernis, mit dem man im *outback* nur auf wenigen Strecken konfrontiert wird. Schwierigste Dünenüberquerungen erwarten den Besucher in *Simpson Desert* und auf der *Canning Stock Route*. Eine Grundregel bei den Überquerungen könnte lauten: Sich ein Herz fassen, Vollgas geben und hoffen, dass man es im ersten Anlauf schafft. Bevor man sich aber an die wirklich schwierigen Dünen wagt, sollte vorher an kleineren geübt werden, um ein Gefühl für die richtige Geschwindigkeit zu bekommen. Stärker als beim Fahren im ebenen Sand macht sich hier eine Untermotorisierung unangenehm bemerkbar. Grundsätzlich jedoch gelten die gleichen Regeln wie beim Fahren auf Sand. Ist die Düne zu steil oder der Sand zu

Erdanker

kleiner Baumstamm, um das Drahtseil zu heben

Ausschachtung für das Ersatzrad (Tiefe + Breite = Ø des Rades)

Drahtseil

Ersatzrad

ausgehobener Schacht, um das Drahtseil so gerade wie möglich zu halten

Radkreuz (o.ä., was stark genug ist, das Drahtseil zu sichern)

locker, muss der Reifendruck reduziert werden. Gefahren wird im 2. oder 3. Gang im H4-Modus mit höchstmöglicher Geschwindigkeit und Drehzahl. Schnelles Herunterschalten ist hier besonders wichtig, da sonst ein neuer Anlauf nötig ist. War der erste Versuch erfolglos, wird zurückgesetzt und das Ganze mit einem längeren Anlauf *(run up)* und höherer Geschwindigkeit versucht. Das strapaziert nicht nur die Nerven, es kostet auch jede Menge Sprit. Steht man beim sechsten oder siebten Versuch immer noch auf der selben Seite der Düne, sollte man besser sein Lager aufschlagen und es vor Sonnenaufgang am nächsten Morgen noch einmal wagen. Dann nämlich ist der Sand abgekühlt und die Oberfläche wesentlich fester als in der prallen Sonne oder am Abend nach einem heißen Tag. Bringt auch das nicht den gewünschten Erfolg, gibt es immer noch die Möglichkeit, den Wagen zu entladen, das Gepäck über die Düne zu tragen, die Anfahrt mit der Schaufel etwas zu glätten, die Spitze abzutragen (viel Vergnügen!) oder auf andere Reisende zu warten, die helfen könnten. Wer es dann immer noch nicht geschafft hat, sollte besser umkehren.

Ist endlich die Dünenspitze erreicht, heißt es sofort stoppen, denn sonst folgt womöglich ein unfreiwilliger Flug mit unsanfter Landung, bei zu hoher Geschwindigkeit vielleicht sogar ein Überschlag. Man sollte sich auch nicht dem Trugschluss hingeben, dass eine Düne leichter zu bewältigen ist, wenn man sie schräg anfährt. Das stimmt nur, wenn auch ein entsprechender Weg gebahnt ist. Wer eine unbefestigte Düne schräg anfährt, riskiert leichtfertig einen Überschlag *(roll over)* und damit Fahrzeug und Gesundheit.

Wichtigste Ausrüstung auf Dünenpisten sind Schlauchreifen, Reifendruckmesser, eine 3 bis 4 m lange Stange mit Fahne (vorne am Fahrzeug angebracht, hilft sie, Kollisionen zu vermeiden, sollte tatsächlich einmal ein anderes Fahrzeug zur gleichen Zeit die Düne von der anderen Seite her überqueren wollen), Kompressor und zur Sicherheit eine Fußpumpe. Der Reifendruck ist dann mindestens alle drei Stunden kurz zu überprüfen.

⇨ Problemlösungen

Hat man eine Dünenüberquerung auch beim vierten oder fünften Mal nicht geschafft, und waren auch das Warten bis zum nächsten Morgen, Schaufeln und Verringerung des Reifendrucks erfolglos, dann könnte die Winde zum Einsatz kommen. Das ist leichter gesagt als getan, denn in der Wüste ist nur selten ein Baum zu finden, der stark genug wäre, um das Seil daran zu befestigen. Die Lösung dazu heißt *Erdanker*. Dazu können das Reserverad oder die *barbecue*-Platte, wenn sie groß genug ist, umfunktioniert werden (→ Die Winde richtig eingesetzt). Wer keine Winde dabeihat, kann sich auch mit dem *Hi-Lift-Jack* behelfen (→ Einsatz des Hi-Lift-Jack).

Flussdurchfahrten

Mit Flussdurchfahrten wird der Reisende vor allem im nördlichen Teil Australiens konfrontiert. Dabei hängt die Chance einer erfolgreichen Durchquerung vor allem vom Wetter ab. Im Winter (Juni bis September) wird es kaum Probleme geben. Viele Flüsse und *creeks* sind trocken, zu Rinnsalen verkümmert, oder die Durchfahrtstiefe liegt meist deutlich unter 60 cm. Allerdings ist das umliegende Land ebenso trocken und damit nicht so reizvoll wie in der Regenzeit *(wet season)* von Dezember bis März oder kurz danach.

Achtung, Krokodile!

Die besten Reisemonate für diesen Landstrich sind März, April und Mai, je nachdem wie lange die Regenfälle anhalten. Sofern man ein paar Grundregeln beachtet und Durchfahrten erst an kleineren Flüssen übt, steht einer erfolgreichen Durchquerung auch größerer Flüsse nichts im Wege. Im Allgemeinen sollte eine Wassertiefe von 60 cm für ein Allradfahrzeug kein Problem sein, und man kann hindurchfahren, ohne große Vorbereitungen treffen zu müssen. Doch sandiger Boden, loser Untergrund oder starke Strömung können eine solche Durchquerung unmöglich machen.

Bevor man sich auf eine Strecke mit Flussdurchquerungen begibt, wird die Höhe des Luftansaugstutzens vom Boden bis zur Öffnung gemessen. Die Wassertiefe sollte mindestens 15 bis 20 cm unter der Öffnung des Ansaug-

stutzens liegen, um sicher zu gehen, dass kein Wasser in den Motor eindringen kann, denn das bedeutet vor allem beim Dieselmotor das Aus. Dann sind Erkundigungen über die zu durchquerenden Flüsse einzuholen. Dies kann einmal bei der nächsten Polizeistation – wie wir feststellten leider meistens keine allzu große Hilfe –, besser aber bei einem *roadhouse* an der Strecke geschehen. So lässt sich schon vorher entscheiden, ob eine Strecke überhaupt zu befahren ist. Am Fluss angekommen, wird die Wassertiefe erkundet. Ist das Wasser klar, kann man das oftmals trockenen Fußes vom Ufer aus tun. Ist das Wasser trübe und der Grund nicht zu erkennen, muss man hindurchwaten. Dabei werden die Strömungsstärke festgestellt und auch gleich der Untergrund auf Löcher oder Felsbrocken und Steine kontrolliert. Wichtig ist vor allem, sich die Fahrspur zu merken. Hat man beim Waten keine größeren Probleme, wird die Durchfahrt auch mit dem Auto zu schaffen sein. Im Allgemeinen können alle Flüsse mit festem oder ebenem Untergrund unter 20 cm Wassertiefe auch ohne Allradantrieb im 1. oder 2. Gang durchquert werden. Wer sich nicht sicher ist, schaltet am besten den Allradantrieb zu. Flüsse ab ca. 20 cm Wassertiefe mit losem Untergrund werden grundsätzlich im Allradantrieb (H4-Modus; 1. oder 2. Gang) angegangen. Bei sehr felsigem, sandigem oder schlammigem Untergrund ist sogar der L4-Modus vorzuziehen. Alles, was tiefer als 40 cm ist, sei es auch nur eine größere „Pfütze", wird im Allradmodus mit Untersetzung durchquert (L4-Modus; 1. oder 2. Gang). Vor allem auf *Cape York* gibt es einige Flüsse und Bäche dieser Kategorie. Für alle Flussdurchfahrten, ganz gleich welcher

Tiefe oder Untergrundbeschaffenheit, gelten folgende Regeln:

⇨ Nie im Wasser anhalten! Falls es sich um sandigen Untergrund handelt, spült die Strömung den Sand unter den Reifen weg, und der Wagen sinkt ein.

⇨ Nie während der Durchfahrt die Kupplung betätigen! Wasser läuft zwischen Druckplatte und Kupplungsscheibe, die Kupplung rutscht, und der Wagen bleibt unweigerlich stehen.

⇨ Immer vorher erkundigen (z. B. bei anderen Reisenden oder Bewohnern der Gegend), ob sich Krokodile im Wasser aufhalten könnten! Auch wenn es Krokodile gibt, kommt man manchmal nicht umhin, die Furt zuvor abzugehen und den Fahrer auf sandige und tiefe Stellen hinzuweisen. Zur eigenen Sicherheit sollte man einen Stock mitnehmen.

⇨ Bei schwierigen Durchquerungen ist es immer besser, wenn ein Mitreisender vor dem Auto hergeht und den Fahrer einweist.

⇨ Wer sich nicht sicher ist, sollte auf andere Reisende warten und im Konvoi fahren.

⇨ Ist der Wasserstand höher als der Luftansaugstutzen, muss der Wagen entsprechend vorbereitet werden. Man öffnet die Motorhaube, biegt den Ansaugstutzen nach außen und verlängert ihn mit einem Stück Schlauch um einige Zentimeter (nicht mehr als 20–30 cm; darauf achten, dass er auch dicht ist, denn sonst gelangt Wasser in den Luftfilter). Auch der Keilriemen wird gelockert oder abgenommen, damit während der Fahrt kein Wasser hochgewirbelt wird und der Ventilator nicht den ganzen Motorraum mit Wasser bespritzt. Da das Schlauchstück aus dem Motorraum

herausragt, steht die Motorhaube einen Spalt offen. Über dieser wird dann eine Plane befestigt, die am besten bis über den Kühler nach unten reicht. Dadurch kann zum einen von oben und von der Seite kein Wasser in den Motorraum eindringen, zum anderen wird vor dem Auto eine kleine Bugwelle erzeugt, die wie der Planierschild eines Bulldozers wirkt und dafür sorgt, dass durch den entstehenden Unterdruck im Motorraum der Wasserstand hier niedrig bleibt. Die Elektrik, vor allem bei Benzinmotoren, sollte man vorher mit Isolierband abdichten. Auch das Gepäck im hinteren Teil des Wagens nicht vergessen! Sachen, die auf keinen Fall nass werden dürfen (Kamera, Essen etc.), sollte man nach oben legen. Zusätzlich können die Türritzen mit Klebeband abgedichtet werden. Wir empfehlen solche Durchfahrten nur, wenn ein zweites Auto in der Nähe ist, das im Notfall den Wagen aus dem Fluss ziehen kann. Bei Fahrzeugen mit Turbolader ist darauf zu achten, dass vor der Durchquerung eines Flusses der Turbolader abgekühlt ist, damit er durch den großen Temperaturunterschied keine Risse bekommt.

⇨ Nach jeder Flussdurchquerung sind die Bremsen auf ihre Funktionsfähigkeit zu überprüfen. Mittels Ölstab kann kontrolliert werden, ob Wasser in den Motor eingedrungen ist.

⇨ **Problemlösungen**

Sollte man doch einmal im Fluss stecken bleiben, heißt es erst mal, Ruhe bewahren. Ist ein zweites Fahrzeug in der Nähe, wird es kein Problem sein, den Wagen herauszuziehen. Ansonsten kommt die Winde zum Einsatz (→ Die Winde richtig eingesetzt). Die Bergungsaktion kann man zusätzlich unter-

Gefahr durch Tiere auf der Fahrbahn, im Busch und Wasser

Nicht selten stehen Tiere wie Rinder, Kängurus und Schafe vor allem in den Dämmerungsstunden auf der Fahrbahn oder überqueren sie. Sollte es trotz aller Vorsichtsmaßnahmen zu einer Kollision kommen, überprüft man, ob das angefahrene Tier tot ist (bei Schlangen bitte nur aus der Entfernung!), bevor man weiterfährt. Grundsätzlich sollte man sich damit vertraut machen, auch Tiere, die größer als Kaninchen sind, erlösen zu können. Auf unseren Reisen mussten wir dies bei mehreren Kängurus, einem Possum und einem Keilschwanzadler tun.

Keilschwanzadler: Keilschwanzadler sind große Raubvögel. Man trifft sie oft zu Dutzenden an den überfahrenen Opfern. Sie können sich nur sehr langsam entfernen und in die Luft erheben. Also verlangsamt man die Fahrt, wenn eine Gruppe beim Kadaver sitzt.

Krähen: Krähen entfernen sich rasch, wenn man sich ihnen nähert und stellen eigentlich kein Problem dar.

Galahs: Die Rosapapageien leben in großen Gruppen, scharen sich oft am Straßenrand und fliegen wild in alle Richtungen davon, wenn sich ein Fahrzeug nähert. Nicht selten fliegt einer aus der Gruppe direkt in die Windschutzscheibe.

Rinder: Leider scheinen Rinder nicht die intelligentesten Tiere der Erde zu sein, jedenfalls was den Straßenverkehr angeht. Sie stehen ruhig am Straßenrand und beachten den Verkehr nicht, um dann direkt vor dem Kotflügel gemach über die Fahrbahn zu wandern. Im nächsten Moment können sie es sich aber anders überlegen, drehen um und rennen in die entgegengesetzte Richtung. Sobald man Rinder am Straßenrand sieht, heißt es: langsam fahren und Augen auf. Manchmal überquert ein Muttertier die Straße und das ängstliche Kalb rennt, unerwartet aus einem Busch kommend, hinterher. Auch auf Buschwanderungen ist Vorsicht geboten. In Australien laufen die Rinder frei herum und sind eigentlich Wildtiere. Ein wütender Bulle ist ein schneller Vierbeiner und äußerst gefährlich!

Schafe: Schafe scheinen noch größere Intelligenzallergiker zu sein. Sie reagieren oft panisch und völlig unkontrolliert. Auf jeden Fall die Fahrt verlangsamen und warten, bis sich die Panik in der Herde gelegt hat.

Kängurus: Oftmals sieht man Kängurus am Straßenrand grasen oder herumspringen. Sie geraten wie Schafe sofort in Panik und springen manchmal für viele Meter kreuz und quer über die Straße, bis sie sich entschließen, diese zu verlassen. Manchmal sind sie schon auf der einen Seite angelangt, überlegen es sich dann urplötzlich anders und springen in entgegengesetzter Richtung zurück auf die Straße. *Roadtrains* überfahren sie in Massen. Besonders in der Dämmerung sollte man Vorsicht geboten. Besser ist es, wenn man mit Sonnenuntergang sich schon einen Campingplatz gesucht hat und die Fahrt zu diesen Zeiten vermeidet.

Emus: Emus können durchaus mit Schafen und Kängurus konkurrieren, wenn es um geringe Intelligenz geht. Sie laufen häufig direkt in die Gefahr hinein. Haben sie eine Straßenseite erreicht, rennen sie oft wieder zurück auf die Fahrbahn.

Helmkasuare: Im subtropischen Norden von Queensland überqueren Helmkasuare die Straßen. Helmkasuare sind kräftige Laufvögel und ein Zusammenstoß mit ihnen ist nicht empfehlenswert. Sie laufen zumeist langsamer als ihre Verwandten, die Emus, über die Straße oder stehen am Straßenrand und fressen. Wenn sie sich erschrecken, versuchen sie in den dichten Regenwald zu flüchten. Dies kann aber auch der Wald auf der gegenüberliegenden Straßenseite sein!

Kamele: Kamele kreuzen die Straße in Zeitlupe und scheinen nicht vom Kommen und Gehen der Fahrzeuge betroffen zu sein. Auf jeden Fall die Geschwindigkeit verringern, denn Kamele bleiben auch abrupt mitten auf der Straße stehen oder laufen für viele Meter vor dem Fahrzeug her. Mit ihren weichen Fußpolstern mögen sie kein stacheliges Spinifexgras und gehen gern auf „spinifexfreien Trampelpfaden".

Kleine Tiere: Eine Menge kleiner Reptilien wie Eidechsen, Schlangen, Goannas etc. lieben den warmen Asphalt oder Sand, um sich aufzuwärmen. Sie zu überfahren ist schade, stellt aber keine große Gefahr für das eigene Leben oder Fahrzeug dar.

Salzwasserkrokodile: *Salties*, wie die Australier sie nennen, kommen in fast allen Flüssen im Norden vor. Sie lauern oft unter Wasser an Uferbänken auf ihr Mittagessen, das aus Vögeln, Kängurus, Rindern, Schafen, Anglern oder sonstigen unvorsichtigen Lebewesen besteht. *Salties* sind schlaue Jäger. Nicht selten beobachten sie Camper oder Angler für Tage und warten auf den Tag, an dem man zum Fluss kommt, um Wasser zu holen. Im dunklen, schlammigbraunen Wasser ist es unmöglich, sie rechtzeitig zu erkennen. Deshalb niemals das Wasser immer an der gleichen Stelle holen, keinen Fisch am Ufer säubern, keine Kinder oder Hunde am oder im Fluss spielen lassen und zu guter Letzt: Niemals in einem Fluss baden, in dem Krokodile vorkommen können. Ein nicht vorhandenes Warnschild heißt nicht, dass es keine Krokodile gibt!

Wildschweine: In einigen Gebieten Australiens trifft man gelegentlich auch auf angriffslustige Wildschweine. Ein in die Ecke getriebener, verärgerter Keiler oder eine Bache, die ihre Ferkel verteidigt, können einen Menschen mit ihren großen Hauern in Stücke reißen. Ein Glück, wenn Bäume in der Nähe sind, auf die man flüchten kann.

Schlangen (schließlich): Australien beherbergt einige der giftigsten Schlangen der Welt (→ Artikel „Die giftigsten Australier"). Sie haben normalerweise Angst vor Menschen und kriechen fort. Wenn Sie eine Schlange auf der Straße liegen sehen oder im Busch entdecken, dann keinesfalls anfassen und an die Seite legen – machen Sie einfach einen großen Bogen und fahren, wenn möglich. Natürlich kann man auch anhalten und aus dem sicheren Gefährt zuschauen, wie sie sich von der Straße schlängelt. Wer zu Fuß ist, sollte sich langsam rückwärtsgehend entfernen. Versuchen Sie keinesfalls, die Schlange mit einem Stock zu verjagen oder gar zu töten.

stützen, indem man versucht, größere Steine aus dem Weg zu räumen.

Schlammpisten

Schlammlöcher umfährt man am besten weiträumig (Vorsicht: die Umfahrung vorher zu Fuß abgehen). Wer jedoch durchfährt und stecken bleibt, bekommt – neben viel Arbeit – eine unfreiwillige Fangopackung. Grundsätzlich gibt es im trockenen Australien keine Schlammpisten, die das ganze Jahr über in diesem Zustand sind. Im Norden und an der Nordostküste verwandeln sich die Straßen nur während der Regenzeit oder nach besonders heftigen Schauern in schlammige Pisten. Zu dieser Zeit sind sie zumeist unpassierbar oder ganz gesperrt. Aber auch im trockenen Landesinnern reichen ein bis zwei kräftige Regengüsse aus, um eine einfach zu befahrende Piste in eine unpassierbare Schlammstrecke zu verändern. Wer noch nicht vom Ausgangsort abgefahren ist oder unterwegs einen sicheren Platz und genug Verpflegung hat, legt am besten eine Pause ein. Man wartet, bis die Strecke einigermaßen getrocknet ist und fährt dann weiter. Das schont neben den eigenen auch die Nerven der nachfolgenden Fahrer. Fahren auf aufgeweichten Strecken verursacht tiefe Furchen, die später von der Sonne hartgebacken werden. Manch ein Farmer, für den die Piste die einzige Verbindung zur Außenwelt ist, sieht wegen solch rücksichtsloser Fahrer Touristen nicht gerne. Andere Farmer, über deren Land die Strecke verläuft, sperren ihre Pisten für Touristen, sobald der erste Regentropfen fällt, denn sie sind es leid, ihre Zeit und ihr Geld für die Ausbesserung zu opfern.

Hat man jedoch keine andere Wahl, als die Fahrt durch den Schlamm fortzusetzen, dann geht man folgendermaßen vor: Reifendruck wie beim Sandfahren verringern. Möglichst vorher ist zu überprüfen, ob tiefere Löcher im Schlamm sind. Dann schaltet man den Allradantrieb zu (H4-Modus) und fährt bei hoher Drehzahl mit Schwung durch den Matsch. Schalten und abrupte Lenkbewegungen sind dabei tunlichst zu vermeiden. Man fährt auf Schlamm ähnlich wie auf Eis. Droht das Fahrzeug stehen zu bleiben, sofort den Fuß vom Gas. Mit viel Glück kommt man rückwärts wieder aus dem Schlamm und kann einen neuen Anlauf nehmen.

⇨ Problemlösung

Mit einer Winde und eventuell einem Erdanker (→ Die Winde richtig eingesetzt) muss der Wagen in stundenlanger Arbeit befreit werden. Wenn man stecken geblieben ist und keine Winde dabeihat, nutzt auch Brachialgewalt nichts. Die Räder wühlen sich nur immer tiefer in den Schlamm ein. Man versucht, das Fahrzeug anzuheben, um Holz, Steine oder ähnlich festes Material unter die Räder zu legen. Dazu benötigt man zunächst eine feste Unterlage *(base plate)* für den Wagenheber *(Hi-Lift-Jack)*, der unentbehrlich ist. Wenn sichergestellt ist, dass der Wagenheber nicht wegrutschen kann und guten Halt hat, bockt man das Fahrzeug langsam hoch. Sobald die Räder sich vom Boden lösen, können Holzstücke, Gras, Matten und alles, was den Rädern festen Halt gibt, untergelegt werden. Wenn die Unterlage richtig unter den Reifen liegt, lässt man den Wagenheber herunter und versucht, aus dem Schlamm herauszufahren, was dann mit etwas Glück auch meistens klappt.

Gravelroads und Corrugations

Australiens häufigste Streckenart ist die Schotterpiste *(gravelroad)*. Der Belag stellt in der Regel keine hohen Anforderungen an die Fahrtechnik, dafür aber an die Reifen und das Durchhaltevermögen der Reisenden.

Instand gesetzte Pisten mit neuem Schotterbelag laden zu schnellem Fahren ein. Dadurch verwandeln sich dann die einstmals guten Straßen in waschbrett- oder wellblechartige Pisten (corrugations). Im Abstand von 10 bis 25 cm bilden sich parallel verlaufende Bodenwellen, die das ständige Rütteln verursachen. Um nur einigermaßen sanft über diese Pisten zu kommen, ist eine Geschwindigkeit von 60 bis 80 km/h nötig. So fährt man nicht durch jedes kleine Rillental, sondern rollt annähernd gleichmäßig über die Bodenwellen. Vorsicht ist besonders in Kurven oder an unübersichtlichen Stellen geboten. Leicht verliert man aufgrund der mangelnden Bodenhaftung die Kontrolle über das Fahrzeug und kann sich sogar überschlagen. Der Traum vom Abenteuerurlaub ist dann erstmal ausgeträumt. Wer langsamer fährt, wird schnell erkennen, weshalb gute Stoßdämpfer vorteilhaft sind, wenn man jeden *bump* spürt.

Wird der Belag gröber, hat man es meist mit einer Geröllpiste zu tun. Wichtigste Voraussetzungen, um platte Reifen zu vermeiden, sind richtige Reifen mit entsprechendem Druck und verminderte Geschwindigkeit (→ Ausrüstung des Geländewagens, hier: Grundausrüstung des Wagens). In der Regel entstehen die Reifenpannen nicht durch schlechte oder falsche Reifen, sondern durch zu schnelles Fahren. Denn dann passiert es leicht, dass scharfkantiges Geröll die Reifen aufschlitzt oder sich hineinbohrt. Also: je größer die Steine, desto niedriger die Geschwindigkeit. Dann lassen sich auch größere Steine oder Geröllbrocken leichter erkennen. Wer sie übersieht, muss zudem mit Beschädigungen am Unterboden rechnen. Zur Gefahr auf solchen Pisten können auch entgegenkommende Fahrzeuge werden: Steine werden katapultartig in die Windschutzscheibe geschleudert. Nicht umsonst gibt es in Australien an fast jeder Ecke eine Werkstatt, die Windschutzscheiben repariert *(windscreen repair)*.

Auswaschungen und steile Böschungen

Mit Auswaschungen oder abschüssigen Stellen ist grundsätzlich auf allen Strecken im *outback* zu rechnen. Durch das Anlegen einer Piste wird der spärliche, aber extrem wichtige Oberflächenbewuchs zerstört, und die Erde liegt frei. Bei heftigen Regenfällen verwandeln sich diese *tracks* dann in wahre Sturzbäche und spülen die Erde bis zum blanken Felsen weg. Je steiler ein bestimmter Streckenabschnitt oder je heftiger die Regenfälle, desto verheerender die Erosion. An vielen Stellen, wo die Auswaschungen besonders stark sind, scheint ein Weiterkommen fast unmöglich. Um diese Hindernisse, sei es auf ebener Strecke oder an steilen Passagen, möglichst problemlos zu überwinden, gelten folgende Regeln:

⇨ Auswaschungen möglichst umfahren.

⇨ An steilen Hängen und abschüssigen Böschungen vorher aussteigen und eine günstige Fahrspur suchen.

⇨ L4-Modus und 1. Gang einlegen.

⇨ Die Passage nie schräg anfahren (Überrollgefahr).

⇨ Langsam und gleichmäßig fahren.

⇨ Immer den Fuß am Bremspedal haben.

⇨ Während der Ab- oder Auffahrt niemals die Kupplung betätigen.

Ähnlich den Flussdurchfahrten schaut man sich steile oder ausgewaschene Stellen auf den Pisten vorher genau an und sucht den besten Weg hindurch bzw. vorbei, hinauf oder hinunter. Dabei wird in den beiden letzteren Fällen im 1. Gang des L4-Modus gefahren und nie, aber auch wirklich nie, die Kupplung betätigt. Wenn es in einem Winkel von fast 45° auf einer unbefestigten Piste bergab oder bergauf geht, hätte ein Betätigen des Kupplungspedals schlimme Folgen. Zwei oder mehr Tonnen Gewicht entwickeln bei diesem Gefälle bzw. dieser Steigung eine enorme Schubkraft, und nur mit der Bremse ist der Wagen nicht mehr zu halten. Unweigerlich kommt man von der Piste ab und riskiert einen Überschlag mit all seinen Folgen.

Im 1. Gang des *Low-Range-Modus* (L4) kriecht das Auto langsam bergab oder bergauf. Wichtig ist, dass eine gleichmäßige Geschwindigkeit beibehalten wird, damit die Traktion der Reifen erhalten bleibt. Ist Anhalten erforderlich, bremst man einfach und würgt den Motor ab. Möchte man wieder anfahren, bleibt der Gang eingekuppelt, man startet den Motor und lässt gleichzeitig die Bremse langsam los. Angehalten wird erst wieder, wenn das Ende der Passage erreicht ist. Sind die Auswaschungen (Rinnen, tiefe Löcher etc.) so groß, dass der Unterboden des Autos aufsetzen würde, sucht man eine Umfahrung oder versucht, die Piste mit Steinen, Geröll, Erde oder auch Holz, so gut es geht, auszubessern. Bei sehr schwierigen Passagen ist es immer von Vorteil, wenn ein Mitreisender aussteigt und dem Fahrer den richtigen Weg weist. Vom erhöhten Fahrersitz ist die Sicht voraus meistens nicht ausreichend.

Salzseen und Lehmpfannen

Eine nicht zu unterschätzende Gefahr geht von Salzseen und Lehmpfannen aus. Absolut ruhig liegen sie da; die ebenmäßige Salz- oder Lehmkruste wirkt glatt und fest wie eine frisch geteerte Autobahn. Aber Vorsicht, oft ist es nur eine sehr dünne Schicht, die wirklich fest ist, gerade dick genug, um einen Menschen zu tragen. Ein Auto mit dem zwanzig- oder gar dreißigfachen Gewicht würde bis zum Unterboden einsinken!

Aus diesem Grund heißt es auch hier wieder: vorher die Strecke zu Fuß abgehen. Sind frische (!) Fahrspuren zu erkennen, ist die Durchfahrt sicher. Sonst wird mit einem langen, spitzen Stock, den man ab und zu in die Erde stößt, die Festigkeit getestet. Ist man sich dennoch nicht sicher, ob man heil auf der anderen Seite ankommen wird, umfährt man die Pfanne am besten weiträumig (!).

⇨ **Problemlösung**

Wer in einer Salz- oder Lehmpfanne feststeckt, ist ziemlich schlecht dran. Der nächste Baum oder Anker, an dem die Winde befestigt werden könnte, ist zumeist nicht in Sicht. Will man nicht auf ein Fahrzeug warten, das den Wagen herauszieht, kommt nur die Winde mit einem Erdanker als Rettung in Frage (→ Die Winde richtig eingesetzt). Einfach wird es auf keinen Fall. Auf einer unserer Reisen sank ein Fahrzeug beim Wenden mit dem Hinterrad in den Untergrund ein. Wir benötigten drei weitere Fahrzeuge, um den 4-WD zu bergen. Das Ganze dauerte mehrere Stunden und war eine ziemliche Plackerei! Die Bergungsaktion kann man zusätzlich unterstützen, indem festes Material (Steine, Äste o. Ä.) unter die Räder gelegt wird.

Ist man befreit, sollte das Fahrzeug gründlich vom Salzschlamm gereinigt werden. Erst einmal trocken, wird er steinhart und kann Räder, Bremsen oder andere Fahrzeugteile blockieren.

Die Winde richtig eingesetzt

Wer umsichtig fährt, wird die Winde gar nicht oder nur in Ausnahmesituationen einsetzen müssen. Ein guter Geländewagenfahrer sollte einschätzen können, ob eine Strecke zu bewältigen ist; wie oft man sich aus bedrohlichen Situationen befreien konnte, zählt da weniger. Dennoch kann es jedem einmal passieren, dass er im Schlamm, im Fluss oder im Sand festsitzt und eine Winde benötigt. Hat der Wagen eine fest an der Front montierte Elektrowinde, gibt es nur die Möglich-

keit, sich nach vorne aus der misslichen Lage zu befreien. Das ist aber dann nicht sehr sinnvoll, wenn man erkennen kann, dass die Probleme im weiteren Streckenverlauf zunehmen. Die Alternative dazu heißt „Handwinde". Diese erfordert zwar etwas mehr Körperkraft – was bei hohen Temperaturen sehr anstrengend sein kann – bietet aber mehr Möglichkeiten, da sie immer in der gewünschten Richtung einzusetzen ist.

Bevor die Arbeit mit der Winde beginnt, ist zu klären, in welche Richtung ein Befreiungsversuch die meiste Aussicht auf Erfolg hat. Dann sucht man einen geeigneten Haltepunkt für die Winde, was in einer baumreichen Gegend kein Problem ist. Um den Baum wird der Baumschutzgurt gelegt und anschließend die Winde einge-

Windeneinsatz

Umlenkrolle — Baumschutzgurt

Verdoppelung der Zugkraft
durch eine Umlenkrolle
(Handwinde)

Land und Leute

Reisevorbereitung

Strecken 1–3

Strecken 4–6

Strecken 7–8

Strecken 9–10

Strecken 11–12

Windeneinsatz

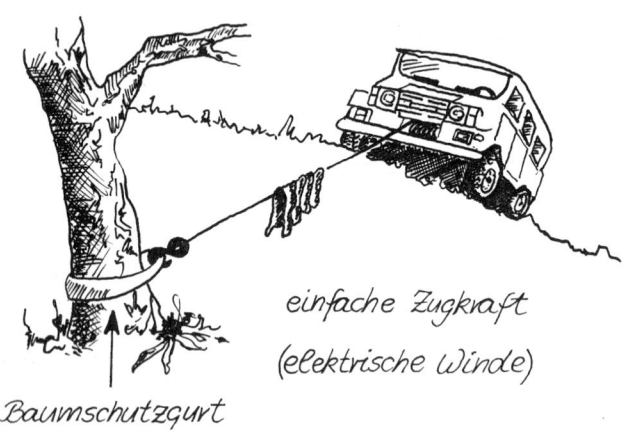

einfache Zugkraft
(elektrische Winde)

Baumschutzgurt

Ändern der Zugrichtung - Windeneinsatz

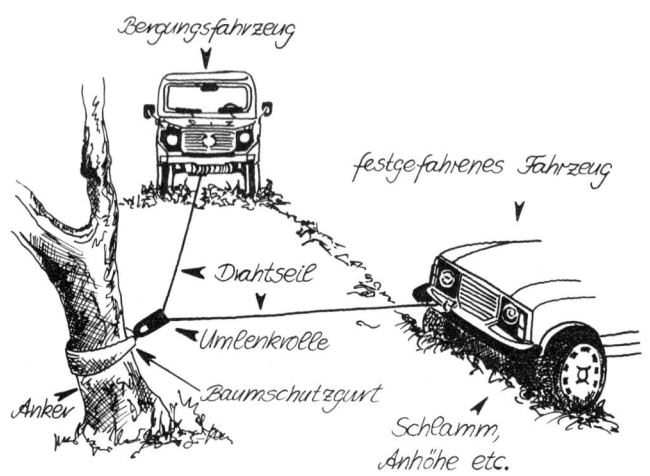

Bergungsfahrzeug

festgefahrenes Fahrzeug

Drahtseil

Umlenkrolle

Baumschutzgurt

Anker

Schlamm,
Anhöhe etc.

Windeneinsatz (allgemein)

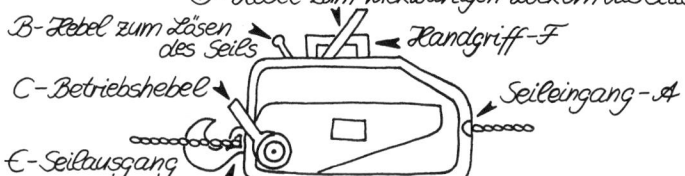

D- Hebel zum rückwärtigen Lockern des Seils

B- Hebel zum Lösen des Seils

Handgriff-F

C- Betriebshebel

Seileingang - A

E- Seilausgang

① Drahtseil abrollen und zwischen Winde und Fahrzeug legen.

Gurt

② Gurt um einen geeigneten Ausgangspunkt (Baum) legen und am Hals der Winde einhaken.

③ Hebel B ziehen, bis er einrastet. Hebel C nach hinten drücken.

④ Drahtseil in den Eingang A einführen und durch die Winde schieben, bis es am Ausgang E herauskommt.

⑤ Drahtseil straffziehen und darauf achten, daß Ausgang E nicht blockiert.

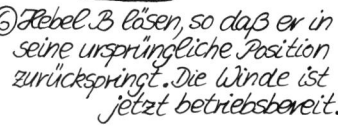

⑥ Hebel B lösen, so daß er in seine ursprüngliche Position zurückspringt. Die Winde ist jetzt betriebsbereit.

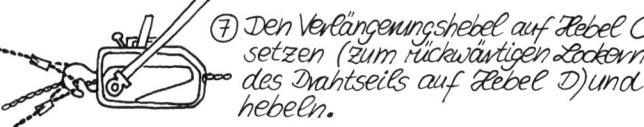

⑦ Den Verlängerungshebel auf Hebel C setzen (zum rückwärtigen Lockern des Drahtseils auf Hebel D) und hebeln.

Land und Leute

Reisevorbereitung

Strecken 1–3

Strecken 4–6

Strecken 7–8

Strecken 9–10

Strecken 11–12

hängt. Das Seilende mit Haken wird nun am Auto befestigt, das Seilende ohne Haken in die Winde eingeführt. Wenn alles richtig eingestellt ist, kann es losgehen. Erleichtern kann man sich die Arbeit, wenn die eingegrabenen Räder vorher freigeschaufelt oder der Wagen mit dem *Hi-Lift-Jack* angehoben und Steine, Äste oder Ähnliches festes Material unter die Räder gelegt wurden. Stehen die Bäume für eine Bergungsaktion nun aber zu weit abseits der Straße, d. h. der Wagen kann nicht geradeaus gezogen werden, kommen die Umlenkrolle *(snatch block)* und die Kette zum Einsatz. Die Umlenkrolle wird ebenfalls benötigt, wenn der schwere Wagen steil nach oben gezogen werden muss und eine höhere Zugkraft erforderlich ist.

Wo aber befestigt man die Winde in einer baumlosen Landschaft? In diesem Fall hilft ein Erdanker. In entsprechender Entfernung vom „Tatort" wird ein Loch von ca. 1 m Tiefe gegraben. Es sollte groß genug sein für das Reserverad oder für die Unterlegplatte vom *Hi-Lift-Jack* (→ Ausrüstung des Geländewagens, hier: Grundausrüstung des Wagens). Wenn das Rad liegt, nimmt man ein Radkreuz, eine Brechstange, den Reifenhebel, einen starken Schraubenschlüssel oder etwas Ähnliches und schiebt es unter das Rad vor die Nabenöffnung. Daran wird mittels Karabinerhaken das Windenkabel befestigt und in Richtung des Wagens gelegt. Nun wird vom Loch ausgehend, unter dem Seil ein Seilkanal gegraben, der verhindert, dass der Anker nach oben aus dem Loch gezogen wird. In losem Sand ist es schwierig, einen kleinen Seilkanal zu graben. In diesem Fall wird der Kanal entsprechend größer ausgehoben, das Seil hineingelegt und danach wieder zugeschaufelt. Zum Schluss wird das ganze Loch zugeschüttet. Dann befestigt man das Kabel an der Winde, und bei der Handwinde (die bei dieser Methode am Wagen befestigt wird) beginnt die schweißtreibende Arbeit des Herauswindens. Wer eine elektrische Winde am Fahrzeug hat, braucht vom eingegrabenen Erdanker nur die Erde abzutragen und kann ihn dann mit Hilfe der Winde vorsichtig herausziehen. *Off road*-Läden bieten auch Anker an, die in den Sand einzuschrauben sind. Wir hatten auf der *Canning Stock Route* einmal Gelegenheit, einen solchen Anker zu testen. Das Einbohren gelang mühelos, doch noch bevor sich der Wagen vorwärtsbewegte, verbog sich der immerhin 1,5 cm dicke Anker zu einer U-Form.

Folgende Regeln sollten bei der Arbeit mit einer Winde immer beachtet werden:

⇨ Grundsätzlich Handschuhe tragen, um Quetschungen oder anderen Verletzungen vorzubeugen.

⇨ Die Befestigungspunkte müssen stabil genug sein, d. h. keine zu dünnen Bäume auswählen und das Loch für den Erdanker nicht zu flach graben.

⇨ Aus der Gefahrenzone zwischen den Endpunkten gehen. Ein unter Spannung stehendes Stahlseil, das reißt, kommt in etwa der Wirkung eines Fallbeils gleich.

⇨ Vor Antritt der Fahrt unbedingt mit der Winde vertraut machen und nicht erst auf den Notfall warten.

⇨ Seil und Winde nach Gebrauch immer gründlich reinigen.

⇨ Bei Befestigungen an Bäumen, sofern kein Baumschutzgurt vorhanden ist, zwischen Seil und Rinde ein paar Äste oder eine Decke stecken, um den Baum nicht zu beschädigen.

Einsatz des Hi-Lift-Jack

Der *Jack* (Wagenheber) kommt immer dann zur Anwendung, wenn das Fahrzeug angehoben werden muss. Dies ist meistens der Fall, wenn man sich tief in Schlamm, Sand oder ähnlich losen Untergrund eingegraben hat. In einer solchen Situation einfach die Winde einzusetzen, kann – wenn der Boden des Wagens aufliegt oder während der Bergungsaktion aufzusetzen droht – Schäden am Fahrzeug verursachen. In diesem Fall wird der Wagen mittels *Hi-Lift-Jack* angehoben (die Unterlegplatte nicht vergessen). Aufgrund des langen Hubweges kommt das Hebelgesetz – langer Hebel, wenig Kraft – zum Tragen, denn in nur wenigen Minuten ist der Wagen bis zu 1 m über dem Boden. Anschließend wird soviel festes Material (Steine, Äste u. Ä.) wie möglich unter die Räder gelegt. Zum einen liegt der Wagen dann nicht mehr auf, zum anderen ist eine anschließende Bergung sehr viel leichter, da ein halbwegs fester Untergrund entstanden ist. Liegt vor dem Wagen Geröll oder ist eine Kante zu überwinden, so kann es ohne weiteres sein, dass die Motorkraft der Winde nicht stark genug ist. Hier wird der Wagen ebenfalls mittels *Jack* angehoben und der Niveauunterschied zusätzlich mit Steinen und Ästen ausgeglichen. Dass der *Hi-Lift-Jack* nur mit einer kleinen Bodenplatte ausgerüstet ist, hat – wenn auch zunächst nicht ersichtlich – seinen Sinn. Hat man sich in tiefen Spurrillen festgefahren und ist seitlich davon fester Grund, wird der Wagen hochgebockt (keine *base plate* unterlegen) und anschließend der Wagenheber einfach seitlich weggekippt. Dies wäre mit einer großen Bodenplatte nicht möglich. Der Wagen landet so auf festem Grund. Weitaus häufiger als zur

Einsatz des Hi-Lift-Jack beim Reifenwechsel

Unterstützung der Winde wird der *Jack* jedoch bei Reifenpannen verwendet (→ Reifenflicken leicht gemacht).

Jeden Morgen Autocheck

Wer im *outback* unterwegs ist, muss sich weitestgehend auf sich allein verlassen können. Der nächste Ort ist vielleicht 300 oder mehr Kilometer entfernt. Ersatzteile zu beschaffen, ist bei solchen Entfernungen eine langwierige und teure Angelegenheit. Um möglichen Pannen vorzubeugen, gehört der morgendliche Autocheck zur täglichen Routine. Das heißt, eigentlich fängt diese Kontrolle schon vor dem Schlafengehen an, wenn man nachschaut, ob alle elektrischen Verbraucher wie Licht, Kühlschrank o. Ä. ausgeschaltet sind. Eine leere Batterie kann schon alle Pläne durchkreuzen.

Morgens werden folgende Kontrollen durchgeführt:

⇨ Wasserstand im Kühler prüfen
⇨ Ölstand kontrollieren
⇨ Batteriebefestigungen und Säurepegel prüfen
⇨ Reifendruck messen
⇨ Motorraum nach gelockerten Kabeln durchsehen
⇨ zuletzt ein Gang ums Auto (auf gebrochene Teile oder gelockerte Schrauben achten)

Diese allmorgendliche Inspektion lohnt, denn so lässt sich vielleicht tagelanges Warten auf Hilfe vermeiden.

Reparaturen im Busch leicht gemacht

Grundsätzlich legt man bei Reparaturen am Auto immer Bremsklötze unter. Steht der Wagenheber nicht sicher, ist es wichtig, das Fahrzeug zusätzlich durch das Ersatzrad oder stabile Ersatzkanister abzustützen.

Probleme mit dem Kraftstoff

Wasser im Tank (stotternder Motor)
⇨ Die Treibstoffleitung am Tank lösen und den Sprit in Kanister abfüllen. Durch vorsichtiges Umfüllen kann das Wasser meist separiert werden.

Verunreinigungen in der Kraftstoffleitung (stotternder Motor)
⇨ Meist ist die Ursache ein verschmutzter Kraftstofffilter, der dann am besten ausgewechselt wird. Zusätzlich den Schlauch vom Tank zur Kraftstoffpumpe an einem Ende lösen und kräftig durchblasen.

Leck oder Loch im Tank (Spritverbrauch erhöht sich drastisch)
⇨ Eine Möglichkeit bieten Blechschrauben, die man – mit einer Gummidichtung (evtl. selbst gebastelt) versehen – einfach in das Loch

schraubt. Mit etwas Spachtelmasse oder Glasfiberhärter zusätzlich abdichten. Ist das Loch zu groß, den Tank leer laufen lassen (aber bitte in einen Kanister!), eine Münze über das Loch legen und mit Glasfiberhärter befestigen. Nach der Fachliteratur sollen kleine, punktförmige Löcher kurzzeitig mit Seife, die einfach in das Loch geschmiert wird, abzudichten sein.

Ausfall der Kraftstoffpumpe (Motor bekommt keinen Sprit)
⇨ Die Leitung von der Pumpe am Vergaser abnehmen. Einen Kraftstoffkanister oberhalb des Vergaserniveaus platzieren (am besten auf dem Dach) und einen Schlauch mit einem größeren Durchmesser (kann auch erst mit der entfernten Kraftstoffleitung probiert werden) am Vergaser anschließen. Wird der Kraftstoff mit dem Mund angesaugt, fließt er dann von selbst. Der Vergaser regelt dabei die Menge selbsttätig.

Leer gefahrener Tank (Tankanzeige kontrollieren)
⇨ Beim Benziner kein Problem, denn der Kraftstoff wird einfach nachgefüllt und durch Betätigen des Gaspedals wieder zum Vergaser gepumpt. Beim Dieselfahrzeug ist vorher die Leitung zu entlüften. Da das Entlüften nicht ganz einfach ist, lässt man es sich am besten vor der Reise in einer Werkstatt zeigen. Wer ein Reparaturhandbuch mitführt, kann danach vorgehen.

Öllampe leuchtet auf

Zu wenig Öl
⇨ Den Unterboden nach Öl absuchen. Ist kein Leck zu entdecken, Öl nachfüllen und starten. Leuchtet die Öllampe weiterhin auf, deutet es auf eine der folgenden Ursachen hin:

Verstopfter Ölfilter

⇨ Das lässt sich meist nur feststellen, wenn der Ölfilter im Fahrzeug durch einen neuen ersetzt wird. Ist kein neuer Filter zur Hand, kann man folgendermaßen kontrollieren, ob ein verstopfter Ölfilter Schuld an der Misere ist: Der Filter wird abgeschraubt und die Einschraubstelle mit einer passenden Schraube, einem Stück Gummi oder ähnlichem Material (fest auf die Einschraubstelle pressen) verschlossen. Zur Not kann man den Gummi mit einem Stück Holz oder einem Schraubenzieher festkeilen. Das Abdichten ist wichtig, da sonst beim Starten Öl herausspritzen würde. Erlischt die Lampe nun beim Starten, dann war der verstopfte Ölfilter die Ursache. Leuchtet die Lampe immer noch, ist der Ölfilter in Ordnung, aber vermutlich die Ölpumpe defekt.

Defekte Ölpumpe

⇨ Abschleppwagen bestellen oder auf Hilfe warten.

Leck in der Ölwanne

⇨ Wird wie ein Leck im Tank repariert.

Fehler in der Elektrik

Verlorener Schlüssel oder defektes Zündschloss

⇨ Kabel vom Pluspol der Batterie zum Pluspol der Zündspule legen. Zum Starten wird der Starter mit einem weiteren Kabel kurzgeschlossen.

Starter klemmt (Anzeigen leuchten auf; es ist ein leises Klicken beim Drehen des Zündschlüssels zu hören)

⇨ Wahrscheinlich klemmt der Magnetschalter im Starter. Höchsten Gang einlegen und das Fahrzeug vor und zurück bewegen, oder mit dem Hammer während des Startens auf den Starter schlagen (aber nichts beschädigen).

Fehler im Bremssystem

Abgerissene Bremsleitung (Bremswirkung lässt nach)

⇨ Das Ende der vom Bremszylinder kommenden Leitung mit einem Hammer zusammenklopfen und mindestens zweimal umbiegen, eventuell noch mit Isolierband abdichten. Verlorene Bremsflüssigkeit wieder auffüllen und mit kräftigen Tritten auf das Bremspedal testen, ob das Ende der Leitung dicht ist. Das Auto bremst jetzt nur noch mit drei Rädern, also Vorsicht!

Kühlsystem

Keilriemen gerissen (die Temperatur steigt an)

⇨ Selbst etwa in Deutschland ist bekannt, dass auch eine Nylonstrumpfhose einen Keilriemen für kurze Zeit ersetzen kann. Ansonsten ist der gerissene Keilriemen durch einen neuen auszutauschen.

Gebrochenes Ventilatorblatt (Ventilator läuft unrund)

⇨ Bei gerader Ventilatorblattzahl werden das gebrochene und das gegenüberliegende Blatt entfernt. Bei ungerader Blattzahl muss der ganze Ventilator entfernt werden. Sehr langsames Fahren und viele Pausen helfen vielleicht bis zur nächsten Reparaturwerkstatt.

Kühler leckt (Die Temperatur steigt an)

⇨ Kleinere, undichte Stellen können durch Kaugummi (von außen), Mehl (man empfiehlt einen Esslöffel auf 4 Liter Wasser), aufgelöste Seife oder eines der im Handel erhältlichen Kühlerdichtmittel (*radiator sealant*) behoben werden. Größere Löcher versucht man, mit Spachtelmasse oder Glasfiberhärter abzudichten.

Kühlschlauch leckt
(Die Temperatur steigt an)

⇨ Den Schlauch mit Isolierband abdichten. Hat man ein Stück Gummi, wird es über den Schlauch gelegt und mit einer Schlauchschelle oder Draht fixiert.

Gebrochene Schlauchschelle

⇨ Wie oben beschrieben mit einem Stück Draht fixieren.

Achsen, Räder und Federn

Gebrochene Antriebswelle

⇨ Da ein Geländewagen zwei davon hat, ist der Verlust einer Antriebswelle (streckenabhängig) nicht tragisch. Die beschädigte Welle wird abmontiert und man fährt mit Zweiradantrieb weiter oder, falls der Rückweg kürzer ist, zurück.

Verlorene Radmuttern

⇨ Fehlt mehr als eine Mutter und man hat keinen Ersatz, kann vorübergehend eine Mutter von einem anderen Rad abgenommen werden.

Gebrochene Feder oder Federblatt

⇨ Meist bricht das obere Federblatt an einer der Befestigungen. Mit einer Kette oder einem starken Seil wird die Feder am Chassis fixiert, und zwar so, dass sie ungefähr ihre normale Position hat. Man kann auch versuchen, die Bruchstelle zu schweißen (→ Schweißen im Busch). Bei sehr vorsichtiger Fahrweise hält das vielleicht bis zur nächsten Werkstatt. Ist die Feder ganz kaputt, kann sie auch durch einen starken, frischen

Notreparatur bei festgefressenem Radlager

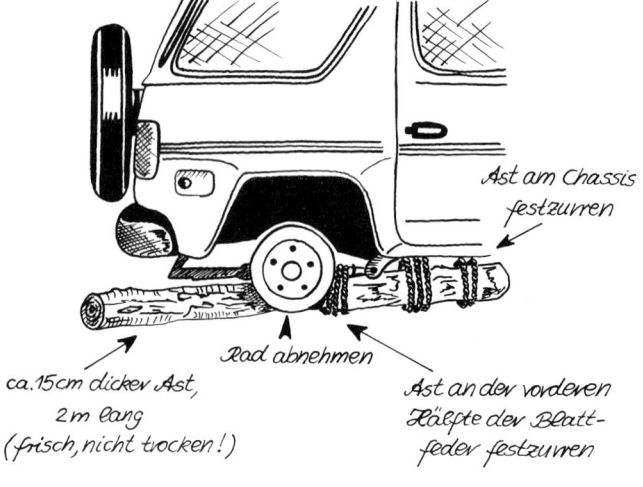

Ast am Chassis festzurren

Rad abnehmen

ca.15cm dicker Ast, 2m lang (frisch, nicht trocken!)

Ast an der vorderen Hälfte der Blattfeder festzurren

Ast (leicht biegsam und nicht spröde oder brüchig) ersetzt und – wie oben beschrieben – befestigt werden. Diese Methode erfordert allerdings einiges an technischem Können.

Defektes Radlager

⇨ Ein Hinterrad kann entfernt und durch einen starken Ast ersetzt werden. Der Ast wird so unter der Feder befestigt, dass er wie eine Kufe wirkt. Dreht sich beim Hinterrad gar nichts mehr, dann muss die Antriebswelle abmontiert und mit dem Frontantrieb gefahren werden.

Schweißen im Busch

Das funktioniert leichter, als man denkt. Die Batterien werden – wie in der Zeichnung zu sehen – hintereinander geschaltet und der Pluspol der ersten Batterie mittels Starthilfekabel mit dem zu schweißenden Stück verbunden. Das andere Kabel wird am Minuspol der zweiten Batterie befestigt, und in die Klammer kommt die Schweißelektrode. Schon ist das Schweißgerät fertig. Zum Schweißen gehört auch die Brille zum Schutz der Augen. Wenn nur die Scheibe einer Schweißerbrille vorhanden ist, kann diese leicht in einen Karton eingeklebt werden, und die Schutzbrille ist fertig. Natürlich ist aber zu bedenken, dass man mit einem reparierten Wagen nicht weit kommt, wenn die Batterien leer sind.

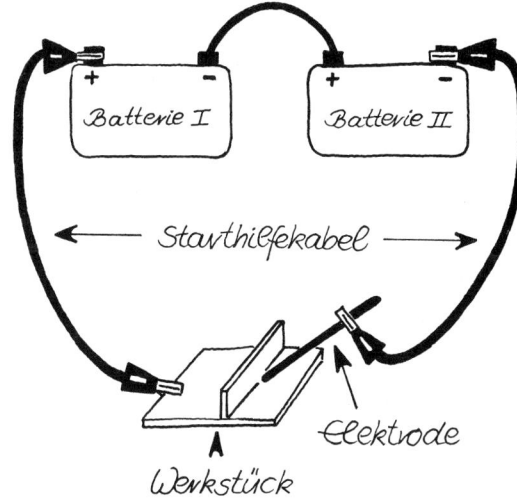

Schweißen mit zwei Batterien

Batterie I — Batterie II

← Starthilfekabel →

Elektrode

↑ Werkstück

Reifenflicken leicht gemacht

Wie geht man vor, wenn das Fahrzeug einen „Plattfuß" hat?

Wie man das Rad vom Wagen löst, braucht wohl nicht erklärt zu werden (nicht vergessen, das Fahrzeug durch einen Bremsblock zu sichern). Man nimmt dazu den zum Wagen gehörenden kleinen Wagenheber. Aus dem Reifen wird zunächst das Ventil herausgeschraubt und das Rad anschließend unter die Stoßstange gelegt. Das Ventil sicher ablegen, d. h. am besten auf eine Plane oder in einen Kasten, denn wenn es in den weichen Wüstensand fällt, beginnt die sprichwörtliche Suche nach der „Nadel im Heuhaufen". Dann wird der zweite Wagenheber, ein *Hi-Lift-Jack*, auf den Reifen gesetzt (siehe Foto Seite 84). Beim Hochbocken des Wagens wird so der Reifen heruntergedrückt und von der Felge gelöst. Ist der Reifen stellenweise gelöst, so wird der *Jack* abgelassen, der Reifen ein Stück gedreht, und das Ganze beginnt von vorne, so lange, bis der Reifen auf einer Seite vollständig gelöst ist. Auf der anderen Seite wird dann genauso verfahren. Nachdem die Reifenwülste von der *splitrim*-Felge gelöst sind (siehe Foto), kommen die Reifenhebel (Montiereisen) zum Einsatz. Gegenüber dem Ventil befindet sich der Felgenkranzschlitz. Ungefähr 4 bis 5 cm rechts davon ist im Felgenkranz (kaum zu sehen) ebenfalls ein Schlitz, in den der erste Reifenhebel eingesetzt (wenn nötig den Hammer zu Hilfe nehmen) und dann der Felgenkranz nach außen gedrückt wird. Der andere Reifenhebel wird am Felgenkranzschlitz angesetzt und der Ring nach oben gedrückt. Das erfordert zum einen Geschick, zum anderen aber auch Kraft. Am Anfang wird man sicherlich Probleme damit

Werkzeug zum Reifenflicken

haben, aber nach zwei bis drei Reifen-reparaturen wird das zur Routine. Ist der Felgenkranz an einer Stelle von der Felge gelöst, wird mit den Reifenhe-beln oder mit einem anderen Hebel (z. B. sehr stabiler Schraubenzieher) und einem Hammer der Ring ganz von der Felge abgenommen. Danach muss noch das Ventil durch die Felge gedrückt werden, und der Reifen sollte von selbst von der Felge fallen. Sind die Reifen lange nicht gewechselt worden, geht das etwas schwerer.

Eine andere Möglichkeit, den Rei-fen von der Felge zu lösen, besteht darin, mit dem Wagen immer wieder über die Reifenwülste zu fahren (Vor-sicht, nicht die Felge beschädigen). Diese Methode, das Problem zu lösen, ist weitaus zeitaufwendiger und ner-venaufreibender und nur anzuwen-den, wenn sich die Reifen nicht, wie schon erwähnt, an der Felge festge-saugt haben.

Bei normalen Stahlfelgen wird der Reifenwulst wie bei einer Fahrradrei-fenreparatur mit zwei Montiereisen über den Felgenrand gehebelt. Wie beim Fahrradreifen geht es dann auch weiter. Man sucht das Loch im Schlauch, säubert die Stelle, raut sie großflächig auf, gibt den Kleber dar-auf, wartet, bis er angetrocknet ist, und klebt den Flicken auf. Vor dem Zu-sammensetzen des Rades wird die Rei-feninnenseite nach der Ursache des „Plattfußes" abgesucht. Oftmals steckt der Dorn, Nagel oder Stein noch im Reifen und muss entfernt werden. Das Zusammensetzen geht wesentlich ein-facher, wenn der Schlauch etwas auf-gepumpt wird. Er lässt sich dann leich-ter und vor allem ohne Knicke in den von innen gesäuberten Reifen legen. Dann kommt die Felgenunterlage drauf, und der Reifen wird wieder über die Felge gestülpt. Hierbei sollte man

darauf achten, dass das Ventil nicht beschädigt wird. Wer Schmierseife, Reifenfett oder Talkum dabeihat, reibt vorher die Wülste damit ein. Das erleichtert die nächste Reparatur um einiges, da sich der Reifen auf der Felge nicht so festsetzen kann. Dann wird der Felgenkranz auf die Felge gelegt, wobei unbedingt darauf zu achten ist, dass der Schlitz des Felgenkranzes genau gegenüber dem Ventil sitzt. Der Kranz wird an einem Endpunkt in die Felge gedrückt und dann zum anderen Ende hin mit dem Hammer in Position gebracht. Anschließend wird noch ein-mal das Ventil überprüft, das in der Mitte der Aussparung sitzen sollte. Zum Schluss wird der Reifen aufge-pumpt. Dabei ist der Felgenkranz in regelmäßigen Abständen mit dem Hammer zu bearbeiten, damit sich der Felgenkranz richtig in die Nut der Felge einpasst. Dies ist äußerst wichtig, denn sitzt der Felgenkranz nicht richtig auf der Felge, wird er beim Aufpumpen des Reifens katapultartig abgesprengt. Wird man davon getroffen, können die Verletzungen schwer sein. Am besten erledigt man das Aufpumpen hinter dem Fahrzeug und achtet darauf, dass niemand in der Nähe ist. Sobald der richtige Reifendruck erreicht ist, wird das Rad wieder montiert, und die Fahrt kann fortgesetzt werden.

Auf die gleiche Art und Weise sind nicht nur die Schläuche, sondern auch die Reifen selbst zu flicken. Allzu oft entstehen Löcher durch spitze Steine, die sich durch die Reifen in den Schlauch bohren. Spezielle Flicken, die je nach Größe 5 bis 15 $ kosten, gibt es in den Autoläden. Dabei ist zu beach-ten, dass es unterschiedliche Flicken für Radialreifen und Diagonalreifen gibt. Auch sollten aus Gründen der Sicher-heit nur die Laufflächen der Reifen re-pariert werden, nie die Seitenflächen.

Land und Leute

Reisevorbereitung

Strecken 1–3

Strecken 4–6

Strecken 7–8

Strecken 9–10

Strecken 11–12

Karten, Schilder, Kompass

Wer im *outback* unterwegs ist, für den gehören zur notwendigen Ausrüstung die richtigen Karten. Ohne diese ist jeder Fahrer mehr auf sein Glück angewiesen, als ihm eigentlich lieb sein kann. Doch selbst Karten enthalten bei den riesigen Gebieten, die es abzudecken gilt, nur allzu oft Ungenauigkeiten, nicht nur bei den Kilometerangaben. Ebenso bedeutet das neueste Veröffentlichungsdatum nicht, dass die Karte auf dem aktuellen Stand ist. Vielfach sind immer noch Wege eingetragen, die es schon seit Jahren nicht mehr gibt. Eine *gravelroad* hat mittlerweile einen Teerbelag, oder es gibt Abzweigungen, wo laut Karte gar keine sein dürften. Aus diesem Grund ist es für *outback*-Touristen überaus sinnvoll, möglichst zwei oder drei verschiedene Karten eines Gebietes mitzuführen und zu vergleichen. Zu empfehlen sind die Karten der Automobilclubs, die *Heritage Maps* von *Westprint*, und *Hema Maps*, die überall erhältlich sind. Auch die Touristenbüros sind bei der Suche nach Kartenmaterial behilflich. Wer auch mal abseits der Piste unterwegs sein möchte, sollte niemals ohne entsprechende topografische Karten fahren (z.B. AUSLIG-Karten). Diese sind auch in *outdoor*-Läden erhältlich. Eine andere Möglichkeit, Informationen über bestimmte Strecken zu bekommen, sind Tankstellen oder Camps, wo man andere Reisende trifft. Sie können über gerade bewältigte Streckenabschnitte berichten oder gar eine selbst gezeichnete Karte *(mudmap)* liefern. Karten, die es an abgelegenen *roadhouses* zu kaufen gibt, sind meist veraltet; die Informationen jedoch, die die Besitzer über Zustand und Passierbarkeit der Strecke geben, können sehr wertvoll sein.

Zu vielen Pisten bzw. Gegenden im *outback* sind auch Bücher erschienen. Sie bieten neben guten Streckenlogs viele Hintergrundinformationen zur Strecke, so z. B. über *Kimberleys, Cape York, Canning Stock Route* und andere.

Die Beschilderung von Pisten und Wegen fällt im gesamten *outback* größtenteils sehr spärlich aus. Je entlegener die ausgesuchte Strecke, desto weniger Schilder weisen den Weg. Oft sind es umfunktionierte Topfdeckel, Radkappen, Holz- bzw. Blechstücke, Holzpfähle oder weißbemalte Reifen. Trotz ihrer Einfachheit sind diese Beschilderungen in der Regel nicht zu übersehen und ausreichend. Zu bestimmten Anlässen, etwa der 200-Jahrfeier Australiens, wurden Strecken wie die *Canning Stock Route* auch mal vollständig beschildert. Leider sind die Schilder bei Souvenirjägern beliebt oder werden bei Überschwemmungen weggespült. In diesem Fall helfen nur noch gute Karten weiter. Da man sich aber, wie oben schon erwähnt, nicht immer auf die Karten verlassen kann, ist es ratsam, einen Kompass mitzunehmen. Wenn auch nur selten benötigt, so ist er im Notfall doch ein wichtiges Hilfsmittel, um zumindest die richtige Richtung festzustellen. Natürlich hilft er wenig, wenn man nicht weiß, wie er anzuwenden ist. Wer noch nie einen Kompass benutzt hat, sollte sich schon zu Hause damit vertraut machen. Wer außerdem wenig oder keine Erfahrung im Querfeldeinfahren *(cross-country driving)* hat, sollte Ausflüge abseits der Piste auch mit Kompass tunlichst unterlassen!

Global Positioning System (GPS) – die Satellitennavigation

Das *Global Positioning System* (GPS) ist ein satellitengestütztes Navigationssystem des amerikanischen Verteidigungsministeriums. 24 Satelliten (21 Betriebs- und 3 Ersatzsatelliten), die in ca. 20.000 km Höhe die Erde zweimal pro Tag umkreisen, senden Signale aus, die vom GPS-Empfänger erfasst und in Positionsangaben umgerechnet werden. Aus den Laufzeiten der Signale von mehreren gleichzeitig empfangenen Satelliten und deren Standort brechnet der GPS-Empfänger laufend, z.B. einmal pro Sekunde, seinen Standort auf der Erde. Das System ist unabhängig von Licht- und Sichtverhältnissen, Missweisung (Abweichung der Magnetnadel), Ablenkung oder Landmarken. GPS ist also auch dort einsetzbar, wo andere Orientierungsverfahren versagen.

Die meisten modernen GPS-Empfänger haben die Kapazität, 8–12 Satelliten auszuwerten. Zur Bestimmung von Länge und Breite ist der Empfang von mindestens 3 Satelliten erforderlich. Für eine Bestimmung der Position einschließlich der Höhe über dem Meeresspiegel ist der Empfang von mindestens 4 Satelliten notwendig. Außerdem können die genaue Uhrzeit sowie Fahrtrichtung und Fahrgeschwindigkeit bestimmt werden. Die meisten auf dem Markt befindlichen GPS-Empfänger können – über diese Grundinformation hinaus – noch wesentlich mehr. Erwähnenswert sind folgende Funktionen: Speichern von Wegpunkten, Aufzeichnen von zurückgelegten Strecken, Zeit bis zum Zielpunkt, Rückführung auf dem gleichen Weg, exakter Sonnenauf- und -untergang am jeweiligen Ort, Eintragen der aktuellen Position in einer digitalen Landkarte, Anzeigen des Kompasskurses, Alarmfunktion bei Annäherung an eine Gefahrenzone u.v.m. Die von den GPS-Satelliten ausgestrahlten Signale können von jedem Anwender auf der ganzen Welt empfangen und genutzt werden. Zweck dieses Systems ist es, jedem Benutzer mit einem GPS-Empfänger die Möglichkeit zu geben, seine eigene Position zu bestimmen. Ein GPS-Gerät ersetzt in der Regel aber weder Kompass noch Höhenmesser, auch wenn manchmal ein vergleichbarer Effekt entsteht.

Die Systemgenauigkeit des GPS liegt im Prinzip im Zentimeterbereich. Aus militärischen Gründen wurde in der Vergangenheit das zivil nutzbare Signal, *Standard Positioning Signal* (SPS) genannt, vom Betreiber künstlich verfälscht. Dadurch resultierte eine Ungenauigkeit, die zwischen 30 bis über 70 m schwanken konnte. Diese Größenordnung reicht in der Regel für Orientierungszwecke, wenn man bedenkt, dass teilweise noch größere Fehler durch ungenaue Messungen aus der Karte entstehen können. Seit dem Jahr 2000 ist diese Signalverfälschung jedoch abgeschaltet; die Genauigkeiten liegen nun im Bereich um 4 m.

Die GPS-Signale sind ununterbrochen täglich weltweit zu empfangen. Da die Daten sehr hochfrequent (1,3/1,5 GHz) sind, können die Signale weder Stein, Wasser noch Metall durchdringen. Beim Empfang ist daher darauf zu achten, dass die GPS-Antenne freien „Blick" zum Himmel hat. Auch das Blätterdach eines dichten Waldes, der eigene Körper, das Dach oder Aufbauten an Fahrzeugen können den Empfang beeinträchtigen. Ein Handempfänger sollte (wenn das Gerät nicht auf dem Armaturenbrett positioniert werden kann) daher beim Einsatz im Fahrzeug mit einer Außenantenne betrieben werden.

Land und Leute

Reisevorbereitung

Strecken 1–3

Strecken 4–6

Strecken 7–8

Strecken 9–10

Strecken 11–12

Internationales Funkalphabet

A = Alpha
B = Bravo
C = Charly
D = Delta
E = Eco
F = Foxtrott
G = Golf
H = Hotel
I = India
J = Juliet
K = Kilo
L = Lima
M = Mexico
N = November
O = Ontario
P = Papa
Q = Quebec
R = Radio
S = Sierra
T = Tango
U = Uniform
V = Victor
W = Double u
X = X-ray
Y = Yankee
Z = Zebra

Durch den massiven Preisverfall in den letzten Jahren – gute Geräte sind schon für knapp 1.000 $ zu haben – ist der Einsatz von GPS heute für jedermann interessant. GPS ist genauer, vielseitiger und handlicher als alle anderen bisher verfügbaren Navigationshilfen, und die Nutzung ist kostenlos. Und so hilft das System Wanderern im Gelände und Abenteurern abseits von markierten Wegen. Nützlich ist das Gerät jedoch nur, wenn man auch die entsprechenden topografischen Karten dabeihat. Auf einigen Strecken sind im Streckenlog markante Punkte mit GPS-Positionen versehen.

Die Sache mit dem Funkgerät

In Australien sind zwei Arten von Funkgeräten gebräuchlich: das *CB-Radio* (CB-Funk) und das *RFDS-Radio* (auch HF-Outpost-Radio = Hochfrequenzradio).

Das CB-Radio ist in Deutschland wie auch in Australien recht bekannt. Meistens wird es von Lastwagenfahrern benutzt, die sich während der langen, eintönigen Fahrt Neuigkeiten erzählen oder vor der nächsten Verkehrskontrolle warnen. Viele *outback*-Fahrer nutzen CB-Funk bei Konvoifahrten, um etwa den besten Weg über die Düne oder durch den Fluss an den nachkommenden Fahrer weiterzugeben. Diese CB-Radios haben eine sehr begrenzte Reichweite. Meist funktionieren sie nur, solange der Abstand zwischen den Wagen nicht mehr als zehn Kilometer beträgt.

Es gibt zwei Ausführungen von CB-Funkgeräten: *UHF-Geräte* (ultra high frequency = Ultrakurzwelle) und *HF-Geräte* (high frequency = Kurzwelle).

Erstere haben etwa eine Reichweite, die bis zum Horizont reicht. Sie eignen sich insbesondere für Konvoifahrten, auf denen man sich von Fahrzeug zu Fahrzeug unterhalten kann. Billige Geräte mit störanfälliger Amplitudenmodulation (AM) im 27-MHz-Bereich sind schon ab 100 $ erhältlich, doch deren Kapazitäten sind begrenzt. Wesentlich besser geeignet sind so genannte AM/SSB-Geräte: Sie verfügen über ein unteres und oberes Seitenband und haben eine größere Reichweite. Der Nachteil dieser 250–300 $ teuren Geräte ist ihre schlechte Sprachqualität. Für wirklich gute UHF-Geräte zahlt man zwischen 500 und 800 $. Grundsätzlich verfügen alle Geräte über 40 Funkkanäle, wobei Kanal 5 und 9 für Notfälle reserviert sind.

Die HF-Radios senden ihre Signale in die Ionosphäre (eine Schicht der Atmosphäre). Dort werden sie reflektiert und gelangen wieder zur Erde, werden wieder reflektiert usw., bis sie abgelegene Farmen oder RFDS-Basen erreichen oder Alleinreisende mit der Zivilisation verbinden. Wichtig zu wissen: Je stärker die Ionosphäre aufgeladen ist, desto besser sind die Reichweite und Sprachqualität. So kann es sein, dass man tagsüber keine Verbindung bekommt, aber abends oder nachts problemlos eine RFDS-Basis erreicht.

Die Frage, ob sich die Anschaffung oder Miete eines Geräts für eine *outback*-Reise lohnt, ist grundsätzlich mit *ja* zu beantworten, wenn die Fahrt in abgelegene Gebiete führt; man sollte aber bedenken, dass es mit der Anschaffung des Geräts allein nicht getan ist. Englische Sprachkenntnisse sind zum Umgang damit eine wichtige Voraussetzung. Es nutzt nichts, einen Notruf *(mayday)* abzusetzen und dann die Instruktionen, die über Funk erteilt werden, nicht zu verstehen.

Eine weitere Voraussetzung für das Zustandekommen einer Kommunikation ist der richtige Umgang mit dem Funkgerät. Wer darüber keine Kenntnisse hat, sollte sich vorher eingehend schon zu Hause in der Fachliteratur informieren und sich in Australien vom Verkäufer oder Vermieter die Handhabung und Gepflogenheiten in der Kommunikation per Funk erklären lassen. Hier ein paar grundsätzliche Hinweise:

▷ Bevor man das Funkgerät benutzt, sollte man eine Weile dem Funkverkehr zuhören, um sich mit den Umgangsformen vertraut zu machen.

▷ Es ist wichtig, die zugewiesenen Rufzeichen *(call sign)* zu gebrauchen. Das eigene wie auch das der zurufenden Basis wird laut nach dem internationalen Funkalphabet ausgesprochen (siehe unten).

▷ Man wählt die nächstliegende RFDS-Basis und einen entsprechenden Kanal *(primary* oder *call channel)*, richtet die Antenne passend aus und hört zunächst einmal wieder nur zu. Ist zu viel Funkverkehr, versucht man es später noch einmal oder wählt einen anderen Kanal.

▷ Wenn der Kanal frei ist und man z.B. die RFDS-Basis in Alice Springs sprechen möchte, geht man etwa so vor: „Victor Juliet Delta (VJD) Alice Springs this is Seven Tango Zebra Lima (7 TZL) calling. How do you read? Over".

▷ Sobald der Kontakt hergestellt ist, kann man sein Anliegen loswerden.

Ein tragbares gebrauchtes Funkgerät ist ab 1.500 $ zu haben, ein neues Gerät kostet bis zu 3.500 $. Es gibt allerdings auch einige Vermieter von RFDS-Funkgeräten (→ Adressen im Anhang). Auch die „Fliegenden Ärzte" bieten Funkgeräte zur Miete an. Der Mietpreis beträgt ca. 50 $ pro Woche.

Abschließend noch ein Wort zu *Handys* (mobilphones): Es mag Handy-Nutzer überraschen, aber Handys sind im australischen Busch unbrauchbar. Schon meist nach 10 km außerhalb einer Stadt wird die Verbindung, gleich welchen Anbieters, schlechter, bis sie schließlich ganz den Geist aufgibt. Das Funktionieren eines Handys setzt ein Netzwerk aus Sendern und Verstärkern voraus. Eine Siedlung wie Birdsville oder Innamincka und der größte Teil Australiens (abgesehen von dichter besiedelten Gebieten wie an der Ostküste) verfügen nicht über das uns bekannte Netzwerk.

Für den Betrieb eines RFDS-Funkgerätes ist eine Lizenz *(Mobile Outpost Station Licence)* notwendig, die in jeder größeren Stadt bei der *Spectrum Management Agency* beantragt und sofort ausgestellt wird. Mit der Lizenz erhält man gleichzeitig sein Rufzeichen, das beim Funkverkehr zu benutzen ist. Das RFDS-Radio kann zusätzlich für Telefonate genutzt werden (5 Tage in der Woche). Dazu ruft man eine der RFDS-Basen und lässt sich via *radio-telephone (radphone)* verbinden. (Alice Springs und Port Augusta bieten diesen Service allerdings nicht mehr an.)

Fazit: Wer sich für ein RFDS-Funkgerät entscheidet, sollte schon vorher die notwendigen Grundkenntnisse für den Funkverkehr und gute Englischkenntnisse aneignen. Man sollte sich auch nicht durch das Funkgerät in einer trügerischen Sicherheit wiegen. Kenntnisse in erster Hilfe, die richtige Ausrüstung und gründliche Vorbereitung sind unerlässlich für das Gelingen einer Reise. Das Funkgerät bietet dann eine zusätzliche Absicherung für den Notfall. Ein weiterer Vorteil ist, dass man sich beim RFDS und auch bei Telstra über die aktuellen Straßenbedingungen, Wettervorhersagen etc. erkundigen kann. Wann immer möglich, sind im Info-Kasten der Strecken Frequenzen und Rufzeichen *(call sign)* angegeben.

Genehmigungen

Australien ist ein Land (fast) grenzenloser Freiheit. Dennoch gibt es einige Vorschriften, was das Befahren von Pisten betrifft. Für Straßen, die durch Gebiete der Aborigines führen, wird ein *permit* benötigt. Davon ausgenommen sind alle geteerten Hauptstraßen, das Gebiet um *Hermannsburg*, der *Tanami Track* und Straßen, die nur für wenige Kilometer durch Aboriginal-Land führen. Wer eine Gemeinde *(community)* der Ureinwohner besuchen möchte, braucht ebenfalls – solange diese nicht an der Strecke liegt – eine Genehmigung der zuständigen Behörde *(Land Council)*. Viele *communities* allerdings legen keinen Wert auf Touristen, die auf der Durchfahrt kurz zum Gaffen und Fotografieren bei ihnen anhalten – ein verständlicher Wunsch, der respektiert werden sollte. Die meisten dieser Gemeinden befinden sich zudem in einem – unserem Verständnis nach – recht verwahrlosten Zustand und sind keine besonderen „Schmuckstücke".

Die *permits* sind außerdem an bestimmte Bedingungen gebunden. So gilt die Genehmigung nur für einen festgesetzten Zeitraum und eine vorgeschriebene Strecke, die nur in absoluten Notfällen verlassen werden darf. Weiter ist jedes Ureinwohnergebiet ein so genanntes „Trockengebiet" *(dry area)*, d. h., es darf in der Regel zwar Alkohol für den eigenen Bedarf mitgeführt, nicht aber an Aborigines verkauft oder verschenkt werden. Ebenfalls verboten ist es, Alkohol für Aborigines zu kaufen. Um das Alkoholproblem in den Griff zu bekommen, haben sich manche Gemeinden das Verbot von Alkoholkonsum selbst auferlegt. Auch beim Fotografieren der Ureinwohner sollte Zurückhaltung geübt werden. Niemand hat etwas dagegen, wenn Landschaften, Pflanzen oder Tiere auf Film gebracht werden. Wer aber Menschen fotografieren möchte, sollte sich grundsätzlich vorher deren Erlaubnis einholen. In den Siedlungen der Aborigines ist zudem Fotografieren gänzlich verboten. Bei Missachtung drohen empfindlich hohe Geldstrafen. Für welche Strecke eine Genehmigung benötigt wird, steht jeweils in den Kurzinfos vor jeder Streckenbeschreibung. Bei den folgenden Adressen sind diese Genehmigungen zu beantragen:

Für Strecken in Western Australia:
Aboriginal Affairs Department
Cloisters Square,
PO Box 7770, Perth WA 6850
Tel. 08/ 9235 8000
Fax 08/ 9235 8033

Für Strecken in Northern Territory
... im Zentrum
Central Land Council
PO Box 3321, Alice Springs NT 0871
Tel. 08/ 8951 6320 oder 08/ 8951 6321, Fax 08/ 8953 4345
... im Norden
Central Land Council
PO Box 42921, 9 Rowlings St., Casuarina/ Darwin NT 0811
Tel. 08/ 8920 5178
Fax 08/ 8945 2633

Für Strecken in South Australia
... durch Anangu-Pitjantjara Land
Permit Officer in Umuwa
Tel. 08/ 8950 1511
Fax 08/ 8950 1510
... durch Maralinga-Tjarutja Land
Administration Officer,
Maralinga-Tjarutja Inc.
PO Box 435, Ceduna SA 5435
Tel. 08/ 8625 2946
Fax 08/ 8625 3076

Permits sollten mindestens sechs Wochen vorher beim zuständigen Büro beantragt werden. Sofern dies schon von zu Hause aus erledigt wird, sendet die Behörde die Genehmigungen zu; sie können aber auch bei Antritt der Reise im Büro selbst abgeholt werden. Natürlich ist die Genehmigung auch an Ort und Stelle zu beantragen, wobei dann aber mit einer Wartezeit von zwei bis drei Wochen gerechnet werden muss. Mitunter hält man das Papier aber auch schon nach zwei Tagen in Händen, doch darauf sollte sich niemand verlassen.

Eintrittsgebühren

Wenn für ein Nationalpark oder ein Schutzgebiet Eintrittsgebühren verlangt werden, so zahlt man diese in der Regel am Parkeingang. Die Campinggebühren werden zumeist an den ausgewiesenen Campingstellen im Park erhoben. Zum Teil kassiert sie der Ranger, zum Teil entrichtet man sie in einen eigens dafür vorgesehenen Kasten. Bei einigen Naturschutzgebieten in South Australia werden die Eintrittsgebühren nicht vor Ort gezahlt. Man benötigt in diesem Fall den *Desert Park Pass* des *National Park & Wildlife Service* (NPWS); er kostet 60 $ und ist zwölf Monate gültig. Dafür erhält der Käufer Informations- und Kartenmaterial sowie die Erlaubnis, folgende Gebiete zu besuchen und dort zu campen: *Innamincka Regional Reserve, Simpson Desert Conservation Park, Simpson Desert Regional Reserve, Witjira National Park (Dalhousie Springs), Elliot Price Conservation Park* und *Lake Eyre National Park*. Wer nur eine Nacht an *Dalhousie Springs, Lake Eyre* oder *Innamincka* verbringen möchte, zahlt nur 15 $. Der Pass ist bei vielen Außenstellen des *National Park & Wildlife Service* oder an folgenden Stellen erhältlich: *Innamincka Trading Post* in Innamincka, *Khan's Marree General Store* in Marree, *William Creek Hotel* in William Creek, *Pink Roadhouse* in Oodnadatta, *Mt. Dare Homestead* im Witjira-Nationalpark sowie an Tankstellen auf der jeweiligen Strecke, bei der Polizei in *Tibooburra, Birdsville* und *Lyndhurst*. Schriftlich kann er angefordert werden bei:

Department of Environment & Natural Resources Regional Office
9 Mackay Street, PO Box 78
Port Augusta SA 5710
Tel. 08/ 8648 5300

Für die Parks der anderen Bundesstaaten gibt es einen *Annual Statewide Pass* (Jahresausweis inkl. *Desert Park Pass*), mit dem eine Reihe von Parks im jeweiligen Staat zu besuchen ist. Dieser Ausweis berechtigt nur zum Eintritt in die Parks, nicht aber zum Campen (Ausnahme: *Desert Parks*). Die Gebühren dafür werden extra erhoben. Dieser Ausweis (140 $ pro Fahrzeug) lohnt nur, wenn man mehrere Nationalparks besuchen möchte. Ansonsten ist es preisgünstiger, die Eintrittsgebühr am jeweiligen Nationalpark zu entrichten.

Ab- und Rückmeldung bei der Polizei

Bei einigen Strecken ist es nicht nur angebracht, sondern sogar überaus wichtig, sich bei der Polizei ab- und rückzumelden. Bei Nichteintreffen am Zielort wird eine Suchaktion eingeleitet. Da solche Aktionen aber hohe Kosten verursachen, die vom Reisenden zu übernehmen sind, darf die Rückmeldung am vereinbarten Ort nicht vergessen werden. Wichtig ist auch, dass man die bei der Polizei angegebene Strecke auf keinen Fall verlässt. Abweichungen von der Route lassen die Retter im Notfall am falschen Ort suchen, und die Chance, gefunden zu werden, ist dann sehr gering. Notwendig ist die Ab- und Rückmeldung auf allen wenig befahrenen Strecken, wie z. B. *Gunbarrel Highway, Canning Stock Route* und *Simpson Desert.* Es muss jedoch erwähnt werden, dass nicht alle Polizisten ihren Job gleichermaßen ernst nehmen. An manchen Polizeistationen lehnt man es sogar ab, An- und Abmeldungen entgegenzunehmen. In der Vergangenheit haben sich zu häufig Touristen nicht zurückgemeldet und damit kostenintensive Suchaktionen

ausgelöst. In Birdsville (am Ortseingang in Richtung Simpson Desert) z.B. weist sogar ein Schild ausdrücklich darauf hin, dass man sich bei Freunden an- und abmelden soll. Auch das Betreiber von *Mt. Dare Homestead (Simpson Desert)* haben schlechte Erfahrungen gemacht und nehmen keine An- und Abmeldungen mehr an. Wer also die Möglichkeit hat, Freunde oder Bekannte zu informieren, sollte diese Variante vorziehen. Ansonsten bleiben die Polizeistation oder ähnliche Einrichtungen. Aber immer gilt: RÜCKMELDEN!

Verhalten im Notfall

Wie schon mehrfach erwähnt, soll dieses Buch Leser auf Reisen durchs *outback* möglichst gut vorbereiten. Dazu gehören auch Tipps für das Verhalten in einem Notfall, der ja nichts anderes ist als ein unvorhergesehenes Ereignis, das es durch gute Vorbereitung der Reise zu vermeiden oder aber mit gesundem Menschenverstand und richtiger Verhaltensweise zu bewältigen gilt. Von den immer wiederkehrenden Meldungen über vermisste Personen und Dramen, die sich im *outback* abspielten, sollte man sich auf keinen Fall erschrecken lassen. Hier gingen zumeist eine schlechte Vorbereitung und/oder mehrere Verhaltensfehler der betroffenen Personen voraus.

Einer der größten Fehler ist es, anzunehmen, dass ein Unglück immer nur andere trifft. Wenn der Notfall, sprich Autopanne, Unfall oder Ähnliches, dann aber doch eintritt, steht man da wie ein „begossener Pudel". Das Auto war doch nicht so gut, wie man glaubte, die Mechanikerkünste reichten doch nicht aus, um es zu reparieren, das benötigte Werkzeug war nicht vorhanden, und es wurde niemand über das Vorhaben informiert. In Notsituationen gelten folgende wichtige Grundregeln, die jeder kennen und auch beherzigen sollte:

⇨ Unbedingt beim Auto bleiben. Ein Auto ist, z. B. aus der Luft, wesentlich leichter zu erkennen als herumirrende Menschen.

⇨ Keine Panik aufkommen lassen. Panik führt zu Fehlentscheidungen, die die Lage nur noch verschlimmern. In Ruhe über das Problem und die möglichen Lösungen nachdenken.

⇨ Raus aus der Sonne. Entweder eine Plane spannen oder den Schatten von Bäumen, Büschen oder Auto nutzen.

⇨ Ist abzusehen, dass man das Problem nicht allein lösen kann und auf Hilfe warten muss, sämtliches Essen und Trinken in Rationen einteilen!

⇨ Bequeme, den Temperaturen angepasste, leichte Kleidung wählen. Die meiste Körperflüssigkeit geht durch Schwitzen verloren.

⇨ Wenn das Auto, aus welchen Gründen auch immer, doch verlassen werden muss, ist auf jeden Fall eine Nachricht mit Richtung, Ziel und Datum des Aufbruchs am Fahrzeug zu hinterlassen.

Wer sich gut vorbereitet hat, wird Notreserven an Wasser und Lebensmitteln für mindestens fünf Tage bei sich führen. Sind sogar Wasser und Lebensmittel für zehn bis vierzehn Tage vorhanden, sollte sich der erzwungene Kurzurlaub am Pistenrand unproblematisch gestalten, sofern jemand vor Antritt der Fahrt benachrichtigt wurde.

Das Überleben in Wüstengebieten hängt letztendlich von drei Faktoren ab: Wasser, Schutz vor Hitze oder Kälte und Nahrung. Erfahrungsgemäß kann man ohne Nahrung etwa drei Wochen, ohne Wasser allerdings je nach Konstitution und Außentemperatur nur zwei bis fünf

Signale 'Grund zu Luft'

V	Benötige Hilfe
X	Benötige medizinische Hilfe
L	Benötige Treibstoff
F	Benötige Nahrung und Wasser.
Y	Yes (Ja)
N	No (Nein)
–>	Bin in diese Richtung gegangen.
▮	Benötige Kompass und Karte
⌐	Habe nicht verstanden

Signale 'Luft zu Grund'

Signal gesehen und verstanden – der Pilot wackelt mit den Tragflächen des Flugzeuges.
Signal gesehen, aber nicht verstanden – der Pilot fliegt Kreise rechtsherum (in Flugrichtung gesehen).
Natürlich gibt es noch mehr Signale. Aber das hier sind die wichtigsten, die man kennen sollte. Im Notfall hilft jedoch auch immer das altbewährte SOS *(save our souls)*.

Tage überleben; das gilt auch, wenn man sich nur im Schatten aufhält und jede körperliche Anstrengung vermeidet. Panikartiges Herumlaufen in der Hitze des Tages führt schon nach ein paar Stunden zu einem enormen Flüssigkeitsverlust. Es gilt aber, diesen möglichst gering zu halten und die Wasservorräte möglichst zu vergrößern, um die Überlebenschance zu erhöhen.

Wie setzt man nun den Flüssigkeitsverbrauch des Körpers herab?

⇨ Im Schatten bleiben und leichte Kleidung tragen, um unnötiges Schwitzen zu vermeiden.

⇨ Körperliche Anstrengung vermeiden. Dazu zählt nicht nur Arbeit, sondern auch Sprechen oder gar Streiten. Notwendige Arbeiten werden auf den Abend und die Nacht verlegt.

⇨ Am ersten Tag nur wenig bis gar nichts trinken, damit sich die Nieren auf den kommenden Wassermangel einstellen können.

⇨ In den nächsten Tagen Wasser möglichst nicht am Tage trinken, sondern frühmorgens und abends. In der Hitze wird ein Großteil der Flüssigkeit sofort wieder ausgeschwitzt.

⇨ Salzhaltige oder „wasserziehende" Nahrung (z. B. Fleisch) vermeiden und stattdessen möglichst viel Obst essen. Das enthält zum einen Flüssigkeit, zum anderen wird sie für die Verdauung wenig Flüssigkeit benötigt.

⇨ Auf keinen Fall Alkohol trinken! Er entzieht dem Körper notwendige Salze und Flüssigkeit.

⇨ Nur dann urinieren, wenn absolut unumgänglich.

Sollte tatsächlich mal das Wasser ausgegangen sein, hält man, sofern man noch fahrbereit ist, nach den Bohrschächten Ausschau, die Armee oder Viehzüchter angelegt haben. Meistens ragt ein helles Kunststoffrohr aus dem Boden, von dem man nur den Deckel abnehmen muss, um dann mit einem Gefäß Wasser hochzuholen. Immer wieder schießt das Wasser aber an vielen Stellen auch einfach aus dem Boden. Es handelt sich dabei um angezapfte artesische Brunnen, deren Wasser meistens ziemlich heiß und salzig ist. Man muss also aus dem salzigen Wasser Trinkwasser bereiten. Mit einer selbst gebastelten Destillieranlage funktioniert das folgendermaßen: Einen Kanister mit dem Salzwasser auf ein Feuer stellen (Die Hitze niedrig halten, damit das Wasser nicht zu schnell kocht). In den Kanister wird ein kleines

Loch gebohrt und ein Plastikschlauch angebracht, der zu einem Gefäß führt. Mit Salzwasser werden auch die Stofffetzen oder Lappen getränkt, die den Schlauch kühl halten sollen. Wenn der entstehende Dampf dann durch den Schlauch kommt, kühlt er ab und kondensiert. Im Gefäß sammeln sich dann salzfreie Wassertropfen. Um so eine Tasse Trinkwasser zu gewinnen, braucht man ein bis zwei Stunden, aber in einer Notlage kann man mit einer solch simplen Apparatur genügend Wasser destillieren, um zu überleben.

Woran viele nicht denken, ist an das Wasser im Kühler und in der Scheibenwaschanlage. Es lagen schon Menschen verdurstet neben ihrem Wagen und hatten dieses Wasser nicht angetastet. Da es aber meistens mit Chemikalien versetzt ist, sollte es auch in der beschriebenen, selbst gebastelten Destillieranlage aufbereitet werden.

Flussbetten, auch wenn sie staubtrocken sind, enthalten meist in der Tiefe noch Wasser. Ein Indiz für das Vorhandensein von Wasser sind Fluss-Eukalypten, Coolabah-Eukalypten, dichter Uferbewuchs und feuchte Stellen. Nur dort lohnt das Graben. Trifft man auf schlammiges Wasser, wird es mit Tüchern oder Kleidungsstücken aufgesogen und in ein Gefäß gewrungen. Meistens ist es mit Sand vermischt. Lässt man es eine Weile stehen, setzen sich die Sandbeimengungen ab, und man hat gutes, klares Wasser.

In felsigem Gelände gibt es Spalten und Vertiefungen ohne Abflussmöglichkeit, in denen sich nach Regen Wasser sammelt. Noch Wochen oder Monate nach dem letzten Regen kann man hier oft noch Wasser finden.

Auch körner- und samenfressende Vögel wie Finken, Wellensittiche oder Rosakakadus können anzeigen, dass es Wasser in der Nähe gibt. Wenn man

Schwärme dieser Vögel sieht, achte man darauf, wohin sie fliegen und wo sie landen. Sie wissen mit Sicherheit, wo sich Wasser findet, denn sie brauchen, im Gegensatz zu fleischfressenden Vögeln wie Adler oder Kookaburras, die ihren Flüssigkeitsbedarf größtenteils aus der Nahrung decken und nur selten entfernte Wasserstellen aufsuchen, jeden Tag Wasser. Bevor man allerdings blindlings einem Vogel hinterherläuft, schaut man am besten auf den hoffentlich mitgeführten Karten nach, wo z. B. eine Felsenformation, ein ausgetrocknetes Flussbett oder Ähnliches zu suchen sind. Manchmal sind die Wasserstellen der Vögel nur ein kleines, tiefes Loch im Boden, ehemalige Bohrschächte oder alte Brunnen der Ureinwohner. Problematisch an einem solchen Brunnen sind dann die vielen toten Vögel, die im Wasserloch ertrinken. Hier gefundenes Wasser sollte immer vorher abgekocht oder entkeimt werden.

Sofern keine der genannten möglichen Wasserstellen in der Nähe (!) sind, ist Trinkwasser auch ganz einfach aus Laub zu gewinnen. Die Blätter von Bäumen und Büschen, die oft auf Sanddünen oder in den Dünentälern wachsen, enthalten einiges an Feuchtigkeit. Diese muss man nur aus den Blättern herausbekommen. Zwei Möglichkeiten der Wassergewinnung durch Transpiration sind wegen ihrer Einfachheit besonders geeignet: Bei der ersten Methode werden Plastiksäcke über je einen Zweig gestülpt und fest zugebunden (siehe folgende Seite). Durch die von der Sonneneinstrahlung bewirkte Erhitzung entsteht so ein Treibhauseffekt, der die Blätter zur Abgabe des gespeicherten Wassers veranlasst. Schon nach kurzer Zeit fangen sie an, Feuchtigkeit „auszuschwitzen". Das Wasser kondensiert im Inneren des

Trinkwassergewinnung: Salzwasserdestillation

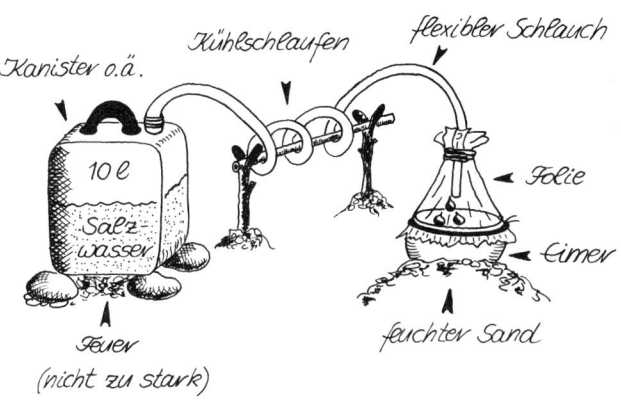

Kanister o.ä.

10 ℓ

Salz-wasser

Feuer (nicht zu stark)

Kühlschlaufen

flexibler Schlauch

Folie

Eimer

feuchter Sand

Sacks, läuft an der Folie herunter und sammelt sich. Das Ende sollte mit einem Stück Draht abgebunden werden, damit Blätter und kleine Zweige nicht mit in das Wasser gelangen, und man einen „Tee" bekommt. Ist die Pflanze unbekannt, muss unbedingt ein Verträglichkeitstest gemacht werden. Dieser Test kann lebenswichtig sein, denn die Blätter enthalten mitunter Giftstoffe. Man nimmt zunächst nur einen Teelöffel voll Wasser und behält es ein paar Minuten im Mund. Verspürt man kein Brennen oder Ähnliches, schluckt man das Wasser hinunter und wartet vier Stunden. Fühlt man sich danach gut, wiederholt man das Ganze mit einer Tasse Wasser. Nach weiteren vier Stunden ohne Beschwerden kann man das Wasser bedenkenlos trinken. Um nicht jedesmal den Plastikbeutel zum Entleeren abnehmen zu müssen, wird beim Zubinden immer ein dünner Plastikschlauch in den Beutel miteingeführt. Das Wasser braucht so nur noch angesaugt zu werden. Das Ansaugen bzw. Entleeren des Beutels sollte ruhig öfter geschehen, da sonst die Luftfeuchtigkeit im Sack zu hoch wird, und die Blätter die Transpiration einstellen.

Nach der zweiten Methode (siehe unten) gräbt man ein Loch von 0,50 bis 1 m Tiefe und 1 m Durchmesser. Da dies sehr kräftezehrend ist, sollte das nur am frühen Morgen oder in der Nacht tun. In die Mitte des Loches wird ein Gefäß gestellt, in das wieder ein Stück Plastikschlauch zum Absaugen des Wassers hängt. Um das Gefäß herum kommt alles, was Feuchtigkeit enthält: Zweige und Blätter, Wurzeln, Salzwasser und sogar Urin. Das Loch wird dann mit einer Plastikplane abge-

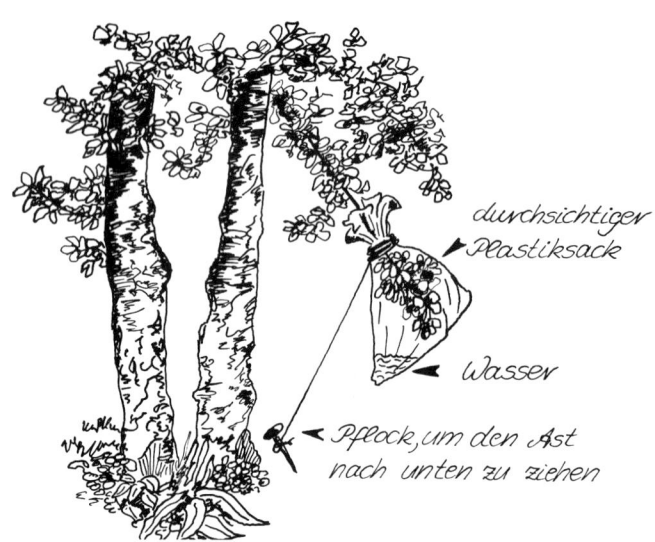

Trinkwassergewinnung: Transpirationsmethode I

durchsichtiger Plastiksack

Wasser

Pflock, um den Ast nach unten zu ziehen

deckt und die Ränder der Plane mit Erde abgedichtet. In die Mitte der Plane kommt ein kleiner Stein, der die Plane trichterförmig nach unten zieht. Dabei ist darauf zu achten, dass der Stein direkt über dem Gefäß liegt. Wenn das Material im Loch durch die Sonnenstrahlen erhitzt wird, entsteht wieder ein Treibhauseffekt, der das gespeicherte Wasser abgeben lässt; dieses kondensiert an der Unterseite der Plane, läuft in die Mitte und tropft in das Gefäß. Mit Hilfe des Plastikschlauchs kann das Trinkwasser nun angesaugt und umgefüllt werden. Natürlich ist auch bei dieser Methode wieder ein Verträglichkeitstest zu machen. Wer keinen Plastikschlauch dabeihat, muss die ganze Plane immer wieder aufdecken. Am besten wird das Loch morgens vor Sonnenaufgang gefüllt und mit der Plane abgedeckt.

Natürlich müssen Zweige, Blätter oder anderes Material mit der Zeit erneuert werden. Wenn man so zwei oder drei Löcher anlegt und dazu etwa zehn Beutel um Zweige bindet, bekommt man in der Regel genügend Trinkwasser, um schließlich überleben zu können.

Das zweite Problem, vor dem ein „Gestrandeter" steht, ist der Schutz vor extremer Hitze am Tag oder Kälte in der Nacht. In Wintermonaten, der bevorzugten Reisezeit in Wüstengebieten, klettern die Temperaturen tagsüber immer noch auf 30 bis 40 °C, während sie in der Nacht bis in den Minusbereich fallen können. Steht das Auto nach wie vor zur Verfügung, oder hat man Zelt, Schlafsack oder Decken dabei, stellt dies keine größere Gefahr dar. Ohne Fahrzeug oder Zelt sollte man sich einen Unterschlupf oder Windschutz aus Ästen und möglichst

Trinkwassergewinnung: Transpirationsmethode II

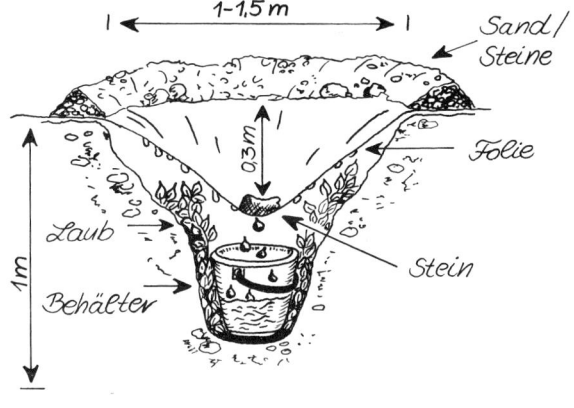

Wie sicher ist das Outback?

Australien ist ein sehr sicheres Reiseland. Die Wahrscheinlichkeit, einem Verbrechen zum Opfer zu fallen, ist im *outback* Australiens sehr gering. Man trifft zwar im *outback* einige „Raubeine", aber auch sie sind Touristen, größtenteils freundlich gesonnen. Dennoch ist das „raue *outback*-Klima" etwas, das nicht auf die leichte Schulter genommen werden sollte. Wichtig im *outback* ist Respekt, aber nicht Angst.

Die erste Frage, die man bei einer Reise im *outback* gestellt bekommt, ist: „Wie ist das mit den Schlangen?" Zwar beherbergt Australien die giftigsten Schlangen der Welt, aber sie sind – verglichen mit anderen lauernden Gefahren – ein zu vernachlässigendes Problem.

Unsere Gefahrenliste würde sich etwa so lesen:
1. Sie selbst
2. Ihr Fahrzeug
3. Betrunkene Fahrer
4. Große Tiere auf der Piste
5. Straßenzustand
6. Krokodile
7. Andere geringfügige Beeinträchtigungen wie Schlangen, Spinnen

Lebensmüde oder leichtsinnig?

Immer, wenn von einem tragischen Ereignis im *outback* die Rede ist, handelt es sich meistens um jemanden, der unerfahren, unbedacht oder nachlässig gehandelt hat und damit leichtsinnig sein eigenes Leben oder das von anderen aufs Spiel gesetzt hat. Gelegentlich hat man sogar den Eindruck, als seien manche Reisende von einem Todeswunsch beseelt.

Wir trafen in Urandangi zwei Engländerinnen, die in einem alten Ford Falcon auf dem Plenty Highway unterwegs waren.
1. Das Befahren solcher Pisten mit herkömmlichen Pkw wird nicht empfohlen.
2. Gerade wenn es eine so alte „Bombe" ist, umso dümmer.
Die Mädchen saßen in Urandangi fest, weil sie auf einen Felsen aufgesetzt hatten und nun etwas unter dem Auto begonnen hatte auszulaufen. Wir fragten sie, ob sie genug Wasser für die Weiterfahrt dabei hätten und sie antworteten: „10 Liter, dies ist genug für ein paar Tage und muss außerdem für Kühlwasser reichen." Wir überließen ihnen unseren 25-l-Reservewasserbehälter, und sie gaben uns das Versprechen, ihn wieder mit Wasser aufzufüllen. Falls sie wieder eine Panne hätten, sollte dieser Vorrat für 2–3 Tage sein. Wir fragten sie außerdem nach ihren Karten, und es stellte sich heraus, dass sie gar keine mitführten, lediglich eine Straßenbeschreibung hatten, aus der hervorging, wo sie tanken konnten. Man könnte bei so viel Leichtsinn den Eindruck gewinnen, dass ein Toyota Landcruiser in gutem Zustand, gutes Kartenmaterial,

Wie sicher ist das Outback

Land und Leute

Reisevorbereitung

Strecken 1–3

Strecken 4–6

Strecken 7–8

Strecken 9–10

Strecken 11–12

Extrakraftstoff, ausreichend Nahrung und Wasser für schlecht ausgerüstete Touristen die „pure Hölle" sei.

Die Rettungsleine
Oberstes Gebot auf einsamen *outback-tracks:* jemanden anrufen, auf den man sich verlassen kann. Wichtig dabei ist zu erklären, wo ich bin, wohin ich fahren will, welche Strecke ich nehme und wann ich wieder anrufe! Wenn man beabsichtigt, z. B. am Sonntag zurück zu sein, unbedingt die Bitte äußern, nicht am Sonntagabend die Pferde Scheu zu machen. Die Angerufenen mögen bis zum Dienstag warten, bevor Alarm geschlagen und ein Rettungssuchtrupp losgeschickt wird. Ganz wichtig dabei: Der versprochene Rückruf! Einen Suchtrupp loszuschicken, ist ein kostspieliges Unterfangen.

Natürlich wäre es von Vorteil, an entfernten Tankstellen und Farmen einen positiven Eindruck gemacht zu haben. Wenn man in Not ist, ist es wahrscheinlicher, dass dem netten *fella* und nicht dem arroganten deutschen Touristen geholfen wird.

Wasser und Nahrung
Wie wichtig genügend Wasser ist, kann gar nicht oft genug betont werden. Man kann für einige Wochen ohne Nahrung, aber nur einen oder zwei Tage ohne Wasser überleben. Verdursten ist vermutlich die grauenhafteste Weise, seinen Schöpfer zu treffen. Man rechnet durchschnittlich mit 5 Litern Wasser pro Person und Tag (ohne Reservewasser für einige Extratage gerechnet im Fall einer Panne). Grundsätzlich sollte man sich mit der Gewinnung von Notwasser vertraut machen. Techniken, wie die mit einem Plastiksack über einen Ast oder Busch, sollten vorher ausprobiert werden, bevor man darauf angewiesen ist. Reservenahrung sollte für eine Woche mitgeführt werden. Wir hatten immer ein paar Dosen „Baked Beans" u. Ä. als Reserve dabei – langweilig, aber sicher und unverderblich. Selbstverständlich sollte man die „Notnahrung" nur in einer wahren Notsituation anrühren.

Panne – keine Panik
Nur nicht in Panik geraten. Es ist vermutlich nicht so schlimm, wie es zunächst erscheint. Bester Rat: Erst mal eine Pause einlegen, den *billy* zum Kochen bringen und eine Tasse Tee oder Kaffee trinken, bevor man sich um die Panne kümmert. Selbst wenn es sich nur um einen platten Reifen handelt, bewirkt die Ruhe so einiges. Beim Fahrzeug bleiben ist natürlich oberstes Gebot, wenn man die Panne nicht beheben kann. Ein Fahrzeug ist viel einfacher zu finden als eine Person, die ziellos im Busch herumstreift. Außerdem läuft man Gefahr, sich zu verirren oder den Abstand zur nächsten Farm zu unterschätzen. Selbst gut trainierte Menschen verlieren bei 40–50 °C im Schatten leicht ihre Form.
(→ Verhalten im Notfall)

belaubten Zweigen bauen. Schließlich kann man noch ein Lagerfeuer anzünden, am einfachsten natürlich mit Feuerzeug oder Streichhölzern. Wer keines von beiden dabeihat, kann sich in einer Notsituation auch mit der Autobatterie behelfen. Man sammelt zunächst trockenes Gras und anderes brennbares Material (kleine Holzstücke, Äste u. Ä.), schichtet es zu einem kleinen Haufen und träufelt etwas brennbare Flüssigkeit (Benzin, Spiritus u. Ä.; Diesel entzündet sich nicht!) darauf. Anschließend tränkt man einen kleinen Lappen mit Benzin oder Spiritus, legt ihn auf den vorbereiteten Haufen. An den beiden Polen der Batterie bringt man ein jeweils ca. 50 cm langes Stück Draht an. Hält man die Drahtenden kurz aneinander, entstehen durch den so verursachten Kurzschluss Funken, die den Lappen und das Gras entzünden. Ist man z. B. mit einem Dieselfahrzeug unterwegs und hat keine brennbare Flüssigkeit dabei, kann auch ein kleines Knäuel Stahlwolle hilfreich sein. In die Stahlwolle stopft man etwas Toilettenpapier und hält dann beide Drahtenden an die Stahlwolle. Dadurch entsteht ein Kurzschluss, der schon nach wenigen Sekunden das Papier entzündet und das trockene Gras in Brand setzt. Aber Vorsicht: Bei beiden Methoden sollte man auf jeden Fall Arbeitshandschuhe tragen und – wenn möglich – die Drahtenden, die ziemlich heiß werden können, mit einer isolierten Zange oder mit einem Lappen festhalten. Auch der Zigarettenanzünder im Wagen kann gute Dienste beim Feuermachen leisten. Etwas zusammengerolltes Papier mehrmals an den glühenden Anzünder halten, pusten und schon brennt es.

Die sicherste Methode, ohne Streichhölzer und Feuerzeug im Busch ein Feuer zu entzünden, ist aber ein Vergrößerungsglas, das zuverlässig und schnell funktioniert. Man braucht dazu nur ein bisschen Sonne. Man hält das Glas über etwas trockenes Gras, und schon nach wenigen Minuten qualmt es. Auch mit der Linse der Kamera kann man die Sonnenstrahlen bündeln. Für die Nacht zündet man mehrere Feuer im Kreis an, sodass man die Wärme um sich herum hat. Natürlich sucht man vorher ausreichend Feuerholz, damit man nachts nicht herumwandern muss.

Der dritte Überlebensfaktor ist die Nahrung. Sofern nur wenig Wasser vorhanden ist, sollte auch wenig gegessen werden, denn der Verdauungsvorgang verbraucht Flüssigkeit. Drei Wochen kann man bei genügend Flüssigkeit ohne Nahrung durchstehen. Eine Möglichkeit, die Rationen zu vergrößern, ist das Sammeln pflanzlicher Nahrung. Samen, Beeren, Wurzeln und Gräser wachsen fast überall. Um zu testen, ob das Gesammelte essbar ist, geht man folgendermaßen vor: Eine kleine Portion davon zerreibt und auf eine empfindliche Hautstelle (Hals oder Armbeuge) streichen. Treten nach ca. zwei bis drei Stunden kein Ausschlag oder keine Rötung auf, isst man eine geringe Menge. Hat man nach weiteren drei bis vier Stunden keine Beschwerden, kann man getrost auch eine etwas größere Portion davon essen. Fühlt man sich am nächsten Tag auch noch wohl, hat man eine sichere Nahrungsquelle gefunden.

Von allen Tieren im *outback*, die als Nahrung dienen könnten, kommt für einen in Not befindlichen Europäer zuerst der *Waran* in Frage. Sein Bau (Erdloch) ist leicht auszumachen. Mit einem dünnen Stock stochert man am Eingang des Baus und versucht, den Verlauf des Ganges festzustellen. Der Waran kann vorne sitzen, aber ebenso gut weiter hinten im Bau. Man gräbt also den Gang ganz einfach frei. Hat man schließlich den Waran ausfindig gemacht, kann man ruhig mit der Hand in den Bau hineingreifen. Man braucht keine Angst zu haben, gebissen zu werden, denn Warane sitzen immer mit dem Kopf voran im Bau, und man kann sie am Schwanz herausziehen. Man erschlägt das Tier sofort. Die Echse sollte ohne viel Flüssigkeitsverlust auf Ureinwohnerart zubereitet werden: An der Bauchseite wird nur ein kleiner Schnitt gemacht, um die Innereien herauszunehmen; so bleibt der ganze Saft erhalten, wenn der Waran gebraten wird. Das Tier kommt dann für ein bis zwei Minuten in die Glut. So schließen sich die Poren, und die Haut wirkt wie eine Alufolie. Anschließend kommt der Braten in eine Mulde aus heißem Sand (am Feuer), wird mit Holzkohlestücken umhüllt und buchstäblich gebacken. Wichtig ist dabei (auch bei allen anderen Fleischarten), dass keine Flammen entstehen, die würden das Fleisch von außen verbrennen statt es zu garen. Natürlich kann man den Waran auch in einen Topf geben und auf die gleiche Weise backen. Schon nach ein paar Minuten ist die Mahlzeit (englisch) fertig.

Sollte man in einer Gegend, in der es viele *Kaninchen* gibt, eine Panne haben und dringend Nahrung brauchen, kann man sich aus dünnem Draht eine Schlinge machen und versuchen, ein Tier zu fangen. Die Schlinge wird in den Eingang des Kaninchenbaus gelegt. Das andere Ende des Drahtes wird mit einem Stein beschwert oder an einen Stock angebunden, mit ein paar Stöckchen fixiert und so gleichzeitig etwas getarnt. Auf diese Art und Weise werden mehrere Schlingen ausgelegt, denn nicht immer hat man Erfolg. Beim Verlassen des Baus verfängt sich das Kaninchen in der Schlinge, die sich um seinen Hals zusammenzieht und es tötet. Wir gehen davon aus, dass diese Methode, sich etwas zu essen zu besorgen, nur im äußersten Notfall angewendet wird!

Allen, die sich dennoch in der Kunst des Jagens mit Schlingen oder ähnlichen Fallen üben wollen, denen sei das Buch „Survival" von Deutschlands Überlebenskünstler Nr. 1, *Rüdiger Nehberg*, empfohlen, in dem alles Wichtige zum Überleben steht.

Ein ganz besonderer Buschimbiss Mittelaustraliens ist die *Honigameise*. Allerdings ist sie sehr schwer zu finden. Die Aborigines suchen in dem mit Akaziensträuchern bedeckten Buschland, wo sie heimisch ist. Sie ist sehr klein und hat einen gelben Leib. Wenn man einen Bau gefunden hat, muss man ziemlich lange graben, denn besonders in der Trockenzeit sitzen die Tiere tief in der Erde. Sie hängen zeitlebens an den Decken ihrer unterirdischen Kammern. Die Arbeitsameisen zapfen Honigtau von den Schildläusen ab und füttern damit die Honigameisen. Somit ist in Dürrezeiten ein Nahrungsvorrat für das Ameisenvolk garantiert, denn die ganze Kolonie melkt dann die Honigameisen, deren Hinterleib dick angeschwollen und voller Honig ist. Aber wie gesagt, diese unterirdischen Behausungen sind für Europäer normalerweise nur durch Zufall zu finden.

Wer an einem Fluss gestrandet ist und auf Hilfe warten muss, braucht sich in der Regel keine Sorgen um Nahrung, die in Form von Fischen, Muscheln und Krustentieren fast immer reichlich vorhanden ist, zu machen. Um den Fisch möglichst so zuzubereiten, dass keine Flüssigkeit verloren geht, backt man ihn in einer Schlammpanade. Man nimmt den ungeschuppten Fisch (nicht zerteilen oder aufschneiden!), umhüllt ihn vollständig mit einer dicken Schlammschicht (1 bis 2 cm), packt ihn in den heißen Sand und bedeckt ihn rundum mit glühender Holzkohle. Der

Leend und Leute

Reisevorbereitung

Strecken 1–3

Strecken 4–6

Strecken 7–8

Strecken 9–10

Strecken 11–12

Schlamm wirkt wie eine Alufolie und wird durch die Hitze hart gebacken, die Glut ersetzt eine Backröhre. Wichtig ist, dass das Feuer so weit niedergebrannt ist, dass nur noch glühende Holzkohle bleibt, da sonst der Fisch verbrennen würde. Je nach Größe des Fisches dauert der Backvorgang ca. zwanzig Minuten oder länger. Die harte Schlammkruste wird vorsichtig entfernt, die Schuppen und Haut mit abgezogen, und zum Vorschein kommt zartes, saftiges Fleisch. Viele Aborigines bereiten traditionell ihre Fische auf diese Art und Weise zu. Die ganze Flüssigkeit bleibt so im Fisch, und erstaunlicherweise kann man den Fisch ohne ein einziges Sandkorn essen.

Wenn man nach schweren Regenfällen im *outback* festsitzt, keinen Proviant mehr hat und an einem der nur zur Regenzeit gefüllten Wasserlöcher lagert, gibt es immer etwas Essbares. Im Schlick findet man meist überall Süßwassermuscheln. Meistens ist der ganze Boden damit bedeckt, und man braucht sie nur aufzulesen. 20 bis 30 dieser Muscheln sind ausreichend für eine Mahlzeit. Die Aborigines legen sie einfach für ein paar Minuten in die Glut. Die Muscheln sind ziemlich zäh und schmecken etwas moderig, aber wenn man richtig Hunger hat, sind sie eine Delikatesse. Wer sie kurzgebacken nicht essen möchte, kann auch eine schmackhafte Muschelsuppe daraus kochen (1 Stunde). Die Tiere werden aus der Schale genommen und etwa eine Stunde gekocht.

Nachdem Wasser, Unterschlupf und Nahrung gesichert sind, heißt es, auf seine Notsituation aufmerksam zu machen. Hat man sich vor einer Fahrt in abgelegene Gebiete abgemeldet und das voraussichtliche Ankunftsdatum mitgeteilt, dann wird auch eine Suche eingeleitet, wenn das Datum überschritten ist. Die richtige Verhaltensweise und einige Signale erleichtern die Suche.

Ist eine Anhöhe in der Nähe, wird dort ein Signal vorbereitet (erhöhte Punkte sind leichter auszumachen). Das kann ein Stück Stoff in auffälligen Farben sein, ein Signalfeuer aus nassen Zweigen, Öl oder Ähnlichem (Rauchentwicklung wichtig), Blinksignale mit einem Spiegel, ein Feuer in der Nacht oder die folgenden Signale, die mit Steinen, Ästen, Lappen und Ähnlichem in mindestens drei Meter großen Zeichen ausgelegt werden sollten.

Abschließend sei noch einmal angemerkt: Je besser und gewissenhafter eine Reise vorbereitet ist, desto weniger Enttäuschungen und Probleme wird es unterwegs geben.

Verhalten bei Buschfeuer

Buschfeuer vernichten in Australien jährlich viele tausend Quadratkilometer Busch und Weidegründe. Nicht selten gefährden die Brände auch Wohnhäuser und ganze Städte. In den Städten kann zur Brandbekämpfung die Feuerwehr eingesetzt werden. In entlegenen Buschgebieten ist man zunächst auf sich allein gestellt, und in jedem Jahr kommen bei diesen Buschbränden immer wieder Menschen um. Im Folgenden geben wir ein paar wichtige Grundregeln, die zu beherzigen sind, wenn man von einem plötzlichen Buschbrand überrascht wird:

⇨ Wie bei allen Notsituationen ist oberstes Gebot: Ruhe bewahren! Nicht panikartig losrennen, sondern ruhig und besonnen über die Situation nachdenken und das Feuer – wenn möglich – im Auge behalten.

⇨ Sollte man Kleidung aus synthetischen Fasern tragen, diese schnell wechseln (besser ist Baumwollkleidung) und sich in Decken, die nach Möglichkeit feucht sein sollten, hüllen.

⇨ Wer bei seinem Fahrzeug bleibt, ist bei einem Buschbrand am sichersten; das jedenfalls raten die einschlägigen Informationsblätter in Australien. Man schließt alle Fenster und bleibt, in feuchte Decken gehüllt, im Wagen. Das Feuer braucht nur wenige Minuten, um vorbeizuziehen, sodass man keine Angst vor einer möglichen Tankexplosion zu haben braucht. Selbst wenn der Wagen Feuer fangen sollte, ist man noch ein paar Minuten sicher und sollte auf das Vorbeiziehen der Flammenfront warten. Wer einen Feuerlöscher im Wagen hat, kann anschließend den Fahrzeugbrand löschen.

⇨ Wer auf einer Wanderung von einem Buschbrand überrascht wird und keine Möglichkeit hat, rechtzeitig zum Wagen zurückzukehren, sucht nach freien Flächen. Wenn möglich geht man dorthin, wo der Unterwuchs bereits niedergebrannt ist. Ansonsten sucht man Flächen auf, die nur einen niedrigen Bewuchs aufweisen (Gras etc.), und hält sich von baumbewachsenen Gebieten fern. Dann entzündet man selbst eine kleine Grasfläche, lässt sie abbrennen und bleibt auf der abgebrannten Stelle.

⇨ Sollte man sich entschieden haben, dem Feuer davonzulaufen, muss man darauf achten, immer (!) hangabwärts zu gehen, denn das Feuer bewegt sich in der Regel hangaufwärts weitaus schneller als hinunter.

⇨ Niemals durch eine hohe Flammenfront laufen! Kann man den Flammen nicht ausweichen, legt man sich flach auf den Boden und

Achtung, heute große Buschbrandgefahr!

bedeckt seinen Körper möglichst mit nassen Decken oder ähnlichen Materialien (keine synthetischen!). Sollte noch Zeit genug sein, gräbt man ein Loch, legt sich hinein, deckt mit der Decke das Loch ab und lässt das Feuer über sich hinwegziehen. In der Regel geht dies sehr rasch, denn Waldbrände bewegen sich schnell voran und sind schon nach vier bis fünf Minuten am Erdloch vorbei. Bei Grasbränden dauert es nur 30 bis 60 Sekunden. Auch bei starker Rauchentwicklung sollte man sich flach auf den Boden legen oder in einem Erdloch bleiben.

Die Reiseapotheke

Australien ist ein sehr unproblematisches Reiseland, was Krankheiten anbelangt. So ist zurzeit keine Impfung vorgeschrieben, es sei denn, man reist aus tropischen Ländern ein. Zur Vorbereitung in Deutschland gehören auf jeden Fall eine Routineuntersuchung bei Haus- und Zahnarzt, eventuell eine Auffrischung der Tetanus-Impfung und der Abschluss einer Reisekrankenversicherung. Dringend benötigte Medikamente sollten in ausreichender Menge mitgenommen werden.

Australien hat einen guten medizinischen Standard, dennoch sollte jeder eine Reiseapotheke mitführen. Wahrscheinlich wird nur wenig tatsächlich benötigt, aber es ist gut zu wissen, dass man für den Notfall gerüstet ist. Am besten lässt man sich bei der Auswahl der Medikamente vom Arzt beraten und besorgt sich die entsprechenden Mittel bereits zu Hause. Dazu gehören: Wundantiseptikum, Schmerztabletten, Mittel gegen Insektenstiche, Zugsalbe, Kohletabletten, Antibiotikum (Breitspektrum), Mineralsalztabletten, Fieberthermometer, Schere, Pinzette, Pflaster und einige Päckchen Mullkompressen.

Ebenso sind Sonnenschutzmittel, die es mittlerweile auch in Deutschland mit einem hohen Lichtschutzfaktor gibt, nicht zu vergessen. Man kann sie aber besser in Australien besorgen.

Das Gros der Reisenden hat außer mit den Nachwirkungen des langen Fluges und der Zeitumstellung besonders mit dem Temperaturunterschied Probleme. Der Körper braucht Zeit, sich auf die neuen Gegebenheiten einzustellen, bevor das große Abenteuer *outback* beginnen kann.

Deshalb immer daran denken, ausreichend Flüssigkeit zu sich zu nehmen und direkte Sonneneinstrahlung zu vermeiden. Für Wanderungen sind die kühleren Morgen- oder Abendstunden die beste Zeit. Zur Grundausrüstung fürs *outback* gehören ein Hut und eine gute Sonnenbrille.

Wenn die erste Hilfe nicht zur letzten werden soll

Wir Europäer sind es gewohnt, bei einer Erkrankung einen Arzt oder zumindest einen Apotheker aufsuchen zu können, der uns medizinisch versorgt. Im *outback* ist das etwas anders. Hier muss der Reisende oft Hunderte von Kilometern zurücklegen, bevor er den nächsten Arzt erreicht. Wer Touren in einsame Landstriche unternimmt, muss folglich entsprechende Grundkenntnisse in der medizinischen Erstversorgung haben. Am besten ist es, die bei der Führerscheinprüfung erworbenen Kenntnisse durch einen Kurs beim *Roten Kreuz* oder einer anderen Organisation aufzufrischen. Bescheid wissen sollte man über Lagerung eines Verletzten, Erkennen von Atemstillstand, Hitzschlag und Sonnenstich, Wiederbelebungstechniken u. a. Im Folgenden stellen wir einige der häufigsten Beschwerden und Krankheitsfälle sowie ihre Erstbehandlungsmethoden vor:

Blasen

Meist entstehen Blasen durch schlecht sitzende Schuhe oder längeres Gehen.

⇨ Maßnahmen: Die Blase mit Pflaster, einem Taschentuch oder Ähnlichem polstern. Die Blase erst nach der Wanderung mit einer desinfizierten (über das Feuer halten) Nadel aufstechen und das Wundwasser ausdrücken. Wenn möglich, die Stelle dann der Luft aussetzen, damit sie trocknet.

⇨ Vorbeugung: Schuhe eine Nummer größer kaufen und zwei Paar Socken anziehen. Vor längeren Wanderungen sollte man die Schuhe gut einlaufen und sich in den ersten Tagen nicht zu viel zumuten.

Blutende Wunden

Wir unterscheiden hier zwischen Schürf- und Schnittwunden. Bei Schürfwunden ist meist nur die obere Hautschicht großflächig betroffen, wobei allerdings mehr Schmutz in die Wunde gelangt, als bei einem Schnitt, der dafür aber tiefer ist.

➪ Maßnahmen: Schürfwunden werden mit sterilem Material gut abgetupft, um den Schmutz zu entfernen und danach mit Wundantiseptikum behandelt. Die Wunde sollte möglichst nicht verbunden werden.

Schnittwunden werden mit Wundantiseptikum behandelt und danach mit einem Pflaster oder Verband abgedeckt. Bei sehr starken Blutungen ist eventuell ein Druckverband anzulegen und nach Möglichkeit ein Arzt aufzusuchen.

➪ Vorbeugung: Die häufigste Ursache für blutende Wunden sind Unvorsichtigkeit beim Wandern (Stürze) oder unsachgemäßer Umgang mit scharfen Gegenständen wie Messern, Äxten oder Ähnlichem. So ist Vorsicht geboten in unwegsamem Gelände und im Umgang mit scharfen Gegenständen.

Durchfall

Durchfall kann sowohl durch verunreinigte oder verdorbene Speisen und Wasser als auch durch Klima- und Zeitumstellung hervorgerufen werden oder Folge einer nicht gewohnten Ernährungsweise sein. Wenn sich der Durchfall über Tage hinzieht, wenn Begleiterscheinungen wie Fieber oder Krämpfe auftreten, ist ärztliche Hilfe erforderlich.

➪ Maßnahmen: Zunächst fasten und Tee ohne Zucker trinken; Kohletabletten einnehmen. Keinen Alkohol zu sich nehmen und auf Zigaretten verzichten. Anschließend nur Leicht-

verdauliches (keine fetten Speisen) essen und langsam wieder zur gewohnten Nahrung übergehen. Zucker steigert die Flüssigkeitsaufnahme. Deshalb bei starken Flüssigkeitsverlusten viel Tee mit einem Teelöffel Salz und zehn Löffeln Zucker pro Liter trinken. Bequemer sind hier stark zuckerhaltige Limonaden (zimmerwarm trinken!), in die zusätzlich ein Teelöffel Salz pro Liter gegeben wird.

➪ Vorbeugung: Dem Körper Zeit zur Umstellung lassen. Nach ein paar Tagen der Eingewöhnung wird man in der Regel auch von Durchfall verschont bleiben. Lebensmittel gerade bei großer Hitze nicht zu lange lagern und beim kleinsten Anzeichen von Verderb besser nicht mehr essen.

Entzündungen und Furunkel

Entzündungen entstehen durch in Wunden eingedrungenen Schmutz, Furunkel durch in die Wurzelbälge der Körperhaare eingedrungene Eiterkeime, meist an Kniekehlen, Armbeugen oder Stellen, an denen Kleidungsstücke scheuern.

➪ Maßnahmen: Furunkel sollten niemals ausgedrückt werden, da dann die Gefahr einer Blutvergiftung besteht. Sie sollten einfach Zeit zum „Ausreifen" bekommen. Danach werden sie von ganz alleine verschwinden. Furunkel wie auch Entzündungen werden mehrmals täglich großflächig desinfiziert; danach wird ein Zugsalbenverband angelegt.

➪ Vorbeugung: Auf Sauberkeit achten. Leichte, luftige Kleidung tragen, durch die der Schweiß gut verdunsten kann. Auch kleine Wunden gut desinfizieren und wenn möglich nicht verbinden, damit sie an der Luft trocknen können.

Erschöpfung

Treten Erschöpfung oder ein Mattigkeitsgefühl (als Begleiterscheinung auch häufig Kopfschmerzen) ein, hat das meistens eine der folgenden Ursachen:

- Der Körper hat zu viel Flüssigkeit durch Schwitzen verloren. Maßnahme: mehr Wasser trinken, auch wenn man keinen Durst verspürt.
- Durch das ständige Schwitzen verliert der Körper zu viele Mineralstoffe. Maßnahme: das Essen kräftiger salzen oder zusätzlich Salztabletten einnehmen.
- Der Vitaminhaushalt ist durch zu viel Dosennahrung in Unordnung. Maßnahme: Hier schaffen Vitamintabletten Abhilfe.
- ⇨ Vorbeugung: Für einen ausgewogenen Speiseplan sorgen und die oben genannten Ratschläge nicht erst bei Auftreten der Symptome beherzigen.

Fieber

Eine erhöhte Körpertemperatur bis hin zum Fieber kann durch vielerlei Ursachen hervorgerufen werden. Meist jedoch tritt Fieber bei Infektionskrankheiten durch Viren oder Bakterien auf.

- ⇨ Maßnahmen: Stündlich kalte Wadenwickel; kalte Tücher auf die Stirn legen, für ausreichend Flüssigkeitszufuhr sorgen (kein Alkohol), eventuell fiebersenkende Medikamente verabreichen und wenn möglich die Ursache für das Fieber herausfinden. Stellt sich keine Besserung ein, oder steigt das Fieber unaufhörlich, so schnell wie möglich einen Arzt aufsuchen.

Insektenstiche

Allergiker reagieren meist auch auf an sich ungefährliche Stiche besonders heftig. Häufigste Stiche sind die der harmlosen Moskitos im tropischen Norden Australiens.

- ⇨ Maßnahmen: Auf die Stiche kühlendes Gel (z. B. Soventol) auftragen oder nasse Umschläge anlegen. Vor allen Dingen, auch wenn es schwer fällt, nicht kratzen. Aufgekratzte Insektenstiche können sich leicht entzünden.
- ⇨ Vorbeugung: Insektenschutzmittel verwenden oder insektensichere Kleidung tragen.

Knochenbrüche

Auch ein äußerlich nicht sichtbarer Knochenbruch verursacht große Schmerzen bei Bewegung des betroffenen Gliedes. Außerdem können Wunden, Schwellungen oder Blutergüsse im Bereich des Bruchs auftreten.

- ⇨ Maßnahmen: Es ist so schnell wie möglich ein Arzt aufzusuchen. Bis dahin muss das betroffene Glied ruhig gestellt werden, d. h. es wird auf einer Schiene (Brett, Äste oder was gerade zur Verfügung steht) stabilisiert.

Ohnmacht, Kollaps oder Schock

Merkmale eines Kollapses oder einer Ohnmacht sind Schweißausbrüche, Schwindel und Übelkeit, blasse Hautfarbe und, besonders beim Schock, ein zwar rasender, aber schwacher Puls und schnelle Atmung. Während eine Ohnmacht oder ein Kollaps gewöhnlich nur kurze Zeit anhalten und nicht lebensbedrohlich sind, ist der Schock ein gefährlicher Kreislaufzusammenbruch. Meist wird er durch Schreckerlebnisse wie z. B. einen Unfall, einen Schlangenbiss, durch große Schmerzen oder durch Überanstrengung ausgelöst. Oftmals sterben z. B. Unfallverletzte nicht an den Folgen des Unfalls, sondern am Schock. Da es für einen Laien schwer ist, zwischen einer harmlosen Ohnmacht und einem lebensgefährlichen Schock zu unterscheiden, sollte immer nach der ersten Hilfe sobald wie möglich ein Arzt aufgesucht werden.

⇨ Maßnahmen: Zunächst die betreffende Person an einen kühlen, schattigen Platz bringen (Beine hochlegen) und den Puls ständig kontrollieren. Extrem starke Gerüche oder auch leichte Schläge auf die Wangen können die Person vor Bewusstlosigkeit bewahren. Tritt diese dennoch ein, ist die Person in die stabile Seitenlage zu bringen; setzt die Atmung aus, muss künstlich beatmet werden; wird kein Pulsschlag mehr registriert, sofort eine Herzmassage vornehmen.

⇨ Vorbeugung: Für alle Notfälle gerüstet sein und sich bei Wanderungen nicht überschätzen.

Schlangenbiss

Folgende Symptome können kurze Zeit nach dem Biss einer Giftschlange auftreten: starke Schmerzen oder Schwellung an der Bissstelle, Sehstörungen und Schwindelanfälle, Erbrechen, Blutdruckabfall, rasender Puls, Sprechstörungen, Lähmungserscheinungen der Muskeln bis zur Atemlähmung.

⇨ Maßnahmen: Als erster Grundsatz gilt: Ruhe bewahren! Wenn man gebissen worden ist, auf keinen Fall herumlaufen und versuchen, die Schlange zu töten. Das würde nur das Gift weiter in den Körper pumpen. Das entsprechende Gliedmaß oberhalb der Wunde abbinden und ruhig stellen! Der Druckverband verlangsamt so den Giftfluss durch den Blutkreislauf. Den Verband alle 15 bis 30 Minuten kurz lösen (Der Druckverband kann so lange ungelöst bleiben, bis das Körperteil anfängt, blau zu werden).

⇨ Auf keinen Fall darf die Bisswunde aufgeschnitten oder das Gift ausgesaugt werden! Durch kleine Risse in der Mundschleimhaut kann sich der Helfer selbst vergiften. Im Schlangenbissset, das es überall in australischen *outdoor*-Läden zu kaufen gibt, befindet sich auch ein sog. „Schröpfer". Diesen Gummipfropfen setzt man sofort auf die Bisswunde und „schröpft" mindestens eine halbe Stunde lang. So kann immerhin bereits ein Drittel des Giftes abgesaugt werden.

⇨ Die Wunde nicht säubern! Der Arzt stellt anhand von Giftresten an der Wunde fest, um welche Schlange es sich gehandelt hat, und kann erst so das entsprechende Serum injizieren.

⇨ Vorbeugung: Bei Buschwanderungen feste Schuhe und lange Hosen tragen. Keine Steine oder Ähnliches unbedacht aufheben. Vorsicht beim Holzsammeln für das Lagerfeuer (→ Artikel: Australische Schlangen).

Sonnenbrand

Merkmal ist eine stark gerötete Haut bis hin zur Bläschenbildung.

⇨ Maßnahmen: Kühlendes Gel lindert die Schmerzen, ansonsten den natürlichen Heilungsprozess abwarten. Bei Gewebezerstörung der unteren Hautschichten sofort den Arzt aufsuchen (→ Verbrennungen).

⇨ Vorbeugung: Am besten gar nicht erst soweit kommen lassen, nie ungeschützt in die Sonne gehen. Leichte, luftige Kleidung und ein Hut beugen dem Sonnenbrand vor. Ausgiebige Sonnenbäder schon wegen der Hautkrebsgefahr vermeiden.

Sonnenstich und Hitzschlag

Merkmale eines Sonnenstichs oder Hitzschlags sind rote, trockenheiße Haut, Schwindelgefühl, Kopfschmerzen, schneller Puls und in schweren

Fällen sogar Ohnmacht, bei Hitzschlag auch hohes Fieber. Ausgelöst wird der Sonnenstich durch direkte, längere Sonneneinstrahlung auf den Kopf. Hitzschlag wird oft durch falsche Kleidung hervorgerufen. Der Körper kann seine Temperatur nicht mehr durch Schwitzen regeln, und es kommt zu einem Hitzestau.

⇨ Maßnahmen: Die Person sofort in den Schatten legen und von beengenden Kleidungsstücken befreien. Ein feuchtes Tuch auf die Stirn legen und eventuell den Körper damit abtupfen. Wichtig beim Hitzschlag ist das Herabsetzen der Körpertemperatur.

⇨ Vorbeugung: Leichte, luftige Kleidung und einen Hut tragen. Immer für ausreichende Flüssigkeitszufuhr sorgen (kein Alkohol!). Körperliche Anstrengung während der größten Hitze vermeiden.

Spinnenbisse und Skorpionstiche

Abgesehen von der Trichterspinne *(funnel-web spider)* und der Rotrückenspinne *(red-back spider)* sind Spinnenbisse in Australien kaum lebensgefährlich und treten noch seltener als Schlangenbisse auf. Die Möglichkeit, von einer Trichterspinne gebissen zu werden, beschränkt sich auf den Großraum *Sydney*, sodass die notwendige stationäre Behandlung schnell und problemlos erfolgen kann. Die Rotrückenspinne, eine kleine Unterart der Schwarzen Witwe (mit rotem Flecken auf dem Rücken), kommt dagegen auch in den Wüstengebieten ganz Australiens vor. Die Symptome sind ähnlich denen eines Schlangenbisses, treten jedoch erst nach Stunden oder Tagen auf, sodass ein Arzt rechtzeitig benachrichtigt werden kann, bevor der Zustand lebensbedrohlich wird. Aller-

giker sollten natürlich so schnell wie möglich einen Arzt konsultieren.

Skorpionstiche sind zwar äußerst schmerzhaft, aber höchstens bei Allergikern lebensbedrohend.

⇨ Maßnahmen: Wie bei einem Schlangenbiss.

⇨ Vorbeugung: Vor allem nicht unbedacht überall hin- und hineingreifen. Beim Holzsammeln Handschuhe tragen. Skorpione lieben die Wärme und stellen sich abends beim Lagerfeuer ein. Deshalb sind Kleidung, Schuhe und Taschen am besten im Auto oder Zelt aufgehoben. Hat man die Sachen doch mal im Freien gelassen, sollten sie morgens gut ausgeschüttelt werden.

Verbrennungen

Merkmal ist eine rote und geschwollene Haut bis hin zur Zerstörung der Haut und der darunter liegenden Gewebeschichten.

⇨ Maßnahmen: Bei schweren Verbrennungen ist der Verletzte sofort zu einem Arzt zu bringen. Bei leichteren Verbrennungen wird die Fläche mit Wasser gekühlt und danach mit leichten Mullbinden verbunden. Brandblasen dürfen nie geöffnet werden, denn dann kann Schmutz in die Wunde gelangen, die sich so sehr leicht entzündet.

⇨ Vorbeugung: Beim Kochen am offenen Feuer aufpassen.

Vergiftungen

Meist sind sie leichterer Art und treten durch verdorbenes Essen auf. Merkmale sind Übelkeit, Erbrechen, Magenkrämpfe und Fieber.

⇨ Maßnahmen: Am besten sofort einen Arzt aufsuchen. Bis dahin muss der Betroffene zum Erbrechen gebracht werden, damit der Magen leer wird. Dies erreicht man entweder durch die bewährte Methode „Finger-in-den-Hals" oder durch Trinken von warmem, gesalzenem Wasser. Ist Rizinusöl zur Hand, wird auch der Darm entleert. Danach heißt es erst einmal für einen Tag fasten, bevor man mit Zwieback und Tee langsam wieder Nahrung aufnimmt.

Land und Leute

Reisevorbereitung

Strecken 1–3

Strecken 4–6

Strecken 7–8

Strecken 9–10

Strecken 11–12

Strecken-
beschreibungen

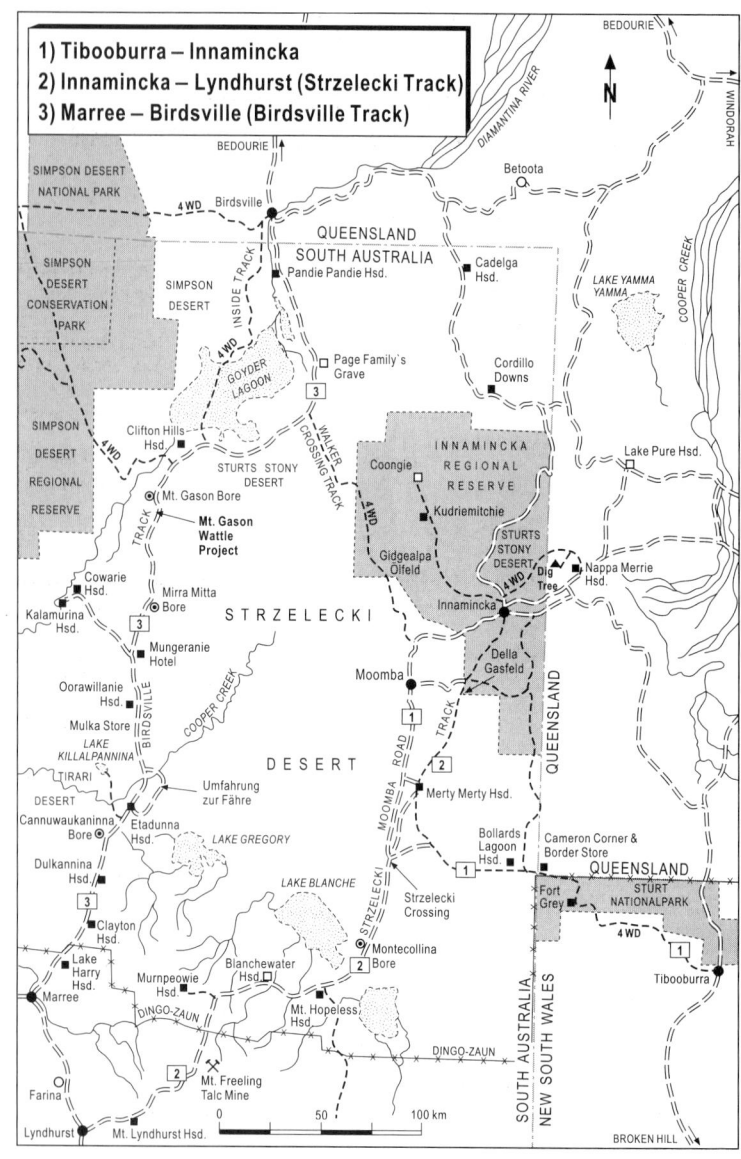

1) Tibooburra – Innamincka
2) Innamincka – Lyndhurst (Strzelecki Track)
3) Marree – Birdsville (Birdsville Track)

Strecke 1

Tibooburra – Innamincka
(Sturt National Park, Cameron Corner, Moomba Gasfield Road)

- **Entfernung:** 402 km; max. Entfernung ohne Tankmöglichkeit: 265,5 km
- **Empfohlene Reisedauer:** 1 bis 2 Tage
- **Reine Fahrzeit:** 8 Stunden
- **Empfohlene Reisezeit:** April bis Oktober (beste Zeit April und Mai); im Sommer extrem heiß; nach heftigen Regenfällen können Teile der Strecke gesperrt sein.
- **Ab- und Rückmeldung:** nur im Sommer erforderlich
- **Ausrüstung:** Geländewagen (4-WD) mit Grundausrüstung bei Wagen und Werkzeug; Pkw mit hoher Bodenfreiheit können die Strecke bei vorsichtiger Fahrweise auch bewältigen.
- **Pistenart und -zustand:** abwechselnd Schotter-, Sand- und Erdpiste; wellblechartige Abschnitte; leichte bis tiefsandige Dünenüberquerungen
- **Versorgung:** Tibooburra (Lebensmittelladen, Hotel, *caravan park*, Tankmöglichkeit); Cameron Corner/133 km (*roadhouse*); Innamincka/402,5 km (Lebensmittelladen, Hotel, Camping, Duschen, Tankmöglichkeit)
- **Telefonnummern:** National Park & Wildlife Service Tibooburra 08/ 80 91 33 03; Innamincka Regional Reserve 08/ 86 75 99 09; Cameron Corner Store 08/ 80 91 39 72; Innamincka Trading Post 08/ 8675 9900; Innamincka Hotel 08/ 86 75 99 01; Northern Roads Condition Hotline 08/ 11 6 33 oder 1300/ 36 10 33 (für SA).
- **Funkfrequenzen und Rufzeichen:** RFDS Broken Hill (VJC) 4055 und 6920 kHz; RFDS Port Augusta (VNZ) 4010, 6890 und 8165 kHz; RFDS Mount Isa (VJI) 5110, 4935, 6965 und 7392 kHz.
- Die RFDS-Basen nur im Notfall anfunken. Telefonate können nicht angemeldet werden!
- **Kartenmaterial:** Westprint Heritage (1:1.000.000) *Birdsville and Strzelecki Tracks, Innamincka and Coongie Lakes.*
- **Besondere Hinweise:** *Desert Park Pass* für *Innamincka Regional Reserve* erforderlich (→ Reisevorbereitung, hier: Genehmigungen – permits). An Bollards Lagoon HS ist eine Gebühr von 10 $ (4WD) zu entrichten, da der Track über Privatgelände des *homestead* führt.

Noch heute folgt die Strecke von Tibooburra nach Innamincka größtenteils dem Weg der Entdeckungsreise von *Charles Sturt.* Die Piste ist in gutem Zustand und während der trockenen Wintermonate auch von Fahrzeugen ohne Allradantrieb zu befahren. Doch schon nach wenigen Millimetern Niederschlag verwandelt sie sich in eine Rutschbahn und wird von der *Road Transport Authority* (R.T.A.) für unpassierbar erklärt. Auf der Strecke trifft man auf zahlreiche, in den Boden eingelassene Viehgitter *(grids)* und Gatter *(gates)* sowie auf den berühmten Kaninchen- und Dingozaun (→ Artikel: Wie man Kaninchen und Dingo zu Leibe rückte). Im Umland gibt es noch viele kleinere Farm-Tracks. Auch hier sollte man sich im nächsten *roadhouse* oder *store* nach Zustand bzw. Beschaffenheit der Strecke erkundigen und natürlich erfragen, ob die Strecke vom Besitzer freigegeben ist.

Die beschriebene Route nach Innamincka beginnt etwa 1 km südlich des Ortes Tibooburra und führt in nordwestlicher Richtung durch sanft gewelltes Hügelland mit meist spärlichem Mulgabewuchs. Weite baum- und strauchlose Geröllebenen fügen sich hier und da in die Landschaft ein. Rote Sanddünen, die karg bewachsen sind, bestimmen das Bild hinter *Strzelecki Crossing*. Hier wurden seit 1960 riesige Öl- und Gasfelder entdeckt. Federführend bei der Erschließung der Vorkommen ist die Firma *SANTOS*, die heute weite Teile Australiens mit Erdgas versorgt. Sie baute hier die meisten Pisten und unterhält sie auch. Die Sicherheitsvorkehrungen des Konzerns sind streng. Besucher sind in Moomba nicht erwünscht, und Hilfe, z. B. bei einer Panne, sollte man wirklich nur im äußersten Notfall erwarten.

Tibooburra

Tibooburra, Anfangspunkt der Route, bedeutet in der Sprache der Aborigines „viele Steine". Das kleine, verschlafene Nest in der Nordwestecke des Bundesstaates New South Wales entstand erst in den späten sechziger Jahren des 18. Jahrhunderts, als Siedler den Expeditionsrouten von *Sturt, Burke* und *Wills* folgten und riesige Ländereien in Besitz nahmen. 1880 ließ ein kurzer Goldrausch die Gegend aufleben, und die Einwohnerzahl von Tibooburra wuchs auf 3.000 an. Schnell entwickelte sich der Ort zum Versorgungszentrum der Minenarbeiter. Spärliche Funde, extrem harte Lebensbedingungen und Krankheiten bereiteten dem Boom schon zehn Jahre später ein Ende. Verschiedene Gerätschaften aus dieser Zeit sind noch heute an *Golden Gully* zu finden. Tibooburra, der heißeste Ort in New South Wales, ist Ausgangspunkt für Fahrten in den nach *Charles Sturt* (→ Artikel: Charles Sturt, der Vater der Erforschung Australiens) benannten Nationalpark, der sich nordwestlich an der Grenze zwischen Queensland und South Australia erstreckt. Die besondere Attraktion des Wüstenparks sind die großen Herden Roter Riesenkängurus, die schon Sturt aufgefallen waren. Wer den Park erkunden möchte, wählt am besten die *Jump Up Loop Road* oder die *Gorge Loop Road*. Gute Informationen über Fauna, Flora und Geologie in dieser Gegend erhält man im Informationszentrum des *National Park & Wildlife Service* in Tibooburra.

Streckenlog

0	402,5	*Tibooburra*
1,2	401,3	Abzweigung rechts zu *Cameron Corner* und nach *Innamincka* nehmen; geradeaus nach *Broken Hill* (338 km)
		Der *track* ist überwiegend Schotterpiste und verläuft durch sanftwelliges Hügelland mit spärlichem Mulgabewuchs und vielen kleineren Bächen (meist trocken), die zu durchfahren sind.
13,6	388,9	Geradeaus fahren; Abzweigung links zu *Hewart Downs* (76 km)

Nach der Abzweigung kommen stellenweise sandige und wellblechartige Abschnitte. Die Schotterpiste geht dann in eine Erdpiste über.

44,3	358,2	Abzweigung links zu *Cameron Corner* (85 km) nehmen; geradeaus zu *Toona Gate* (34 km)
78,6	323,9	*Waka Homestead*
78,7	323,8	Weggabelung; links zu *Cameron Corner*
79,4	323,1	Weggabelung; rechts zu *Cameron Corner* (50 km); links zu *Lake Stewart* (10 km)
86,2	316,3	Beginn bzw. Ende von *Sturt National Park*

Dieser Park erstreckt sich über ein weites Halbwüstenland. Überflutungsebenen mit vereinzelten Bäumen im Osten des Parks wechseln mit kleinen Felsenschluchten und Flussbetten, umsäumt von Eukalypten, im Gebiet um *Olive Downs* – dem so genannten *Jump Up Country*. Bis zu 150 m hohe Tafelberge erheben sich über rote Geröll- und Kieswüsten *(gibber plains)*, die aus dem verwitterten Gestein der Berge bestehen. Weiter im Westen erstrecken sich die Sandhügel von *Strzelecki Desert*.

Etwa 1,5 km hinter der Parkgrenze breitet sich *Frome Swamp* aus, eine große Grasebene, die sich nach starken Regenfällen in einen See verwandelt. Von

Blick vom Aussichtspunkt Olive Downs

Land und Leute

Reisevorbereitung

Strecke 1

Strecken 4–6

Strecken 7–8

Strecken 9–10

Strecken 11–12

		hier aus sind es noch ca. 5 km bis zur Flutmarkierung, an der man sehen kann, wie hoch das Wasser im Jahr 1974 hier stand.
109,0	293,5	Weggabelung; rechts zu *Cameron Corner* und zu *Fort Grey Camping Area* fahren; links zu *Fort Grey Homestead* (privat)
109,4	293,1	Geradeaus fahren; Abzweigung rechts zu *Fort Grey Camping Area* (200 m) mit Toiletten und Gasbarbecues
118,2	284,3	Weggabelung; links zu *Cameron Corner* (21 km) fahren; rechts zu *Fortville Gate* (1 km)
132,6	269,9	Grenze zwischen New South Wales und Queensland; Gatter; dahinter zu *Cameron Corner Store*; Ende bzw. Beginn von *Sturt National Park*

An diesem Punkt steht man vor einem der längsten Zäune der Welt: dem Dingozaun (*Dog Proof Fence* → Artikel: Wie man Kaninchen und Dingo zu Leibe rückte). Hinter dem ersten Tor liegt *Cameron Corner*, bekannt als der Punkt, an dem die Grenzen der Staaten Queensland, South Australia und New South Wales zusammentreffen. Benannt wurde der Punkt

Auf dem Weg nach Innamincka   *Ungenießbare Kamelmelone*

nach dem Landvermesser *John Cameron*, der in den Jahren 1881 und 1882 diese Gegend vermaß und kartografierte. Den ursprünglich hölzernen Grenzpfosten ersetzte man durch einen Betonpfosten. Die Strecke nach *Innamincka* führt durch ein zweites Tor und weiter über eine meist sandige Piste mit kleinen Dünen, die in Nord-Süd-Richtung verlaufen. Hinter Cameron Corner sollte man vermehrt auf herumstreunende Rinder achten, die in dieser unwirtlichen Gegend nach Futter suchen.

132,7	269,8	Grenze zwischen Queensland und South Australia; Gatter
		Uhren um eine halbe Stunde zurückstellen
140,6	261,9	Geradeaus fahren; Abzweigung links zu *Lindon Homestead* (16 km)
141,7	260,8	Geradeaus fahren; Abzweigung rechts führt über den *Bore Track* nach *Innamincka*
		Diese Piste verläuft parallel zur Grenze zwischen South Australia und Queensland nach Norden. Sie ist meist in gutem Zustand und führt über rote Sanddünen und durch trockene Salzseen.

Wie man Kaninchen und Dingo zu Leibe rückte

Während der großen Kaninchenplage 1880, als die Verhandlungen über den Bau eines Schutzzaunes mit den anderen Staaten scheiterten, übernahm Queensland die alleinige Verantwortung und errichtete 15 m nördlich der eigentlichen Grenze einen Schutzwall gegen die gefräßigen Nager. Doch die Plage ließ sich auch durch Einzäunung nicht aufhalten.

Nach den Kaninchen erklärten die Farmer die Dingos, eine verwilderte Hunderasse, zur Plage. Sie sind die größten Feinde der Schafzüchter. Man nimmt an, dass die Aborigines sie vor Tausenden von Jahren von Asien mit nach Australien brachten. Hier konnte sich der Dingo als eines der wenigen Raubtiere schnell vermehren und über den ganzen Kontinent ausbreiten. So wurde der Kaninchenzaun um die Wende des 18./19. Jahrhunderts verstärkt und erweitert, um nun die Schafe vor den angeblich blutrünstigen Dingos zu schützen.

Heute gilt der Zaun als das längste von Menschenhand geschaffene „Bauwerk". Mit 8.000 bis 10.000 Kilometer war er mindestens dreimal so lang wie die chinesische Mauer. In den ersten Jahren nach Baubeginn reichte er von *Ceduna* quer durch South Australia bis zur Grenze von New South Wales und weiter bis nach *Winton* in Queensland. In den letzten Jahren ist er erheblich verkürzt worden, hat aber immer noch eine Gesamtlänge von 4.850 Kilometern. Jeder Staat kontrolliert den Zaun in seinem Territorium, wobei eine Inspektion der gesamten Länge alle zwei Wochen ansteht. Stark gefährdete Abschnitte kontrolliert man alle paar Tage.

147,6	254,8	*Bollards Lagoon Homestead* rechts
		Man überquert nun zahllose kleinere Sanddünen. Die Piste wurde auf den Dünen mit Lehm befestigt, der stellenweise weggebrochen ist und große Löcher hinterlassen hat.
192,4	210,1	Geradeaus fahren; Wegeinmündung von rechts
216,5	186,0	*Strzelecki Crossing*
216,8	185,7	Geradeaus fahren; Abzweigung links zu *Yaningurie Waterhole*
219,7	182,8	*Strzelecki Creek*
		Hohe Fluss-Eukalypten säumen die Ufer.
262,9	139,6	Geradeaus fahren; Abzweigung rechts zu *Merty Merty Homestead* (12 km), *Lindon Homestead* (130 km) und *Bollards Lagoon Homestead* (106 km)
312,9	89,6	Abzweigung rechts nach *Innamincka* nehmen; geradeaus zu den *Moomba*-Gasfeldern
		Diese wurden 1966 entdeckt. Mittels einer 780 km langen Pipeline gelangt das Gas nach *Adelaide*. Seit 1976 ist eine weitere Pipeline in Betrieb, die das Gas über 1.300 km bis nach *Sydney* leitet.
316,3	86,2	Abzweigung links nach *Innamincka* nehmen; geradeaus zu *Strzelecki Track* und *Bore Track*
340,6	61,9	Abzweigung rechts nach *Innamincka* nehmen; geradeaus nach *Gidgealpa* (30 km) und *Birdsville* (280 km)
368,8	33,7	Beginn bzw. Ende von *Innamincka Regional Reserve*
		1988 wurde die gesamte Fläche von *Innamincka Station*, einer der renommiertesten Farmen der Familie *Kidman*, zum *Regional Reserve* erklärt. Im Unterschied zu Nationalparks sind in dieser Art Schutzgebiet, das unter der Aufsicht des *National Park & Wildlife Service* steht, Landwirtschaft, Tourismus, Bergbau und andere wirtschaftliche Nutzung erlaubt.
388,1	14,4	Geradeaus fahren; Abzweigung links zu *Wills Grave* (6 km; → Streckenbeschreibung 2, Innamincka – Lyndhurst via Strzelecki Track)
395,6	6,9	Geradeaus fahren; Abzweigung links zu *Kings Site* (4 km; → Streckenbeschreibung 2, Innamincka – Lyndhurst via Strzelecki Track)
401,2	1,3	Abzweigung links nach *Innamincka* nehmen; rechts Beginn von *Strzelecki Track*
402,0	0,5	*Strzelecki Creek*
402,5	0	*Innamincka Hospital*
		Das alte Hospital wurde 1994 vom *Department of Environment & Land Management SA* nach Originalplänen und historischen Fotografien wieder aufgebaut.

„Acht Stunden entschieden über Leben und Tod – Die Expedition von Burke & Wills"

Der Landvermesser *William John Wills* und der Polizist *Robert O'Hara Burke* brachen 1860 mit ein paar Männern aus Melbourne auf, um erstmals Australien in Süd-Nord-Richtung mit Kamelen zu durchqueren. Auf halber Strecke bekamen sie Schwierigkeiten mit ihren Tieren und schlugen etwa 40 km nordöstlich des heutigen *Innamincka* (kurz hinter der Grenze zwischen South Australia und Queensland, bei Nappa Merrie Homestead) an *Cooper Creek* ein Basislager auf. Sie und zwei weitere Männer (*Charles Grey* und *John King*) setzten die Expedition in Richtung des Golfs von Carpentaria fort. Die anderen sollten im Lager auf ihre Rückkehr warten, solange die Lebensmittel reichen würden. Tatsächlich erreichten die vier Männer die Küste, doch auf dem langen Fußmarsch zurück zu *Cooper Creek* starb *Grey* in der Nähe von *Coongie Lakes* (Seen). Die anderen drei erreichten mit letzter Kraft ihr Basislager, das sie verlassen vorfanden. Die Zurückgebliebenen hatten fünf Monate dort ausgeharrt, bis sie nicht mehr an eine Rückkehr ihrer Freunde glaubten. Sie vergruben einige Vorräte unter einem markanten Baum *(Dig Tree)* und schnitzten die Zeichen „DIG 3FT N.W. APR. 211861" ins Holz. Anschließend brachen sie in Richtung Süden auf – nur acht Stunden bevor Burke, Wills und King im Basislager eintreffen sollten. King und Wills wollten den noch frischen Spuren der Freunde folgen, aber Burke bestand darauf, zu *Cooper Creek* zu gehen. Burke und Wills starben kurze Zeit später an Entkräftung. King wurde von Aborigines gefunden und überlebte. Der *Dig Tree* am Basislager erinnert noch heute an das Drama 1860. Das Grab von Wills liegt westlich, das von Burke östlich von Innamincka, beide an den Ufern des Flusses, wo sie heute noch besucht werden können.

Innamincka

Innamincka, an den Ufern von *Cooper Creek*, ist heute ein Ort mit nur 15 Einwohnern im *outback*. Sein Zentrum sind zweifelsohne die *Innamincka Trading Post* und das *Innamincka Hotel*. Von Lebensmitteln, Eis und gekühltem Bier bis zu nützlichen Informationen, Tipps und guten Ratschlägen ist hier alles zu haben. Neben dem gemütlichen Pub sind sogar die öffentlichen sanitären Anlagen (es sind vermutlich die besten in ganz Australien) in diesem Nest ein Schmuckstück – und darüber hinaus kostenlos.

Gute und kostenlose Campingmöglichkeiten (*Cullyamurra Waterhole* – 13 km östlich von Innamincka, *Queerbidie Waterhole* – 2,5 km westlich von Innamincka) unter ausladenden Fluss-Eukalypten *(river red gums)* gibt es am Ufer von *Cooper Creek* – die Einheimischen nennen ihn kurz „The Cooper" oder „Barcoo". Es ist eine wahre Wohltat, sich nach der anstrengenden Fahrt im kühlen Nass zu erfrischen. Wer eine Angelausrüstung dabeihat, kann sich im *Cooper* sein Abendessen selbst fangen. Schlangenhalsschildkröten, die mitunter öfter am Haken zappeln als ein Fisch, sollte man vorsichtig an Land bringen, vom Haken lösen und anschließend wieder in ihr Element entlassen. Die meisten Touristen bleiben nur einen Tag in Innamincka, doch es lohnt sich, etwas länger am *Cooper* zu campen und die Gegend zu erkunden.

In der Nähe von Innamincka scheiterte 1860 die Expedition von *Burke* und *Wills* (→ Artikel: Acht Stunden entschieden über Leben und Tod – Die Expedition von Burke & Wills). Nach *Charles Sturt* (1844/45) waren sie die nächsten Europäer, die diesen wüstenähnlichen Landstrich erforschten. Viehtreiber *(cattle drover)* folgten, und bald entstand ein kleiner Ort namens *Hopetoun* – heute Innamincka. Hier versorgten sich die Viehtreiber mit Bier und Lebensmitteln für ihren langen Marsch durch *Strzelecki Desert* in Richtung Adelaide. Bis vor kurzem stand aus der alten Zeit noch die Ruine des *Australian Inland Mission Hostel*. 1994 wurde das alte Hospital in Eigeninitiative und dank vieler Spenden wieder originalgetreu aufgebaut. Am 22. Juli wurde es dann vor mehr als 2.800 Gästen eingeweiht. Heute dient es als Informationszentrum und Verwaltungssitz von *Innamincka Regional Reserve*. Außerdem gibt es hier eine historische Ausstellung und medizinische Versorgungstation.

Im Jahr 1988 wurde das Gebiet zum Naturschutzgebiet *(Innamincka Regional Reserve)*, das vom *National Park & Wildlife Service* verwaltet wird. Der heutige Name „Innamincka" leitet sich von „Yidniminckanie" aus der Sprache der Aborigines ab; das Wort beschreibt ein nahe gelegenes Wasserloch. An *Cullyamurra Waterhole*, ebenfalls eine immer gefüllte Wasserstelle an *Cooper Creek;*, kann man am östlichen Ende des beliebten Angelplatzes Steinritzungen der Yantrwantas-Aborigines finden. Außer hier bei Innamincka führt *Cooper Creek* sonst nur während der Regenzeit Wasser, sodass er für die hier lebenden Aborigines von großer Bedeutung war.

Strecke 2

Innamincka – Lyndhurst
(Strzelecki Track)

- **Entfernung:** 409 km; max. Entfernung ohne Tankmöglichkeit: 408,6 km
- **Empfohlene Reisedauer:** 1 bis 2 Tage
- **Reine Fahrzeit:** 8 Stunden
- **Empfohlene Reisezeit:** April bis Oktober (beste Zeit April und Mai); im Sommer extrem heiß; nach heftigen Regenfällen kann der *track* gesperrt sein.
- **Ab- und Rückmeldung:** nur im Sommer erforderlich
- **Ausrüstung:** Geländewagen (4-WD) mit Grundausrüstung bei Wagen und Werkzeug; Pkw mit hoher Bodenfreiheit können die Strecke bei vorsichtiger Fahrweise gut bewältigen.
- **Pistenart und -zustand:** Der nördliche Teil des alten *Strzelecki Track* ist eine gute Erdpiste mit sandigen Abschnitten. Sie verläuft parallel zu den Dünen und durchquert nur wenige *creeks*. Ab *Strzelecki Crossing* hat die Piste Schotterbelag und die Flussdurchfahrten sind zumeist trocken. Der alte Streckenabschnitt ist weitaus interessanter und nicht so monoton wie der neue über *Moomba* (→ Streckenbeschreibung 1, Tibooburra – Innamincka via Moomba Gasfield Road).
- **Versorgung:** Innamincka (Lebensmittelladen, Hotel, Camping, Duschen, Tankmöglichkeit) – Lyndhurst/408,6 km (Lebensmittelladen, Hotel, Tankmöglichkeit)
- **Telefonnummern:** Innamincka Hotel 08/ 86 75 99 01; Innamincka Trading Post 08/ 8675 9900; Innamincka Regional Reserve 08/ 86 75 99 09; Lyndhurst Roadhouse 08/ 86 75 77 82; Lyndhurst Hotel 08/ 8675 7782; Northern Roads Conditions Hotline 08/ 11 6 33 oder 1300/ 36 10 33 (für SA).
- **Funkfrequenzen und Rufzeichen:** RFDS Broken Hill (VJC) 4055 und 6920 kHz; RFDS Port Augusta (VNZ) 4010, 6890 und 8165 kHz; RFDS Mount Isa (VJI) 5110, 4935, 6965 und 7392 kHz.
- **Kartenmaterial:** Westprint Heritage (1:1.000.000), *Birdsville and Strzelecki Track* (bekommt man mit dem *Desert Park Pass*), *Innamincka and Coongie Lakes*.
- **Besondere Hinweise:** *Desert Park Pass* für *Innamincka Regional Reserve* und *Coongie Lakes* erforderlich.
- **Karte:** siehe Seite 138

Der *Strzelecki Track* entstand 1870 und erlangte damals auch seine Berühmtheit. *Harry Redford* (alias *Captain Starlight*), ein *bushranger,* trieb tausend Rinder, die er seinem Arbeitgeber gestohlen hatte, an *Strzelecki Creek* entlang, um sie auf *Blanchewater Station* zu verkaufen. Als man das Fehlen der Rinder auf *Wombundery Station,* nahe dem heutigen Windorah, bemerkte, machten sich Männer auf, ihn zu verfolgen. Erst zwei Jahre später wurde Redford verhaftet und in Roma vor Gericht gestellt. Die Geschworenen waren jedoch von seiner Kühnheit und seinem Mut so begeistert, dass sie ihn freisprachen. Daraufhin schloss die Regierung das

Charles Sturt (1795 – 1869) – Vater der Erforschung Australiens

„Lasst irgendeinen die Landkarte Australiens zur Hand nehmen und das Weiße darauf ansehen, und dann lasst mich ihn fragen, ob es nicht eine achtenswerte Leistung wäre, als erster den Fuß in sein Zentrum zu setzen."
(aus einer Ansprache von Charles Sturt an die Kolonisten von Adelaide)

1829 beauftragte Sir Ralph Darling, Gouverneur von New South Wales, den jungen Offizier Charles Sturt, eine Expeditionsmannschaft zusammenzustellen und das südliche Flusssystem zu erkunden. Die Frage, die sich allen stellte, war: Gibt es im Zentrum Australiens ein Süßwassermeer? Man war sich aufgrund der Erkenntnisse früherer Expeditionen sicher, dass keiner der Flüsse, die von den Bergkämmen der Great Dividing Range ins Landesinnere fließen, an einer Küste ins Meer münden. Wohin also verschwindet das Wasser? Im November 1829 brach die Expedition in Sydney auf und zog in Richtung Südwesten. Bei Jugiong, 90 km nordwestlich von Canberra, errichtete man ein Lager an Murrumbidgee River und wollte diesem Fluss mit zwei Booten zum vermuteten Binnensee folgen. Am 7. Januar 1830 starteten Sturt und sieben Begleiter zu einer Fahrt flussabwärts. Die übrigen Männer sollten im Basislager auf ihre Rückkehr warten. Beim Kentern des Beibootes verloren sie einen Teil ihrer Verpflegung, ließen sich davon allerdings nicht unterkriegen und erreichten einen größeren Fluss, in den der Murrumbidgee mündete. Sturt gab ihm den Namen *Murray*, nach dem Vorstand des Colonial Departments, *Sir George Murray*.

Die Expedition kam dank guter Strömung und günstigem Wind gut voran. Nach 33 Tagen und 1.600 Kilometern erreichten sie schließlich am 9. Februar die Mündung des Murray: Statt des Binnenmeeres fanden sie einen kleinen See vor, Lake Alexandrina in der Nähe des heutigen Adelaide. Das Rätsel der Flüsse im südöstlichen System schien gelöst, und Sturt machte sich Gedanken über den Rückweg. Da sie kaum noch Proviant hatten, dachten sie über die Möglichkeit nach, von einem Schiff aufgenommen zu werden. Doch die südwestlichen Winde hätten es für jedes Schiff unmöglich gemacht, die Bucht am See wieder zu verlassen. Eine weitere Möglichkeit, am St. Vincent Gulf mitgenommen zu werden, schied ebenfalls aus, denn die Truppe war zu schwach, um den Marsch über die Mount Lofty-Gebirgskette auf sich zu nehmen, die sie zum Golf gebracht hätte. Vier Tage nach ihrer Ankunft in der Bucht an Lake Alexandrina begab sich die Gruppe schließlich auf den qualvollen Rückweg. Um eine Überlebenschance zu haben, mussten sie den gleichen Weg nehmen, den sie gekommen waren – doch diesmal flussaufwärts. Fünf Wochen lang kämpften die Männer nicht nur gegen die Strömung an: Der Hunger zehrte an ihren Kräften, die Hände waren blutig vom Rudern und ständig gab es Zwischenfälle mit den Aborigines. In seinem Bericht schrieb Sturt: „Völlig geschwächt infolge der unzureichenden Ernährung schliefen sie oft an den Rudern ein. Da war nichts mehr zu spüren von den kraftvollen Schlägen, unter denen das Wasser aufschäumte und die Ruder sich bogen. Sie schienen keine Kraft, kein Gefühl mehr in den Armen zu haben, ihre Gesichter wurden hager, sie magerten am ganzen Körper ab und verloren allen Mut". Als sie völlig entkräftet und halb verhungert schließlich das Basislager erreichten, fanden sie es verlassen vor. Die Männer waren samt Verpflegung verschwunden. So blieb ihnen nichts weiter übrig, als den Fluss weiter zu befahren. Plötzlich einsetzendes Hochwasser schien ihrer Fahrt ein jähes Ende bereiten zu wollen, und Sturt entschied nach weiteren qualvollen Wochen an Land zu gehen und zwei Männer loszuschicken, die Hilfe holen sollten. Nach sechs Tagen kehrten die beiden mit einer Ersatztruppe zurück, und die Mannschaft konnte ohne weitere Zwischenfälle zurück nach Sydney rudern. Sturts Gesundheitszustand und der seiner Männer war bei der Ankunft katastrophal: Er selbst erblindete für fast sechs Monate, weil er ungeschützt den Sonnenreflektionen auf dem Wasser ausgesetzt gewesen war. Sein Bericht über die Expedition führte 1834 zur Gründung der Provinz Südaustralien. Und obwohl er selbst gesehen hatte, dass die südlichen Flüsse nicht in ein Binnenmeer flossen, hielt er an dem Glauben fest, dass es irgendwo im Innern des Kontinents einen riesigen See geben müsse.

Ausgestattet mit 11 Pferden, 200 Schafen, 30 Ochsen, vier Wagen und einen zerlegten Boot verließ Sturt im August 1844 zusammen mit 15 Männern (unter ihnen John McDouall Stuart als Zeichner) Adelaide und wagte einen weiteren Vorstoß in das Zentrum Australiens.

Um die Salzsümpfe zu umgehen, die Edward Eyre 1840 zur Umkehr gezwungen hatten, zogen sie zunächst entlang an Murray- und Darling River in östlicher Richtung. Erst bei Menindee bogen sie nach Nordwesten in eine dürre, steinige Ebene ab. Unbeeindruckt durch stacheliges Spinifexgras, hohe Dünenkämme und Temperaturen über 40 °C marschierten sie weiter, bis sie schließlich an eine Wasserstelle in der Nähe des heutigen Milparinka gelangten. Sturt nannte sie Depot Creek. Die Temperaturen erreichten zum Teil mörderische 69 °C, und man legte einen unterirdischen Raum an, der aber nur bedingt Schutz bot. Waren die Temperaturen erträglich, unternahmen die Männer Streifzüge in die Umgebung und suchten nach Wasserquellen für die weitere Reise. Doch nicht nur dass diese Suche erfolglos blieb, man entdeckte zudem, dass bereits passierte Wasserstellen mittlerweile ausgetrocknet waren. So war auch der Rückweg unmöglich gemacht. Sie verharrten in der Hitze für vier Monate, und im April folgten eiskalte Wintertage. Die Temperaturen sanken auf – 5 °C, aber immer noch keine Spur von Regen. Der Gesundheitszustand der Männer war katastrophal, und alle litten an Skorbut. Sturt schrieb in seinem Bericht: „Die Haare hörten auf zu wachsen, und die Nägel wurden brüchig wie Glas. James' Haut ist schwarz, und im Gesicht hat er eitrige Wunden, die ihm die Nahrungsaufnahme erschweren." Am 16. Juli – vier Tage nachdem der erhoffte Regen endlich eingesetzt hatte – starb der stellvertretende Expeditionsleiter James Pole.

Obwohl sie ein Expeditionsmitglied verloren hatten und ihre Situation nicht gerade zum Besten stand, legten die Männer weitere 130 km zurück, bis sie im August einen Lagerplatz hatten, den Sturt den Namen Fort Grey gab, erreichten. Sturt übergab das Kommando im Lager an Stuart und brach mit vier Männern zu Pferd in das Zentrum auf, das Boot und Proviant für 15 Wochen im Gepäck. Der Regen hatte alle Wasserläufe gut gefüllt, und so kamen sie zunächst gut voran. Doch dann erreichten sie eine Steinwüste (später Sturt's Stony Desert genannt). Sturt schrieb in sein Tagebuch: „An manchen Stellen fanden die Pferde kaum noch festen Boden. Immer wieder rutschten sie mit den Hinterbeinen in zwei bis drei Meter tiefe Klüfte ab, in die die Erdbrocken mit einem hohl rumpelnden Geräusch hineinfielen wie in ein Grab." Schließlich erreichten sie Eyre Creek, der ihnen zunächst kostbares Wasser bot. Doch die Sonne ließ den Fluss schnell austrocknen, und so waren sie gezwungen, am 7. September den Rückweg anzutreten. Sie ahnten nichts davon, dass es weiter nordöstlich zahlreiche Flüsse gab, die ihnen einen weiteren Vormarsch ermöglicht hätten. Die Expedition gelangte zwar bis an den Südrand von Simpson Desert, war aber immer noch über 600 Kilometer vom Zentrum Australiens entfernt

„Vom Gipfel eines Sandhügels aus sahen wir, dass die Dünen sich in parallelen Linien nach Norden zogen, so weit das Auge reichte, und sich im Unendlichen zu verlieren schienen. Nach Osten und Westen zu folgte eine auf die andere, wie Meereswellen. Der Sand hatte eine dunkelrote Farbe, und eine schmale helle Linie davon markierte bei jeder von ihnen den Kamm, inmitten der kränklich blassen, rosa und gelblich-grünen Vegetation", schrieb Sturt hierzu in sein Tagebuch. Als die Männer schließlich wieder in Fort Grey ankamen, fanden sie es verlassen vor. Man hatte sie bereits aufgegeben und sich mit den Ochsen und Schafen ins 130 km entfernte Depot Creek zurückgezogen. Vom damals gut gefüllten Fluss war nur noch ein klägliches Rinnsal mit rotem, schlammigem Wasser geblieben. Noch immer nicht war Sturt dazu zu bewegen, die Expedition abzubrechen. Stattdessen unternahm er am 9. Oktober 1845 zusammen mit Stuart und zwei weiteren Männern einen neuerlichen Versuch in Richtung Norden. Sie überquerten Stzrelecki- und Cooper Creek, mussten dann aber erneut vor den Dünen der Simpson Desert kapitulieren. Sie kamen bis in die Nähe des heutigen Birdsville. Sturt, inzwischen ernstlich erkrankt, gab sich geschlagen. In einem Gewaltmarsch entlang am Cooper erreichten sie tatsächlich Depot Creek und trafen mit den anderen Expeditionsteilnehmern wieder zusammen. Doch da die Wasserlöcher auch hier langsam austrockneten, mussten sie sich beeilen, um das Gebiet von Darling River zu erreichen. Sturt kam ausgemergelt und krank auf einem Wagen liegend am 21. Dezember 1845 bei Darling River an, wo bereits Hilfe wartete. Nach Veröffentlichung seiner Berichte glaubte fortan niemand mehr an den großen, legendären Süßwassersee im Zentrum. Obwohl sein Vorhaben also nicht den gewünschten Erfolg gehabt hatte, war es doch der Beginn der Erschließung dieses Landstrichs durch Farmer. Sturt kehrte schließlich nach England zurück, erholte sich aber nie mehr ganz von den Strapazen der Expedition und starb 1869 in Cheltenham. Zu seinen wichtigsten Werken zählen Two Expeditions into the Interior of Southern Australia (1833) und Narrative of an Expedition into Central Australia (1849).

Gericht wegen Unfähigkeit für zwei Jahre. Trotz seiner kriminellen Vergangenheit engagierte man Harry Redford kurze Zeit später, um dreitausend Rinder aus dem Gebiet um *Barco River* zum neu entdeckten *Barkly Tableland* zu treiben. Dort gründete er *Brunette Downs Station*, eine der drei größten Farmen in Northern Territory.

Die Entdeckung großer Gasvorkommen in *Cooper Basin* weckte neuerliches Interesse am *Strzelecki Track*, und eine neue Strecke zu den *Moomba*-Gasfeldern entstand (→ Streckenbeschreibung 1, Tibooburra – Innamincka via Moomba Gasfield Road). Nördlich des Ortes Innamincka verläuft der *track* durch den Südwesten von Queensland, bis er südwestlich von Betoota auf den *Windorah – Birdsville Track* stößt. Es ist ein wenig befahrenes, schwieriges Teilstück, auf dem nur ein einziges Zeichen von Zivilisation zu finden ist: *Cordillo Downs Station*, 176 km nördlich gelegen, eine riesige Schaffarm.

Innamincka

(→ Streckenbeschreibung 1, Tibooburra – Innamincka)

Streckenlog

0	408,6	*Innamincka Hospital*
0,5	408,1	Überquerung von *Strzelecki Creek*
0,9	407,7	Geradeaus *Strzelecki Track* (ST); Abzweigung rechts nach *Moomba* (89 km), zu *Wills Grave* (19 km) und *Kings Site* (7 km)
45,2	363,4	Geradeaus fahren; Abzweigung rechts zum *Della*-Gasfeld und *Bore Track*
		Die Strecke verläuft zwischen parallel verlaufenden Sanddünen und verlässt nun *Innamincka Regional Reserve*. Langsam geht die graubraune Farbe der Erdpiste ins Rötliche über.
45,7	362,9	Abzweigung links auf *ST* nach *Lyndhurst* nehmen; geradeaus zu den *Moomba*-Gasfeldern
112,7	295,9	T-Kreuzung; links nach *Lyndhurst* via *Strzelecki Track* fahren; rechts nach *Moomba* und *Lyndhurst* via *Moomba Gasfield Road* (→ Streckenbeschreibung 1, Tibooburra – Innamincka via Moomba Gasfield Road)
114,3	294,3	*Merty Merty Homestead* ist rechts zu sehen
		Ted Reiks Haus, errichtet auf einem aufgeschichteten Hügel, ist ein gutes Beispiel durchdachter Bauweise. Es hat ein großes schattenspendendes Vordach, das vor Wind, Staub und Hitze schützt, aber auch den selten fallenden Regen auffangen kann.
		Ab *Merty Merty* sind bisweilen kleinere Sanddünen zu überqueren.

Land und Leute

Reisevorbereitung

Strecke 2

Strecken 4–6

Strecken 7–8

Strecken 9–10

Strecken 11–12

122,6	286,0	Geradeaus *ST*; Wegeinmündung von links

Langsam lichtet sich der Bewuchs zwischen den roten Dünen, und die Eukalypten werden seltener.

138,4	270,2	*Strzelecki Crossing*
188,1	220,5	Geradeaus *ST*; Abzweigung rechts zu *Montecollina Bore*

Zu Zeiten der Viehtriebe war dies der einzige Brunnen auf der gesamten Strecke, wo die Rinder getränkt werden konnten. Seit seiner Restaurierung ist hier ein beliebter Platz zum Campen. Feuerholz sollte man allerdings schon vorher sammeln.

202,0	206,6	*Moppa Collina Channel*

Mit dieser flachen, grasbewachsenen Ebene beginnt die so genannte *cobbler desert* zwischen *Lake Callabonna* und *Lake Blanche*. Ihren Namen erhielt sie von Schafscherern, die von *Cordillo Downs* und anderen nördlich gelegenen Farmen nach Süden zogen. Der *cobbler* ist das letzte „schwierige Schaf, das es zu scheren gilt", und meint in diesem Zusammenhang wohl das letzte schwierige Stück der Reise in Richtung *Lyndhurst*. Die Strecke ist jetzt überwiegend eine Schotterpiste.

214,1	194,5	Geradeaus *ST*; Abzweigung links nach *Arkaroola* (187 km) und zu *Mount Hopeless Homestead*

Links ist in der Ferne *Gammon Range* zu erkennen. Auf dem Weg nach Süden sind jetzt einige – in der Regel trockene – *creeks* zu durchqueren.

239,4	169,2	*Petermorra Creek*
253,3	155,3	*MacDonnell Creek*

Kurz hinter diesem *creek* liegen die Ruinen des ehemaligen Farmhauses *Blanchewater* mit ein paar Koppelpfosten. Als *Burke* und *Wills* 1860 Australien durchquerten, war *Blanchewater Station* die nördlichste Farm dieser Region. Während der schlimmsten Dürrekatastrophe Südaustraliens (1863–1865) verlor ihr Besitzer *John Baker* 12.000 Rinder, über 8.000 Schafe und 850 Pferde. Der Dürre folgte im Januar 1866 eine Flutkatastrophe, der die restlichen Tiere zum Opfer fielen. 1868 erwarb *Baker* mehr Land im Norden und stockte *Blanchewater* mit 8.500 Schafen wieder auf. 1872 starb *Baker*, und der Besitz ging an *Thomas Elder*, der um 1890 die Verwaltung der Farm nach *Murnpeowie* verlegte.

278,9	129,7	Geradeaus *ST*; Abzweigung links zu *Murnpeowie Homestead*

In den 80er-Jahren zählte die Farm in guten Zeiten bis zu 20.000 Pferde, die den Reichtum trotz aller Kli-

		makatastrophen begründeten. 1891 kehrte *Elder* zur Schafzucht zurück, und vier Jahre später hatte die Farm 106.000 Schafe, die mehr als 340 Tonnen Wolle pro Jahr lieferten.
305,6	103,0	Dingozaun *(dog fence)*
329,9	78,7	Geradeaus *ST*; Abzweigung links nach *Moolawatana* (via *Talc Mine* 88 km)
372,1	36,5	Geradeaus *ST*; Abzweigung links zu *Mt. Lyndhurst Homestead*
407,7	0,9	Geradeaus *ST*; Abzweigung rechts zu *Talcalf Carvings* (1 km)
408,6	0	*Lyndhurst*, Tankstelle

Lyndhurst

Von Süden kommend, ist *Lyndhurst* mit etwa 20 Bewohnern Ausgangspunkt des *Strzelecki Track*. Als man 1879 hier eine Poststation eröffnete und zehn Jahre später die Eisenbahnstrecke durch dieses Gebiet verlegte, entstand Lyndhurst als kleiner Versorgungsstandort für Kamelkarawanen, die Waren zu weit entfernten Farmen transportierten. Ursprünglich sollte *Farina*, 25 km nördlich, diese Funktion übernehmen. Dieser Ort, gegründet 1878, setzte seine ganzen Hoffnungen auf die Weizenproduktion. Einige gute Regenjahre ließen die Erwartungen wachsen, dass tatsächlich auf der roten Erde Getreide gedeihen und Gewinn bringen könnte. Ein paar trockene Jahre in Folge ließen dann jedoch alle Hoffnungen schwinden, und obwohl 1882 die Eisenbahn Farina erreichte, wurde nie Weizen verladen. Dennoch zog die Aussicht, dass Farina Umschlagplatz für Vieh, Wolle und Kupfer werden könnte, viele Menschen an und ließ den Ort auf 600 Einwohner anwachsen. Als die Eisenbahn zwei Jahre später *Marree* erreichte, das daraufhin die Versorgung des Nordens übernahm, und weil das Gebiet um Farina keinerlei Agrargewinne abwarf, verließen immer mehr Menschen den Ort. 1968 schloss der letzte Laden und besiegelte damit das Ende von Farina, das nur 90 Jahre bestanden hatte. Lyndhurst, obwohl strategisch gesehen ohne Bedeutung, blieb bestehen. Heute endet hier die asphaltierte Straße, und die staubigen Pisten in Richtung Norden beginnen.

Strecke 3
Marree – Birdsville
(Birdsville Track)

- **Entfernung:** 517 km; max. Entfernung ohne Tankmöglichkeit: 313 km
- **Empfohlene Reisedauer:** 2 Tage
- **Reine Fahrzeit:** 9 bis 10 Stunden
- **Empfohlene Reisezeit:** April bis Oktober (beste Zeit April, Mai und Juni); im Sommer extrem heiß; nach heftigen Regenfällen ist die Strecke gesperrt.
- **Ab- und Rückmeldung:** nur im Sommer erforderlich
- **Ausrüstung:** Geländewagen (4-WD) mit Grundausrüstung bei Wagen und Werkzeug; bei trockener Piste (Winter) ist die Strecke auch mit einem Pkw ohne Allradantrieb zu befahren.
- **Pistenart und -zustand:** Der Untergrund wechselt ständig zwischen Sand, scharfkantigen Steinen und Erde mit einigen Schotterabschnitten. Die überwiegend trockenen Fahrten durch *creeks* sowie kleinere Dünen stellen auch für Fahrzeuge ohne Allradantrieb in der Regel keine Probleme dar.
- **Versorgung:** Marree (Lebensmittelladen, Hotel, *caravan park*, Werkstatt, Tankmöglichkeit); Mungerannie/204 km (*roadhouse*/Pub); Birdsville/517 km (Grundversorgung)
- **Telefonnummern:** Oasis Caravan Park in Marree 08/ 8675 8352; Marree (Polizeistation) 08/ 86 75 83 46, Mungerannie Roadhouse 08/ 86 75 83 17, Kalamurina Homestead 08/ 86 75 83 10, Birdsville (Polizeistation) 07/ 46 56 32 20; aktueller Pistenzustand über Polizeistationen in Marree und Birdsville oder 1300/ 36 10 33 (für SA) und 1300/ 13 05 95 (für Qld).
- **Funkfrequenzen und Rufzeichen:** RFDS Port Augusta (VNZ) 8165 kHz (7 bis 17 Uhr), 4010 und 6890 kHz (17 bis 21 Uhr), 2020 kHz (21 bis 7 Uhr); RFDS Broken Hill (VJC) 4055 und 6920 kHz (7 bis 16 Uhr), 2020 kHz (nach 16 Uhr).
- **Kartenmaterial:** AUSLIG (1:250.000) *Pandie Pandie* SG-54-09, *Koppermanna* SH 54-01, *Gason* SG-54-13, *Marree* SH-54-05; Westprint (1:1.000.000) *Birdsville and Strzelecki Track* (bekommt man mit dem *Desert Park Pass*)
- **Besondere Hinweise:** An Kraftstoff muss man etwa mit folgendem Verbrauch rechnen: V8-Motor – 130 l Benzin, 6-Zylinder-Benzinmotor – 140 l, 4-Zylinder-Benzinmotor – 90 l; ein 6-Zylinder-Dieselmotor – 110 l, 4-Zylinder-Dieselmotor – 80 l.
- **Karte:** siehe Seite 138

Der *Birdsville Track* verbindet seit mehr als einem Jahrhundert die beiden Städte *Marree* in South Australia und *Birdsville* in Queensland. Die landwirtschaftliche Erschließung der Überschwemmungsgebiete von *Diamantina River* motivierte *E.A. Burt* in den siebziger Jahren des 19. Jahrhunderts, einen kleinen Laden an *Diamantina Crossing* zu errichten. Zunächst „Burtsville" genannt, entstand eine kleine Siedlung. Als die Eisenbahn Marree (damals noch *Hergott Springs*) erreichte, bestand die Möglichkeit, Rinder von dort zu den Schlachthöfen nach Adelaide und Melbourne zu transportieren. Burtsville entwickelte sich rasch zum Ausgangspunkt einer Viehtriebroute, um die Herden zur Verladestation *Hergott Springs* zu bringen. Der legendäre *Birdsville Track*, als Verbindungslinie zwischen den reichen Weidegründen im Südwesten Queenslands und dem Süden Australiens, war entstanden. Die Probleme der Viehtreiber waren bald in ganz Australien legendär: sengende Hitze, beißende Sandstürme, unerwarteter, heftiger Regen, Rinder, die an Entkräftung eingingen. Hätte die Regierung nicht alle 40 Kilometer das artesische Becken angezapft und Brunnen angelegt, wäre es unmöglich gewesen, eine Herde hier entlang zu treiben. Im Zuge der Motorisierung übernahmen *roadtrains* die Aufgabe der Viehtreiber, sodass der *track* heute überwiegend von Touristen genutzt wird. Auch der Verlauf der Strecke hat sich mit der Zeit geändert. Heute ist nur noch der *Outside Track* befahrbar. Der *Inside Track* ist für jeglichen Verkehr geschlossen. Diese Zweiteilung der Strecke folgte dem Wechsel der Transportmittel vom Pferd zum Auto. Pferde brauchen Wasser und haben in Schlamm oder Flussbetten keine Probleme, Autos aber fahren sich dort hoffnungslos fest. Es entstand eine Umgehung (Outside Track) der problematischen Stellen. Mit dem Aufkommen der *roadtrains* in den sechziger Jahren verlor der Inside Track, über den bis dahin die Herden getrieben wurden, an Bedeutung, bis er schließlich ganz geschlossen wurde.

Damals wie heute stellt das Gebiet um den Birdsville Track einen der extremsten Landstriche Australiens dar. In der Gegend von *Mulka Homestead* fallen im Durchschnitt weniger als 100 mm Niederschlag jährlich. In den Sommermonaten klettern die Temperaturen in einigen Gebieten nicht selten auf mehr als 50 °C, in den kurzen Wintern (drei bis vier Monate) aber können die Temperaturen nachts auch schon mal unter den Gefrierpunkt sinken. Queenslands Flüsse, die westlich von *Great Dividing Range* entspringen, fließen ins Landesinnere und speisen *Diamantina River*, *Goyder Lagoon* und *Cooper Creek*. Während der Regenzeit im Osten ist der *Birdsville Track* kaum zu befahren. Man muss damit rechnen, an oder in einigen *creeks* für Tage oder Wochen festzusitzen. Die meisten Flüsse treten dann über die Ufer, ein Durchkommen ist unmöglich. In den Wintermonaten ist die Strecke durchaus mit konventionellen Fahrzeugen befahrbar. Einzige Schwierigkeit sind dann die Lehmpfannen *(claypans)*, überwiegend in den Überschwemmungsgebieten von *Cooper Creek* und *Goyder Lagoon*, die sich nach den seltenen Regenfällen in wahre Schlammgruben verwandeln. Sie trocknen in dieser Zeit jedoch rasch wieder aus, sodass eine Weiterfahrt oft schon nach ein paar Stunden, je nach Heftigkeit und Dauer der Niederschläge, möglich ist.

Marree

Von der Geschichte her ist zwar *Birdsville* Ausgangspunkt des gleichnamigen *track*, doch die meisten Fahrten ins *outback* beginnen im 517 km weiter südlich gelegenen *Marree*. Seine Entstehung geht auf die Entdeckung einer Quelle, 2 km nördlich des Ortskerns, zurück. Nach *David Hergott*, Mitglied bei *John McDouall Stuarts* erster Nord-Süd-Forschungsreise benannt, entstand hier 1883 eine neue Siedlung – *Hergott Springs*. Obwohl wenig später offiziell „Marree" (in der Sprache der Aborigines „Platz des Kusu") genannt, hielt sich der alte Name noch bis ins darauf folgende Jahrhundert. So war die Bezeichnung „Marree" auch erst 1918 auf Hinweisschildern und Karten zu lesen. Durch die Streckenverlegung der Eisenbahn von Marree nach Alice Springs Anfang 1884 wuchs die Bevölkerungszahl rasch auf 600 an, und der Ort entwickelte sich zum bedeutendsten Versorgungszentrum für die entlegenen *outback*-Farmen im Norden. Afghanische Kamelkarawanen (→ Artikel: Wie die „Wüstenschiffe" nach Down Under kamen) übernahmen die in Marree ankommenden Waren und brachten sie zu den Farmen. Dazu waren 1910 mehr als 1.500 Kamele im Einsatz. Als man 1980 die Eisenbahnstrecke stilllegte und 200 km südlich eine neue Trasse als Verbindung zwischen Adelaide und Alice Springs eröffnete, verlor Marree seine Bedeutung als wichtiger Verkehrsknotenpunkt mit einem Bahnhof. Heute erinnern nur noch alte Lokomotiven und Waggons sowie eine restaurierte Moschee an alte Glanzzeiten.

Die kleine Gemeinde der Arabanna-Aborigines unterhält ein Kommunikations- und Informationszentrum, das Ausstellungen über Kultur und Lebensgewohnheiten der Ureinwohner dieser Gegend zeigt. Außerdem kümmern sich die Aborigines um den Erhalt der artesischen Quellen (→ Streckenbeschreibung 4, Oodnadatta Track). Seit 1993 versucht Marree wieder an alte Zeiten anzuknüpfen und den Ruf eines trostlosen Nestes loszuwerden. Am ersten Wochenende im Juli lockt alle zwei Jahre der *Marree Australian Camel Cup* Besucher in den Ort. Bei einem Preisgeld von 9.000 $ kann man durchaus mit *William Creek* oder *Birdsville* konkurrieren und einen ähnlichen Bekanntheitsgrad erlangen. Am Geburtstag der Königin trifft man sich traditionsgemäß zum Pferderennen in Marree (*Marree Picnic Races*).

Streckenlog

0	517,5	*Marree*; Abzweigung zum *Birdsville Track* (BT) GPS: 29°38'42"S – 138°03'42"E Die Strecke führt zunächst durch Ebenen mit spärlichem Grasbewuchs und vereinzelten Büschen. In der Ferne sind hier und da Hügel und Tafelberge zu sehen.
30,0	487,5	Geradeaus *BT*; Abzweigung rechts zu *Lake Harry Ruins* Während der sechziger Jahre des 19. Jahrhunderts pflanzte die südaustralische Regierung an *Lake Harry* (eine trockene Salzpfanne östlich des *track*) eine Dattelpalmenplantage. Weitere Plantagen entstanden bei *Marree, Coward Springs* und *Oodnadatta*, doch *Lake Harry* war mit mehr als 2.000 Palmen die größte und ertragreichste. Der enorme Aufwand bei der Bewässerung, hohe Lohnkosten und geringe Ernteerfolge hatten zur Folge, dass man die Plantage 1915 aufgab.
42,0	475,5	Dingozaun (→ Artikel: Wie man Kaninchen und Dingo zu Leibe rückte; → Streckenbeschreibung 1, Tibooburra – Innamincka).
51,7	465,8	*Clayton Creek* (meist ausgetrocknet)

52,5	465,5	Geradeaus *BT*; Abzweigung rechts zu *Clayton Homestead*
82,2	435,3	*Dulkaninna Creek;* 400 m weiter liegt auf der rechten Seite *Dulkaninna Homestead.* Ein artesischer Brunnen speist den kleinen Fluss.
109,7	407,8	*Cannuwaukaninna Creek;* 300 m weiter führt links ein Weg zu *Cannuwaukaninna Bore* (ein guter Platz zum Campen) Das Wasser aus diesem artesischen Brunnen ist so heiß, dass es erst nach 800 m Oberflächenverlauf für Rinder trinkbar ist. Westlich dieses Punkts liegt am Rand der *Tirari*-Wüste das Schutzgebiet *Lake Palankarinna Fossil Reserve.*
120,9	396,6	*Etadunna Homestead* rechts Am Farmhaus steht ein Gedenkstein für die Lutherischen Ureinwohnermissionen. Eine davon, *Killalpaninna*, etwa 20 km nordwestlich, wurde 1867 gegründet. Extreme Trockenheit war der Grund für die baldige Aufgabe. 1873 machte *Pastor Vogelsang* einen neuerlichen Versuch. Doch auch ihn zwangen die Dürreperioden 1919 zur Aufgabe. 1929 ging das ehemalige Missionsgebiet an *Etadunna Station*. Um zu den Ruinen an *Lake Killalpanima* zu fahren, benö-

Am Dingozaun

Land und Leute

Reisevorbereitung

Strecke 3

Strecken 4–6

Strecken 7–8

Strecken 9–10

Strecken 11–12

		tigt man die Genehmigung des jetzigen Besitzers. Die Strecke ist nur mit Allrad befahrbar.
122,2	395,3	Geradeaus *BT*; Abzweigung rechts ist die *Bypass-Road*

Diese Straße ist eine Umleitung für den Fall, dass die Hauptstrecke überflutet ist. Eine Fähre bringt tagsüber maximal zwei Wagen pro Fahrt mit Passagieren über *Cooper Creek* (Wohnwagen sind nicht erlaubt).

133,5	384,0	*Cooper Ferry Monument* links

Der restaurierte Lastkahn mit Namen „Tom Brennan" brachte Reisende, Post und Waren von 1949 bis 1956 über *Cooper Creek*. Vorbei am alten *Kopperamanna Bore* führt der Weg nun durch das teilweise 10 km breite Überflutungsgebiet *(floodplains)* des „Cooper" zu *Natteranie Sandhills*.

133,8	383,7	Beginn bzw. Ende der Überflutungsgebiets von *Cooper Creek* (GPS: 25°21'57"S – 142°44'30"E)
138,9	378,6	Ende bzw. Beginn des Überflutungsgebiets von *Cooper Creek*

Ab hier flankieren Sanddünen die Piste, und der Bewuchs wird dichter.

139,0	378,5	Beginn bzw. Ende von *Natteranie Sandhills*

Diese Dünenlandschaft war besonders nach der Einführung des Postbusses 1936 für ihre Unzugänglichkeit berüchtigt. Nur mittels Eisenplatten, die man unter die Räder legte, konnte der Bus die bis zu 9 m hohen Dünen überwinden. Eine Prozedur, die manchmal Tage, mindestens aber einige Stunden dauerte. Der Postbus war sozusagen der Pionier des Autotransports auf dem *Birdsville Track*. Hier treffen die Wüsten *Tirari Desert* und *Strzelecki Desert* aufeinander.

144,3	373,2	Geradeaus *BT*; Abzweigung rechts ist die Bypass-Road (→ KM 122,2)
155,8	361,7	Ende bzw. Beginn der *Natteranie Sandhills*

Der Strauchbewuchs nimmt allmählich ab. Übrig bleiben riesige Schotterpfannen, bewachsen mit kümmerlichen Grashalmen.

164,1	353,4	Geradeaus *BT*; Abzweigung links zu *Mulka Ruins* (1 km)
176,8	340,7	*Ooraniellanie Ruins* links

Beides sind Überreste ehemaliger *homesteads*. Sie stammen aus der Zeit der ersten Besiedlung am *Birdsville Track*. Zu sehen sind nur noch ein paar Steinhaufen und rostiger Schrott.

203,2	314,3	*Derwent River*
203,4	314,1	Geradeaus *BT*; Abzweigung rechts zu *Mungerannie Roadhouse* (700 m). Hier gibt es Versorgungsmög-

lichkeiten; außerdem ist Zelten unter den Bäumen an *Derwent River* möglich. Obwohl Bäume in dieser Gegend spärlich sind, finden sich hier an den wenigen Wasserstellen viele Vögel ein. So z.B. lärmende Nacktaugenkakadus, die in riesigen Schwärmen abends ihre Schlafbäume aufsuchen und am Morgen ebenso geräuschvoll aufbrechen.

205,6	311,9	Geradeaus *BT*; Abzweigung links zu *Cowarie Homestead* (48 km) und *Kalamurina Homestead* (63 km)

Die Australier behaupten, *Kalumarina Homestead* sei der isolierteste „*caravan park*" der Welt. Von hier hat man einen hervorragenden Ausblick auf *Simpson Desert* und *Warburton River.* Campen (10 $ pro Fahrzeug) ist unter Eukalypten am Fluss möglich.

211,4	306,1	*Mungerannie Gap*

Vom höchsten Punkt der Strecke (150 m NN) führt der Weg nun ca. 3 km hinab durch *Mungerannie Gap*.

Wie die „Wüstenschiffe" nach Down Under kamen

Die Afghanen, von den Australiern „Afghans" oder „Ghans" genannt, kamen im späten 19. Jahrhundert nach Australien. 1846 führte man zunächst einige Kamele ein, um ihre Brauchbarkeit in Australien und auf einer kleinen Expedition ihre Leistungsfähigkeit zu testen. Da die Europäer keine Erfahrungen im Umgang mit den zum Teil halsstarrigen Tieren hatten, stellten sie einen erfahrenen Treiber aus dem Vorderen Orient ein, der zusammen mit seinen Kamelen nach Australien kam. Der Erfolg der Kamelexpedition war überwältigend. Landstriche, die für Pferde, Esel oder Ochsen unzugänglich waren, bewältigten die „Wüstenschiffe" problemlos. Die Fähigkeiten der Tiere, mit wenig Wasser auszukommen, schwere Lasten über lange Strecken und durch trockene Gebiete – ob sandig oder steinig – tragen zu können, machten sie für die Erforschung und Besiedlung des *outback* unabkömmlich.

Man setzte aber die Tiere nicht nur für Expeditionen ins Landesinnere ein, sondern auch für den Warenverkehr zwischen den kleinen Orten und den entlegenen Farmen im *outback,* den isolierten Goldfeldern wie Coolgardie und Kalgoorlie oder beim Bau der *Overland Telegraph Line* von Adelaide nach Darwin. Bis zum Jahr 1900 gab es in Australien bereits mehr als 6.000 Kamele und ca. 390 orientalische Treiber. Die Treiber aus Afghanistan stellten zwar die Mehrheit, doch kamen einige auch aus Rajasthan, Baluchistan, Pakistan, Ägypten, dem Iran und der Türkei. Ihnen allen gemeinsam war der moslemische Glaube und der vertraute Umgang mit Kamelen.

Mit dem Beginn des Automobilzeitalters und dem Einsatz von Zügen verloren die Kamelkarawanen mehr und mehr an Bedeutung. In Erinnerung an die vielen Karawanen, die von Adelaide aus das Landesinnere versorgten, und an die Treiber, die später die Bahnlinie nutzten, um zu ihren Siedlungen zwischen Marree und Oodnadatta zu fahren, nannte man die Bahnverbindung von Adelaide nach Alice Springs *The Ghan*.

239,0	278,5	*Mirra Mitta Bore* rechts. Windrad und Ruinen sind die letzten Überreste eines kleinen Ladens mit Gemüsegarten an einer heißen Quelle (gute Campingmöglichkeit). Erstaunlich, dass hier Menschen freiwillig über Jahre lebten. Langsam verläuft die Strecke durch die endlos weiten Flächen von *Sturt's Stony Desert* (Steinwüste).
285,1	232,4	Geradeaus *BT*; Abzweigung links zu *Mt. Gason Bore* (2 km), benannt nach *Samuel Gason*, dem ersten Polizisten am Birdsville Track, der lange Jahre im *outback* verbrachte. Er verfasste ein Wörterbuch über die Sprache der Dieyere-Aborigines.
297,1	220,4	*Mt. Gason Wattle Project* links
		Mt. Gason wattles (Acacia picardii) sind eine seltene Akazienart, die nur sehr wenig Samen produziert und sich vermutlich durch Wurzelsprossen fortpflanzt. Nur ein weiteres Verbreitungsgebiet dieses Baums ist bekannt: Es liegt im Northern Territory bei *Andado Station*, in der Nähe einer kleinen Gruppe von *waddi trees* (Acacia peuce). Diese Akazien sind die seltensten Bäume Australiens. (→ Streckenbeschreibung 8.1, Birdsville – Alice Springs via Old Andado). Die Einzäunung ist notwendig, um Rinder und Kaninchen fern zu halten, die Schäden an jungen Pflanzen verursachen könnten.
311,9	205,6	Geradeaus *BT*; Abzweigung links *Santos Pedirka Basin*
		Durch *Santos Pedirka Basin* gelangt man auf der *Rig Road* durch *Simpson Desert* nach *Dalhousie Springs* (→ Streckenbeschreibung 8.2, Birdsville – Alice Springs via Rig Road).
321,9	195,6	Geradeaus *BT (Outside Track)*; Abzweigung links zum gesperrten *Inside Track*
322,9	194,6	Geradeaus *BT*; Abzweigung links zu *Clifton Hill Homestead*
359,5	158,0	*Damparinie Creek* und Überflutungsebene
385,0	132,5	*Lake Surprise Sandhill*
399,9	117,6	*Kooncheera Sandhill*. Diese Sanddüne ist die größte im Überschwemmungsgebiet von *Diamantina River*. Am nahen Wasserloch wurde vermutlich eine große Zahl Aborigines umgebracht. Das Massaker war die Antwort der Siedler auf die Tötung eines Weißen – er hatte eine Ureinwohnerfrau entführt – durch Aborigines. Der steinige Untergrund weicht langsam einer Erdpiste. *Strzelecki Desert* mit ihren Sanddünen beiderseits der Strecke löst nun die Steinwüste ab. Gräser und Büsche treten wieder vermehrt auf.

Sturt's Desert Pea – ihre auffallende Blüte ist im Outback vielerorts zu finden

Würgefeigen sind Schmarotzer, die ganze Bäume umschlingen, wie hier auf Cape York (➤ Route 25)

Die mit üppigem Regenwald bestandene Mossman Gorge (➤ Route 24)

Einige Vertreter der Tierwelt im Outback
oben: Die Kragenechse (Frilled Lizard) sonnt sich gern am Wegesrand
unten: Auch dösenden Süßwasserkrokodilen (Freshie) sollte man mit Respekt begegnen

oben: Kookaburra, der „Lachende Hans"
unten links: Galah, ein Rosakakadu

unten rechts: Kängurus – von ihnen
gibt's im Outback viele

Sich Zeit nehmen für die Kultur der Ureinwohner Australiens
oben: Ein Aborigine in Bemalung; unten: Aboriginal Painting im Quinkan Reserve bei Laura

oben: Wandjina Painting in Galvans Gorge
unten: Bradshaw Painting an King Edward River

Fantastischer Sonnenuntergang im Outback

440,9	76,6	*Moongara Channel* Auf dieser dichter bewachsenen Ebene zwischen den Dünen finden sich sogar kleine Eukalypten. Nach *Moongara Channel* führt der *track* abwechselnd über kleinere, mit Büschen und Sträuchern bewachsene Sanddünen und weite Ebenen.
489,3	28,2	Geradeaus *BT*; Abzweigung links zu *Pandie Pandie Station* (2 km) Ab hier verläuft die Strecke parallel zu *Diamantina River*, der an dieser Stelle nie ganz austrocknet. Wasserlöcher abseits der Piste laden zum Schwimmen und Fischen ein.
504,4	13,1	Grenze zwischen South Australia und Queensland
513,7	3,8	Abzweigung links nach *Birdsville* nehmen (4 km); rechts nach *Windorah* (384 km)
517,5	0	*Birdsville, Brooklands Store* (GPS: 25°53'56"S – 139°21'12"E) Uhren um eine halbe Stunde vorstellen.

Birdsville

Seine Berühmtheit verdankt der Ort seiner Abgeschiedenheit und *Birdsville Race*, einem Pferderennen. Jedes Jahr im September kommen Tausende von Besuchern hierher, um das dreitägige Spektakel zu erleben. Da viele mit kleinen Flugzeugen einfliegen, mussten für diesen Tag spezielle Regelungen im Flugverkehr eingeführt werden, um des Chaos am *Birdsville aerodrome* Herr zu werden. Für drei Tage herrscht dann Ausnahmezustand in Birdsville. Ein Erlebnis, an dem jeder Australier – nicht nur renn- und wettbesessene – einmal im Leben teilhaben möchte. Trotz dieses Rennens sind aus der Glanzzeit mit drei Hotels, drei Krämerläden *(general stores)*, zwei Hufschmieden, einer Schule und etwa 270 Einwohnern (darunter 180 Aborigines) lediglich ein Hotel, ein Laden und das Missionshospital übrig geblieben. Die Einwohnerzahl ist auf etwa hundert geschrumpft. Attraktiv ist *Birdsville* aufgrund seiner Nähe zu *Simpson Desert* besonders für Allrad-Enthusiasten, die hier in Richtung Westen zur Durchquerung der Wüste aufbrechen (→ Streckenbeschreibungen 8.1 und 8.2, Birdsville – Alice Springs via Simpson Desert). Etwa 8 km nördlich von Birdsville, an der Bedourie Road, wachsen einige Exemplare von *waddi trees* (Acacia peuce).

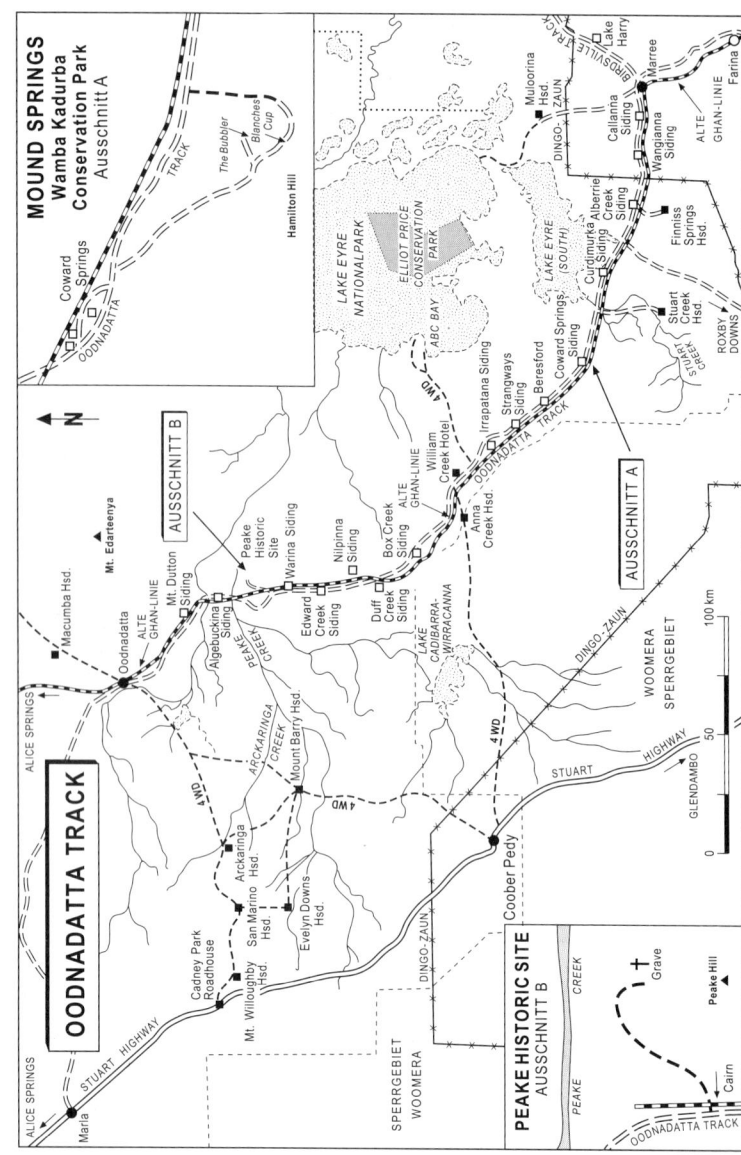

Strecke 4
Marree – Oodnadatta – Marla
(Oodnadatta Track)

- **Entfernung:** 621 km; max. Entfernung ohne Tankmöglichkeit: 222 km
- **Empfohlene Reisedauer:** 2 bis 3 Tage
- **Reine Fahrzeit:** 10 Stunden
- **Empfohlene Reisezeit:** April bis Dezember (beste Zeit April bis Oktober); im Sommer extrem heiß; nach heftigen Regenfällen ist die Strecke schwer zu befahren.
- **Ab- und Rückmeldung:** nicht erforderlich
- **Ausrüstung:** Geländewagen (4-WD) mit Grundausrüstung bei Wagen und Werkzeug; bei guten Bedingungen ist die Strecke auch mit einem Pkw (auch Campmobil) zu befahren.
- **Pistenart und -zustand:** Überwiegend Erd- und Schotterpiste mit wellblechartigen Abschnitten, wenigen sandigen Stellen und zahlreichen Durchquerungen von meist trockenen *creeks.*
- **Versorgung:** Marree (Lebensmittelladen, Hotel, *caravan park*, Werkstatt, Tankmöglichkeit); William Creek/209 km (*roadhouse*/Hotel); Oodnadatta/399 km (Lebensmittelladen, Hotel, Camping, Tankmöglichkeit); Marla/621 km (*roadhouse*, Hotel)
- **Telefonnummern:** Oasis Caravan Park in Marree 08/ 86 75 83 52; William Creek Hotel 08/ 86 70 78 80; Pink Roadhouse Oodnadatta 08/ 86 70 78 22; Marla Roadhouse 08/ 86 70 70 01; Coward Springs Campground 08/ 86 75 83 36; Desert Parks Information Hotline 08/ 8648 5300 Pistenzustand; Copper Hill Homestead 08/ 8670 79 95; Cadney Park 08/ 86 70 79 94
- **Funkfrequenzen und Rufzeichen:** RFDS Port Augusta (VNZ) 8165 kHz (7 bis 17 Uhr), 4010 und 6890 kHz (17 bis 21 Uhr), 2020 kHz (21 bis 7 Uhr)
- **Kartenmaterial**: AUSLIG (1:250.000) *Marree* SH-54-05, *Curdimurka* SH-53-08; *Billakalina* SH-53-07, *Warrina* SH-53-03, *Oodnadatta* SG-53-15; Westprint Heritage (1:1.000.000) *Oodnadatta Track*
- **Besondere Hinweise:** *Desert Park Pass* für *Lake Eyre National Park* und *Elliot Price Conservation Park* erforderlich.

Der *Oodnadatta Track* wird heute oft als Alternative zum *Stuart Highway*, der South Australia mit Northern Territory verbindet, genutzt. Er verläuft parallel zur alten Telegrafen- und Eisenbahnverbindung *Marree – Oodnadatta.* Viele Relikte aus der Blütezeit des *Ghan* haben die Strecke zu einer geschichtsträchtigen Route gemacht (→ Artikel: Wie die „Wüstenschiffe" nach Down Under kamen). Einige der alten Bahnstationen sind noch heute in relativ gutem Zustand oder wurden restauriert. Überreste alter Brücken und Bahnschwellen findet man überall längs der Route. Von Alice Springs in südlicher Richtung wurde ein kurzes Stück Bahnlinie wieder hergerichtet, sodass Touristen heute noch einmal das Flair des *Old Ghan*-Zugs genießen können.

Bei einer Fahrt über den Oodnadatta Track ist man gleichzeitig auf den Spuren des Entdeckers *John MacDouall Stuart*, der bereits 1844 an der Expedition von Charles Sturt teilnahm. Stuart wählte diese Route, um den Kontinent in Süd-Nord-Richtung zu durchqueren. Im März 1860 verließ er, finanziert von *William Finke* und *James Chambers*, mit zwei Männern und dreizehn Pferden zum ersten Mal Adelaide in Richtung Norden. Nördlich des heutigen *Tennant Creek* kam es zu Auseinandersetzungen mit Aborigines, und die Männer kehrten nach Adelaide zurück. Bereits 1861 wagte Stuart einen zweiten Versuch, der ebenfalls misslang. Diesmal erreichte die Gruppe *Newcastle Water*, 250 km nördlich von Tennant Creek. Da sie kein Trinkwasser fanden, mussten sie erneut umkehren. Der dritte Versuch war schließlich von Erfolg gekrönt. Am 24. Juli 1862 stand Stuart in der Nähe des heutigen *Darwin* am Strand. Bei seiner Rückkehr nach Adelaide hatte er während der drei Versuche, Australien zu durchqueren, insgesamt 16.000 km zurückgelegt. Aufgrund dieser erfolgreichen Expedition, die er in Karten und Aufzeichnungen dokumentiert hatte, plante die australische Regierung 1870 eine Telegrafenverbindung von *Port Augusta* zum damaligen *Port Darwin*. Nur ein Jahr später war die Verbindung fertig gestellt und wurde im Dezember des gleichen Jahres in Betrieb genommen. Während des Baus legte man gleichzeitig längs der Telegrafenverbindung einen einigermaßen erkennbaren Weg sowie Wasserversorgungsstellen an. Jeder, der auf dieser Strecke in Schwierigkeiten geriet, brauchte nur einen Telegrafenmast hinaufzuklettern und ein Kabel zu unterbrechen; dann konnte er sicher sein, dass ihn eine Reparaturmannschaft fand.

Schließlich begann *Central Australian Railway* mit dem Bau einer Bahnverbindung. Sie sollte von Adelaide über das gerade entstehende *Marree, Oodnadatta* und *Alice Springs* bis *Darwin* führen. 1884 erreichten die Bahnschwellen Marree, das sich daraufhin zu einem bedeutenden Knotenpunkt entwickelte. Die Bevölkerungszahl stieg rasch an, und Marree wuchs zu einem Versorgungszentrum für die entlegenen Farmen im Norden (→ Streckenbeschreibung 3, Birdsville Track). Kamele brachten die per Bahn angelieferten Waren und Güter zu ihren weiteren Bestimmungsorten. Am 1. Januar 1890 erreichte die Bahn Oodnadatta, und im August 1929 Alice Springs. Die vielen afghanischen Kamelkarawanen, die die Bahnlinie nutzten, um zu ihren Siedlungen zwischen Marree und Oodnadatta zu fahren, brachten der Bahnverbindung schließlich ihren noch heute bekannten Namen ein: The Ghan (→ Artikel: Wie die „Wüstenschiffe" nach Down Under kamen). Was zunächst so viel versprechend begann, entwickelte sich jedoch zu einem kostspieligen Unterfangen. Überflutungen, so genannte *flash floods*, verursachten immer wieder große Schäden an der Bahntrasse. Brückenpfosten konnten den Wassermassen zumeist nicht standhalten und stürzten regelmäßig ein. So ging man dazu über, die Bahnschwellen direkt durch die Flussbetten zu verlegen. Natürlich wurden auch sie jedes Jahr weggespült, doch es war wesentlich kostengünstiger, diese neu zu verlegen, als neue Brücken zu bauen. 1980 wurde die Strecke schließlich stillgelegt und 200 km weiter westlich eine neue Verbindung zwischen *Adelaide* und *Alice Springs* eröffnet. Damit verlor Marree auch seine Bedeutung als Versorgungsstation.

Marree

(→ Streckenbeschreibung 3, Birdsville Track)

Streckenlog

0	621,0	*Marree*, Hotel/Pub
3,1	617,9	Geradeaus *Oodnadatta Track* (OT); Abzweigung rechts zu *Muloorina Station* (54 km)

Diese Rinder- und Schaffarm besteht seit mehr als 110 Jahren. Zunächst züchtete man zwanzig Jahre lang Schafe, bevor die australische Regierung das Gebiet erwarb, um dort Kamelzucht zu betreiben. Als in den dreißiger Jahren die Nachfrage nach Kamelen zurückging, kaufte *Elliot Price* die Farm. Wegen der Nähe zu *Lake Eyre* richtete er dort einen Platz zum Campen ein. Der See faszinierte die Menschen seit jeher besonders in den Jahren, in denen er sich füllte. So war es nicht verwunderlich, dass in den Flutjahren 1950, 1974 und 1984 Hunderte von Menschen herbeiströmten. Damit *Lake Eyre* in seiner Ursprünglichkeit erhalten bliebe, schenkte Price der südaustralischen Regierung *Hunt Peninsula* im Norden des Sees. Sie wurde zu *Elliot Price Conservation Park*, sowie der Rest des nördlichen Sees zum Nationalpark. Noch heute führen Nachkommen von Price *Muloorina Station*.

14,0	607,0	*Callanna Siding* links

(GPS: 29°38'26"S – 137°55'12"E)

„Siding" bedeutet soviel wie Rangier-, Abstell- oder Nebengleis und ist gleichbedeutend mit den kleinen Siedlungen, die neben den Schienen entstanden. An solchen Stationen, die meist im Abstand von 30 bis 40 km lagen, tankten die Dampfloks Wasser auf. Dass die Lokomotiven schon 14 km nach Marree ihren ersten Stopp einlegten, verdankte Callanna dem Regenwasser aus *Callanna Creek*, denn es bildete bei der Dampferzeugung keinen Kesselstein.

18,2	602,8	*Callanna Creek*
35,5	585,5	*Wangianna Siding* links

(GPS: 29°39'07"S – 137°42'21"E)

41,5	579,5	Dingozaun *(dog fence)*

Die Farmer, und mit ihnen Tausende von Schafen, folgten den ersten Eroberern des *outback* sehr schnell. Riesige Farmen entstanden, und Herden mit mehr als 3.000 Schafen waren keine Seltenheit. Bewacht wurden sie von Schafhirten, die darauf ach-

Land und Leute

Reisevorbereitung

Strecken 1–3

Strecke 4

Strecken 7–8

Strecken 9–10

Strecken 11–12

Lake Eyre – Australiens größter See

Edward John Eyre entdeckte den See bereits 1840. Doch erst in den zwanziger Jahren wurde der Salzsee wissenschaftlich untersucht. *Dr. C.T. Madigan* kam schließlich zu dem Schluss, dass wenig bis gar kein Wasser den See erreicht und er folglich niemals Wasser führen würde. Kurz nach seinem Tod wurden die Einwanderer eines Besseren belehrt. Die heftigen Regenfälle in Queensland ließen um die Jahre 1949 und 1950 *Diamantina River* und *Cooper River* über die Ufer treten und den gesamten See füllen. Zum ersten Mal in der Geschichte Australiens sahen Europäer dieses seltene Phänomen, das nur alle paar Jahre auftritt. Es stellte sich heraus, dass der Wassereinzugsbereich von *Lake Eyre* etwa ein Sechstel (1.300.000 km²) von ganz Australien umfasst. 1974 kam es zu einer Jahrhundertflut, die den See beträchtlich ansteigen ließ. Die Überschwemmungsgebiete von *Diamantina-, Georgina-* und *Cooper River* erreichten Ausdehnungen von 1.000 km², bevor sie sich in einem riesigen Drainagebecken vereinigten und *Lake Eyre* erreichten. Plötzlich wimmelte es von Leben: Frösche quakten, Fische schnellten aus dem Wasser, und große Kolonien von Pelikanen und anderen Wasservögeln stellten sich ein. Die Lebenszyklen der Tiere sind aber nur kurz, denn so schnell wie sich der See füllt, so schnell trocknet er auch wieder aus. Dann heißt es warten auf die nächste Flut. Vermutungen gehen dahin, dass der See vor 50.000 bis 20.000 Jahren, als das Klima noch wesentlich feuchter war, ständig Wasser führte und in der Nähe von Port Augusta ins Meer mündete. Durch die Klimaänderung vor etwa 15.000 Jahren trocknete der See langsam aus. Der Wind trug den Sand des Seebodens ab, und es bildeten sich die Sanddünen von *Simpson-, Tirari-* und *Strzelecki Desert*. Auch viele Mythen der Ureinwohner ranken sich um den See. Nach einer von ihnen entstand er, als ein Junge hier das Fell eines erlegten Kängurus ausbreitete. Die meisten Geschichten sind allerdings nur den Aborigines bekannt. Sie glauben, dass das Erzählen der Mythen an Nichteingeweihte Gefahr für das Land bringe.

teten, dass keine Tiere zu Nachbarfarmen überliefen. Für die Nacht trieb man sie in hölzernen Umzäunungen zusammen. Das reduzierte die Verluste durch Dingos auf ein Minimum. Später zäunte man riesige Farmgebiete ein und ließ die Schafe nachts auf ihren Weidegründen. Eine Bewachung durch Schäfer war dadurch überflüssig. Die Verluste durch Dingos allerdings erreichten alarmierende Zahlen, sodass bis 1950 der Dingozaun entstanden war (→ Artikel: Wie man Kaninchen und Dingo zu Leibe rückte).

53,0	568,0	Geradeaus *OT*; Abzweigung links zu *Finniss Springs Homestead* (15 km)
68,9	552,1	*Bopeechee Bore* links. Das Bohrloch mit täglich etwa 33 Millionen Litern Förderleistung versorgt die Minengesellschaften bei *Roxby Downs* mit Wasser.

69,4	551,6	Geradeaus *OT* (GPS: 29°35'35"S – 137°22'49"E); Abzweigung links ist die *Borefield Road* zu *Roxby Downs* (128 km), *Andamooka* (158 km), *Woomera* (235 km)
74,6	546,4	*Gregory Creek* (Brücke)

Das Flussbett ist hier an der Brücke exakt auf Meereshöhe. Bevor *Gregory Creek* in den südlichen *Lake Eyre* mündet, fällt er um 13 m ab. (Der nördliche Abschnitt des Sees liegt 16 m unter dem Meeresspiegel).

84,0	537,0	*Lake Eyre South* rechts

Lake Eyre besteht aus zwei Seen, die durch den rund 13 km langen *Goyder Channel* miteinander verbunden sind. Zusammen bedecken sie eine Fläche von 9.300 km^2 (→ Artikel: Lake Eyre – Australiens größter See.

84,9	536,1	Weggabelung: rechts *OT* nach *William Creek;* links zu *Stuart Creek Homestead* (36 km)
101,2	519,8	Ruinen von *Curdimurka Siding* rechts

Der Name „Curdimurka" kommt aus der Sprache der Aborigines und bezieht sich auf Monsterwesen, die in dieser Gegend ihr Unwesen treiben sollen. Als 1886 der *Ghan* diesen Punkt erreichte, baute man erste Häuser und eine Pumpstation an *Stuart Creek* und leitete das Wasser zum Wassertank. Eine Flut spülte die Pumpstation weg, und 1909 wurden Wassertank und Pipeline entfernt. Im zweiten Weltkrieg legte man einen Brunnen an, richtete einen neuen Wassertank und – da der hohe Salzgehalt des Wassers zur Korrosion in den Dampfkesseln der Lokomotiven führte – einen „Wasserentsalzer" ein. Mit der Stilllegung der Strecke verfielen die Gebäude. Die *Ghan Railway Preservation Society* hat drei Hütten, ein paar Unterstände und den Wassertank restauriert. Um Restaurierungen zu finanzieren, veranstaltet man alle zwei Jahre im Oktober einen Outback-Ball und ein Festmahl.

105,9	515,1	*Stuart Creek* (Brücke). Diese Brücke ist die zweitlängste auf der Linie des alten *Ghan*. Sie misst 433 m und besteht aus 57 Bögen.
106,7	514,3	Geradeaus *OT* (GPS: 29°29'24"S – 137°04'10"E), Abzweigung links zu *Stuart Creek Homestead* (25 km)
132,9	488,1	Geradeaus *OT* (GPS: 29°26'05"S – 136°52'06"E), Abzweigung links zu artesischen Quellen *(mound springs)* und *Hamilton Hill* (3 km) in Wamba Kadurba Conservation Area

Der Polizeibeauftragte *Major Peter Warburton* entdeckte 1858 diese grün bewachsenen Hügel *(mound springs)* inmitten der großen Salzpfanne. Auch heute noch wird jeder, der diese Hügel erklimmt und vor kristallklarem Wasser steht, genauso verwundert sein. Lässt man den Blick über die wüstenähnliche Landschaft schweifen, ist es schwer vorstellbar, dass man tatsächlich auf dem größten artesischen Wasserbecken der Welt steht.

Heute ist der Wasserspiegel vieler artesischer Quellen gesunken, verursacht durch unkontrollierte Bohrungen und Brunnenschächte, die damals das Wasser aus dem artesischen Becken zutage förderten (→ Artikel: Wasser aus der Tiefe – artesische Quellen).

134,9	486,1	Ruinen von *Coward Springs* rechts

(GPS: 29°14'12"S – 136°48'38"E)

Ein guter Platz zum Campen (Coward Springs Camp Ground mit Duschen und Toiletten; 10 $ pro Fahrzeug kassiert der Wärter oder werden in die Box geworfen).

146,2	474,8	*Kewson Hill* rechts
159,5	461,5	*Beresford Siding* rechts

(GPS: 29°14'35"S – 136°39'23"E)

Der kleine Teich, der die Wasserversorgung der Lokomotiven sicherstellte, ist ein Paradies für Vögel. Große Kakaduschwärme sitzen in den Bäumen am Ufer.

170,0	451,0	*Strangeways Siding* rechts

Mound Springs – einzigartige Biotope in der Wüste

1858 entdeckte *Warburton* auch hier einige Quellen. Das Land um sie herum nutzte man bis in die sechziger Jahre des 19. Jahrhunderts als Schaffarm. Die Überreste von Wohnhaus, Scherschuppen, Wassertank, Friedhof und Teile von Umzäunungen sind noch heute zu sehen (links vom *track*, GPS: 29°09'21"S – 136°34'20"E). 1870 wurde hier eine Telegrafenstation errichtet, die bis 1896 in Betrieb war. Dann legte man die Verbindung an die Bahnlinie, und das Telegrafenbüro in *William Creek* übernahm die Aufgaben von Strangeways. Nördlich von Strangeways verläuft seit 1988 der *Oodnadatta Track*, am alten Bahndamm entlang, um eine etwas kritische Flussüberquerung zu umgehen.

| 172,7 | 448,3 | *Warrina Creek* |

Wasser aus der Tiefe – artesische Quellen

Dort, wo widerständige, wasserundurchlässige Gesteinsschichten über wasserspeichernden Schichten liegen, tritt Grundwasser aufgrund von Druck durch Risse oder Spalten im Gestein zutage – ein artesischer Brunnen ist entstanden.

Die Kegelform der *mound springs* ist durch abgestorbene Pflanzenteile entstanden, die im Laufe der Zeit Schicht um Schicht gebildet haben. Wie ein Ringwall umgeben sie die Quelle. Wegen ihrer Form hielt man sie früher für kleine Vulkankegel. Artesiche Quellen erstrecken sich in einem Bogen von *Lake Callabonna* bis nördlich von *Oodnadatta*. Die größte Quelle ist *Dalhousie Springs* in *Witjira National Park*, 70 km nördlich von Oodnadatta (→ Streckenbeschreibungen 8 und 9, Birdsville – Alice Springs via Simpson Desert). Die Eingeborenen nutzten die Quellen als natürliches Wasserreservoir. Eine der Quellen, *The Bubbler*, entstand der Legende nach durch den Todeskampf einer Schlange, die von den Ahnen der Aborigines hier erlegt wurde. *Blanche Cup*, eine weitere Quelle, war die Feuerstelle über der die Schlange gekocht wurde.

Viele andere artesische Quellen wurden von europäischen Forschern entdeckt und als sichere Wasserstellen auf ihren Expeditionen durchs Zentrum angesteuert. Auch *Stuart* erkannte ihre immense Bedeutung. So ist es nicht verwunderlich, dass Telegrafenverbindung und Bahnlinie ihnen folgen und Bahnstationen meistens in ihrer Nähe liegen. Die frühen Entdecker schilderten das Land und die offenbar sichergestellte Wasserversorgung in solcher Übertreibung, dass sich Dutzende aufmachten, eine Farm zu gründen. Für viele endete der Neuanfang in einem Desaster. Sie überschätzten sich, die vorhandenen Wasserreserven und vor allem den Ertrag des Landes: Sie trieben vier- bis fünfmal soviele Rinder auf das Land, wie es eigentlich ernähren konnte. Überweidung war die Folge. Dazu kamen vielfach Dürreperioden, und die Rinder starben zu Tausenden. Das bedeutete für die meisten den Ruin, und nur wenige Farmer erholten sich nach den Pleiten der ersten Jahre.

185,1	435,9	*Irrapatana Siding* links
201,5	419,5	Geradeaus *OT* (GPS: 28°56'51"S – 136°23'27"E); Abzweigung rechts zu *Lake Eyre* (57 km) und *ABC Bay* (67 km)
		Je näher man *Lake Eyre* kommt, desto mehr ändert sich die Landschaft. Wenn die Vermutungen der Wissenschaftler stimmen, führt die Fahrt auf einem Jahrtausende alten Seeboden bis zu den jetzigen Ufern von *Lake Eyre*. Über den Zustand der nur mit Allradantrieb zu befahrenden Strecke erkundigt man sich am besten in *William Creek*.
209,0	412,0	*William Creek,* Hotel/Pub (→ Artikel: William Creek – der kleinste Ort Südaustraliens)
209,1	411,9	Geradeaus *OT;* GPS: 28°53'36"S – 136°17'12"E (Oodnadatta 203 km); Abzweigung links zu *Anna Creek Homestead* (17 km) und nach *Coober Pedy* (167 km)
		Anna Creek ist mit mehr als 20.000 Rindern und etwa 500 Pferden nicht nur die größte Rinderfarm (über 30.000 km²) in South Australia, sondern auch die größte der Welt! Sie besteht eigentlich aus den drei gepachteten Gebieten von *Anna Creek-, Stuart Creek-* und *The Peake Station.* Der gesamte Landbesitz der Familie *Kidman* beläuft sich auf rund 117.706 km² –

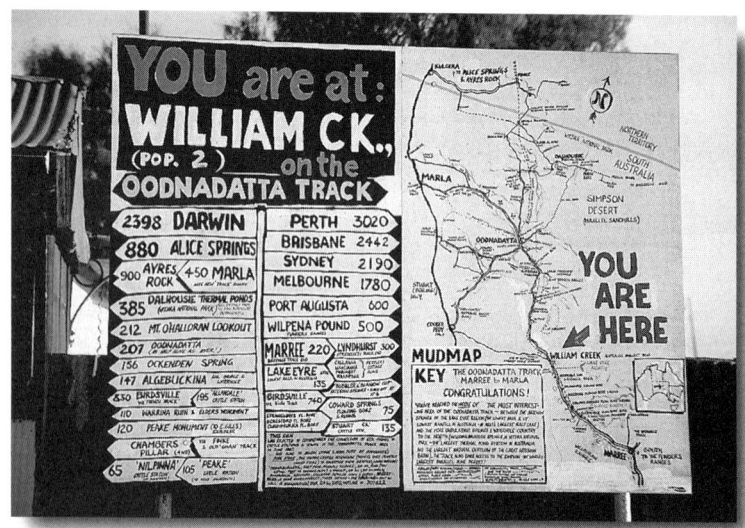

Im kleinsten Ort von South Australia

ein Gebiet, das größer als Nordrhein-Westfalen und Bayern zusammen ist, ja in etwa der Größe Großbritanniens entspricht.

Hier kann man den *Oodnadatta Track* verlassen und zur 167 km entfernten Opalstadt *Coober Pedy* Richtung Westen abbiegen (→ Streckenbeschreibung 6, Stuart Highway). Die wenig befahrene Piste ist sandig, verläuft hier und da parallel zu kleineren Sanddünen und führt an einem See vorbei mit dem fast unaussprechlichen Namen „Lake Cadibarrawirracanna".

243,6	377,4	*Mt. Anna* rechts
278,0	343,0	Geradeaus *OT* (GPS: 28°31'45"S – 135°52'30"E); *Duff Creek Siding* links; Abzweigung rechts zu *Nilpinna Homestead* (7 km)
278,1	342,9	*Duff Creek*
284,1	336,9	Geradeaus *OT*; die Abzweigung rechts zu *Nilpinna Homestead* (6 km)
296,8	324,2	*Edward Creek*
301,7	319,3	Geradeaus *OT*; die Abzweigung rechts zu *Peake Homestead*
310,6	310,4	Geradeaus *OT*; die Abzweigung rechts zu *Peake Homestead*
311,5	309,5	*Warrina Siding* rechts

William Creek – der kleinste Ort Südaustraliens

Das *outback* als ein Landstrich voller Extreme – diese Meinung findet hier Bestätigung: *William Creek*, die kleinste Ortschaft von South Australia – schenkt man den Hinweisschildern Glauben, leben hier nur zwei Menschen, tatsächlich sind es nur unwesentlich mehr (10) – liegt auf dem Gebiet von *Anna Creek Station*. Mit 30.114 km² aber ist sie halb so groß wie Tasmanien und Südaustraliens größte Rinderfarm. Selbst in der Blütezeit des *Ghan* bestand die Haltestelle hier nur aus ein paar Hütten, einer kleinen Schule und einem Hotel – heute findet der Besucher noch weniger an Gebäuden vor. Doch wer schon vorbeikommt, hält kurz an, um sich im *William Creek Hotel* (1887) ein gekühltes Getränk zu genehmigen. Interessant sind vor allem die Bilder an den Wänden, die William Creek „Land unter" zeigen. Jeder kann hier ein Andenken hinterlassen, z. B. ein Foto von sich oder eine Visitenkarte. Die Wände sind damit gepflastert. Wer dem *Royal Flying Doctor Service* spenden möchte, kann das hier tun, indem er Geld in den BH steckt, der von der Decke hängt.

Einmal im Jahr verwandelt sich der verschlafene Ort in einen „Hexenkessel". *Gymkhana* heißt das magische Wort. Ein zweitägiges Fest am Wochenende vor Ostern mit Pferderennen, Kamelrennen, Wahl der *Miss Gymkhana* und vielem mehr, zu dem die Familien der umliegenden Farmen herbeiströmen. Der Erlös kommt den „Fliegenden Ärzten" zugute.

Gestern „Afghan Town", heute Etappenort für Outback-Fahrer

Ein ähnliches Schicksal wie *Marree* ereilte auch *Oodnadatta*, das als Versorgungsstation während des Baus der Telegrafenverbindung errichtet wurde. 1890 entdeckte man beim Bau der Telegrafenverbindung hier in 430 m Tiefe artesische Becken. Da die Quelle mit etwa 1,2 Millionen Liter pro Tag genug Wasser für Menschen und Maschinen lieferte, war dies ein idealer Platz für ein Versorgungslager. *Oodnadatta* – abgeleitet vom Wort der Ureinwohner für Mulgablüten *(Utnadata)* – entwickelte sich schnell zum nördlichsten Versorgungspunkt. Nordwestlich des Ortes errichteten die afghanischen Kameltreiber ihre Siedlung. Nicht selten bevölkerten über 400 Kamele die so genannte *Afghan Town.* Die Stilllegung des *Ghan* schien auch für Oodnadatta das Ende zu sein. Doch die „4-WD-Ghan-Reisenden" auf dem Oodnadatta Track halfen der Stadt zu überleben und gaben ihr eine neue Bestimmung: den Tourismus. Man erkannte, dass die Vergangenheit von Oodnadatta gleichzeitig auch die Zukunft des Ortes bedeuten könnte. Die alte Bahnstation wurde restauriert und beherbergt heute ein Museum samt Touristeninformation. Dabei ist Oodnadatta einer der wenigen Orte in Zentralaustralien, der sich seinen *outback*-Charme bis in die heutige Zeit erhalten hat. Im Mai findet der *Oodnadatta Cup* statt, wo man seiner Wettleidenschaft frönen kann.

315,6	305,4	Geradeaus *OT* (GPS: 28°08'53"S – 135°49'24"E); Abzweigung rechts zu *Peake Historic Site* (7,5 km) Während des Baus der Telegrafenverbindung nutzte man *Peake* zunächst als Depot und später als Übertragungsstation. 1891 verlegte man die Station nach Oodnadatta.
324,3	296,7	*Peake Creek*
347,2	273,8	*Algebuckina Siding* und *Algebuckina Hill* links (GPS: 27°53'40"S – 135°48'34"E)
347,5	273,5	*Neales River* (Brücke). Über diesen Fluss spannt sich die mit 578 m längste Brücke der alten Bahnverbindung: *Algebuckina Bridge.* Gerüchten zufolge sollte die Brücke ursprünglich den Murray überspannen, doch da man Fehler in der Konstruktion gemacht hatte, soll sie hier ins *outback* gebracht worden sein.
353,5	267,5	*Mount Dutton Siding* rechts
354,5	266,5	*Mt. Dutton* links
361,7	259,3	*Ockenden Creek*
380,5	240,5	Geradeaus *OT*; Abzweigung rechts zu *Allendale Homestead* (10 km)
393,6	227,4	T-Kreuzung: rechts nach *Oodnadatta* (6 km) fahren; links nach *Coober Pedy* (195 km) und *Cadney Peak Roadhouse* (180 km) am Stuart Highway. Wer hier genug Eindrücke vom Oodnadatta Track gewonnen

hat, kann auf dieser etwas rauen, aber gut passierbaren Strecke zum Stuart Highway fahren. In *Arckaringa Hills* liegen beeindruckend bunte Felsformationen (*painted desert*), die bei Sonnenauf- und -untergang gute Fotomotive bieten. Camping ist allerdings erst an *Copper Hill Homestead* erlaubt.

399,3	221,7	*Oodnadatta*, Hotel/Pub (→ Artikel: Gestern „Afghan Town", heute Etappenort für Outback-Fahrer)

Etwa 17 km nördlich von Oodnadatta gabelt sich die Strecke. Der *Oodnadatta Track* führt weiter in westlicher Richtung nach *Marla* am *Stuart Highway*. Wer zu den *Dalhousie Springs* möchte, fährt weiter in Richtung Norden. Von dort sind es noch ca. 520 km über *Old Andado* oder *Finke Community* bis *Alice Springs* (→ Streckenbeschreibungen 8.1 und 8.2, Birdsville – Alice Springs via Simpson Desert).

416,2	204,8	Weggabelung: links *OT*; rechts zu *Hamilton Homestead* (90 km); *Dalhousie Springs* (163 km) und *Finke Community* (268 km)
475,8	145,2	Geradeaus *OT*; Abzweigung rechts zu *Todmorden Homestead* (14 km)
485,5	135,5	Geradeaus *OT*; Abzweigung rechts zu *Todmorden Homestead* (9 km)
518,1	102,9	Weggabelung: links *OT*; rechts zu *Lambina Homestead* (56 km) und *Granite Downs Community* (109 km)
568,2	52,8	Geradeaus *OT*; Abzweigung links zu *Wellbourn Hill Homestead* (2,5 km) und *Hawks Nest Well* (23,5 km)
573,0	48,0	Geradeaus *OT*; Abzweigung links zu *Wellbourn Hill Homestead* (3 km) und *Hawks Nest Well* (24 km)
617,1	3,9	T-Kreuzung: rechts *Stuart Highway* in Richtung *Marla* nehmen (4 km); links ist der *Stuart Highway* nach *Coober Pedy* (240 km)
621,0	0	*Marla*; Tankstelle

„Marla" kommt aus der Sprache der Ureinwohner und bedeutet „Känguru" *(marlu)*. Es ist eine neue Ortschaft, die *Greg Oakley* und seine Eltern 1982 gegründet haben. Sie waren der Meinung, dass hier, auf halbem Weg zwischen Adelaide und Alice Springs, eine gute Stelle sei, um einen Versorgungspunkt für Reisende auf dem Stuart Highway einzurichten. Wie sich herausstellte, eine gute Wahl. Heute gibt es in *Marla* jeglichen Service; eine besonders empfehlenswerte Erfrischung nach einer anstrengenden Fahretappe bietet der Campingplatz mit Swimmingpool und klimatisiertem Pub. Von Marla sind noch knapp 410 km auf dem geteerten Stuart Highway zu bewältigen, bis schließlich Alice Springs im „roten Zentrum" erreicht ist.

Strecke 5
Coober Pedy – Oodnadatta
(via Painted Desert)

- **Entfernung:** 230 km; max. Entfernung ohne Tankmöglichkeit: 230 km
- **Empfohlene Reisedauer:** 2 Tage
- **Reine Fahrzeit:** 4–6 Stunden
- **Empfohlene Reisezeit:** Mai bis September
- **Ab- und Rückmeldung:** nicht erforderlich
- **Ausrüstung:** Geländewagen (4-WD) mit Grundausrüstung bei Wagen und Werkzeug sowie ausreichend Wasser.
- **Pistenart- und Zustand:** Die Piste variiert zwischen breiter Schotterpiste und steinigen Abschnitten mit *bulldust*-Löchern, ist aber auch mit einem konventionellen Fahrzeug befahrbar, wenn es nicht vorher geregnet hat.
- **Versorgung:** Coober Pedy (Grundversorgung); Arckaringa Homestead/137 km (Camping); Oodnadatta/ 230 km (Lebensmittelladen, Hotel, Camping, Tankmöglichkeit)
- **Telefonnummern:** Coober Pedy Touristeninformation 08/ 86 72 52 98; Arckaringa Homestead 08/ 86 70 79 92; Pink Roadhouse Oodnadatta 08/ 86 70 78 22
- **Funkfrequenzen und Rufzeichen:** RFDS Port Augusta (VNZ) 8165 kHz (7 bis 17 Uhr), 4010 und 6890 kHz (17 bis 21 Uhr), 2020 kHz (21 bis 7 Uhr)
- **Kartenmaterial:** Westprint Heritage (1:1.000.000) Oodnadatta Track; Great Desert Tracks of Australia SC 1:1.250.000 (umfasst Googs Track, Nullarbor Plain, Connie Sue Hwy., Anne Beadell Hwy.)
- **Besondere Hinweise:** Ausreichend Wasser mitführen!

Die *Painted Desert* ist einer der Höhepunkt in der südaustralischen Wüste. Dieser Trek ab Coober Pedy nimmt nur knapp einen Tag Fahrt in Anspruch, aber als Fotograf oder Maler kann man sicher eine Woche in diesem Gebiet verbringen. Entlang der Piste zeigt sich eine großartige Landschaft mit schönen Farben.

Man lässt die staubigen Straßen von *Coober Pedy* (→ Artikel: Coober Pedy – Eldorado für Glücksritter) hinter sich und fährt in Richtung Nordosten, entlang der *Gibber Plains,* in denen der bekannte Endzeitfilm „Mad Max" gedreht wurde. Den Grund, warum die Filmcrew gerade diesen Ort für ihren Film wählte, wird jeder verstehen, der sich hier umsieht. Es gibt nahezu nichts im Umkreis von 360° zu sehen! So wurde der große Mond über den kahlen Ebenen zu einem der besonderen Effekte dieses Films.

Der Abstecher über *Arckaringa Homestead* führt jedoch in einen der großartigsten Landstriche des südaustralischen *outback*: die *Painted Desert*. Gerade mal einige Kilometer von Arckaringa entfernt, trifft man hier auf fantastische, kleine Tafelberge und farbenreiche Kompositionen aus Sand, Kieseln und Steinen. Der besondere Reiz der *Painted Desert* zeigt sich gerade für Fotografen während des Sonnenauf- und -untergangs oder in der Dämmerung.

Während der Sommermonate können die Temperaturen 45°–50°C erreichen; deshalb ist eine Reise während dieser Zeit nicht empfehlenswert.

Streckenlog

0	230,3	Ecke 17 Mile Road/Flat Hill Road in *Coober Pedy*
0,2	230,1	T-Kreuzung: kinks in Richtung Oodnadatta fahren
0,4	229,9	Beginn der Schotterpiste
14,4	215,9	*grid*
58,4	171,9	rechts *Mt. Barry* (ein alter Reifen als Hinweisschild)
88,2	142,1	Hier beginnt die so genannte *Lollipop Lane* – die Bäume sehen aus wie überdimensionale Lutscher.
91,5	138,8	*grid*
94,5	135,8	Weggabelung: links fahren zu *Painted Desert* und *Arckaringa Homestead*
101,2	129,1	*grid*
109,7	120,6	Links steht ein Wasserrad mit Tank.
113,7	116,6	*grid*
118,8	111,5	Rinderpferch rechts
123,0	107,3	*creek*
		Die Coolabah-Eukalypten bieten Schatten und sind daher eine gute Campingmöglichkeit.
124,1	106,2	*grid*
		Beginn von *Arckaringa Station*
131,9	98,4	*grid*
135,0	95,3	Geradeaus fahren; Abzweig links führt zur Landebahn von *Arckaringa Station.*
137,0	93,3	*Arckaringa Homestead.* Camping kostet hier 15 $.
137,6	92,7	Kreuzung: rechts fahren
142,9	87,4	*grid*
144,8	85,5	Hinweisschild auf *Painted Desert* (Zufahrt nicht erlaubt)
146,0	84,3	T-Kreuzung: links zu *Arckaringa Hills* und *Painted Desert* fahren
154,7	75,6	Geradeaus fahren; Abzweig links führt zum Fluss (Camping nicht erlaubt).
156,6	73,7	Weggabelung: links halten
158,5	71,8	Schöne Euklaypten säumen diesen Bach.
166,1	64,2	*grid*
180,7	49,6	T-Kreuzung: links in Richtung Oodnadatta fahren
187,1	43,2	*Mt. Andrews Creek*
205,7	24,6	*Budger's Creek*
223,0	7,3	*Neale's Creek*
225,0	5,3	Kreuzung: geradeaus fahren.
230,3	0	*Pink Roadhouse Oodnadatta*

Oodnadatta

(→ Streckenbeschreibung 4, Oodnadatta Track)

Strecke 6
Port Augusta – Katherine
(Stuart Highway)

- **Entfernung:** 2.394 km
- **Empfohlene Reisedauer:** 5 bis 6 Tage
- **Reine Fahrzeit:** 25 Stunden
- **Empfohlene Reisezeit:** das ganze Jahr über (beste Zeit April bis Oktober)
- **Ab- und Rückmeldung:** nicht erforderlich
- **Ausrüstung:** keine besondere Ausrüstung erforderlich
- **Pistenart und -zustand:** geteerte Straße
- **Versorgung:** (aufgeführt sind nur die Hauptversorgungspunkte) Port Augusta (kompletter Service); Glendambo/941 km (Lebensmittelladen, Hotel, Camping, Tankmöglichkeit); Coober Pedy/687 km (kompletter Service); Cadney Homestead/534 km (*roadhouse*); Marla/451 km (*roadhouse*); Kulgera/274 km (Lebensmittelladen, Hotel, Camping, Tankmöglichkeit); Erldunda/200 km (*roadhouse*); Alice Springs (kompletter Service); Ti Tree/975 km (*roadhouse*); Tennant Creek/664 km (Lebensmittelladen, Hotel, *caravan park*, Tankmöglichkeit); Highway Inn/270 km (*roadhouse*/Pub); Katherine (kompletter Service)
- **Telefonnummern:** Port Augusta Touristeninformation (Wadlata Outback Centre) 08/ 86 42 45 11; Coober Pedy Touristeninformation 08/ 86 72 52 98; Alice Springs Touristeninformation 08/ 89 52 58 00; Katherine Touristeninformation 08/ 89 72 26 50
- **Funkfrequenzen und Rufzeichen:** RFDS Port Augusta (VNZ) 2020, 4010, 6890 und 8165 kHz (6 bis 21 Uhr); RFDS Alice Springs (VJD) 5410 kHz (nur für Notfälle), 2020, 5410 und 6950 kHz (7.30 bis 17 Uhr); Aerial Medical Service Darwin (VJY) 2360, 4010, 6840 und 7975 kHz (24 Std.)
- **Kartenmaterial:** Hema (1:2.000.000) *The Top End and Western Gulf* und *Central Australia*; gute Dienste leisten auch die Karten der Automobilclubs.
- **Besondere Hinweise:** keine

Auf dem *Stuart Highway*, der nach *John MacDouall Stuart* benannt ist und in etwa seiner Expeditionsroute folgt (→ Land und Leute, hier: Die Erforschung Australiens), fährt man durch eine der vermutlich ältesten Landschaften dieser Erde und passiert Überreste einst wohl gigantischer Gebirgsketten. Wasserstellen, bizarre Felsenformationen, aber auch einzelne Bäume und Hügel sind heilige Stätten der Ureinwohner – für Touristen allerdings nur als markante Punkte in der Landschaft zu erkennen.

Während Stuart sich noch zu Pferd durch das heiße Inneraustralien quälen musste, können *outback*-Fahrer heute im bequemen Wagen fahren – sogar mit Klimaanlage. Noch vor einigen Jahren war der Highway eine zermürbende wellblechartige Piste und hatte den Ruf der längsten und härtesten Strecke Australiens. Dem zweiten Weltkrieg verdankt der Abschnitt von *Alice Springs* bis *Darwin* seinen Asphaltbelag, denn die Strecke wurde ausgebaut, um bei einer japanischen Invasion die Menschen an der Küste so schnell wie möglich evakuieren zu können und ebenso schnell Kriegsgerätschaften in Richtung Norden zu bringen. Seit 1987 ist der Stuart Highway durchgehend zweispurig asphaltiert.

Die Landschaft auf dem südlichen Streckenabschnitt mit glitzernden Salzseen, weitem, lichtem Waldland und endlosen Ebenen gehört zu den schönsten im *outback*. Die flirrende Hitze und Windhosen, so genannte *willie willies*, verleihen ihr ein fast surreales Aussehen. Nördlich von *Erldunda*, einer ehemaligen Schaffarm, treten rote, mit Wüstenkasuarinen bewachsene Sanddünen – letzte Ausläufer von *Simpson Desert* – auf. Wenn *Finke River* überquert ist, erhebt sich *MacDonnell Range* am Horizont. Vorbei an den *Henbury*-Meteoritenkratern und der *Virginia Camel Farm* gibt eine Kluft im Gebirge *(The Gap)* den Weg nach Alice Springs frei (→ Streckenbeschreibung 9 und 10. Westlich und östlich von Alice Springs). Von dort bis *Barrow Creek* geht es nun an dichtem Mulgabewuchs vorbei über weite Ebenen. Nördlich von *Barrow Creek* streift der Stuart Highway die westlichen Ausläufer von *Tanami Desert*, die mit Spinifex bewachsen sind. Bis *Wycliff Well* dominieren unzählige Termitenhügel die Landschaft. *Devils Marbles* – riesige, murmelähnliche Granitkugeln – in *Devonport Range* gehören zu den besonderen Attraktionen auf der Strecke. Nach dem Versorgungspunkt *Tennant Creek* und der Tanami-Wüste wird das Klima zunehmend tropischer. Obwohl sich die Landschaft zunächst kaum verändert, gehen hier zwei Ökosysteme ineinander über: im Osten *Barkly Tableland* und im Westen *Tana-*

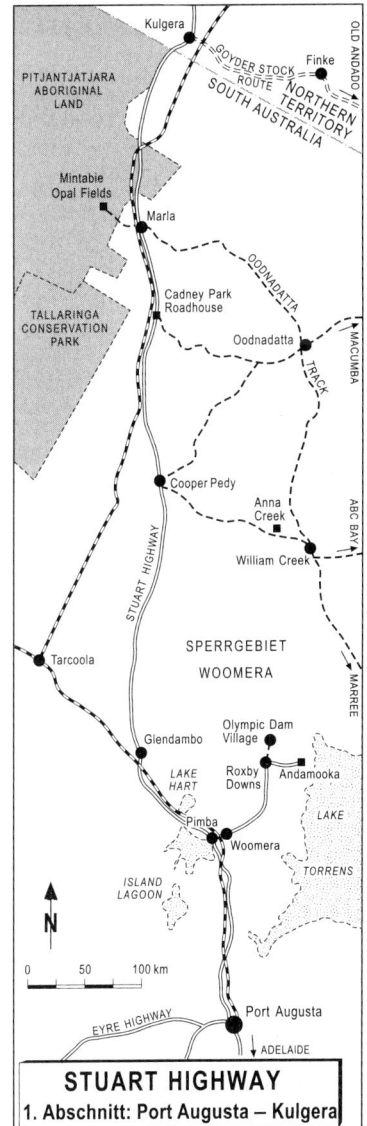

STUART HIGHWAY
1. Abschnitt: Port Augusta – Kulgera

mi Desert und *Lake Woods*. Von *Dunmarra* nach *Katherine* nimmt der wüstenähnliche Charakter der Landschaft allmählich ab, und Eukalypten wie *woollybutts* oder *stringybarks* treten stärker in den Vordergrund.

Port Augusta

Dieser Ort, auch „Gateway to the Outback" (Tor zum *outback)* genannt, ist Ausgangspunkt für diese Route. Hier ist der Knotenpunkt der Fernstraßen aus *Adelaide, Alice Springs* und *Perth. Matthew Flinders* ging 1802 südlich der heutigen Stadt am Spencer-Golf an Land. 1841 kam *John Eyre* auf dem Landweg erstmals in diese Region. Doch die Besiedlung begann erst elf Jahre später, als das Gebiet für Farmen erschlossen wurde. Schließlich entstand die kleine Stadt 1852 als Verladehafen für die neuen Farmgebiete am Golf. Bereits zwei Jahre später verschiffte man von hier die erste Wollladung. Nachdem man 1859 Kupfervorkommen nahe *Blinman* entdeckt hatte, wurde *Port Augusta* schnell zu einem wichtigen Exporthafen. 1862 versorgte das „Liverpool des Südens", wie der Ort schon damals hieß, über 6.000 Farmer und Bergbauarbeiter. Heute wohnen in Port Augusta mehr als 14.000 Menschen, die hauptsächlich von Schafzucht, Wollindustrie und Fischfang leben, und deren Zukunft durch Eisenerzvorkommen bei *Whyalla* und durch Kohle bei *Leigh Creek* gesichert ist. Der Ort bietet mit dem *Wadlata Outback Centre* (41 Flinders Terrace) einen guten Einblick in das Leben der Aborigines in dieser Region.

Streckenlog

| 0 | 2394,0 | *Port Augusta* |

Nördlich von Port Augusta liegen *North-* und *South Tent Hill*, zwei zeltförmige Berge, die vermutlich vor mehr als hundert Millionen Jahren entstanden sind. Heute heißt die Ebene, die beide Berge umgibt und sich bis zum Spencer-Golf erstreckt, *Arcoona Plateau*; sie hat kilometerlange Abbruchkanten. Nach etwa 50 km erscheint am östlichen Horizont *Uro Bluff*, eine markante, schroffe Erhebung in den ansonsten eher sanften Hügeln. In den Legenden der Aborigines ist dies einer der Orte, an denen die Ahnen von *quolls* (possumähnlichen Raubbeutlern) hausten. Nach knapp 100 km befindet man sich auf *Arcoona Plateau*, dessen lehmige Oberfläche mit kleinen Steinen *(pebbles)* bedeckt ist. Auffallend ist der spärliche Baumbewuchs. Dafür gibt es eine einfache Erklärung: Während heftiger Regengüsse saugt sich der Lehm mit Wasser voll. Die sengende Sonne backt regelrecht den Lehm, sodass er Risse bekommt und aufbricht. Damit reißen auch die Wurzeln der Bäume

auseinander, sodass nur eine dünne Vegetations-
decke entstehen kann.

| 172,0 | 2222,0 | *Pimba*; geradeaus *Stuart Highway* (STH); Abzwei-
gung rechts nach *Woomera* (7 km) |

„Woomera", an der südöstlichen Grenze von *Woomera Prohibited Area*, bedeutet in der Sprache der
Ureinwohner „fliegender Speer". Dieses Gebiet
wurde 1947 in Zusammenarbeit mit Großbritannien
als Sperrzone ausgewiesen. In dem Gebiet, das von
Lake Torrens im Südosten bis *Maralinga* im Südwesten
(600 km) reicht und sich nördlich bis auf 250 km der
Grenze zu Northern Territory nähert, testeten
E.L.D.O. (Europa Launcher Development Organisation) und *NASA* zwischen 1960 und 1972 Geschosse
und Raketen aller Art. Die Experimente wurden größtenteils in *Great Victoria Desert* durchgeführt. Dass
dort die Maralinga Tjarutja-Aborigines lebten, interessierte die Verantwortlichen wenig. Während der
Atombombenversuche ließ man sie ungehindert
durch verseuchtes Gebiet ziehen. Erst nach Jahren
erfuhr die Öffentlichkeit davon, und man siedelte
die Überlebenden nach Yalata am Highway No. 1
(kurz vor der Grenze zwischen Western und South
Australia) um, wo einige Aborigines auch ein *roadhouse* betreiben. Seit 1982 ist der Ort Woomera,
vom Verteidigungsministerium verwaltet, auch Besuchern zugänglich.

Etwa 20 km hinter Pimba liegt rechts *Eucolo Bluff*,
eine heilige Stätte der Aborigines. An *Eucolo Creek*
finden sich noch viele Felsenritzungen, deren Bedeutung allerdings unbekannt ist. Nach knapp 50 km
breitet sich rechts *Lake Hart* aus, dessen schimmernde
Salzkruste wirklich ein beeindruckendes Bild bietet.

| 268,0 | 2126,0 | *Coondambo Homestead* |

Coondambo war eine der ersten Schaffarmen, die
ganz vom Kaninchen- und Dingozaun eingefasst
war (→ Artikel: Wie man Kaninchen und Dingo zu
Leibe rückte).

| 285,0 | 2109,0 | *Glendambo* |

Etwa 8 km nach Glendambo beginnt *Woomera Prohibited Area*, die bis kurz vor *Coober Pedy* reicht. Für die
Fahrt auf dem *Stuart Highway* ist keine Genehmigung erforderlich.

| 534,0 | 1860,0 | Geradeaus *STH*; Abzweigung rechts nach *William
Creek* (167 km) |

Coober Pedy – Eldorado für Glücksritter

Schon von weitem sind die Erdhügel von *Coober Pedy* zu sehen. Ein vierzehnjähriger Junge fand hier den ersten Opal, als er mit seinem Vater auf Goldsuche war. Während sie einen Platz zum Übernachten suchten, entdeckte der Junge noch mehr dieser funkelnden Steine. Nach acht Tagen bereits wurde der erste *claim* abgesteckt und nur wenige Monate später systematisch nach den Steinen gegraben. Zunächst war das Gebiet als *Stuart Range Opal Field* bekannt. 1920 entschieden sich die damaligen Bewohner der kleinen Siedlung für den Namen „Coober Pedy". Der Name kommt wie so oft aus der Sprache der Aborigines; er leitet sich aus dem Wort „Kupa Piti" ab, was soviel bedeutet wie „Wasserloch eines Jungen", aber übersetzt wurde mit „weißer Mann im Loch". Heute ist Coober Pedy das größte und bedeutendste Opalzentrum der Welt. Obwohl die Vorkommen schier unbegrenzt scheinen, findet sich hier keine große Minengesellschaft, denn die australische Regierung erließ ein Dekret, dass niemand ein Gebiet größer als 10.000 m² abstecken dürfe. *Claims* dieser Größenordnung sind natürlich für Minengesellschaften völlig unrentabel. So meißeln noch heute Glücksritter aus der ganzen Welt die Opale in harter Arbeit aus dem Boden. Etwa 80 % aller Opale der Welt kommen von hier. Für dreißig Dollar pro Jahr kann hier jeder eine Schürflizenz erwerben und einen 2.500 m² großen Claim umgraben. Da Opaladern sich bis zu 25 m tief im Gestein unter der Erdoberfläche befinden, kann sich jeder denken, dass Spitzhacke, Schaufel, guter Wille und Optimismus allein nicht zum Erfolg führen. Opalsuche bedeutet neben harter Knochenarbeit auch hohe Investitionen für Maschinen. Wer es nicht so hart mag oder kein Geld für die notwendige Ausrüstung hat, kann es den Aborigines gleichtun. Mit einem geliehenen Sieb (gibt es in Coober Pedy für 1 $) kann man den zutage geförderten Abraum der professionellen Opalgräber durchwühlen. Wer das Glück hat, unter sengender Sonne und im Kampf gegen Heerscharen lästiger Fliegen mal kleine Steinchen oder Opalsplitter in der staubigen Erde zu finden, kann sie direkt im Ort schleifen und zu einem Schmuckstück verarbeiten lassen.

Früher lebten die meisten Einwohner von Coober Pedy wegen der extremen sommerlichen Hitze (bis zu 50 °C) unter Tage; d. h. sie bauten sich ihre Wohnungen *(dugouts)* in die kühlen Felsen oder lebten ganz einfach in den Minenschächten. Erst seit den sechziger Jahren, dank Klimaanlagen, sind viele „Übertage-Wohnungen" hinzugekommen. Unter den heute rund 4.000 Einwohnern sind mehr als vierzig Nationen vertreten, die alle mehr oder weniger ins Opalgeschäft eingebunden sind. Insgesamt ist das Gebiet, in dem die heiß begehrten Steine gesucht werden, ca. 675 km² groß.

		Der *track* ist sandig, aber nicht allzu schwierig. Eine Genehmigung für die Fahrt durch *Woomera Prohibited Area* ist nicht erforderlich.
539,0	1855,0	*Coober Pedy* (→ Artikel: Coober Pedy – Eldorado für Glücksritter)
692,0	1702,0	*Cadney Homestead*

775,0	1619,0	*Marla*; geradeaus *STH*; Abzweigung rechts ist der *Oodnadatta Track* (→ Streckenbeschreibung 4) nach *Oodnadatta* (209 km) und *Marree* (614 km)
933,0	1461,0	Geradeaus *STH*; Abzweigung links zum *Old Gunbarrel Highway*
952,0	1442,0	*Kulgera*

Mit Erreichen von Kulgera, einer der ehemaligen Schaffarmen im Landesinneren, beginnt das Viehzuchtgebiet *(cattle-country)*. Der Abschnitt bis *Alice Springs* unterscheidet sich auffallend vom südlichen Teil des Stuart Highway. Weite, spärlich bewachsene Ebenen *(gibber plains)* beherrschen das Bild.

1025,0	1369,0	Geradeaus *STH*; Abzweigung links ist der *Lasseter Highway* zu *Uluru (Ayers Rock) National Park* (244 km; → Streckenbeschreibung 9).
1026,0	1368,0	*Erldunda*

Etwa 50 km nördlich der ehemaligen Schaffarm liegt ein besonders bedeutsames Gebiet für Aborigines. Ihr Schöpfungsmythos erzählt, dass hier die „Traumpfade" von Känguru *(malu)*, Wallaby *(warru)*, Dingo *(papa)*, Keilschwanzadler *(impimpe)* und der Raupe *(ulpe)* zusammentreffen (dazu auch → Artikel: Die „Traumpfade" der Ahnen).

Willkommen im Northern Territory

Die „Traumpfade" der Ahnen

Wenn es auch viele verschiedene Sprachen der Aborigines in einzelnen Regionen gab (vermutlich über 250 allein auf dem Festland) oder sich die Riten zu zeremoniellen Anlässen je nach Volk unterschieden, so ist allen Aborigines ihr Ursprung gemeinsam, der für sie – ebenso wie der Ursprung allen Lebens – auf die Schöpfung *(dreamtime)* zurückgeht. Nach ihr erschienen die Vorfahren der Aborigines *(totemic ancestors)*, die man in unserer Sprache als Geist- oder Schöpfungswesen bezeichnen könnte, aus der Dunkelheit der Nacht und schufen die Welt, indem sie sie besangen. Jeder Schritt des Ahnen war eine Strophe, jede Strophe aus den Namen gebildet, die er beim Wandern der Umgebung gab. Ein Lied war somit eine ununterbrochene Kette von Strophen. Der gesamte Kontinent war von solchen „Traumpfaden" *(songlines)* der Ahnen durchzogen. Ein Aborigine konnte sich sein Territorium nicht als ein von Grenzen umschlossenes Gebiet vorstellen, sondern sah in ihm ein verzweigtes Netz von Linien.

In allen Sprachen der Aborigines war das Wort für „Land" identisch mit den Wörtern für „Linie". Jeder Aborigine erbte ein Stück vom Lied des Ahnen und ein Stück Land, über das dieses Lied führte. Die Strophen waren seine „Besitzurkunde". Er konnte sie zwar anderen ausleihen oder sich selbst Strophen borgen, nur anderweitig veräußern konnte er sie nicht. Längs dieser „Traumpfade" gab es Knotenpunkte, an denen sich die Träume verschiedener Clans überschneiden konnten. Wenn die Ältesten eines Clans beschlossen, den ganzen, ihnen bekannten Liederzyklus zu singen, wurden Botschafter ausgesandt, die auf den Pfaden alle zur *corroboree* (besondere Zeremonie) herriefen, die ihren Teil zum Lied beisteuern konnten. Jeder sang dann seinen Teil, den Fußspuren der Ahnen folgend, in der korrekten Reihenfolge. Die Strophen nicht in der richtigen Folge zu singen, bedeutete den Tod, denn der Sänger machte damit die Schöpfung ungeschehen. Zu den *corroborees* versammelten sich Aborigines vieler Völker, die Lieder sangen, Tänze vorführten, Botschaften, Gedanken und Waren austauschten oder sich gegenseitig die „Wegerechte" auf den „Traumpfaden" garantierten. Lieder auszutauschen hieß, seine „Lied-Karte" zu erweitern, Sprachbarrieren zu überwinden und „rituelles Wissen" zu erlangen. Ein „Traumpfad" konnte im äußersten Nordwesten beginnen, sich durch den ganzen Kontinent winden, durch Dutzende von Sprachen gehen und im Südosten enden, ohne dass sich seine Melodie änderte. Die Melodie des Liedes (d. h. die Tonfolge) schien die Landschaft zu beschreiben, durch die das Lied führte – gleich kartografischen Hinweisen. So konnte ein erfahrener *songman* an der Folge der Strophen erkennen, an welcher Stelle man sich auf einer *songline* befand. An bestimmten Stellen ging das Lied der Ahnen in den Besitz eines anderen über. Nach Beendigung der Schöpfung versanken die Ahnen in der Erde und hinterließen neben ihrem Geist in Menschen, Tieren, Pflanzen und Landschaften auch etwas von ihren „Lebenszellen" an den einzelnen Linien ihrer Fußspuren.

| 1093,0 | 1301,0 | Geradeaus *STH*; Abzweigung links zu *Henbury Meteorites Crater Conservation Reserve* (11 km) und *Kings Canyon* (196 km) |

Das Schutzgebiet der Meteoritenkrater umfasst zwölf Krater. Der größte misst 180 m im Durchmesser, der kleinste 6 m. Sie entstanden vor etwa 4.700 Jahren, als ein Meteorit in die Erdatmosphäre eintrat und seine Trümmer hier auf der Erde einschlugen. Dass Aborigines dieses Ereignis miterlebten, erzählen ihre Überlieferungen. Sie sprechen von einer feuerspeienden Sonne und von Felsen, die durch die Luft flogen. Die Krater waren lange Zeit von Interesse für die Weltraumforschung, da ihre Oberfläche der des Mondes gleicht. Bevor die Amerikaner ihre erste bemannte Rakete zum Mond schickten, simulierten sie hier eine Landung. Hinweisschilder und Tafeln erklären dem Besucher alles Wissenswerte.

| 1133,0 | 1280,0 | *Virginia Camel Farm* |

Die Kamelfarm liegt in *James Range*, die nach der Schöpfungsgeschichte *(dreamtime)* der Ureinwohner durch den *quoll*-Ahnen *Atylipe* entstanden ist, der in dieser Gegend einst rastete. Der Boden unter ihm gab nach – Senken, Täler und Berge entstanden. Atylipe gilt gleichsam als Begründer der Initionsriten der Ureinwohnerstämme im „roten Zentrum".

| 1154,0 | 1240,0 | Geradeaus *STH*; Abzweigung rechts zu *Rainbow Valley Nature Park* (22 km) |

Neben den Ockerzeichnungen der Aborigines sind die frei stehenden Klippen von *Rainbow Valley* bei Sonnenauf- und -untergang beliebte Fotomotive. Die Zufahrt zum Regenbogental, das seinen Namen den farbigen bänderartigen Einlagerungen in den Sandsteinwänden verdankt, ist schwierig und nicht für Fahrzeuge ohne Allradantrieb geeignet.

| 1226,0 | 1168,0 | *Alice Springs* |

Oft wird fälschlicherweise angenommen, *Alice Springs* (→ Streckenbeschreibungen 8, 9, 10 und 11) liege genau im Zentrum des Fünften Kontinents. Andere sind der Meinung, *Ayers Rock* befände sich genau in der Mitte Australiens. Dabei muss man unterscheiden zwischen dem geografischen Mittelpunkt und dem Gravitationsschwerpunkt. Bereits im April 1860 errechnete *John MacDouall Stuart* auf seiner Forschungsreise mittels Sextanten, dass sich der geografische Mittelpunkt Australiens exakt am später nach ihm benannten *Central Mt. Stuart* befindet. 1988 wies das *Department of Geographic Information* einen zweiten Mittelpunkt Australiens nach: den Gravitationsschwerpunkt auf *Lilla Station* an *Finke River*, südlich von *MacDonnell Range*, am westlichen Rand von *Simpson Desert*. Interessant ist, dass man nach allen Computeranalysen und Berechnungen fast genau auf den Punkt kam, den *Cecil Thomas Madigan* bereits 1930 als Mittelpunkt Australiens angenommen hatte. Er hatte ihn allein mit Hilfe eines an einem Pendel aufgehängten Australienmodells herausgefunden. Meint man mit dem Zentrum Australiens aber das Landesinnere, so reicht es von der Grenze zwischen Northern Territory und South Australia bis etwa *Tennant Creek*.

Aborigines und ihre Verbundenheit zum Land

Die einzelnen Clans eines Volkes waren jeweils mit einem mythischen Vorfahren verbunden, der Landschaften erschaffen hatte und sich in Besonderheiten der Natur wiederfand. Jeder Baum, jeder Felsen oder jedes Tier hatte eine bestimmte Bedeutung. Dabei besaß jeder Clan einen ureigenen Totem, der ihn mit der „Traumzeit" verband. In Arnhem Land und einigen anderen Teilen Australiens war es die Regenbogenschlange, ein mythologisches Wesen, das man in Verbindung mit Regen, Gewitter und Stürmen brachte und für einige Völker auch Sinnbild der Fruchtbarkeit war. Manchmal hatte ein Geistwesen auch menschliche Gestalt; immer aber entsprach es Formen aus der Natur, einem Tier oder einer Pflanze, die im Gebiet des Clans zu finden waren. Ihnen durfte kein Leid angetan, es durfte nichts zerstört oder gegessen werden.

Das Land und die Natur waren für die Aborigines die allumfassende Quelle ihres Geistes. Nach ihrem Glauben setzt sich das menschliche Wesen aus einem sterblichen körperlichen und einem unsterblichen geistigen Teil zusammen; nach dem Tod lebt die Seele weiter, allerdings ohne die Persönlichkeit des vormaligen Individuums. Alle Bestattungsrituale zielten demnach darauf ab, die befreite Seele zu ihrem Ursprung, dem Land, zurückzuführen. Nur so nämlich können neue Menschen entstehen. Aborigines, die von ihrem Land vertrieben oder umgesiedelt wurden, waren somit nicht Flüchtlinge in materieller, sondern in seelischer Hinsicht. Kriege um ein Stück Land zu führen, waren ohne Sinn. Die traditionelle Gesellschaft war zwar nicht frei von Auseinandersetzungen, aber wahrscheinlich die einzige der Welt, die es mit Hilfe ihres Glaubens geschafft hatte, ohne Kriege und Landraub zu leben. Nichts war ihnen fremder als die Vorstellung Land zu besitzen, es für Geld zu kaufen oder mit Gewinn oder Verlust zu verkaufen. Diese sehr enge Verbundenheit der Aborigines zu ihrem Land war und ist immer noch Auslöser für viele Konflikte mit den eingewanderten Europäern, wann immer Aborigines von ihrem Land vertrieben und umgesiedelt wurden, Minengesellschaften in ihr Gebiet eindringen oder Touristen heilige Stätten entweihen.

| 1246,0 | 1148,0 | Geradeaus *STH*; Abzweigung links nach *Halls Creek* (1057 km; → Streckenbeschreibung 11) |
| 1255,0 | 1129,0 | *Wendekreis des Steinbocks* |

Der Wendekreis liegt am Beginn von *Burt Plain* (→ Streckenbeschreibung 12.2, Plenty Highway), einer weiten Ebene, die besonders den Arrente-Aborigines, die hier leben, heilig ist. Nasenbeutler *(bandicoot),* Honigameise und Känguru waren ihre Totems (→ Artikel: Aborigines und ihre Verbundenheit zum Land).

1275,0	1120,0	Geradeaus *STH*; Abzweigung rechts zu *Arltunga Historical Reserve* (74 km)
1294,0	1100,0	Geradeaus *STH*; Abzweigung rechts ist der *Plenty Highway* nach *Mt. Isa* (773 km; → Streckenbeschreibung 12.2).
1359,0	1035,0	*Aileron*
1419,0	975,0	*Ti Tree*
1435,0	900,0	Geradeaus *STH*; Abzweigung links nach *Willowra Community*

Etwa 30 km nach der Abzweigung deuten große Eukalyptusbestände *(coolabahs)* auf ein Feuchtgebiet – *Stirling Swamp* – hin.

Die legendäre Quelle von Alice Springs

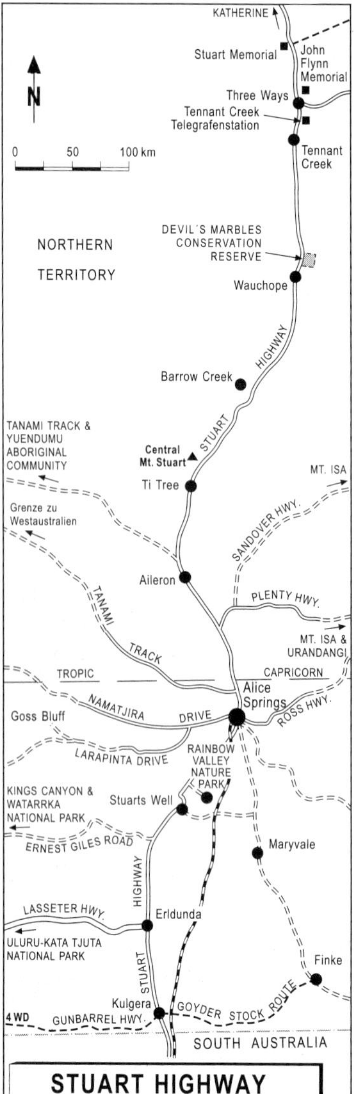

Left map:

KATHERINE

Stuart Memorial

John Flynn Memorial

Three Ways
Tennant Creek Telegrafenstation

Tennant Creek

N

0   50   100 km

NORTHERN

TERRITORY

DEVIL'S MARBLES CONSERVATION RESERVE

Wauchope

Barrow Creek

TANAMI TRACK & YUENDUMU ABORIGINAL COMMUNITY

Central Mt. Stuart

MT. ISA

Ti Tree

Grenze zu Westaustralien

SANDOVER HWY.

Aileron

PLENTY HWY.

MT. ISA & URANDANGI

TANAMI TRACK

TROPIC

CAPRICORN

Alice Springs

NAMATJIRA DRIVE

ROSS HWY.

Goss Bluff

LARAPINTA DRIVE

RAINBOW VALLEY NATURE PARK

KINGS CANYON & WATARRKA NATIONAL PARK

Stuarts Well

ERNEST GILES ROAD

Maryvale

LASSETER HWY

Erldunda

ULURU-KATA TJUTA NATIONAL PARK

STUART HIGHWAY

Finke

Kulgera

4 WD   GUNBARREL HWY.   GOYDER STOCK ROUTE

SOUTH AUSTRALIA

STUART HIGHWAY
2. Abschnitt: Kulgera – Three Ways

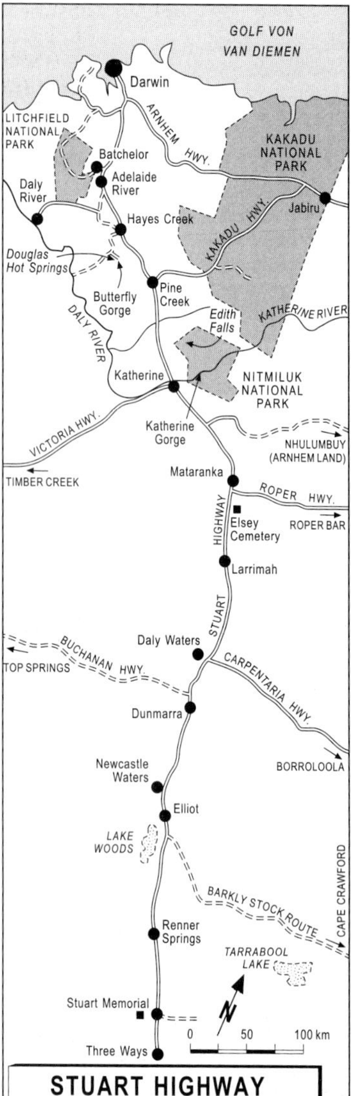

Right map:

GOLF VON VAN DIEMEN

Darwin

ARNHEM HWY.

LITCHFIELD NATIONAL PARK

KAKADU NATIONAL PARK

Batchelor

Adelaide River

Daly River

Hayes Creek

Jabiru

KAKADU HWY.

Douglas Hot Springs

Butterfly Gorge

Pine Creek

DALY RIVER

Edith Falls

KATHERINE RIVER

Katherine

NITMILUK NATIONAL PARK

VICTORIA HWY.

Katherine Gorge

NHULUMBUY (ARNHEM LAND)

TIMBER CREEK

Mataranka

ROPER HWY.

ROPER BAR

Elsey Cemetery

Larrimah

STUART HIGHWAY

Daly Waters

CARPENTARIA HWY.

TOP SPRINGS

BUCHANAN HWY.

Dunmarra

BORROLOOLA

Newcastle Waters

Elliot

LAKE WOODS

BARKLY STOCK ROUTE

CAPE CRAWFORD

Renner Springs

TARRABOOL LAKE

Stuart Memorial

N

0   50   100 km

Three Ways

STUART HIGHWAY
3. Abschnitt: Three Ways – Darwin

1510,0	884,0	*Barrow Creek*

Die Telegrafenstation hier entstand 1872, während der ersten Bauphase der Telegrafenverbindung. Die Gräber nahe der Station sind die letzten Ruhestätten von *Stapleton* und *Franks*, zwei Arbeitern der Telegrafengesellschaft, die von Kaytej-Aborigines getötet wurden.

1598,0	796,0	*Wycliffe Well*
1616,0	778,0	*Wauchope*

In jedem Jahr wird hier ein besonderes *cricket-match* veranstaltet: „Wauchope versus the rest of the world" („Wauchope gegen den Rest der Welt"), zu dem sämtliche Viehtreiber und Farmer der Umgebung kommen und dem beliebtesten Spiel Australiens frönen.

1626,0	768,0	*Devils Marbles Conservation Reserve*

Die durch Wind- und Wassererosion eigenwillig geformten „Teufelsmurmeln" – große Granitkugeln – wurden nach dem Glauben der Ureinwohner von der Regenbogenschlange aufgetürmt (→ Artikel: Aborigines und ihre Verbundenheit zum Land). Eine der Kugeln transportierte man – sehr zum Unwillen der Aborigines, denen sie heilig sind – nach *Alice*

Auf dem Highway – einer der gigantischen Roadtrains

187

		Springs, um sie dort auf *John Flynns* (Gründer des *Royal Flying Doctor Service*) Grab zu stellen.
1730,0	664,0	*Tennant Creek*
		Die knapp 2.000 Einwohner dieses kleinen Ortes leben größtenteils von Bergbau und Tourismus.
1742,0	652,0	Geradeaus *STH*; Abzweigung links zu *Devils Pebbles* (6 km)
		Die Miniaturausgaben der „Teufelsmurmeln" stehen den großen Granitkugeln in nichts nach, und es lohnt sich, sie vor allem bei Sonnenauf- und -untergang zu fotografieren.
1754,0	640,0	*Three Ways;* geradeaus *STH*; Abzweigung rechts ist der *Barkly Highway* nach *Mt. Isa* (642 km)
1888,0	506,0	*Renner Springs Roadhouse*
		Die Quellen, die der Raststätte den Namen gaben, liegen südlich davon versteckt unter dichtem Akazienbewuchs. Woher ihr Wasser kommt, ist nicht genau bekannt.
1980,0	414,0	*Elliott*
2080,0	314,0	*Dunmarra*
2088,0	306,0	Geradeaus *STH*; Abzweigung links ist der *Buchanan Highway* nach *Top Springs* (180 km)
2124,0	270,0	*Highway Inn;* Abzweigung rechts ist der *Carpentaria Highway* nach *Booroolola* (391 km)
2128,0	266,0	Geradeaus *STH*; Abzweigung links nach *Daly Waters* (1 km)
2217,0	177,0	*Larrimah Roadhouse*
2278,0	116,0	Geradeaus *STH*; Abzweigung rechts ist der *Roper Highway* nach *Roper Bar* (176 km; → Streckenbeschreibung 22, Roper Bar – Normanton/Savannah Way).
2285,0	109,0	*Mataranka;* Abzweigung rechts zu *Old Elsey Homestead* und den *Thermalquellen* (8 km).
		Die 34 °C warmen Quellen sind eine Attraktion am Stuart Highway. Sie liegen inmitten des *Never Never*-Gebiets, so genannt, weil die Menschen hier sagen: „Wer dieses Land liebt, verlässt es niemals, niemals!" Berühmtheit erlangte die Region mit dem Buch von *Jeannie Gunns* „We of the Never Never". Die Autorin hielt es allerdings nur wenige Jahre hier aus und kehrte nach Melbourne zurück. Auf dem Gelände von *Mataranka Homestead* errichtete man eine Nachbildung von *Elsey Homestead*, das für die Verfilmung des Buches als Kulisse diente.
2339,0	55,0	Geradeaus *STH*; Abzweigung rechts nach *Maranboy Community* (18 km) und *Arnhemland* (Besuchserlaubnis erforderlich!)

2364,0	30,0	Geradeaus *STH*; Abzweigung links zu *Cutta Cutta Caves Nature Park* (1,5 km)
		Die bizarren Höhlen des Schutzgebietes sind die einzigen Tropfsteinhöhlen in Northern Territory, die mit Führung zu besichtigen sind. Hier leben auch die seltenen Gespenst- und Hufeisenfledermäuse.
2394,0	0	*Katherine*

Katherine

Zwar nicht Endpunkt des *Stuart Highway*, aber Endpunkt des *outback* ist *Katherine*, mit mehr als 9.500 Einwohnern drittgrößte Stadt in Northern Territory, die von Viehzucht und von Tourismus lebt.

Der erste Europäer, der 1844 in die Region um *Katherine River* vordrang, war *Ludwig Leichhardt*. Doch erst 18 Jahre später entdeckte *Stuart* den Fluss, an dem die Jawoyn-Aborigines lebten. Er nannte ihn „Katherine", nach der Tochter des Sponsors, der ihm diese Expedition ermöglicht hatte. Stuart berichtete von einer Gegend mit viel fruchtbarem Land, ideal für die Landwirtschaft. Die Besiedlung ließ nicht lange auf sich warten, ebenso wenig wie die Verfolgung der hier lebenden Eingeborenen. Um die Telegrafenstation *Katherine* entstand ein kleiner Ort,

Absolut beeindruckend: Katherine Gorge

der an Bedeutung gewann, als die Eisenbahnstrecke von Darwin in Richtung Süden gebaut wurde und 1917 Katherine erreichte.

Anziehungspunkt für Touristen ist zweifelsfrei *Nitmiluk National Park*, nördlich der Stadt, mit *Katherine Gorge* und *Edith Falls*. Die etwa 12 km lange Schlucht, die sich in dreizehn Abschnitte gliedert – lediglich neun sind zu Fuß zu erreichen – schuf *Katherine River* in Millionen von Jahren. Die tiefe Schlucht weitet sich stromaufwärts zu einem breiten Tal, das den südlichsten Teil von *Arnhem Plateau* bildet. In der Trockenzeit von April bis November fließt der Fluss um Sandbänke und Felsenbrocken träge dahin. In der Regenzeit von Dezember bis März aber verwandelt er sich in einen reißenden Strom mit tosenden Wasserfällen. Erst dann wird deutlich, wie die Wasserkraft diese Schluchten im Laufe von Jahrmillionen auswaschen konnte. In der Hauptsaison (Trockenzeit im Winter) verkehren täglich mehrere Touristenboote. Nur mit Kanus sind die entlegeneren Schluchten zu erreichen. Wenn allerdings die Krokodile ihren Nachwuchs aufziehen (ab Mitte Juli), wird der Kanuverleih kurzzeitig eingestellt. Trockengefallene Stromschnellen und Felsenblöcke muss man dabei oft zu Fuß überwinden. Außerdem gibt es viele eindrucksvolle Wanderwege. Wer die steil aufragenden Felsenwände aus der Vogelperspektive erleben möchte, kann in der Stadt einen Rundflug buchen (zu haben ab 70 $ p.P.).

In der Mythologie der *Jawoyns* entstand *Katherine Gorge* durch das Geistwesen *Balu*. Er durchstreifte das Land in der „Traumzeit" *(Burr)* in südlicher Richtung. Doch erst *Nabilil*, ein drachenähnliches Wesen, brachte das Wasser in die Schlucht. Er zog mit Feuerstöcken und einem Beutel Wasser durch die trockene Landschaft. Da die Tiere Durst litten, versuchten viele, Nabilil das Wasser zu stehlen, was ihnen aber nicht gelang. In der Schlucht von Katherine schlug Nabilil sein Lager auf und hörte dem Zirpen der Zikaden zu: „Nit! Nit! Nitnit!" Daraufhin nannte er den Ort „Nitmiluk". Als er weiterzog, kam er an einen Platz, wo die Fledermaus *Walarr* lebte. Diese versteckte sich gut unter Blättern, um nicht von Nabilil gesehen zu werden. Um an sein Wasser zu kommen, tötete sie Nabilil aus dem Hinterhalt mit einem Speer. Der Wasserbeutel fiel zu Boden, das Wasser floss aus und füllte die gesamte Schlucht – *Katherine River* war geboren.

Strecke 7
Birdsville – Mt. Isa
(via Boulia)

- **Entfernung:** 681 km; max. Entfernung ohne Tankmöglichkeit: 198 km
- **Empfohlene Reisedauer:** 2 bis 3 Tage
- **Reine Fahrzeit:** 9 Stunden
- **Empfohlene Reisezeit:** das ganze Jahr über (beste Zeit April bis Oktober)
- **Ab- und Rückmeldung:** nicht erforderlich
- **Ausrüstung:** Geländewagen (4-WD) mit Grundausrüstung bei Wagen und Werkzeug; bei trockener Piste ist die Strecke auch mit Pkw zu befahren.
- **Pistenart und -zustand:** Von Birdsville bis Boulia vorwiegend gute, aber sehr staubige Schotter- und Erdpiste mit einigen wellblechartigen Abschnitten. Von Boulia bis Mt. Isa schmale Teerstraße.
- **Versorgung:** Birdsville (Grundversorgung); Bedourie/192 km (Lebensmittelladen, Hotel, Camping, Tankmöglichkeit); Boulia/390 km (Grundversorgung), Dajarra/534 km (Lebensmittelladen, Hotel, Werkstatt, Tankmöglichkeit); Mt. Isa/685 km (kompletter Service)
- **Telefonnummern:** Birdsville (Polizeistation) 07/ 46 56 32 20; Bedourie Hotel 07/ 47 43 79 66; Boulia Hotel 07/ 47 46 31 44; Boulia (Polizeistation) 07/ 47 46 31 20 oder 07/ 47 46 31 48 Mt. Isa Touristeninformation 07/ 47 43 79 66
- **Funkfrequenzen und Rufzeichen:** RFDS Mt. Isa (VJI) 5110 und 6965 kHz (8 bis 17 Uhr), 2020 kHz (nach 17 Uhr und an Wochenenden)
- **Kartenmaterial:** Hema (1:2.000.000) *Queensland's Outback*; Westprint Heritage (1:1.000.000) *Plenty Highway*
- **Besondere Hinweise:** keine

Der kleine Ort *Birdsville* (→ Streckenbeschreibung 3, Birdsville Track), bekannt durch das in jedem Jahr hier veranstaltete *Birdsville Race* (Pferderennen), war Ausgangspunkt der einstigen Karawanenstrecke nach Bedourie. Diese Piste, heute nur noch von motorisierten Reisenden benutzt, verläuft fast parallel zur Route von *Burke* und *Wills*. Sie waren die ersten, die diesen Landstrich in Süd-Nord-Richtung durchquerten (→ Artikel: Acht Stunden entschieden über Leben und Tod – Die Expedition von Burke & Wills). Ihnen folgte *McKinlay*, der bei seiner Rückkehr von fruchtbarem Land im Gebiet von *Diamantina*- und *Cooper River* berichtete. 1867 folgten die ersten Siedler und begannen mit der Viehzucht. Die Versorgung der entlegenen Farmen im Norden übernahmen afghanische Karawanen, die in Birdsville loszogen. Das Grab eines afghanischen Kameltreibers, das nach Mekka ausgerichtet ist, kann man heute noch bei *Cluney*, das auf dem Weg liegt, sehen. Im weiteren Verlauf der Strecke, zumeist Schotter-, Sand- oder Erdpiste, folgt *Boulia*, das Verwaltungszentrum von *Diamantina Shire*, bevor die geteerte Piste nach *Mount Isa* führt.

Birdsville

(→ Streckenbeschreibung 3, Birdsville Track)

Streckenlog

0	681,0	*Birdsville,* Polizeistation

Etwa 8 km nördlich von Birdsville liegt eines der drei Verbreitungsgebiete der seltenen Akazienart *Acacia peuce* (→ Streckenbeschreibung 8, Birdsville – Alice Springs via Simpson Desert; → Artikel: Eine Rarität – Acacia peuce).

9,0	672,0	*Mt. Lewis* rechts
80,0	601,0	Geradeaus fahren; rechts zu *Carcoory Ruins* und auf einer schmalen Verbindungspiste zur *Birdsville Developmental Road.*

1899 kaufte *Sidney Kidman Carcoory Station,* musste sie jedoch schon wenige Jahre später, nach Verlust von 3.000 Rindern durch anhaltende Dürre, wieder verkaufen.

82,0	599,0	*Oasis Bore* rechts

Das wirklich treffend benannte Bohrloch spendet heißes Wasser.

111,5	569,5	Geradeaus fahren; Abzweigung rechts Umgehung von *Lake Machattie.* Nur nach einer Überschwemmung bot das sonst trockene Bett von *Lake Machattie* reichlich Futter für Rinder. Er ist einer der wenigen Seen unmittelbar an einer Piste. Nach heftigen Regenfällen kann es sein, dass er umfahren werden muss.
134,5	546,5	*Glengyle Station* rechts

1903 kaufte *Sydney Kidman* neben anderen Farmen auch die 10.000 km² große *Glengyle Station.* Heute ist die Farm wesentlich kleiner, gehört aber immer noch zum Kidman-Imperium. Der große Baum in der Nähe des Hauses heißt *Kidman*-Baum, weil Sidney Kidman auf seinen ersten Reisen durch diesen Landstrich hier sein Lager aufgeschlagen hatte.

168,0	513,0	Geradeaus fahren; Abzweigung rechts nach *Cluney (Afghan Grave);* zur Umgehung von *Lake Machattie* und nach *Windorah* (371 km)

Das Wasserloch an *King Creek* war eine beliebte Übernachtungsstelle für afghanische Kameltreiber auf ihrer Route von *Birdsville* nach *Bedourie.*

191,0	490,0	*Bedourie*

Es ist Zentrum von *Diamantina Shire,* mit 94.690 km² zweitgrößter Verwaltungsbezirk in Queensland. Die Geschichte der Ortschaft begann 1880 mit dem Bau

		eines Hotels. Bis auf ein neues Wellblechdach ist es in seinem ursprünglichen Zustand erhalten geblieben. Der Name „Bedourie" leitet sich von einem Wort der Ureinwohner für Staubsturm ab, ein Naturereignis, das hier nicht selten auftritt.
198,0	483,0	Geradeaus fahren; Abzweigung links zu *Kamaran Downs Homestead* (18 km), *Sandringham Homestead* (56 km) und *Ethabuka Homestead* (161 km)
211,0	470,0	*Road Development Cairn*
		Hier wurde ein kleines Stück der Strecke asphaltiert und anlässlich der Fertigstellung von immerhin 20 Kilometern Straße feierlich enthüllt und eingeweiht.
259,0	422,0	Gatter
262,0	419,0	*Breadalbane Homestead* links
		Von hier bis *Marion Downs Homestead* erstrecken sich weite Überflutungsebenen von *Georgina-, King-, Burke-* und *Eyre River*; sie sind typisch für große Teile in Queensland. Nach Überflutungen sprießt neues Gras und bedeckt das Land östlich der Piste. Die Höhe der Flut ist leicht am Grasbewuchs zu erkennen: Das Gras, das unter Wasser war, zeigt eine bräunliche Färbung.
265,0	416,0	Gatter
296,0	385,0	*Twelve Mile Mountain* rechts
322,0	359,0	*Marion Downs Homestead* links
385,0	296,0	T-Kreuzung *(Kennedy Developmental Road)*: links nach *Boulia* fahren; rechts nach *Winton* (360 km)
		Nach 108 km auf der *Kennedy Developmental Road* in Richtung *Winton* liegen die Ruinen von *Min Min Hotel*, um das sich seltsame Geschichten ranken. Seit über 70 Jahren sollen hier nachts umherschwirrende Lichter zu sehen sein. Sie treten mal als leuchtende Bälle, mal als stehende, rollende oder hüpfende Leuchtpunkte auf, jedoch immer weit genug entfernt, um nicht eindeutig identifiziert werden zu können. Jüngste Vermutungen gehen dahin, dass es sich um eine „Nacht Fata Morgana" handele, ähnlich den Sinnestäuschungen an heißen Tagen. Eine heiße Luftschicht, die bis zu 150 m über dem Boden schwebt, könnte eine helle Lichtquelle aus einer Distanz von 50 km oder gar mehr reflektieren.
		Kurz vor Boulia liegt das zweite der drei Verbreitungsgebiete der seltenen Akazienart *Acacia peuce* (→ Streckenlog von Streckenbeschreibung 8, Birdsville – Alice Springs via Old Andado; KM 678,3; → Artikel: Eine Rarität – Acacia peuce).
386,5	294,5	*Boulia*
		Es wird erzählt, dass schon *Burke* und *Wills* an einem Wasserloch in der Nähe des heutigen *caravan park*

ihre Wasserflaschen füllten. Wahr ist auf jeden Fall, dass sie diese Gegend im Jahr 1861 auf ihrem Weg zum Golf von Carpentaria durchquerten. 25 Jahre später kamen die ersten Siedler, und 1879 trennte man 5 km² Farmland ab, auf denen man den Ort gründete. Schließlich fuhr 1948 von Boulia der erste *roadtrain* zum Viehtransport ab, wie er noch heute üblich ist. Von *Boulia* bis nach *Mount Isa* ist die einspurige Straße geteert.

393,5	287,5	Geradeaus fahren; Abzweigung links ist der *Plenty Highway* (256 km) nach *Alice Springs* (828 km)
		Über den *Donohue Highway* und *Plenty Highway* (→ Streckenbeschreibung 12.2, Plenty Highway) ist dies der kürzeste Weg ins „rote Zentrum".
448,5	232,5	Geradeaus fahren; Abzweigung rechts zu mehreren *homesteads*
517,0	164,0	Geradeaus fahren; Abzweigung rechts zu *Phosphate Hill Mine* und mehreren *homesteads*
530,0	151,0	*Dajarra*; von hier geht eine Straße nach *Cloncurry* (185 km)
		Dajarra ist Endpunkt der Eisenbahnstrecke von *Cloncurry*. Wenige Kilometer weiter führt die Fahrt vorbei an einigen kleineren Bergketten, die sich durch weite Ebenen ziehen.
563,0	118,0	Geradeaus fahren; Abzweigung links nach *Urandangi* (112 km)
608,0	73,0	Geradeaus fahren; Abzweigung links nach *Urandangi* (110 km)
681,0	0	*Mount Isa*

Mount Isa

1923 entdeckte *John Campbell Miles* hier Silber und steckte die ersten beiden *claims* ab. Das ganze Gebiet nannte er „Mount Isa" nach seiner Schwester *Isabella*. Aus den beiden *claims* entwickelte sich eine der blühendsten Städte Australiens. Miles folgten Glücksritter, die insgesamt 500 *claims* absteckten und nach Silber suchten. Die Gegend war sehr abgelegen, und Firmeninvestitionen flossen spärlich, bis 1925 die Mount-Isa-Minengesellschaft das gesamte Areal pachtete und durch Verhandlungsgeschick erreichte, dass britische und amerikanische Investoren acht Millionen Dollar zur weiteren Erschließung zur Verfügung stellten. Die Investition lohnte sich, denn das Gebiet verfügt über unermesslich große Vorkommen an Silber, Blei, Kupfer und Zink. Heute kann man hier eines der größten Untertagebergwerke der Welt besichtigen. Im Guinness-Buch der Rekorde steht Mount Isa als größte Stadt der Welt. Bei einer Einwohnerzahl von gerade einmal 24.000 entspricht die gesamte Fläche der Stadt mit knapp 41.000 km² in etwa der Größe der Schweiz.

Strecke 8

Birdsville – Alice Springs
(via Simpson Desert)

Simpson Desert, mit einer Gesamtfläche von ca. 170.000 km², liegt im Grenz-dreieck South Australia, Queensland und Northern Territory. Diese Landschaft wurde nach dem Präsidenten der in Adelaide ansässigen *Royal Geographical Socie-ty of Australasia – Alfred Allen Simpson –* benannt. Es ist eines der letzten und bedeutendsten Rückzugsgebiete bedrohter Pflanzen- und Tierarten im *outback*. Charakteristisch für *Simpson Desert* sind die Sanddünen, die parallel von Nord-Nordwest nach Süd-Südost verlaufen. Sie erreichen eine Länge bis zu 80 km. Der Abstand der bis zu 20 m hohen Dünen zueinander beträgt bis zu 200 m. Auffal-lend sind die Farbunterschiede des Sandes. In der Nähe von Wasserwegen sind die Dünen von der angeschwemmten Erde weiß; rot sind sie dort, wo Eisenoxid die Sandkörner überzogen hat. Im Westen *(French Line)* verlaufen die Dünen dicht beieinander und haben eine kräftig rote Färbung. Im Süden *(Rig Road)* liegen sie weiter auseinander, sind von vielen Salzseen durchbrochen und weisen eine fahl-rote Farbe auf. Weiter im Osten erstrecken sich zwischen den gelbroten Dünen riesige, oft mit einer Salzkruste bedeckte Lehmpfannen.

Die Vegetation des östlichen Streckenabschnitts unterscheidet sich von der an der French Line. Grundsätzlich hängt sie mit den Wetterbedingungen zusammen. Viele Pflanzen haben sich mit einem kurzen Lebenszyklus den ungünstigen Ver-hältnissen angepasst. Sie wachsen, blühen und produzieren Samen in den weni-gen Monaten der Regenzeit.

Die Dünenköpfe von *Simpson Desert* sind nur spärlich bewachsen. Die Flanken und Zwischenräume allerdings haben einen dichten Teppich aus Spinifex und Dünenrohrgras. In den Ebenen zwischen den einzelnen Dünen überwiegen Pro-teen und Akazien. In den westlichen Gebieten der Wüste haben sich neuerdings Sandhügelakazien *(sandhill wattles)* stark verbreitet, was vermutlich auf die hefti-gen Regenfälle 1970 zurückzuführen ist. Obwohl die Wüste meist sehr leblos erscheint, entwickelt sie doch auch eine reiche Fauna. Fleisch fressende Beuteltie-re wie Inneraustralische Beutelmäuse *(wongai ningauis)*, Doppelkammbeutelmäu-se *(mulgaras)*, Schmalfußbeutelmäuse *(dunnarts)* und Flachkopfbeutelmäuse *(planigales)* sind ebenso vertreten wie Reptilien. Interessant sind Wüstenrenner oder Sandschwimmer *(banded skinks)*, die sich während des heißen Tages im Sand vergraben und nur am frühen Morgen oder späten Abend auf Futtersuche gehen. Ebenso sind viele Vögel in *Simpson Desert* anzutreffen, z. B. Habichtsfal-ken, Rosakakadus, Nacktaugenkakadus und Pfeifhonigesser. Neben dem Dingo sind die einzigen höher entwickelten Säugetiere der Wüste verwilderte Kamele, Esel, Kaninchen und Katzen.

Lange bevor die ersten Europäer den Kontinent besiedelten, lebten Aborigines in diesem unwirtlichen Teil Australiens. Für sie war die Wüste keineswegs so was-serlos wie sie uns erscheinen mag. Brunnen *(mikiris)* bis zu 7 m Tiefe waren über das gesamte Gebiet verteilt und sicherten die Wasserversorgung. Die Schächte der

Brunnen sind zwar heute eingefallen und versandet, doch noch immer könnte man hier Wasser fördern. An vielen von ihnen finden Archäologen alte Gebrauchsgegenstände der Aborigines, die wichtige Hinweise auf die frühere Lebensweise geben. Um Schäden durch Touristen zu vermeiden, sind die genauen Standorte der Brunnen nur Ureinwohnern und Wissenschaftlern bekannt und zugänglich.

1845 begann mit *Charles Sturt* die Erforschung der Wüste, die zuvor nur den Aranda-, Jeljendi-, Ngameni-, Wongkamala-, Wongkanguru- und Karanguru-Aborigines bekannt war. *Augustus Poeppel* war einer der Ersten, der die Wüste vermaß. Er markierte 1880 den Grenzpunkt zwischen South Australia, Queensland und Northern Territory – heute als *Poeppel Corner* bekannt. 1936 durchquerte *Edmund Colson* als erster Europäer *Simpson Desert*, aber erst 1939 lagen nach einer weiteren Expedition von *Cecil Thomas Madigan* zum ersten Mal systematische Forschungsdaten vor. Ölgesellschaften folgten den Pionieren in der Hoffnung auf große Ölfunde. Sie legten kreuz und quer Trassen durch die Wüste. So entstand die *Rig Road,* die eigentlich aus verschiedenen Forschungstrassen besteht, die Ölfirmen in der Wüste bauten und später als Versorgungspisten nutzten. Um Sandpisten und Dünen für voll beladene Lkw mit Anhängern, die Maschinen und Bohrgeräte transportierten, befahrbar zu machen, karrte man tonnenweise Lehm und Erde aus den Dünentälern an. Die gesamte Strecke wurde so mit einer Lehmschicht überzogen, gewalzt und befestigt. Der Zustand der Piste war anfänglich so gut, dass sogar Fahrzeuge ohne Allradantrieb die Strecke meistern konnten. Heute sollte man dies auf keinen Fall mehr riskieren, denn nach Regen verwandelt sich die Rig Road in eine glitschige Schlammpiste, auf der man nur mit einem geländegängigen Fahrzeug vorwärtskommt.

Nach Abschluss ihrer Untersuchungen walzte die *French Petroleum Company* 1964 einen weiteren Korridor durch die Wüste – den so genannten *French Line Track.* Er verläuft nahezu geradlinig nach Westen und überquert dabei Sanddüne um Sanddüne. Auf der weiteren Suche nach dem begehrten „Schwarzen Gold" zog man ein Netz von Wegen. Auf der Jagd nach Ruhm und Ehre gab es dann vielfältige Durchquerungen: die erste Durchquerung zu Fuß, die erste motorisierte Durchquerung, die erste Ost-West-Durchquerung, und so weiter.

1967 erklärte Queensland 5.052 km² von *Simpson Desert* zum Nationalpark, woraufhin South Australia und Northern Territory dem Beispiel folgten und ähnliche Schutzgebiete auswiesen. Heute ist ein Gebiet von fast 30.000 km² als *National Park, Conservation Park* und *Regional Reserve* geschützt.

Insgesamt zählt *Simpson Desert* mehr als 1.100 Sanddünen. Auf dem French Line Track wird bis *Purni Bore* etwa die Hälfte davon überquert, wobei wir lediglich die größeren zählten, und wohl jeder auf eine andere Zahl kommt. Allgemein gilt, dass eine Durchquerung von Osten nach Westen schwieriger ist als umgekehrt. Der Grund ist in den steileren und weichsandigeren Anfahrten auf der Ostseite (windabgewandte Seite) der Dünen zu suchen. Stark untermotorisierte Fahrzeuge werden Probleme bei den Dünenauffahrten bekommen. Bei richtiger Ausrüstung (→ Reisevorbereitung) steht einer Ost-West-Durchquerung aber nichts im Wege.

Wer nicht allein fahren möchte, sollte etwas Zeit mitbringen und in *Birdsville* auf Gleichgesinnte warten und im Konvoi fahren. Das ist grundsätzlich von Vorteil, vorausgesetzt, die Teilnehmer kommen gut miteinander aus. Eine Abmeldung bei der Polizei ist nicht möglich. Deshalb ruft man vor Abfahrt am besten englischsprechende Verwandte oder Freunde an und gibt ihnen Route, geplante Ankunftszeit sowie die Telefonnummer der Polizei in Oodnadatta durch (ist auch am Wochenende besetzt; Birdsville nicht). Den Angerufenen ist auch unbedingt mitzuteilen, dass sie etwa zwei Tage warten sollen, bevor sie die Polizei alarmieren (Natürlich Anruf nicht vergessen, wenn man am Ziel angekommen ist).

Birdsville

(→ Streckenbeschreibung 3, Birdsville Track)

Strecke 8.1
French Line und Old Andado Track

- **Entfernung:** 967 km; max. Entfernung ohne Tankmöglichkeit 536 km
- **Empfohlene Reisedauer:** 7 bis 8 Tage
- **Reine Fahrzeit:** 33 Stunden
- **Empfohlene Reisezeit:** April bis Oktober; im Dezember und Januar extrem heiß und nicht zu empfehlen; nach Regenfällen gesperrt.
- **Ab- und Rückmeldung:** unbedingt erforderlich!
- **Ausrüstung:** Geländewagen (4-WD) mit Grundausrüstung bei Wagen (wenn möglich RFDS-Radio) sowie mit Grund- und Zusatzausrüstung für Werkzeug; eventuell eine Winde (nur begrenzt einsetzbar).
- **Pistenart und -zustand:** Von *Birdsville* bis *Purni Bore* Sandstrecke mit vielen, zum Teil sehr steilen Dünen. Insgesamt sind mehr als 500 Dünen zu überqueren; rund ein Dutzend gilt als schwierig. Ab *Purni Bore* ist die Lehmpiste festgefahren und geht in eine feste Erd-, Sand- und teilweise Schotterpiste über. Hinter *Old Andado* verläuft der *track* mit einigen sandigen Abschnitten und *bulldust*-Löchern parallel zu den Dünen. Ab *Allambie* ist überwiegend Schotterpiste.
- **Versorgung:** Birdsville (Grundversorgung); Mt. Dare Homestead/536 km (*roadhouse*/Pub); Alice Springs/967 km (kompletter Service)
- **Telefonnummern:** Birdsville (Polizeistation) 07/ 46 56 32 20; Pink Roadhouse in Oodnadatta 08/ 86 70 78 22; Mt. Dare Homestead 08/ 86 70 78 35; Aputula Community Office (Finke) 08/ 89 56 09 68; Alice Springs (Polizeistation) 08/ 89 51 88 88; Oodnadatta (Polizeistation) 08/ 86 70 78 05; aktueller Pistenzustand unter 1300/ 36 10 33.
- **Funkfrequenzen und Rufzeichen:** RFDS Port Augusta (VNZ) 8165 kHz (7 bis 17 Uhr), 4010 und 6890 kHz (7 bis 21 Uhr), 4010, 6890 und 8165 kHz (Notfallfrequenzen tagsüber), 2020 und 4010 kHz (Notfallfrequenzen 21 bis 7 Uhr); RFDS Alice Springs (VJD) 5410 und 6950 kHz (7.30 bis 17 Uhr, wochentags), 2020 kHz (18 bis 7 Uhr)
- **Kartenmaterial:** Westprint Heritage (1:1.000.000) *Dalhousie and Simpson Desert*, AUSLIG (1:250.000) *Dalhousie* SG-53-11, *Poolowanna* SG-53-12, *Birdsville* SG-54-05, *Pandie Pandie* SG-54-09

- **Besondere Hinweise:** *Desert Park Pass* für *Simpson Desert* und *Witjira National Park* (95 $). Wer keine Erfahrung mit Wüstendurchquerungen hat, fährt am besten im Konvoi. An- und Abmelden bei Freunden/Verwandten unbedingt ernstnehmen! Satellitentelefone können in *Oodnadatta, Marree, Birdsville* und *Mt. Dare* gemietet werden.

Für die Strecke von Birdsville bis Mt. Dare Homestead braucht ein V-8-Motor etwa 190 l Benzin, ein 6-Zylinder-Benzinmotor ca. 200 l, ein 4-Zylinder-Benzinmotor etwa 150 l. Dieselmotoren benötigen für die Strecke etwas weniger Kraftstoff (6-Zylinder: 150 l, 4-Zylinder: 110 l).

Am Fahrzeug sollte eine lange Stange mit einer gut sichtbaren Flagge befestigt sein. So wird man rechtzeitig gesehen und verhindert Kollisionen oben auf dem Dünenkopf. Nicht selten versuchen zwei entgegenkommende Fahrzeuge eine Düne zu überqueren, ohne voneinander zu wissen.

An markanten Punkten sind im Streckenlog zusätzlich GPS-Punkte angegeben.

Streckenlog

0	967,3	*Birdsville,* Polizeistation (ab- bzw. rückmelden bei Freunden/Verwandten!)
2,2	965,1	Weggabelung; rechts in Richtung *French Line Track* und *Big Red* fahren
		Ein paar Kilometer hinter *Birdsville* beginnt das Überflutungsgebiet von *Diamantina River.* Bei starken Regenfällen ist es nördlich zu umfahren.
41,2	926,1	Weggabelung; links in Richtung *French Line Track* und *Big Red* fahren

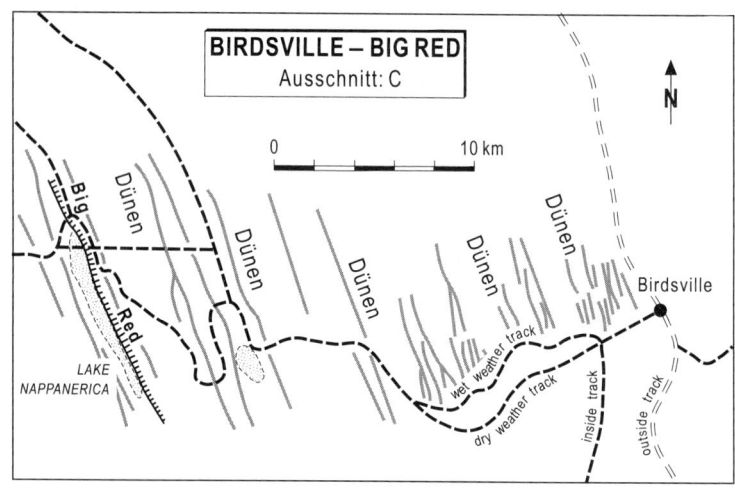

42,5 924,8 *Big Red* (GPS: 25°52'54"S – 139°03'11"E)

Das ist eine der größten Sanddünen, die auf der Fahrt zu überwinden sind. Wer Probleme mit der Überquerung hat, sollte nicht schon zu Beginn der Reise verzweifeln: 1 km weiter nördlich gibt es den so genannten *chicken track* (Umgehung). Wer allein unterwegs ist und an dieser Düne Schwierigkeiten hat, wartet besser auf andere und fährt im Konvoi weiter. Andere Dünen im Verlauf der Strecke sind nicht unbedingt schwieriger, liegen aber im Unterschied zu dieser mitten in der Wüste und nicht nur 40 km von *Birdsville* entfernt.

Ab *Big Red* muss auch der Reifendruck reduziert werden (→ Fahrtechniken und Problemlösungen, hier: Dünenüberquerungen), denn nun beginnt das Abenteuer der Dünenüberquerung. Die meisten Dünen sind ohne nennenswerte Probleme zu überwinden. Einige sind jedoch auch für geübte Sandfahrer schwierig: Ihre Auffahrt ist besonders weichsandig, oder der *track* macht auf dem Kopf oder bei der Anfahrt der Dünen eine Kurve. Beides kostet Schub und Geschwindigkeit.

Auf der „Big Red" in Simpson Desert

An den Anfahrten zu den Dünen wachsen oft kleine Akazien *(Acacia murrayana)*, die durch die kräftige, grüne Farbe ihrer Blätter und während der Blütezeit durch gelbe Blütenbällchen auffallen. Auf den nächsten 350 km erreicht man selten höhere Geschwindigkeiten als 20 km/h.

60,7	906,6	*Nullanaringie Waterhole*
64,0	903,3	*Eyre Creek*

Wenn dieser Fluss, gesäumt von Eukalyptus *(coolabahs)*, Wasser führt, ist eine Weiterfahrt praktisch unmöglich. Es existieren weiter nördlich zwei möglicherweise zu passierende Furten: *Goonamillera Furt* und *Dickeree Waterhole* (50 km). Um jedoch dort hinzukommen, muss man den *track* verlassen und querfeldein fahren. Ohne topografische Karten und Kompass ist das aber ein großes Wagnis. Diesen Weg sollte man wirklich nur dann in Betracht ziehen, wenn ein Weiterkommen auf dem Hauptweg absolut unmöglich ist. Ob am Wasserloch eine Überquerung möglich ist, kann nämlich erst bei der Ankunft dort festgestellt werden.

79,6	887,7	Beginn bzw. Ende von *Simpson Desert National Park* (GPS: 25°54'41"S – 138°42'08"E)

Die heutige Grenze des Nationalparks ist der ehemalige Kaninchenschutzzaun, der um die Wende des 19./20. Jahrhunderts hier entlangführte. Aufgrund der schwierigen Instandhaltung hatte er keine lange Lebensdauer. Der *track* führt hier auf der *QAA Line*, die zu Ölforschungszwecken angelegt wurde, bis *Poeppel Corner*. Zwischen den Dünen liegen weite, mit *gidgee trees* (eine übelriechende Akazienart) bewachsene Ebenen oder steinige Pfannen.

122,4	844,9	Hinweispfosten links: *Site 6 – saltbushflats*
136,1	831,2	Hinweispfosten links: *Site 7 – gypcrete interdunes; Poeppel Corner* (33,3 km)
146,5	820,8	Hinweispfosten links: *Site 8 – narrow-leafed hopbush; Poeppel Corner* (28,3 km)
154,6	812,7	Beginn bzw. Ende einer Salzpfanne; Hinweispfosten links: *Site 9 – saltpan or playa; Poeppel Corner* (20,6 km)
156,3	811,0	*QAA Line/K1 Line Junction* (GPS: 25°51'12"S – 137°58'21"E); Ende bzw. Beginn einer Salzpfanne; Kreuzung mit Hinweisschild: K 1 Line links und rechts; K 1 Line nach *Poeppel Corner* und zu *French Line* links fahren; geradeaus ist die Alternativroute nach *Poeppel Corner,* wenn *Lake Poeppel* unpassierbar ist.
173,6	793,7	Ende bzw. Beginn von *Simpson Desert National Park*

DALHOUSIE SPRINGS
Ausschnitt A

Gluepot Bog
Witcherrie Mound
Landebahn
Tenacity Bog
Dalhousie Springs
Dalhousie Pile
Dalhousie Ruins

POEPPEL – CORNER
Ausschnitt B

QAA LINE 4WD
K1 LINE
FRENCH LINE
LAKE THOMAS
Alternative Route
LAKE POEPPEL
Poeppel Corner
4WD

Ausschnitt C
Birdsville
Big Red
Simpson Desert National Park
4WD

BIRDSVILLE – ALICE SPRINGS
8.1 via French Line/ Old Andado Track
8.2 via Rig Road – Finke Community

SIMPSON DESERT

NORTHERN TERRITORY
QUEENSLAND

FRENCH LINE
KNOLLS TR
SIMPSON DESERT CONSERVATION PARK
ERABENA TR
RIG ROAD
BIRDSVILLE TRACK
WAA LINE
RIG ROAD
SIMPSON DESERT REGIONAL RESERVE

Motari Airstrip (Landebahn)
FRENCH LINE
Purni Bore

WITJIRA NATIONAL PARK
Mount Dare Hsd.
Dalhousie Springs
Dalhousie Ruins
NOTFALL TRACK OODNADATTA

Ausschnitt B

Numery Hsd.
COLSON TRACK
Ringwood Hsd.
HALE RIVER
TODD RIVER
Santa Teresa Aboriginal Community
Mac Clarke Acacia Peuce Reserve
OLD ANDADO TRACK
Old Andado Hsd.
Andado Hsd.
Allambie Hsd.
FINKE RIVER
Finke Aboriginal Community
GOYDER STOCK ROUTE
Hamilton Homestead
HAMILTON CREEK
OODNADATTA

Alice Springs
Ewaninga Rock Carvings
Chambers Pillar
KULGERA

Ausschnitt A

SOUTH AUSTRALIA
NORTHERN TERRITORY

N

100km
50
0

Land und Leute

Reisevorbereitung

Strecken 1 – 3

Strecken 4 – 6

Strecke 8.1

Strecken 9 – 10

Strecken 11 – 12

174,6	792,7	Abzweigung rechts nach *Poeppel Corner* (French Line) nehmen; geradeaus *K1 Line*
176,2	791,1	Abzweigung rechts nach *Poeppel Corner* nehmen (1 km); geradeaus *French Line*
177,2	790,1	*Poeppel Corner* (GPS: 25°59'51"S – 137°59'58"E)

177,2 | 790,1 | *Poeppel Corner* (GPS: 25°59'51"S – 137°59'58"E)

Uhren um eine halbe Stunde zurückstellen.

Augustus Poeppel setzte nach seinen Vermessungsergebnissen den ersten Grenzpfosten, der dieses Bundesstaatendreieck markieren sollte, in *Lake Poeppel*, etwa 1 km westlich der jetzigen Markierung. Bei seiner Rückkehr nach Adelaide stellte Poeppel fest, dass seine Berechnungen aufgrund fehlerhafter Instrumente falsch waren. 1884 beauftragte man *Larry Wells* mit einer neuen Vermessung. Er stellte den neuen Pfosten nahe der heutigen Position auf. Der nächste Europäer, der diesen Markierungspfosten sah, war *Ted Colson* auf dem Rückweg von seiner Wüstendurchquerung im Jahr 1936. Bei einer erneuten Vermessung in den 1960er-Jahren ersetzte *Red Sprigg* den Originalpfosten durch die heutige Betonmarkierung. In den neunzig Jahren seit Augustus Poeppel verirrten sich nur vier Europäer in diese Ecke des Kontinents. Seit einigen Jahren jedoch ist *Poeppel Corner* ein beliebtes Ziel für viele Allradenthusiasten. Aus diesem Grund installierte man auch ein RFDS-Notfall-Funkgerät (das es mittlerweile schon nicht mehr gibt) und legte ein Gästebuch zum Schmökern und Schreiben aus. Nach *Poeppel Corner* kommen viele kleinere, eng beieinander liegende Sanddünen.

177,3	790,0	Durchquerung von *Lake Poeppel* (300 m)

Kurz hinter dem See mündet rechts die Umgehung ein (→ KM 156,3). Ab hier werden mehrere große und kleine Salzseen durchquert.

204,7	762,6	Geradeaus fahren; Wegeinmündung von rechts
219,9	747,4	Geradeaus fahren nach *Purni Bore* (155 km) und *Dalhousie* (225 km); Abzweigung links über *Knolls Track* und *WBY-Line* zur *Rig Road*
221,3	746,0	Durchquerung von *Lake Tamblyn*
257,7	709,6	*Erabena Junction* (GPS: 26°09'59"S – 137°15'251"E); Kreuzung mit Hinweisschild: geradeaus fahren nach *Purni Bore* (120 km), *Dalhousie* (190 km), *Mt. Dare* (256 km) und *Oodnadatta* (370 km); links ist der *Erabena Track* zu *Rig Road Junction* (42 km) und zu *Lone Gum Tree* (50 km)
313,7	653,6	*Linnies Junction* (GPS: 26°09'23"S – 136°45'18"E); Kreuzung mit Hinweisschild: geradeaus fahren; rechts ist der *Colson Track* zu *Numery Homestead* und

Alice Springs; links über den *Colson Track* zu *Colson Corner* und *WAA-Line* (20 km) und *Rig Road* (21 km)

Der Colson Track wurde als Verbindungslinie zwischen *Alice Springs* und *Colson Oil Survey Lease* angelegt. Benannt wurde er nach *Ted Colson*, einem erfahrenen *bushranger*, der die meiste Zeit seines Lebens im *outback* verbrachte. Als Junge wanderte er mit seinem Vater von *Southern Cross* zu den Goldfeldern von *Coolgardie*. Später arbeitete er für die Telegrafengesellschaften, suchte nach *Lasseters* Goldriff (→ Streckenbeschreibung 15, Gunbarrel Highway) und leitete zahlreiche Expeditionen der Ölfirmen.

Viele der nun kommenden Dünen haben scharfe Kurven im oberen Dünendrittel, oder/und sind im unteren Bereich der Anfahrten sehr holprig. Das erschwert das Überqueren, denn das Auto wird kräftig durchgeschüttelt und verliert an Geschwindigkeit.

353,6	613,7	*Wonga Junction* (GPS 26°13'46"S – 136°23'00"E); geradeaus fahren nach *Purni Bore* (29 km), *Freeth Junction* (48 km), *Dalhousie* (99 km), *Mt. Dare* (175 km) und *Oodnadatta* (via *Dalhousie* 279 km); Abzweigung links ist die *Rig Road* zum *Mokari Airstrip*.

Purni Bore – eine Oase in der Wüste

Ab hier sind die Dünen nicht mehr so weichsandig, dafür aber ist mit starken Auswaschungen zu rechnen. Die Durchschnittsgeschwindigkeit erhöht sich wieder auf 40 bis 60 km/h. Die Reifen können wieder aufgepumpt werden (Reisende von West nach Ost müssen nun den Reifendruck vermindern (→ Fahrtechniken und Problemlösungen, hier: Dünenüberquerungen).

375,5	591,8	Ende bzw. Beginn von *Simpson Desert Regional Reserve* Beginn bzw. Ende von *Witjira National Park*
383,9	583,4	*Purni Bore* (GPS 26°17'05"S – 136°05'54"E)

Das Bohrloch wurde in den Jahren 1963 und 1964 von der *French Petroleum Company* auf der Suche nach Öl niedergebracht. Als man bei 1.400 m Tiefe den Grundwasserspiegel unterschritt, nutzte man es zur Wasserversorgung für weitere Forschungsarbeiten in der Umgebung. Bis 1988 floss das Wasser unkontrolliert aus dem Bohrloch. Dann entschloss man sich, ein Ventil einzubauen, das die ausfließende Wassermenge kontrolliert.

Heute bietet *Purni Bore* Reisenden aus Richtung Osten das erste Bad auf ihrer Wüstendurchquerung. Mittels eines dicken Rohres, das kochendes Grundwasser in einen kleinen *pool* leitet (Hahn aufdrehen), ist die Wassertemperatur zu regulieren. Wem es draußen nicht warm genug ist, der kann hier auf Wunsch sogar ein heißes Bad nehmen. Interessant sind die Wasserpflanzen um den Teich, deren Samen vermutlich durch Wasservögel oder Wind hierher gelangten. Sie finden hier ideale Wachstumsbedingungen vor. Es lohnt sich, hier zu übernachten, denn in den frühen Morgenstunden kann man mit etwas Glück Vögel, Dingos, Kamele oder Esel am *pool* beobachten. Ganz sicher jedoch findet man unzählige Spuren ihrer nächtlichen Anwesenheit (Nicht vergessen: Das Lager muss mindestens 150 m vom Bohrloch entfernt sein, damit die Tiere ungestört das Wasser aufsuchen können). Ab hier sind keine Dünen mehr zu überqueren.

392,0	575,3	Landebahn *(airstrip)* links (GPS: 26°20'08"S – 135°56'51"E)
401,2	566,1	*Freeth Junction:* geradeaus fahren

Die Abzweigung links ist eine Verbindungsstrecke nach *Oodnadatta* für den Notfall. Das Gebiet ist für die hier ansässigen Aborigines von großer Bedeutung. Ein Befahren ist wirklich nur im Notfall gestattet!

429,7	537,6	*Gluepot Bog*

Nach dieser großen Salz- und Lehmpfanne verschwindet der weiche, sandige Untergrund. Scharfkantige, spitze Steine treten vermehrt auf, und steinwüstenähnliche Ebenen *(gibber plains)* bestimmen allmählich das Landschaftsbild.

449,0	518,3	*The Gluepot*
452,4	514,9	*Dalhousie Springs* (GPS: 26°25'24"S – 135°30'08"E)

Benannt nach dem *Marquis von Dalhousie*, stellten diese heißen Quellen für die Aborigines jahrtausendelang einen der wichtigsten Orte am Rand der Wüste dar. Hier fanden sie nicht nur Wasser im Überfluss, sondern auch Nahrung, Schutz und notwendige Pflanzen zur medizinischen Versorgung. Als *Stuart* 1859 durch dieses Gebiet kam, schafften es die Aborigines noch, ihre Quellen vor ihm zu verbergen. Doch 1870 entdeckten *Alfred T. Woods*, ein Aufseher der Telegrafengesellschaft, und seine Männer zufällig diese Oase. Heute ist das etwa 70 km² große Gebiet um die artesischen Quellen (→ Streckenbeschreibung 4, Ooodnadatta Track) durch *Witjira National Park* geschützt. Die Quellen, die eine ganze Land-

Die Ruinen von Dalhousie

Land und Leute

Reisevorbereitung

Strecken 1–3

Strecken 4–6

Strecke 8.1

Strecken 9–10

Strecken 11–12

Eine Rarität – Acacia peuce

Die *Acacia peuce*, in Australien besser bekannt als *waddi tree*, ist der seltenste Baum in Australien, vermutlich ein Überbleibsel aus der Eiszeit. Die geradlinig wachsende Akazie wird zwischen 13 und 17 m hoch. Ihr Laub ist besonders in jungen Jahren sehr stachlig. Lediglich drei Standorte dieser Akazie sind bekannt: in der Nähe von *Boulia* auf einem etwa 100 km² großen Areal, bei *Old Andado* das kleinste Gebiet mit etwa 10 km² und ca. tausend Exemplaren und schließlich 8 km nördlich von *Birdsville* ein weiteres Areal. Ihr Wachstum beträgt nur durchschnittlich 30 cm jährlich und ist abhängig von der Niederschlagsmenge. Größere Exemplare können über 500 Jahre alt sein. Früher nutzte man ihr Holz für Zaunpfähle und Markierungspfosten (der originale Grenzpfosten bei *Poeppel Corner* war ebenfalls aus einem *waddi tree*), denn es ist extrem hart. Als man die Seltenheit dieser Bäume erkannte, stellte man sie unter Schutz. Nach den heftigen Regenfällen 1974 hat sich der Bestand ein wenig regeneriert. Doch solche Niederschläge kommen in 500 Jahren vielleicht nur einmal vor, sodass eine neue Generation vorerst nicht zu erwarten ist.

		schaft bestimmen, sind von großem historischen und wissenschaftlichen Interesse. Obwohl sich ihre Umgebung durch den Einfluss großer Schaf- und Rinderherden stark verändert hat, ist die Ursprünglichkeit dieser Quellen erhalten geblieben. Ein Bad im über 30 °C warmen Wasser der Hauptquelle ist geradezu ein „Muss". Unmittelbar an den Quellen liegt ein Campingplatz der Nationalparkverwaltung.
456,4	510,9	Geradeaus fahren; Abzweigung links zu *Dalhousie Ruins* (13 km)
		Ned Bagot, zuständig für den Bau des südlichen Abschnitts der *Overland Telegraph Line*, war 1872 der erste Pächter des Gebiets um *Dalhousie*. Er erbaute in den darauf folgenden zehn Jahren Wohnhaus, Außengebäude und Koppeln. Wer für die Pflanzung der hohen Dattelpalmen verantwortlich war, ist bis heute umstritten. Die einen vermuten, dass Bagot sie selbst anpflanzte, andere sind der Meinung, die Datteln wurden von afghanischen Kameltreibern, die die Quellen als Rastplatz nutzten, mitgebracht.
		Später wurde 60 km nordwestlich ein neues Farmhaus *Mt. Dare* errichtet, und das alte verfiel. Mt. Dare ist heute ebenfalls Teil des Witjira-Nationalparks.
504,1	463,2	Abzweigung rechts zu *Mt. Dare Homestead* (33 km) nehmen; geradeaus nach *Finke Community*

536,5	430,8	*Mt. Dare Homestead* rechts; (GPS: 26°04'13"S – 135°14'54"E) *Phil* und *Rhonda Hellyer* haben die *outback-station* vom *National Park & Wildlife Service* gepachtet. Sie sorgen in dem abgelegenen Park für die Besucher. Phil erschloss außerdem wieder den seit mehr als zwanzig Jahren stillgelegten Weg zu *Old Andado Homestead.* Sowohl Phil und Rhonda, als auch *Molly Clark* von *Old Andado* halten viele nützliche Informationen und interessante Geschichten über das *outback* bereit.
550,6	416,7	Gatter und Ende bzw. Beginn von *Witjira National Park*
607,6	359,7	*Peebles Bore* (Windrad) rechts
622,3	345,0	*Andado Homestead* links Es ist die größte Farm am Rand der Wüste und mit 10.859 km^2 nach *Wave Hill* und *Brunette Downs* die drittgrößte Einzelfarm in Northern Territory.
624,2	343,1	Weggabelung: rechts nach *Alice Springs* via *Old Andado* und *Santa Teresa* fahren; links nach *Kulgera* (250 km)
640,0	327,3	*Old Andado Homestead;* (GPS: 25°22'49"S – 135°26'30"E) Das alte Farmhaus am Rand von *Simpson Desert* wird als Touristenattraktion von *Molly Clark*, einem der letzten Originale des *outback*, geführt. Jeder Besucher wird zum Tee eingeladen und kann einen Rundgang durch die alten Wohnstätten machen. Wer möchte, kann auf der Farm auch übernachten. Mit Sicherheit ein Erlebnis ganz besonderer Art, nicht nur durch die Anwesenheit der liebenswerten Molly.
678,3	289,0	Weggabelung (GPS: 25°06'34"S – 135°25'38"E): links fahren; rechts zu *Mac Clark Acacia Peuce Reserve* (8,8 km); → Artikel: Eine Rarität – Acacia peuce.
712,1	255,2	*Highway Bore* links (GPS: 24°48'51"S – 135°21'19"E)
760,6	157,3	Hinweisschild (Andado Boundary Tree); GPS: 24°26'10"S – 135°11'56"E
775,6	142,3	Geradeaus fahren; Wegeinmündung von rechts zu *Todd River Downs Homestead* (privat); GPS: 24°22'41"S – 135°05'00"E
858,5	108,8	*Allambie Homestead* links
873,5	93,8	*Santa Teresa Aboriginal Community*
957,3	10,0	Stuart Highway; nach *Alice Springs* 10 km
967,3	0	*Alice Springs Shopping Centre*

Strecke 8.2

Rig Road – Finke Community

- **Entfernung:** 1.216 km; max. Entfernung ohne Tankmöglichkeit: 777 km
- **Empfohlene Reisedauer:** 6 bis 7 Tage
- **Reine Fahrzeit:** 27 Stunden
- **Empfohlene Reisezeit:** April bis Oktober; im Dezember und Januar extrem heiß und nicht zu empfehlen; nach Regenfällen gesperrt.
- **Ab- und Rückmeldung:** unbedingt erforderlich!
- **Ausrüstung:** Geländewagen (4-WD) mit Grundausrüstung bei Wagen (wenn möglich RFDS-Radio) sowie mit Grund- und Zusatzausrüstung für Werkzeug; eventuell eine Winde (nur begrenzt einsetzbar).
- **Pistenart und -zustand:** Die *Rig Road* ist zwar länger als die *French Line*, aber auch wesentlich einfacher zu fahren, denn die Dünen sind mit Lehm befestigt. Von *Purni Bore* bis *Alice Springs* wechseln Erd-, Sand- und Schotterpiste immer wieder ab. Vor Abfahrt sich unbedingt nach dem Streckenzustand erkundigen! Führt der *Warburton Creek* Wasser, kann diese Stelle unpassierbar sein.
- **Versorgung:** Birdsville (Grundversorgung); Mt. Dare Homestead/777 km plus 33 km (*roadhouse*/Pub); Aputula Community (Finke)/933 km (Tankmöglichkeit); Alice Springs/1.216 km (kompletter Service)
- **Telefonnummern:** Birdsville (Polizeistation) 07/ 46 56 32 20; Oodnadatta (Polizeistation) 08/ 8670 7805; Mt. Dare Homestead 08/ 86 70 78 35; Aputula Community Office (Finke) 08/ 89 56 09 68; Alice Springs (Polizeistation) 08/ 89 51 88 88
- **Funkfrequenzen und Rufzeichen:** RFDS Port Augusta (VNZ) 8165 kHz (7 bis 17 Uhr), 4010 und 6890 kHz (7 bis 21 Uhr), 4010, 6890 und 8165 kHz (Notfallfrequenzen tagsüber), 2020 und 4010 (Notfallfrequenzen 21 bis 7 Uhr); RFDS Alice Springs (VJD) 5410 und 6950 kHz (7.30 bis 17 Uhr wochentags), 2020 kHz (18 bis 7 Uhr)
- **Kartenmaterial:** Westprint Heritage (1:1.100.000) *Dalhousie and Simpson Desert*, AUSLIG (1:250.000) *Dalhousie* SG-53-11, *Poolowanna* SG-53-12, *Pandie Pandie* SG-54-09, *Gason* SG-54-13
- **Besondere Hinweise:** *Desert Park Pass* für *Simpson Desert* und *Witjira National Park*; wer keine Erfahrung mit Wüstendurchquerungen hat, sollte im Konvoi fahren. Wichtig: An- und Abmelden bei Freunden/Verwandten!

Streckenlog

0	1216,0	*Birdsville,* Polizeistation (an- bzw. rückmelden bei Freunden/Verwandten), auf dem *Birdsville Track* in Richtung *Marree* fahren.
		Nach Abfahrt Uhren eine halbe Stunde zurückstellen.
205,6	1010,4	Abzweigung rechts nehmen; geradeaus nach *Marree*

214,6	1001,4	*Warburton Creek*
		Wenn der Fluss Wasser führt, kann die Durchfahrt zu einer Katastrophe werden. Der Untergrund ist weich und schlammig, und man bleibt unweigerlich stecken. In jedem Fall vorher zu Fuß durchwaten.
233,7	982,3	Weggabelung: links fahren; rechts zum *Inside Track* (geschlossen)
242,6	973,4	Alte Viehkoppel links
243,8	972,2	Abzweigung rechts auf die *K1 Line* nehmen
267,5	948,5	Beginn bzw. Ende von *Simpson Desert Regional Reserve*
301,7	914,3	Kreuzung: Abzweigung links auf die *Rig Road* nehmen; geradeaus *K1 Line* nach *Poeppel Corner* (88 km); rechts zu *Kuncherinna Oil Well*
406,7	809,3	*Poolawanna Oil Well* links
411,0	805,0	*Rig Road/Krolls Track Junction* (GPS: 26°23'23"S – 137°39'31"E); Abzweigung links nehmen; geradeaus ist der *Knolls Track* zu *WAA Line* (10 km) und *French Line* (44 km)
444,2	771,8	Geradeaus fahren; Abzweigung rechts ist der *Erabena Track* zu *WAA Line* (13 km) und *French Line* (43 km)
447,8	768,2	*Lone Gum Tree* rechts; (GPS: 26°28'33"S – 137°23'18"E)
		Vermutlich wird es immer ein Rätsel bleiben, wie der Eukalyptus an dieser Stelle der Wüste wachsen und überleben kann, denn hier gibt es offensichtlich kein Wasser.
544,3	671,7	*Colson Corner* (GPS: 26°19'26"S – 136°48'05"E); Weggabelung: links auf die *WAA Line* fahren; rechts ist die *WAA Line* zu *Colson Track* (2 km), *Erabena Track* (54 km) und *Knolls Track* (84 km)
580,6	635,4	*Mokari*-Landebahn und *Mokari Oil Well* links; (GPS: 26°19'09"S – 136°26'33"E)
		Ölgesellschaften errichteten Mokari als Basisstation und Ausgangspunkt für ihre Suche nach Bodenschätzen. Eine Gedenktafel am Rand der Landebahn erinnert an einen Mann namens *Pecanek*. Er versorgte die Arbeiter in der Wüste mit Treibstoff, Nahrungsmitteln und Wasser von Oodnadatta aus.
590,0	627,0	Rechts liegt *Approdinna Attora Knolls,* ein kleiner, ca. 30 m hoher Tafelberg mit schönem Rundumblick.
593,7	622,3	*Wonga Junctions* (GPS: 26°13'46"S – 136°23'00"E): links auf die *French Line* in Richtung *Dalhousie* fahren; rechts ist die *French Line* nach *Poeppel Corner* (176 km)

624,0	592,0	Ende bzw. Beginn von *Simpson Desert Regional Reserve* Beginn bzw. Ende von *Witjira National Park* Der Witjira-Nationalpark schützt die *Dalhousie Springs*, die im Überflutungsgebiet von *Finke River* liegen (→ Streckenbeschreibung 8.1, Birdsville – Alice Springs via Simpson Desert, French Line).
632,1	583,9	*Purni Bore* (GPS: 26°17'05"S – 136°05'54"E) Das Bohrloch wurde in den Jahren 1963 und 1964 von der *French Petroleum Company* auf der Suche nach Öl gebohrt und ermöglicht Reisenden heute ein willkommenes Bad (→ Streckenbeschreibung 8.1, Birdsville – Alice Springs via Simpson Desert, French Line).
641,3	574,7	Landebahn links
669,8	546,2	*Freeth Junction:* geradeaus fahren (GPS: 26°20'08"S – 135°56'51"E)
689,1	526,9	*Gluepot Bog*
692,5	523,5	*The Gluepot*
696,5	519,5	*Dalhousie Springs* (→ Streckenbeschreibung 8.1, Birdsville – Alice Springs via Simpson Desert, French Line)
744,2	471,8	Geradeaus fahren; Abzweigung links zu *Dalhousie Ruins* (13 km; → Streckenbeschreibung 8.1, Birdsville – Alice Springs via Simpson Desert, French Line)
776,6	439,4	Geradeaus zu *Finke Community* fahren; Abzweigung rechts zu *Mt. Dare Homestead* (33 km)
791,6	424,4	Weggabelung: links nach *Finke Community* fahren; der *track* geradeaus ist gesperrt; rechts zu *Mt. Dare Homestead* (30 km)
809,0	407,0	Überquerung der *Old-Ghan*-Bahnlinie (→ Streckenbeschreibung 4, Oodnadatta Track)
828,6	387,4	T-Kreuzung: rechts fahren; links zu *Eringa Homestead* (Ruinen) Das nahe Wasserloch war für *Stuarts* Expeditionen ein wichtiger Versorgungspunkt.
833,5	382,5	*Bloods Creek* Der *creek* wurde nach *J.H.S. Blood*, 1872 Stationsvorsteher der Telegrafenstation von *Peake*, benannt. Konstrukteure und Arbeiter der *Overland Telegraph Line* nutzten seine zwei natürlichen Wasserlöcher, bis man in der Nähe die gleichnamige, kleine Versorgungsstation baute, die die Arbeiter mit Trinkwasser versorgte. Die Regierung stellte das Material zum Brunnenbau und für ein Windrad, das Wasser zur Oberfläche pumpt, zur Verfügung. *Ted Colson*, der *Simpson Desert* in beiden Richtungen durchquerte, war vermutlich der letzte Besitzer von Bloods Creek.

834,2	381,8	Ende bzw. Beginn von *Witjira National Park*
845,6	370,4	*Bahnstation Abminga* (Ruine)

(GPS: 26°07'50"S – 134°51'04"E)

Abminga war eine Nebenstrecke für *Mount Dare* und *Bloods Creek*. Der Name „Abminga" kommt aus der Sprache der Aborigines und bedeutet soviel wie „Weg der Regenbogenschlange". Knapp 16 km weiter passiert man die Grenze zum Northern Territory (GPS: 25°59'56"S – 134°53'36"E).

871,1	344,9	Geradeaus fahren; Abzweigung rechts zu *Mt. Dare Homestead* (41 km)
872,0	344,0	*Charlotte Waters Homestead* (Ruinen) rechts

(GPS: 25°55'26"S – 134°55'03"E)

Die Wasserstelle nahe den Ruinen entdeckten im Januar 1871 zwei Arbeiter der Telegrafengesellschaft – *McMinn* und *Knuckey*. Es stellte sich heraus, dass hier ein idealer Platz für eine Übertragungsstation war. Im Dezember 1871 begann man mit dem Bau von Häusern für Stationsvorsteher, Streckenkontrolleure, Arbeiter sowie der Station selbst.

902,5	313,5	T-Kreuzung (GPS: 25°40'37"S – 134°49'57"E): links fahren; Abzweigung rechts zu *Andado Homestead* (70 km) und *Old Andado Homestead* (88 km); *New Crown Homestead* rechts
932,5	283,5	Abzweigung rechts nach *Finke Community* nehmen; geradeaus zum *Stuart Highway* (147 km)
933,1	282,9	*Finke Community* (GPS: 25°34'51"S – 134°34'33"E)

Finke wurde 1929 als Streckenwärterposten für die Bahnlinie von Oodnadatta nach Alice Springs errichtet. Da die Strecke hier durch *Finke River* führte und durch Überschwemmungen regelmäßig beschädigt wurde, erweiterte sich der Außenposten bald zu einer kleinen Ortschaft der Streckenarbeiter. Bis 1980 war Finke der Verladebahnhof der umliegenden Farmen und Unterkunftszentrum für Bahnarbeiter. Der Anteil weißer Australier überstieg aber nie 60 Personen. Sie verwalteten Post, Polizei, Hotel etc. Als man 1980 die *Ghan*-Linie stilllegte, verließen die meisten Weißen Finke. Die verbliebenen Aborigines übernahmen die Verwaltung. Heute bewohnen rund 200 Ureinwohner die kleine Siedlung, die als „trockene" *community* gilt (Alkohol darf nicht mitgebracht oder dort getrunken werden). Ebenso verboten ist Fotografieren, es sei denn, man hat die ausdrückliche Genehmigung.

937,1	278,9	*Finke River*

John MacDouall Stuart benannte den Fluss nach einem Freund, der seine Expeditionen unterstützte. Die Aborigines dagegen gaben den verschiedenen Abschnitten des 700 km langen Flusses unterschiedliche Namen. Einer der bekanntesten ist „Larapinta". Da der Fluss seinen Verlauf länger als alle anderen Flüsse nicht verändert hat, vermutet man hier das älteste Flussbett der Erde. Luftaufnahmen zeigen, dass er zahlreiche Gebirge tief eingeschnitten hat. Wahrscheinlich gab es ihn schon, als die Berge gerade erst im Entstehen waren. Damit wäre er über 2.000 Millionen Jahre alt, denn die meisten Gebirge hier stammen aus dem Präkambrium. Früher füllten seine Wassermassen *Lake Eyre*. Heute führt er nur noch ein- bis zweimal im Jahr Wasser, und dann auch nicht über die gesamte Länge. Das Wasser versickert größtenteils am südwestlichen Rand von *Simpson Desert*. Der Rekord 1974, als *Finke River* für ganze neun Monate Wasser führte, ist bis heute ungebrochen. Über 1.000 mm Niederschlag verzeichnete Zentralaustralien damals. Auch *Lake Eyre* erreichte zu der Zeit seinen höchsten Wasserstand.

969,1	246,9	Weggabelung: rechts fahren; links zu *Horseshoe Bend Homestead* (27 km)
972,0	244,0	Geradeaus fahren (GPS: 25°15′27″S – 134°26′53″E); links zu *Horseshoe Bend Homestead* (27 km); rechts zu *Colson Pinnacle* und zu *Mt. Rumbalara* (privat)

Seit der Entdeckung der merkwürdig geformten Berge (*Colson Pinnacle* und *Mt. Rumbalara*) zogen sie immer wieder Besucher an, die ihnen die unterschiedlichsten Namen gaben: z. B. „Maidens Breast" (Jungfrauenbrust) – wohl nach dem Wort aus der Eingeborenensprache „Rumbalara", was soviel wie „Frauenbrust" bedeutet. Besonderen Eindruck müssen die Berge bei einem Amerikaner, der während des Zweiten Weltkrieges in dieser Gegend war, hinterlassen haben. Er kletterte bis zum Gipfel von *Colson Pinnacle*; und von diesem Moment an war sein letzter Wille, dass seine Asche hier über den Berg verteilt werden sollte. Ein Beerdigungsinstitut aus Alice Springs erfüllte ihm schließlich diesen Wunsch.

1016,6	199,4	Geradeaus fahren; Abzweigung links zu *Alice Well* (GPS: 24°53′37″S – 134°14′12″E); rechts Bahnstation *Bundooma* (Ruine)

An den Ufern von *Hugh River* gelegen, wurde *Alice Well* von *Ross* und *Harvey* im Oktober 1870 entdeckt. Sie

Fotomotiv und Dreamtime-Mythos – Chambers Pillar

1860 von *Stuart* bei seinem ersten Versuch, Australien zu durchqueren, entdeckt, lockt *Chambers Pillar* nach wie vor Forscher und Reisende an. Die 50 Meter hohe Sandsteinsäule ist die Attraktion des 3,4 km² großen Schutzgebietes. Sie diente den ersten Reisenden als sicherer Orientierungspunkt auf ihrem Weg durch die Wüste von *Charlotte Waters* nach *Alice Springs* Wie viele andere außergewöhnliche Formationen hat auch dieser Sandstein für die Aborigines eine Bedeutung nach der Schöpfungsgeschichte *(dreamtime):* Ein Gecko-Ahne (ähnlich den in diesem Gebiet lebenden Knopfschwanzgeckos – *knob-tailed geckos*) namens *Itirkawara* verließ seine Heimat an *Finke River* und reiste in nordöstlicher Richtung durch das Land. Auf dieser Reise wuchs er zu einem Mann mit übermenschlichen Kräften heran. Auf seiner Heimreise änderte sich seine Wesensart. Er wurde gewalttätig und tötete mit seinem Steinmesser viele andere Wesen aus der „Traumzeit". Maßlos überzeugt von seiner Kraft und den siegreich bestandenen Kämpfen, missachtete er die strikten Heiratsvorschriften und nahm sich eine Frau vom falschen Familienclan. Seine Verwandten waren darüber sehr erbost und verbannten daraufhin beide. Itirkawara und seine Frau flüchteten in die Wüste; er war wütend und tobte, seine Frau aber wandte sich voller Angst und Scham von ihm ab. Bald wurden beide müde, und zwischen den Dünen der Wüste verwandelten sie sich in die heute noch hier stehenden Steinformationen: Itirkawara in *Chambers Pillar* und das Mädchen in eine flache Formation, 500 m entfernt.

suchten eine mögliche Strecke für die neu zu errichtende Telegrafenverbindung. Schnell wurde die Wasserstelle als Versorgungspunkt für die Arbeiten an der Telegrafenverbindung und als Viehtränke genutzt. Sogar ein Polizeiaußenposten war von 1911 bis 1928 hier tätig. Den alten Brunnen hat man mittlerweile durch ein neues Bohrloch mit Tank ersetzt. Da die meisten Rinderherden heute mit *roadtrains* befördert werden, dient der Brunnen heute vornehmlich den Rindern der umliegenden Farmen als Tränke.

1052,8	163,2	T-Kreuzung: rechts fahren; Abzweigung links zu *Maryvale Homestead* (15 km) und *Chambers Pillar Historical Reserve* (44 km; 4-WD)
		Maryvale Homestead unterhält einen kleinen Lebensmittelladen. An *Chambers Pillar* gibt es gute Möglichkeiten zum *bush camping* (→ Artikel: Fotomotiv und Dreamtime-Mythos – Chambers Pillar)
1085,8	130,2	T-Kreuzung: rechts nach Alice Springs fahren; links zum *Stuart Highway* (61 km)
1096,0	120,0	Überquerung der Bahnlinie des *Ghan*; rechts zu *Deep Well Homestead*

1166,1	49,9	*Ewaninga Rock Carvings Conservation Reserve* links (GPS: 24°00'39"S – 133°57'21"E) Von den Felsenritzungen im weichen Sandstein wird angenommen, dass sie 1.000 bis 5.000 Jahre alt sind. Ein kurzer Weg mit Informationstafeln erklärt die wichtigsten Abbildungen.
1206,0	10,0	T-Kreuzung: rechts auf den *Stuart Highway* nach *Alice Springs* (10 km) fahren; ab hier ist geteert.
1216,0	0	*Alice Springs Shopping Centre*

Alice Springs

1870 sollte *John Ross*, ein erfahrener *bushranger* und Forschungsreisender, im Auftrag der Regierung und der Britisch-Australischen Telegrafengesellschaft einen Weg für die Telegrafenverbindung von Süden nach Norden suchen. Als Grundlage dienten ihm Karten und Aufzeichnungen von *Stuart*. Innerhalb von zwei Jahren war die Strecke festgelegt, 36.000 Telegrafenmasten gesetzt und elf Telegrafenstationen errichtet. Solche Stationen waren im Grunde die ersten Siedlungen im heißen Zentrum. Einer der Landvermesser der Gesellschaft entdeckte ein trockenes Flussbett und eine Reihe kleiner Quellen. Die Hauptquelle nannte er „Alice", nach der Frau von *Charles Todd*, dem damaligen Postminister. So beschloss man, auch hier eine Telegrafenstation zu bauen, die man nach *Stuart* benannte. Sie wurde ein wichtiges Depot für den Bau des mittleren Abschnitts der Telegrafenverbindung und war Ausgangspunkt bzw. Basislager für viele Expeditionen. Die ersten Siedler ließen sich Ende der siebziger Jahre in der Umgebung nieder. *Owen Springs, Hermannsburg* und *Tempe Downs*, um nur einige zu nennen, entstanden. Trotzdem ließ das Bevölkerungswachstum zu wünschen übrig. 1888 entstand eine Siedlung 3 km südlich der Telegrafenstation. Als 1929 die Gleise den Bahnhof von Stuart (→ Streckenbeschreibung 4, Oodnadatta Track) erreichten und am 4. August der *Ghan* einlief, lebten in der Siedlung südlich von Stuart gut hundert Menschen. Um Verwechslungen mit der Telegrafenstation zu vermeiden, taufte man die Siedlung 1933 in *Alice Springs* um. Mit dem wöchentlichen Zug kamen mehr und mehr Besucher und Zuwanderer. Die meisten flüchteten vor den wirtschaftlichen Problemen im Süden. Doch erst als man 1940 bis 1943 die Straße nach Darwin asphaltierte, erlebte Alice Springs einen Aufschwung. Mit den steigenden Touristenzahlen wurde Alice Springs bald die bekannteste Stadt in Northern Territory – lag sie doch in „unmittelbarer Nähe" zu *Ayers Rock* – und entwickelte sich mit heute rund 24.000 Einwohnern zur zweitgrößten Stadt des Bundesstaates. Von großer Bedeutung für Alice Springs ist die Viehwirtschaft im Umland, aber noch mehr der Tourismus. So ist die Stadt Ausgangspunkt für Touren in die Nationalparks der *MacDonnell Range*. Obwohl schon eine Stadt, erhielt sich Alice Springs bis heute – worauf die Bewohner übrigens auch großen Wert legen – seinen *outback*-Charakter.

Strecke 9

Alice Springs – Kings Canyon und Ayers Rock (Yulara)

Im Inneren Australiens dominieren zwei Landschaftsformen: zum einen weite Sandebenen mit Dünen, zum anderen imposante Bergketten. Eine dieser Ketten, *MacDonnell Range*, erhebt sich westlich und östlich von Alice Springs. Es handelt sich um eine zerklüftete Gebirgsbarriere aus parallel verlaufenden Bergrücken mit steilen, roten Kämmen, die über eine Länge von mehr als 400 km aus der weiten Ebene aufragt. Sie ist vulkanischen Ursprungs und war vor 400 Millionen Jahren noch über 3.000 m hoch. Wind und Regen trugen Zentimeter um Zentimeter ab und ließen sie schließlich auf 600 m schrumpfen. Flüsse gruben tiefe Schluchten in das Gestein, hinterließen Vertiefungen und Auswaschungen, die heute kleine, ständig gefüllte *pools* sind. Diese geschützt liegenden Wasserstellen sind immer noch Lebensräume für seltene Pflanzen einer längst vergangenen, feuchteren Epoche. Auch in den Bildern *Albert Namatjiras*, eines eingeborenen Malers, wiederholt sich immer wieder diese Gebirgslandschaft (→ Artikel: Albert Namatjira – ein Leben zwischen Anerkennung und Verachtung). In der Mythologie der Aborigines sind die Wasserstellen in *Western MacDonnell Range* Heimat der großen Wasserschlange, die alle unbesonnenen Besucher tötet.

Viele Gebiete von *MacDonnell Range* sind als Nationalparks geschützt. Erreichen kann man die Parks westlich von Alice Springs entweder über den *Namatjira Drive* (Western MacDonnell National Park) oder über den *Larapinta Drive*; östlich von Alice Springs über den *Ross Highway*. Die Sehenswürdigkeiten wie *Ormiston Gorge, Standley Chasm* oder *Simpsons Gap* am Namatjira Drive sind problemlos über eine asphaltierte Straße mit Pkw zu erreichen. Für einen Besuch von *Finke Gorge National Park* und *Palm Valley* ist ein Fahrzeug mit Allradantrieb unbedingt notwendig. Ähnliches gilt für *Eastern MacDonnell Range*. Bis zu *Trephina Gorge* ist die Strecke geteert und mit Pkw befahrbar. Zu *Ruby Gap Nature Reserve* kommt man nur mit Geländewagen. Nach heftigen Regenfällen ist besonders die Strecke durch *Finke Gorge National Park* ab → Ntaria (Hermannsburg) oft unpassierbar. *Mereenie Loop Road,* 1994 zwischen Hermannsburg und Watarrka National Park freigegeben, ist eine interessante Alternative für eine Rundfahrt durch *MacDonnell Range* (→ Strecke 9.2). Ungewohnt hoch sind die Temperaturen (bis zu 40 °C im Sommer) und äußerst gering die Luftfeuchtigkeit (20 % und weniger). Dabei ist die Verdunstungsrate zehnmal höher als der jährliche Niederschlag von 250 mm. Daher ist auf allen Wanderungen und Fahrten unbedingt genügend Wasser mitzunehmen (1 Liter pro Person und Stunde!).

Alice Springs

(→ Streckenbeschreibung 8, Birdsville – Alice Springs)

Strecke 9.1
Boggy Hole Track und Finke Gorge National Park

- **Entfernung:** 360 km bis Kings Canyon; 470 km bis Ayers Rock; max. Entfernung ohne Tankmöglichkeit: 202 km
- **Empfohlene Reisedauer:** 4 bis 5 Tage
- **Reine Fahrzeit:** 10 Stunden bis Kings Canyon; 12 Stunden bis Ayers Rock
- **Empfohlene Reisezeit:** beste Zeit März bis Oktober; im Sommer extrem heiß.
- **Ab- und Rückmeldung:** nicht erforderlich
- **Ausrüstung:** Geländewagen für *Palm Valley, Finke Gorge National Park;* mit Grundausrüstung bei Wagen und Werkzeug.
- **Pistenart und -zustand:** Bis *Hermannsburg* ist die Strecke geteert. Die Strecke durch *Finke Gorge National Park* führt größtenteils durch das steinige und sandige Flussbett von *Finke River. Palmer River* ist breit und tief sandig, sodass man damit rechnen muss, sich festzufahren. Die *Ernest Giles Road* in Richtung *Kings Canyon* und *Yulara* ist eine Schotterpiste; die *Luritja Road* nach *Yulara* ist geteert.
- **Versorgung:** Alice Springs (kompletter Service); Hermannsburg/120 km (Lebensmittelladen, Tankmöglichkeit); Kings Creek Station/322 km (*roadhouse, caravan park,* Tankstelle); Kings Canyon Resort/363 km (Hotel, *caravan park,* Tankmöglichkeit); Yulara/458 km (kompletter Service)
- **Telefonnummern:** Alice Springs Touristeninformation 08/ 89 52 58 00; National Park & Wildlife Service 08/ 89 51 82 11, Kings Creek Station 08/ 89 56 74 74; Kings Canyon Resort und Caravan Park 08/ 89 56 74 42; Yulara Informationszentrum 08/ 89 56 22 40
- **Funkfrequenzen und Rufzeichen:** RFDS Alice Springs (VJD) 5410 und 6950 kHz (7.30 bis 17 Uhr), 2020 kHz (nach 17 Uhr)
- **Kartenmaterial:** Hema (1:2.000.000) *Central Australia*; AUSLIG (1:250.000) *Henbury* SG-53-01; Broschüre der Parkverwaltung *Finke River 4-WD Route*
- **Besondere Hinweise:** Für *Uluru National Park* (Ayers Rock und Olgas) wird eine Eintrittsgebühr von 25 $ p.P. erhoben (gültig für 3 Tage). Camping ist im Park nicht erlaubt.

Streckenlog

0	360,0	*Alice Springs*; auf dem *Larapinta Drive* in Richtung *Hermannsburg* fahren
17,0	343,0	Geradeaus fahren; Abzweigung rechts zu *Simpsons Gap*, Teil des *West MacDonnell National Park*
		Dieser Nationalpark ist ideal für einen Tagesausflug von Alice Springs aus. Die Quarzitberge sind Heimat von Dingos, Bergkängurus, Ringsittichen, Adlern, Milanen und harmlosen Gefleckten Pythons. Eine kleine Attraktion ist die Kolonie fast zahmer Schwarz-

fuß-Felsenkängurus. Obwohl in den Gebirgen Zentralaustraliens häufig vertreten, bekommen Besucher diese kleine Känguruart nur selten zu Gesicht. Der eigentliche Anziehungspunkt für den alljährlichen Besucheransturm ist jedoch der schmale Flussdurchbruch *Simpsons Gap*. Da diese Schlucht stark besucht ist, empfiehlt es sich, über Pfade (nicht beschildert!) einen der drei anderen Durchbrüche (*Rocky Gap, Bond Gap* oder *Wallaby Gap*) zu erkunden. Nur bei längeren Wanderungen (z. B. zu *Wallaby Gap,* 20 km) ist Buschcamping erlaubt. Informationen zu den Wanderwegen gibt es beim Besucherzentrum im Park. Es ist täglich von 8–20 Uhr geöffnet.

| 41,0 | 319,0 | Geradeaus fahren; Abzweigung rechts zu *Standley Chasm* |

Der schmale, nur 5 bis 9 m breite Felseneinschnitt liegt auf Land, das den Aborigines zuerkannt wurde. *Hugh River* bahnte sich hier seinen Weg durch *Western MacDonnell Range*. Er hat dabei fast senkrechte, bis zu 90 m hoch aufragende Felsenwände geschaffen. Nur wenn die Sonne am höchsten steht, zeigt sich der Flussdurchbruch von seiner schönsten Seite: Dann schimmern die Wände von zartem Rosa bis zu kräftigen, roten Farbtönen. Leider ist es dann fast unmöglich, einen Platz in der Schlucht zu ergattern, denn kein Tourist möchte sich dieses Schauspiel entgehen lassen. Der Weg durch den Durchbruch ist gut 1 km lang und führt durch das zumeist staubtrockene Flussbett. Geöffnet ist der Park von 7.30 bis 18 Uhr. Das Eintrittsgeld (5,50 $) fließt den Aborigines einer nahen Siedlung zu.

| 46,0 | 314,0 | Weggabelung: links in Richtung *Hermannsburg* fahren; rechts ist der *Namantjira Drive* zu *West MacDonnell National Park* (Serpentine-, Ormiston-, Glen Helen-, Redbank Gorge) |

| 49,7 | 310,3 | Geradeaus fahren; Abzweigung links zu *Owen Springs Homestead* |

Im März 1861 fand *Stuart* in der Nähe des heutigen Farmhauses eine Quelle, die er nach dem Sohn eines südaustralischen Parlamentariers „Owen Springs" nannte. Stuart nutzte diese Quelle viele Male bei seinen zahlreichen Kontinentdurchquerungen. Später errichtete man in der Nähe ein Lager für die Mitarbeiter der Telegrafengesellschaft. Seit 1873 liegt die Quelle auf dem Grundbesitz von *Owen Springs Station* (kein Zugang für Touristen).

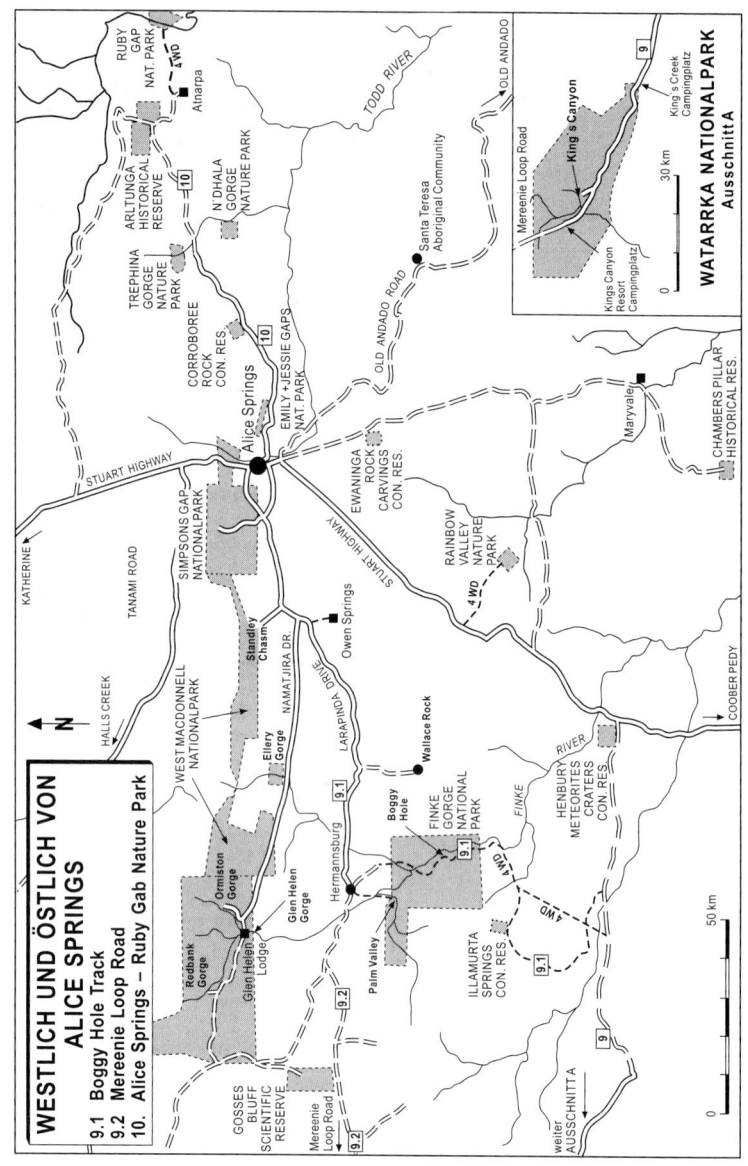

WESTLICH UND ÖSTLICH VON ALICE SPRINGS

9.1 Boggy Hole Track
9.2 Mereenie Loop Road
10. Alice Springs – Ruby Gab Nature Park

WATARRKA NATIONALPARK Ausschnitt A

Hermannsburg – eine Mission vergangener Tage

Im Jahr 1874 sprach man der *Lutherischen Kirche* ein zunächst 320 km² großes Gebiet in Zentralaustralien zu. 1875 schickte die Kirchenleitung zwei Missionare, *Schwarz* und *Kempe*, sowie fünf Arbeiter und zwei *stockmen* mit 30 Pferden, 2.000 Schafen, 20 Rindern, 5 Hunden und ein paar Hühnern aus Südaustralien los, um dort eine Mission *(Hermannsburg)* zu gründen. Die Gruppe brauchte für die Reise fast 2 Jahre und kam erst im Juni 1877 an. Sie hatten die sengende Hitze im Landesinnern unterschätzt und „strandeten" bei *Dalhousie Mound Springs*. Erst nach 10 Monaten hatten sich Mensch und Tier an die Temperaturen einigermaßen gewöhnt, sodass sie in Richtung *Finke River* weiterziehen konnten. Hermannsburg lag im Stammesgebiet der Aranda-Aborigines. Unter Leitung der Missionare wurden Hütten, Schafscherschuppen und Unterstände gebaut. Kempe studierte die hier lebenden Ureinwohner und schrieb ein Wörterbuch in der Sprache der Aranda. Doch das ursprüngliche Ziel, Schafzucht, Gemüse- und Getreideanbau zu betreiben, machten karger Boden und ungünstige klimatische Bedingungen immer wieder zunichte. Auch die Bekehrung der Aborigines machte nicht die gewünschten Fortschritte, denn die meisten hielten an ihren Mythen und Riten fest. Schließlich übernahm 1894 *Karl Strehlow*, Pastor der Immanuel-Synode, die heruntergekommene Mission. Er ersetzte Schafe durch Rinder, die sich hier besser an die harschen Bedingungen anpassten. Zudem profitierte er vom Wörterbuch seines Vorgängers, übersetzte die Bibel in die Sprache der Aborigines und hatte so auch mit der Missionierung mehr Erfolg. Hermannsburg baute er zur ersten europäischen Siedlung in Zentralaustralien aus. Strehlows Nachfolger, *Pastor Albrecht*, legte 1935 eine Wasserleitung, die den Betrieb einer Gerberei ermöglichte. Erfolgreich produzierte man von da an Lederwaren und Schuhe, die sogar Absatzmärkte in Kanada eroberten. 1982 wurde die Mission den Aranda-Aborigines zurückgegeben und trägt heute den Namen „Ntaria".

91,0	269,0	Geradeaus fahren; Abzweigung links nach *Wallace Rock Community* (18 km). Die Gemeinde gilt als Vorbild unter den Ureinwohnersiedlungen Australiens. *Gordon Abott*, ein Eingeborener, der mit zwölf Mitgliedern seiner Familie Hermannsburg verließ und hierher zog, gründete die kleine Gemeinde. Wer sie besuchen oder hier campen möchte, braucht dazu einen Erlaubnisschein *(permit)*. Alkohol ist wie immer verboten!
120,3	239,7	Abzweigung links nehmen (nicht ausgeschildert!); geradeaus nach *Hermannsburg* (100 m weiter rechts ab) Mereenie Loop Road (→ Strecke 9.2), zu *Palm Valley* (22 km; → KM 138,9), *Gosse Bluff National Park* (60 km) und weiter zum *Namatjira Drive*. (Zu Hermannsburg → Artikel: Hermannsburg – eine Mission vergangener Tage; Albert Namatjira – ein Leben zwischen Anerkennung und Verachtung.)

129,7	230,3	Weggabelung: rechts zu *Kings Canyon* (Hinweisschild links)
130,5	229,5	Weggabelung: links zu *Kings Canyon* (Hinweisschild rechts)
132,9	227,1	Weggabelung: rechts zu *Kings Canyon* (Hinweisschild)
138,9	221,1	Beginn bzw. Ende von *Finke Gorge National Park*

Das 1967 zum Nationalpark erklärte Gebiet und seine unmittelbare Umgebung weisen neben Stellen von großer kultureller Bedeutung für Aborigines auch Zeugnisse europäischer Besiedlung auf, wie *Old*

Albert Namatjira – ein Leben zwischen Anerkennung und Verachtung

Albert Namatjira (1902–1959), bekanntester Bewohner von Hermannsburg, wuchs in der Missionssiedlung auf, wurde einerseits im christlichen Glauben erzogen, lernte andererseits aber auch alle Initionsriten seines Volkes kennen. Von einem australischen Maler, der sich auf einer Reise durch das Landesinnere befand, erhielt er ein halbes Jahr lang Unterricht im Aquarellzeichnen. Namatjira malte daraufhin ein Bild nach dem anderen, ganz im Stil europäischer Künstler. Seine Landschaftsbilder von *MacDonnell Range* spiegeln die große Liebe zu seiner Heimat wider. Die Werke verkauften sich gut; er wurde zu Empfängen eingeladen und sogar der englischen Königin vorgestellt. Durch seinen Erfolg aufmerksam geworden, meldete sich auch bald das Finanzamt und belegte Namatjira mit horrenden Steuerforderungen. Einerseits besaß er keinerlei Bürgerrechte, galt wie alle anderen Aborigines als so genanntes „Staatsmündel", andererseits sollte er wie ein vollwertiger Staatsbürger Steuern zahlen. Die Konflikte waren vorprogrammiert. Da ihm Landbesitz nicht gestattet war, ließ sich Namatjira mit seiner Familie in einem Lager nahe Alice Springs nieder. 1957 sprach die australische Regierung ihm und seiner Frau, nicht aber seinen Kindern, die australische Staatsbürgerschaft zu, was zu neuerlichen Auseinandersetzungen führte, diesmal mit seinen Stammesgenossen. Als vollwertiger Staatsbürger war er berechtigt, Alkohol zu erwerben, und als Aranda verpflichtet, seinen Besitz mit dem Stamm zu teilen und den Wünschen seiner Stammesbrüder nachzukommen. Seine Angehörigen baten ihn, Alkohol für den Familienclan zu kaufen. Als es eines Tages nach Alkoholgenuss zu Streitigkeiten im Lager kam, gab es einen Toten. Namatjira wurde daraufhin verhaftet, da er es war, der den Alkohol besorgt hatte. Zwar fiel die Strafe für damalige Verhältnisse recht milde aus, aber Namatjira war ein gebrochener Mann. Er suchte, wie viele Aborigines vor und nach ihm, Trost im Alkohol und starb mit 57 Jahren, arm und innerlich zerrüttet. Namatjiras Leben war geprägt vom verzweifelten Kampf, zwei Welten – die der Ureinwohner und die der Einwanderer – miteinander in Einklang zu bringen. Ein Kampf, den er letztendlich durch das Unverständnis und die Ignoranz der Europäer verlieren musste.

Boggy Hole Police Depot, die Ruinen einer alten Polizeistation. Das Bett von *Finke River* war jahrtausendelang die Hauptwanderroute vieler Ureinwohnerstämme. Der Park wurde eingerichtet, um eine für Zentralaustralien einzigartige Flora zu schützen: Etwa 3.000 Exemplare der Marienpalme *(cabbage palms)* konnten die letzten 10.000 Jahre in *Palm Valley* überleben, dank des gleichnamigen *creek*, der sie mit ausreichend Wasser versorgt. Sie sind Relikte einer Zeit, als das Landesinnere Australiens noch mit tropischer Vegetation bedeckt war. Bisher ist kein Ort auf der Welt bekannt, wo diese Palmenart noch wächst. Die Entstehungsgeschichte der über 300 Jahre alt werdenden MacDonnell-Palmfarne reicht noch weiter in die Vergangenheit zurück als die der Marienpalmen. Sie begann bereits vor Jahrmillionen. In *Cycad Gorge* kann man schöne Exemplare dieser „Reliktpflanzen" bewundern.

Die wenigen Wasserlöcher von *Finke River* sind während langer Trockenperioden ein wichtiges Rückzugsgebiet für Fische und Wasservögel. Markante Sandsteinformationen, darunter amphitheaterähnliche, beherrschen die Szenerie des Parks. Hauptan-

Eine schöne Campingstelle in Western MacDonell Range

ziehungspunkt ist jedoch das „Palmental" (GPS: 24°04'40"S – 132°40'39"E). Da auch viele Bustouristen aus Alice Springs die Schlucht besuchen, ist der frühe Morgen oder der späte Nachmittag die beste Zeit, sie in Ruhe zu genießen. Dann sind eventuell auch scheue Tiere wie Dingos, Felsenkängurus oder Bergkängurus zu beobachten.

143,8	216,2	Hinweisschild: zu *Palm Valley* (für entgegengesetzte Richtung)
154,3	205,7	*Boggy Hole* links (GPS: 24°08'11"S – 132°51'35"E) Sehr guter Platz zum Campen. In der Nähe befinden sich die Ruinen des alten *Boggy Hole Police Depot*.
155,2	204,8	Weggabelung: rechts zu *Kings Canyon* (Hinweisschild)
161,2	198,8	Weggabelung: rechts zu *Kings Canyon* (Hinweisschild); Hinweisschild zu *Palm Valley* (für entgegengesetzte Richtung)
163,4	196,6	Weggabelung: rechts zu *Kings Canyon* (Hinweisschild)
166,9	193,1	Hinweisschild: *Palm Valley* geradeaus (für entgegengesetzte Richtung)
174,5	185,5	Gatter; Ende bzw. Beginn von *Finke Gorge National Park* (→ KM 138,9)
177,4	182,1	Hinweisschild: *Kings Canyon* geradeaus; Hinweisschild: *Palm Valley* geradeaus (für entgegengesetzte Richtung)
182,0	178,0	Hinweisschild: *Kings Canyon* geradeaus
182,1	177,9	Hinweisschild: *Palm Valley* geradeaus (für entgegengesetzte Richtung)
182,3	177,7	*Running Water Yard* (alte Viehkoppel) links
193,7	166,3	Abzweigung links zu *Kings Canyon* nehmen; geradeaus zu *Illamurta Springs Conservation Reserve* (9 km) An dieser Wasserstelle wurde 1893 von Rinderzüchtern ein Lager eingerichtet, in dem bis 1912 Wächter lebten, um Dingos und Viehdiebe von den Rindern fern zu halten. Ein paar Umzäunungen und Ruinen kann man noch heute sehen. *Ilpurla Community* in der Nähe bietet eine kleine Campingstelle mit Toilette.

Alternativstrecke über Illamurta Springs (✦)

0	47,4	Geradeaus fahren ab Abzweigung links zu *Kings Canyon*
9,0	38,4	*Illamurta Springs*
33,0	14,4	*White Horse Gap;* Gatter
33,1	14,3	Geradeaus fahren; Abzweigung rechts zu *Tempe Downs Station* (34 km)
45,5	1,9	Gatter

| 47,4 | 0 | Kreuzung: rechts fahren in Richtung *Kings Canyon*; links nach *Hermannsburg* und zu *Palm Valley*; geradeaus zu *Rogers Pass* an der *Ernest Giles Road* (13 km) |

Weiterfahrt auf der Hauptstrecke

193,8	166,2	Hinweisschild: *Palm Valley* rechts ab (für entgegengesetzte Richtung)
197,2	162,8	Gatter; Hinweisschild: *Palm Valley* links ab (für entgegengesetzte Richtung)
197,4	162,6	Hinweisschild: *Kings Canyon* links ab
215,3	144,7	Durchquerung von *Palmer Creek* (tiefsandig). Wer einen untermotorisierten 4-WD hat, wird sich hier zwangsläufig festfahren und nur mittels Seilwinde oder stundenlangem Freischaufeln befreien können.
216,8	143,2	Kreuzung: geradeaus in Richtung *Kings Canyon* fahren; Abzweigung rechts zu *Illamurta Springs Conservation Reserve*; Abzweigung links zu *Rogers Pass*
222,4	137,6	Hinweisschild: *Palm Valley* 140 km, Fahrzeit 6 bis 7 Stunden (für entgegengesetzte Richtung)
222,7	137,3	T-Kreuzung (GPS: 24°33'51"S – 132°46'47"E): rechts auf der *Ernest Giles Road* in Richtung *Kings Canyon* fahren; links zum *Stuart Highway*
251,5	108,5	Geradeaus fahren; Abzweigung rechts nach *Tempe Downs Station*
258,4	101,6	Geradeaus fahren; Abzweigung links ist die *Luritja Road* nach *Yulara* und zu *Uluru* (Ayers Rock) *National Park* (220 km; Beschreibung dieser Strecke am Ende des Streckenlogs)
259,1	100,9	*Stockyard Homestead (Wallara Ranch)* rechts; Übernachten ist auf der Farm nicht mehr möglich.
261,9	98,1	Beginn der Asphaltstrecke
322,4	37,6	*Kings Creek Caravan Park* und *-Roadhouse* links. Der *caravan park* ist eine gute, kostengünstige Alternative zu dem von *Kings Canyon Resort*, 35 km westlich.
338,4	21,6	Beginn von *Watarrka National Park* Der Park umschließt das westliche Ende von *George Hill Range* mit dem bekannten *Kings Canyon*, vielen Höhlen und bizarren Felsformationen. Wind und Wasser schufen im Laufe von Jahrmillionen eine atemberaubende Landschaft, die erst seit einigen Jahren für Touristen zugänglich ist. *Kings Canyon* selbst zeichnet sich durch ein Plateau mit Felsdomen und bis zu 100 m hohen Steilwänden aus. Viele Dome haben Höhlen, die schon Aborigines in frühester Zeit als Schlaf- und Kultstätten nutzten. Watarrka ist aus botanischer Sicht eines der bedeutendsten Gebiete in Zentralaustralien. Bei einer Zählung 1986 registrierte man fast 600 Pflanzenarten,

u. a. 17 so genannte „Reliktpflanzen" (hier: Pflanzenarten der feuchttropischen Vegetation), die nur an
wenigen Stellen überlebten. Außerhalb der feuchtig-
keitsspeichernden Schlucht gibt es nur eine kümmer-
liche Vegetation mit Spinifex, Wüstenkasuarinen und
Geistereukalypten. Auch die Tierwelt konzentriert
sich mehr auf die kühlen, geschützten Schluchten
mit ständigem Vorrat an Trinkwasser. Neben den

Uluru – ein erster Schritt in Richtung Verständigung

Das ist *Ayers Rock (Uluru) National Park*, der 1985 als solcher ausgewiesen
wurde. Eine herausragende Stellung hat er mit den Felsenformationen *Ayers
Rock* und *Olgas*, zwei der nationalen Wahrzeichen.

E. Giles und *W. C. Gosse* vermaßen in den Jahren 1872 und 1873 das Land
um den roten Berg und betrachteten es von da an – wie zu dieser Zeit üblich
– als ihr Eigentum. In den Folgejahren entstanden große Schaf- und Rinderfarmen. In den dreißiger und fünfziger Jahren verfrachtete man die noch verbliebenen unerwünschten Aborigines in Missionen und staatliche Siedlungen
oder nutzte sie auf Rinderfarmen als billige Arbeitskräfte aus. Obgleich „Zivili-
sationsbemühungen" der Europäer in vollem Gange waren, versuchten die
Anangu (selbstgewählter Name der Pitjantjatjara- und Yankunytjatjara-Abori-
gines), ihre traditionelle Lebensweise beizubehalten. Sie führten weiterhin ein
Nomadenleben, ernährten sich von dem, was das Land ihnen gab und lehrten
ihre Nachkommen den Glauben und die Gesetze der „Traumzeit". Jahrelang
sahen die *Anangu* zunächst taten- und machtlos zu, wie ihr Land Stück für
Stück ausgebeutet wurde. Schafe und Rinder fraßen und zertrampelten alles,
Minengesellschaften gruben auf der Suche nach Bodenschätzen Landstrich
für Landstrich um, Touristen plünderten ihre heiligen Stätten. 1976 ent-
schlossen sich die *Anangu* zum Kampf um ihr Land. Ganze zehn Jahre brauchte die Regierung, bis sie den Aborigines die Rechte am eigenen Land zuge-
stand. Am 26. Oktober 1985 gab man den Ureinwohnern ihr Land zurück.
Damit erkannte die Regierung sie als ursprüngliche Besitzer von Uluru und
Kata Tjuta an. Man schloss einen 99-jährigen Pachtvertrag mit ihnen und
erklärte das Gebiet zum Nationalpark. Seitdem wird *Uluru (Ayers Rock) National Park* vom *Uluru-Kata Tjuta Board of Management* in Zusammenarbeit mit
dem *National Park & Wildlife Service* betreut.

Von der Besteigung des Felsens ist dringend abzuraten, wenn man an
hohem Blutdruck, Herzbeschwerden, Asthma oder Höhenangst leidet.
Unfälle und Herzinfarkte sind keine Seltenheit. Vor dem Aufstieg sollte man in
jedem Fall über Folgendes nachdenken: *Uluru* ist eine heilige Stätte der
Ureinwohner. Es war eine Auflage der Regierung, dass die Möglichkeit zum
Besteigen des Gipfels als Touristenattraktion bestehen bleibt, wenn das Land
an die Ureinwohner zurückgeht. Nur aus diesem Grund tolerieren die Anangu den täglichen Massenansturm auf den Gipfel. T-Shirts mit dem Aufdruck
„I didn't climb Ayers Rock" sind mittlerweile beliebter als die Angabe, oben
gewesen zu sein.

		häufig anzutreffenden Wellensittichen, Zebrafinken und Diamanttäubchen ist hier und da ein Rotbürzelliest zu sehen. Diese kleine Eisvogelart hält sich oft sogar weit entfernt vom Wasser auf.
344,4	15,6	Rangerstation links
357,4	2,6	Abzweigung rechts zu *Kings Canyon* (2,6 km) nehmen; geradeaus zu *Kings Canyon Resort* und Campingplatz (6 km)
360,0	0	*Kings Canyon,* Parkplatz

Von hier lässt sich der Canyon auf zwei gut markierten Wanderwegen erkunden: *Kings Creek Walk* (1,5 km) und *Kings Canyon Walk* (6 km). Letzterer führt an *Lost City* und *Garden of Eden* mit seiner üppigen Vegetation vorbei. Für die Wanderung oberhalb der Steilwände sind mindestens drei bis vier Stunden zu veranschlagen. Der Sandstein ist sehr brüchig; deshalb sollte man unbedingt auf den markierten Wegen bleiben. Wer nicht zu Ayers Rock möchte, kann über das *Kings Canyon Resort* und die dort beginnende *Mereenie Loop Road* nach Alice Springs fahren (320 km).

Ein Highlight im Northern Territory: Uluru – Ayers Rock

Strecke zu Ayers Rock/Yulara (✦)

0	212,0	Abzweigung *Kings Canyon/Ayers Rock* (→ KM 258,4)
68,0	144,0	T-Kreuzung: rechts auf den *Lasseter Highway* zu *Ayers Rock*; links zum *Stuart Highway*
92,0	120,0	Rastplatz links
100,0	112,0	*Mt. Connor Lookout* und Rastplatz links
107,0	105,0	Geradeaus fahren; Abzweigung links zu *Mulga Park Homestead* ((68 km) und *Mt. Connor*
118,0	94,0	*Curtin Springs Roadhouse*
173,0	39,0	Rastplatz links
200,0	12,0	*Yulara*

„Yulara" – was in der Sprache der Pitjantjatjara-Aborigines „weinen" bedeutet – ist die viertgrößte Stadt in Northern Territory. Sie wurde für den Touristenstrom aus aller Welt aus dem Boden gestampft. Das gesamte Projekt kostete mehr als 200 Millionen Dollar. Dabei ist es im großen und ganzen gelungen, die Stadt harmonisch in die Umgebung einzupassen. Die Gebäude sind größtenteils in blassrosa Farbtö-

Ayers Rock und Olgas – zwei uralte Felsenformationen

Die Entstehung von *Ayers Rock* und *Olgas* ist bis heute umstritten. Vermutlich entstanden beide vor etwa 600 Millionen Jahren. Zu dieser Zeit (Präkambrium) gab es in Zentralaustralien riesige Faltengebirge. Wind und Wasser wirkten in den folgenden 200 Millionen Jahren so darauf ein, dass die Berge schließlich abgetragen waren. Unmengen an Geröll und Sand lagerten sich in tiefen Flussbetten ab. Bei einem weiteren Faltungsprozess wurden die Schichten nach oben gedrückt – Ayers Rock und Olgas entstanden. Beide Felsenformationen erhielten ihre heutige Form durch Verwitterung. Während *Ayers Rock* aus Arkose-Sandstein, versetzt mit verschiedenen Mineralien, besteht, sind die *Olgas* ein Konglomerat aus Sand und Geröll. *Ayers Rock* überragt die Ebene um 382 m (940 m über NN), hat ein Flächenmaß von 3,3 km² und einen Umfang von 9,4 km. Damit ist er der zweitgrößte Monolith der Welt, nach *Mount Augustus* in Westaustralien. Seine eigentliche Farbe ist grau. Das eigentümliche Rot entsteht durch die Verbindung unzähliger Eisenpartikel mit Sauerstoff (Eisenoxid). Während des Sonnenauf- oder -untergangs wirkt es besonders intensiv. Felsenformationen wie der „Känguru-Schwanz" (kangaroo tail) oder das „Gehirn" (brain) sind markante Punkte und beliebte Fotomotive. *Ayers Rock* wurde von *William Cristie Gosse* nach dem damaligen Staatssekretär *Sir Henry Ayers* benannt.

Die *Olgas* setzen sich aus 36 Kuppeln (Kata Tjuta = viele Köpfe) zusammen, erstrecken sich über eine Fläche von 35 km² und haben einen Gesamtumfang von 22 km. Die höchste Kuppel ist mit 546 m *Mt. Olga*, benannt nach der Königin *Olga von Württemberg*.

nen gehalten. Weiße Sonnensegel spenden Schatten und reflektieren die Sonneneinstrahlung. Drei Viertel der Energie, die zur Erwärmung des Wassers notwendig ist, werden mit Sonnenkollektoren gewonnen. Außer jeder nur denkbaren Unterkunftsmöglichkeit bietet Yulara einen *caravan park*. Mindestens eine Übernachtung ist in Yulara einzuplanen, um das Farbenschauspiel von *Ayers Rock* zu erleben. Gewissermaßen ein „Muss" für jeden Besucher ist *Yulara Visitors Centre.* In diesem Informationszentrum direkt neben *Four Seasons Hotel* kann man sich durchaus mehrere Tage aufhalten. Wer sich mit *Ayers Rock*, den Felsenformationen der *Olgas* und der Kultur der Ureinwohner vertraut machen will, wird hier gut informiert. Das Zentrum ist täglich von 8 bis 22 Uhr geöffnet (außer am 25.12.)

205,0	7,0	Beginn von *Uluru (Ayers Rock) National Park;* Kasse (→ Artikel: Uluru – ein erster Schritt in Richtung Verständigung; Ayers Rock und Olgas – zwei uralte Felsenformationen)
210,0	2,0	Geradeaus fahren; Abzweigung rechts zu Olgas; *Docker River* und Gunbarrel Highway (→ Streckenbeschreibung 15, Gunbarrel Highway)
212,0	0	*Ayers Rock Sunset Viewing Area*

Die besten Fotos von *Ayers Rock* und *Olgas* werden bei Sonnenauf- oder -untergang geknipst. Es ist ein Spektakel ohnegleichen, wenn sich Touristen schon Stunden vorher an den Fotografierstellen einfinden, um sich einen guten Platz zu sichern.

Strecke 9.2

Mereenie Loop Road

- **Entfernung:** 175 km; 320 km bis Kings Canyon; 520 km bis Ayers Rock; max. Entfernung ohne Tankmöglichkeit: 270 km inkl. Gosse Bluff; 200 km ohne Gosse Bluff
- **Empfohlene Reisedauer:** 5 bis 6 Tage inkl. Kings Canyon und Ayers Rock
- **Reine Fahrzeit:** 3 bis 4 Stunden bis Gosse Bluff; 4 bis 5 Stunden bis Kings Canyon; 6 bis 7 Stunden bis Ayers Rock
- **Empfohlene Reisezeit:** beste Zeit März bis Oktober; im Sommer extrem heiß
- **Ab- und Rückmeldung:** nicht erforderlich

- **Ausrüstung:** Geländewagen (4-WD) mit Grundausrüstung bei Wagen und Werkzeug; bei guten Bedingungen auch für Pkw mit hoher Bodenfreiheit befahrbar; nicht geeignet für Campmobile.
- **Pistenart und -zustand:** Bis *Hermannsburg* ist die Strecke geteert. Die *Mereenie Loop Road* ist generell in gutem Zustand, denn sie wird regelmäßig genutzt, um die Arbeiter auf den Mereenie Öl- und Gasfeldern zu versorgen; doch starke Auswaschungen nach Regenfällen erfordern aufmerksames Fahren. Deshalb soll die *Mereenie Loop Road* bis Ende 2008 geteert sein. Die *Ernest Giles Road* ist bis zur Abzweigung zu Ayers Rock asphaltiert. Auch die *Luritja Road* hat einen Teerbelag.
- **Versorgung:** Alice Springs (kompletter Service); Hermannsburg/120 km (Lebensmittelladen, Tankmöglichkeit); Kings Canyon Resort (Hotel, *caravan park*, Tankmöglichkeit); Kings Creek Station (*roadhouse, caravan park,* Tankstelle); Yulara (kompletter Service)
- **Telefonnummern:** Alice Springs Touristeninformation 08/ 89 52 58 00; National Park & Wildlife Service 08/ 89 51 82 11; Ipolera Homestead 08/ 89 56 74 66; Kings Canyon Resort und Caravan Park 08/ 89 56 74 42; Kings Creek Station 08/ 89 56 74 74; Yulara Informationszentrum 08/ 89 56 22 40
- **Funkfrequenzen und Rufzeichen:** RFDS Alice Springs (VJD) 5410 und 6950 kHz (7.30 bis 17 Uhr), 3020 kHz (ab 17 Uhr)
- **Kartenmaterial:** Hema (1:2.000.000) *Central Australia* und *Red Centre*; AUSLIG (1:250.000) *Henbury* SG-53-01
- **Besondere Hinweise:** Für die Mereenie Loop Road ist eine Genehmigung erforderlich (Mereenie Tour Pass, 2 $), die in Alice Springs, Hermannsburg oder beim Kings Canyon Resort erhältlich ist.
- Camping ist auf der Mereenie Loop Road nicht gestattet. Ein Doppelzimmer im *Kings Canyon Resort* kostet 240 $; teilt man sich einen Raum mit weiteren Personen (four-bed rooms/familiy rooms) zahlt man 132/115 $. Camping ist ebenfalls recht teuer mit 25 $ pro Platz. Kostengünstiger zeltet man da an *Kings Creek Station* (8 $ p.P.).

Streckenlog

0	202,8	Abzweigung vor *Hermannsburg* (→ Streckenbeschreibung 9.1, KM 120,3)
22,2	180,6	Weggabelung: links fahren; rechts zu *Tnorala Conservation Reserve* (Gosse Bluff)

Track zu Tnorala Conservation Reserve/Gosse Bluff (♦)

0	32,9	Weggabelung: rechts zu *Tnorala Conservation Reserve*; links zur *Mereenie Loop Road*
29,1	3,8	Weggabelung: rechts in Richtung *Haast Bluff*, links *Gosse Bluff*

| 30,2 | 2,7 | Abzweigung links zu *Gosse Bluff*; geradeaus zu *Kulpitarra Community* (12 km) |
| 32,9 | 0 | Picknickplatz *Gosse Bluff* |

(GPS: 23°48'60"S – 132°18'51"E)

Ringförmig angeordnete Hügel erheben sich unvermittelt aus der semiariden Wüstenlandschaft und umschließen ein „Amphitheater" von ca. 5 km Durchmesser – *Gosse Bluff. Tnorala*, wie die Aborigines diesen Ort nennen, entstand vor etwa 142 Millionen Jahren, als vermutlich ein Komet von ungefähr 600 Metern Durchmesser mit einer Geschwindigkeit von 40 km pro Sekunde auf die Erde aufschlug und einen Krater von mehr als 20 km Durchmesser hinterließ. Heute ist nur noch das Zentrum des Kraters sichtbar. Nach der Mythologie der Aborigines ist Tnorala eine hölzerne Schale, wie sie Frauen zum Sammeln von Nahrung benutzen. Eine Mutter legte bei einem Fest auf der Milchstraße ihr Baby in eine solche Schale. Es wurde getanzt und gesungen, und aus Versehen stieß jemand an die Schale. Das Kind fiel auf die Erde und die Schale darauf. Noch heute suchen die Eltern – so weiß jedenfalls die Sage zu berichten – nach ihrem Kind, das unter der Schale liegt, deren Rand den Kraterrand bildet. Das Gebiet ist den Aborigines heilig, und es ist streng verboten, in Tnorala oder Umgebung zu übernachten. Früher lebten die Stämme auch im Krater. Doch eines Tages, als ein Mann von der Jagd nach Kängurus zurückkehrte, waren alle Stammesangehörigen tot. Der Mann wusste, dass dies nur die Macht eines Kadaitscha-Mannes (Teufels) gewesen sein konnte. Er ging zu allen anderen Stämmmen der Umgebung und erzählte ihnen, was geschehen war. Zusammen machte man sich auf die Suche, fand den Kadaitscha-Mann und tötete ihn. Seit dieser Zeit gibt es keine Siedlungen mehr innerhalb des Kraters. Das Verbot, in Tnorala zu übernachten, besteht deshalb, weil andernfalls der Geist des Kadaitscha-Mannes wieder erwachen würde.

Der Krater erhielt seinen Namen 1872 von *Ernest Giles*, der ihn nach *Harry Gosse,* einem Vorsteher der neuen Telegrafenstation in Alice Springs, benannte.

Tipp: Wer nicht denselben Weg zurückfahren möchte, kann an der Abzweigung zum Krater links abbiegen und in Richtung *Katapata Pass* fahren (→ KM 69,8). Für die 11 km entfernte *Kulpitarra Community* ist eine Genehmigung erforderlich.

Weiterfahrt auf der Hauptstrecke

44,1	158,7	Geradeaus fahren; Abzweigung links zu *Ipolara Homestead* (13 km)

Eine gute Gelegenheit, Kontakt zu Aborigines aufzunehmen. Sie unterhalten hier eine *camping area* und bieten geführte Touren in die Umgebung an. Man erfährt viel über Kultur und Lebensgewohnheiten und hört Geschichten aus der Traumzeit.

69,8	133,0	Geradeaus über *Katapata Pass* fahren; Abzweigung rechts zu *Tnorala Conservation Reserve* (Gosse Bluff, 35 km)
70,9	131,9	Weggabelung: rechts auf die *Mereenie Loop Road* fahren; links zu *Areyonga Community* (Genehmigung erforderlich)
131,3	71,5	Geradeaus fahren; Abzweigung rechts zu *Yatermans Bore Homestead*

Eine Vielzahl von *tracks* zweigen jetzt von der Straße ab. Sie führen zu Öl- und Gasfeldern; Touristen dürfen diese Wege nicht befahren.

170,6	32,2	Beginn eines kurzen geteerten Stücks

Der *track* steigt an, und man fährt *Gardiner Range* langsam hinauf.

171,2	31,6	Picknickplatz und Aussichtspunkt links

Von hier oben hat man eine gute Aussicht auf die beeindruckende *George Hill Range,* die *Kings Canyon* umschließt. Besonders bei beginnendem Sonnenuntergang bietet sich hier ein schöneres Bild als am *sunset point* bei Kings Canyon selbst.

172,3	30,5	Beginn/Ende von *Watarrka National Park*; Beginn/Ende von *Haast Bluff Aboriginal Land Trust*
199,6	3,2	*Kings Canyon Resort*

Kurz vor dem Resort beginnt wieder die asphaltierte Straße. Wahrscheinlich ist es nur eine Frage der Zeit, bis die gesamte *Mereenie Loop Road* asphaltiert wird und ein weiteres Stück „Abenteuer Australien" verlorengeht.

200,2	2,6	Abzweigung links zu *Kings Canyon*
202,8	0	*Kings Canyon Parkplatz* (→ Streckenbeschreibung 9.1, Strecke zu Ayers Rock; KM 360,0)

Strecke 10

Alice Springs – Ruby Gap Nature Park

- **Entfernung:** 147 km; max. Entfernung ohne Tankmöglichkeit: 80 km
- **Empfohlene Reisedauer:** 2 bis 3 Tage
- **Reine Fahrzeit:** 3 Stunden
- **Empfohlene Reisezeit:** beste Zeit März bis Oktober; im Sommer extrem heiß
- **Ab- und Rückmeldung:** nicht erforderlich
- **Ausrüstung:** Geländewagen (4-WD) für N'Dhala Gorge und Ruby Gap; ansonsten Pkw (auch Campmobil).
- **Pistenart und -zustand:** Die Strecke ist bis *Trephina Gorge* (66 km) geteert. Ab der Abzweigung zu Trephina Gorge wird die Strecke zur *gravelroad*. Mit Pkw ist sie bis Atnarpa (26 km vor Ruby Gorge) befahrbar. Um zu *N'Dhala Gorge* und *Ruby Gorge* zu gelangen, ist ein Allradfahrzeug nötig, da der *track* durch die steinigen Betten von *Ross-* bzw. *Hale River* führt.
- **Versorgung:** Alice Springs (kompletter Service); Ross River Tourist Lodge/ 80 km (Lebensmittelladen, Camping)
- **Telefonnummern:** Alice Springs Touristeninformation 08/ 89 52 58 00; Ross River Tourist Lodge 08/ 89 56 97 11, Arltunga Hotel & Bush Resort 08/ 89 56 97 97
- **Funkfrequenzen und Rufzeichen:** RFDS Alice Springs (VJD) 5410 und 6950 kHz (7.30 bis 17 Uhr), 2020 kHz (nach 17 Uhr)
- **Kartenmaterial:** Hema (1:2.000.000) *Central Australia*; AUSLIG (1:250.000) *Henbury* SG-53-01
- **Besonderer Hinweis:** Im *Arltunga Historical Reserve* ist *bush camping* nicht gestattet.
- **Karte:** siehe Seite 218

Alice Springs

(→ Streckenbeschreibung 8, Birdsville – Alice Springs)

Streckenlog

0	147,0	*Alice Springs* (Stuart Highway/Abzweigung zum Ross Highway)
		Gleich hinter der Abzweigung wird *Todd River* auf einer Brücke überquert; anschließend rechts auf den *Ross Highway* abbiegen.
13,0	134,0	Geradeaus fahren; Abzweigung links zu *Emily Gap*
		Es ist einer von zwei tiefen Einschnitten in der Kette von *Eastern MacDonnell Range*. Felsenmalereien der Aranda-Aborigines und *pools* mit vielen Wasservögeln zeichnen das Naturreservat aus. Bei hohem

Der Rubinrausch und sein jähes Ende

Im März 1886 buddelte *David Lindsey* auf der Suche nach Wasser im sandigen Boden von *Hale River*. Anstelle von Wasser fand er einen glitzernden roten Stein. Das war der Beginn von Zentralaustraliens erstem Edelsteinrausch und der Geschichte der Rubinschlucht. Zunächst wurde diesem angeblichen Rubinfund wenig Beachtung geschenkt, denn das Gebiet war den europäischen Siedlern kaum bekannt und lag weit abseits jeglicher Zivilisation. Ende 1887 herrschte jedoch schon Hochbetrieb: Minengesellschaften steckten *claims* ab und überall wurde gegraben. Mittlerweile brachten die Steine in London als „Orientrubine" sagenhafte Preise, die schönsten sogar mehr als das Hundertfache des damaligen Goldpreises. Unglücklicherweise fand man soviele Rubine, dass der Markt schnell überschwemmt war. Die Käufer begannen, an der Qualität des Steins zu zweifeln, und die Preise purzelten in den Keller. Achtzehn Monate nach dem Rubinrausch stand es dann fest: Die Steine waren in Wirklichkeit nur erstklassige Granate – schön, aber kaum wertvoll. Über Nacht war der Rubinboom und damit ein anfänglich viel versprechendes Kapitel australischer Geschichte zu Ende.

		Wasserstand sind die Wände mit den Malereien nur mit einem Boot zu erreichen.
18,0	129,0	Geradeaus fahren; Abzweigung links zu *Jessie Gap*

Dieser zweite Einschnitt ist wie *Emily Gap* häufig auf Bildern zu sehen. Der Regen im Winter sammelt sich im Schatten der steilen Felsenwände und verdunstet nur langsam. Die fast ständig gefüllten *pools* sind ein wichtiges Wasserreservoir für viele Tiere.

| 30,0 | 117,0 | Geradeaus fahren; Abzweigung rechts zu *Todd River Homestead* (42 km); *Mt. Undoolya* links |

Mt. Undoolaya liegt auf dem Gebiet der gleichnamigen Farm. Ihr gehörten 1886 über 7.000 Rinder. Ein paar Jahre Trockenheit und Dürre überlebten nur 600 Tiere. Die großen Erwartungen der Zuwanderer erfüllten sich wie bei vielen anderen nicht, und die Farm musste mit großem Verlust verkauft werden.

| 42,0 | 105,0 | Geradeaus fahren; Abzweigung links zu *Corroboree Rock Conservation Reserve* |

An dieser Kalksteinformation bewahrten Aborigines ihre heiligen Bretter oder Platten *(tjuringas)* auf, die gewöhnlich oval aus Stein oder Mulgaholz gefertigt waren und bestimmte Zeichen trugen. Tjuringas stellten eine Beziehung zu den Geistwesen her und wurden nur bei zeremoniellen Riten wie Initiation, Begräbnissen oder anderen heiligen Handlungen eingesetzt. Sie waren nur bereits eingeweihten Mitgliedern eines Clans zugänglich (→ Artikel: Die „Traumpfade" der Ahnen).

Vermutlich suchten sich die Aborigines diesen Ort aus, weil er sich von den Felsen der Umgebung markant abhob. Camping ist hier nicht erlaubt.

66,0	81,0	Geradeaus fahren (ab hier ungeteert); Abzweigung links zu *Trephina Gorge Nature Park* (4 km)

Der Park ist berühmt für seine steilen Quarzhänge und Wasserläufe, an deren Ufern Bäume stehen. Bekannte Punkte sind *Trephina Gorge* und *John Hayes Rockhole*. Früher war der Park Teil von *Undoolaya Station*. *John Hayes* und *Tryphina Benstead* (später Trephina), nach denen man die beiden Attraktionen benannte, waren zwei der ersten Pioniere. Sie bauten unter den schwierigen Bedingungen im Landesinnern einen landwirtschaftlichen Betrieb auf. Leider sind noch heute die Zeichen der intensiven Weidenutzung zu sehen, und die eingeführten Kaninchen, Esel und Ziegen tragen dazu bei, dass sich die Natur nur sehr langsam erholt.

Die enge Felsenschlucht von *John Hayes Rockhole*, die noch lange nach dem letzten Regen Wasser führt, steht in krassem Gegensatz zur Trephina-Schlucht weiter nördlich, die breit und sandig ist. Spinifextaube, Staffelschwanz, Ringsittich, Schwarzkehlwürgatzel, Sperbertäubchen, Schwalben-Mistelfresser und Schwarzkehl-Honigesser sind die häufigsten Vogelarten, die vor allem an den quarzreichen Schluchtwänden vorkommen. An *John Hayes*- und *Trephina Creek* entlang fällt vielleicht der Tüpfellaubenvogel auf. In den frühen Morgen- und späten Abendstunden sieht man in den Schluchten oft das Bergkänguru. Das seltene Schwarzfuß-Felsenkänguru dagegen bekommt man nur mit viel Glück und gut geschultem Auge zu Gesicht.

Fünf Wanderwege erschließen den Nationalpark. Sie ermöglichen kurze Spaziergänge durch die Schlucht ebenso wie stundenlange Wanderungen. Beschreibungen der Pfade sind jeweils an den Anfangspunkten erhältlich.

Dem Besucher stehen drei Campingstellen zur Verfügung: *John Hayes Rockhole Camp*, *Trephina Bluff Camp* (nur vier Plätze; aber schattig gelegen) und *Trephina Gorge Camp* (sechs Plätze und Grillmöglichkeit).

72,0	75,0	Geradeaus fahren; Abzweigung rechts zu *Ross River Homestead* und *Tourist Lodge* (8 km) sowie zu *N'Dhala Gorge Nature Park* (20 km, 4-WD)

Ross River Homestead (ehemals *Love Creek Station*) bietet Touristen Buschatmosphäre pur. Hier kann der Besucher erfahren, was es bedeutet, im *outback* zu leben. Die Farm wird heute nicht mehr bewirtschaftet und ist ganz auf Tourismus eingestellt. Gäste werden gerne zu Nachbarfarmen gefahren, wo sie die Arbeit der *stockmen* und den Viehtrieb beobachten können. Vom Farmhaus sind es noch etwa 16 km bis N'Dhala Gorge. Für diese Strecke ist ein Fahrzeug mit Allradantrieb nötig. Die Schlucht ist bekannt für ihre mehr als 10.000 Jahre alten Zeichnungen an den Felsen. Leider kennen auch die hier lebenden Aborigines ihre Bedeutung nicht mehr, wissen nicht, wer sie hinterließ oder warum sie gerade hier an den Felsen gemalt wurden. Die Zeichnungen sind bei einer Wanderung durch die Schlucht gut an den Felsen zu erkennen.

| 104,0 | 43,0 | Weggabelung: rechts fahren zu *Ruby Gap Nature Park*; links via *Arltunga Historical Reserve* nach *Clara Ville* (11 km); zum *Plenty Highway* und *Stuart Highway* |

In *Arltunga Historical Reserve* befinden sich viele Ruinen ehemaliger Goldgräbersiedlungen. Der Friedhof, das Gefängnis und die alten Minenschächte kann man

Ruine bei Arltunga

		teilweise auf eigene Faust erkunden (Taschenlampe mitnehmen!). Camping ist auf einem privaten *caravan park* möglich.
121,0	26,0	Weggabelung: links fahren zu *Ruby Gap Nature Park*; rechts zu *Atnarpa Homestead* (1 km)
		Ab der Gabelung ist ein Fahrzeug mit Allradantrieb notwendig, um bis *Ruby Gap* zu gelangen.
147,0	0	*Ruby Gap Nature Park*

Ruby Gap bietet eines der besten Buschcamping-gebiete im „roten Zentrum". Da es kaum Touristen hierher verschlägt, hat man die Schlucht oft ganz für sich allein. Mit dem Geländewagen kann man im Flussbett bis kurz vor *Glen Annie Gorge* fahren. Natürlich nur, wenn der Fluss kein Wasser führt und es absolut ungefährlich ist. In dieser Schlucht, die er nach seiner Frau benannte, fand *David Lindsey* die meisten und besten Steine (→ Artikel: Der Rubinrausch und sein jähes Ende). Wer sich auf die Spuren des „Edelsteinrauschs" begeben möchte, möge hier im Sand sein Glück versuchen.

Strecke 11
Alice Springs – Halls Creek
(Tanami Track/Lajamanu Track)

- **Entfernung:** 1.093 km nach Halls Creek; 1.428 km nach Timber Creek; max. Entfernung ohne Tankmöglichkeit: 507 km
- **Empfohlene Reisedauer:** 2 bis 3 Tage
- **Reine Fahrzeit:** 15 Stunden nach Halls Creek; 25 Stunden nach Timber Creek. Lajamanu Track ab Abzweigung hinter Rabbit Flat Roadhouse: 8–9 Stunden bis Kalkarindji.
- **Empfohlene Reisezeit:** März bis November (beste Zeit Mai bis September); im Sommer extrem heiß; nach heftigen Regenfällen unpassierbar
- **Ab- und Rückmeldung:** nicht erforderlich; nur bei der Fahrt über *Lajamanu* sollte man sich ab- und rückmelden.
- **Ausrüstung:** Geländewagen (4-WD) mit Grundausrüstung bei Wagen und Werkzeug; bei guten Bedingungen auch mit Pkw befahrbar (auch Campmobil); wer über den *Lajamanu Track* (4-WD) fährt, sollte auch beim Werkzeug Zusatzausrüstung (Winde nicht erforderlich) mitnehmen.
- **Pistenart und -zustand:** Gute festgefahrene Schotter-Sand-Straße mit einigen wellblechartigen Abschnitten. Die ersten 100 km hinter der Grenze zwischen Northern Territory und Western Australia sind schwieriger. Der *Lajamanu Track* ist eine Sandpiste mit einigen Weichsandpassagen.
- **Versorgung:** Alice Springs (kompletter Service); Tilmouth Well Roadhouse/ 162 km (Tankmöglichkeit, Camping); Yuendumu Community/264 km (Tankmöglichkeit); Rabbit Flat/570 km (*roadhouse*); Halls Creek/1.077 km (Grundversorgung); Lajamanu/908 km (Lebensmittel, Tankmöglichkeit); Kalkarindji/ 1.013 km (Lebensmittelladen, *caravan park*, Tankmöglichkeit); Timber Creek/ 1.412 km (Lebensmittelladen, Hotel, *caravan park*, Tankmöglichkeit)
- **Telefonnummern:** Alice Springs Touristeninformation 08/ 89 52 58 00; Rabbit Flat Roadhouse 08/ 89 56 87 44; Lajamanu Service Station 08/ 89 51 15 73; Kalkarindji (Polizeistation) 08/ 89 75 07 90; Kalkarindji Roadhouse 08/ 8975 0788; Yuendumu Store 08/ 89 56 40 06; Tilmouth Well Roadhouse 08/ 89 56 87 77; aktueller Pistenzustand 1800/ 24 61 99 (für NT) und 1800/ 01 33 14 (für WA); Alice Springs (Polizeistation) 08/ 89 51 88 88; Halls Creek (Polizeistation) 08/ 91 68 60 00
- **Funkfrequenzen und Rufzeichen:** RFDS Alice Springs (VJD) 2020, 5410 und 6950 kHz (Mo–Fr 7.30–17 Uhr); RFDS Derby (VJB) 2020, 2792, 5300 und 6925 kHz (Mo–Fr 7–16 Uhr, Sa 9–9.30 Uhr)
- **Kartenmaterial:** Westprint Heritage (1:1.100.000) *Tanami Track*; Hema (1:1.250.000) *Great Desert Tracks*, North East Sheet
- **Besondere Hinweise:** Tankstelle in Lajamanu geöffnet Mo–Fr 10–12, 15–17 Uhr, Sa 10–12 Uhr; in Yuendumu Mo–Fr 8.30–17, Sa 9–12 Uhr. Tankstelle Rabbit Flat Roadhouse geöffnet Fr–Mo 7–22 Uhr, Di–Do geschlossen! Camping ist im *Tanami Desert Wildlife Reserve* verboten; erlaubt an *Rabbit Flat* von Fr–Mo.

Von *Alice Springs* folgen Pisten und Straßen strahlenförmig den Wegen der Erforscher vom australischen Zentrum in alle Richtungen. Eine dieser Pisten ist der *Tanami Track*, der nordwestlich von Alice Springs durch die weite *Tanami Desert* verläuft. Rote Sanddünen gibt es hier nicht, stattdessen erstreckt sich die flache, spinifexbedeckte Wüste nordöstlich des *track* bis zum Horizont. Neben Spinifex gedeihen nur noch die widerstandsfähigen Mulgas, Akazien und Grevilleen. Unterbrochen wird die fast endlose Weite durch zumeist trockene Flussbetten, an denen vereinzelte Eukalypten *(coolabahs)* in den Himmel ragen. Wasserstellen sucht man hier vergeblich. In der Vergangenheit hat die Wüste zwischen Alice Springs und den Kimberleys immer wieder zahlreiche Menschenleben gefordert. Die Grabsteine auf dem alten Friedhof in *Halls Creek* erinnern an die vielen misslungenen Durchquerungsversuche. Die ursprüngliche Piste verlief hinter *Tanami Gold Mine* in nordwestlicher Richtung und endete auf der *Duncan Road.* Heute verläuft sie ab der Goldmine in westlicher Richtung, führt am Meteoritenkrater *Wolfe Creek* vorbei, und stößt 18 km vor *Halls Creek* auf den Great Northern Highway. In den Anfangsjahren diente sie als Versorgungspiste zu den Goldfeldern und Minen in der Wüste. Der Tanami Track ist auch heute noch die einzige, direkte Verbindung von Alice Springs zum Nordwesten Westaustraliens. Abgesehen von einigen kürzeren Sandpassagen und trockenen Flussdurchquerungen stellt die Strecke keine großen Anforderungen – Durchhaltevermögen ausgenommen. Trotz des guten bis sehr guten Straßenzustands ist die Wüste niemals zu unterschätzen. Auch heute noch sterben Menschen, die das Abenteuer „Tanami" allzu leicht neh-

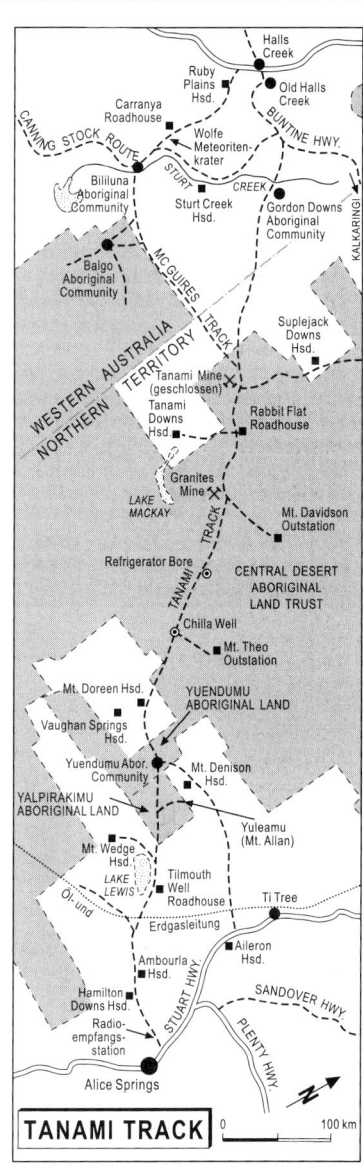

men, in der Abgeschiedenheit dieser Wüste. 1993 verdurstete eine Gruppe Aborigines unweit vom *Tanami Track* auf einem Seitenweg. Ihr Fahrzeug war mit Kühlerproblemen stehen geblieben. Sie hatten kaum Wasser mitgenommen, wohl weil sie die Strecke schon hundertmal ohne Zwischenfälle gefahren waren. Da sie niemanden über ihre Absicht informiert hatten, also keine Hilfe zu erwarten war, versuchte eine Gruppe die nächste Siedlung zu Fuß zu erreichen. Eine zweite Gruppe machte sich zu einem Brunnen in der Nähe auf. Nur eine hochschwangere Frau und ein junger Mann blieben beim Fahrzeug zurück. Tatsächlich schafften es zwei Frauen bis zur 50 km entfernten Siedlung. Die schwangere Frau hatte in der Zwischenzeit im Wagen entbunden. Sie grub ihr Neugeborenes in den Sand ein, um es vor der sengenden Sonne zu schützen. Beide wurden in letzter Minute gerettet. Für alle anderen kam jede Hilfe zu spät. Ein Kind fand man tot, nur wenige Kilometer vom rettenden Brunnen entfernt.

Ab der Abzweigung vom Stuart Highway sind die ersten 120 km einspurig geteert, anschließend geht der *track* in eine breite, gut ausgebaute Schotterpiste über. Allmählich verschwinden die Bergketten im Westen, und eine Spinifexlandschaft erstreckt sich, soweit das Auge reicht. Wenngleich auf der Strecke nur selten Auswaschungen auftreten, ist Vorsicht geboten. *Washouts* sind recht tief, leicht zu übersehen und verlaufen oftmals quer zur Fahrspur. Bei zu hoher Geschwindigkeit bricht leicht eine Blattfeder oder gar die Achse. Nicht selten verliert man die Kontrolle über das Fahrzeug und landet kopfüber im Busch. Etwa 94 km hinter *Rabbit Flat*, einem kleinen *roadhouse*, zweigt die Lajamanu Road in Richtung Norden ab. Sie führt über Lajamanu und Kalkarindji nach Top Springs. Die Strecke ist in erstaunlich gutem Zustand. Sie besteht überwiegend aus festem, rotem Sand, der fast staubfrei zu befahren ist. Erst ab der Abzweigung zu *Wave Hill* tritt vermehrt *bulldust* auf. Die Strecke über Lajamanu ist eine interessante Alternative zum Tanami Track, da man kaum auf Touristen trifft. Sie führt durch Central Desert Aboriginal- und Lajamanu Aboriginal Land, doch eine Genehmigung ist für die Durchfahrt nicht erforderlich. Die Landschaft ist besonders um *Supplejack Downs Homestead* beeindruckend, wo der Track *Supplejack Range* streift.

Wer auf dem Tanami Track bleibt, überquert nach 745 km die Grenze zu Westaustralien. Gekennzeichnet ist die Staatsgrenze weniger durch ein paar einsame Schilder, als vielmehr durch den Pistenzustand, der sich abrupt verschlechtert. Es wird sandiger, und tiefe *corrugations* schütteln Wagen und Insassen kräftig durch. Die zaunlose Grenzüberquerung ist vermutlich eine der einsamsten und abgelegensten in ganz Australien, vielleicht sogar der ganzen Welt. Nach ein paar Stunden Fahrt durch Westaustralien beginnt das Viehzuchtgebiet *(cattle-country)*. Damit trifft man auch auf die ersten Zeichen der Zivilisation in Form von Zäunen, Windrädern und vereinzelten Brunnen. Schließlich erreicht man die Abzweigung zu *Wolfe Creek Meteorite Crater* an dem alten *Carranya Roadhouse* (→ Streckenbeschreibung 18, Canning Stock Route). Von hier sind es noch knappe zwei Stunden Fahrt bis zum Endpunkt der Tanami-Durchquerung: *Halls Creek* – Tor zu den Kimberleys.

Alice Springs

(→ Streckenbeschreibung 8, Birdsville – Alice Springs)

Streckenlog

0	1093,2	*Alice Springs;* auf den *Stuart Highway* in Richtung *Tennant Creek* fahren
20,0	1073,2	Abzweigung links auf den *Tanami Track* (TT) zu *Yuendumu Community* nehmen (GPS: 23°32'19"S – 133°51'24"E); geradeaus führt der *Stuart Highway* nach *Darwin*
35,3	1057,9	*Department of Defence Radio Receiving Station* rechts
45,2	1048,0	*Kunoth Bore* links
46,4	1046,8	Geradeaus *TT*; Abzweigung links zu *Hamilton Downs Youth Camp*; Beginn bzw. Ende des *Larapinta Trail*
70,4	1022,8	Geradeaus *TT*; Abzweigung links zu *Hamilton Downs Station* (10 km)
93,2	1000,0	Geradeaus *TT*; Abzweigung rechts zu *Amburla Homestead* (8 km)
108,3	984,9	Geradeaus *TT*; Abzweigung links zu *Milton Park Homestead* (8 km)
119,1	974,1	*Charley Creek*
122,5	970,7	Rastplatz rechts
126,7	966,5	Weggabelung: rechts auf *Tanami Track* in Richtung *Yuendumu Community* fahren (152 km); links nach *Narwietooma* (23 km)
140,3	952,9	Geradeaus *TT* (ab hier ungeteert); Abzweigung links zu Papunya Community (96 km), für die eine Genehmigung nötig ist.
178,9	914,3	*Napperby Creek*
179,0	914,2	*Tilmouth Well Roadhouse* (Tankmöglichkeit, kleine Campingstelle, 5 $ p.P.; geöffnet täglich 7–21 Uhr; GPS: 22°48'57"S – 132°44'08"E). Im Roadhouse werden Kunst- und Handwerkserzeugnisse von Aborigines der Umgebung verkauft. Die Preise sind bis zu 50 % günstiger als z.B. in Darwin. Wer also Bumerangs, Gemälde o.ä. Dinge als Souvenirs sucht, ist hier gut beraten.
188,3	904,9	*Mt. Hammond* rechts
201,2	892,0	Geradeaus *TT*; Abzweigung links zu *Mt. Wedge Homestead* (31 km), *Newhaven Homestead* (140 km) und *Gurner Station* (160 km)
242,2	851,0	Geradeaus *TT*; Abzweigung rechts nach *Yuelamu Community* und zu *Yuelamu Dreaming Gallery* an *Mt. Allen* (35 km)
279,8	813,4	*Yuendumu Community* Diese Ureinwohnersiedlung darf ohne Genehmigung nur zum Auftanken angefahren werden. Wer sich in dem kleinen Dorf näher umsehen möchte,

		benötigt dafür eine Erlaubnis. Das Mitführen von Alkohol ist hier verboten!
309,5	783,7	Geradeaus *TT*; Abzweigung links zu *Vaughn Springs Station* (77 km)
407,5	685,7	*Chilla Well Homestead* links
413,8	679,4	Geradeaus *TT*; Abzweigung rechts *Mt. Theo Station*
433,9	659,3	Rastplatz links
535,0	558,2	*The Granites* rechts

Diese alte Goldmine entstand 1900, als man hier zum ersten Mal Gold entdeckte. Aufgrund des Wassermangels und der kaum zu ertragenden Hitze förderte das Bergwerk nur ein Jahr. Erst 1986 errichtete man ein neues Werk, das bis heute in Betrieb ist. Zugang ist weder zu den Ruinen des alten Werks noch zur neuen Anlage gestattet.

584,6	508,6	Geradeaus *TT*; Abzweigung links zu *Tanami Downs Station* (50 km)
586,5	506,7	Geradeaus *TT*; Abzweigung rechts zu *Rabbit Flat Roadhouse* (2 km; GPS: 20°11′01″S – 130°08′50″E)

Das 1969 zunächst als Wetterstation errichtete *roadhouse* ist nur freitags bis montags von 7 bis 22 Uhr geöffnet. Kaffee und Erfrischungen werden über die Theke gereicht, die vergittert ist. Doch sobald die eher kühle Atmosphäre durch etwas *small talk* erwärmt ist, geben die Besitzer gerne Auskunft über ihr Leben in diesem einsamen Landstrich. Wer von Dienstag bis Donnerstag auf dem *track* unterwegs ist, steht allerdings vor verschlossenen Türen. Nach dem Benzinpreis fragt man besser, als den Schildern zu glauben: In der Regel zeigen sie nur den halben Preis an! Auch die Bierpreise sind stolz (42 $ für den Karton!). Dafür kann man aber von Fr–Mo hier sein Zelt aufschlagen (5 $).

678,0	415,2	*Tanami Goldmine* rechts

Auch diese Mine war während des Goldrauschs nur kurze Zeit in Betrieb. Die Lebensbedingungen hier waren hart und die Fördermengen gering. Im Laufe der folgenden Jahrzehnte wurde der Betrieb zwar immer wieder mal reaktiviert, stand aber die meiste Zeit still. Zurzeit läuft die Förderung, und es ist verboten, sich der Mine und damit den Goldfunden zu nähern. Man handelt sich bei Missachtung der Warnschilder eine Menge Ärger ein.

680,7	412,5	Weggabelung: links *TT*; rechts nach *Lajamanu* (243 km) und *Kalkarindji* (347 km)

Strecke 11: Alice Springs – Halls Creek

Land und Leute

Reisevorbereitung

Strecken 1–3

Strecken 4–6

Strecken 7–8

Strecken 9–10

Strecken 11

Track über Lajamanu nach Kalkarindji (✦)
(4-WD erforderlich)

0	348,2	Weggabelung *Lajamanu Road – Tanami Track*
95,3	252,9	Geradeaus fahren; Abzweigung links zu *Supplejack Downs Homestead*
243,0	105,2	*Lajamanu Community; Hooker Creek*

Eine Siedlung von Aborigines: ein paar Häuser und Baracken, viele Hunde, viel Staub – ein trostloser Anblick. Weiter in nördlicher Richtung führt der Track durch mit Spinifex bewachsene Ebenen. Plötzlich – als hätte jemand eine Linie gezogen – ändert sich die Landschaft: Das sanfte Rot der Wüste verschwindet, und das fahlgrüne Gras des *cattle-country* erscheint.

337,5	10,7	Weggabelung: links zur *Kalkarindji Community* (10,7 km); rechts nach *Top Springs* (172 km)
348,2	0	*Kalkarindji*

Die ehemalige Polizeistation *Wave Hill* ist heute ein kleiner, malerischer Ort an *Victoria River*, der als Verwaltungsstelle von *Daguragu Land Trust* (Stiftung) dient. Von Kalkarindji kann man in nördlicher Richtung in Richtung Top Springs zu einer Fahrt durch *Gregory National Park* (→ Streckenbeschreibung 21, The Big Run) aufbrechen. Die Strecke ist bis Top Springs asphaltiert.

Weiterfahrt auf der Hauptstrecke

717,3	375,9	Weggabelung: links *TT*; rechts zu *Gordon Downs Station* (168 km)
760,6	332,6	Grenze zwischen Northern Territory und Western Australia (GPS: 19°53'40"S – 129°11'04"E)

Ein einsamer Grenzübergang, der sich nur durch ein paar Schilder und die Zeitverschiebung bemerkbar macht (die Uhr um 90 Minuten zurückstellen).

819,1	274,1	Geradeaus *TT*; Wegeinmündung von rechts
846,8	246,4	Kreuzung: geradeaus *TT*; links nach *Balgo Community*; rechts zu *Sturt Creek Homestead* (Durchfahrt nicht gestattet) und *Buntine Highway*
870,1	223,1	Weggabelung: rechts *TT* nach *Billiluna Community* (49 km) und *Halls Creek* (218 km); links nach *Balgo Community* (10 km) und zur Umgehung von *Lake Gregory;* geradeaus nach *Old Billiluna Community* (→ Streckenbeschreibung 18, Canning Stock Route)
919,1	174,1	Weggabelung: rechts fahren zu *Wolfe Creek Crater* (63 km) *und Halls Creek* (169 km); links nach *Billiluna Community* (2 km) und zur *Canning Stock Route* (→ Streckenbeschreibung 18, Canning Stock Route)

961,9	131,3	Geradeaus fahren; Abzweigung rechts zu *Carranya Roadhouse* (geschlossen), *Carranya Station/Wolfe Creek Meteorite Crater National Park* (→ Streckenbeschreibung 18, Canning Stock Route) In diesem Park am Rand von *Great Sandy Desert* liegt der nach dem Chubb-Krater in Kanada zweitgrößte Meteoritenkrater der Welt. Vom Picknickplatz führt der steile *Crater Lip Walk* (100 m) hinauf zum Kraterrand. Von hier kann man den gesamten Krater überblicken, Rundgänge auf dem Kraterrand unternehmen und auch hinab in den Kessel steigen. Der Inka-Kakadu *(Major Mitchell cockatoo)* macht sich lautstark bemerkbar. Er ernährt sich vom Samen der Akazien *(wattles)* und Papierrindenbäume *(paperbarks)*, die am Kraterboden wachsen. Vom Aussichtspunkt am Ende des Weges sind diese Vögel oft im Flug zu beobachten.
1034,6	58,6	Geradeaus fahren; Abzweigung links zu *Ruby Plains Homestead*
1075,0	18,2	T-Kreuzung; rechts nach *Halls Creek* (18 km) fahren; links nach *Fitzroy Crossing* (282 km) Hier trifft der *Tanami Track* auf den *Great Northern Highway,* und es geht auf Asphalt weiter bis *Halls Creek* oder alternativ in Richtung Westen nach *Fitzroy Crossing.*
1093,2	0	*Halls Creek,* Polizeistation

Halls Creek

Seinen Namen erhielt der kleine Ort am Rand der Kimberleys nach *Charlie Hall*, der 1885 hier das erste Gold fand. Mit 200 Unzen im Gepäck kehrte er nach Derby zurück, wo er einst aufgebrochen war, und löste damit den ersten Goldrausch in Westaustralien aus. Von überall auf dem Kontinent strömten die Menschen herbei. Selbst aus Neuseeland brachten Schiffe Glücksritter nach Derby; innerhalb von zwei Jahren landeten hier 10.000 Menschen. Von hier zogen sie nach Halls Creek, um dort nach dem kostbaren Metall zu suchen. Mehr als 5.000 Goldsucher kamen aus Wyndham, und eine schier endlose Prozession aus Queensland. Unterkünfte wurden gebaut, zwei Hotels und eine Poststation entstanden – *Halls Creek* war geboren. Nur wenige fanden allerdings was sie suchten, und der Traum von Wohlstand und Reichtum erfüllte sich nicht. Der Transport der benötigten Maschinen war zu teuer, und die Funde selbst standen in keinem Verhältnis zu den anfallenden Kosten. Als man einige Jahre später im Süden Gold fand, verließen die meisten Halls Creek, um dort ihr Glück zu versuchen.

Weniger durch spektakuläre Funde als durch den einzigartigen Einsatz bei der Rettung eines Freundes erlangte der Goldsucher *Russian Jack* zu dieser Zeit

Ruinen von Old Halls Creek

Berühmtheit. Mit einer Schubkarre war er von Halls Creek zu den Goldfeldern unterwegs, wo er auf einen schwerkranken Goldsucher traf. Jack lud ihn kurzerhand auf seine Karre und schob ihn über 300 Kilometer (!) weit zum nächsten Doktor nach Wyndham. Ein Monument neben dem Gemeindehaus in Halls Creek erinnert an seine heroische Tat.

Während der dreißiger Jahre erlebte Halls Creek dann einen zweiten Boom. Viele von der Wirtschaftskrise betroffene Menschen versuchten erneut ihr Glück bei der Goldsuche. Die Lage des jungen Ortes war allerdings nicht ideal, denn das Gebiet war sehr unwirtlich – dem Wachstum waren natürliche Grenzen gesetzt. 1955 entschloss man sich, Halls Creek 15 km vom alten Ortskern entfernt neu aufzubauen.

Heute sieht Halls Creek seine Zukunft im Tourismus. Der Ort ist Ausgangspunkt für Fahrten in die Kimberley-Region und die Landschaft der Bungle Bungles, die erst seit 1983 von Touristen besucht wird. Zu den Sehenswürdigkeiten in unmittelbarer Nähe von Halls Creek gehören u. a. *Old Halls Creek*, *Ruby Queen Mine*, die bis 1954 Gold förderte, und *China Wall*, eine Formation, die mit ihrem weißlich schimmerndem Quarz- und Sandstein an die chinesische Mauer erinnert.

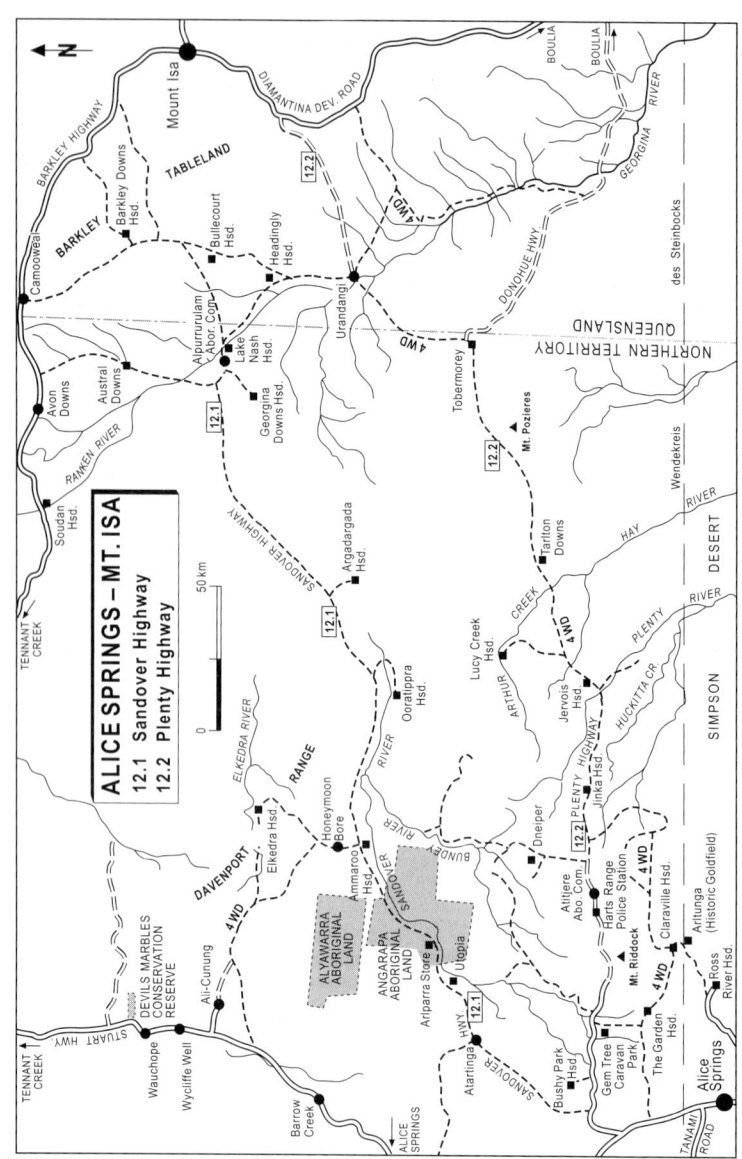

Strecke 12
Alice Springs – Mount Isa

Der *Plenty Highway* ist die etwas abenteuerlichere Alternative zum geteerten und gut ausgebauten *Barkly Highway* weiter nördlich. Obwohl wesentlich kürzer als der Barkly Highway, bringt der Plenty Highway keine nennenswerte Zeitersparnis. Wer eine einfache Piste kennen lernen möchte und genug von der Monotonie der Teerstraßen hat, ist auf dem „Plenty" richtig. Auf der Fahrt passiert man einige Schaffarmen und Ländereien früherer Pioniere, die sich in der Umgebung von Alice Springs angesiedelt haben. In jüngster Zeit hat sich das Bild gewandelt: Wo früher Schafe kärgliches Futter fanden, weiden heute Rinder. Sie sind wesentlich anspruchsloser und erfordern weit weniger Arbeitsaufwand.

Ein *highway* ist der „Plenty" unter europäischen Gesichtspunkten natürlich nicht. Betrachtet man ihn aber vom Standpunkt der Bewohner damals, die ihn noch als eine von *bulldust* bedeckte, schmale Versorgungs- und Viehtreiberroute kannten, ist er heute doch eine Schnellstraße. Er folgt der Route von *Ridley Williams*, der als erster seine Rinder von Queensland in Richtung *Alice Springs* getrieben hatte. Williams besaß *Bierbank Station* an *Paroo River* zwischen Quilpie und Charleville. 1883 verkaufte er 2.000 Kühe an die *Barrow Creek Pastoral Company* (Simpsons Gap Station). Mit ein paar *stockmen* machte er sich auf, einen Weg ins Landesinnere zu finden. Da es unterwegs nur wenige Wasserstellen gab, versuchte Williams alleine, die *Overland Telegraph Line* weiter südlich zu erreichen. Dort wollte er Hilfe holen. Die Männer der Telegrafengesellschaft brachten den Viehtreibern Wasser und Lebensmittel und halfen, die Rinder nach Alice Springs bzw. zu Simpsons Gap Station zu treiben.

Die ersten 166 km auf dem „Plenty" sind noch asphaltiert, dann wird der *highway* zur breiten, ungeteerten, teils sandigen Piste. Sie verläuft zunächst durch die Weidegebiete von *Bushy Park Station* und anschließend an *Harts Range*, einer Bergkette im Süden, entlang. Hier gibt es noch viele alte Glimmerminen aus den späten vierziger und frühen fünfziger Jahren. Glimmer diente lange als Isoliermaterial, z. B. für Kabel, bis Plastik und Kunststoff ihn als Rohstoff überflüssig machten. Heute ist das Gebiet bei Hobbyedelsteinsuchern *(fossicker)* beliebt. Sie graben nach Halbedelsteinen (z. B. Granate) oder Edelsteinen (z. B. Rubine).

Nach *Jervois Station* und der Durchquerung von *Plenty River* streift der *highway* die Nordgrenze von *Simpson Desert*.

Kurz vor der Grenze zu Queensland erreicht man eine Weggabelung und muss sich entscheiden, ob man nach *Boulia* oder *Mount Isa* fahren möchte. Entscheidet man sich für Boulia und fährt weiter in Richtung Osten, ändert der *highway* kurz hinter der Grenze seinen Namen in *Donahue Highway;* sonst bleibt alles beim alten. Nach weiteren 130 km kommt man zu *Georgina River*. Die Durchfahrt ist in der Regel trockenen Fußes bzw. Reifens möglich. Nach guten Regenjahren hat der Fluss einige größere Wasserlöcher, an die riesige Schwärme von Nacktaugenkakadus und andere Vögeln kommen. Nach rund 800 km ist die Strecke für die letzten 8 km bis Boulia wieder asphaltiert.

Wer sich für *Mount Isa* entscheidet, fährt kurz vor der Staatsgrenze in nördlicher Richtung weiter. Dabei führt der Weg ein ganzes Stück an der Grenze entlang, bevor man sie schließlich 50 km vor Urandangi überschreitet. Von diesem kleinen Außenposten an *Georgina River* sind es noch 183 km über gute Schotterpiste bis Mount Isa.

Der *Sandover Highway* wie auch der Plenty Highway, die durch eine klassische *outback*-Landschaft führen, sind relativ stark befahren. Nahezu ebenes, spärlich bewachsenes Land, das sich in der flimmernden Hitze am Horizont allmählich verliert, hinterlässt einen besonderen Eindruck. Ab und an tauchen aus den Hitzeschleiern kleine Punkte auf, die rasch näher kommen und sich im Vorbeidonnern als überlange *roadtrains* herausstellen, die Rinder transportieren. Dies war auch die ursprüngliche Bedeutung des „Sandover": eine so genannte *beef road*, um die Rinder der weit verstreut liegenden Farmen einzusammeln und zu den Schlachthöfen zu bringen. Heute wird die Piste auch von Touristen, die sie als willkommene Abkürzung und Alternative zum Barkly Highway sehen, häufig genutzt. Ihren Namen hat die Schotterpiste von *Sandover River*, dessen Verlauf sie für etwa 200 km folgt. Nur selten führt der Fluss Wasser, das dann *Georgina River* oder gar *Lake Eyre* erreicht.

Wie auch beim Plenty Highway ist der Streckenabschnitt in Northern Territory besser als in Queensland.

Westlich von *Lake Nash* wird empfohlen, die Strecke über *Austral Downs* zu nehmen. Diese mündet dann in den Barkly Highway und führt weiter nach Mount Isa. Mit guten Karten kann man versuchen, den zahlreichen tracks, die im Zickzack-Muster von und zu den Farmen hier angelegt worden sind, zu folgen. Etwa 35 km nördlich von Mount Isa kommt man dann wieder auf den *highway*.

Obwohl es kaum etwas Nennenswertes auf dieser Strecke zu sehen gibt, ist die Fahrt doch ein Erlebnis. Wer sie hautnah erleben möchte, sollte ein Stück zu Fuß gehen, am besten in der prallen Mittagssonne (aber dann mit Hut!). So erhält man annäherungsweise einen Eindruck von den Strapazen der ersten Entdecker im Landesinnern Australiens.

Ausgangsort für beide Strecken in Richtung Queensland ist Alice Springs. Endpunkt von Plenty- wie auch Sandover Highway ist Mount Isa.

Alice Springs

(→ Streckenbeschreibung 8, Birdsville – Alice Springs)

Strecke 12.1

via Sandover Highway

- **Entfernung:** 993 km; max. Entfernung ohne Tankmöglichkeit: 555 km
- **Empfohlene Reisedauer:** 3 bis 4 Tage
- **Reine Fahrzeit:** 17 Stunden
- **Empfohlene Reisezeit:** beste Zeit April bis Oktober; ansonsten das ganze Jahr über, im Sommer wird die Strecke durch Regenfälle gelegentlich unpassierbar.
- **Ab- und Rückmeldung:** nicht erforderlich!
- **Ausrüstung:** Geländewagen (4-WD) mit Grundausrüstung bei Wagen und Werkzeug; bei guten Bedingungen ist die Strecke auch mit Pkw zu befahren.
- **Pistenart und -zustand:** In der Regel gute Schotterpiste mit einigen Erd- und Sandabschnitten. Nach heftigen Regenfällen ist der *Sandover Highway* geschlossen.
- **Versorgung:** Alice Springs (kompletter Service); Urapuntja Community/ 250 km (Tankmöglichkeit), Camooweal/805 km (Hotel, Camping, Tankmöglichkeit), Mount Isa/993 km (kompletter Service)
- **Telefonnummern:** Alice Springs Touristeninformation 08/ 89 52 58 00; Gemtree CP 08/ 89 56 98 55; Harts Range Police Station 08/ 89 56 97 72; Jervois Station 08/ 89 56 63 07; Urandangi (*roadhouse*/Pub) 07/ 47 48 49 88; Camooweal (Polizei, chairman) 07/ 47 48 21 48; Mount Isa Touristeninformation 07/ 47 43 79 66; aktueller Pistenzustand 1800/ 24 61 99 (für NT) und 1300/ 13 05 95 (für Qld); Arlparra Store 08/ 89 56 99 10; Alpurrurulam Council Office 07/ 47 484 800
- **Funkfrequenzen und Rufzeichen:** RFDS Alice Springs (VJD) 5410 und 6950 kHz (Mo–Fr 7.30–17 Uhr, Notfallfrequenzen: 2020 und 5410 kHz); RFDS Mount Isa (VJI) 5110 und 6965 kHz (Mo–Fr 8–17 Uhr, Notfallfrequenz 2020 kHz)
- **Kartenmaterial:** Hema (1:2.000.000) *Central Australia*; AUSLIG (1:250.000) *Alcoola* SF-53-10, *Elkedra* SF-53-07, *Sandover River* SF-53-08, *Mount Isa* SF-54-01, *Urandangi* SF-54-05
- **Besondere Hinweise:** Liebhaber von Halbedelsteinen und Mineralien kommen hier auf ihre Kosten. Allerdings muss man für das Suchen eine Lizenz beantragen (Department of Mines & Energy, Alice Springs, Hartley Street; 5 \$/Monat).

Streckenlog

0	993,0	*Alice Springs;* auf den *Stuart Highway* in Richtung *Tennant Creek* fahren
20,0	973,0	Geradeaus fahren; Abzweigung links ist der *Tanami Track* nach *Yuendumu Community*

50,0	943,0	Geradeaus fahren; Abzweigung rechts zu *Arltunga Historical Reserve* (74 km)

Gold, entdeckt im Jahr 1887, war auch hier ausschlaggebend für die Gründung einer kleinen Stadt. Doch nur zwanzig Jahre später war der Traum von großen Goldfunden ausgeträumt. Der Ort versank in einen Dornröschenschlaf, aus dem er während der Wirtschaftskrise der dreißiger Jahre noch einmal kurz geweckt wurde, um dann endgültig in Vergessenheit zu geraten.

69,0	924,0	Abzweigung rechts auf den *Plenty Highway* nehmen; geradeaus ist der *Stuart Highway* in Richtung *Darwin*
94,3	898,7	Abzweigung links auf den ungeteerten *Sandover Highway* (SH) nach *Urandangi* (637 km) und *Mount Isa* nehmen; geradeaus *Plenty Highway* nach *Mount Isa* (→ Strecke 12.2).
178,5	814,5	Kreuzung: geradeaus *SH*; Abzweigung links nach *Ti Tree* am Stuart Highway (100 km); Abzweigung rechts zu *Atartinga Homestead* (4 km)

Auf der Weiterfahrt sind links die Erhebungen von *Mt. Skinner* zu sehen.

214,5	778,5	Geradeaus *SH*; Abzweigung rechts nach *Utopia Station* (5 km). Die kleine Gemeinde (700 Aborigines in 23 Siedlungen, verteilt auf über 250 km^2), verwaltet von Arlparra aus, liegt im Gebiet von *Angarapa Land Trust*. Wer hier tanken möchte, sollte schon in *Alice Springs* telefonisch abgeklärt haben, ob Kraftstoff erhältlich ist (bei der Polizei anfragen). Ab hier folgt der Streckenverlauf für fast 200 km *Sandover River*. Das Flussbett ist allerdings nur schwer durch den dichten Baumbewuchs auszumachen. Wer auf ein erfrischendes Bad hofft, dürfte wenig Glück haben, denn nur selten führt der Fluss Wasser.
249,3	743,7	*Arlparra Community* (hier gilt das gleiche wie für Utopia) und *Arlparra Store*.

Der kleine Lebensmittelladen versorgt die umliegenden *communities*. Auch *outback*-Touristen können sich hier mit dem Nötigsten versorgen. Die Frauen dieser Gegend sind bekannt für ihre wunderschönen Batikarbeiten, die sie hier zu angemessenen Preisen verkaufen (geöffnet Mo–Fr 9–12.30 und 13.30–17 Uhr, Sa 9–12 Uhr).

313,3	679,7	*Ammaroo Homestead* rechts; Abzweigung links zum *Stuart Highway* (156 km) und *Elkedra Homestead*

Etwa 10 km in Richtung *Elkedra* (gleich hinter *Honeymoon Bore*) liegt an einem kleinen *creek* ein guter Platz zum Campen.

Die Piste verläuft durch Farmland mit abgegrasten Böden, die den Eindruck von Einöde noch verstärken, denn selten sieht man Rinder auf dem kargen Land. Lediglich 25 % des *cattle-country* sind tatsächlich als Weideland brauchbar; dies erklärt auch, warum die Farmen so riesige Ausmaße haben. *Alaringa* z.B. ist 2.240 km² groß, doch die 1.200 Rinder konzentrieren sich auf knapp 600 km². 10 km² dieser mit Spinifex bewachsenen Halbwüste versorgen zwar Billionen von Termiten, bieten aber nur einem Rind genügend Nahrung.

410,5	582,5	Geradeaus *SH*; Abzweigung rechts zu *Ooratippra Homestead*
470,4	522,6	Geradeaus *SH*; Abzweigung rechts zu *Argadargada Homestead* (15 km)
487,4	505,6	Geradeaus *SH*; Abzweigung links zu *Annitowa Homestead* (37 km)
635,7	357,3	Abzweigung links zum *Barkly Highway* (128 km) und nach *Camooweal* (171 km) nehmen; geradeaus nach *Alpurrurulam Community* (32 km) und *Urandangi* (131 km)

Die „Rindviehstraße" *(beef road)* über Austral Downs führt weiter zum Barkly Highway und nach Camooweal. Wer möchte, kann hier den „Sandover" verlassen und über Urandangi, das ein urgemütliches Wirtshaus hat, weiter nach Mount Isa, über Boulia nach Birdsville oder über Boulia gen Osten zur Küste fahren. Bis dahin sind es aber noch 1.550 km.

Alternativstrecke: Von der Abzweigung an KM 635,7 über Lake Nash nach Cammooweal (✦)

0	192,2	Geradeaus fahren; Abzweigung links führt zum Barkly Highway (128 km).
5,1	187,1	T-Kreuzung links in Richtung *Alpurrurulam Community* fahren (18 km); Weg links zu *Georgina Downs Homestead* (5 km)
23,2	169,0	*Alpurrurulam Community* links

In der Aborigines-Gemeinde kann man das Nötigste in einem kleinen Laden einkaufen und voll tanken (geöffnet Mo–Fr 8–11, 13–16 Uhr). Einen Spaziergang durch die Siedlung sollte man aber unterlassen, weil dies nicht gern gesehen wird.

28,1	164,1	Geradeaus fahren; Wegeinmündung von links

Direkt vor dem *grid* führt der Weg links zu einem *billabong* (Lake Nash) mit guten Campingmöglichkeiten unter Coolabah-Eukalypten. Der Farmer hat

		nichts dagegen, wenn man hier campiert, voraus-gesetzt, man hinterlässt keinen Müll. Feuerholz ist leider nicht vorhanden, sondern muss vorher ge-sucht werden.
29,5	162,7	*Lake Nash Homestead* links Lake Nash ist eine Farm der Superlative: Auf etwa 13.000 Quadratkilometern grasen durchschnittlich 41.000 Rinder der Rasse *Santa Gertrudis* – die größte Herde dieser Art auf der Welt.
29,5	162,7	*Georgina River*
30,1	162,1	Weggabelung: links fahren; Abzweigung rechts führt nach *Urandangi* (102 km) und zum *Plenty Highway* (→ Streckenbeschreibung 12.2, Plenty Highway)

Alternativstrecke:
Von der Abzweigung Urandangi und zum Plenty Highway (♦♦)

0	114,2	rechts fahren; links geht es nach *Camooweal* (162 km)
24,2	90,0	Geradeaus fahren; Wegeinmündung von links
77,6	36,6	T-Kreuzung: rechts fahren; Weg links führt nach Camooweal (159 km)
114,2	0	Urandangi (→ Streckenbeschreibung 12.2, Plenty Highway)

Weiterfahrt auf der Alternativstrecke (♦)

94,5	97,7	T-Kreuzung: links fahren; Weg rechts führt nach *Urandangi* (96 km)
104,8	87,4	*Mingera Creek* Nach Mingera Creek folgen zwei weitere recht harte Durchfahrten.
106,1	86,1	Kreuzung: geradeaus fahren; Weg links führt zu einem Camp an *Mingera Creek;* Weg rechts führt nach *Old May Downs Homestead* (75 km)
117,1	75,1	Geradeaus fahren; Weg rechts führt zu *Barkly Downs Homestead*
118,3	73,9	Geradeaus fahren; Weg rechts führt zu *Barkly Downs Homestead*
119,2	73,0	Geradeaus fahren; Weg rechts führt zu *Barkly Downs Homestead*
173,5	18,7	Geradeaus fahren; Weg links führt zum alten Farm-haus von *Old Wooroona*
181,6	10,6	Geradeaus fahren; Abzweigung rechts führt in den *Camooweal Caves National Park* Höhlenforscher kommen in diesem Nationalpark auf ihre Kosten. Tiefe Schächte, die Wasserkraft vor Jahr-millionen in den Boden trieb, haben ein ausgedehn-tes Tunnelsystem einige hundert Meter unter der

schwarzen Erdoberfläche geschaffen. Sie bieten Tausenden von Fledermäusen Unterschlupf. Wer einige Höhlen erkunden möchte, sollte sich unbedingt in *Camooweal* an- und abmelden, denn eine solche Entdeckungstour ist nicht ungefährlich. Camping ist im Park erlaubt.

192,2	0	T-Kreuzung: rechts auf den *Barkly Highway* nach *Camooweal* fahren (2 km); links führt der *Barkly Highway* zum *Stuart Highway*.

Weiterfahrt auf der Hauptstrecke

692,3	300,7	*Ranken River*; hier am Fluss ist eine der wenigen schattigen Stellen: ein guter Platz für ein Picknick.
707,3	285,7	*Austral Downs Station* rechts
763,0	230,0	T-Kreuzung: Rechts auf den *Barkly Highway* nach *Camooweal* (43 km) fahren; links nach *Three Ways* am *Stuart Highway* (405 km)
792,8	200,2	Grenze zwischen Northern Territory und Queensland Uhren um eine halbe Stunde vorstellen.
805,8	187,2	*Camooweal*; in Richtung *Mount Isa* fahren
807,8	185,2	Geradeaus auf dem *Barkly Highway* bleiben; Abzweigung links nach *Burketown* (332 km). Burketown liegt nicht weit vom Golf von Carpentaria entfernt (→ Streckenbeschreibung 22, Savannah Way)
816,8	176,2	*Nowranie Creek*
868,0	125,0	Geradeaus auf dem *Barkly Highway* bleiben; Abzweigung links zu *Split Rock Homestead* (20 km)
875,2	117,8	Geradeaus fahren; Abzweigung links nach *Burketown* (307 km)
878,2	114,8	*Inca Creek*
893,2	98,8	*David Hall Monument* links
903,0	90,0	*Cattle Creek*
926,3	66,7	Geradeaus auf dem *Barkly Highway* bleiben; Abzweigung links zu *Boomerang Mine* (40 km)
948,5	44,5	Geradeaus auf dem *Barkly Highway* bleiben; Abzweigung links zu *Endeavour Mine* (50 km)
973,5	19,5	*Hilton Mine* rechts
983,5	9,5	*Spear Creek*
989,0	4,0	Geradeaus in Richtung *Mount Isa* fahren; Abzweigung links zu *Lake Moondarra* (16 km) Der Moondarra ist ein künstlich angelegter Stausee (1957) an *Leichhardt River*, dessen Wasserstand je nach Dauer und Ergiebigkeit der Regenzeit schwankt. Für die Bewohner von Mount Isa ist er ein beliebtes Ausflugsziel.
993,0	0	*Mount Isa*

Strecke 12.2

via Plenty Highway

- **Entfernung:** 842 km; max. Entfernung ohne Tankmöglichkeit: 317 km
- **Empfohlene Reisedauer:** 2 bis 3 Tage
- **Reine Fahrzeit:** 14 Stunden
- **Empfohlene Reisezeit:** beste Zeit April bis Oktober; ansonsten das ganze Jahr über, im Sommer wird die Strecke durch Regenfälle manchmal unpassierbar.
- **Ab- und Rückmeldung:** nicht erforderlich
- **Ausrüstung:** Geländewagen (4-WD) mit Grundausrüstung bei Wagen und Werkzeug; bei guten Bedingungen ist die Strecke auch mit Pkw zu befahren.
- **Pistenart und -zustand:** Die meist gute Schotterpiste geht lediglich an der Grenze zu Queensland für einige Zeit in Erdpiste über und weist einige Schlaglöcher auf, stellenweise leichtere Sandpassagen. Nach heftigen Regenfällen ist der *Plenty Highway* geschlossen.
- **Versorgung:** Alice Springs (kompletter Service); Gemtree/140 km (*caravan park,* Tankmöglichkeit); Harts Range/205 km (Lebensmittelladen, Camping, Tankmöglichkeit); Jervois/341 km (Kiosk, Tankmöglichkeit); Urandangi/658 km (*roadhouse*/Pub); Mount Isa/842 km (kompletter Service)
- **Telefonnummern:** Alice Springs Touristeninformation 08/ 89 52 58 00; Gemtree CP 08/ 89 56 98 55; Harts Range Police Station 08/ 89 56 97 72, Jervois Station 08/ 89 56 63 07; Urandangi (*roadhouse*, Pub) 07/ 47 48 49 88; Arlparra Store 08/ 89 56 99 10; Camooweal (Polizei) 07/ 47 48 21 48; Mount Isa Touristeninformation 07/ 47 43 79 66; Road Report Hotline 08/ 89 22 32 32
- **Funkfrequenzen und Rufzeichen:** RFDS Alice Springs (VJD) 5410 und 6950 kHz (Mo–Fr 7.30–17 Uhr; Notfallfrequenzen: 2020 und 5410 kHz); RFDS Mt. Isa (VJI) 5110 und 6965 kHz (Mo–Fr 8–17 Uhr; Notfallfrequenz: 2020 kHz)
- **Kartenmaterial:** Westprint Heritage Map *Plenty Hwy.* (1:1.000.000); AUSLIG-Maps (1:250.000) *Alice Springs* SF-53-14, *Huckitta* SF-53-11, *Tobermorey* SF-53-12, *Urandangi* SF-54-05, *Mount Isa* SF-54-01
- **Besondere Hinweise:** keine
- **Karte:** siehe Seite 244

Streckenlog

0	842,0	*Alice Springs*; auf den *Stuart Highway* in Richtung *Tennant Creek* fahren
20,0	822,0	Geradeaus fahren; Abzweigung links ist der *Tanami Track* zu *Yuendumu* Community und *Halls Creek*
29,5	812,5	*Wendekreis des Steinbocks*
50,0	792,0	Geradeaus fahren; Abzweigung rechts zu *Arltunga Historical Reserve* (74 km)

Bevor man auf den *Plenty Highway* abbiegt, durchfährt man über die *Burt Plain*. Die weite Ebene, heute bewachsen mit Mulgas und Spinifex, entstand vor Jahrmillionen, als das Klima im Landesinnern Australiens wesentlich feuchter als heutzutage war. Wind und Regen trugen die Berge soweit ab, dass nur noch flaches Land, durchzogen von Wasserläufen, zurückblieb. Heute machen die Bewohner das Gebiet urbar, indem sie Windräder errichten, die das unterirdische Wasser zutage fördern.

69,0	773,0	Abzweigung rechts auf den *Plenty Highway* (PH) nehmen; geradeaus ist der *Stuart Highway* in Richtung *Darwin*
94,3	747,7	Geradeaus *PH*; Abzweigung links ist der *Sandover Highway* nach *Urandangi* (637 km) und *Mount Isa*
104,5	737,5	*West End Bore* links
104,9	737,1	Geradeaus *PH*; Abzweigung links zu *Bushy Park Homestead* (5 km)
123,0	719,0	*Muller Bore* links
140,3	701,7	*Gemtree Caravan Park*

Wer auf die Suche nach Halbedelsteinen gehen möchte, kann hier fündig werden. Die Besitzer des Campingplatzes verleihen die notwendige Ausrüstung (45 $), zeigen die besten Fundstellen und erklären, worauf zu achten ist und welche Steine man finden kann. Im Laufe der Zeit haben sie selbst eine große Sammlung von Steinen zusammengetragen, die interessierte Besucher sich ansehen können.

147,3	694,7	Geradeaus *PH*; Abzweigung rechts führt vorbei an *Mud Tank* über den *Pinnacle Track* (nur mit Geländewagen) zu *Arltunga Historical Reserve* (117 km) und nach *Alice Springs*

Dieser *track* geht zu einem anderen Halbedelsteinfeld, wo sich die Suche lohnt. Eine Reihe kleiner Wege zweigt vom *Pinnacle Track* ab und führt zu *Specimen Hill*. Wer hier sein Glück versuchen möchte, erhält ebenfalls alle nötigen Informationen beim *Gemtree Caravan Park*. Wer eine so genannte *fossicking licence* (erhältlich auf dem *caravan park*) erworben hat, kann auch hier auf die Suche gehen.

166,6	675,4	Ab hier *gravelroad*
184,0	658,0	*Mt. Riddock Homestead* rechts
205,3	636,7	*Harts Range Police Station* mit Tankstelle rechts

Einst verwaltete sie vermutlich den größten Polizeibezirk der Welt, denn nur zwei Polizisten kontrollierten ein 110.000 km² großes Areal, auf dem rund 1.500 Menschen lebten, die sich auf 28 Farmen und 15 Sied-

		lungen der Ureinwohner verteilten. Die Tankstelle liegt ein paar Kilometer östlich der alten Polizeistation.
225,5	616,5	Weggabelung: rechts *PH*; links zu *Dneiper Homestead* (35 km) und *Boxhole Meteorite Crater* (35 km; Besuchserlaubnis erforderlich; erhältlich an *Dneiper Homestead*)
		Der Krater misst ungefähr 170 m im Durchmesser und ist 15 m tief. Er entstand durch einen aus Eisen und Nickel bestehenden Meteoriten, der vor rund 5,4 Millionen Jahren hier auf die Erde traf. Beim Aufprall flogen Fragmente mehrere Kilometer weit.
260,0	582,0	Geradeaus *PH*; Abzweigung rechts zu *Indiana Homestead*; *Huckitta Homestead* links
		Kurz nach Passieren des Farmhauses fallen die vielen *gidgee trees*, eine in Zentralaustralien weit verbreitete Akazienart, in den Überflutungsgebieten von *Plenty River* auf. Sie sind leicht an ihren silbrig-grauen Blättern oder den gelben Blütenbällchen zu erkennen. Die hier vorkommende Unterart ist die *Acacia cambagei georginae*, zu erkennen an ihren spiralförmig gedrehten Samenkapseln. Sie wächst von hier bis zu

Der Widerstand des Kalkadoon-Volkes

Das Volk der *Kalkadoon* war als das kriegerischste unter den Ureinwohnervölkern bekannt. *Burke* und *Wills* waren die ersten Europäer, die die Kalkadoon zu Gesicht bekamen. Sie waren ein stolzes Volk, das sich länger als alle anderen Völker der Landnahme durch die Europäer widersetzte. Bei ihren Überfällen wandten sie regelrechte Guerilla-Taktiken an und verschwanden anschließend wieder in den unzugänglichen Bergen. Immer wieder forderten sie die Siedler heraus. Schließlich wurde Inspektor *Beresford* nach Cloncurry geschickt, um sich des Problems anzunehmen. Im Januar 1883 wurden Beresford und seine Männer bei einem Patrouilleritt von den Kalkadoon angegriffen. Beresford wurde getötet, doch einer seiner Männer entkam und erstattete Bericht.

In der folgenden Zeit konnte das Volk lange dem Rachefeldzug unter dem neu ernannten Inspektor *Urquhart* aus Boulia entgehen. Für mehr als ein Jahr hatten die Eingeborenen die absolute Oberhand. Sie griffen an, wann und wo immer sie wollten, töteten das Vieh der Farmer und verschwanden sofort wieder in den Bergen. Schließlich, im September 1884, schlossen sich die Kalkadoon mit anderen Völkern zusammen, um die Eindringlinge von ihrem Land zu vertreiben. Urquharts Truppen waren allerdings darauf vorbereitet und gut bewaffnet. Hunderte, mit Speeren bewaffnete Aborigines starben im Kugelhagel der Gewehre, und die Europäer konnten die Schlacht für sich entscheiden. Das Massaker ging als die größte Schlacht gegen Aborigines in die Annalen der australischen Geschichte ein.

		French Line in *Simpson Desert*. Wer seine Nase an die gelben Blütenbällchen hält, wird schnell verstehen, warum man diese Akazien auch *stinking wattle* nennt.
336,2	505,8	Weggabelung: links *PH*; rechts zu *Atula Homestead* (36 km)
341,5	500,5	*Jervois Station* links
		An der erst 1960 erbauten Farm kann man auftanken, seinen Durst löschen oder einfach nur rasten.
362,8	479,2	Geradeaus *PH*; Abzweigung links zu *Jervois Mine* (18 km) und *Lucy Creek Homestead* (45 km)
		Die ehemalige Goldmine ist geschlossen und für Besucher nicht zugänglich.
393,0	449,0	Riesiger Termitenbau rechts
424,2	417,8	Weggabelung: links *PH*; rechts zu *Tarlton Downs Station* (10 km)
459,3	382,7	Weggabelung: links *PH*; rechts zu *Marqua Homestead* (36 km)
564,5	277,5	Weggabelung: links fahren in Richtung *Urandangi* (94 km); rechts ist der *Donohue Highway* nach *Boulia* (238 km)
658,5	183,5	*Urandangi*, Hotel/Pub
		Uhren um eine halbe Stunde vorstellen.
		Die kleine Siedlung *Urandangi* an *Georgina River* wurde 1885 gegründet. Zunächst gab es nur einen Lebensmittelladen, um die Viehtreiber zu versorgen. Später kamen ein Hotel und eine Polizeistation hinzu. Seine Blütezeit erreichte Urandangi in den 1930er-Jahren, als es außer zwei Hotels (eins brannte 1932 nieder) ein Tanzsaal, zwei kleine Krämerläden, eine Post- und Polizeistation, eine Schule und etliche Wohnhäuser aufweisen konnte. Heute ist davon nicht mehr viel übrig geblieben. Einen Besuch im Pub sollte man sich aber nicht entgehen lassen. Man wird erstaunt sein, wie viele Reisende, vor allem Deutsche und Schweizer, sich an diesem Tag schon in das Gästebuch eingetragen haben. Beim Bier kommt man sehr schnell mit Wirt und Gästen ins Gespräch.
		Von Urandangi geht die Fahrt durch *Barkly Tableland* weiter. Um 1884 grasten in dem ca. 80.000 km^2 großen Gebiet über 100.000 Schafe. Doch das Tafelland erwies sich für Schafe als weniger geeignet, und so weiden heute ausschließlich Rinder auf den kargen Flächen.
658,6	183,4	Abzweigung rechts auf die *Urandangi Road* nach *Mount Isa* (183 km) nehmen; geradeaus nach *Camooweal* (198 km)

768,8	73,2	T-Kreuzung: links auf den *Diamantina Highway* in Richtung *Mount Isa* (73 km) fahren; rechts ist der *Diamantina Highway* nach *Dajarra* (78 km) und *Boulia* (222 km)
		Dajarra ist umgeben von niedrigen Bergen, wo viele Zeichnungen und Ritzungen der *Kalkadoon* zu finden sind (→ Artikel: Der Widerstand des Kalkadoon-Volkes).
842,0	0	*Mount Isa*

Mount Isa

(→ Streckenbeschreibung 7, Birdsville Mount Isa via Boulia)

Strecke 13
Port Augusta – Kalgoorlie-Boulder
(Eyre Highway)

- **Entfernung:** 1.880 km; max. Entfernung ohne Tankmöglichkeit: 200 km
- **Empfohlene Reisedauer:** 3 bis 4 Tage
- **Reine Fahrzeit:** 20 Stunden
- **Empfohlene Reisezeit:** beste Zeit April bis Oktober; Juni bis Oktober sind Wale zu beobachten.
- **Ab- und Rückmeldung:** nicht erforderlich
- **Ausrüstung:** Pkw (auch Wohnmobil); keine besondere Ausrüstung erforderlich.
- **Pistenart und -zustand:** geteerte Straße ohne nennenswerte Schwierigkeiten
- **Versorgung:** (Aufgeführt sind nur die Hauptversorgungsorte) Port Augusta (kompletter Service); Ceduna/465 km (kompletter Service); WA/SA Border Village/947 km (*roadhouse*); Caiguna/1.298 km (*roadhouse*); Norseman/1.673 km (kompletter Service); Kalgoorlie (kompletter Service)
- **Telefonnummern:** Port Augusta Touristeninformation (Wadlata Outback Centre) 08/ 86 42 45 11; Ceduna Touristeninformation 08/ 86 25 29 72; National Park & Wildlife Service, Ceduna 08/ 86 25 31 44; Yalata Roadhouse 086/ 25 69 90; Eyre Bird Observartory 08/ 90 39 34 50; Norseman Touristeninformation 08/ 90 39 01 71; Kalgoorlie Touristeninformation 08/ 90 21 19 66 oder 08/ 90 21 14 13
- **Funkfrequenzen und Rufzeichen:** RFDS Port Augusta (VNZ) 2020, 4010, 6890 und 8165 kHz (6 bis 21 Uhr); RFDS Kalgoorlie (VJQ) 5360 kHz (Mo–Fr 8–17 Uhr, Sa–So 9–10 Uhr)
- **Kartenmaterial:** alle gängigen Touristenkarten sind ausreichend.
- **Besondere Hinweise:** Für Walbeobachtungen von *Yalata Aboriginal Land* und *Nullarbor National Park* aus ist eine Genehmigung erforderlich, die an *Yalata-* und *Nullarbor Roadhouse* erhältlich ist.
- Eine Genehmigung ist außerdem für Camping in *Nullarbor National Park* und *Nullarbor Regional Reserve* erforderlich (NPWS in Ceduna).

Die Geschichte der Überlandstrecke von *Port Augusta* nach *Kalgoorlie* ist eng mit der ersten Besiedlung der Küstenregion an *Great Australian Bight* und mit der Telegrafenverbindung nach Westaustralien verknüpft. *John Eyres* Bericht über seine Ost-West-Reise im Jahr 1841 machte zunächst wenig Hoffnung auf eine Möglichkeit zum Viehtrieb zwischen *Perth* und *Adelaide*. Dreißig Jahre später versuchte *Forrest* aber doch eine Route für Rinder zu finden. Er hielt sich weiter nördlich als John Eyre und berichtete zum Erstaunen vieler von Wasserstellen und gutem Weideland. Die Regierung prüfte daraufhin auch die Möglichkeit einer Telegrafenverbindung zwischen Adelaide und Perth, die schließlich verwirklicht wurde und 1877 erste Nachrichten übermittelte. Zwanzig Jahre später entstand eine Verbindung, die Coolgardie, Norseman, Balladonia und Eucla einbezog. Als die *Trans Australian Railway* gebaut wurde, um auch Westaustralien zum Zusammenschluss mit allen Staaten im *Commonwealth of Australia* zu bewegen, verlegte man die Telegrafenverbindung neben die Eisenbahnstrecke, die 1937 fertig gestellt wurde. Überreste der alten Telegrafenstationen sind in Eucla und Balladonia zu sehen, sofern sie noch nicht unter Sanddünen begraben sind. Der Zweite Weltkrieg und die Angst vor einer möglichen Invasion waren letztendlich die Gründe für den Bau des heutigen *Highway No. 1* von Adelaide nach Norseman, insgesamt 1.980 km lang.

Von Ceduna bis Caiguna folgt der *highway* größtenteils der Küstenlinie der *Great Australian Bight*, vorbei an den Ausläufern der Nullarbor-Ebene. Dann knickt er in nordwestlicher Richtung nach Norseman ab und trifft auf den Coolgardie-Esperance Highway. *Nullarbor Plain* ist eine etwa 700 km lange und etwa 400 km breite baumlose Ebene (Nullarbor = kein Baum), die sich nahe der Schienenstrecke vom Indischen Ozean bis zu *Great Victoria Desert* erstreckt. Da diese Strecke, neben dem Victoria Highway im Norden, die einzige durchgehend geteerte Verbindung zwischen Ost und West ist, wird sie von vielen *roadtrains* und Reisebussen genutzt. Diesem regen Verkehr fallen auch viele Kängurus zum Opfer, die dann am Straßenrand liegen bleiben. So zählten wir auf einer Strecke von 100 km über 230 tote Kängurus. Für die Beuteltiere zu bremsen, wäre bei der Länge der „Straßenzüge" nicht nur überaus gefährlich, sondern bestimmt auch aussichtslos.

Zwischen *Nullarbor Roadhouse* und der Grenze zu Westaustralien zweigen zahlreiche Schotterpisten in Richtung Küste von der Straße ab. Sie führen zu Aussichtspunkten, die einen unvergesslichen Blick auf die Steilklippen bieten. Wer zwischen Juni und Oktober reist, hat zusätzlich die Chance, majestätische Glattwale *(southern right whales)* zu sehen, die jedes Jahr zur Paarung hierher vor die Küste kommen. Man sollte nicht zu nahe an die Klippenkante gehen, da die Aussichtspunkte nicht mit Zäunen gesichert sind. Ein kräftiger Windstoß, brüchiges Gestein – und die Reise ist jäh beendet. Nach *WA/SA Border Village* gibt es an der Strecke immer wieder überdachte Rastplätze mit Wassertanks. Von diesen Rastplätzen sollte man so oft wie möglich Gebrauch machen, denn das lange und ständige Geradeausfahren ermüdet leicht. Auch Campen für eine Nacht ist hier möglich.

Von der Goldstadt Norseman geht es in nördlicher Richtung vorbei an der ehemals blühenden, heute aber trostlosen Siedlung Coolgardie zur zweiten Goldstadt Kalgoorlie, die auch Endpunkt der Strecke ist.

Da die Strecke keinerlei Probleme aufweist, sind alle Kilometerangaben im folgenden Streckenlog ohne Stellen nach dem Komma.

Port Augusta

(→ Streckenbeschreibung 6, Stuart Highway)

Streckenlog

0	1880,0	*Port Augusta*; auf den *Eyre Highway* in Richtung *Kalgoorlie* fahren.
26,0	1854,0	Geradeaus *Eyre Highway*; Abzweigung links ist der *Lincoln Highway* über *Whyalla* nach *Port Lincoln*

Die Fahrt an der Küste der Eyre-Halbinsel führt nicht unbedingt durch das *outback*, ist aber landschaftlich sehr reizvoll. Wer zudem noch keine Erfahrung mit Sandfahrten oder Dünen hat, kann dies auf den Zufahrtswegen in *Coffin Bay National Park* üben. *Port Lincoln* und der gleichnamige Nationalpark am südlichen Zipfel sind ebenfalls einen Besuch wert. An der Westküste der Halbinsel locken zudem weiße, einsame Strände.

69,0	1811,0	*Iron Knob*

Das ist der Geburtsort der australischen Stahlindustrie. In dem kleinen Bergarbeiterstädtchen wird seit 1894 Eisenerz gefördert, das vor allem in Whyalla zu Stahl verarbeitet wird.

Auf dem Weg nach *Kimba* passiert man *Gilles Conservation Park* – ein „Muss" für Vogelliebhaber. Der Park ist nur mit Geländefahrzeug zugänglich.

Achtung: Kamele, Wombats, Kängurus

156,0	1724,0	*Kimba*

Kimba ist Zentrum einer florierenden Farmgemeinde und einer der Hauptorte im zentralen Weizengürtel *(central wheat belt)*. Lohnend ist der Besuch von *Kimba Pioneer Home*, einem historischen Museum mit einigen typischen Gebäuden und Kunstgegenständen der Region. Kimba ist außerdem „Eingangstor" zu *Gawler Ranges*, die im Frühling durch ihren farbenprächtigen Wildblumenteppich beeindrucken.

245,0	1635,0	*Kyancutta*
258,0	1622,0	*Wudinna*

Hier befindet sich mit 261 m Höhe einer der größten Granitfelsen *(Mt. Wudinna Rock)* Australiens: Sein Alter wird auf 1.800 Jahre geschätzt. Ein Besuch lohnt, denn von einigen der umliegenden Felsen hat man eine herrliche Aussicht. Bei Sonnenauf- oder -untergang lassen sich stimmungsvolle Fotos machen. Eine ausgeschilderte Piste führt zu den Felsen.

296,0	1584,0	*Minnipa*

Hier befindet sich das Forschungszentrum der Weizenindustrie. Außer den riesigen Weizensilos gibt es auch hier einige auffallende Felsenformationen.

Zwischen Minnipa und Ceduna kommen noch einige Orte mit außergewöhnlichen Namen wie *Poochera, Cungena* und *Wirulla* – alles Namen aus der Sprache der Aborigines.

465,0	1415,0	*Ceduna*

Die 3.000-Seelen-Gemeinde ist der letzte größere Ort für die nächsten 1.200 km und gleichzeitig westlichste Stadt von South Australia. Ceduna ist zugleich Ferienort mit schönen Stränden, Hafenstadt und Versorgungszentrum für die umliegenden Landwirtschaftsbetriebe. Von hier bis zur Grenze gilt es, die Schönheit der Landschaft zu entdecken. Einzige Voraussetzung dazu: Zeit.

538,0	1342,0	*Penong*

Der nahe Küstenabschnitt *Cactus Beach* ist ein Eldorado für Surfer. Auf der weiteren Strecke sollten Touristen, die gerne auch mal angeln, der verlassenen Siedlung *Fowlers Bay* einen Besuch abstatten. Die Küste hier bietet nämlich hervorragende Angelgründe.

617,0	1263,0	*Nundroo*
669,0	1211,0	*Yalata Roadhouse*

Das Rasthaus betreiben die Bewohner von *Yalata Community* (→ Streckenbeschreibung 6, Stuart Highway). Neben den üblichen Waren sind hier auch handgefertigte Kunstgegenstände der Ureinwohner erhältlich, ebenso wie für 7 $ p.P. (Kinder unter 16 frei) die Genehmigung, um von *Yalata Aboriginal Land* und *Nullarbor National Park* den Hauptaussichtspunkt für Walbeobachtungen aufzusuchen.

| 761,0 | 1119,0 | *Nullarbor Roadhouse* |

Nach dieser Raststätte beginnt *Nullarbor National Park*. Bis zur Grenze zweigen mehrere Pisten ab, die zu Aussichtspunkten an der Steilküste von *Great Australian Bight* führen.

| 947,0 | 933,0 | *WA/SA Border Village*; Uhren werden um 45 Minuten zurückgestellt. |

Nach zähen Anfängen ist hier eine kleine Siedlung entstanden, die sich vornehmlich um das leibliche Wohl der Durchreisenden kümmert und billige Urlaubsmitbringsel zum Kauf anbietet. Beliebtestes Fotomotiv ist der Wegweiser, der die Entfernungen zu Weltstädten angibt.

| 959,0 | 921,0 | *Eucla Roadhouse* |

Neben Border Village ist Eucla der bekannteste Ort am Eyre Highway. Die Ruine der alten Telegrafenstation in den Dünenfeldern zieht immer wieder Besucher an, auch wenn sie fast vollkommen im Sand verschwunden ist. Auch die Strände hinter der Raststätte lohnen einen Besuch.

Strecken 16–17

Strecken 18–19

Strecken 20–21

Strecken 22–23

Strecken 24–25

Anhang

Die Ruinen der alten Telegrafenstation von Eucla versinken im weißen Dünensand

| 1025,0 | 855,0 | *Mundrabilla Roadhouse* |

Außer den wenigen durchaus sehenswerten Kalksteinhöhlen hat Mundrabilla nicht viel zu bieten.

| 1141,0 | 739,0 | *Madura Roadhouse* |

Auf *Madura Station* (1876) wurden früher Pferde gezüchtet, die man dann nach Indien verschiffte. Heute sind die Ruinen des alten Farmhauses zu besichtigen. Wer einen Geländewagen hat, kann einen Ausflug zur malerischen Küste unternehmen.

| 1232,0 | 648,0 | *Cocklebiddy Roadhouse* |

Bekannt ist das Gebiet wegen *Cocklebiddy Cave,* einer Höhle, die bis heute noch nicht vollständig erforscht ist. In der Höhle befindet sich die längste und tiefste Unterwasserpassage der Welt. Ein Taucher stellte hier 1995 einen Weltrekord auf. Er erkundete die Höhle auf einer Länge von 6,25 km!

Einige Kilometer vor Cocklebiddy führt eine Stichstraße zum Eyre-Vogelobservatorium (nur 4-WD). Die Beobachtungsstation ist in einer ehemaligen Telegrafenstation eingerichtet. Besucher sollten sich vorher anmelden (Tel. 08/ 90 39 34 50).

| 1298,0 | 582,0 | *Caiguna Roadhouse* |

Hier beginnt das längste Stück gerader Teerstraße (145 km) der Welt, die so genannte *90-Mile-Straight* (90 Meilen geradeaus); Uhren um 45 Minuten zurückstellen.

| 1453,0 | 427,0 | |

Abzweigung links ist die *Coach Road* in Richtung *Norseman.* Früher durchquerten Pferdekutschen auf dieser Strecke, die durch *Dundas Nature Reserve* führt, die *Nullarbor*-Ebene.

| 1480,0 | 400,0 | *Balladonia Roadhouse* |

20 km vor der Raststätte zweigt rechts ein schmaler Weg zu den Felsen *Afghan Rocks* ab, wo es natürliche Wasserlöcher gibt. Ihren Namen erhielten die Felsen nach einer Auseinandersetzung zwischen Goldgräbern und afghanischen Kameltreibern (→ Artikel: Wie die „Wüstenschiffe" nach Down Under kamen). Angeblich hatte sich ein Kameltreiber mit dem kostbaren Trinkwasser die Füße gewaschen und wurde daraufhin erschossen.

| 1673,0 | 207,0 | *Norseman* |

Nach vielen Kilometern erreicht man diese größere Ansiedlung. Hier muss man sich entscheiden, ob man nach Süden zur Küste oder nach Norden zu den Goldfeldern fahren will. Beide Ziele aber haben ihren eigenen Reiz.

Norseman erhielt seinen Namen nach einem Pferd, das 1894 mit den Hufen zufällig einen *nugget* aus der

Erde scharrte. Auch heute noch wird in Norseman Gold abgebaut, allerdings ist der Glanz der frühen Jahre dahin. Wer sein Glück versuchen und graben möchte, kann sich für wenige Dollar ein *miners right* besorgen.

| 1764,0 | 116,0 | *Widgiemooltha Roadhouse* |
| 1841,0 | 39,0 | *Coolgardie* |

Auch Coolgardie ist eine alte Goldgräberstadt, die vom Ruhm vergangener Tage lebt. Heute hat der Ort gerade mal 900 Einwohner, während es in der Blütezeit 15.000 waren. *Goldfields Exhibition*, eine Ausstellung zur Geschichte des Goldrauschs in dieser Gegend, dokumentiert am besten das Geschehen in jener Zeit. Der Besuch lohnt.

| 1880,0 | 0 | *Kalgoorlie-Boulder* |

Kalgoorlie-Boulder

Im Juni 1893 fanden die drei irischen Goldsucher *Paddy Hannan, Tom Flanagan* und *Daniel Shea* weitere Vorkommen nahe *Mount Charlotte*, 40 km östlich des Goldfeldes bei Coolgardie, das ein Jahr zuvor entdeckt worden war. Hannan ließ seinen *claim* eintragen, und nur drei Tage später durchsiebten über 700 Männer die staubigen Böden um das spätere Kalgoorlie – Quadratmeter um Quadratmeter

Kalgoorlie heute – einiges erinnert immer noch an den Glanz vergangener Tage

mit den einfachsten Geräten. Die Nachricht von Hannans Goldfund läutete den zweiten Goldrausch ein, der den ersten bei weitem übertraf. Potenzielle Prospektoren und Glücksritter hofften, dass nur ein paar Wochen harte Schinderei sie mit einem Leben in Reichtum und Glück belohnen würden. Hannan glaubte, eine riesige Goldader entdeckt zu haben, doch auf die *Golden Mile* (Goldene Meile) zwischen Kalgoorlie und Coolgardie stießen erst andere Goldsucher, die weiter südlich ihr Glück versuchten. Mit Kamelkarawanen durchstreiften sie den Busch und spürten die großen Goldadern auf. Über Nacht brachten die Funde der westaustralischen Wirtschaft, die bis dahin um ihr Überleben gekämpft hatte, den Aufschwung. Den Tausenden von Abenteurern folgten kleine Minengesellschaften, die schnell erkannten, dass es sich hier nicht um eine Eintagsfliege handelte. Sie beuteten die Goldvorkommen schließlich auch untertage aus und schufen regelrechte unterirdische Labyrinthe. 1894 eröffnete in *Hannan's* oder *Hannan's Find*, wie die Siedlung bis dahin genannt wurde, das erste Postamt; auch Straßen, Hotels und Häuser wurden gebaut, und ein Jahr später gab es die erste lokale Zeitungsredaktion. 1896 erreichte die Eisenbahnlinie, die Perth mit den Goldfeldern verband, *Hannan's*. 1897 bekamen die Ortschaften Namen: *Coolgardie* und *Kalgoorlie*. Um näher an ihren *claims* zu sein, zogen viele Arbeiter aus der eigentlichen Stadt hinaus, und der Ort *Boulder* entstand. Der nicht abreißende Strom von Arbeitern ließ die Bevölkerung der *Golden Mile* auf mehr als 200.000 Menschen anwachsen, und Australien stieg zum größten Goldlieferanten der Welt auf. Doch es gab ein großes Problem: die Wasserversorgung. Die *Goldene Meile* lag in der Wüste, und der jährliche Niederschlag betrug im Durchschnitt 250 mm. Ein Liter Wasser kostete zeitweilig umgerechnet mehr als 2 Euro, und man erzält, dass die Goldsucher auf ihre Wassersäcke besser als auf ihre Brieftaschen aufpassten. 1903 baute man unter der Leitung von *Charles Yelverton O'Connor* eine 483 lange hölzerne Pipeline vom Mundaring-Wehr bei Perth und pumpte Wasser nach Kalgoorlie, dessen Bevölkerung bis dahin Wasser aus Brunnen und Wasserlöchern kondensieren musste, um es genießbar zu machen. Um 1903 lebten 30.000 Menschen in Kalgoorlie. Es gab Elektrizität, Wasser, 93 Hotels, 8 Bierbrauereien und über die Hannan Street fuhr eine Eisenbahn. Ironischerweise wurden die drei Männer, die die ersten *nuggets* der *Golden Mile* gefunden hatten, niemals reich: Tom Flanagan starb 1900 verarmt in Bendigo, Daniel Shea suchte bis 1904 weiter nach einer großen Goldader; er starb 1908. Paddy Hannan erhielt nach einem arbeitsreichen Leben auf der Suche nach Gold vom Staat eine monatliche Rente von 150 Pfund; er starb 1925 in Brunswick, Victoria. Die Einwohner von Kalgoorlie ehrten ihn, indem sie die Hauptstraße, einen Club und sogar eine Brauerei nach ihm benannten. Für einige heißt die Stadt auch heute noch schlicht *Hannan's*.

Mit dem Rückgang der Goldfunde in den 1930er-Jahren wanderten die Menschen ab. Als Mitte der 1960er die Minengesellschaften Fördertiefen erreichten, die den Abbau unrentabel werden ließen, schien das Ende auch für Kalgoorlie gekommen zu sein. Doch wie es der Zufall wollte, schnellten die Marktpreise für Nickel weltweit in die Höhe, und man entdeckte ausgerechnet um Kalgoorlie riesige Reserven des begehrten Rohstoffs. Sie bescherten der Stadt eine zweite Blüte. Seit den 1980er-Jahren hat sich die Weltmarktsituation entspannt, und Kalgoorlie fördert neben Nickel auch wieder Gold, dessen Abbau dank gestiegener Preise und fortgeschrittener Technologie heute erneut rentabel ist. Nur noch eine Goldmine betreibt

Strecke 14: Googs Track

Strecke 14

Strecken 16–17

Strecken 18–19

Strecken 20–21

Strecken 22–23

Strecken 24–25

Anhang

den gesamten Abbau in Kalgoorlie. Die vielen kleinen Minen und Siedlungen im Umland sind mittlerweile nur noch Geisterstädte in einem großen „Buschmuseum". Hier wird der Glanz der alten Tage langsam vom roten Sand zugeweht. Von Kalgoorlies ehemaligem Reichtum zeugen nur noch die gut erhaltenen alten Gebäude, Hotels und Pubs. Letztere waren zur Blütezeit rund um die Uhr geöffnet.

Strecke 14
Ceduna – Tarcoola (Googs Track)/
Glendambo/Stuart Highway

- **Entfernung:** 346 km; max. Entfernung ohne Tankmöglichkeit: 346 km
- **Empfohlene Reisedauer:** 1–2 Tage
- **Reine Fahrzeit:** 6–8 Stunden
- **Empfohlene Reisezeit:** April bis Oktober
- **Ab- und Rückmeldung:** nicht erforderlich
- **Ausrüstung:** Geländewagen (4-WD) mit Grundausrüstung (plus *snatch-em-strap,* Winde, RFDS Radio); Werkzeug in Grund- und Zusatzausrüstung (unbedingt erforderlich: Kompressor) ausreichend Wasser.
- **Pistenart- und Zustand:** Im Süden ist die Strecke zwischen *Malbooma* und *Telstra*-Funkturm, dem Start des *track,* eine ziemlich nervenaufreibende, waschbrettartige Piste. Die Südseite der Dünen ist ebenfalls mit Waschbrettmuster überzogen und weist zudem so genannte *potholes* auf. Die Dünenkuppen sind zum Teil stark ausgefahren. Ab *Googs Lake* bis *Lone Oak Homestead* ist die Strecke ebenfalls eine waschbrettartige Piste.
- **Versorgung:** Ceduna (Grundversorgung); Tarcoola/240 km (keine Versorgung; keine Tankmöglichkeit!); Glendamo/346 km
- **Telefonnummern:** Ceduna , Tarcoola, Glendambo
- **Kartenmaterial:** Westprint „Googs Track", 1:1.650.000, 2nd Edition; Mini Map Serie. Die Karte zeigt detailliert das Gebiet um Ceduna, Tarcoola, Kingoonya und Wirrulla.
- **Besondere Hinweise:** Ausreichend Wasser mitführen und eine Fahne bei den Dünenüberquerungen vorne anbringen. Der *track* kann nach Regenfällen unpassierbar werden. Eine Genehmigung ist erforderlich und kann bei der Nationalparkverwaltung in Ceduna (Tel. 08/ 86 25 31 44) angefordert werden.

Googs Track ist ein abenteuerlicher *shortcut* für von Westen kommende Reisende, die nach Coober Pedy (→ Artikel: Coober Pedy – Eldorado für Glücksritter) oder Alice Springs möchten. Googs Track liegt im *Yellabinna Regional Reserve,* das an die *Gawler Ranges* angrenzt. Hauptattraktionen des abgelegenen *track* in der Eyre-Region sind *Googs Lake, Mt. Finke* und ein reiches Tierleben.

Auf der einspurigen, waschrettartigen Piste überquert man ca. 300 Sanddünen, wobei wir empfehlen, diese von Süden nach Norden zu fahren.

Streckenlog

0	346,0	*Ceduna*

Etwa 5 km den Eyre Highway in Richtung Perth fahren und rechts in die Kalanbi Road einbiegen.

5,2	341,1	*Kalanbi Road*; rechts einbiegen
30,7	315,6	*Lone Oak* (GPS: 31°51'43"S – 133°39'52"E)

Durch das weiße Gatter in Richtung *homestead* fahren.

35,9	310,4	*Dingozaun*

Ab hier sollte man den Reifendruck reduzieren. Unbedingt die Zauntür nach der Durchfahrt schließen!

75,6	270,7	Geradeaus fahren; Wegeinmündung von rechts
77,1	269,2	*Denton Memorials* (GPS: 31°34'00"S – 133°55'40"E).

Rechts zu *Googs Lake* (14 km); links geht es weiter auf Googs Track. Wer zu den Seen fährt, sollte in jedem Fall gutes Kartenmaterial mitführen, denn man kann sich leicht in dem Gewirr von Pisten, *bushtracks* und Sackgassen verfahren und dabei die Orientierung verlieren.

147,3	199,0	Weggabelung; rechts fahren; links geht es zu *Mt. Finke* (7 km; GPS: 30°55'12"S – 134° 01'18"E).

Der Weg zum Gipfel ist schmal und windig, aber schon alleine des Ausblicks wegen eine lohnende Anstrengung.

166,0	180,3	*Dingozaun*

Ab hier gibt es zwei Möglichkeiten nach Tarcoola zu kommen: geradeaus oder rechts abfahren. Die weiteren Angaben beziehen sich auf den Abzweig rechts.

170,2	176,1	*12 Mile Gate*; geradeaus (Gatter schließen!)
182,5	163,8	Links liegt *Malbooma Outstation*

Die Strecke von Malboomba nach Kingoonya führt durch das Gebiet der zwei größten Merinoschaffarmen Australiens. Die Dünen in dieser Gegend sind besonders hoch.

183,7	162,6	*Transcontinental Line – Indian Pacific* (Auf Zugverkehr besonders montags und mittwochs achten!)

Indian-Pacific ist der Name einer Eisenbahnverbindung, die in ost-westlicher Richtung von Sydney über Broken Hill, Adelaide und Kalgoorlie nach Perth durch Australien verläuft.

Die Fahrzeit für die 4.352 Kilometer lange Strecke beträgt ca. 65 Stunden. Die transaustralische Eisenbahn gilt in ihrem 478 Kilometer langen Streckenabschnitt durch die Nullarbor-Wüste als längste gerade verlaufende Bahnstrecke der Welt. Sie hat heute vor allem Bedeutung im Güterverkehr und für den Tourismus. Für einige Menschen, z. B. in der Geisterstadt *Cook*, ist die Zugverbindung der einzige Kontakt zur Außenwelt, denn der Zug hält hier bei jeder Fahrt und bringt Post sowie Lebensmittel.

Es ist ein besonderes Erlebnis, einen Tag bzw. eine Nacht hier zu verbringen und den silbrig, in der Sonne glänzenden Zug langsam vorbeifahren zu sehen.

221,0	125,3	*Tarcoola-Eisenbahnstation*

In Tarcoola kreuzen sich die Bahnlinien von *Indian Pacific* und *The Ghan*.

Die Bezeichnung *The Ghan* stammt vom *Afghanistan Express*, eine Reminiszenz an die afghanischen Kameltreiber, die zuvor den Gütertransport im *outback* sichergestellt hatten. Kein Transportmittel war im 19. Jahrhundert besser geeignet für die australische Wüste als die Kamele, weshalb die Briten diese „Wüstenschiffe" aus Afghanistan zusammen mit den Kameltreibern importierten. Die Afghanen hofften, mit dieser Arbeit schnell Geld zu verdienen und reich in die Heimat zurückzukehren. Reich wurden sie jedoch nicht, und zurückgekehrt sind sie auch nicht.

Tarcoola wie auch Kingoonya waren um die Jahrhundertwende Goldminenstädte. Überreste aus dieser Zeit liegen immer noch herum, und gelegentlich wird auch noch nach Gold gesucht.

240,3	106,0	In östlicher Richtung weiterfahren bis zum *turnoff* zu *Wilgena Station*.
302,1	44,2	Weiter in östlicher Richtung, der Kingoonya-Eisenbahnstrecke folgend.
346,3	0	Stuart Highway/Glendambo

Glendambo

(→ Streckenbeschreibung 6, Port Augusta – Katherine/Stuart Hwy.)

Strecke 15

Yulara – Wiluna
(Gunbarrel Highway)

- **Entfernung:** 1.424 km; max. Entfernung ohne Tankmöglichkeit: 733 km
- **Empfohlene Reisedauer:** 6 bis 7 Tage
- **Reine Fahrzeit:** 33 Stunden
- **Empfohlene Reisezeit:** April bis Oktober; im Sommer extrem heiß; nach heftigen Regenfällen ist die Strecke oft für Wochen gesperrt.
- **Ab- und Rückmeldung:** nicht unbedingt erforderlich; Yulara (Polizei) oder Carnegie Station
- **Ausrüstung:** Geländewagen (4-WD) mit Grundausrüstung bei Wagen (wenn möglich RFDS-Radio) und Grund- wie auch Zusatzausrüstung bei Werkzeug (Winde nicht erforderlich)
- **Pistenart und -zustand:** Die Strecke ist bis zur Abzweigung zu den *Olgas* geteert und geht dann bis zu *Warakurna Roadhouse* in eine gute Schotterpiste über. Wer über den alten, stillgelegten *Gunbarrel Highway* fährt (nur mit Genehmigung erlaubt), sollte sich auf Weichsandpassagen, spinifexüberwucherte Abschnitte, einige nicht ausgeschilderte Verzweigungen und Auswaschungen einstellen. Die neue Strecke ist bis zur Abzweigung des *Heather Highway* relativ gut befahrbar, danach treten wieder vermehrt Auswaschungen, Sandpassagen und wellblechartige Abschnitte auf. Manchmal verläuft ein *track* parallel zur extrem schlechten Hauptpiste. Von *Carnegie* bis *Wiluna* wird die Erdpiste wieder etwas besser.
- **Versorgung:** Yulara (kompletter Service); Kaltukatjara (Docker River) Community/232 km (Lebensmittelladen, Tankmöglichkeit); Warakurna Roadhouse/339 km (*roadhouse*); Carnegie Station/1.072 km (*roadhouse*); Wiluna (Grundversorgung)
- **Telefonnummern:** Yulara (Polizeistation) 08/ 89 56 21 66; Kaltukatjara 08/ 89 56 73 73; Warakurna Roadhouse 08/ 89 56 73 44; Carnegie Station 08/ 99 81 29 91; Wiluna (Polizeistation) 08/ 99 81 70 24; aktueller Pistenzustand 1800/ 24 61 99 (für NT) und 1800/ 01 33 14 (für WA)
- **Funkfrequenzen und Rufzeichen:** RFDS Alice Springs (VJD) 5410 und 6950 kHz; RFDS Port Augusta (VNZ) 4010, 6890 und 8165 kHz; RFDS Meekatharra (VKJ) 4010, 2280 und 6880 kHz; RFDS Port Hedland (VKL) 4030, 2280 und 6960 kHz.
- **Kartenmaterial:** Westprint Heritage *The Gunbarrel Highway* (1:1.100.000); *Ayers Rock* (1:1.750.000); RAC *Perth to Alice Springs via Gunbarrel Highway or Warburton Road* (1:1.000.000); Hema Maps *Great Desert Tracks, South West Sheet* (1:1.250.000); AUSLIG (1:250.000) *Peterman Ranges* SG-52-07, *Rawlinson* SG-52-02, *Scott* SG-52-06, *Bentley* SG-52-05, *Browne* SG-51-08, *Herbert* SG-51-07, *Stanley* SG-51-06, *Kingston* SG-51-10, *Wiluna* SG-51-09
- **Besondere Hinweise:** Für die Durchquerung von *Peterman Aboriginal Land* und *Central Aboriginal Land* ist ein *permit* vom westaustralischen *Aboriginal*

Affairs Department in Perth und vom *Central Land Council* in Alice Springs erforderlich (Adressen → Reisevorbereitung, hier: Genehmigungen).

Wer den *Old Gunbarrel Highway* wie im Streckenlog beschrieben über *Mippultjarra Junction* (→ KM 529,4) befahren möchte, braucht zusätzlich ein *permit* vom *Ngaanyatjarra Council* (Tel. 08/ 89 50 17 11). Grundsätzlich wird die Fahrt nur noch im Konvoi erlaubt (zwischen 2 und 5 Fahrzeugen), und eines der Fahrzeuge muss über ein RFDS-Radio verfügen.

Das Mitführen von Alkohol auf Aborigines-Gebiet ist nicht erlaubt! An einigen *communities* wird aufgrund von weit verbreitetem „Benzinschnüffeln" nur noch Opal-Benzin *(opal fuel)* verkauft. Dies enthält weniger Benzole und gilt als „rauschfreies Benzin".

Die Kilometerangaben im Streckenlog können abweichen, wenn Auswaschungen im ursprünglichen Streckenverlauf eine Umgehung notwendig machen. Oftmals wurde auch stellenweise ein neuer Streckenverlauf durch den *grader* in die Landschaft gewalzt.

An markanten Punkten (Kreuzungen, *roadhouses*, interessanten Stellen etc.) sind im Streckenlog zusätzlich GPS-Punkte angegeben (→ Unterwegs im Geländewagen, hier: Karten, Schilder, Kompass und Satellitennavigation).

Ende der 1950er walzten Männer einer Straßenbaugesellschaft *(Gunbarrel Construction Party)* unter Führung von *Len Beadell* den *Gunbarrel Highway* quer durch *Gibson Desert* (→ Artikel: Das Ende einer Ära – Len Beadell). Gedenktafeln und Aluminiumplaketten an Bäumen erinnern noch heute an den Bau dieser Piste, der den Arbeitern harte Entbehrungen auferlegte. Obwohl die Strecke auch heute noch die einzige Ost-West-Route Zentralaustraliens ist, wird sie kaum gewartet. Instandhaltungsarbeiten werden selten, und dann nur an bestimmten Abschnitten, durchgeführt. So ist z. B. die Strecke durch *Rawlinson Range* nordwestlich von Giles, obwohl landschaftlich eine der schönsten, ganz stillgelegt. Trotzdem stellt der „Gunbarrel" für entsprechend ausgerüstete Allradfahrzeuge mit hoher Bodenfreiheit kaum ein Problem dar, immer vorausgesetzt, es hat nicht geregnet.

Die Strecke beginnt eigentlich 100 km südlich von Erldunda am Stuart Highway, doch die meisten Touristen, die sich in dieser Gegend aufhalten, beginnen ihre Fahrt gen Westen an *Ayers Rock*. Aus diesem Grund ist Yulara Ausgangspunkt der Streckenbeschreibung (→ Streckenbeschreibung 9.1, Alice Springs – Kings Canyon und Ayers Rock via Finke Gorge National Park).

Mit Verlassen des Uluru-Nationalparks führt die Strecke vorbei an *Peterman Range*, sicherlich einer der landschaftlich schönsten Abschnitte auf dem „Gunbarrel". Hier verbrachte *Harold Lasseter* auf der vergeblichen Suche nach seiner legendären Goldader fast einen Monat in einer kleinen Höhle *(Lasseter's Cave)*. Ist die Grenze überschritten, wird der *track* zunächst etwas schmaler, verbreitert sich aber wieder, nachdem man *Rebecca Creek* passiert hat. Bereits in Westaustralien liegt die Giles-Wetterstation. Hier ist u. a. eines der Planierfahrzeuge Beadells zu besichtigen. Der weitere Streckenverlauf des „Gunbarrel" führt durch Gebiet der Ureinwohner. Für diesen Abschnitt wird nur selten eine Genehmigung ausgestellt, da die Strecke vor Jahren stillgelegt wurde. Ein Schild am Beginn der Strecke versucht mit den Worten „road closed; unsafe from this point", die noch Zögernden zur Umkehr zu bewegen. Wer keinen Erlaubnisschein für diesen Abschnitt hat, sollte besser in Richtung Warburton fahren, denn im Fall einer Panne ist keine Hilfe zu erwarten. Oberstes Gebot im *outback* heißt schließlich: Nicht von der angegebenen Route abweichen! Der stillgelegte Abschnitt besteht, da er nicht mehr geplant wird, überwiegend aus einer schmalen Fahrspur. Die Mitte ist oft mit hohem Spinifex bewachsen (Kühlerschutz anbringen! → Ausrüstung des Geländewagens, hier: Zusatzausrüstung des Geländewagens), und Sträucher und Bäume reichen dicht an die Piste heran. Nicht selten gibt es kleinere Termitenhügel mitten auf dem Weg, der zunächst parallel zu *Rawlinson Range* verläuft. An manchen Stellen erschweren starke Auswaschungen und steinige Passagen das Vorankommen. Nach 174 km auf dem „Old Gunbarrel" trifft man auf eine breite, gut ausgebaute Schotterpiste. Von hier ist es nicht mehr weit bis *Jackie Junction*. Von *Todd Range* bis *Mt. Samuel* ist die Strecke an manchen Stellen stark ausgewaschen; aber hier und da sind sie auf schmalen Seitenpisten zu umfahren. Das kurze Stück von *Mt. Samuel* bis *Heather Highway* hat es dann noch einmal in sich: tiefe ausgewaschene Stellen. Ab der Abzweigung zum Heather Highway verwandelt sich der schmale *track* wieder in eine breite Sandpiste mit gelegentlichen Tiefsandpassagen, und so bleibt es bis Wiluna. Nachdem man *Everard Junction*, wo *Gary Highway* zur *Canning Stock Route* abzweigt, hinter sich gelassen hat, wird *Mungilli Claypan*, eine riesige Lehmpfanne, durchquert. Je näher man *Carnegie Station* kommt, desto häufiger säumen rote Sanddünen und anmutige Wüsten-

Das Ende einer Ära – Len Beadell

Der Bau der Strecke von Yulara bis Wiluna wie auch vieler anderer Strecken verlief immer nach dem gleichen Schema: Zunächst wurden alle notwendigen Vermessungen durchgeführt, dann schaffte man die Maschinen heran und säuberte den geplanten Streckenverlauf mit einem Bulldozer vom ohnehin nur spärlichen Bewuchs. Es folgte ein Planierfahrzeug *(grader)*, das die Spuren des Raupenfahrzeugs ebnete und die Strecke befestigte.

Auf diese Art erschlossen *Len Beadell* und seine Männer insgesamt über 2,5 Millionen km² von *Gibson-, Great Sandy- und Great Victoria Desert*. Grund für die Erschließung der Wüstengebiete waren die Versuche auf dem Gebiet der Atomforschung. Um Atombombenversuche erfolgreich durchführen zu können, benötigte man eine ganze Reihe von Wetterstationen. Sie sollten sicherstellen, dass bei den Zündungen günstige Windverhältnisse herrschten und der radioaktive Staub in der Wüste niederging. Beadell wählte zunächst *Emu* und später *Maralinga* als geeignete Standorte aus. Die ihm übertragene Aufgabe, die Standorte für atomare Raketen des *Blue Streak Missile Programme* zu bestimmen, prägte sein Leben voller Entbehrungen in den heißesten Gebieten Zentralaustraliens. Mehrmals entging er nur knapp dem Tod durch Verdursten.

Im Jahr 1958 erhielt Beadell für die Arbeit an der 1.600 km langen Ost-West-Verbindung die *British Empire Medal*. Heute gilt er als einer der letzten großen Erforscher des *outback*.

Katatjuta (Olgas) – eine Felsenformation mit vielen „Köpfen"

kasuarinen *(desert oaks)* die Strecke. In *Carnegie* endet auch der *Gunbarrel Highway*. Von hier sind es noch 355 km auf breiter Schotterpiste, bevor man Wiluna, Versorgungsstelle der wenigen Farmen im Umkreis, erreicht.

Yulara

(→ Streckenbeschreibung 9.1, Boggy Hole Track)

Streckenlog

0	1423,7	*Yulara,* Polizeistation (an- bzw. rückmelden!)
1,6	1422,1	Abzweigung links in Richtung *Ayers Rock* nehmen; rechts nach *Alice Springs*
5,6	1418,1	Parkeingang von *Uluru (Ayers Rock) National Park* (→ Streckenbeschreibung 9.1, Alice Springs – Kings Canyon via Finke Gorge National Park) Wer über den Gunbarrel Highway fahren möchte, muss keinen Eintritt zahlen.
9,8	1413,9	Abzweigung rechts in Richtung *Olgas* und zu *Kaltukatjara (Docker River) Community* nehmen; geradeaus zu *Ayers Rock*

Harold Lasseter und der Traum vom großen Goldfund

Harold Lasseter – der Name steht für eine der bekanntesten Legenden Australiens. Er behauptete, bei seiner Wanderung von *Alice Springs* in Richtung Westen im Jahr 1900 in der Gegend zwischen *Gibson Desert* und *Blackstone Range* eine märchenhafte Goldader gefunden zu haben. All seine Bemühungen, später diese Ader wiederzufinden, schlugen fehl. Erst dreißig Jahre nach seinem angeblichen Fund gelang es ihm schließlich, genügend Investoren zu finden, um eine größere Suchexpedition zu finanzieren. Die Gruppe unter der Leitung von *Fred Blakeley* brach in Alice Springs auf. Sie bestand aus sechs Männern, die einige Lastwagen und ein Flugzeug mitnahmen. Schon nach kurzer Zeit hatten sie sich hoffnungslos verirrt und fanden nur mit Glück den Weg nach *Hermannsburg*. Auch bei einem zweiten Versuch von Hermannsburg aus verirrten sie sich. Die Vorräte waren nahezu aufgezehrt, die Lastwagen schwer beschädigt und das Flugzeug durch mehrfache Abstürze unbrauchbar. Die Männer verloren das Vertrauen in Lasseter, vor allem aber in seine angeblich existierende Goldader, und gaben auf.

Lasseter jedoch ließ sich nicht von seinem Vorhaben abbringen und versuchte es noch einmal auf eigene Faust. Unterwegs traf er einen Kameltreiber, den er von seinem Vorhaben und der Existenz der Goldader überzeugen konnte. Sie machten sich gemeinsam auf die Suche. Doch die „Freundschaft" hielt nicht lange. Dem Kameltreiber waren der Goldfund und offensichtlich auch die Art und Weise der Suche Lasseters suspekt. Nach heftigen Auseinandersetzungen kehrten beide nach Hermannsburg zurück.

Doch Lasseters Wille war ungebrochen. Mit geliehenen Kamelen machte er sich erneut auf die Suche, diesmal allein. Seine Männer sollten an den Olgas auf ihn warten. Auf dem Rückweg machten sich 15 km östlich der Höhle, die heute *Lasseter's Cave* heißt, zu allem Unglück seine Kamele mit dem Proviant auf und davon. Lasseter, am Ende seiner Kraft, suchte in der Höhle Unterschlupf und verbrachte hier ungefähr 25 Tage. Mit einer Ureinwohnerfamilie, die ihn glücklicherweise fand, machte er sich dann mit weniger als 2 Litern Wasser zu Fuß auf den Weg, um seine Männer zu treffen. Er kam nur bis *Irving Creek*, wo er am 28. Januar 1931 vermutlich an Entkräftung starb. Aus seinen später gefundenen Aufzeichnungen geht hervor, dass er seine Goldader ganze fünf Tagesritte westlich der Höhle wiedergefunden haben will. Ob diese legendäre Goldader aber tatsächlich existiert, vermag auch heute noch niemand zu sagen. Einige sind felsenfest davon überzeugt, andere halten Lasseter für einen Spinner und Lügner. Noch heute machen sich immer wieder Glücksritter auf, die Ader zu finden. Leider machte Lasseter nur unvollständige und ungenaue Angaben, wo sie zu suchen wäre, sodass der Fund weiterhin nur Legende bleibt.

50,2	1373,5	Abzweigung links auf die *Tjukururu Road* zu *Kaltukatjara Community* nehmen; geradeaus zu *Olgas*
		Hier geht die Asphaltstraße in eine breite Schotterpiste über, die bis zur Giles-Wetterstation gut zu befahren ist und kaum wellblechartige Stellen aufweist.

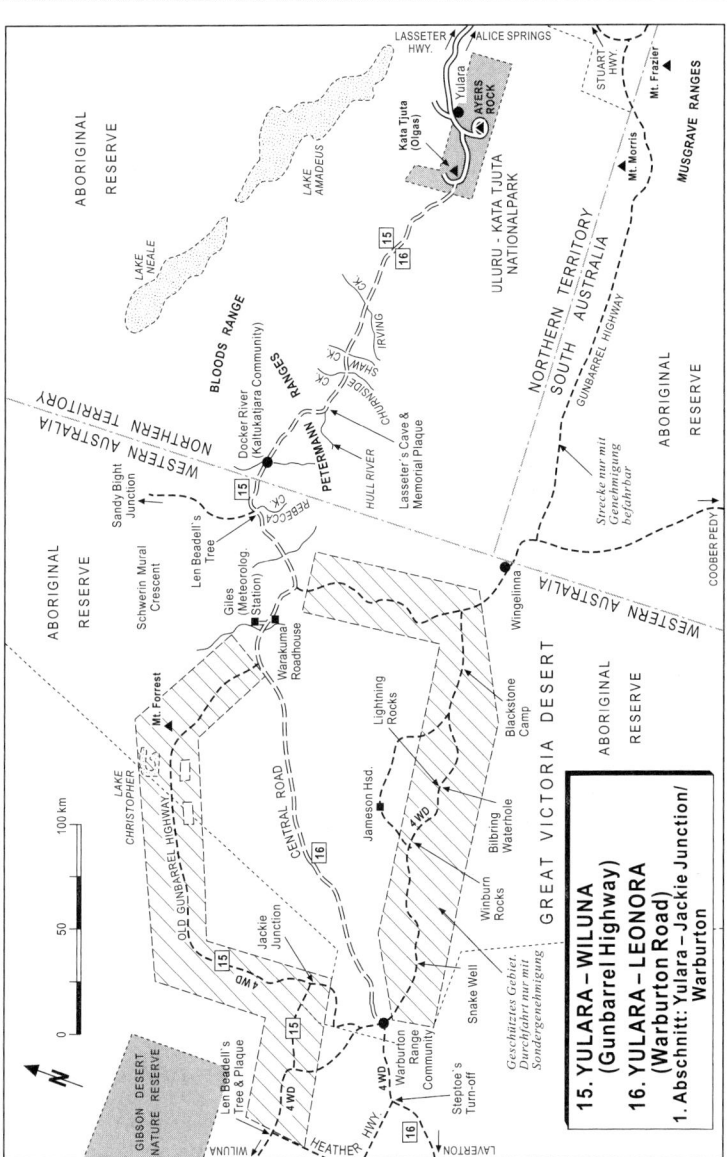

15. YULARA–WILUNA (Gunbarrel Highway)
16. YULARA–LEONORA (Warburton Road)
1. Abschnitt: Yulara–Jackie Junction/ Warburton

Strecke nur mit Genehmigung befahrbar

Geschütztes Gebiet Durchfahrt nur mit Sondergenehmigung

53,7	1370,0	Ende bzw. Beginn von *Uluru National Park*
		Der dichte Mulgabewuchs geht langsam in Spinifex mit vereinzelten Wüstenkasuarinen über.
106,3	1317,4	*Armstrong River*
131,4	1292,3	*Irving River*
		100 m nach dem Fluss führt ein schmaler Pfad zu einer Handpumpe, die Wasser hochpumpt. Hier an *Irving Creek* starb vermutlich *Harold Lasseter* (→ Artikel: Harold Lasseter und der Traum vom großen Goldfund).
157,3	1266,4	*Shaw River*
160,6	1263,1	*Peterman Ranges* rechts
		Ernest Giles benannte die Bergkette 1874 nach dem deutschen Geografen Dr. *Augustus Petermann*. Giles erforschte auf mehreren Expeditionen zwischen 1872 und 1875 *Gibson-* und *Great Victoria Desert*. Er lieferte wichtige Informationen über Inneraustralien und seine Wüsten, erhielt aber kaum offizielle Anerkennung.
165,6	1258,1	*Churnside Creek*
191,9	1231,8	Geradeaus fahren; Abzweigung links zu *Lasseter's Cave* (800 m; GPS: 25°01'166"S – 129°23'803"E;

Trinkwasser nicht vergessen!

(→ Artikel: Harold Lasseter und der Traum vom großen Goldfund).

Kurz vor dem Fluss, der nicht immer Wasser führt, liegt links ein kleiner Parkplatz (Camping erlaubt). Ein Fußweg führt am Flussufer entlang zu der kleinen Höhle, in der *Lasseter* starb.

192,0	1231,7	*Hull River*
229,3	1194,4	Geradeaus fahren; Abzweigung rechts nach *Kulail* (20 km)
230,6	1193,1	*Docker River*
		200 m nach dem Fluss führt ein Privatweg nach *Kaltukatjara Community*, die für Touristen verboten ist.
232,5	1191,2	Geradeaus fahren; Abzweigung links zu *Kaltukatjara Community* (4 km bis zur Tankstelle)
		Die Siedlung darf auf diesem Weg nur zum Auftanken angefahren werden. Öffnungszeiten der Tankstelle: 8.30–18 Uhr.
243,3	1180,4	Grenze zwischen Western Australia und Northern Territory; GPS: 24°51'249"S – 129°00'393"E
		Uhren um 90 Minuten zurückstellen.
260,8	1162,9	Weggabelung (direkt nach *Rebecca Creek*): links fahren; rechts zu *Sandy Blight Junction* (300 km; → Streckenbeschreibung 17.5)

Strecken 16–17

Strecken 18–19

Strecken 20–21

Strecken 22–23

Strecken 24–25

Anhang

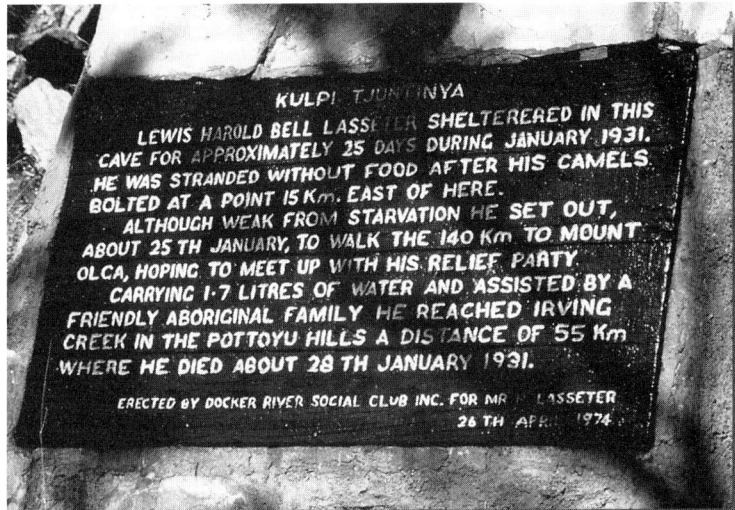

Zum Gedenken an Harold Lasseter

Die Piste in Richtung *Sandy Blight Junction* wird nur selten befahren und führt über *Haasts Bluff* und *MacDonnell Range* wieder zurück nach *Alice Springs*.

270,3	1153,4	*Len Beadell's Tree* rechts

Len Beadell markierte den Verlauf der Strecke an diesem hohen Geistereukalyptus *(ghost gum)*, der leicht an seiner weißen Rinde zu erkennen ist, mit einer Aluminiumplakette. Leider wurde diese Plakette entweder offiziell entfernt, um sie vor sammelwütigen Touristen zu retten, oder aber doch gestohlen ...

273,7	1150,0	*Schwerin Mural Crescent* rechts

Ein Holzschild weist auf die Gebirgskette in der Ferne hin, die *Ernest Giles* 1874 so benannte.

292,2	1131,5	*Giles Creek*

Nach dem Bach fallen beiderseits der Piste viele Wüsteneichen *(desert oaks)* auf. Unter allen Kasuarinenarten Australiens gelten sie als die anmutigsten. Vielleicht liegt das daran, dass sie auf den roten Sanddünen im heißen, trockenen Landesinneren besonders gut zur Geltung kommen. Junge Bäume wachsen schlank in die Höhe und haben wenig Laub. Deshalb fallen besonders die älteren Exemplare mit ihrem dicken Stamm und den tief hängenden Blättern, die eher Nadeln ähneln, ins Auge. Aufgrund dieser Blattform verdunstet weniger Wasser, und der Baum kann auch in trockenen Gebieten überleben. Selten werden Wüstenkasuarinen höher als 10 m.

310,1	1113,6	Weggabelung: rechts nach *Warakurna, Giles, Warburton, Laverton* und *Wiluna* fahren; links verläuft der *Old Gunbarrel Highway (Giles Mulga Park Road)* zum *Stuart Highway* (Genehmigung erforderlich).
339,3	1084,4	*Warakurna Roadhouse;* GPS: 25°02'644"S – 128°18'150"E

Hier kann man sich am besten über den aktuellen Straßenzustand informieren. Das Rasthaus bietet Verpflegung, Duschen und Campingmöglichkeit (5 $ p.P., geöffnet 8–17 Uhr).

339,6	1084,1	Geradeaus nach *Giles* und *Warakurna Community* fahren; Abzweigung links nach *Warburton* und *Laverton*
339,9	1083,8	Geradeaus nach *Warakurna* und *Wiluna* fahren; Abzweigung rechts zur *Giles-Wetterstation* (1,6 km); GPS: 25°02'055"S – 128°18'186"E

In der Wetterstation arbeiten schichtweise vier Personen für jeweils sechs Monate. Ihre Hauptaufgabe besteht darin, Wetterballons steigen zu lassen und Messungen, z. B. der Niederschläge und Temperaturen, vorzunehmen. Alle Daten werden per Computer

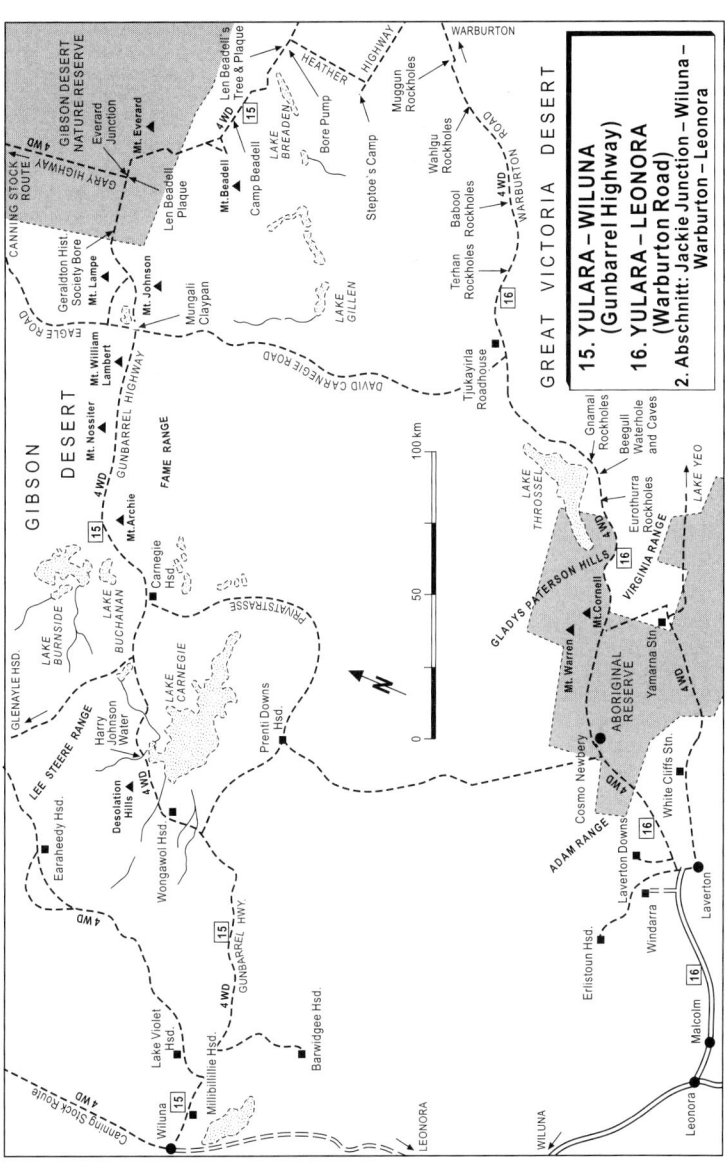

GIBSON DESERT NATURE RESERVE

WARBURTON

GIBSON DESERT

GREAT VICTORIA DESERT

15. YULARA – WILUNA (Gunbarrel Highway)
16. YULARA – LEONORA (Warburton Road)
2. Abschnitt: Jackie Junction – Wiluna – Warburton – Leonora

ausgewertet. Besucher sind gern gesehen, weil sie Abwechslung bieten. Obwohl eigentlich eine Genehmigung für den Besuch notwendig wäre, fragt hier niemand danach. Wer möchte, kann sich also die gesamte Anlage unter sachkundiger Führung ansehen und sogar beim Steigen eines Wetterballons zuschauen. Das geschieht täglich um 2.30 Uhr in der Nacht wie auch um 8.30 Uhr, 14.30 Uhr und 20.30 Uhr. Die beste Zeit ist morgens um 8.30 Uhr; dann wird der größte Ballon, ausgerüstet mit einem Radiosender, aufgelassen. Von 21.30 bis 2.30 Uhr ist Nachtruhe und Besuch unerwünscht. Bei einer Führung über das Gelände erfährt man viel über Niederschlagsmengen, Verdunstungsrate, Tiefst- und Höchsttemperaturen, Gewitter und alles, was ein Wetter so ausmacht. Auch die Art und Weise der Datengewinnung und deren Auswertung werden erklärt. Bis vor einigen Jahren bot man Gästen hier auch noch ein gekühltes Bier an. Doch um die Aborigines der umliegenden Siedlungen nicht in Versuchung zu führen, entzog man der Station die Alkohollizenz. Ein altes Planierfahrzeug *(grader)*, das beim Bau des Gunbarrel Highway im Einsatz war und insgesamt 30.000 km planierte, steht hier auch noch herum.

356,0	1067,7	Weggabelung: rechts auf den *Old Gunbarrel Highway* fahren (→ Besondere Hinweise); links ist die *Warburton Road* nach *Warburton* (→ Streckenbeschreibung 16, Warburton Road)
356,3	1067,4	Hinweisschild: *Road closed, unsafe from this point*
		Die Piste ist offiziell gesperrt, aber befahrbar. Sie verläuft zunächst parallel zu *Rawlinson Range*. Überwiegend ist es eine schmale Erd- und Sandpiste mit gelegentlichen steinigen Passagen oder tief sandigen Dünenköpfen. Termiten haben sich stellenweise auf der Fahrspur häuslich niedergelassen. Manchmal versteckt sich so ein Hügel auch hinter einem Busch mitten auf der Fahrbahn! An einigen Stellen weist die Strecke hohen Mittenbewuchs von Spinifex auf. Zur Zeit der Blüte sollte man einen Kühlerschutz anbringen (→ Ausrüstung des Geländewagens, hier: Zusatzausrüstung des Geländewagens).
347,3	1.049,4	Geradeaus fahren; Abzweigung rechts zu *Lapaku Community*
426,4	997,3	Weggabelung; links fahren; rechts zu *Lake Christopher*
470,2	953,5	*Len Beadell's Tree* rechts (GPS: 24°53'30"S – 127°12'09"E)

An diesem Baum markierte Beadell den Streckenverlauf, indem er einen Teil der Rinde herausschnitt *(blazed)* und eine Markierung einritzte *(BM 401)*, die noch heute gut lesbar ist.

501,3	922,4	Wegeinmündung von links
529,4	894,3	T-Kreuzung *(Mippultjarra Junction;* GPS: 25°03'31"S – 126°42'22"E): Abzweigung links nehmen; Weg rechts führt zu *Tikatika Rockhole.*

Für knapp 90 km verläuft der Weg bis *Jackie Junction* auf einer breiten Schotterpiste.

619,9	803,8	*Jackie Junction:* Abzweigung rechts nach *Carnegie* nehmen (455 km); geradeaus nach *Warburton* (69 km)

Eine Metallplakette *Len Beadells* gibt genaue Angaben über Längen- und Breitengrad, auf dem *Jackie Junction* liegt (25°42'27"S/ 126°39'47"E = GPS-Punkt). Die Kreuzung hat er nach seiner Tochter Jackie benannt.

Auf den folgenden Kilometern muss man mit zum Teil starken Auswaschungen *(washouts)* rechnen. Manche sind auf schmalen Seitenwegen zu umfahren.

666,7	757,0	Geradeaus fahren; Abzweigung links nach *Warburton*

In dem Gebiet von *Todd Range*, die hier durchfahren wird, sind die *washouts* besonders tückisch. Wer bis-

Strecke 16–17

Strecken 18–19

Strecken 20–21

Strecken 22–23

Strecken 24–25

Anhang

Blick von Mt. Samuel

		her den Gunbarrel Highway nicht befahren hatte, weil er z.B. keine Genehmigung hatte, trifft hier von Warburton kommend auf den Highway (25°44'30"S – 126°12'56" E).

697,1   726,6   Geradeaus fahren; Abzweigung links zu *Mt. Samuel* (200 m)

Die Bergspitze, von der man einen herrlichen Panoramablick genießt, ist durch einen Steinhaufen *(cairn)* markiert.

Auf dem weiteren Streckenverlauf bis zum *Heather Highway* kommt man nur sehr langsam voran. Die Auswaschungen gleichen Kratern und sind nur stellenweise zu umfahren.

703,0   720,7   Geradeaus nach *Wiluna* fahren (720 km); Abzweigung links: *Heather Highway* nach *Warburton* (126 km).

Die wellblechartige Oberfläche von *Heather Highway* schüttelt zwar alles kräftig durch, der Weg ist aber eine gute Alternative, um von *Warburton* aus auf den *Gunbarrel Highway* zu kommen (GPS: 25°45'09"S – 125°52'51"E).

713,9   709,8   *Len Beadell's Tree* rechts

(GPS: 25°43'22"S – 125°46'54"E); links zu einem Bohrloch mit Handpumpe (400 m)

Die Plakette an diesem Baum ist mittlerweile verschwunden, wahrscheinlich als Souvenir mitgenommen worden. Aus diesem Grund werden die Originalplaketten meist in der Giles-Wetterstation aufbewahrt und Nachbildungen an den Bäumen angebracht, die aber auch immer wieder Liebhaber finden.

Das Bohrloch liefert bestes Trinkwasser, und bietet einen guten Platz zum Campen.

739,4   684,3   *Notabilis Hill Bore* mit Handpumpe links

Dieses Bohrloch liefert auch Trinkwasser und ist wie das vorherige ein guter Platz zum Übernachten.

Bis zu *Mungilli Claypan* (173 km) ist es auf dem „Gunbarrel" kein Vergnügen. Ausgeprägte Vertiefungen quer zur Fahrbahn machen die Piste zu einem „Waschbrett". Fahrspuren beiderseits des Weges deuten darauf hin, wie nervenaufreibend diese Schüttelei ist, denn wo immer möglich, sucht man neben dem eigentlichen *highway* einen angenehmeren Weg. So entstanden die vielen parallel verlaufenden Fahrspuren.

744,5   679,2   *Notabilis Hills* rechts;

GPS: 25°38'576"S – 125°33'220"E

Ein aufgeschichteter Steinhaufen deutet auf die sanften Erhebungen in der Ferne hin.

769,5	654,2	Geradeaus fahren; Abzweigung links zu *Len Beadell's Camp* (300 m); GPS: 25°32'994"S – 125°19'913"E

Leider ist von diesem ehemaligen Camp der Straßenbaugesellschaft *Gunbarrel Construction Party* nichts mehr zu erkennen. Nur mit viel Fantasie lässt sich erahnen, wie es zu Zeiten *Len Beadells* hier ausgesehen haben könnte.

775,0	648,7	Weggabelung: geradeaus zu *Carnegie Station* fahren; links zu *Mt. Beadell*

Am 12. Mai 1996 enthüllte man hier einen Gedenkstein für *Len Beadell*. Von *Mt. Beadell* hat man eine gute Aussicht auf das Land ringsum.

775,9	647,8	Geradeaus fahren; Abzweigung links zu *Mt. Beadell*
790,6	633,1	Beginn bzw. Ende von *Gibson Desert Nature Reserve*
815,1	608,6	Alte Landebahn rechts

Kurz nach dieser Landebahn ist *Brown Range* mit der höchsten Erhebung *Mt. Everard* zu sehen. Steinige Passagen und starke Auswaschungen kennzeichnen den folgenden Streckenabschnitt. Er wird nur selten von Sandpassagen unterbrochen.

831,9	591,8	*Everard Junction* (GPS: 25°10'27"S – 124°58'51"E): geradeaus fahren; Abzweigung rechts via *Gary Highway* zur *Canning Stock Route* (Well 24/ 402 km; Well 35/ 364 km)

Diese Kreuzung ist ein Knotenpunkt im *outback*. Der *Gary Highway,* ebenfalls von *Len Beadell* in den Busch gewalzt und nach seinem Sohn Gary benannt, trifft nach 386 bzw. 402 km in nördlicher Richtung über *Windy Corner* auf die *Canning Stock Route* (→ Streckenbeschreibung 18, Canning Stock Route). An der Kreuzung ist an einem ausrangierten Reifen eine Plakette angebracht, die die Entfernungen angibt. Wie auf allen anderen Zeichen Beadells sind die Angaben in Meilen, denn das metrische System wurde erst Anfang der 1970er-Jahre in Australien eingeführt.

863,0	560,7	Ende bzw. Beginn von *Gibson Desert Nature Reserve*
864,2	559,5	Geradeaus fahren (GPS: 25°10'26"S – 124°39'53"E); Abzweigung links zu *Geraldton Historical Society Bore* (100 m) und via *Hunt Oil Road* zur *Warburton Road* (263 km)

Das Bohrloch ist in ein etwa 15 cm dickes Plastikrohr gefasst, das in den Boden eingelassen ist. An einer Schnur hängt eine kleine Blechbüchse, mit der – wenn der Brunnen nicht trocken ist – Wasser geschöpft werden kann. Vorsicht, Ameisen!
Bis zur Mungilli-Lehmpfanne finden sich links am Streckenrand häufiger Markierungen.

Strecken 16–17

Strecken 18–19

Strecken 20–21

Strecken 22–23

Strecken 24–25

Anhang

912,2	511,5	Beginn bzw. Ende von *Mungilli Claypan Nature Reserve* Knapp 5 km nach dem Hinweisschild beginnt die große Lehmpfanne. Meistens ist sie ausgetrocknet, schimmert aber durch die dunklen Ablagerungen immer feucht. Nach heftigen Regenfällen verwandelt sie sich in rutschigen Morast. Tiefe Furchen deuten auf die Schwierigkeiten hin, die dann beim Durchfahren entstehen.
919,6	504,1	Geradeaus fahren; Abzweigung links und rechts ist die *David Carnegie Road* (*Eagle Highway*) In Richtung Süden ist über die *David Carnegie Road* die *Warburton Road* zu erreichen (→ Streckenbeschreibung 16, hier: KM 839,2). Die Strecke ist wenig befahren, überwiegend Sand- und Erdpiste. In Richtung Norden führt sie zum *Gary Highway* (→ Streckenbeschreibung 17.3, hier: KM 257,6). 200 m weiter ist noch einmal eine Abzweigung zum *Eagle Highway*.

Nebenstrecke (✦)

0	236,3	Ab Abzweigung *Gunbarrel Highway/Eagle Highway*; rechts auf den *Eagle Highway* abbiegen; GPS: 25°23′724″S – 124°14′417″E
17,2	219,1	Geradeaus fahren; Abzweigung rechts führt zurück auf den *Gunbarrel Highway*; Ruinen von *Mungilli Outstation* liegen links
66,3	170,0	*Eagle Husser Bore* und alter Unterstand links (GPS: 24°49′13″S – 124°22′35″E); Landebahn rechts; Ruinen
85,7	150,6	*Marker STN 647* rechts
86,2	150,1	Weggabelung; links fahren; Wegeinmündung von rechts Ursprünglich verlief der *Eagle Highway* hier weiter östlich, doch von der alten Piste ist kaum noch etwas erkennbar. Sie ist fast ganz überwachsen. Wer diese Strecke in Angriff nimmt, sollte unbedingt über topografisches Kartenmaterial sowie Kompass verfügen.
139,1	97,2	Weggabelung: links fahren; kaum erkennbar mündet hier der ursprüngliche Streckenverlauf (KM 86,0)
143,8	92,5	Weggabelung: rechts fahren; links geht es zu einer Landebahn (5 km) und *Warri Site* (5 km) in den Warri- und Yatunga Hills. Warri Site (GPS: 24°12′40″S – 124°21′40″E) ist ein guter Platz zum Campen.
166,0	70,3	Landebahn (*Eagle Dragoon Airstrip*) rechts
170,2	66,1	Kreuzung: rechts fahren; links ist eine *cleared line*; geradeaus geht es über *cleared lines* zum *Talawana*

Strecke 15: Gunbarrel Highway

Strecke 15

Strecken 16–17

Strecken 18–19

Strecken 20–21

Strecken 22–23

Strecken 24–25

Anhang

		Track 65 km (→ Streckenbeschreibung 17.4, hier KM 45,2).
236,3	0	T-Kreuzung (GPS: 24°20'50"S – 125°06'20"E): Links und rechts verläuft der *Gary Highway* (→ Streckenbeschreibung 17.3, hier KM 257,6)
		Die Weiterfahrt kann über den *Gary Highway* in nördlicher oder südlicher Richtung erfolgen.

Weiterfahrt auf der Hauptstrecke

919,8	503,9	Ende bzw. Beginn von *Mungilli Claypan Nature Reserve* Langsam wird die Piste besser, und es gibt nur noch gelegentlich kleinere ausgewaschene Stellen. Auch die wellblechartigen Abschnitte werden weniger.
946,3	477,4	Geradeaus fahren; Wegeinmündung von rechts
1031,3	392,3	Geradeaus fahren; Wegeinmündung von rechts
1062,6	361,1	Gatter
1071,4	352,3	Geradeaus fahren; Abzweigung links zu *Carnegie Station* (300 m); hier an- bzw. zurückmelden! GPS: 25°47'773"S – 122°58'456"E

Das Erste, was an Carnegie ins Auge sticht, ist die Grünfläche vor dem großen Aufenthaltsraum (gekühlte Getränke und Grundnahrungsmittel hier erhältlich). Den ganzen Tag über rieselt kostbares Wasser auf das Grün, das die meisten Australier beeindruckt, wohl weniger wegen der Wasserverschwendung, als vielmehr durch den saftig grünen Rasen in der roten, sandigen Umgebung.

Wer vom harten Wüstenboden genug hat und gerne in einem weichen Bett schlafen möchte, kann hier für 17 $ p.P. übernachten; Camping kostet 9 $ p.P. Für 3 $ p.P. kann man den Staub der letzten Tage unter der Dusche abspülen.

An der Farm endet der Gunbarrel Highway, und die weitere Strecke verwandelt sich in eine vergleichsweise erstklassige Schotterpiste. Die Zivilisation hat einen wieder, und das monotone Viehzuchtgebiet mit abgegrasten Ebenen beginnt. Immer wieder erstaunt es, dass Rinder bei diesem spärlichen Nahrungsangebot überleben. Wer aber einmal in der Pilbara im Nordwesten Westaustraliens unterwegs war, wird feststellen, dass die Rinder hier gut genährt sind.

1101,7	322,0	Geradeaus fahren; Abzweigung rechts zu *Glenayle Homestead* (91 km) und *Canning Stock Route* (Well 9)
1139,9	283,8	*Harry Johnston Water Creek*

200 m nach dem *creek* ist eine Einfahrt zu einem kleinen Unterstand mit Tisch und Grill am Fluss – ein idealer Platz für Picknick oder Camping. Die vielen

		Schatten spendenden Fluss-Eukalypten laden geradezu zu einer Rast ein, während der man auch Schwärme von Rosakakadus *(galahs)* und Ringsittichen *(ringnecked parrots)* beobachten kann.
1172,1	251,6	Geradeaus fahren; Wegeinmündung von rechts
1199,9	223,8	Geradeaus fahren; links geht es zu *Wongawol Station*
1201,0	222,7	*creek*
		Kurz vor dem Wasserlauf sieht man von einer kleinen Anhöhe aus *Princess Range* im Westen. Der Bach speist in regenreichen Jahren *Lake Carnegie*, einen Salzsee. Am *creek* und auf dessen Überschwemmungsgebiet wachsen zahlreiche *creekline miniritchies*, eine Akazienart, deren rostrote, gelockte Rinde immer wieder fasziniert.
1203,2	220,5	Geradeaus fahren; Wegeinmündung von links
1218,6	205,1	*Wongawol Creek*
1222,9	200,8	Geradeaus fahren; Abzweigung rechts zu *Wongawol Trucking Yard*
		Ein *trucking yard* ist eine Verladestation für Rinder. Sie werden in große Pferche getrieben und dann durch schmale, umzäunte Gänge auf *roadtrains* verladen. Im weiteren Verlauf der Piste zweigen immer wieder Wege ab, die zu solchen Verladestationen führen. Windräder und Tanks stellen hier die Wasserversorgung für das Vieh sicher. In kurzen Abständen folgen Abzweigungen zu Farmen; Telefon- und Stromleitungen lassen keinen Zweifel aufkommen: Mit der Einsamkeit ist es nun vorbei und die Zivilisation wieder erreicht.
1228,7	195,0	Kreuzung: geradeaus nach *Wiluna* fahren; Abzweigung links zu *Prenti Downs* (106 km) und nach *Windidda* (32 km); Abzweigung rechts nach *Lorna Glen*
1254,0	169,7	Geradeaus fahren; Abzweigung links zu *German Well*
1254,6	169,1	Geradeaus fahren, Abzweigung links zu *German Well*
1263,6	160,1	Geradeaus fahren; Abzweigung links zu *Old Windidda Homestead* (Ruinen)
1279,2	144,5	Geradeaus nach *Wiluna* fahren; Abzweigung links zu *Wonganoo Homestead* (51 km), zu *Mt. Fisher Mine* (268 km) und nach *Leonora*
1364,5	59,2	T-Kreuzung: rechts fahren; links zu *Barwidgee Homestead* und *Wonganoo Homestead*
1368,4	55,3	Geradeaus fahren; Wegeinmündung von rechts Achtung – ab hier sind besonders viele *roadtrains* der Minengesellschaften unterwegs!
1377,7	46,0	Geradeaus fahren; Abzweigung rechts zu *Gourdis Goldmine*

1381,1	42,6	Geradeaus fahren, Abzweigung rechts zu *Lake Violet Homestead, Millrose Homestead, Lorna Glen Homestead, Granite Peak Homestead, Eara Heedy Homestead* und *Glenayle Homestead*
1405,0	18,7	Geradeaus fahren; Wegeinmündung von links
1412,8	10,9	*Millibillillie Homestead* links
1418,0	5,7	Geradeaus fahren; zwei Abzweigungen links führen zu *Gourdis Goldmine.*
1418,2	5,5	Geradeaus fahren; Abzweigung rechts zu *Desert Gold Orange Farm* (9,0 km) und *Emu Farm* (9,0 km)

Wer von Wiluna kommend, den „Gunbarrel" befahren möchte oder aber von Wiluna zur *Canning Stock Route* aufbricht, sollte der Orangenfarm einen Besuch abstatten. Hier bekommt man zur Erntezeit für wenig Geld – manchmal sogar geschenkt – so viele Orangen, wie man tragen kann. Die Früchte halten sich, einzeln in Papier eingepackt, über Wochen und sind nicht nur eine willkommene Abwechslung zum lauwarmen Wasser, sondern liefern auch Vitamine. Die Erntesaison beginnt in der Regel im April/Mai.

Ebenso erfolgreich wie die Orangenfarm entwickelte sich die Emufarm. Aborigines begannen hier mit der Zucht von Emus. Was zunächst nur ein wirtschaftliches Experiment war, weitet sich für den nahen Ort Wiluna immer mehr zu einem eigenständigen Wirtschaftszweig. Emufleisch und Emuleder werden immer beliebter, sodass die Produktion heute kaum noch mit der Nachfrage Schritt halten kann.

1418,4	5,3	Beginn bzw. Ende der Asphaltstraße
1423,5	0,2	Kreuzung: rechts in die *Wotton Street* abbiegen; geradeaus nach *Meekatharra*, links nach *Sandstone*
1423,7	0	*Wiluna,* Polizeistation

Wiluna

Heute ist es unvorstellbar, dass in *Wiluna* einmal 8.000 bis 10.000 Menschen lebten. 1930 hatte Wiluna vier Hotels (ein fünftes kam 1936 hinzu), darunter das *Weeloona*, das für sich beanspruchte, über die längste Theke der Welt zu verfügen; die Straßen waren fast alle asphaltiert, und die Taxiflotte zählte zwölf Wagen; eine Buslinie brachte die Arbeiter täglich zur Mine und wieder nach Hause; fünf Molkereien versorgten die Stadt mit frischer Milch, und man plante sogar zwei Vororte, *Red Hill* und *Lakeside.* Der Grund für die Massenabwanderung aus Wiluna war der Zweite Weltkrieg. Die Männer wurden zur Armee eingezogen, und in der folgenden Zeit ging die Bevölkerungszahl zurück, auf 360 im Jahr 1953. Heute leben noch etwa 550 Menschen in Wiluna, größtenteils Aborigines, die zumeist um das einzige verbliebene Wirtshaus herumstehen oder -liegen und ihr auf der Orangenplantage oder der Emufarm verdientes Geld vertrinken.

Strecke 16
Yulara – Leonora
(Warburton Road & Great Central Road)

- **Entfernung:** 1.256 km; max. Entfernung ohne Tankmöglichkeit: 432 km
- **Empfohlene Reisedauer:** 5 bis 6 Tage
- **Reine Fahrzeit:** 25 Stunden
- **Empfohlene Reisezeit:** April bis Oktober; im Sommer extrem heiß; nach heftigen Regenfällen ist die Strecke oft für Wochen gesperrt
- **Ab- und Rückmeldung:** nicht erforderlich
- **Ausrüstung:** Geländewagen (4-WD) mit Grundausrüstung bei Wagen (wenn möglich RFDS-Radio) und Grund- wie auch Zusatzausrüstung bei Werkzeug (Winde nicht erforderlich); bei guten Bedingungen und vorsichtiger Fahrweise ist die Strecke auch mit Pkw (hohe Bodenfreiheit erforderlich) befahrbar.
- **Pistenart und -zustand:** Die Piste ist wesentlich einfacher als der *Gunbarrel Highway* zu befahren, doch tiefe *corrugations* schütteln kräftig durch.
- **Versorgung:** Yulara (kompletter Service); Kaltukatjara (Docker River) Community/237 km (Lebensmittelladen, Tankmöglichkeit); Warburton Community/ 572 km (*roadhouse*); Tjukayirla Roadhouse/824 km (*roadhouse*, Camping); Laverton/1.141 km (Lebensmittelladen, *caravan park*, Tankmöglichkeit); Leonora/1.256 km (Lebensmittelladen, *caravan park*, Tankmöglichkeit)
- **Telefonnummern:** Yulara (Polizeistation) 08/ 89 56 21 66; Kaltukatjara, 08/ 89 56 73 73; Warburton Roadhouse 08/ 89 56 76 56; Warakurna Roadhouse 08/ 89 56 73 44; Tjukayirla Roadhouse 08/ 90 37 11 08; Laverton (Touristeninformation) 08/ 90 37 60 44; Leonora (Touristeninformation) 08/ 90 31 12 02; aktueller Pistenzustand 1800/ 01 33 14 (für WA) und 1800/ 24 61 99 (für NT)
- **Funkfrequenzen und Rufzeichen:** → Strecke 15, *Gunbarrel Highway*
- **Kartenmaterial:** Westprint Heritage (1:1.100.000) *The Gunbarrel Highway*; RAC (1:1.750.000) *Perth to Alice Springs via Gunbarrel Highway or Warburton Road*; Hema (1:1.250.000) *Great Desert Tracks, South West Sheet*; AUSLIG (1:250.000) *Talbot* SG-52-09, *Yowalga* SG-51-12, *Throssel* SG-51-15, *Laverton* SH-51-02, *Leonora* SH-51-01
- **Besondere Hinweise:** Zur Durchquerung von *Peterman Aboriginal Land* und *Central Aboriginal Land* ist eine Erlaubnis vom westaustralischen *Aboriginal Affairs Department* in Perth und vom *Central Land Council* in Alice Springs erforderlich (→ Reisevorbereitung, hier: Genehmigungen – permits). Die Durchfahrtsbewilligungen für diese Strecke sind aber auch problemlos bei der Touristeninformation in Yulara erhältlich. Das Büro hat die Formulare vorrätig und faxt sie nach Alice Springs; in der Regel bekommt man die Genehmigung schon einen Tag später.

  Das Mitführen von Alkohol ist auf Aborigines-Gebiet nicht erlaubt. Zuwiderhandlungen können Strafen bis zu 5000 $ nach sich ziehen!

- An markanten Punkten (Kreuzung, *roadhouse* etc.) sind im Streckenlog zusätzlich GPS-Punkte angegeben (→ Unterwegs im Geländewagen, hier: Karten, Schilder, Kompass und Satellitennavigation).

Die *Warburton Road* nach Leonora (in den Karten auch als *Great Central Road* verzeichnet) wird weit häufiger befahren als die Strecke nach Wiluna. Wer vom Landesinnern in den Südwesten Australiens fahren will und dabei die Goldfelder bei Kalgoorlie nicht auslassen möchte, hat hiermit die kürzeste Strecke. Sie ist, was Auswaschungen und Beschilderung betrifft, etwas besser als der *Gunbarrel Highway*, doch eine ausgeprägte wellblechartige Piste nahezu auf der gesamten Distanz erfordert Nerven und Durchhaltevermögen. Die Strecke wird zwar jedes Jahr neu planiert, aber schon nach kurzer Zeit entstehen durch zu schnelles Fahren wieder Wellenlinien. Dies ist jedoch das einzige Ärgernis der Piste, und sie kann bei vorsichtiger Fahrweise auch von Fahrzeugen ohne Allradantrieb bewältigt werden. Von Laverton bis Leonora und weiter nach Kalgoorlie ist die Strecke sogar geteert.

Der Streckenverlauf ist zunächst von Yulara bis zur Giles-Wetterstation identisch mit dem Verlauf des Gunbarrel Highway (→ Streckenbeschreibung 15, Gunbarrel Highway). Von Giles aus knickt nach 16 km die Warburton Road, weiterhin eine gute Schotterpiste, nach Südwesten ab. Warburton selbst ist wie Kaltukatjara (Docker River) eine kleine Siedlung von Aborigines, wo man lediglich Treibstoff erhält. Kurz hinter Warburton liegt *Steptoe's turn-off*. Hier zweigt der *Heather Highway* in Richtung Gunbarrel Highway ab. Geradeaus sind es noch 563 km bis *Laverton*. Dazwischen: *outback* und Einsamkeit pur. Von den ehemaligen Goldminen dieser Gegend sind heute nur noch Überreste zu sehen. Auf der asphaltierten Straße geht es dann ins nicht weit entfernte Leonora.

John Forrest kam 1869 als erster Weißer in diese Gegend. Auf der Suche nach der verschwundenen Expeditionsgruppe unter der Leitung von *Ludwig Leichhardt* benannte er einen kleinen Berg nach der Frau des damaligen Gouverneurs Westaustraliens – *Mt. Leonora*. Wer sich für Goldförderung interessiert, sollte von Leonora nach Kalgoorlie fahren und dort eine der Minen besichtigen.

Yulara

(→ Streckenbeschreibung 9, Alice Springs – Kings Canyon und Ayers Rock/Yulara via Finke Gorge National Park)

Streckenlog

0	1256,3	*Yulara*, Polizeistation
		Bis KM 356,0 (Weggabelung Warburton Road/Old Gunbarrel Highway) identisch mit dem Gunbarrel Highway (→ Streckenbeschreibung 15).
356,0	900,3	Weggabelung: links auf die *Warburton Road* nach *Warburton* fahren; rechts ist der *Old Gunbarrel Highway*.
562,8	693,5	Weggabelung: links nach *Warburton* fahren

571,8	684,5	*Warburton Community/roadhouse;* GPS: 26°07'914"S – 126°34'104"E

Sie gilt als eine der isoliertesten Aborigines-Gemeinden Australiens. Touristen ist der Besuch nicht gestattet. Auftanken und Übernachten ist nur am *roadhouse* möglich (geöffnet 9–17 Uhr). Camping kostet 7 $ p.P. Obwohl *Warburton Roadhouse* schon in Westaustralien liegt, gilt hier noch die *Central Standard Time* (wie im Northern Territory). Kreditkarten werden nicht akzeptiert!

612,0	644,3	Weggabelung *(Steptoe's Turn-off):* links fahren; rechts ist der *Heather Highway* zum *Gunbarrel Highway* (85 km); GPS: 26°20'04"S – 126°12'54"E)

Der Heather Highway, ebenfalls von *Len Beadell* erbaut, ist eine gute Schotterpiste ohne jegliche Schwierigkeiten. Allerdings sind die letzten 40 km Waschbrettpiste, und man wird kräftig durchgeschüttelt. Wer keinen Erlaubnisschein hat, um den stillgelegten Teil des Gunbarrel Highway zu befahren und deshalb in Warburton landet, kann nun über den *Heather Highway* zum „Gunbarrel" (147 km) zurückkehren.

620,0	636,3	Geradeaus fahren; Abzweigung links führt zum *Connie Sue Highway* (Genehmigung erforderlich)
675,1	581,2	Geradeaus fahren; Abzweigung links führt zum *Connie Sue Highway* (Genehmigung erforderlich)
677,1	579,2	Geradeaus fahren; Abzweigung zu *Kanpa Community* (Genehmigung erforderlich)
701,2	555,1	Geradeaus fahren; Abzweigung rechts ist die *Hunt Road* in Richtung *Gunbarrel Highway* (263 km)
741,2	515,1	Geradeaus fahren; Abzweigung links ist die *Parallel Road* in Richtung *Connie Sue Highway*
743,3	513,0	*Muggan Rockholes* links (GPS: 27°00'06"S – 125°20'00"E)
753,4	502,9	*Wahlgu Rockholes* links
773,8	482,5	*Babool Rockholes* rechts
798,9	457,4	*Terhan Rockhole* rechts
824,0	432,3	*Tjukayirla Roadhouse* rechts (GPS: 27°09'17"S – 124°34'27"E)

Das 1995 eröffnete *roadhouse* bietet neben den üblichen Versorgungsmöglichkeiten auch eine kleine Campingstelle, Briefkasten, Satellitentelefon und Vierbettzimmer (30 $). Das *roadhouse* ist Mo–Fr 7–18 Uhr, Sa–So 8–17 Uhr geöffnet.

839,2	417,1	Geradeaus fahren; Abzweigung rechts (GPS: 27°31'22"S – 124°26'54"E) ist die *David Carnegie*

Road (Eagle Highway) in Richtung *Gunbarrel High-way* (197 km)

Nebenstrecke (✦)

0	197,2	Abzweigung *David Carnegie Road/Warburton Road* (GPS: 27°31'22"S – 124°26'54"E)
		Die Strecke weist viele Auswaschungen auf.
60,1	137,1	*Empress Springs* (GPS: 26°46'00"S – 124°21'58"E) rechts
		Die unterirdische Wasserstelle wurde 1896 von *David Carnegie* so benannt (Empress = Kaiserin), als ihm und seiner Mannschaft auf einer Expedition das Wasser auszugehen drohte. Ein Ureinwohner zeigte ihnen aber die rettende Wasserstelle. Die Wasserstelle ist heute mittels einer Strickleiter, die durch einen kleinen Einstieg führt, zugänglich.
195,8	1,4	Beginn/Ende von *Mungilli Claypan Nature Reserve*
197,2	0	Kreuzung; geradeaus ist die Eagle Road (→ Strecken-beschreibung 15, hier: Nebenstrecke ab KM 919,6)

Weiterfahrt auf der Hauptstrecke

869,3	387,0	*Lake Throssel* rechts
894,1	362,2	*Gnamal Rockholes* links
905,1	351,2	*Beegull Waterholes* und Höhlen links
919,3	337,0	*Eurothurra Rockhole* rechts
940,7	315,6	Weggabelung: rechts fahren; Abzweigung links zu *Yamarna Station* (45 km) und zum *Anne Beadell High-way* (40 km)
		In Richtung Norden hat man einen guten Ausblick auf *Gladys Paterson Hills*.
947,1	309,2	Geradeaus fahren; Abzweigung links zu *Yamarna Sta-tion* (46 km) und zum *Anne Beadell Highway* (41 km)
981,2	275,1	Geradeaus fahren; Abzweigung links zu *Yamarna Sta-tion* (36 km)
1048,0	208,3	Geradeaus fahren; Abzweigung links nach *Cosmo Newberry* (2,5 km)
1051,8	204,5	Geradeaus fahren; Abzweigung links nach *Cosmo Newberry* (2,5 km)
1055,3	201,0	Geradeaus fahren; Abzweigung rechts ist die *Lake Wells Road* in Richtung *Lake Wells Homestead* (105 km)
1090,1	166,2	Geradeaus fahren; Abzweigung links führt zu *White Cliffs Homestead*
1093,8	162,5	Durchfahren von *Adam Range*
1120,1	136,2	Geradeaus fahren; Abzweigung rechts zu *Laverton Downs Homestead* (7 km)
1126,9	129,4	Geradeaus fahren; Abzweigung rechts zu *Laverton Downs Homestead* (8 km)

| 1131,0 | 125,3 | Geradeaus fahren; Abzweigung rechts zu *Erlistoun Homestead* (85 km) |
| 1134,5 | 121,8 | T-Kreuzung: rechts nach *Leonora* fahren (120 km); links nach *Laverton* (6 km) |

Laverton galt um das 18./19. Jahrhundert als Tummelplatz für Glücksritter, die sich im Zuge des Goldrauschs hier niederließen. In den 1970er-Jahren erlebte Laverton einen neuerlichen Aufschwung, als man im nahen *Windarra* Nickel fand. Wer Interesse hat, kann die umliegenden Ruinen der alten Minen *Burtville, Gladiator, Heffernans* und *Just in Time* auf eigene Faust erkunden. Aber Vorsicht bei den unzähligen Schächten im Boden!

1144,6	111,7	Geradeaus fahren; Abzweigung rechts zu *Windarra Homestead* (12 km)
1236,3	20,3	*Malcolm*; in Richtung *Leonora* weiterfahren (20 km); Abzweigung links zu *Kookynie Homestead* 75 km) und nach *Kalgoorlie* (250 km)
1256,3	0	*Leonora*, Ortseingang

Leonora

1896 wurden in Leonora und dem Nachbarort Gwalia (gallischer Name für Wales) die ersten *claims* abgesteckt. Sons of Gwalia Mine wurde neben Golden Mile von Kalgoorlie in kürzester Zeit die größte Untertagemine Australiens. In der Blütezeit des Goldrausches wuchs die Bevölkerung von Gwalia auf 1.200 Einwohner an. Als man die Mine 1963 schloss, wanderten die Menschen ab, und es wurde still in Gwalia. Heute ist es eine Geisterstadt. Der 1 km lange *heritage walk* gibt Einblick in die Geschichte des Ortes und zeigt viele gut erhaltene Überreste der Mine. Im Gegensatz zu Gwalia und anderen umliegenden Ortschaften, wie Kookynie weiter südlich, überlebte Leonora das Ende des Goldrauschs. Der Ort entwickelte sich zum Verwaltungszentrum der Kupfer-, Nickel- und verbliebenen Goldminen.

Strecke 17
„Bomb Roads"

Ein Netzwerk von schmalen bis gut ausgebauten Pisten durchzieht die westlichen Wüstengebiete Südaustraliens und Westaustraliens nördlich der Eisenbahnstrecke des Indian Pacific. Einige davon, die so genannten *„Bomb Roads"*, wurden unter der Leitung Len Beadells in den 1950er-Jahren angelegt. Die Erschließung der

Strecke 17: Bomb Roads

Strecken 13–15

Strecke 17

Strecken 18–19

Strecken 20–21

Strecken 22–23

Strecken 24–25

Anhang

Gebiete diente zum Aufbau einer Infrastruktur für die Raketentests in der Woomera-Ebene und die später folgenden Atomtests bei Emu (→ Artikel: Len Beadell – Das Ende einer großen Ära). Zusammengerechnet walzten *Len Beadell* und seine Männer der *Gunbarrel Construction Party* über 6.000 km Piste in die Wüste. Die wohl heute bekannteste Strecke ist der Gunbarrel Highway als erste Ost-West-Verbindung. Es folgten unbedeutende Strecken, und mit Querverbindungen in Nord-Süd-Richtung entstand eine unter Allrad-Enthusiasten und Liebhabern einsamer Wüsten heute beliebte Gegend. Viele der Strecken oder Knotenpunkte führen Namen von Beadell-Familienmitgliedern: *Anne Beadell Highway* nannte er nach seiner Frau, *Connie Sue Highway* nach seiner ältesten Tochter, *Gary Highway* nach seinem Sohn und *Jackie Junction* nach seiner jüngsten Tochter. Der Anne Beadell Highway führt von Coober Pedy in westlicher Richtung über die Atomversuchsstation von Emu, kreuzt den in Nord-Süd-Richtung verlaufenden Connie Sue Highway bei Neale Junction, verläuft durch die Region um Yeo Lakes und endet an der Yamarna Station. Über Farmpisten geht es dann weiter bis Laverton. Die Strecke ist durchgängig sehr schmal. Sie ist wesentlich einfacher befahrbar als die *Canning Stock Route* oder der *Simpson Desert Track*, weil kaum eine Düne zu überqueren ist. Dennoch birgt die Strecke für den unvorbereiteten Fahrer Gefahren, denn sie ist sehr abgelegen und wird selbst im australischen Winter nur selten benutzt. Connie Sue Highway verläuft von der Bahnstation Rawlinna in nördlicher Richtung, kreuzt den Anne Beadell Highway (Neale Junction) und trifft einige Kilometer westlich der *community* auf die Warburton Road. Von hier aus sind es noch weitere 66 km bis zum Gunbarrel Highway bei Jackie Junction. Hier trifft der aus Richtung Norden kommende Gary Highway auf den Gunbarrel Highway. Die Strecke ist sehr viel mehr befahren, dementsprechend treten vermehrt *corrugations* und *bulldust* auf. Gary Highway verbindet Gunbarrel Highway mit der Canning Stock Route bei *Well 35*. Früher ging die Strecke in westlicher Richtung weiter bis kurz vor *Marble Bar*, doch seit der *Kidson Track* regelmäßig planiert wird, benutzt niemand mehr Len Beadells Strecke, so dass sie mittlerweile überwachsen ist. *Sandy Blight Junction Road* beginnt etwa 27 km westlich der *Docker River Community* und führt knapp 300 km in nördlicher Richtung bis zu einer weiteren Aborigines-Gemeinde, *Kintore*. Die Strecke ist einfach zu befahren und da, wo Dünen überquert werden müssen, sind diese weder sehr hoch noch schwierig. Beidseits der Strecke stehen anmutige Wüsteneichen, was das Fahren auf diesen etwa 300 km zu einem Erlebnis macht. Die Canning-Papunya Road ist eine der wenigen Strecken, die nicht von Len Beadell benannt wurde. Allerdings ist das kurze Stück westlich von *Gary Junction* noch Teil des *Gary Highway*. Das Stück zwischen Sandy Blight Junction und Gary Junction nannte Beadell *Gary Junction Road*. Dieser Name setzte sich jedoch nie durch bzw. wurde selten offiziell auf Karten verzeichnet. Das Teilstück westlich von *Sandy Blight Junction* ist lediglich eine Verbindungsstrecke zu einer Aborigines-Gemeinde, sodass man die Strecke nach ihren Verbindungspunkten *Canning Stock Route* und *Papunya Community* benannte. Wie viele von Len Beadells Strecken verläuft sie durch einfach zu fahrendes Gebiet. Nur an wenigen Stellen überquert man kleinere Sanddünen, größtenteils fährt man in den Dünentälern.

Strecke 17.1

Coober Pedy – Laverton
via Anne Beadell Highway

- **Entfernung:** 959 km bis Neales Junction; 1.194 km bis Yamarna Station; 1.346 km bis Laverton; max. Entfernung ohne Tankmöglichkeit: 1.346 km
- **Empfohlene Reisedauer:** 5 bis 6 Tage
- **Reine Fahrzeit:** 35 Stunden
- **Empfohlene Reisezeit:** April bis Oktober; im Sommer extrem heiß bei kalten Nächten mit Temperaturen auch mal unter dem Gefrierpunkt.
- **Ab- und Rückmeldung:** erforderlich, wenn kein RFDS-Radio mitgeführt wird
- **Ausrüstung:** Geländewagen (4-WD) mit Grundausrüstung bei Wagen (wenn möglich RFDS-Radio) und Grund- wie auch Zusatzausrüstung bei Werkzeug (Winde nicht erforderlich)
- **Pistenart und -zustand:** Sandig und stellenweise sehr schmal. Es werden nur wenige, kleinere Dünenkämme westlich der Grenze zu Westaustralien über-quert, ansonsten verläuft die Strecke in den Dünentälern. Die Dünen erstrecken sich hier überwiegend in Ost-West-Richtung. Wellblechartige Abschnitte wech-seln mit Weichsandpassagen und Auswaschungen.
- **Versorgung:** Coober Pedy (kompletter Service), Laverton (Lebensmittelladen, *caravan park*, Tankmöglichkeit)
- **Telefonnummern:** Coober Pedy (Polizeistation) 08/ 86 72 50 56; Mabel Downs Station 08/ 86 72 52 04; Area Administration Office 08/ 86 74 33 70 (Fax: 08/ 86 74 33 08); Maralinga-Tjarutja Council 08/ 86 25 29 46; Dept. of Environment & Natural Resources 08/ 86 25 31 44 (Fax 08/ 86 25 31 44); Laverton (Polizeistation) 08/ 90 31 10 00; *road conditions hotline* 1800/ 01 33 14
- **Funkfrequenzen und Rufzeichen:** RFDS Alice Springs (VJD) 5410 und 6950 kHz; RFDS Port Augusta (VNZ) 4010, 6890 und 8165 kHz
- **Kartenmaterial:** Hema (1:1.250.000) Great Desert Tracks, South East Sheet, South West Sheet; Westprint Heritage (1:1.750.00) Anne Beadell Highway; AUSLIG (1:250.000) Coober Pedy SH-53-06, Tallaringa SH-53-05, Wells SH-52-04, Neorina SH-52-03, Wanna SH-52-02, Vernon SH-52-01, Neale SH-51-04, Rason SH-51-03, Laverton SH-51-02
- **Besondere Hinweise:** Auf der gesamten Strecke besteht keine Tankmöglich-keit (genügend Treibstoff mitführen!)
  Um den Anne Beadell Highway zu befahren sind eine Anzahl permits einzuho-len, denn man fährt durch Land der Aborigines, Gebiete, die dem Verteidi-gungsministerium unterliegen, Privatland und Naturschutzgebiete. Folgende Genehmigungen müssen vor Antritt der Fahrt vorliegen: *Mabel Downs Station,* PO Box 450, Coober Pedy, SA 5690 (Genehmigung für die Fahrt über Farm-land; telefonisch oder schriftlich einzuholen); *Area Administration Office,* Defen-ce Support Centre, PO Box 157, Woomera, SA 5720 (für den Zutritt in das Gebiet von Emu; schriftlich oder per Fax); *Maralinga-Tjarutja Council* (→ Unter-wegs im Geländewagen hier: Genehmigungen) für die Durchquerung von Land der Aborigines bei Emu und Zugang zu *Unnamed Conservation Park*

(schriftlich); *Department of Environment and Natural Resources,* PO Box 569, Ceduna, SA 5690 (Genehmigung im Unnamed Conservation Park und Tallaringa Conservation Park zu campen; *Desert Park Pass;* telefonisch oder per Fax).
An markanten Punkten (Kreuzungen, *roadhouse,* interessante Stellen etc.) sind im Streckenlog zusätzlich GPS-Punkte angegeben (→ Unterwegs im Geländewagen, hier: Karten, Schilder, Kompass und Satellitennavigation).

Coober Pedy

(→ Streckenbeschreibung 6, Stuart Highway, hier: Coober Pedy – Eldorado für Glücksritter)

Streckenlog

0	1346,1	*Coober Pedy* (Polizeistation)
		Auf den Stuart Highway, vorbei an der Landebahn von *Coober Pedy* in Richtung Norden fahren
5,0	1341,1	Links auf den Weg nach *Mangun* und *Mabel Creek Homestead* fahren; geradeaus ist der Stuart Highway nach Darwin.
		Die Strecke bis Mabel Creek ist ein gut ausgebauter *station track* ohne nennenswerte Probleme.
43,0	1303,1	Bahnstation *Mangun*
50,1	1296,0	*Mabel Creek Homestead* links (GPS: 28°55′34″S – 134°19′14″E)
51,0	1295,1	Kreuzung: Geradeaus auf den *Tallaringa Track* in Richtung *Tallaringa Well* fahren; rechts zu *Mount Clearance Homestead*; links zu *Ingomar Homestead*
52,2	1293,9	Gatter
59,1	1287,0	Gatter
66,8	1279,3	Kreuzung: geradeaus fahren; Abzweigung links zu *Woorong Waterhole;* Wegeinmündung von rechts; Gatter
		Gleich nachdem man den Scherschuppen passiert hat, wird die Piste deutlich schlechter.
101,9	1244,2	Dingozaun (GPS: 29°00′31″S – 133°48′52″E)
103,2	1242,9	Beginn/Ende von *Tallaringa Conservation Park*; Gatter
		Tallaringa Conservation Park liegt am Rand der *Great Victoria Desert* und ist ein riesiges, 1.268 Quadratkilometer großes Wildnisgebiet aus bewachsenen Dünenkämmen und steinigen Anhöhen. Der Park bietet einer Vielzahl von Tieren, die an diese harschen Bedingungen angepasst sind, Lebensraum. Das Schutzgebiet wurde 1991 ausgewiesen. Camping ist zwar erlaubt im Park, aber man muss sich

		mindestens 50 m vom Anne Beadell Highway entfernen, um seine Zelte aufzuschlagen.
106,7	1239,4	Geradeaus fahren; Abzweigung rechts zu *Jindivic Bore* Die Strecke wird merklich rauer: *corrugations* und kleinere Auswaschungen nehmen zu.
136,3	1209,8	Wegmarkierung rechts (BM 3008)
137,9	1208,2	Wegeinmündung von rechts
153,1	1193,0	Geradeaus fahren; Abzweigung links zu *Tallaringa Well* (500 m; GPS: 29°01 4″S – 133°17′11″E), einer Landebahn (75 km) und *Igy Corner* (138 km) An Tallaringa Well ist eine gute Campingmöglichkeit.
199,3	1146,8	*Marker K 654* rechts
204,2	1141,9	Wegeinmündung von rechts
216,9	1129,2	*Marker K 653* rechts
254,8	1091,3	Geradeaus fahren; Weg rechts führt zu *Dingo Claypan* (GPS: 28°27′35″S – 132°30′32″E)
261,8	1084,3	Geradeaus fahren; Abzweigung rechts zu *Totem 1* (Ground Zero Obelisk 1; GPS: 28°41′55″S – 132°22′19″E) und *Totem 2* (Ground Zero Obelisk 2; GPS: 28° 42′ 43″S – 132° 22′ 39″E) Die Stelle, wo die Atombomben getestet wurden, liegt etwa 15 km östlich der ehemaligen Siedlung Emu. Zwei Obelisken markieren die Abschussrampen. Von Emu selbst ist nichts mehr zu sehen. Eine Kreuzung kennzeichnet die Stellen: Der Weg links führt zu einer leichten Erhebung – der offiziellen „viewing area" und der Weg rechts führt zu den Stellen, an denen die Atombomben gezündet wurden. Hier und da findet man noch etwas geschmolzenen Stahl, und eine leichte Absenkung in der Landschaft zeigt, wo die Bomben explodierten. Die Landebahn von Emu wird nach wie vor von Minengesellschaften genutzt, sodass einige Wege hier abzweigen.
273,1	1073,0	Wegeinmündung von rechts
278,0	1068,1	*Emu Junction* (GPS: 28°37′52″S – 132°12′13″E); geradeaus fahren; Abzweigung links führt zum *Eyre Highway* (Durchfahrt verboten!). Einige kleine Wege zweigen hier ab und führen kreuz und quer bis zur alten Landebahn (GPS: 28°37′44″S – 132°12′16″E). Vorsicht ist geboten, wenn man die Orientierung bzw. die Hauptpiste nicht verlieren will. Rechts liegt die Ruine von Emu Homestead. Die Strecke wird nun sandiger, und das Schütteln auf der Wellblechpiste lässt langsam nach.
329,9	1016,2	*Anne's Corner* (GPS: 28°32′19″S – 131°44′23″E); Weggabelung: links fahren; Weg rechts ist Mount Davies Road zu *Pipalyatjara Community* (366 km) und Warburton Road (519 km)

Strecke 17.1: Coober Pedy – Laverton

Strecken 13–15

Strecke 17.1

Strecken 18–19

Strecken 20–21

Strecken 22–23

Strecken 24–25

Anhang

Die Piste führt durch lang gezogene Dünentäler. Die Dünen selbst sind meist mit Spinifexgras, Mulga- und Akazienbüschen bewachsen, vereinzelt auch mit Malleebüschen. Eine Fahrt auf dieser Piste ist nur mit Sondergenehmigung möglich. Links steht eine Markierung von Len Beadell. Diesen Teil des Anne Beadell Highway, von Mabel Creek bis Anne's Corner, planierten *Beadell* und die Männer der *Construction Party* im Februar/März 1953 und November 1957.

372,9	983,9	*Marker NME/174* rechts
402,7	943,4	*Marker NME/175* rechts
405,2	940,9	Beginn/Ende von *Unnamed Conservation Park*

Das 2.132 Quadratkilometer große Gebiet *Unnamed Conservation Park* ist seit 1970 ein *UNESCO Biosphere Reserve* und unterliegt besonderen Schutzmaßnahmen. Camping ist im Park erlaubt, allerdings muss man sich mindestens 100 m vom Highway entfernen, um sein Zelt aufzuschlagen.

410,2	914,0	*Marker* links
437,1	909,0	*Vokes Hill Corner* (GPS: 28°33'53"S – 130°41'12"E); geradeaus fahren; Abzweigung links führt über Cook (268 km) zu *Nullarbor Roadhouse* am Eyre Highway (373 km; Genehmigung erforderlich!).

Links steht eine Markierung von *Len Beadell*, der mit seinen Männern diesen Streckenabschnitt von Anne's Corner bis Vokes Hill Corner im September 1961 fertig stellte. Wer möchte, kann sich in das ausliegende Besucherbuch eintragen. Die Strecke wechselt nun zwischen ausgedehnten Sandpassagen, Wellblech- und Schotterabschnitten; vorsichtiges Fahren ist notwendig, um nicht unnötig eine Reifenpanne oder Schlimmeres zu riskieren.

440,8	905,3	Campingstelle links
473,1	873,0	*Marker NME/164* (GPS: 28°32'59"S – 130°19'28"E)
502,0	844,1	*Marker NME/163* (GPS: 28°32'23"S – 130°02'17"E)
528,1	818,0	*Marker NME/162* (GPS: 28°31'56"S – 129°47'01"E)
606,0	740,1	Geradeaus fahren; Abzweigung rechts führt zu *Serpentine Lakes*.
607,8	738,3	Ende/Beginn *Unnamed Conservation Park*; Grenze zu Westaustralien (GPS: 28° 30' 29"S – 129° 00' 00"E). Uhren um 45 Minuten zurückstellen.

Eine Markierung von *Len Beadell* kennzeichnet die Grenze zu Westaustralien. Den Abschnitt Vokes Hill Corner bis zur Grenze stellte die *Construction Party* 1962 fertig.

618,0	728,1	Wegeinmündung von links Nach etwa 2 km auf dem Weg gelangt man zu einem meist ausgetrockneten kleinen See und einer guten Campingstelle.
697,3	648,8	*Marker NMF/264* (GPS: 28°28'36"S – 127°10'253"E)
731,1	615,0	*Marker 308* (GPS: 28°21'10"S – 127°56'36"E)
777,0	569,1	Kreuzung (GPS: 28°21'03"S – 126°31'04"E): geradeaus fahren; Abzweigung rechts und links sind private Straßen der Aborigines (Durchfahrt verboten!).
815,9	530,2	*Marker NMF/260*
835,1	511,0	Geradeaus fahren; Abzweigung rechts führt zu einem Flugzeugwrack (9 km; GPS: 28°16'25"S – 126°58'16"E)
843,0	503,1	*Marker NMF/258*
863,0	483,1	*Marker NMF/256*
879,3	466,8	Beginn/Ende von *Neale Junction Nature Reserve*
926,2	419,9	Campingstelle und Landebahn (GPS: 28°18'04"S – 126° 02'42"E).
961,0	385,1	*Neale Junction* (GPS: 28°18'11"S – 125°49'03"E); Kreuzung: geradeaus ist der *Anne Beadell Highway*; links und rechts der *Connie Sue Highway* in Richtung Rawlinna (344 km) und Warburton (348 km) Den Streckenabschnitt östlich von Neale Junction bis zur Grenze walzten *Len Beadell* und seine Männer im August 1962 durch die Wüste. Bereits im November des gleichen Jahres stellten sie den Abschnitt westlich von Neale Junction bis zum Gunbarrel Highway fertig.
991,5	354,6	Beginn/Ende von *Neale Junction Nature Reserve*
1009,8	336,3	Weggabelung (GPS: 28° 22'21"S – 125° 21'22"E): geradeaus fahren; Abzweigung links führt über Lake Rason nach Laverton (375 km). Ab hier sind einige steinige Abschnitte zu überqueren.

Alternativstrecke (✦)

0	375,8	Weggabelung bei KM 1009,8: links fahren; geradeaus ist der Anne Beadell Highway Auf den nächsten Kilometern sind seichte Dünen zu überqueren. Da dieser Streckenabschnitt nur selten befahren und auch nicht instand gehalten wird, sind starke Auswaschungen nicht selten.
9,0	366,8	Wegeinmündung von rechts
22,1	353,7	*seismic line* kreuzt (GPS: 28°32'20"S – 125°21'51"E)
35,2	340,6	Landebahn rechts (GPS: 28°35'53"S – 125°12'43"E)
53,1	322,7	Wegeinmündung von links
57,3	318,5	Wegeinmündung von links
68,1	307,7	Vermessungspflock links (GPS: 28°44'37"S – 124°58'52"E)

95,0	280,8	T-Kreuzung an *McKays Creek* (GPS: 28°47'44"S – 124°56'18"E); rechts fahren; links zu Campingstellen. Ein paar Kilometer an McKays Creek entlang liegen gute Campingstellen.
128,4	247,4	Weggabelung (GPS: 28°50'34"S – 124°30'51"E): rechts fahren; Weg links zu Plumridge Lakes Nature Reserve (110 km) und guten Campingstellen an Gwynne Creek. Der Weg führt nun in einiger Entfernung entlang an Lake Rason am Fuß von Wilson Range. Etwa nach 40 km nähert man sich wieder den salzigen Ufern von Lake Rason.
194,1	181,7	Wegeinmündung von rechts
217,4	158,4	Campingmöglichkeit (GPS: 28° 45' 31"S – 123° 46' 28"E)
259,7	116,1	Wassertank links
270,3	105,5	Geradeaus fahren; Weg rechts zu *Mallee Hen Rocks* (5 km)
278,1	97,7	Geradeaus fahren; Weg rechts zu *White Cliffs Homestead* (privat)
318,1	57,7	T-Kreuzung (GPS: 28°54'36"S – 122°50'22"E): rechts fahren; links zu *Jasper Hill Mine*
344,0	31,8	*Burtville Community*
363,2	12,6	Geradeaus fahren; Weg links zu *Mount Weld Homestead* und *Granny Smith Mine*
375,8	0	*Laverton* (Ortseingang)

Weiterfahrt auf der Hauptstrecke

1076,0	270,1	Weggabelung (GPS: 28°18'25"S – 124°44'34"E): rechts fahren; Wegeinmündung von links Dieser Streckenabschnitt kann sich nach Regelfällen in eine glitschige Schlammpiste verwandeln. In trockenem Zustand ist die Fahrt holprig, und man muss mit Auswaschungen rechnen.
1096,1	250,0	Kreuzung: Geradeaus fahren; Wegeinmündung von links; Weg rechts führt zu Lake Yeo.
1128,2	217,9	Geradeaus fahren; Weg rechts führt zu *Lake Yeo*. Rechts liegt das alte *Yeo Homestead*, von dem kaum noch etwas übrig ist (Ruine). Hier kann man ganz hervorragend campen.
1129,3	216,8	Wegeinmündung von links
1153,2	192,9	Geradeaus fahren; Weg rechts ist die *Point Sunday Road* zur *Warburton Road* (36 km). Je näher man nun zu *Yamarna Homestead* kommt, desto mehr Wege zweigen von der Piste ab. Das Gebiet gehört einer Minengesellschaft, die hier nach

		Gold gräbt und unzählige Trassen angelegt hat, die in alle Richtungen führen.
1196,3	149,8	Geradeaus auf die *White Cliffs Yamarna Road* fahren; Abzweigung rechts führt zu *Yamarna Homestead* und zur *Warburton Road* (44 km).
1201,1	145,0	Wegeinmündung von links
1282,3	63,8	Geradeaus fahren; Abzweigung links führt zu *White Cliffs Homestead* (6 km).
1287,0	59,1	Kreuzung: geradeaus fahren; Abzweigung links führt zu *White Cliffs Homestead* (4 km); Weg rechts führt nach *Cosmo Newberry* (40 km).
1346,1	0	*Laverton* (Ortseingang)

Laverton

(→ Streckenbeschreibung 16, Warburton Road)

Strecke 17.2

Kalgoorlie-Boulder – Warburton
via Connie Sue Highway

- **Entfernung:** 730 km bis Neale Junction; 1.041 km bis Warburton Community; 1.116 km bis Jackie Junction; max. Entfernung ohne Tankmöglichkeit: 1.041 km
- **Empfohlene Reisedauer:** 3 bis 4 Tage
- **Reine Fahrzeit:** 16 Stunden
- **Empfohlene Reisezeit:** April bis Oktober; im Sommer extrem heiß bei kalten Nächten mit Temperaturen auch mal unter dem Gefrierpunkt.
- **Ab- und Rückmeldung:** nicht unbedingt erforderlich; wer jedoch weitere Strecken in Angriff nimmt (z.B. Anne Beadell Hwy.), sollte ein RFDS-Radio mitführen und sich an- bzw. abmelden.
- **Ausrüstung:** Geländewagen (4-WD) mit Grundausrüstung bei Wagen (wenn möglich RFDS-Radio) und Grund- wie auch Zusatzausrüstung bei Werkzeug (Winde nicht erforderlich)
- **Pistenart und -zustand:** Die ersten 380 km entlang Indian-Pacific-Railway ist eine gute Sandpiste. Bis Neale Junction treten vermehrt *bulldust*-Passagen auf. Nördlich vom Anne Beadell Highway wird die Strecke sandiger und rauer mit felsigen Passagen.
- **Versorgung:** Kalgoorlie (kompletter Service); Warburton Community/ 1.036 km (*roadhouse*)
- **Telefonnummern:** Kalgoorlie (Polizeistation) 08/ 90 21 97 77; Kalgoorlie – Boulder (Toristeninformation) 08/ 90 21 19 66; Warburton Roadhouse 08/ 89 56 76 56; *road conditions hotline* 1800/ 01 33 14
- **Funkfrequenzen und Rufzeichen:** RFDS Alice Springs (VJD) 5410 und 6950 kHz

- **Kartenmaterial:** Hema (1: 1.250.000) Great Desert Tracks, South East Sheet, South West Sheet; AUSLIG (1:250.000) Seemore SH-51-12, Plumridge SH-51-08, Neale SH-51-04, Lennis SG-52-13, Talbot SG-52-09
- **Besondere Hinweise:** Zur Durchquerung von *Southern Central Aboriginal Land* ist eine Erlaubnis vom *Aboriginal Affairs Department* in Perth erforderlich. Für die letzten 66 km zum Gunbarrel Highway ist außerdem eine Sondergenehmigung erforderlich (→ Reisevorbereitung, hier: Genehmigungen – *permits*).

  An markanten Punkten (Kreuzungen, *roadhouse*, interessante Stellen etc.) sind im Streckenlog zusätzlich GPS-Punkte angegeben (→ Kapitel: Unterwegs im Geländewagen, hier: Karten, Schilder, Kompass und Satellitennavigation).

Kalgoorlie-Boulder

(→ Streckenbeschreibung 13, Eyre Highway)

Streckenlog

0	1041,3	*Kalgoorlie-Boulder* (Abzweigung Trans Access Road von Celebration Road)
25,1	1016,2	Bahnstation *Golden Ridge*
29,3	1012,0	Weggabelung: links fahren; geradeaus zu *Mount Monger Homestead*
30,0	1011,3	Bahnstation *Stoneville*
38,1	1003,2	Geradeaus fahren; Wegeinmündung von rechts
43,2	998,1	Geradeaus fahren; Abzweigung links nach Bulong (17 km)
48,4	992,9	Geradeaus fahren; Abzweigung rechts zu *Mount Monger Homestead*
49,4	991,9	Kreuzung: geradeaus fahren; Wegeinmündungen von rechts und links
50,3	991,0	Geradeaus fahren; Wegeinmündung von links
62,0	979,3	Bahnstation *Curtin*
62,5	978,8	Geradeaus fahren; Wegeinmündungen von rechts und links
85,0	956,3	Bahnstation *Randell*
90,3	951,0	Geradeaus fahren; mehrere Wegeinmündungen von rechts und links zu *Avoca Homestead* und *Cowarna Homestead*
110,0	931,3	Bahnstation *Karonie*; geradeaus fahren; mehrere Wegeinmündungen von rechts und links
121,1	920,2	Geradeaus fahren; Wegeinmündung von links zu *Bronco Plains*
138,8	902,5	Bahnstation *Chifley*
156,0	885,3	Geradeaus fahren; Wegeinmündung von rechts
168,0	873,3	Bahnstation *Coonana*; geradeaus fahren; links in Richtung *Cundeelee* (44 km)

		Mehrere Wege münden von rechts und links ein.
209,3	832,0	Bahnstation *Zanthus*; geradeaus fahren; Weg links in Richtung Cundeelee (36 km)
210,5	830,8	Geradeaus fahren; Weg rechts zum Eyre Highway (195 km) bei Balladonia
269,0	772,3	Bahnstation *Kitchener*
312,4	728,9	Bahnstation *913 Mile*
		Mehrere Wege münden von rechts und links ein.
331,3	710,0	Bahnstation *Naretha*
		Mehrere Wege münden von rechts und links ein. Sie führen zumeist zu Bohrlöchern und zu *Rawlinna Homestead*.
378,2	663,1	*Rawlinna*; über die Bahngleise in Richtung *Seemore Downs Homestead* fahren; geradeaus ist die *Trans Access Road*; in südlicher Richtung die *Wool Road* zum Eyre Highway (146 km) bei Caiguna
		Obwohl etliche Menschen an der Bahnstation leben und im nahe gelegenen Kalksandsteinwerk arbeiten, kann man nicht von einer Siedlung sprechen; eine Einkaufsmöglichkeit gibt es auch nicht.
407,8	633,5	*Seemore Downs Homestead* links
443,8	597,5	Kreuzung (GPS: 30°35'20"S – 125°28'47"E): links auf den *Connie Sue Highway* fahren.
		Der Connie Sue Highway führt schnurgerade in Richtung Norden. Wie bei vielen von Len Beadells Pisten sieht es aus, als habe jemand mit einem Lineal die Straßen gezogen. In der Ferne sind die Ruinen von *Premier Downs Homestead* zu sehen.
453,8	587,5	*Marker NMF/734* links
457,5	583,8	*Marker R 205* links
476,0	565,3	*Marker R 204* links
478,5	562,8	Geradeaus fahren; Abzweigung links zu *Sundown Tank*
501,0	540,3	*Marker R 203* links
524,8	516,5	*Marker R 202* links
527,5	513,8	Kreuzung: Geradeaus fahren; Abzweigung links zu *Plumridge Lakes Nature Reserve*; Wegeinmündung von rechts
543,8	497,5	*Marker R 201* links
563,8	477,5	*Marker R 200* rechts
567,1	474,2	Weggabelung (GPS: 29°20'41"S – 127°05'34"E): links fahren; rechts in Richtung *Tjuntjuntjarra Community*
582,2	459,1	*Marker R 199* rechts
592,1	449,2	Geradeaus fahren; Wegeinmündung von rechts
604,6	436,7	*Marker R 198* rechts
610,8	430,5	Wegeinmündung von rechts

623,3	418,0	*Marker R 197* rechts (GPS: 28°08'30"S – 125°43'55"E)
650,8	390,5	*Marker 196* rechts
667,1	374,2	*Marker 247* rechts (GPS: 28°45'33"S – 125°48'56"E)
		Ab hier wird der *track* sandiger, und die ersten sanften Dünen erheben sich. Aufpassen muss man besonders auf die *bulldust*-Passagen.
677,0	364,3	Beginn/Ende von *Neale Junction Nature Reserve*
730,2	311,1	*Neale Junction* (GPS: 28°18'11"S – 125°49'03"E); geradeaus fahren; Abzweigung links und rechts ist der Anne Beadell Highway (→ Streckenbeschreibung 17.1, Anne Beadell Highway).
		Eine Markierung von Len Beadell kennzeichnet diese Kreuzung. Im August/September 1962 stellten er und seine Männer der *Gunbarrel Construction Party* den nördlichen Abschnitt dieser Strecke bis Warburton fertig. Sie trafen hier auf die Gruppe, die mit dem Bau vom Anne Beadell Highway beschäftigt war und machten sich anschließend an den südlichen Abschnitt bis Rawlinna, der im Oktober des gleichen Jahres fertig war. Immer mit dabei: Beadells Frau Anne und das Baby Connie-Sue, nach dem er die Piste benannte.
775,5	265,8	Beginn/Ende von *Neale Junction Nature Reserve*
785,4	255,9	*Marker 384* rechts
800,0	241,3	*Marker 361* rechts
811,7	229,6	*Marker 374* rechts
816,8	224,5	*Marker 413* rechts
834,9	206,4	*Marker 404* rechts
		Links liegt *Sherrif Range*, und sandige Abschnitte wechseln mit rauen, steinigen.
836,2	205,1	Geradeaus fahren; Wegeinmündung von links
839,9	201,4	*Marker 409* links
862,4	178,9	*Marker 410* rechts
875,2	166,1	*Cooper Creek; Marker 401* rechts
885,7	155,6	Beginn/Ende *Southern Central Aboriginal Land* und *Baker Lake Nature Reserve*
		Das Naturschutzgebiet wurde nach dem gleichnamigen Salzsee im Nordwesten benannt.
888,2	153,1	Geradeaus fahren; Wegeinmündung rechts zu *Ryans Bluff* (5 km)
		Am Fuß von Ryans Bluff ist eine alte Landebahn zu sehen. Der Weg hinauf zu Ryans Bluff wird mit einer fantastischen Aussicht auf das umliegende Land belohnt. Der Rundweg ist stark ausgewaschen.
892,2	149,1	Geradeaus fahren; Wegeinmündung rechts zu *Ryans Bluff*

897,2	144,1	Geradeaus fahren (GPS: 27°09'40"S – 126°25'02"E); rechts zu *Hanns Tabletop* (1,5 km)
903,9	137,4	*creek*
905,2	136,1	Geradeaus fahren; Abzweigung links ist die Parallel Road No. 1 in Richtung Warburton Road (→ Streckenbeschreibung 16, Warburton Road; 130 km)

Die *Parallel Road No. 1* wird so selten benutzt, dass sie fast komplett überwachsen ist. Es ist schwierig, hier die Einfahrt zu finden. Man muss genau hinsehen!

919,2	122,1	Geradeaus fahren; Wegeinmündung von rechts
922,3	119,0	Geradeaus fahren (GPS: 26°57'28"S – 126°20'45"E); Abzweigung links ist die *Parallel Road No. 2* Richtung Warburton Road (→ Streckenbeschreibung 16, Warburton Road; 109 km) und *Waterfall Creek* (2,7 km)

Auch diese Strecke ist schon stark überwachsen, aber befahrbar, mit stellenweise starken Auswaschungen.

924,8	116,5	*Marker 495* (GPS: 26°58'51"S – 126°20'40"E)

Links befindet sich eine alte Landebahn.

936,4	104,9	Geradeaus fahren; links zu *Harkness Gorge* (600 m)
940,1	101,2	Geradeaus fahren; Wegeinmündung von links
954,6	86,7	Geradeaus fahren; links zu *Mackenzie Gorge* (100 m)

Ein paar Kilometer weiter erhebt sich am Horizont *Manton Knob*. Ab hier wird die Strecke wieder deutlich besser und auch sandiger.

989,3	62,0	Beginn/Ende von *Lake Baker Nature Reserve*
999,1	42,2	Weggabelung (GPS: 26°25'11"S – 126°23'43"E): Abzweigung rechts nach *Warburton* nehmen; links zur *Warburton Road* (20 km; → Streckenbeschreibung 16, Warburton Road)
1037,2	4,1	T-Kreuzung; rechts auf dem *Great Central Highway* nach *Warburton* fahren; links in Richtung *Laverton*
1041,3	0	*Warburton Roadhouse;* GPS: 26°07'55"S – 126°34'09"E

Warburton Roadhouse ist Mo–Fr 8–17 Uhr, Sa und So 9–15 Uhr geöffnet. Auftanken und Übernachten ist ausschließlich nur hier am *roadhouse* möglich.

Wer zum Gunbarrel Highway möchte, kann dies über den Heather Highway (Abzweigung 37 km südwestlich von der Warburton Road; 122 km), über einen 55 km langen privaten *track* bis *Mt. Charles* (Genehmigung) oder mit Sondergenehmigung über private *tracks* der Aborigines bis Jackie Junction (9 km nordöstlich von der Warburton Road; ca. 66 km).

Strecke 17.3

Warburton – Canning Stock Route (Well 35) via Gary Highway

- **Entfernung:** 164 km bis Everard Junction; 367 km von Everard Junction bis Well 35 an der Canning Stock Route; max. Entfernung ohne Tankmöglichkeit: 572 km (Warburton und Kunawarritji Community)
- **Empfohlene Reisedauer:** 2 bis 3 Tage
- **Reine Fahrzeit:** 12 Stunden
- **Empfohlene Reisezeit:** April bis Oktober; im Sommer extrem heiß bei kalten Nächten mit Temperaturen auch mal unter dem Gefrierpunkt
- **Ab- und Rückmeldung:** nicht unbedingt erforderlich; wer jedoch weitere Strecken in Angriff nimmt (z.B. Gunbarrel Highway oder Canning Stock Route) sollte ein RFDS-Radio mitführen bzw. sich ab- und rückmelden.
- **Ausrüstung:** Geländewagen (4-WD) mit Grundausrüstung bei Wagen (wenn möglich RFDS-Radio) und Grund- wie auch Zusatzausrüstung bei Werkzeug
- **Pistenart und -zustand:** Der *Gary Highway* ist eine gute Sandpiste ohne nennenswerte Probleme; hier und da mit Auswaschungen.
- **Versorgung:** Warburton Community (*roadhouse*); Kunawarritji Community/ 590 km (Tankmöglichkeit)
- **Telefonnummern:** Warburton Roadhouse 08/ 89 56 76 56; Kunawarritji Community 08/ 91 76 90 40; *road conditions hotline* 1800/ 01 33 14
- **Funkfrequenzen und Rufzeichen:** RFDS Meekatharra (VKJ) 4010, 2280 und 6880 kHz; RFDS Alice Springs (VJD) 5410 und 6950 kHz
- **Kartenmaterial:** Hema (1: 1.250.000) *Great Desert Tracks,* North West Sheet; AUSLIG (1:250.000) *Talbot* SG-52-09, *Brown* SG-51-08, *Warri* SG 51-04, *Morris* SF-51-16, *Ural* SF-51-12
- **Besondere Hinweise:** Für die Fahrt auf dem *Gary Highway* sind keine Genehmigungen notwendig; allerdings muss man ein Stück auf dem Gunbarrel Highway fahren und benötigt dafür ein *permit* (→ Streckenbeschreibung 15, Gunbarrel Highway). In der *Kunawarritji Community* ist Treibstoff nur in 200-l-Fässern erhältlich. Diese müssen 2–3 Wochen im Voraus telefonisch bestellt werden. In der Aborigines-Gemeinde kann man für 5 $ auch eine heiße Dusche genießen. Wer sich ein handgearbeitetes Souvenir mitnehmen möchte, sollte einen Blick in den kleinen Aboriginal Souvenir Shop werfen.

An markanten Punkten (Kreuzungen, *roadhouse*, interessante Stellen etc.) sind im Streckenlog zusätzlich GPS-Punkte angegeben (→ Kapitel: Unterwegs im Geländewagen, hier: Karten, Schilder, Kompass und Satellitennavigation).

Streckenlog

0	528,3	*Warburton*

Warburton Roadhouse ist Mo–Fr 8–17 Uhr, Sa und So 9–15 Uhr geöffnet. Auftanken und Übernachten ist ausschließlich nur hier am *roadhouse* möglich.

Strecken 13–15

Strecke 17.3

Strecken 18–19

Strecken 20–21

Strecken 21–23

Strecken 24–25

Anhang

63,0	465,3	T-Kreuzung: Links auf den Gunbarrel Highway fahren; rechts geht es auf dem Old Gunbarrel Highway in Richtung Jackie Junction (47 km; → Streckenbeschreibung 15, Gunbarrel Highway). Bis KM 164 identisch mit dem Gunbarrel Highway (→ Streckenbeschreibung 15, Gunbarrel Highway; hier: KM 666,7 bis KM 831,9)
164,0	364,3	*Everard Junction* (GPS: 25°10'27"S – 124°58'51"E); rechts auf den Gary Highway fahren; geradeaus ist der Gunbarrel Highway in Richtung Leonora. Eine Markierung von *Len Beadell* kennzeichnet die Kreuzung. Everard Junction liegt im Gibson Desert Nature Reserve. Fährt man auf den Gary Highway, liegen im Osten Brown Range und Young Range. Die Strecke ist auf diesem Abschnitt steinig und voller Auswaschungen, deshalb: äußerst vorsichtig fahren!
178,1	350,2	*Charlies Knob* rechts Es lohnt sich, Charlies Knob zu erklimmen und das Panorama zu genießen. Hat man erstmal die Höhenzüge hinter sich gelassen, geht die Piste in einen sandigen *track* mit vereinzelten *corrugations* über und man durchfährt eine spinifexbewachsene Ebene mit vereinzelt wachsenden Bäumen.
223,3	305,0	*Marker NMF 251* rechts
233,2	295,1	Geradeaus fahren (GPS: 24°32'51"S – 125°01'56"E); Abzweigung rechts zu *Mulgan Rockhole* (30 km; GPS: 24°34'24"S – 125°17'54"E) und *McPhersons Pillar* (33 km; GPS: 24°34'12"S – 125°19'30"E) McPhersons Pillar ist eine Felsnase, die einen fantastischen Rundumblick bietet und einen Abstecher wert ist.
244,5	283,8	*Lake Cohen* links Die meiste Zeit ist der See trockengefallen, doch hin und wieder nach starken Regenfällen füllt er sich und ist ein Mekka für viele Vögel. Dann streiten sich Enten, Säbelschnäbler und Schlammstelzer mit Reihern, Teichhühnern und Blesshühnern um die wenigen Leckerbissen im flachen Wasser. Ein gute Campingstelle für Vogelbeobachtungen.
257,6	270,7	Geradeaus fahren (GPS: 24°20'50"S – 125°06'20"E); links ist der *Eagle Highway* in Richtung *Talawana Track* (131 km) und *Gunbarrel Highway* (236 km; Streckenbeschreibung 15; hier: KM 919,8).
263,9	264,4	*Marker NMF 249* rechts
278,8	249,5	*Marker NMF 248* rechts
288,2	240,1	*creek*

291,3	237,0	*Marker NMF 247* rechts
306,7	221,6	*Marker NMF 246* rechts; rechts liegt *McDougall Knoll*.
317,9	210,4	*Marker FT 129* links
326,6	201,7	*Marker FT 128* rechts
332,9	195,4	*Marker NMF 245* rechts
341,6	186,7	*Marker FT 126* links
345,5	182,8	*Marker NMF 244* rechts
348,6	179,7	*Windy Corner* (GPS: 23° 34′ 20″S – 125° 11′37″E); geradeaus fahren; Abzweigung links ist der *Talawana Track* in Richtung Canning Stock Route (*Well 24*/201 km; → Streckenbeschreibung 17.4, Talawana Track und Streckenbeschreibung 18, Canning Stock Route) Eine Markierung von *Len Beadell* kennzeichnet *Windy Corner*. Im ausliegenden Besucherbuch kann man sich verewigen. Das Buch dient weniger Sicherheitszwecken als dem allgemeinen Mitteilungsbedürfnis von Menschen, die über ihre Erlebnisse auf der Piste berichten wollen. Dann und wann wird auch etwas über den Streckenzustand geschrieben.
359,1	169,2	*Marker NMF 243* links
363,6	164,7	*Marker 23°26′30″*
372,5	155,8	*Marker NMF 242* rechts
376,4	151,9	Geradeaus fahren; Abzweigung rechts zu einigen Felserhebungen und einer kleinen Höhle. Der Weg führt eigentlich weiter bis Patience Well, doch alle Bemühungen, das Bohrloch wieder zu finden, blieben bislang erfolglos.
391,6	136,7	*Marker NMF 241* rechts Die auf den Karten verzeichneten Trassen, die den Gary Highway ab hier kreuzen, sind mittlerweile alle überwuchert, sodass sie kaum noch zu sehen sein werden.
399,1	129,2	*Marker NMF 240* rechts
404,3	124,0	Weggabelung: links fahren; Weg rechts führt zu *Veevers Meteorite Crater* (18 km; GPS: 22°58′10″S – 125°22′21″E) Rechts liegt das Bohrloch *Whau Whau Well*. Der Krater wurde erst 1975 entdeckt. Er hat nur 80 m im Durchmesser, ist 7–8 m tief, aber nahezu kreisrund.
409,4	118,9	*Marker NMF 239* rechts
413,2	115,1	*Marker 351* links
432,1	96,2	versandetes Bohrloch rechts
456,1	72,2	Weggabelung (GPS: 22 45′33″S – 125°08′08″E): rechts fahren; Weg links zur *Canning Stock Route* bei *Well 33* (64 km)

464,8	63,5	*Marker NMF 236* rechts
487,3	41,0	*Gary Junction* (GPS: 22°30'32"S – 125°15'57"E); geradeaus fahren; rechts ist die Canning-Papunya Road in Richtung Papunya (→ Streckenbeschreibung 17.5, Sandy Blight Junction und Gary Junction Road); links ist Jenkins Track in Richtung Canning Stock Route (63 km).
519,2	9,1	Geradeaus fahren (GPS: 22°17'58"S – 125°08'16"E); Abzweigung rechts führt zur Canning Stock Route bei *Well 36* (26 km). Mit einer Plakette auf einem Benzinfass markierte Len Beadell diese Kreuzung, die er ebenfalls nach seinem Sohn benannte. Die Strecke bis Everard Junction wurde von April bis Mai 1963 fertig gestellt.
528,3	0	Kreuzung *Canning Stock Route – Gary Highway* Geradeaus *Well 35* (4 km); links Canning Stock Route in Richtung Kunawarritji Community (43 km) Ausfahrt über *Kidson Track* (Wapet Road) zum Great Northern Highway (Sandfire Roadhouse) oder zur Canning Stock Route in Richtung Wiluna/Halls Creek (→ Streckenbeschreibung 18, Canning Stock Route)

Strecke 17.4

Windy Corner – Newman

via Windy Corner Road, Talawana Track, Rudall River National Park

- **Entfernung:** 201 km von Windy Corner an Gary Highway bis Canning Stock Route und weitere 448 km bis Newman (ohne Rudall River National Park); max. Entfernung ohne Tankmöglichkeit: 573 km (Warburton – Well 23)
- **Empfohlene Reisedauer:** 4 bis 5 Tage (inkl. Rudall River National Park)
- **Reine Fahrzeit:** 30 Stunden
- **Empfohlene Reisezeit:** April bis Oktober; im Sommer extrem heiß bei kalten Nächten mit Temperaturen auch mal unter dem Gefrierpunkt
- **Ab- und Rückmeldung:** nicht unbedingt erforderlich; wer jedoch in den Rudall River National Park fährt oder Strecken wie Canning Stock Route in Angriff nimmt, sollte ein RFDS-Radio mitführen bzw. sich unbedingt ab- und rückmelden.
- **Ausrüstung:** Geländewagen (4-WD) mit Grundausrüstung bei Wagen (wenn möglich RFDS-Radio) und Grund- wie auch Zusatzausrüstung bei Werkzeug
- **Pistenart und -zustand:** Östlich der Canning Stock Route ist die Piste (Windy Corner Road) sandig, unterbrochen von Schotterbelag und Wellblechabschnitten. Westlich der Canning Stock Route geht die Strecke (Talawana Track) in eine breite Wellblechpiste über.

- **Versorgung:** Warburton Community (*roadhouse*); Brunnen 23 (über Capricorn Roadhouse)/222 km (Tankmöglichkeit); Jiggalong Community/535 km (Tankmöglichkeit); Newman/655 km (kompletter Service)
- **Telefonnummern:** Warburton Roadhouse 08/ 89 56 76 56; Bill Shephard Capricorn Roadhouse 08/ 91 75 15 35; Newman (Polizeistation) 08/ 91 75 12 01; *road conditions hotline* 1800/ 01 33 14
- **Funkfrequenzen und Rufzeichen:** RFDS Meekatharra (VKJ) 4010, 2280 und 6880 kHz; RFDS Port Hedland (VKL) 4030 und 6960 kHz (Mo–Fr 7–15 Uhr; Sa 8.30–10 Uhr)
- **Kartenmaterial:** Hema (1: 1.250.000) *Great Desert Tracks*, North West Sheet; AUSLIG (1:250.000) *Ural* SF-51-12, *Tabletop* SF-51-11, *Rudall* SF-51-10, *Balfour Downs* SF-51-09, *Newman* SF-50-16
- **Besondere Hinweise:** Für die Fahrt auf Windy Corner Road und Talawana Track sind keine Genehmigungen notwendig, allerdings muss für die Durchfahrt von Rudall River National Park ein *permit* beim Department of Aboriginal Affairs in Perth angefordert werden. In *Parnngurr (Cotton Creek) Community* gibt es einen kleinen Laden, der die hier ansässigen Aborigines mit dem Nötigsten versorgt. Außer ein paar Konserven oder Weißbrot kann man kaum etwas kaufen. Manchmal ist es auch möglich, ein paar Liter Benzin oder Diesel zu erstehen, doch sollte man sich nicht darauf verlassen. Die Siedlung sollte auch nur, wenn nicht anders möglich, angefahren werden.
  Kraftstoff an Brunnen 23 ist nur von April bis Oktober in 200-l-Fässern erhältlich und vier sechs Wochen vorher über Capricorn Roadhouse zu bestellen (→ Streckenbeschreibung 18, Canning Stock Route).
  An markanten Punkten (Kreuzungen, *roadhouse,* interessante Stellen etc.) sind im Streckenlog zusätzlich GPS-Punkte angegeben (→ Unterwegs im Geländewagen, hier: Karten, Schilder, Kompass und Satellitennavigation).

Streckenlog

Bis Windy Corner → Streckenbeschreibung 17.3, Gary Highway

0	649,3	*Windy Corner;* Abzweigung links (aus Richtung Warburton kommend) auf Windy Corner Road in Richtung Canning Stock Route/Well 24 nehmen; geradeaus ist der Gary Highway in Richtung Canning Stock Route/Well 35.
		Eine Markierung von *Len Beadell* kennzeichnet die Kreuzung. Beadell und seine Mannschaft walzten Windy Corner Road und Talawana Track von August bis November 1963 durch die Gibson und Little Sandy Desert. Der *track* führt für die nächsten 70 km über Schotter, der mit Spinifex bewachsen ist.
6,3	643,0	*Marker 387* links
13,8	635 5	*Marker 372* links

22,6	626,7	*Marker 387* links
		Der Weg führt nun entlang an *Connolly Basin,* einem uralten, bereits erodierten Meteoritenkrater von etwa 9 km Durchmesser.
37,5	611,8	*Marker 395* links
45,2	604,1	Geradeaus fahren (GPS: 23°30'16"S – 124°45'50"E); Abzweigung links führt zum Eagle Highway (65 km; → Streckenbeschreibung 15, Gunbarrel Highway; hier KM 919,6)
46,4	602,9	*Marker 397* links
55,2	594,1	*Marker 399* links
		Die Piste wird nun deutlich sandiger, und rechts und links tauchen erste Sanddünen auf.
77,2	572,1	*Marker 390* links
84,7	564,6	*Marker 383* links
86,1	563,2	*Wendekreis des Steinbocks*
		Ein Fass am rechten Pistenrand markiert die ungefähre Position des Wendekreises.
		Wenn es in der Gegend viel geregnet hat und man zur Zeit der Spinifexgras-Blüte unterwegs ist, kann das Gras über 1 m hoch werden. Zu dieser Zeit muss unbedingt ein Schutz vor dem Kühler angebracht werden. Binnen Minuten haben die harzigen Samen den Kühler verstopft oder entzünden sich am heißen Auspuff. Eine häufige Kontrolle ist notwendig, um Schäden zu vermeiden. Ein Fahrer eines ausgebrannten Landrovers auf der Strecke hatte vermutlich keinen Feuerlöscher zur Hand, als ihm dies passierte.
97,8	551,5	*Marker 390* links
107,4	541,9	*Marker 378* links
116,1	533,2	*Midway Well;* geradeaus fahren; Abzweigung links führt zu einem Windrad (GPS: 23°24'03"S – 124°08'01"E) und einer Campingmöglichkeit (6 km) Von Midway Well ist nichts mehr zu sehen.
118,6	530,7	*Marker 352* links
127,4	521,9	*Marker 357* links
134,9	514,4	*Marker 359* links
137,2	512,1	Links und rechts münden teilweise überwachsene Trassen ein.
		Rechts liegt ein altes Treibstofflager *(fuel dump),* und wer die Trasse in südwestlicher Richtung findet, stößt auf Surprise Well.
142,2	507,1	*Marker 369* links
150,9	498,4	*Marker 380* links
159,7	489,6	*Marker 397* links
168,5	480,8	*Marker 380* links
175,9	473,4	*Marker 365* links

192,2	457,1	*Marker 326* links
201,1	448,2	Weggabelung (GPS: 23°05'11"S – 123°21'12"E): links und rechts ist die Canning Stock Route (→ Streckenbeschreibung 18, Canning Stock Route); links fahren in Richtung *Well 24*; rechts geht es zu *Well 25* (21 km).
203,7	445,6	*Well 24/Curara Soak* (500 m; GPS: 23°06'35"S – 123° 20'36"E); *Marker FW 26* links
207,3	442,0	Bohrloch (zu erkennen an dem hellen PVC-Rohr) rechts
210,1	439,2	*creek*
211,8	437,5	*Marker FW 27* links
217,9	431,4	*Well 23/Kalypa* rechts (GPS: 23°04'45"S – 122° 13'13"E); geradeaus fahren; Die Abzweigung rechts führt zum „Treibstofflager" (1 km; → Streckenbeschreibung 18, Canning Stock Route). Der Brunnen ist verschlammt und das Wasser ungenießbar.
219,7	429,6	*Marker FW 28* links
227,7	421,6	*Marker FW 29* links
235,0	414,3	Geradeaus CSR; Abzweigung links ist die Alternativstrecke zu *Well 21* via *Well 22* (→ Streckenbeschreibung 18, Canning Stock Route).
235,9	413,4	*Marker FW 30* links
239,8	409,5	Geradeaus *Talawana Track;* Abzweigung links geht es weiter auf der Canning Stock Route in Richtung Wiluna (→ KM 690,4; Streckenbeschreibung 18, Canning Stock Route).
240,2	409,1	Georgia Bore links
262,0	387,3	Geradeaus fahren; Abzweigung rechts ist der alte *airstrip track* (überwachsen)
300,8	348,5	Weggabelung: links ist der *Talawana Track* in Richtung Newman; rechts führt der Weg zu *Parnngurr (Cotton Creek) Community* und *Rudall River National Park*.

Track durch Rudall River National Park (♦)

Mit 12.837 Quadratkilometern ist dieser 1977 eingerichtete Nationalpark der größte Westaustraliens und eines der größten Schutzgebiete der Welt. Der Park liegt an der Grenze von Great- und Little Sandy Desert. Eine raue Wüstenlandschaft, Salzseen, Sanddünen und ein Plateau aus Sand- und Quarzstein, das vor 280 Millionen Jahren vom Eis abgeschliffen wurde, dominieren den Park. Die 20 bis 40 m hohen und oftmals über 40 km langen Dünen liegen parallel zueinander und ziehen sich zumeist von Südosten nach Nordwesten hin, wobei die Dünentäler 200 m bis 6 km breit sein können. Salzseen wie *Lake Dora* im Nordosten des Parks sind charakteristisch für diese Wüstengegenden. Nur nach heftigen Niederschlägen füllen sie sich mit Wasser. *Rudall River* dagegen, der den Park durchfließt, trocknet nur stellenweise aus und führt immer Wasser. Entsprechend vielfältig ist die Vegetation in seinem Einzugsbereich. An seinen Ufern wachsen vor allem verschiedene Eukalyptus- und Papierrindenbäume sowie Akazien und verschiedene kleine Büsche. Die vielfältige Vegetation lockt entsprechend viele Vögel an. Zählungen ergaben, dass mehr als 90 Vogelarten im Park leben, wobei zwölf Wasservogelarten speziell an Rudall River leben. Andere kommen täglich zum Trinken an seine Ufer; unter ihnen der farbenfrohe Gemalte Astrild, Scharlach-Ephtianura, Wüstensänger, Honigesser und Staffelschwanz. Von den 37 in der Great Sandy Desert verzeichneten Säugetieren leben nur 12 innerhalb des Parks, darunter die kleinen Vertreter wie Schmalfußbeutelmäuse (*hairy-footed dunnart*), Spinifex-Hüpfmäuse (*spinifex hopping mouse*), Zwergmäuse (*sandy inland mouse*) und die Fledermausart Gould-Glattnase (*Gould's wattled bat*) sowie der australische Wildhund (*Dingo*) und Dromedare. Auch den Großen Kaninchennasenbeutler (*bilby*), ein vom Aussterben bedrohtes Beuteltier, vermutet man noch hier.

Die Great Sandy Desert ist durchzogen von *song lines* bzw. Traumpfaden, wovon zwei durch den jetzigen Park verlaufen. Ein Traumpfad ist der von Wadi Gudjara, der den Fluss kreierte, der andere ist der von zwei Schlangen, die in Lake Dora unter die Erde verschwanden. Rudall River National Park ist von großer mythologischer Bedeutung für die hier noch bzw. wieder lebenden Aborigines. Bis Mitte 1965 lebten mehrere Stämme in dieser Gegend, doch sie alle wurden mehr oder weniger freiwillig in Missionen oder als Arbeiter auf Farmen gebracht. Erst zwanzig Jahre später kamen die ersten wieder zu ihren alten angestammten Plätzen, mit denen sie tief verwurzelt waren, zurück. 1982 siedelte eine Gruppe nahe Lake Dora und gründete die Siedlung *Punmu Community*. 1984 wanderte eine Gruppe von Jiggalong in den Nationalpark und gründete *Parnngurr Community* nahe *Mt. Cotton*.

Besucher sollten sehr gut ausgerüstet sein, über genügend Essen, Wasser und im Notfall auch über mechanische Kenntnisse verfügen.

Die Wege sind rau und man kommt nur sehr langsam voran. An *Desert Queens Baths, Coondecoon Pool, Number Eleven Pool, Tjingkulatjatjarra Pool* und *Hanging Rock* kann man auf einsamen Bushcamps übernachten. Topografisches Kartenmaterial ist ein Muss auf den Strecken durch den Nationalpark. Empfehlenswert sind außerdem Satellitennavigation sowie ein RFDS-Radio.

Streckenlog zum Nationalpark

0	256,3	Weggabelung *Talawana Track* (bei KM 301,0)
12,5	243,8	*The Dome* links
		Der 415 m hohe Hügel ist nicht zu übersehen. Von hier oben hat man einen guten Rundumblick auf das bevorstehende Abenteuer Rudall River National Park.
15,6	240,7	Beginn/Ende von *Rudall River National Park*
21,0	235,3	T-Kreuzung: rechts in Richtung *Parnngurr (Cotton Creek) Community* fahren.
		(→ Info-Kasten, hier: Besondere Hinweise)
66,6	189,7	Weggabelung: links in Richtung *Coondecoon Pool* fahren; rechts zu *Camel Rock* (11 km)
		Camel Rock ist eine 330 m hohe Erhebung in einer roten Sanddünenlandschaft. Von hier aus führt ein

		alter, stark ausgewaschener Weg ebenfalls an Rudall River nahe Coondecoon Pool.
86,7	169,6	T-Kreuzung: links fahren; rechts zu *Talbot Soak* (6 km) und *Coondecoon Pool* (23 km)
		Der Weg in Richtung Coondecoon Pool führt entlang und teilweise auch durch Rudall River. An Coondecoon Pool, wo Rudall River fast das ganze Jahr über Wasser führt, kann man sich tagelang aufhalten und von hier aus die Umgebung erkunden. Wem die Fahrt bis hierher schon anstrengend vorkam, sollte besser umkehren, denn die weiteren Strecken im Park erfordern gute Nerven und Fahrkenntnisse.
114,6	141,7	Weggabelung: links in Richtung *Number Eleven Pool* fahren; rechts zu *Kalkan Kalkan Soak* (2 km)
117,1	139,2	alte Landebahn rechts
118,4	137,9	Weggabelung: rechts fahren; links geht es zurück zu Talawana Track bei KM 330,1.
		Links liegt eine alte Landebahn.
119,2	137,1	Weggabelung: rechts fahren; links geht es zurück zu Talawana Track bei KM 330,1.
120,0	136,3	*Lirrpi Soak* rechts
122,9	133,4	Weggabelung: links geht es zu *Number Eleven Pool* und *Hanging Rock*; rechts zu *Desert Queens Baths*, *Moses Chair* und *Telfer Mine Road*

Weg zu Hanging Rock (♦♦)

0	67,3	Weggabelung bei KM 122,9: links fahren
4,2	63,1	*Number Eleven Pool* links
30,1	37,2	*Currun Currun Rockhole* rechts
67,3	0	*Hanging Rock*
		Schon von weitem ragt die beeindruckende Felsformation aus der flachen Ebene heraus. Der Weg hierher ist felsig und schwierig, sodass man nur langsam vorankommt. Doch Hanging Rock in der Abendstimmung entlohnt die stundenlange mühsame Fahrt. Der Weg führt weiter in Richtung Tchukardine Pool und Meeting Gorge, einer Kultstätte der hier ansässigen Aborigines, und von dort weiter bis Talawana Track. Von einer Fahrt über diese Piste raten wir jedoch ab, da sie sehr schwer zu passieren und selbst mit topografischen Karten nur stellenweise auszumachen ist.
133,7	122,6	Wegeinmündung von rechts; geradeaus fahren; rechts geht es zu *Desert Queens Baths* (20 km).
		Desert Queens Baths sind kleine Pools in einer Schlucht, die in der heißen Mittagssonne zum Baden einladen. Eine Wanderung entlang der steilen Fels-

		wände ist lohnend, und hier und da findet man alte Wandmalereien, u.a. Zeichen, die auf eine Wasserstelle hindeuten: mehrere aufeinander liegende Kreise.
133,8	122,5	Beginn/Ende von *Rudall River National Park*
146,7	109,6	Wasserpumpe links
148,2	108,1	Wegeinmündung von rechts; geradeaus fahren
175,7	80,6	Wegeinmündung von rechts; geradeaus fahren Der 397 m hohe *Moses Chair* ragt links des *track* in die Höhe.
183,8	72,5	Wegeinmündung von rechts; geradeaus fahren.
204,8	51,5	*Christmas Pool* rechts
225,0	31,3	Wegeinmündung von links; geradeaus fahren.
229,1	27,2	Geradeaus fahren; rechts zu *Telfer Gold Mine.*
256,3	0	T-Kreuzung: *Kidson Track* (Wapet Road/Telfer Mine Road); rechts geht es auf dem Kidson Track in Richtung *Kunawarritji Community* (330 km); links nach *Marble Bar* (270 km)

Weiterfahrt auf der Hauptstrecke

328,5	320,8	Bohrloch rechts
330,1	319,2	Geradeaus fahren; Abzweigung rechts führt zu *Rudall River National Park*
359,9	289,4	Geradeaus fahren; Abzweigung rechts ist ein alter *track* zu Rudall River National Park.
444,8	204,5	Links die Überreste des alten Talawana-Farmhauses.
446,0	203,3	Weggabelung: links fahren; geradeaus geht es zu *Balfour Downs Station* (44 km)
454,9	194,4	Beginn/Ende von *Walagonya-Jiggalong Aboriginal Land* und Dingozaun
507,0	142,3	T-Kreuzung: rechts fahren; Weg rechts führt zu *Jiggalong Community* (20 km); Öffnungszeiten: Mo–Fr 8–12 und 15–17 Uhr, Sa 8–12 Uhr. Die Siedlung sollte nur im Notfall angefahren werden.
516,4	132,9	Beginn/Ende von Walagonya-Jiggalong Aboriginal Land
520,2	129,1	Weggabelung: links fahren; Weg rechts führt zu *Balfour Downs Station* (58 km).
583,4	65,9	Geradeaus fahren; Abzweigung rechts führt zu *Ethel Creek Homestead* (12 km).
596,1	53,2	T-Kreuzung: links in Richtung *Newman*; rechts geht es nach *Marble Bar* (248 km).
649,3	0	*Newman*

Newman

(→ Streckenbeschreibung 19, Newman – Dampier)

Strecke 17.5

Kaltukatjara (Docker River) Community – Gary Junction via Sandy Blight Junction und Gary Junction Road (Canning-Papunya Road)

- **Entfernung:** Kaltukatjara Community bis Sandy Blight Junction: 363 km; Sandy Blight Junction bis Gary Junction: 542 km; max. Entfernung ohne Tankmöglichkeit 370 km
- **Empfohlene Reisedauer:** 2 bis 3 Tage
- **Reine Fahrzeit:** 17 Stunden (Kaltukatjara Community – Gary Junction)
- **Empfohlene Reisezeit:** April bis Oktober; im Sommer extrem heiß bei kalten Nächten mit Temperaturen auch mal unter dem Gefrierpunkt
- **Ab- und Rückmeldung:** nicht unbedingt erforderlich; wer jedoch weitere Strecken in Angriff nimmt (z.B. Canning Stock Route oder Kidson Track) sollte ein RFDS-Radio mitführen bzw. sich ab- und rückmelden.
- **Ausrüstung:** Geländewagen (4-WD) mit Grundausrüstung bei Wagen (wenn möglich RFDS-Radio) und Grund- wie auch Zusatzausrüstung bei Werkzeug
- **Pistenart und -zustand:** *Sandy Blight Junction Road* ist eine gut befahrbare Sandpiste mit steinigen Abschnitten und gelegentlichen Auswaschungen. Dünen, die überquert werden müssen, sind flach und leicht zu meistern. *Gary Junction Highway,* eine Sandpiste mit stellenweise starken Auswaschungen, führt wie alle Strecken von Len Beadell überwiegend durch Dünentäler.
- **Versorgung:** von Alice Springs (kompletter Service) über Yulara/459 km (kompletter Service); Kaltukatjara (Docker River) Community/695 km (Lebensmittelladen, Tankmöglichkeit), Walungurru (Kintore) Community/ 1.041 km (Lebensmittelladen, Tankmöglichkeit), Kiwirrkurra Community/ 1.250 km (Tankmöglichkeit).

  Je nach Ausfahrtsroute ab *Gary Junction:* über Canning Stock Route nach Hall's Creek/898 km (Grundversorgung) oder Brunnen 23/ 336 km (Tankmöglichkeit) nach Wiluna/1.048 km (Grundversorgung); über Kidson Track (Wapet Road), Kunawarritji Community/67 km (Tankmöglichkeit), Sandfire Roadhouse/710 km (*roadhouse,* Camping) zum Great Northern Highway; über Canning Stock Route, Brunnen 23/336 km (Tankmöglichkeit) und Talawana Track nach Newman/771 km (kompletter Service); über Canning Papunya Road, Papunya Community/255 km (Lebensmittelladen, Tankmöglichkeit) und Tanami Track nach Alice Springs/530 km (kompletter Service)
- **Telefonnummern:** Alice Springs (Touristeninformation) 08/ 89 52 58 00; Yulara (Polizeistation) 08/ 89 56 21 66; Kaltukatjara 08/ 89 56 73 37; Kiwirrkurra Community (*store*) 08/ 89 56 86 15; Kunawarritji Community 08/ 91 76 90 40; Newman (Touristeninformation) 08/ 91 75 28 88; Hall's Creek (Polizeistation) 08/ 91 68 60 00; Wiluna (Polizeistation) 08/ 99 81 70 24; Bill Shephard Capricorn Roadhouse 08/ 91 75 15 35; Papunya Community 08/ 89 56 85 10; *road conditions hotline* (WA) 1800/ 01 33 14, (NT) 1800/ 24 61 99
- **Funkfrequenzen und Rufzeichen:** RFDS Meekatharra (VKJ) 4010, 2280 und 6880 kHz; RFDS Alice Springs (VJD) 5410 und 6950 kHz

- **Kartenmaterial:** Hema (1: 1.250.000) Great Desert Tracks, North West & North East Sheet; AUSLIG (1:250.000) Bloods Range SG-52-03, Rawlinson SG-52-02, MacDonald SF-52-14, Mount Rennie SF-52-15, Lake Mackay SF-52-11, Webb SF-52-06, Wilson SF-52-09, Ural SF-51-12
- **Besondere Hinweise:**
  Die Fahrt auf der *Sandy Blight Junction Road* ist nur mit Genehmigung des *Central Land Council* in Alice Springs erlaubt. Außerdem muss für die Fahrt zwischen Papunya Community und der Grenze NT/WA ebenfalls eine Erlaubnis vom *Central Land Council* eingeholt werden.
  In der Kiwirrkurra Community sind Treibstoff und auch begrenzt Lebensmittel nur nach vorheriger telefonischer Anmeldung erhältlich!
  In der Kunawarritji Community ist Treibstoff nur in 200-l-Fässern erhältlich. Diese müssen 2–3 Wochen im Voraus telefonisch bestellt werden. In der Aborigines-Gemeinde kann man für 2 $ auch eine heiße Dusche genießen. Wer sich ein handgefertigtes Souvenir mitnehmen möchte, sollte einen Blick in den kleinen *Aboriginal Souvenir Shop* werfen.
  An markanten Punkten (Kreuzungen, *roadhouse*, interessante Stellen etc.) sind im Streckenlog zusätzlich GPS-Punkte angegeben (→ Kapitel: Unterwegs im Geländewagen, hier: Karten, Schilder, Kompass und Satellitennavigation).

Streckenlog

0	849,3	Abzweigung *Tjukururu Road/Kaltukatjara Community* (4 km bis zur Tankstelle); geradeaus fahren. Die Siedlung darf nur zum Auftanken angefahren werden.
10,8	838,5	Grenze zwischen Western Australia und Northern Territory
17,5	831,8	Weggabelung (direkt nach Rebecca Creek): Rechts auf die Sandy Blight Junction Road fahren; links ist der Gunbarrel Highway.
44,5	804,8	Geradeaus fahren; Weg links führt zu *Bungabiddy Rockhole.* Das bei den Einheimischen beliebte Wasserloch liegt inmitten von James Range. Die Strecke wird etwas steiniger, mit gelegentlichen Auswaschungen.
82,2	767,1	Geradeaus fahren; Abzweigung rechts führt zu *Tjukurla Community* (darf nur im äußersten Notfall angefahren werden). Etwa 17 km weiter sind die ersten kleinen Sanddünen zu überqueren.
126,3	723,0	Geradeaus fahren; Wegeinmündung von links
143,2	706,1	*Len Beadells Plakette* rechts. An einer großen Wüsteneiche brachte Len Beadell seine Markierung an.
148,4	700,9	Geradeaus fahren; Wegeinmündung von links Die Strecke wird zunehmend sandiger, und mehrere flache Dünen werden überquert. Links geht es zu *Sir Frederick Range.*

196,1	653,2	*Len Beadells Plakette* rechts
		Rechts steht eine große Wüsteneiche, die sich Len Beadell für seine Markierung aussuchte.
230,3	619,0	Grenze Westaustralien/Northern Territory. Eine Markierung von Beadell an einem Baumstamm links kennzeichnet die Grenze. Die Uhren 45 Minuten vorstellen.
291,2	558,1	Wegeinmündung von links (Davonport Hills)
292,5	556,8	Wegeinmündung von links (Davonport Hills)
303,7	545,6	*Marker 477* rechts
307,5	541,8	*Wendekreis des Steinbocks;* geradeaus fahren; Abzweigung rechts führt zu *Ualki Homestead* und *Wylookarri Rockhole* (privater *track*)
		Auch den Wendekreis markierte Beadell mit einer Plakette. In der Ferne erkennt man schon Kintore Range mit der höchsten Erhebung *Mt. Leisler* (901 m).
316,3	533,0	*Tietkens Tree* links
		Der alte, abgestorbene Baum am Fuß von *Mt. Leisler* wurde von William Tietken 1889 markiert.
328,6	520,7	Geradeaus fahren; links zu *Walungurru (Kintore) Community* (8 km) und zur *Gary Junction Road* (17 km).
		Öffnungszeiten Walungurru: Sa, So, Di 10–12 Uhr, Mo, Mi, Fr 11– 16.30 Uhr
329,1	520,2	Geradeaus fahren; rechts führt ein privater *track* zu *Ualki Homestead.*
337,9	511,4	Geradeaus fahren; Abzweigung rechts führt zu *Tinki Homestead* (7 km).
348,5	500,8	*Sandy Blight Junction* (GPS: 23°11′31″S – 129°53′34″E); T-Kreuzung: links auf *Gary Junction Road* fahren; rechts führt die Gary Junction Road (Canning-Papunya Road) in Richtung *Papunya Community* (255 km) und weiter nach Alice Springs.
		Eine Markierung von Len Beadell kennzeichnet die Kreuzung.
359,7	489,6	Geradeaus fahren; Abzweigung rechts führt zu *Pinpirnga Homestead* (4 km)
366,0	483,3	Geradeaus fahren; Abzweigung links führt zu *Walungurru (Kintore) Community* (17 km)
		Die Strecke wird allmählich besser und ist ab hier in gutem Zustand.
390,2	459,1	*Ininti Community* rechts
406,3	443,0	Grenze Northern Territory/Western Australia (GPS: 29°09′47″S – 129°00′06″E)
		Uhren um 45 Minuten zurückstellen.
416,9	432,4	Sendemast links; *Mt. Tietkens* rechts
461,5	387,8	Sendemast links
475,8	373,5	Bohrloch rechts
502,9	346,4	Sendemast rechts

Strecken 13–15
Strecke 17.5
Strecken 18–19
Strecken 20–21
Strecken 22–23
Strecken 24–25
Anhang

514,0	335,3	Ausgebrannter Lkw rechts (GPS: 22°55'33"S – 128°00'33"E). Einer von Len Beadells Lkw fing auf dem Rückweg zur Giles-Wetterstation an dieser Stelle Feuer und brannte aus.
545,1	304,2	*Kiwirrkurra Community* (GPS: 22°48'59"S – 127°45'57"E). Wahrscheinlich ist diese Siedlung die abgelegenste in ganz Australien. Öffnungszeiten des kleinen Ladens in Kiwirrkurra: Mo–Fr 10–12 Uhr und 15–17 Uhr, Sa 10–12 Uhr. Wer hier Kraftstoff benötigt, muss diesen vorher telefonisch bestellt haben (→ Versorgung und Besondere Hinweise).
558,4	290,9	Sendemast links. Die Strecke wird nun merklich sandiger: Stellenweise ist der Sand so tief, dass man nur im 2. Gang vorwärts kommt. Manchmal ist er aber auch ganz weggespült, und Umfahrungen schlängeln sich entlang der Originalroute (Achtung: Streckenlogverfälschungen können auftreten!)
621,5	227,8	Bohrloch rechts; Sendemast links
673,5	175,8	*Len Beadell Tree* (GPS: 22°44' 9"S – 126°44'13"E) Eine Wüsteneiche, markiert mit einer Plakette von Len Beadell.
691,9	157,4	*Jupiter Well* links (GPS: 22°52'35"S – 126°35'49"E) Der Brunnen wurde 1960 von Landvermessern gebaut, als hier in der Nähe die Planierraupe ihren Geist aufgab. Das Bohrloch ist umgeben von anmutigen Wüsteneichen und eignet sich gut für ein Camp. Kurz vorher liegt rechts eine kleine Ansiedlung von Aborigines. Kraftstoff, Lebensmittel oder gar Wasser sind nicht erhältlich!
730,0	119,3	*Marker NMF 154* links
814,2	35,1	*Marker NMF 158* links
849,3	0	*Gary Junction* (GPS: 22°30'32"S – 125°15'57"E); Kreuzung: Weg rechts führt zur *Canning Stock Route* kurz vor *Well 35* (41 km) oder bei *Well 36* (58 km; Streckenbeschreibung 18 hier: KM 1024,1 und KM 1059,7); Weg links ist der *Gary Highway* in Richtung *Gunbarrel Highway* (→ Streckenbeschreibung 17.3 hier: KM 487,3); geradeaus ist *Jankins Track* zur *Canning Stock Route* südlich von *Well 33* (63 km; → Streckenbeschreibung 18, hier: KM 984,9) und *Kidson Track* (Wapet Road) zum Great Northern Highway (621 km). Eine Plakette von *Len Beadell* kennzeichnet auch diese Kreuzung. Von hier aus hat man mehrere Möglichkeiten, wieder in die Nähe von Zivilisation zu gelangen: über Kidson Track nach Port Hedland; über Canning Stock Route nach Hall's Creek oder Wiluna.

Strecke 18
Wiluna – Halls Creek
(Canning Stock Route)

- **Entfernung:** 1.820 km (nur Besichtigung der Brunnen unmittelbar an der Piste); 2.131 km (mit Besichtigung aller Brunnen); 2.418 km (mit Besichtigung aller Brunnen, Quellen und solcher Stellen, wo man nach Wasser gräbt); max. Entfernung ohne Tankmöglichkeit: 1.107 km, 1.418 km, 1.701 km
- **Empfohlene Reisedauer:** mindestens 14 Tage (besser 18 Tage)
- **Reine Fahrzeit:** 80 bis 90 Stunden (nur Besichtigung der Brunnen unmittelbar an der Piste); 90 bis 100 Stunden mit Besichtigung aller Brunnen
- **Empfohlene Reisezeit:** April bis Oktober; im Sommer ist es extrem heiß. Nach Regenfällen im Norden ist die Strecke teilweise oder sogar ganz unpassierbar.
- **Ab- und Rückmeldung:** unbedingt erforderlich!
- **Ausrüstung:** Geländewagen (4-WD) mit Grundausrüstung (plus Feuerlöscher, Überbrückungskabel, *snatch-em-strap* bei Konvoifahrten, Winde, wenn möglich RFDS-Radio); für die Besichtigung von *Gunanya Spring* (King Edward Spring) sind topografisches Kartenmaterial und Kompass mitzuführen. Werkzeug in Grund- und Zusatzausrüstung, eventuell noch ein Federblatt mitnehmen.
- **Pistenart und -zustand:** Durchgehend schmale Fahrspur; Erdpiste, steiniger oder felsiger Untergrund; viele Durchquerungen von zumeist trockenen Flussbetten, Lehm- und Salzpfannen. Einfache Sandpiste bis zu extrem schwierigen Dünenüberquerungen charakterisieren die *Canning Stock Route*. Der Verlauf des Weges ist manchmal unklar. Zwar begegnet man während der Reisezeit (im australischen Winter) immer häufiger Fahrzeugen, dennoch ist es nach wie vor die längste und härteste Wüstendurchquerung Australiens und darf auf keinen Fall unterschätzt werden.
- **Versorgung:** Wiluna (Grundversorgung); Bill Shephard's Fuel Dump (Well 23)/ 713 km (Tankmöglichkeit); Kunawaritji Community/990 km (Tankmöglichkeit; Halls Creek/1.820 km/2.131 km/2.414 km (Grundversorgung)
- **Telefonnummern:** Wiluna (Polizeistation) 08/ 99 81 70 24; Wiluna Shire Council 08/ 9981 7010; Halls Creek (Polizeistation) 08/ 91 68 60 00; Bill Shephard (Capricorn Roadhouse, Great Northern Highway, Newman 6753) 08/ 91 75 15 35; Glen-Ayle Station 08/ 99 81 29 90; Granite Peaks Station 08/ 99 81 29 83; Balgo Community 08/ 91 68 89 50; Kunawaritji Community 08/ 9176 9040 (Cathy und Carl Hocking)
- **Funkfrequenzen und Rufzeichen:** RFDS Meekatharra (VKJ) 4010, 2280 und 6880 kHz; RFDS Derby (VJB) 5300, 6925 und 6945 kHZ.
- **Kartenmaterial:** Westprint Heritage (1:1.000.000) *Canning Stock Route*; Hema (1:1.250.000) *North West Sheet*; AUSLIG (1:250.000) *Wiluna* SG-51-09, *Nabberu* SG-51-05, *Trainor* SG-51-02, *Gunanya* SF-51-14, *Runton* SF-51-15; *Tabletop* SF-51-11, *Ural* SF-51-12, *Percival* SF-51-08, *Cornish* SF-52-01, *Lucas* SF-52-02, *Billiluna* SE-52-14, *Gordon Downs* SE-52-10, *Tanami* SE-52-15

- **Besondere Hinweise:** Länge und Schwierigkeit der Canning Stock Route erfordern eine besondere Vorbereitung, auf die wir im Folgenden hinweisen möchten. Um Schäden an *station tracks* der umliegenden Farmen zu vermeiden, hat man von Brunnen 2 bis Brunnen 5 eine neue Umgehungsstrecke angelegt (Schildern folgen). In der Vergangenheit haben allzu oft Touristen nach Regenfällen die aufgeweichten Pisten befahren und hinterließen tiefe Schlammfurchen – die wieder zu beseitigen, kostete die Farmer viel Geld. Bei Regen kann man nur bei Brunnen 5 oder 9 auf die Canning Stock Route fahren und benötigt außerdem die Genehmigung von Glen-Ayle- bzw. Granite Peaks Station (20 $ pro Fahrzeug).

  An markanten Punkten (Kreuzung, *roadhouse* etc.) sind im Streckenlog zusätzlich GPS-Punkte angegeben (→ Unterwegs im Geländewagen, hier: Karten, Schilder, Kompass und Satellitennavigation). Topografisches Kartenmaterial ist nur erforderlich, wenn man Punkte abseits der Strecke aufsuchen möchte. An Well 23 ist Kraftstoff nur von April bis Oktober erhältlich. Vor Abfahrt unbedingt den Streckenzustand erfragen!

Vorbereitung

Für die *Canning Stock Route* sind mindestens zwei Wochen Fahrzeit zu veranschlagen, während man vollkommen auf sich allein gestellt ist. Es gibt keine Versorgungspunkte unterwegs. Da es nicht zu empfehlen ist, zuviel Spritvorrat mitzuführen – der Wagen wird durch das Gewicht zu schwer und man bekommt Probleme an den Dünen – muss schon vier bis sechs Wochen vorher die Versorgung mit Kraftstoff bei Brunnen 23 (oder über *Kunawarritji Community* an Brunnen 33) organisiert werden. An Brunnen 23 organisiert dies *Bill Shephard* von *Capricorn Roadhouse*, dem man mitteilt, wann man Brunnen 23 ungefähr erreicht und welche Art von Kraftstoff man benötigt. Die Bezahlung erfolgt mittels Scheck per Post. Es gibt nur 200-Liter-Fässer (ca. 375 $). Kleinere Mengen sind nicht zu bekommen. Man kann ungefähr davon ausgehen, dass ein 6-Zylinder-Diesel etwa 500 l Vorrat, ein kleineres Fahrzeug (4-Zylinder-Diesel) etwa 400 l benötigt. Ein schweres Fahrzeug wie etwa ein V-8-Ford braucht mindestens 680 l, ein 6-Zylinder etwa 700 l für die gesamte Strecke. Ist das geregelt, muss sich jeder darüber klar werden, ob er die Sicherheit eines *RFDS-Radios* (Royal Flying Doctor Service) nicht missen möchte. Immerhin besteht dann die Möglichkeit, unterwegs Hilfe zu organisieren (alles Wissenswerte zum Funkgerät → Ausrüstung des Geländewagens, hier: Die Sache mit dem Funkgerät).

Daneben ist die Ausrüstung sehr wichtig. Im einführenden Text zur Streckenbeschreibung ist unter dem Punkt „Ausrüstung" nur das Minimum erwähnt. Es empfiehlt sich, neben zwei Ersatzrädern und einigen Ersatzschläuchen (4–6) noch einige andere Dinge mitzunehmen (z. B. eine Signalfahne, die mit einem langen Stock vorne am Fahrzeug befestigt wird. Bei der Überquerung der Dünen, die mit Vollgas angefahren werden, muss man nämlich durchaus damit rechnen, dass ein Fahrzeug von der anderen Seite entgegenkommt). Ersatzteile sind natürlich nur dann sinnvoll, wenn man in der Lage ist, sie auch selbst einzubauen. Es versteht sich von selbst, dass der Wagen in Topzustand sein sollte. Dabei spielt das Alter des Fahrzeugs eine eher untergeordnete Rolle, solange alles auch auf längere

Sicht funktioniert. Bei der Inspektion sind folgende Teile besonders in Augenschein zu nehmen: Radlager, Federn, Stoßdämpfer, Kühler, Leitungen, Dichtungen und Batterien. Teile, die nicht vollständig in Ordnung sind, sollten ausgetauscht werden! Die Idee, einen Anhänger für die Ausrüstung mitzunehmen, sollte man schleunigst wieder fallen lassen. Möglicherweise kommt man damit sogar noch in *Wiluna/Halls Creek* an, doch niemand, der dies jemals tatsächlich unternommen hat, würde es noch einmal tun: Die *Canning Stock Route* ist definitiv keine Strecke, die für Anhänger geeignet ist.

Ebenfalls vorher ist die Entscheidung zu treffen, ob man allein oder im Konvoi fahren will. Wer allein unterwegs ist, muss über Erfahrung im Geländefahren, Kenntnisse in Automechanik und möglichst über Grundkenntnisse in der ersten Hilfe verfügen. Wer auf die Sicherheit des Konvois nicht verzichten möchte, teilt dies am besten der Polizeistation im Abfahrtsort mit. Sie kann Kontakte herstellen. Dass dabei wahrscheinlich einige Wartetage zu überbrücken sind, sollte man in der Zeitplanung einkalkulieren.

Neben der Ausrüstung und dem einwandfreien Zustand des Wagens spielt die Versorgung auf der Strecke die wichtigste Rolle. Auf unserer Fahrt erstellten wir schon in Alice Springs einen Speiseplan für insgesamt vier Wochen und kauften alle haltbaren Lebensmittel ein. Anschließend fuhren wir über den Gunbarrel Highway nach Wiluna und versorgten uns dort noch einmal mit Brot, Gemüse, Obst und Fleisch. In der nahe gelegenen Orangenplantage bekommt man in der Erntezeit für ein paar Dollar jede Menge frische Zitrusfrüchte (→ Streckenbeschreibung 15, Gunbarrel Highway). Ein genauer Speiseplan ist gerade bei dieser Strecke wichtig, da unterwegs keine Versorgungsmöglichkeiten bestehen. Ähnlich geht man beim Bemessen des Trinkwassers vor. Nie zu wenig, aber auch nicht (schon aus Gewichtsgründen) für Monate vorrätig halten. Einzuplanen sind aber mindestens 100 l pro Person. Wichtig ist allerdings, bei Lebensmitteln wie auch Trinkwasser eine Reserve für mindestens eine Woche vorzusehen (Weiteres dazu → Reisevorbereitung, hier: Essen und Trinken; Wasser).

Die *Canning Stock Route*, eine alte Viehtreiberroute, ist die längste und einsamste Piste Australiens. Ihre Geschichte begann in den neunziger Jahren des 19. Jahrhunderts, als die großen Goldfelder um Coolgardie und Kalgoorlie entdeckt wurden.

Heute sind die Canning Stock Route (seit der Zweihundert-Jahr-Feier 1988 ein besonders schützenswerter Weg (ein so genannter *Heritage Trail*) und das angrenzende Land eines der letzten Wildnisgebiete und Abenteuer Australiens. Zwar haben Aborigines ihre Feindseligkeiten Weißen gegenüber schon lange eingestellt, doch die Forderung, ihr Land zurückzubekommen, wird lauter, wenn auch immer noch vielfach von der westaustralischen Regierung überhört. Die wenigen verbliebenen Aborigines, die zumeist in Siedlungen wie Billiluna, Balgo oder auch Wiluna leben, fordern die Schließung der Route. Nur allzu oft werden Kultstätten von Touristen missachtet, Relikte als Souvenirs mitgenommen, Felsenzeichnungen verwischt usw.

Die heutige Canning Stock Route ist relativ gut beschildert. Sie ist streckenweise zwar nicht identisch mit der ursprünglichen Viehtreiberroute (→ im Streckenlog: ursprüngliche *CSR*), doch sind alle der damals angelegten 54 Brunnen (51 von *Alfred Canning*, darunter 3 natürliche Quellen, und 3 von *Albert Snell*) zu besichtigen. Jeder Brunnen war ausgestattet mit zwei Schöpfeimern, einer Handwinde, einer Umlenkrolle und einer 13 Meter langen Tränkrinne aus Stahl. Übrig geblieben sind bei den meisten nur ein Eimer, ein paar Stücke Eisen oder ein wenig Holz, das mit etwas Fantasie die Konstruktion der Brunnen erahnen lässt. Etwa zwanzig liefern noch Wasser, wenn auch in der Regel versalzen oder ungenießbar, weil nachlässige Touristen vergaßen, die Abdeckung zu schließen, so dass Tiere hineinfielen. Zum größten Teil jedoch sind sie eingefallen, und lediglich ein Loch im Boden zeugt von ihrer Existenz. Zum 75. Jahrestag der unglaublichen Leistung Alfred Cannings wurde im Juni 1983 in einer Privatinitiative unter Leitung von *David Hewitt* Brunnen 26 vollständig restauriert. Im Januar 1991 setzte man Brunnen 46 in Stand, und im Juli 1991 folgte ein Allradclub aus Geraldton dem Beispiel und erneuerte Brunnen 6.

Der *track* verläuft quer durch *Great Sandy Desert*, deren Name vermuten lässt, dass es durch eine vegetationsarme Sandwüste geht. Doch die meisten werden erstaunt sein, wie artenreich die Tier- und Pflanzenwelt ist und dass auf den rötlichen Sanddünen Bäume bis zu 12 m Höhe wachsen. Die Dünen mit zumeist mehreren Dünenköpfen verlaufen parallel zueinander und bestimmen das Bild der Landschaft. Die Vegetation zwischen den Dünen besteht vorwiegend aus Spinifex, Wüstenkasuarinen, Akazien und Mulgas, sowie Grevileen und Proteen. An Wasserläufen und Quellen finden sich hohe Eukalypten und Papierrindenbäume *(paperbarks)*. Die Standorte der Brunnen erkennt man leicht am ungewöhnlich dichten Baumbewuchs. Zumeist sind sie von buschähnlichen Papierrindenbäumen umsäumt. An Tieren fallen die lästigen Fliegen, die von Sonnenauf- bis Sonnenuntergang aktiv sind, als erstes auf. Dingos oder Kängurus bekommt man nur selten zu Gesicht. Nicht selten versperren Kamele die Fahrspur. An Wasserstellen und Brunnen sind die verschiedensten Finken (Zebrafink, Feuerschwanz-Amadine, Gemalter Astrild), Rosakakadus *(galahs)*, Wellensittiche und Spinifextauben häufige Gäste. Raubvögel wie Falken, Keilschwanzadler, Habichte und Milane kreisen am Himmel. Zahlreiche Flussbetten, Bergmassive und Lehmpfannen *(claypans)* unterbrechen die Dünenlandschaft und gestalten die Fahrt abwechslungsreich. An Bergmassiven finden sich häufig Felsenzeichnungen von Aborigines und auch natürliche Wasserstellen.

Wiluna

(→ Streckenbeschreibung 15, Yulara – Wiluna via Gunbarrel Highway)

Streckenlog

0	1819,5	*Wiluna*, Polizeistation (an-/rückmelden!)
3,7	1815,8	Geradeaus *Canning Stock Route* (CSR); Abzweigung links zu *Well 1* (3 km)
		Der erste Brunnen ist umsäumt von Mulgabüschen der Art *Acacia aneura*, einer einst wichtigen Nahrungsquelle für die hier lebenden Aborigines. Sie aßen die Samen, zu einer Paste verrührt, und tranken den süßen Saft aus den rötlichen Schuppen, mit

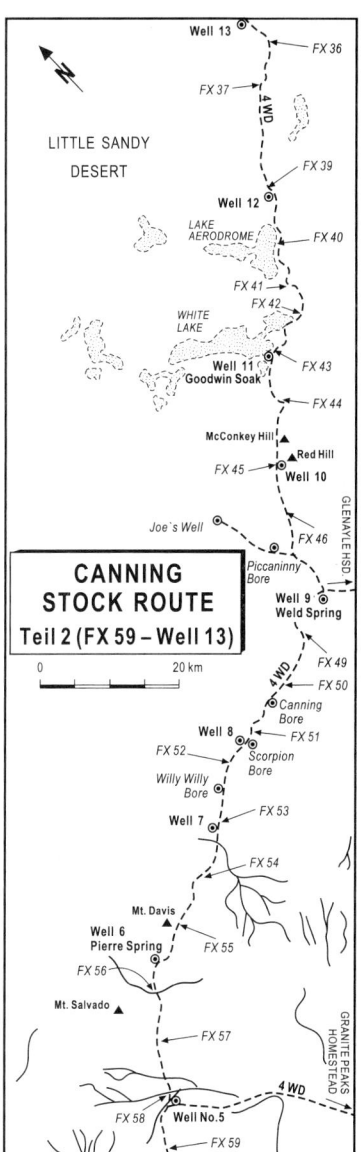

CANNING STOCK ROUTE
Teil 1 (Wiluna – FX 59)

CANNING STOCK ROUTE
Teil 2 (FX 59 – Well 13)

Eine Reise durch die Geschichte – Canning Stock Route

Die Bevölkerung der damaligen *Eastern District Goldfields* wuchs stetig, und bald fehlte es an Nahrungsmitteln, insbesondere Fleisch. *David Carnegie*, ein erfolgreicher Unternehmer und Goldschürfer, und der reiche Ingenieur *Alfred Calvert* sahen unabhängig voneinander die Lösung des Problems im Zusammenhang mit den Viehfarmen im Norden. Ohne voneinander zu wissen, rüsteten sie 1896 Expeditionen aus, um das Land in Nord-Süd-Richtung zu erforschen und eine günstige Route für das Vieh aus dem Norden zu finden. Beide waren nach dem Scheitern ihrer Expeditionen der Überzeugung, dass es unmöglich sei, Vieh durch diese Wüstengebiete zu treiben. Neun Jahre später jedoch lebte die Idee einer Viehroute durchs Landesinnere wieder auf. In den östlichen Kimberleys litt das Vieh unter tropischen Zecken *(Boophilis micropulus)*, die 1872 durch die Einführung asiatischer Zebu-Rinder nach Northern Territory eingeschleppt worden waren. Um den Qualen der Zeckenbisse zu entgehen, stellten sich die Rinder ins Wasser, das sich durch den bluthaltigen Urin der Tiere rot färbte und der Krankheit den Namen „Rotwasserfieber" gab. Die Regierung ordnete eine Quarantäne an, und die Rinder durften nicht mehr durch die zeckenfreien Gebiete um Pilbara und in den westlichen Kimberleys getrieben werden. Die Farmer verschifften daraufhin ihr Vieh in Richtung Süden, doch um die Verbreitung der Zecken zu verhindern, wurde für die kranken Tiere strenge Quarantäne angeordnet. Den Farmern kam der Gedanke, dass die ursprünglich in Tropengebieten heimischen Zecken einem Wüstenklima nicht angepasst und unter den extremen Bedingungen nicht lebensfähig sein würden. Rinder, die man also durch *Great Sandy Desert* nach Süden trieb, müssten dort folglich zecken- und krankheitsfrei ankommen. Eine Route durch Inneraustralien kam wieder ins Gespräch, und die um ihr Überleben kämpfenden Farmer schrieben Petitionen an die Regierung. Unter dem Druck der Farmer, die sich an den Kosten beteiligen wollten, stimmte die Regierung einer neuerlichen Expedition schließlich zu. *Alfred W. Canning* wurde als Leiter der Forschungsreise eingesetzt. Canning machte sich mit acht Männern, darunter der Ureinwohnerführer *Charlie*, 23 Kamelen, zwei Pferden und Proviant für acht bis neun Monate am 29. Mai 1906 auf den Weg von Wiluna gen Norden. Am 1. Juli 1907 trafen sie, allerdings ohne den Brunnenbauer *Michael Tobin*, wieder in Wiluna ein. Nach seiner Berichterstattung übertrug man ihm die Leitung und Planung einer Viehtreiberroute. Tobin war am heutigen Brunnen 40 vom Speer eines Ureinwohners getötet worden. Für dessen Tod machte *Edward Blake,* Koch der Expedition, Canning indirekt verantwortlich. Er beschuldigte ihn, die Eingeborenen in geradezu unmenschlicher Weise behandelt zu haben. Um sie dazu zu bringen, den Weg zu natürlichen Quellen zu zeigen, wo man Brunnen bohren wollte, soll er die Aborigines brutal misshandelt haben. Er ließ sie einfangen, in Ketten legen, gab ihnen Salz zu essen und wartete, bis sie am Verdursten waren. Nach dieser Behandlung waren sie bereit, ihn zu ihren Wasserstellen zu führen. Aus Rache hätten die Eingeborenen Tobin, der eigentlich als Freund der Aborigines galt, anschließend getötet. Canning bestätigte die Vorwürfe, verteidigte sich jedoch

Strecke 18: Canning Stock Route

Strecken 13–15

Strecken F6–F7

Strecke 18

Strecken 20–21

Strecken 12–25

Strecken 24–25

Anhang

damit, dass die Eingeborenen ihre Quellen niemals freiwillig verraten hätten, sodass sie zur Zusammenarbeit gezwungen werden mussten. Da Aborigines keinerlei Rechte besaßen, beließ man es bei einer Ermahnung an Canning, die Eingeborenen mit Respekt zu behandeln und sie für ihre Mitwirkung zu belohnen. Gewalt sei in jedem Fall zu vermeiden.

Am 17. März 1908 verließ Alfred Canning mit 35 Männern, 70 Kamelen, 267 Ziegen, vier Planwagen (bis Goodwin Soak) und mehreren Tonnen Material Wiluna, um – wie er sagte – die beste Viehtreiberroute der Kolonie anzulegen. Etwa acht Tage brauchte die Mannschaft, um einen einzigen Brunnen fertig zu stellen (51 sollten zunächst errichtet werden). Eine bemerkenswerte Leistung, wenn man bedenkt, dass Schächte auszuheben waren und Holz zum Verschalen gefällt, transportiert und bearbeitet werden musste; ebenso waren Umlenkrollen zu installieren und Schöpfeimer anzubringen. Nicht zu vergessen, dass Tränken angelegt werden mussten. Canning teilte dabei die Mannschaft in ein Vorbereitungsteam, das die Standorte suchte und Bohrlöcher eintrieb, und in zwei Brunnenbauteams, die die Brunnen fertig stellten. Dabei ging man so vor, dass immer zwei Brunnen gleichzeitig in Arbeit waren. Für die Verschalung der Schächte und die Umzäunung nahm man das Holz von Wüsteneichen *(desert oaks)*, einem der härtesten Wüstenhölzer. Um es vor gefräßigen Termiten zu schützen, wurde es in großen Trögen gekocht.

Dadurch, dass Aborigines bei ihren Besuchen immer etwas zu essen bekamen und die Vorräte ohnehin für eine solche Expedition zu knapp bemessen waren, ging an Brunnen 51 der Proviant aus. Canning ritt nach *Halls Creek*, um Lebensmittel zu besorgen. Während seiner Abwesenheit streikten die Männer und nahmen die Arbeit erst wieder auf, als er mit frischem Proviant zurückkehrte. Im Juli 1909, nach fünfzehn harten Monaten, erreichten die Männer schließlich *Halls Creek*. 31 Brunnen hatten sie fertig gestellt, die restlichen 17 sollten auf dem Rückweg errichtet werden. An einigen Stellen stellten natürliche Quellen (North Pool, Windich Springs und Killagurra) oder ständig gefüllte Wasserlöcher (Wardabunna) die Trinkwasserversorgung sicher. Auch auf dem Rückweg war die Verpflegung falsch berechnet, und Canning machte sich erneut auf den Weg, diesmal nach Wiluna. Es wurde eine Reise von mehr als 800 Kilometern: Als er in Wiluna eintraf, musste er erfahren, dass der Versorgungszug stecken geblieben war. Er organisierte eine Sammelaktion unter den Einwohnern des Ortes und schickte das Zusammengetragene zu seinen Männern. Anschließend ritt er zu dem feststeckenden Versorgungszug und besorgte sich den noch fehlenden Proviant. Er traf nördlich von Wiluna wieder auf seine Mannschaft, die gerade Brunnen 2 A fertig gestellt hatte. Gemeinsam kehrten sie im April 1910 nach Wiluna zurück. Zwei Jahre nach dem Beginn der Arbeit schickte Canning seinem Chef ein Telegramm, auf dem lediglich drei Worte standen: „Arbeit beendet – Canning".

Die Viehtreiber *Shoesmith* und *Thompson*, begleitet von dem Ureinwohner *Chinaman*, brachen ein Jahr später mit der ersten Herde von *Halls Creek* auf. Nur wenige Wochen später folgte *Tom Cole* mit seiner Herde. Er fand die Leichen von Shoesmith, Thompson und Chinaman nahe Brunnen 37, offensichtlich von Aborigines ermordet. Cole stellte außerdem fest, dass die Brunnen für größere Viehherden nicht genügend Wasser lieferten. Da aus Angst vor feindseligen Eingeborenen zwischen 1911 und 1931 lediglich acht Herden auf der Route getrieben wurden, sah man jedoch keine Veranlassung, die kostspielige Vergrößerung der Brunnen in Angriff zu nehmen. Bereits 1914 meldete *Edward Kidson*, der im Auftrag vom *Carnegie Institute of Washington* Land vermaß, die erste Beschädigung eines Brunnens durch Eingeborene. Sie fürchteten mit Recht um ihre Kultstätten und Wasserstellen. Sie schütteten Brunnen zu, demontierten das Holz und die Tränken oder zerstörten sie, indem sie sie ganz einfach niederbrannten. Drei Jahre später berichtete ein Treiber, dass viele der Seile verrottet seien und das Holz teilweise starken Termitenbefall zeige. 1927 wurde bei einer Inspektion der Brunnen festgestellt, dass nur zwei Brunnen eingestürzt waren, alle übrigen benötigten lediglich eine Säuberung und Erneuerung der Abdeckungen, der Tränken, des Holzes und der Seile. 1928 stimmte die Regierung einer Renovierung der Brunnen zu und beauftragte damit *Albert W. Snell*, Bürgermeister von Leonora. Im Februar 1929 brachen vierzehn Männer mit sechzehn Kamelen, acht Pferden und einer Herde Ziegen von Wiluna auf, um mit den Reparaturen zu beginnen. Leider erwies sich das Restaurierungsprojekt als Misserfolg. Auf seinem Weg nach Norden ließ Snell zunächst drei neue Brunnen ausheben: Brunnen 4 B, 10 km nördlich von Windich Springs, Brunnen 4 A, 9 km südlich von Windich Springs, und Brunnen 3 A, zwischen Brunnen 3 und Lake Nabberu. Letzterer wurde zu tief gegraben, sodass das Wasser versalzte und das Vieh daran starb. An den Brunnen 6 bis 10 errichtete man Windräder und an 6, 8 und 10 zusätzliche Wassertanks. Im August erreichte Snells Mannschaft *Durba Hills* und bereits Ende September die Brunnen östlich von *McKay Range*. Da Eingeborene mittlerweile die Brunnen 20 bis 23 total zerstört hatten, musste Wasser von Brunnen 24 herangeschafft werden. Die Brunnen 25 bis 29 wurden wegen Holzmangel nicht repariert, und Brunnen 31 etwa 3 km vom alten Brunnen an einer Quelle der Eingeborenen *(Wullowla)* neu ausgehoben. Schließlich gab die Gruppe im Oktober 1929 an Brunnen 35 auf.

Snells Unfähigkeit, die Brunnen instand zu setzen, veranlasste die Regierung zu einer neuerlichen Reparaturexpedition unter Führung des bereits

		Wasser vermengt. Es ist der einzige Brunnen auf der Strecke mit zwei Tränkrinnen.
10,1	1809,4	Geradeaus *CSR*; Abzweigung links zu *Well 1 A/North Pool* (10 km)
		North Pool (GPS: 26°33'47"S – 120°10'90"E), umgeben von hohen Fluss-Eukalypten, bietet gute Campmöglichkeiten.
39,0	1780,5	Abzweigung rechts *CSR* und zu *Well 2;* geradeaus auf der breiten *gravelroad* zu Cunyu Homestead
41,3	1778,2	Rechts *Well 2* (GPS: 26°16'97"S – 120°12'46"E); an der Weggabelung rechts fahren
		Ein Windrad pumpte hier früher das Wasser in einen Tank. (Achtung! Ab hier gibt es zu Brunnen 5 eine

Strecke 18: Canning Stock Route

Strecken 13–15

Strecken 16–17

Strecke 18

Strecken 20–21

Strecken 22–23

Strecken 24–25

Anhang

siebzigjährigen *Alfred Canning*. Er sollte die begonnene Arbeit beenden. Die Truppe, bestehend aus 13 Männern, 52 Kamelen, 6 Pferden, 50 Schafen und 60 Ziegen, startete am 23. März 1930. Sie fand die meisten Brunnen, selbst die, die von Snell repariert worden waren, in ziemlich desolatem Zustand vor. Die Hauptarbeit jedoch begann ab Brunnen 20. Dort schlugen die Männer bereits das Holz für die Brunnen 25 bis 29 und karrten es nordwärts. Da Canning für die Reparaturarbeiten lediglich zehn Monate geplant hatte, sie aber mehr Arbeit als ursprünglich angenommen vorfanden, wurden die Lebensmittel an Brunnen 40 knapp. Wieder einmal ritt Canning nach Halls Creek, um Proviant für seine Männer zu besorgen. Diesmal streikten die Männer während Cannings Abwesenheit nicht und erledigten alle Arbeiten bis zu *Billiluna Homestead*, wo sie wieder mit Canning zusammentrafen. Am 27. Juni 1931 war schließlich der letzte Brunnen restauriert, und die Männer machten sich auf den Heimweg. Sechs Wochen später trafen sie erschöpft in Wiluna ein. Alfred W. Canning starb fünf Jahre später im Alter von 76 Jahren in Perth.

Da immer wieder Überfälle gemeldet wurden, waren nur wenige Viehtreiber bereit, das Risiko *Canning Stock Route* einzugehen. Seit Bestehen der Route waren insgesamt elf Tote zu beklagen. So wurden auch nach 1931 lediglich 23 Herden auf dieser Strecke getrieben; die größten waren von *George* und *Eileen Lanagan*. Während des Zweiten Weltkrieges, in den Jahren 1942 bis 1944, wurden die Brunnen erneut repariert, um bei einer möglichen japanischen Invasion Menschen und Tiere aus dem Norden zu evakuieren. Die Invasion blieb jedoch aus, und mit dem Aufkommen der Lastwagen verlor die Route immer mehr an Bedeutung. 1958 trieben *George Lanagan* und *Len Brown* die letzten Rinder über die *Canning Stock Route*.

Den ersten Versuch, die Viehtreiberroute mit dem Auto zu befahren, unternahm 1942 die Armee. Ihr Ziel war die Inspektion aller Brunnen, um festzustellen, ob es nach wie vor möglich sei, hier entlang Vieh zu treiben. Die Truppe kam lediglich bis *Lake Aerodrome*, an dessen Ufern sie sich festfuhr und aufgab. Die erste Bewältigung der Route mit dem Auto gelang 1968 den Landvermessern *David Chudleigh* und *Russell Wenholz*, die manchmal Tage suchten, bis sie einen Brunnen fanden.

		neue Umgehungsstrecke, um die privaten Pisten der *stations* zu schonen.)
41,8	1777,7	Weggabelung: links *CSR*
44,0	1775,5	Geradeaus *CSR*; Wegeinmündung von rechts
58,4	1761,1	Hinweisschild rechts: *CSR*
		Am Weg entlang stehen viele Rotkapsel-Eukalypten *(red bud mallees)*, die durch ihre großen Samenkapseln auffallen.
77,7	1741,8	Geradeaus *CSR*; Wegeinmündung von rechts
79,4	1740,1	Geradeaus *CSR*; Abzweigung rechts zu *Well 2 A* bzw. *The Granites* (60 m; GPS: 26°00'18"S – 120°19'14"E) Von diesem Brunnen brach *Canning* 1910 in Richtung Wiluna auf, um Lebensmittel für seine Männer zu

		besorgen (→ Artikel: Eine Reise durch die Geschichte – Canning Stock Route). Der fertig gestellte Brunnen enthielt gefüllt 43.640 Liter erstklassiges Wasser.
103,9	1715,6	*creek* (steinig)
105,0	1714,5	Zwei Steinhaufen *(cairns)* rechts
		An den kleinen *creeks* entlang stehen viele *creekline miniritchies*, eine Akazienart, die durch ihre rötliche, lockenähnliche Rinde auffällt.
111,0	1708,5	Weggabelung: links *CSR*; rechts zu *Well 3* (90 m; GPS: 25°46'32"S – 120°24'48"E)
		Der Brunnen, umgeben von Eukalyptus, lieferte einst 591 Liter Wasser pro Stunde. Da er auf dem Gebiet von *Cunyu Station* liegt, trifft man hier in dieser Gegend häufig auf Rinder.
115,2	1704,3	*creek*
		Ab hier fährt man links an einem alten Zaun (→ KM 127,5) entlang.
117,4	1702,1	Geradeaus *CSR*; *White Well* (Windrad und Tank) rechts
122,7	1696,8	Geradeaus *CSR*; *Corners Well* (Windrad und zwei Tanks) rechts; Wegeinmündung von links
122,9	1696,6	Kreuzung: geradeaus fahren (*CSR* via *Lake Nabberu*); Abzweigung rechts (durch das Gatter) zu *Cunyu Well 2* (auch Alternativroute, um *Lake Nabberu* zu umfahren, wenn er überflutet ist); Abzweigung links zu *Cunyu Homestead*
127,2	1692,3	Weggabelung: rechts *CSR* (Hinweisschild *CSR*)
127,5	1692,0	*Government Well 3 A* links (GPS: 25°39'11"S – 120°29'21"E)
		Brunnen 3 A ist einer von fünf Brunnen, die 1929 unter *Snell* ausgehoben wurden. Kurz vorher endete ein Zaun (→ KM 115,2), an dem man seit entlangfuhr.
133,0	1686,5	Weggabelung: rechts *CSR*
134,4	1685,1	Hinweisschild links: *Lake Nabberu*
		Bevor dieser See, von den Aborigines „Mangiri" genannt, durchquert wird, sollte man den Untergrund kurz prüfen. Nach Regenfällen kann es sehr schlammig sein, so dass man sich leicht festfährt. Wenn der See Wasser führt, ist es sicherer, ihn auf der Alternativstrecke zu umfahren. Zu diesen Zeiten kann man oft große Schwärme von Zugvögeln beobachten, u. a. eine Strandläuferart *(red-necked stints)* auf ihrem Weg von Nordsibirien nach Südwesten.
142,8	1676,7	*Well 4* rechts
		Ein altes Windrad und ein leerer Tank markieren diesen Brunnen, der einmal 2.500 Liter Wasser pro Stunde förderte und eine Speicherkapazität von

		mehr als 18.400 Litern hatte. Als Platz zum Campen ist diese Stelle nicht zu empfehlen, da die umliegenden Mulgabüsche kaum Schatten bieten. Der weitere Weg führt von hier an *Frere Range* entlang.
143,3	1676,2	Links *CSR*; Wegeinmündung von rechts
148,3	1671,2	T-Kreuzung: rechts *CSR*; links zu *Mt. Lockeridge* Der Berg bietet eine gute Aussicht auf *Lake Nabberu* im Westen und *Frere Range*.
149,4	1670,1	Kreuzung *(Canning Gap):* geradeaus *CSR*; die Wegeinmündung von rechts ist die Alternativroute um *Lake Nabberu* via *Cunyu Well 2*
150,2	1669,3	T-Kreuzung: links *CSR*; rechts zu einer Viehtränke
156,7	1662,8	*No. 6 Bore* (Bohrloch) links
160,5	1659,0	*No. 8 Bore* (Bohrloch) rechts
171,2	1648,3	Weggabelung: links *CSR*
171,4	1648,1	Weggabelung: links *CSR*
176,1	1643,4	*Kennedy Bore* rechts Diese Stelle ist leicht an einem blauen Fiberglastank zu erkennen, der 45.500 Liter fasst. Von hier führt ein kaum erkennbarer Weg zu *Government Well 4 A* (hinter dem Tank 500 m geradeaus fahren; an der Weggabelung links halten auf 1 km; an der nächsten Gabelung wieder links für weitere 600 m). Dieser Brunnen war der zweite, den *Snell* neu angelegte.
185,1	1634,4	Weggabelung: rechts *CSR*
185,2	1634,3	Weggabelung: rechts *CSR*
186,2	1633,3	Weggabelung: links *CSR*; rechts zu *Little Windich Springs* Vor 1965 reichte diese Quelle über 18 m tief. Heute ist sie versandet (→ Windich Springs).
186,5	1633,0	Weggabelung: links *CSR*; rechts zu *Windich Springs* (200 m; GPS: 25°33'24"S – 120°49'28"E) Als *John Forrest* im Mai 1874 bei einer seiner Erkundungsreisen an diesen Ort kam, beschrieb er die Quelle, die an einem Ort für kultische Feste lag, als beste Quelle, die er je gesehen habe: Wasserbecken von mehr als 400 m Länge und fast 4 m Tiefe, die von hohen Fluss-Eukalypten umgeben waren. Er nannte sie „Windich Springs" nach seinem Freund *Tommy Windich*, der ihn auf drei seiner Expeditionen begleitete. Zyklon „Joan"Schüttete 1965 einen halben Meter Regen pro Quadratmeter auf das gesamte Gebiet. Die gewaltigen Wassermassen, die jede Menge Schlamm mitführten, ließen die Quelle versanden. Viele Rinder und Pferde nutzen sie als Tränke, da sie leichten Zugang zum Wasser haben. Ihre Exkremente sind der ideale Nährboden für Myriaden

von Fliegen. In guten Jahren mit viel Wasser sind häufig Großwarane *(perenties)* auf Nahrungssuche zu beobachten. Sie werden von kleinen Fröschen angelockt, die mit Anbruch der Dämmerung quakend die Ufer aufsuchen. Deshalb suche man sich zum Campen besser einen anderen Platz, so malerisch es hier auch sein mag.

187,5	1632,0	*creek*
197,1	1622,4	Kreuzung: geradeaus *CSR*; rechts zu *Government Well 4 B* (800 m; GPS: 25°29'42"S – 120°53'07"E)

Der dritte 1929 von *Snell* ausgehobene Brunnen, der heute nur noch eine Tiefe von ca. 1 m hat und salziges Wasser enthält.

Bis zu *Well 5* durchquert man jetzt viele Lehmpfannen.

207,3	1612,2	*Marker FX 59* rechts
211,1	1608,4	Alte Zaundurchfahrt (Gatter)
215,4	1604,1	*creek*
215,5	1604,0	Geradeaus *CSR* (Zaundurchfahrt); *Marker FX 58* links; Abzweigung rechts zu *Well 5* (700 m; GPS: 25°22'36"S – 121°00'14"E) und *Granite Peaks Homestead* (nur mit Genehmigung!)

Dieser von Mulgabüschen umgebene Brunnen war, als *Canning* ihn ausheben ließ, der tiefste auf der gesamten Strecke. Er lieferte damals etwa 270 Liter bestes Wasser pro Stunde. 1942 baute die Armee ein Windrad, um Wasser zu fördern, und einen Tank mit einem Fassungsvermögen von 6.820 Litern. Das Windrad existiert heute nicht mehr, doch der Tank ist noch in relativ gutem Zustand, jedoch leer. Ein paar Kilometer weiter nördlich erhebt sich *Mt. Salvado*.

215,8	1603,7	Geradeaus *CSR*; Wegeinmündung rechts von *Well 5*
219,2	1600,3	*creek*
222,8	1596,7	Kreuzung: geradeaus *CSR*; Wegeinmündungen von links und rechts

Beiderseits der Piste fallen vermehrt *miniritchies* (→ KM 105,0) und große Grasbäume der Art *Xanthorrhoea preissii* auf. Der sandige *track* ist einer der schönsten Abschnitte der alten Viehtreiberroute.

223,8	1595,7	*creek*; 500 m weiter steht rechts *Marker FX 57*
232,3	1587,2	*Marker PA 38* links; 500 m weiter *creek*-Durchfahrt
235,1	1584,4	*Well 6* und *Pierre Springs* (GPS: 25°14'27"S – 121°05'58"E)

Pierre Springs wurde 1874 von *John Forrest*, der sich auf seiner Expedition von Geraldton nach Südaustralien befand, nach einem seiner Ureinwohnerführer *Tommy Pierre* benannt. Die eigentliche Quelle

Strecke 18: Canning Stock Route

Strecken 13–15

Strecken 16–17

Strecke 18

Strecken 20–21

Strecken 22–23

Strecken 24–25

Anhang

liegt ca. 250 m südlich des Brunnens unter einem großen Papierrindenbaum. Leider ist auch sie nach dem Zyklon 1965 versandet. Der Brunnen wurde 1991 von einem Allradclub aus Geraldton restauriert und liefert Wasser von guter Qualität. Umgeben von hohen Eukalypten eignet sich dieser Ort hervorragend als Campingplatz, wenn auch die lästigen Fliegen und vor allem Ameisen einen schier zur Verzweiflung treiben.

239,7	1579,8	Weggabelung: geradeaus *CSR*; links zum Fuß von *Mount Davis*.

Der Berg erhebt sich etwa 700 m über den Meeresspiegel. Am Fuß des Berges kann man ein paar Zeichnungen der Ureinwohner sehen. Eine Besonderheit von *Mt. Davis* sind Zypressenfichten *(white cypresses)* auf der Bergkuppe. Wer sich diese „Überlebenskünstler" ansehen will, kann durch einen schmalen Felsenspalt (am Fuß des Berges ein paar Meter rechts gehen) den Weg nach oben erklettern (etwa 15 Minuten).

242,3	1577,2	Marker FX 55 links

Ein paar Kilometer weiter wird die erste kleinere Sanddüne überquert.

Nach einem kräftigen Regen verwandeln sich Teile der Strecke in eine Schlammpiste

251,1	1568,4	*Marker FX 54* links
258,4	1561,1	Geradeaus *CSR*; Abzweigung links zu *Well 7* (150 m; GPS: 25°09'30"S – 121°17'24"E)

Nicht viel ist von diesem Brunnen erhalten, doch der dichte, Schatten spendende Mulgabewuchs macht diesen Ort zu einem idealen Platz zum Campen.

259,7	1559,8	*Marker FX 53* rechts
263,4	1556,1	Weggabelung: geradeaus *CSR*; links zu *Willy Willy Bore*
267,5	1552,0	*Marker PA 47* links
268,3	1551,2	*Marker FX 52* links
271,3	1548,2	Weggabelung: links *CSR* zu *Well 8;* rechts zu *Scorpion Bore*
271,5	1548,0	*Well 8* rechts (GPS: 25°06'23"S – 121°23'16"E)

Der Brunnen ist ca. 18 m tief und meistens trocken. Ursprünglich hatte er ein Fassungsvermögen von 15.680 Litern und lieferte 2.500 Liter Wasser in der Stunde.

271,6	1547,9	Links halten
273,1	1546,4	Geradeaus *CSR*; Wegeinmündung rechts von *Scorpion Bore*
279,7	1539,8	Weggabelung: links *CSR*; rechts zu *Canning Bore*
281,4	1538,1	Geradeaus *CSR*; Wegeinmündung von *Canning Bore*
283,5	1536,0	*Marker FX 50* rechts
284,4	1535,1	Geradeaus *CSR*; Wegeinmündung von rechts
288,0	1531,5	*creek*
288,5	1531,0	*creek*
290,7	1528,8	*Marker FX 49* rechts; 100 m weiter rechts ein Steinhaufen
294,3	1525,2	*creek*
294,5	1525,0	*creek*
295,2	1524,3	Geradeaus *CSR*; Wegeinmündung von links; 200 m weiter steht links *Marker PA 53*
297,4	1522,1	*Marker PA 54* rechts; abseits *Well 9* (GPS: 25°01'06"S – 121°35'12"E) und *Weld Springs*; Weiterfahrt ab *Marker PA 54* (ab hier zählen die Kilometerangaben)

Weld Springs wurde im Juni 1874 ebenfalls von *Forrest* und *Tommy Pierre* entdeckt. Nach einem nächtlichen Überfall durch Aborigines bauten sie eine Art Schutzhütte, deren Überreste, versehen mit einer Gedenktafel, heute noch rechts vom *track* zu sehen sind. 60 m von der Quelle entfernt ließ *Canning* den neunten Brunnen bohren. Die Familie *Ward*, Eigentümer von *Glen Ayle Station* (56 km nordöstlich), errichtete ein Windrad und stellte einen Tank auf. Heute ist das 10 km² große Gebiet *Historical Reserve* und untersteht dem Westaustralischen Museum in Perth. Die Wasserqualität ist sehr gut. Finken, die diese Stelle als Stammtränke nutzen, bevölkern die umstehenden Papierrindenbäume *(melaleucas)* und Büsche.

298,6	1520,9	Hinweisschild: *CSR* links halten; rechts zu *Glen-Ayle Homestead* (nur mit Genehmigung!)
304,8	1514,7	Weggabelung: rechts *CSR*; Wegeinmündung von links
306,0	1512,7	Weggabelung: geradeaus *CSR* (Hinweisschild: Halls Creek); links zu *Piccaninny Bore* und *Joe's Well* (8 km und 11 km)
307,4	1512,1	Lehmpfanne
311,6	1507,9	*Marker FX 46* (ohne Eisenpfosten) rechts
312,8	1506,7	*Marker PA 58* rechts
319,0	1500,5	*Well 10* rechts (GPS: 24°51'09"S – 121°39'11"E); *Marker FX 45* links

Brunnen 10 war bei den Viehtreibern besser unter dem Namen „Lucky Well" bekannt. Vermutlich, weil sie sich von nun an auf Farmgelände befanden und die unzähligen Sanddünen hinter sich gelassen hatten. Zwischen Brunnen 10 und 11 werden bereits die ersten kleinen Dünen überquert.

322,4	1497,1	*McConkey Hill* rechts

Markierungspfosten an der Canning Stock Road

327,3	1492,2	*Marker FX 44* rechts
334,1	1485,4	*Well 11* (GPS: 24°44'57"S – 121°44'01"E) und *Goodwin Soak* links; Hinweisschild: „NOTICE TO TRAVELLERS" (Sicherheitshinweise durchlesen!)

Bei der Erschließung der Strecke und bei Reparaturen an den Brunnen kamen die Planwagen genau bis zu diesem Punkt (→ Artikel: Eine Reise durch die Geschichte – Canning Stock Route). Ab *Goodwin Soak* mussten sämtliches Material und Proviant auf Kamele verladen werden. Die Wagen ließ man hier zurück und nahm sie auf der Rückreise wieder mit. Brunnen 11 war mit kaum mehr als 14 m von geringer Tiefe. Die Wasserqualität reichte nie für Trinkwasser – außer für Tiere. *Canning* entschloss sich, ab hier allen Brunnen Namen zu geben, unter denen sie den Aborigines bekannt waren. So konnten Viehtreiber, falls sie nach der Richtung fragen mussten, von den Eingeborenen verstanden werden.

335,3	1484,2	Ein Teil von *Lake White* wird durchquert.
335,7	1483,8	*Marker FX 43* rechts
343,8	1475,7	*Marker FX 42* links

Wer den Reifendruck noch nicht reduziert hat, sollte dies nun tun, denn ab dieser Markierung beginnt das Sanddünengebiet *(sandune-country)*.

348,6	1470,9	*Lake White* links
352,4	1467,1	*Marker FX 41* links
361,4	1458,1	*Marker FX 40* rechts
363,6	1455,9	*Lake Aerodrome* links

Seinen Namen erhielt der See von *Snell*, dessen Auftrag es außer den Brunnenarbeiten war, nach Landemöglichkeiten für Flugzeuge Ausschau zu halten. Er hielt den See in ausgetrocknetem Zustand für eine ideale Landebahn und nannte ihn „Lake Aerodrome". Die Route führt meistens am rechten Seeufer entlang. Auf keinen Fall sollte man versuchen, den Weg abzukürzen und durch den See zu fahren. 1980 kostete das einen Armeekonvoi viel Zeit und Mühe. Sie brauchte zehn Tage, um ihre Wagen, die einer nach dem anderen auf dem scheinbar festen Untergrund eingesunken waren, wieder freizuschaufeln.

369,4	1450,1	Abzweigung rechts *CSR*; geradeaus zu *Well 12* (500 m; GPS: 24°35'38"S – 121°52'25"E)

Das einzig Schöne hier sind die großen Wüstenkasuarinen. Vom ehemaligen Brunnen ist nicht mehr viel übrig. Bis hierher hat man bereits 30 kleinere Sanddünen überquert. Schenkt man den offiziellen Zählungen Glauben, kommen noch weitere 967. Bis

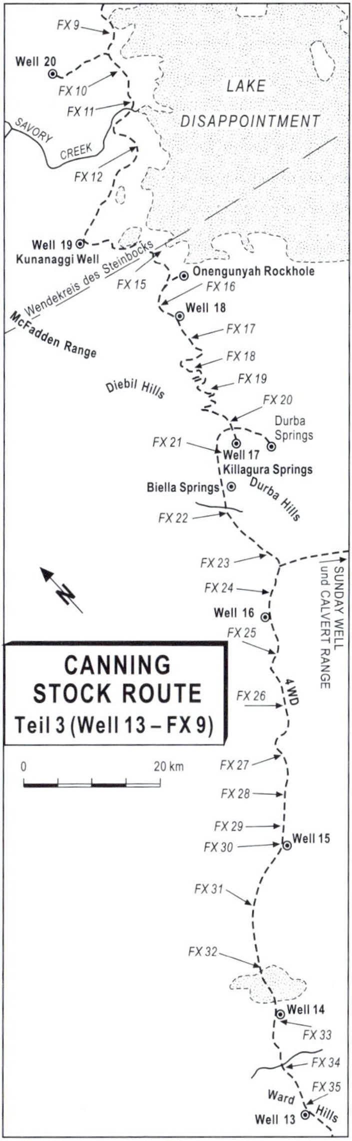

Left map:

CANNING
STOCK ROUTE
Teil 3 (Well 13 – FX 9)

0   20 km

FX 9
Well 20
FX 10
FX 11
SAVORY CREEK
FX 12
LAKE DISAPPOINTMENT
Well 19
Kunanaggi Well
Wendekreis des Steinbocks
McFadden Range
FX 15
Onengunyah Rockhole
FX 16
Well 18
FX 17
FX 18
FX 19
Diebil Hills
FX 20
Durba Springs
FX 21
Well 17
Killagura Springs
Biella Springs
Durba Hills
FX 22
FX 23
SUNDAY WELL und CALVERT RANGE
FX 24
Well 16
FX 25
4WD
FX 26
FX 27
FX 28
FX 29
FX 30
Well 15
FX 31
FX 32
Well 14
FX 33
FX 34
Ward Hills
FX 35
Well 13

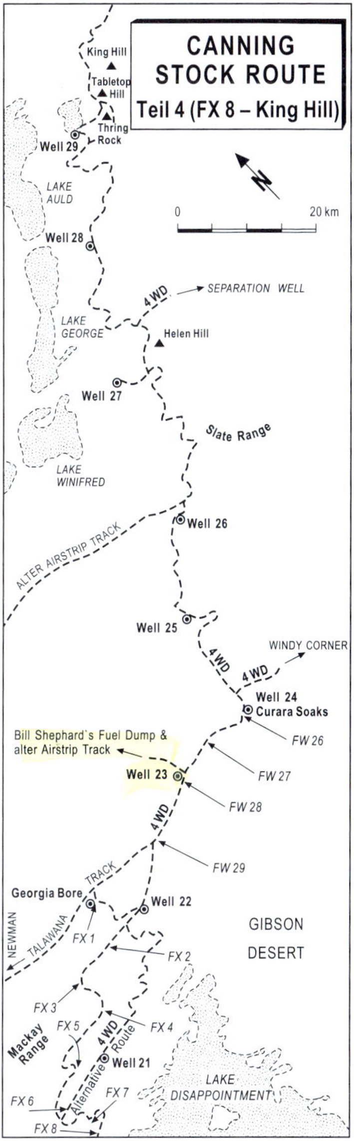

Right map:

CANNING
STOCK ROUTE
Teil 4 (FX 8 – King Hill)

0   20 km

N

King Hill
Tabletop Hill
Thring Rock
Well 29
LAKE AULD
Well 28
4WD
SEPARATION WELL
LAKE GEORGE
Helen Hill
Well 27
Slate Range
LAKE WINIFRED
Well 26
ALTER AIRSTRIP TRACK
Well 25
4WD
WINDY CORNER
4WD
Well 24
Curara Soaks
FW 26
Bill Shephard's Fuel Dump & alter Airstrip Track
Well 23
FW 27
FW 28
4WD
FW 29
Georgia Bore
NEWMAN
TALAWANA TRACK
Well 22
FX 1
FX 2
GIBSON DESERT
FX 3
FX 5
Mackay Range
FX 4
4WD
Alternative Route
Well 21
FX 6
FX 7
LAKE DISAPPOINTMENT
FX 8

Strecken 13-15

Strecken 16-17

Strecke 18

Strecken 20-21

Strecken 22-23

Strecken 24-25

Anhang

		zum nächsten Brunnen sind es nach unserer Zählung schon einmal acht.
369,6	1449,9	*Marker FX 39* rechts
		Vier Kilometer nach der Markierung kommt eine sehr steinige Passage. Wer den Reifendruck nicht erhöhen will, fahre mit noch mehr Vorsicht und besonders langsam.
385,9	1433,6	*Marker FX 37* links
393,4	1426,1	*Marker FX 36* rechts
396,2	1423,3	Geradeaus *CSR*; Abzweigung links zu *Well 13/Pulpurumal* (2 km; GPS: 24°25'19"S – 121°59'20"E)
		Vom einstigen Brunnen ist lediglich ein Loch im Boden geblieben. Mulgas, Eukalypten und buschartige Papierrindenbäume laden dennoch zum Campen ein. Bis zum nächsten Brunnen muss man vier weitere Dünen überqueren. Wer im australischen Winter oder Frühling auf der Strecke unterwegs ist, dem fällt in dieser Gegend die gelborange blühende Honig-Grevillee *(honey grevillea)* auf. Ihre Blüten, in Wasser geschüttelt, ergeben ein erfrischendes Getränk. Man kann den süßen Nektar auch pur aus der Blüte saugen. Vorsicht, auch Ameisen schätzen den süßen Nektar!
397,6	1421,9	Rechts *CSR*; Wegeinmündung links von *Well 13*
398,7	1420,8	*Marker FX 35* rechts
406,5	1413,0	*Marker FX 34* rechts; 100 m weiter folgt ein *creek*
414,4	1405,1	*Marker FX 33* rechts
414,5	1405,0	*Well 14/Djindjimal* rechts (GPS: 24°17'10"S – 122°03'12"E)
		Wie der letzte Brunnen, so ist auch Nr. 14 lediglich als Loch im Boden zu erkennen. Bis zum nächsten Brunnen ist nur eine Düne zu bewältigen. Die folgenden 5 km sind nach Regenfällen sehr sumpfig.
422,6	1396,9	*Marker FX 32* links
426,4	1393,1	Fass mit Metallplakette rechts: „Noah's Camp flooded out 20–22/ 7/ 84 Hi-Lux – 3 Subarus" (Noah's Lager war vom 20. bis 22.7.84 überflutet; 1 Hi-Lux und 3 Subarus). 1984 saß hier eine Gruppe für mehrere Tage fest und wartete darauf, dass die Lehmpfannen nach vorangegangenen Regenfällen austrockneten. Letztendlich aber umfuhren sie die Überflutungen.
430,6	1388,9	*Marker FX 31* links
438,8	1380,7	*Marker FX 30* links
439,9	1379,6	Weggabelung: links *CSR*; rechts zu *Well 15/Madjangga* (200 m; GPS: 24°08'27"S – 122°12'08"E)

Dieser Brunnen wurde 1998 komplett restauriert, sodass man hier seinen Wasservorrat auffüllen kann. Bis Brunnen 16 kommen jetzt 22 Dünen.

443,3	1376,2	*Marker FX 29* links
449,0	1370,5	*Marker FX 28* links
456,1	1363,4	*Marker FX 27* links
458,4	1361,1	*Murray Rankin's Trolley* links

Im Juli 1974 wollte der Neuseeländer *Murray Rankin*, von den Briten *John* und *Peter Waterfall* begleitet, die *Canning Stock Route* zu Fuß von Süden nach Norden bewältigen. Proviant (ca. 82 kg) und Trinkwasser (55 l) verstauten sie auf zweirädrigen, rikschaähnlichen Handkarren. Schon am neunten Brunnen musste John aufgeben, weil sein Karren zusammenbrach. Sein Bruder und Rankin schafften es noch bis zu dieser Stelle. Sand hatte sich in den Kugellagern festgesetzt und machte ein Weiterkommen unmöglich. Sie ließen die Karren einfach liegen und liefen zurück nach Wiluna. Zwei Jahre später wiederholte Rankin, diesmal mit *Kathy Burman* und dem sechzehnjährigen *Rex Shaw*, seinen Versuch, von Nord nach Süd zu kommen – diesmal ohne Handkarren, aber begleitet von einem *Landrover*. Kathy gab an Brunnen 11 auf. Rankin und

Murray Rankin's Trolley

		Shaw vollendeten ihren Marsch tatsächlich und kamen per pedes in Wiluna an.
464,2	1355,3	*Marker FX 26* links
472,8	1346,7	*Marker FX 25* links
478,7	1340,8	Geradeaus *CSR*; Abzweigung links zu *Well 16/Lawulawa* (400 m; GPS: 23°54'29"S – 122°23'00"E)
		Pittoreske Eukalypten säumen Brunnen 16. In der Regel ist sein Wasser ungenießbar. Bis Brunnen 17 sind weitere fünf Sanddünen zu bewältigen.
481,5	1338,0	*Marker FX 24* links
486,9	1332,6	Weggabelung: links *CSR*; rechts zu *Sunday Well* (14 km) und *Calvert Range*
		In *Calvert Range* gibt es Hunderte von Aborigines-Zeichnungen und rituellen Plätzen. Vom Hauptweg führen einige Pisten zu diesen interessanten Kultstätten. Eine gute Campingstelle liegt etwa 38 km von der *Canning Stock Route* entfernt (GPS: 23°57'49"S – 122°43'26"E)
489,3	1330,2	*Marker FX 23* links
496,8	1322,7	Weggabelung: links *CSR*; Weg rechts zu *Canning's Cairn*
		Der Steinhaufen befindet sich auf dem 62 m hohen *Durba Hills Plateau*. Der Aufstieg lohnt vor allem wegen der schönen Aussicht. Am Parkplatz, ebenfalls an einem kleinen Steinhaufen, steht außerdem eine kleine Büchse mit allerlei Zetteln von Besuchern und manchmal hilfreichen Informationen über den Zustand der Strecke.
498,2	1321,3	*Marker FX 22* links
499,0	1320,5	*creek*
499,1	1320,4	*creek*
503,3	1316,2	*creek;* unmittelbar dahinter ist eine Weggabelung: links *CSR*; rechts zu *Biella Springs* (2 km)
		Vom Parkplatz ist es noch ca. eine halbe Stunde Fußmarsch durch die Schlucht bis zur Quelle. Hier und da sieht man an den Schluchtwänden Zeichnungen der Ureinwohner.
506,4	1313,1	*Marker FX 21* rechts
511,0	1308,5	Kreuzung: links *CSR*; geradeaus zu *Durba Springs/Jurrpa* (6 km; GPS: 23°45'17"S – 122°30'58"E); rechts zu *Killagurra Gorge* und *Well 17/Jilukurru* (1 km)
		Touristen sollten die Kultur der Aborigines respektieren und *Killagurra Gorge* aus ihrem Fahr- und Besichtigungsplan streichen. „Killagurra" oder „Jilukurru", wie die Martu-Aborigines dieses Gebiet nennen, ist ein heiliger Ort. Es ist nur eingeweihten Männern erlaubt, dieses Gebiet zu betreten. Weißen und

grundsätzlich allen Frauen ist der Zutritt verboten. Aborigines der *Parnngurr Community* besuchen diese Schlucht regelmäßig zu rituellen Zeremonien. Vom 17. Brunnen ist nichts mehr zu sehen. Wassermassen und Felsenbrocken haben ihn begraben.

Nach weiteren 5 km gelangt man zu *Durba Springs*. Dieses Fleckchen Erde gleicht eher einem Park als *Great Sandy Desert*: hohe Eukalypten und weiches, grünes Gras. Rechts an den Felsen sind kleine *pools*, die je nach Jahreszeit und Regenfällen mehr oder weniger zum Bad einladen. Als wir im Monat Juni hierher kamen, standen wir vor zwei etwa 50 cm tiefen, mit Brackwasser gefüllten Becken, deren Oberfläche eine grüne Algenschicht überzog. Ein paar Tage später erfuhren wir von einem nachfolgenden Wagen, dass die Becken nach einem Gewitter fast bis zum Rand mit klarem Wasser gefüllt gewesen seien.

Auch wenn man kein Bad nehmen kann, lädt *Durba Springs* zum längeren Aufenthalt ein. Nach einigen Tagen Piste kann man bestimmt eine Pause vertragen, um Kraft für die nächsten Dünen zu sammeln. Von Süden kommend, liegen nun die höchsten Dünen (bis Brunnen 19 etwa 28 an der Zahl) auf der Strecke. Für eine Wanderung zum Ende der Schlucht, an deren Wänden zahlreiche Felsenmalereien zu sehen sind, benötigt man etwa ein bis zwei Stunden. Den Reifendruck sollte man nun auf ein Minimum reduzieren. Die Dünenanfahrten sind oft steil und sehr holprig. Immer wieder wechseln Sandpassagen und felsige Abschnitte, so dass bei niedrigem Reifendruck äußerste Vorsicht geboten ist (steinige Passagen langsam fahren oder Reifendruck immer wieder anpassen).

512,5	1307,0	*Marker FX 20* rechts
521,2	1298,3	*Marker FX 19* rechts
529,3	1290,2	*Marker FX 18* rechts
531,7	1287,8	Geradeaus *CSR*; Abzweigung links nach *Diebill Springs/Tirpirl* (18 km)
540,4	1279,1	*Marker FX 17* rechts
		Ungefähr 2 km nach der Markierung stehen links viele anmutige Wüstenkasuarinen.
545,7	1273,8	Geradeaus *CSR*; Abzweigung rechts zu *Well 18/ Wanykiyu* (1 km; GPS: 23°33'48"S – 122°13'44"E)

Ursprünglich hatte Brunnen 18 eine Tiefe von etwa 5 m. Er lieferte zwischen 9.100 und 12.000 Litern pro Stunde. Dann aber versandete er. 1983 sprachen Aborigines aus *Jiggalong* mit den Freiwilligen, die

Brunnen 26 restauriert hatten, über die Instandsetzung auch dieses Brunnens. 1999 war es dann endlich soweit. Heute liefert der Brunnen wieder bestes Trinkwasser.

Wüstenkasuarinen, die die Route auf weiten Strecken säumen, und Termitenhügel bestimmen jetzt das Landschaftsbild.

548,7	1270,8	Geradeaus *CSR*; *Marker FX 16* rechts; Abzweigung rechts zu *Onegunyah Rockhole* (5,1 km)

Aborigines nennen *Onegunyah Rockhole* auch „Wankenyu". Zumeist ist das Wasserbecken trocken. Sehenswert sind die verblassten Zeichnungen an den Felsenwänden.

553,9	1265,6	Geradeaus *CSR*; Abzweigung rechts zu *Lake Disappointment* (5 km)

Etwa 600 m vor der Abzweigung hat man vom Dünenkamm einen schönen Ausblick auf den See, die Berge *Durba* und *Diebil Hills* und *McKay Range*. Seinen Namen erhielt der Salzsee von *Frank Hann*, einem Abenteurer auf der Suche nach dem großen Inlandsee Australiens. Als er die Ufer des „Nguryana", wie ihn die Kartudjara- und Potidjara-Aborigines nennen, erreichte, brachte er durch die Namensgebung seine Enttäuschung (*disappointment*), lediglich einen Salzsee vorzufinden, zum Ausdruck (→ KM 616,6). Die Mardujarra-Aborigines, die ebenfalls an seinen Ufern lebten, nannten den See „Gumbubindil". 1965 zogen die letzten hier lebenden Aborigines nach Jiggalong oder in andere Siedlungen.

557,0	1262,5	*Marker FX 15* rechts

Zwischen dieser Markierung und Brunnen 19 stehen viele Wüstenkasuarinen. Einige Lehmpfannen sind nun zu durchqueren. In trockenem Zustand stellen sie kein Problem dar (→ „Fahrtechniken und Problemlösungen", hier „Salzseen und Lehmpfannen"), wohl aber nach heftigen Regenfällen.

568,2	1251,3	*Wendekreis des Steinbocks*; Hinweisschild links: *Tropic of Capricorn 23°26'30"S*
571,9	1247,6	*Well 19/Kunangurtiti* links (GPS: 23°25'38"S – 122°29'21"E)

Dieser Brunnen liegt mitten in einer großen Lehmpfanne. Da nicht viel von der Holzkonstruktion übrig ist, kann es leicht vorkommen, dass man einfach vorbeifährt, weil man ihn nicht sieht. Der Brunnen soll früher erstklassiges Wasser geliefert haben und war bekannt als *Lonely Well*. Heute müsste man allerdings danach graben, denn er ist völlig versandet. Nach

Regenfällen ist es ratsam, die Pfanne zu umfahren (weitere Lehmpfannen 7 km und 22 km weiter nördlich). Bis zur Abzweigung zu Brunnen 20 sind dreißig Dünen zu überqueren.

572,3	1247,2	Geradeaus *CSR*; Wegeinmündung von links
589,6	1229,9	*Marker FX 12* rechts
595,4	1224,1	Durchquerung von *Savory Creek*

Wenn es kurz vorher nicht geregnet hat, dürfte die Durchquerung dieses *creek* keine Schwierigkeit sein. Erst nach Regenfällen muss man diesen Punkt als einen der kritischsten der Strecke ansehen. In jedem Fall die etwa 20 m lange Furt, in deren Mitte ein etwa 3 m breiter, unter der Salzkruste verborgener Kanal liegt, zunächst zu Fuß antesten! Unter der blassrosa Salzkruste ist es schlammig, auch wenn sie den Anschein erweckt, trocken und fest zu sein. Bei Konvoifahrten erst mit der Durchquerung beginnen, wenn der erste Wagen das andere Ufer erreicht hat! Wer zu der Einsicht kommt, die Furt sei nicht zu passieren, kann entweder zurückfahren oder es 3 km weiter westlich versuchen. Dort ist der *creek* etwas schmaler. Unter Umständen muss das Gewicht reduziert werden, d.h. auspacken und die Sachen zu Fuß auf die andere Seite bringen! Zur Not kann man den Wagen auch mit einer Winde herüberziehen (→ Unterwegs im Geländewagen, hier: Die Winde richtig eingesetzt). Grundsätzlich ist diese Furt nach Regenfällen sicherer als die breite Durchfahrt. Nach einigen Kilometern erreicht man wieder die vertrauten Sanddünen.

597,9	1221,6	*Marker FX 16* links
598,2	1221,3	Weggabelung: links *CSR*; rechts zu *Lake Disappointment*
598,8	1220,7	Geradeaus *CSR*; Abzweigung links zu einer Campingmöglichkeit
606,3	1213,2	*Marker FX 10* links
606,5	1213,0	Weggabelung: links *CSR*; rechts zu *Lake Disappointment* (2,9 km)
611,9	1207,6	Geradeaus *CSR*; Abzweigung links zu *Well 20/ Karanyulu/Wangutju* (10 km; GPS: 23°15'13"S – 122°35'49"E)

An diesen Brunnen, den die hier lebenden Aborigines „Karanyulu" und die im Süden lebenden Eingeborenen „Wangutju" nannten, erinnert nur noch ein Loch im Boden. 1955 erreichte der Viehtreiber *Jack Gordon* den Brunnen. Kurz vor seiner Ankunft erkrankte er allerdings so schwer, dass er nicht in der

Strecken 13–15

Strecken 16–17

Strecke 18

Strecken 20–21

Strecken 22–23

Strecken 24–25

Anhang

Lage war, seine 500 Rinder zu tränken. Erst nach Tagen war er wieder kräftig genug, die schweren Wassereimer nach oben zu ziehen. Doch da war bereits die Hälfte seiner Herde verdurstet. 1980 zerstörte ein Buschfeuer die bis dahin noch intakte Holzkonstruktion.

Von der Abzweigung bis Brunnen 21 warten lediglich fünf Dünen.

614,2	1205,3	*Marker FX* links, 200 m weiter Hinweisschild rechts: *Lake Disappointment*
616,6	1202,9	Geradeaus *CSR*; Wegeinmündung von links; 400 m weiter Hinweisschild rechts: *Lake Disappointment*

Hier hat man den besten Blick auf den Salzsee. Interessant ist eine Erkundung des Sees zu Fuß, denn in seiner Salzkruste ist allerlei Getier wie Käfer oder Skorpione konserviert.

621,6	1197,9	*Marker FX* links
624,5	1195,0	Geradeaus *CSR*; Wegeinmündung von links
625,9	1193,6	T-Kreuzung: rechts am Rand des Sees entlangfahren; links Durchquerung des Sees
626,8	1192,7	Geradeaus *CSR*; Abzweigung rechts zu einem aufgegebenen Anhänger (100 m)
631,2	1188,3	*Marker FX 7* links
634,6	1184,9	Durchquerung einer großen Lehmpfanne (die angegebene KM-Zahl bezieht sich auf die Mitte der Pfanne)
636,5	1183,0	Weggabelung: links *CSR*; rechts zu *Well 21/Tjilkabulka* (8 km; GPS: 23°10'39"S –122°48'34"E)

Der Brunnen war, bezogen auf die Qualität, nie ein Garant für Trinkwasser. In der Regel war es für den menschlichen Genuss zu salzig und nur für Vieh geeignet.

Anstatt die 8 km wieder zurückzufahren, kann man nun von Brunnen 21 auf einer Alternativstrecke weiter bis Brunnen 22 und Brunnen 23 fahren. Die Strecke verläuft nach der ersten größeren Düne durch weite Spinifexebenen parallel zu den Dünen (gegebenenfalls Kühlerschutz anbringen; → Ausrüstung des Geländewagens, hier: Zusatzausrüstung des Wagens). Dabei spart man etwa 11 km bis Brunnen 22 und weitere 8 km bis Brunnen 23. Die Strecke trifft dann etwa 1 km vor *Marker FX 29* wieder auf die *Canning Stock Route*. Wer *Gunanya Spring* (Prince Edward Spring) besichtigen möchte (topografisches Kartenmaterial und Kompass notwendig!), bleibt am besten auf dem Hauptweg.

646,9	1172,6	*Marker FX 5* rechts
657,9	1161,6	*Marker FX 4* rechts

665,8	1153,7	*Marker FX 3* links
		Wer zu *Gunanya Spring* möchte, sollte nun Kompass und topografische Karte bereithalten. Hier an der Markierung FX 3 links abbiegen (es gibt keinen Weg!) und parallel zu den Dünen fahren, bis man auf einen *creek* trifft. Diesem folgt man flussaufwärts bis zu den Quellen in *Mackay Range*.
673,8	1145,7	*Marker FX 2* rechts
675,1	1144,4	Geradeaus *CSR*; Wegeinmündung von links
677,1	1142,4	Geradeaus *CSR*; Abzweigung rechts Alternativstrecke (→ KM 636,5) zu *Well 21* (37 km)
681,0	1138,5	Abzweigung links nehmen; geradeaus zu *Well 22/ Matirlirri* (250 m; GPS: 23°07'15"S – 122°02'31"E)
		Der Brunnen war etwa 16 m tief und hatte ein Fassungsvermögen von ca. 7.200 Litern, aber heute ist er völlig ausgetrocknet. Auch von Brunnen 22 aus kann man auf der Alternativstrecke zu Brunnen 21 gelangen. Ebenso existiert eine Alternativstrecke zu *Well 23*. Vermutlich folgt die Strecke dem ursprünglichen Verlauf der Viehtreiberroute.
		Bis Brunnen 23, der „Tankstelle", sind keine Dünen zu überqueren. Kamelherden sind nun häufige Begleiter. Manchmal machen sie dem Auto sogar die Fahrbahn streitig.
685,6	1133,9	Geradeaus *CSR*; Wegeinmündung von links
686,0	1133,5	*creek*
688,2	1131,3	*creek*; 200 m weiter steht links *Marker FX 1*
689,9	1129,6	Weggabelung: geradeaus *CSR*; links zu *Georgia Bore* (250 m). Dieses Bohrloch mit Handpumpe gibt es seit 1991 und liefert gutes Trinkwasser; außerdem ein guter Platz zum Campen.
690,4	1129,1	T-Kreuzung: rechts *CSR* (Hinweisschild: *Well 26 restored in 1983;* 81 km); links der *Talawana Track* nach *Newman* (460 km)
		Len Beadell (→ Streckenbeschreibung 17.4) legte 1963 den *Talawana Track* an. Er führt zum 440 km entfernten *Capricorn Roadhouse*. Wer vom Schaukeln über die Dünen genug hat, kann hier die *Canning Stock Route* verlassen. *Bill Shephard* bringt über diese Zufahrt alle paar Wochen die vorbestellten Spritfässer zum *fuel dump* – frei übersetzt „Treibstofflager" – bei Brunnen 23. Die vielen Wegeinmündungen bis zum nächsten Brunnen zeugen von Aktivitäten der Minengesellschaften in diesem Gebiet.
694,3	1125,2	*Marker FW 30* rechts
695,2	1124,3	Geradeaus *CSR*; Abzweigung rechts die Alternativstrecke zu *Well 21* via *Well 22* (→ KM 636,5)

702,5	1117,0	*Marker FW 29* rechts
710,5	1109,0	*Marker FW 28* rechts
712,3	1107,2	*Well 23/Kalypa* links (GPS: 23°04'45"S – 122°13'13"E); geradeaus *CSR*

Der Brunnen ist völlig verschlammt und das Wasser ungenießbar.

Die Abzweigung links führt zum „Treibstofflager" (1 km) und zur alten Landebahn (23 km). Dutzende silberfarbener 200-Liter-Fässer liegen hier und warten darauf, abgeholt zu werden. Natürlich sind alle Behälter mit Namen versehen, und man kann sich darauf verlassen, sein Fass auch tatsächlich gefüllt vorzufinden. Es ist lediglich ein Fall bekannt, wo ein Fass von anderen Reisenden leergepumpt worden war. Weitaus häufiger wird Sprit zurückgelassen und das Fass so gekennzeichnet, dass es zur freien Verfügung steht. Dies sind Notreserven, falls tatsächlich jemand Treibstoff stehlen sollte oder der Treibstoff falsch berechnet wurde. Darauf aber sollte man sich nicht verlassen! Ursprünglich führte von hier eine Alternativstrecke zu Brunnen 26. Die hohen Dünen zwischen *Well 25* und *Well 26* konnten so vermieden werden. Dieser so genannte *Airstrip Track* umgeht viele Dünen, ist also prinzipiell einfacher zu befahren.

Bill Shephard's Treibstofflager

Allerdings ohne topografisches Kartenmaterial und Kompass raten wir dringend davon ab, diesen Weg zu wählen. Er wird so selten benutzt, dass er überwachsen ist und rein optisch nicht existiert. Der Weg mündet kurz hinter Brunnen 26 wieder in die *Canning Stock Route*. Zweifler, die von Norden kommen, können versuchen, diese Einmündung zu finden und sich ein Bild vom *Airstrip Track* machen. Etwas Wegähnliches war absolut nicht zu entdecken.

Die Strecke, jetzt eine Schotterpiste, führt am Fuß einer kleinen Gebirgskette entlang. Bis zum nächsten Brunnen sind also keine Dünen mehr zu überqueren. Dafür laufen quer über die Fahrbahn kleinere Rinnsale. Deshalb auf keinen Fall zu schnell fahren und daran denken, dass nach dem Tanken der Wagen erheblich schwerer geworden ist!

718,4	1101,1	*Marker FW 27* rechts
720,1	1099,4	*creek*
722,9	1096,6	Bohrloch (zu erkennen an dem hellen PVC-Rohr) links
726,5	1093,0	*Marker FW 26* rechts; Weggabelung: links *CSR*; rechts zu *Well 24/Kartarru* (500 m; GPS: 23°06'35"S – 123°20'36"E)

„Curara Soak", wie die hier lebenden Aborigines dieses Gebiet nannten, war ein beliebter Treffpunkt. Wer ein bisschen sucht, findet vielleicht noch einige Gegenstände wie z. B. Kratzer und Schaber, die auf die frühere Anwesenheit von Aborigines hindeuten. Auf keinen Fall sollte man einen solchen Gegenstand, was immer es auch sei, als Souvenir einstecken! Erstens steht es unter Strafe, zweitens wollen Nachfolgende auch etwas zu entdecken haben!

729,1	1090,4	Weggabelung (GPS: 23°05'11"S – 123°21'12"E): links *CSR* (Hinweisschild: *Well 25 restored in 1983*; 44 km); rechts über *Windy Corner* zum *Gary Highway* (210 km; → Streckenbeschreibung 17.3 und 17.4)
734,0	1085,5	Geradeaus *CSR*; Wegeinmündung von links
744,7	1074,8	*Rocky Hill* links

Eine Reihe von Lehmpfannen erstreckt sich nun bis Brunnen 25.

750,6	1068,9	*Well 25/Warntili* links (GPS: 22°59'00"S – 123°23'47"E)

Der Schacht des Brunnens ist bis zum Rand mit Sand gefüllt. Bis zum nächsten Brunnen sind es etwa dreizehn Sanddünen, darunter vier der höchsten auf der Strecke. Doch zuvor durchquert man etwa 800 m weiter eine große Lehmpfanne.

Strecken 13–15

Strecken 16–17

Strecke 18

Strecken 20–21

Strecken 22–23

Strecken 24–25

Anhang

761,9	1057,6	Geradeaus *CSR*; Wegeinmündung von rechts
771,5	1048,0	Geradeaus *CSR*; Wegeinmündung von rechts (mit altem Fass blockiert); Hinweisschild steht im Busch: *to Well 26*
772,4	1047,1	*Well 26*/*Tiwa* rechts (GPS: 22°54'58"S – 123°30'21"E)

1983 restaurierten 25 Freiwillige diesen Brunnen unter Leitung von *David Hewitt* und Aufsicht dreier Aborigines aus *Jiggalong*. Das Wasser des Brunnens ist von bester Qualität, also eine gute Gelegenheit, alle Wasserbehälter aufzufüllen. Eine Kiste, aufgestellt vom *Landrover Club of Victoria*, enthält ein Besucherbuch mit ebenso amüsanten wie nützlichen Informationen anderer Fahrer. Wer Schwierigkeiten auf der Strecke hatte, sollte dies den Nachfolgern mitteilen (Datum nicht vergessen!).

Etwa 150 m westlich des Brunnens befindet sich ein Platz zum Campen.

Von hier bis Brunnen 27 kommen acht weitere Dünen. 6,6 km nördlich des Brunnens soll der *Airstrip Track* auf die *Canning Stock Route* treffen (→ KM 712,3, Well 23).

785,4	1034,1	*creek;* Hinweisschild: *Canning Camp 1907 to west, rediscovered 1983; well building party Ian Johnson*

Selbst mit vier Leuten und viel Fantasie konnten wir nichts vom ehemaligen Lager *Cannings* entdecken.

804,0	1015,5	*Well 27/Rarrki* (250 m) links (GPS: 22°47'40"S – 123°38'40"E)

Der Brunnen, von dem im Laufe der Zeit nicht viel übrig blieb, ist von blassgrün belaubten Wüstenpappeln *(desert poplars)* umgeben. 650 m weiter westlich ist ein kleines Wasserloch *(soak)* der Aborigines leicht auszumachen, da seine Umgebung mit frischem Gras bewachsen ist. Um aber tatsächlich an Wasser zu kommen, muss man es schon den Dingos gleichtun und graben.
Auf der weiteren Strecke zu Brunnen 28 liegen 25 Dünen.

819,0	1000,5	Geradeaus *CSR*; Abzweigung rechts zu *Separation Well* (34 km); Hinweisschild: *Separation Well rediscovered at Lat 22°51'14"S and Long 124°00'42"E on 23.08.79*
829,1	990,4	Überreste eines alten Anhängers links
835,5	984,0	*Well 28/Waranu* links (GPS: 22°38'37"S – 123°45'27"E)

Vom ehemaligen Brunnen ist nichts mehr zu erkennen. Der Schacht ist eingestürzt und versandet, das

Holz verrottet, von Termiten gefressen oder von gedankenlosen Reisenden als Feuerholz verwendet worden.

Etwa 18 km von hier wachsen beiderseits des Weges viele rot blühende Grevilleen. Bis Brunnen 29 sind dreizehn Sanddünen zu überqueren.

867,0	952,5	Geradeaus *CSR*; Wegeinmündunng von rechts
867,9	951,6	*Well 29/Mamurnarra* links (GPS: 22°33'18"S – 123°52'44"E)

Auch von diesem Brunnen sind lediglich ein paar Metallreste übrig geblieben. Ein guter Platz zum Campen liegt etwa 1 km weiter nördlich bei den vielen Mulgabüschen. Bis zum nächsten Brunnen sind zwölf Dünen zu überqueren.

872,6	946,9	Geradeaus *CSR*; Abzweigung rechts zu *Thring Rock*
900,7	918,8	Geradeaus *CSR*; Abzweigung links zu *Nangabbittajarra Native Well* (6 km)
907,2	912,3	*Well 30/Juntujuntu/Dunda Jinnda* links (GPS: 22°30'15"S – 124°08'22" E)

Etwa 11 km vor Brunnen 30 hat man zunächst die Sanddünen hinter sich. Vom Kopf der letzten Düne blickt man auf eine weite Ebene, aus der unzählige Termitenbauten, kleinen Hütten ähnlich, herausragen. Der Brunnen zeigt sich schon von weitem mit hohen Eukalypten *(bloodwoods)* und Grevilleen. Leider ist aber vom Brunnenbauwerk nicht mehr viel zu erkennen. *Dunda Jinnda, Nangabittajarra* und *Munjingarra* sind natürliche Wasserstellen der Aborigines.

907,3	912,2	Weggabelung: links *CSR*; rechts zu *Mujingarra Cave* (3,7 km; GPS: 22°31'40"S – 124°09'86"E)

„Mujingarra", wie die Martu-Aborigines sie nennen, ist zunächst nur als etwa 10 m^2 großes Loch im Boden auszumachen. Wer hinunterklettert, entdeckt in der südlichen Ecke einen schmalen, engen Tunnel. Durch diesen 12 m langen Gang muss man hindurchkriechen, bevor man die eigentliche, ca. 8 m lange Höhle erreicht. Der leicht abschüssige Höhlenboden ist zur Hälfte mit kristallklarem Wasser bedeckt. Wer auch die zweite, weitaus größere Höhle sehen möchte, muss am östlichen Ende unter der Höhlendecke hindurchtauchen. Diese nämlich reicht fast bis zur Wasseroberfläche hinab. Am anderen Ende liegt ein 45 m langer, etwa 3 m breiter und 1,8 m hoher Tunnel mit bizarren Kalksteingebilden. Wer die Höhle erkunden möchte, sollte dies auf keinen Fall im Alleingang tun. Zum einen ist die Erkundung einer Höhle an sich schon gefährlich, zum anderen leben in der Höhle kleine Fledermäuse, die Leckerbissen für viele Schlangenarten sind, z. B. für Taipan oder Braunkönigsschlange. Diese halten sich oft im Eingangsbereich, im Tunnel oder in der Höhle selbst auf. Ein Biss könnte das Ende der Reise bedeuten – nicht, weil Bisse dieser Schlangen in jedem Fall sofort tödlich sind, sondern weil das Gegengift kaum schnell genug zu beschaffen wäre. Selbst wenn man mit Hilfe eines RFDS-Funkgerätes die *Flying Doctors* herbeirufen könnte, würden bis zu ihrer Ankunft vermutlich Stunden vergehen – und es wäre vielleicht zu spät. Aus diesem Grund den Boden und die Wände sehr gründlich mit einer Taschenlampe ableuchten, hohe Schuhe und lange Hosen tragen! Nach Brunnen 30 folgt zunächst eine 15 km lange, sehr schwierige und steinige Passage.

926,5	893,0	Geradeaus *CSR*; Abzweigung rechts zu *Nurgurga Soak* (1,2 km; GPS: 22°31′07″S – 124°18′64″E)
933,8	885,7	Weggabelung: rechts fahren zu *Well 31* auf ursprünglicher *CSR*; links alternativ auf dem heutigen Streckenverlauf der *CSR* direkt zu *Well 32*
937,5	882,0	Abzweigung links zu *Well 32* nehmen; geradeaus zu *Well 31/Walawarla* (300 m; GPS: 22°31′35″S – 124°24′25″E)

Hohe Eukalypten *(cabbage gums)*, die Brunnen 31 umgeben, bieten einen Campingplatz mit Schatten. Außer der Umlenkrolle und einigen verrosteten Eisenstangen ist nichts vom Brunnen erhalten. Außerdem ist der Brunnen trocken. Ursprünglich war er 7 m tief und lieferte mehr als 13.000 Liter Wasser pro Stunde.

943,2	876,3	T-Kreuzung: rechts auf ursprünglicher *CSR* zu *Well 32* fahren; links geht es auf dem heutigen Streckenverlauf der *CSR* zu *Well 30*
975,1	844,4	*Well 32/Nyarruri* rechts (GPS: 22°24′22″S – 124°35′08″E); geradeaus fahren; Abzweigung links zu *Mallowa Native Soak* (2 km)

Brunnen 32 ist ebenfalls versandet und liefert kein Wasser mehr. Auch in *Mallowa Soak* müsste man schon knapp 2 m tief buddeln, um genießbares Wasser zu finden.

Der Strecke zum nächsten Brunnen ist eine wellblechartige Piste. Schon nach kurzer Zeit sehnt man sich nach den Sanddünen zurück und hofft auf das Ende der Schüttelei.

981,4	838,1	*Starpicket* (im Querschnitt sternförmiger Stahlpfosten) *NIBIL C 524* links

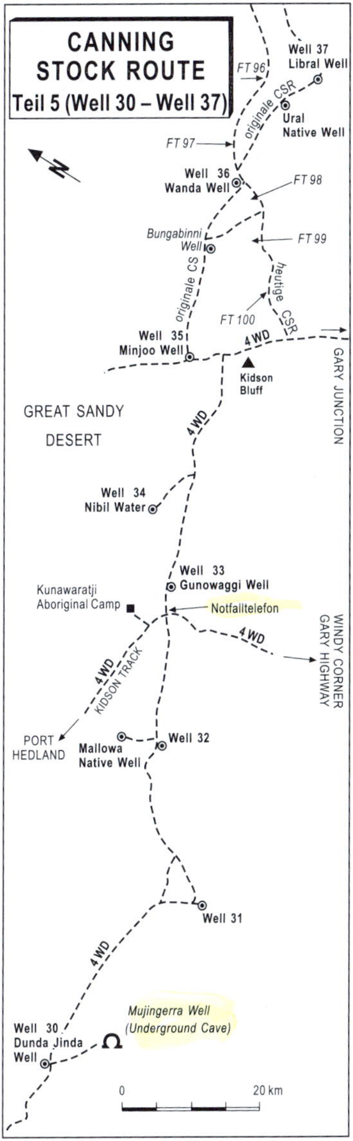

CANNING STOCK ROUTE
Teil 5 (Well 30 – Well 37)

FT 96

Well 37
Libral Well

originale CSR

FT 97

Ural
Native Well

Well 36
Wanda Well

FT 98

Bungabinni
Well

FT 99

originale CS

heutige CSR

FT 100

4 WD

GARY JUNCTION

Well 35
Minjoo Well

Kidson
Bluff

GREAT SANDY
DESERT

4 WD

Well 34
Nibil Water

Well 33
Gunowaggi Well

Kunawaratji
Aboriginal Camp

Notfalltelefon

4 WD

KIDSON TRACK

4 WD

WINDY CORNER
GARY HIGHWAY

PORT
HEDLAND

Mallowa
Native Well

Well 32

4 WD

Well 31

Well 30
Dunda Jinda
Well

Mujingerra Well
(Underground Cave)

0   20 km

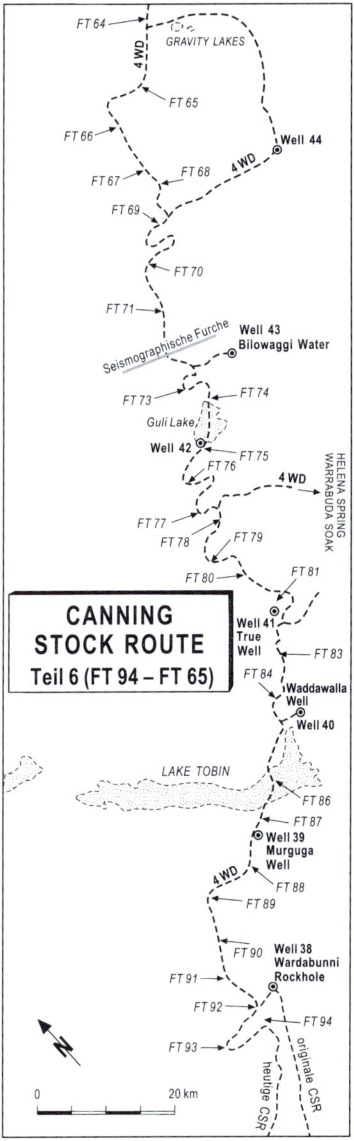

FT 64

GRAVITY LAKES

4 WD

FT 65

FT 66

Well 44

FT 67

FT 68

4 WD

FT 69

FT 70

FT 71

Seismographische Furche

Well 43
Bilowaggi Water

FT 73

FT 74

Guli Lake

Well 42

FT 75

FT 76

4 WD

HELENA SPRING
WARRABUDA SOAK

FT 77

FT 78

FT 79

FT 80

FT 81

CANNING STOCK ROUTE
Teil 6 (FT 94 – FT 65)

Well 41
True Well

FT 83

FT 84

Waddawalla
Well

Well 40

LAKE TOBIN

FT 86

FT 87

Well 39
Murguga
Well

4 WD

FT 88

FT 89

FT 90

Well 38
Wardabunni
Rockhole

FT 91

FT 92

FT 94

FT 93

originale CSR

heutige CSR

0   20 km

347

984,9	834,6	Kreuzung: geradeaus *CSR*; Abzweigung links ist der *Kidson Track* nach *Port Hedland* (910 km); rechts ist die *Wapet Road* zu *Kidson Airstrip* (60 km), *Windy Corner* und *Gary Highway* (75 km; → Streckenbeschreibung 17.3 und 17.4).

Wer genug hat von Einsamkeit, Sand, Dünen, Wildnis und Fliegen, hat hier die Möglichkeit, die Canning Stock Route in zwei Richtungen zu verlassen: entweder in Richtung Meer oder nach Alice Springs via Sandy Blight Junction oder Gunbarrel Highway (→ Streckenbeschreibung 15, Gunbarrel Highway). An der Kreuzung steht ein Notfall-Telefon. Am Kidson Track liegt knapp 4 km von der Kreuzung entfernt die kleine Ureinwohnersiedlung *Kunawarritji*. Niemand sollte auf die Idee kommen, am Wassertank der Bewohner die Wasservorräte aufzufüllen, denn die Menschen haben gerade genug, um sich selbst zu versorgen. Allerdings besteht die Möglichkeit, auch hier den Treibstoffvorrat aufzufüllen; dazu muss man 2–3 Wochen vorher anrufen und den Treibstoff in 200-l-Fässern bestellen (→ Streckenbeschreibung 17.3).

988,5	831,0	*Well 33/Kunawaraiji* rechts

Das Wasser des Brunnens ist in der Regel von so guter Qualität, dass man hier getrost die Trinkwasservorräte auffüllen kann. Ein Windrad pumpt das kostbare Nass in ein aufgestelltes Fass. Buschähnliche Papierrindenbäume umgeben den Brunnen. 1986 pumpte die Armee den 7 m tiefen Brunnen vollständig leer und reinigte ihn. Man förderte u. a. über tausend Vogelschädel, hundert Töpfe *(billies)* und zahlreiche verrostete Eimer zutage. Auch jetzt muss immer wieder mit Verunreinigungen gerechnet werden. Bei unserer Reise 1993 war das Wasser jedoch einwandfrei und hatte einer Riech- und Geschmacksprobe standgehalten.

Die Schüttelei geht unvermindert weiter, da sich der Zustand der Piste seit Brunnen 32 nicht geändert hat. Dennoch kommt man gut voran und erreicht eine Durchschnittsgeschwindigkeit von 60 km/h. Papierrindenbäume wechseln mit Eukalypten *(coolabahs)* ab.

994,9	824,6	*Starpicket NIBIL C 548* rechts
998,1	821,4	*Starpicket NIBIL C 554* rechts
1001,4	818,1	*Starpicket NIBIL C 560* rechts
1008,0	811,5	Geradeaus *CSR*; Abzweigung links zu *Well 34/Nyipily* bzw. *Nibil* (5,2 km; GPS: 22°15'49"S – 124°02'59"E)

		Die Aborigines hier nannten die Gegend „Nyipily". *Canning* dagegen benutzte den Namen „Nibil". Akazien umsäumen den versandeten Brunnen, der an der Westseite einer flachen Pfanne liegt. Die Piste gleicht nach wie vor einem Waschbrett.
1024,1	795,4	T-Kreuzung: links auf der ursprünglichen *CSR* zu *Well 35* fahren (4 km); rechts ist der heutige Streckenverlauf der *CSR* zu *Well 36* (→ Alternativstrecke: Heutige Canning Stock Route von der Abzweigung zu Well 35 bis zur Abzweigung von Well 38).

Im Januar 1989 folgten einige Leute aus Victoria den Spuren *Cannings* und legten wieder eine Direktverbindung von *Well 35* zu *Well 36* und weiter zu *Well 37* und *Well 38* an, die größtenteils der ursprünglichen Route folgt. Will man die genannten Brunnen besichtigen, spart man zum einen auf dieser Verbindung 45 km, zum anderen ist sie wesentlich interessanter als die heutige Route; sie führt, vorbei an *Bungabinni Native Soak*, durch regelrechte Wälder von Wüstenkasuarinen, die sich bis *Well 37* erstrecken.

Alternativstrecke:

Heutige Canning Stock Route von der Abzweigung zu Well 35 bis zur Abzweigung von Well 38 (♦)

0	81,0	T-Kreuzung: rechts auf die *CSR* fahren; links zu *Well 35* (4 km)
9,2	71,8	Links *CSR*; geradeaus zu *Gary Junction* und zum *Gary Highway*
16,7	64,3	*Marker FT 100* links
24,7	56,3	*Marker FT 99* links
31,2	49,8	Geradeaus *CSR*; Abzweigung links zu *Bungabinni Native Well* (9 km; GPS: 22°09'22"S – 125°11'48"E) und zur ursprünglichen *CSR*
32,4	48,6	*Marker FT 98* links
34,9	46,1	Verlassener Anhänger links
35,8	45,2	Weggabelung: rechts *CSR*; links zu *Well 36* (1 km; → KM 1059,7)
37,1	43,9	Geradeaus *CSR*; Abzweigung rechts zu *Well 37* (22 km; → KM 1082,2) und auf der ursprünglichen *CSR* weiter bis *Well 38*
39,8	41,2	*Marker FT 97* links
48,6	32,4	*Marker FT 96* links
55,6	25,4	Steinhaufen *(cairn)* rechts
64,7	16,3	*Marker FT 94* rechts
72,7	8,3	*Marker FT 93* links

Strecken 16–17

Strecke 18

Strecken 20–21

Strecken 22–23

Strecken 24–25

Anhang

| 81,0 | 0 | Geradeaus *CSR*; Abzweigung rechts zu *Well 38* (2,5 km; → KM 1111,9) und über die ursprüngliche *CSR* zu *Well 37, 36* und *35* |

Weiterfahrt auf der Hauptstrecke

| 1028,4 | 791,1 | Weggabelung: rechts auf der ursprünglichen *CSR* weiterfahren; links zu *Well 35/Kinyo* (30 m); Hinweisschild: *to Well 36 (32 km) via Bungabinni Native Well (20,3 km)* |

Der Brunnen lieferte mehr als 6.800 Liter Wasser in der Stunde und war etwa 5 Meter tief. Für *Snell* war es der letzte Brunnen, den er restaurierte, bevor er aufgab und nach *Meekatharra* zurückkehrte. Aus dem Brunnen ragt heute ein PVC-Rohr, durch das verdrecktes Wasser hochgeholt werden kann. Etwa 6 m hinter dem Rohr liegt das natürliche Wasserloch *(native soak)* der Aborigines, von dem der Brunnen seinen Namen hat. Hier, wie auch in der Nähe des Brunnens, gedeihen die feuchtigkeitsliebenden Papierrindenbäume. Ab etwa 1 km weiter nördlich auf der Strecke bestimmen dann Wüstenkasuarinen das Landschaftsbild. Hier und da wachsen Eukalyptusbäume auf den Dünenkämmen und in den Tälern. Bis zum nächsten Brunnen sind 34 Sanddünen zu überqueren. Die Dünen liegen so unregelmäßig verteilt, dass es ständig rauf und runter, rechts und links geht. Dabei ist leicht die Orientierung zu verlieren.

| 1048,2 | 771,3 | *Bungabinni Native Soak* rechts (GPS: 22°09'50"S – 125°11'80"E); Hinweisschild links: *Well 36* (11,7 km) |

Das Wasserloch inmitten von Papierrindenbäumen wurde von *Peter Vernon* und den *Breakaway Adventurers*, einer Gruppe von Freiwilligen, bei der Wiederherstellung der Direktverbindung von *Well 35* zu *Well 36* am 11. Januar 1989 komplett gesäubert, mit einer Holzumrandung, einer Abdeckung und einem Wasserkübel versehen. Außerdem hinterließen sie ein Besucherbuch, in das man einige Grußworte und nützliche, aktuelle Informationen zur Strecke schreiben kann. Datum nicht vergessen!

| 1049,3 | 770,2 | Weggabelung: links auf der ursprünglichen *CSR* zu *Well 36* (10,6 km) fahren; rechts geht zum heutigen Streckenverlauf der *CSR* (8,8 km) |

| 1059,7 | 759,8 | *Well 36/Kirlkirl* rechts (GPS: 22°08'23"S – 125°16'59"E) |

Brunnen 36 liefert auch heute noch gutes, wenn auch warmes Wasser (20 °C). Wer hier campen will, sollte sich – besonders im Winter – auf kühle Nächte einstellen. Die topografische Besonderheit dieses offenen Geländes lässt die Luft sehr schnell abkühlen, denn schützende, wärmespeichernde Dünen fehlen. Auf dem weiteren Weg, der durch großflächige Wälder von Wüstenkasuarinen führt, muss man acht Dünen überwinden, bevor man den nächsten Brunnen erreicht.

1060,6	758,9	T-Kreuzung: links auf die *CSR* fahren; rechts *CSR* zu *Well 35*
1061,9	757,6	Abzweigung rechts auf der ursprünglichen *CSR* zu *Well 37* und *Well 38* nehmen; geradeaus auf dem heutigen Streckenverlauf der *CSR* zu *Well 38*
1072,6	746,9	Geradeaus fahren; Abzweigung rechts zu *Ural Native Soak*

Die Wasserstelle liegt verborgen hinter Büschen in der Südwestecke der Lehmpfanne.

Well 37 – Der „Spukbrunnen"

Dieser Brunnen erlangte traurige Berühmtheit, denn hier wurden im April 1911 die Viehtreiber *Shoesmith* und *Thompson* mit ihrem eingeborenen Begleiter *Chinaman* und im September 1922 der Ölsucher *McLernon* von Aborigines getötet. Thompson und Chinaman hatten sie vermutlich im Schlaf erschlagen. Shoesmith, wohl auf Wache, fand man etwas weiter entfernt. Sein Hals war von einem Speer durchbohrt und der Körper in zwei Teile gehackt. Gefunden und begraben hatte die Leichen zwei Monate später *Tom Cole*, der mit seiner Rinderherde in Richtung Süden unterwegs war. Die Gräber, von *George Lanagan* 1940 neu markiert, kann man etwa 50 bis 60 m nördlich vom Brunnen besuchen.

John V. McLernon war Ende 1921 mit einer Gruppe von insgesamt neun Leuten, darunter die beiden Geologen *Leo Jones* und *Bill Turner*, auf der Viehtreiberroute unterwegs, um nach Öl zu suchen. An Brunnen 37 errichteten sie ein Basislager. In der Nacht des 4. September lagerten McLernon, Turner und Jones auf einem ihrer kurzen Erkundungstrips östlich des Camps, wo sie überfallen wurden. Aborigines schlugen McLernon im Schlaf den Schädel ein, Jones wurde schwer verwundet. Turner schlief etwas abseits der beiden und eröffnete das Feuer. Daraufhin flüchteten die Aborigines. Erst im Morgengrauen konnten Turner und Jones zum Basislager zurückkehren. Man begrub McLernon unter einer Wüstenkasuarine, etwa 240 m entfernt vom Brunnen, und versah den Baum mit seinen Initialen und Datum.

In den 1970er-Jahren – mit dem aufkommenden Tourismus auf der Canning Stock Route – berichtete man von unheimlichen Begegnungen mit den Unglückseligen, die aus ihren Gräbern stiegen. Die Geister der Ermordeten würden nachts umherirren und nach Vergeltung suchen. Aufgrund dieser Schauergeschichten campte niemand gern an Brunnen 27. Es dauerte nicht lange, und der Brunnen erhielt den Namen „Spukbrunnen" *(haunted well)*.

Strecken 13–15

Strecken 16–17

Strecke 18

Strecken 20–21

Strecken *2–23

Strecken 24–25

Anhang

1082,2	737,3	Abzweigung links zu *Well 38* nehmen (29,7 km); geradeaus zu *Well 37/Lipuru* (250 m; GPS: 22°09'16"S – 125°27'31"E)
		Außer der Holzumzäunung ist fast noch alles vom Brunnen intakt. Nach wie vor liefert er frisches Trinkwasser (→ Artikel: Well 37 – Der „Spukbrunnen"). Von hier geht es seit Januar 1989 direkt weiter zur 38. Wasserstelle. Dabei sind auf diesem Stück 42 Dünen zu überwinden.
1111,8	707,7	Hinweisschild für entgegengesetzte Richtung links: zu *Well 37* via *Wandabura Rockhole* (11 km)
1111,9	707,6	*Well 38/Wardabunni Rockhole* links (GPS: 21°57'02"S – 125°32'26"E)
		Diese Wasserstelle in einem Flussbett ist außer nach langen, kräftigen Regenfällen meistens trocken. Ist jedoch Wasser vorhanden, stellt sich in den Eukalypten (hier: *snappy gums*) am Wasserloch ein buntes und zwitscherndes Leben ein. Hunderte von Finken und Wellensittichen flattern dann herum. Bei eingehender Betrachtung der Felsenwände kann man hier und da Initialen einiger Abenteurer und Pioniere entdecken, wie z. B. von *Hubert Stanslake Trotman* (H.S.T.), Mitglied in Cannings Expedition 1906 (→ Artikel: Eine Reise durch die Geschichte – Canning Stock Route). Einen guten Platz zum Campen findet man unter den 300 m entfernten Eukalypten (hier: *cabbage gums*).
		Von *Wardabunni Rockhole* bis Brunnen 39 sind es 33 Dünen. Die meisten Dünenkämme sind mit Blutharz-Eukalypten *(bloodwoods)* bewachsen.
1113,7	705,8	*creek*
1114,4	705,1	T-Kreuzung: rechts auf *CSR* zu *Well 39* fahren; links *CSR* zu *Well 36*; *Marker FT 92* links; Hinweisschild rechts.
		Ab hier befährt man wieder die Strecke der heutigen *CSR*.
1120,0	699,5	*Marker FT 90* rechts
1127,4	692,1	Geradeaus *CSR*; Abzweigung links zu einem Felsenplateau; 100 m weiter steht rechts *Marker FT 89*
		Wer einen sehr schönen Panoramablick genießen möchte, sollte sich die Mühe machen und das Plateau erklimmen.
1128,4	691,1	Geradeaus *CSR*; Wegeinmündung von links
1136,3	683,2	*Marker FT 88* rechts
1141,7	677,8	*Well 39/Murguga* rechts (GPS: 21°46'02"S – 125°39'06"E)
		Knapp 5 m tief ließ *Canning* diesen Brunnen, der ein Fassungsvermögen von 6.500 Litern hatte, ausheben.

Willkommen im Outback

oben: Maree Hotel und Pub (➤ Route 4)
unten: Rainbow Valley am Stuart Highway (➤ Route 5)

oben: Der legendäre Ghan mitten durchs Outback (➤ Route 6)
unten: Die Devils Marbles am Stuart Highway sind einen Abstecher wert (➤ Route 6)

Glen Helen Gorge in den sich weit erstreckenden McDonnell Ranges (➤ Route 9)

oben: Uluru, das Heiligtum der Aborigines, erhebt sich majestätisch über die Ebene (➤ Route 9)
unten: Die Kuppeln der Kata Tjuta, bekannt auch als Olgas (➤ Route 9)

Im Grenzstädtchen Border Town sieht man, wie weit die Heimat entfernt ist (➤ Route 13)

oben: Der Indian Pacific verbindet Melbourne mit Perth und verläuft streckenweise parallel zum Eyre Highway (➤ Route 14)
unten: Vom Weg abgekommen? (➤ Route 14)

Heute ist er nicht mehr so tief, liefert aber immer noch Wasser, das im Notfall auch genießbar ist.

Bis zum nächsten Brunnen gilt es, weitere acht Sanddünen zu überwinden.

1143,4	676,1	*Marker FT 87* rechts
1146,3	673,2	Steinhaufen rechts
1146,5	673,0	Beginn bzw. Ende der Durchquerung von *Lake Tobin*

Natürlich ist wieder Vorsicht bei der Durchquerung geboten. 200 m vor dem Nordufer kann es nach Regenfällen besonders schlammig werden.

1159,2	660,3	Ende bzw. Beginn der Durchquerung von *Lake Tobin*; Hinweisschild: *Tobin Lake*
1161,7	657,8	T-Kreuzung: links *CSR* zu *Well 41*; rechts zu *Well 40/ Waddawalla* (2,4 km; GPS: 21°40'03"S – 125°47'19"E)

Auch an diesem Brunnen hat sich eine traurige Geschichte zugetragen: Am 5. April 1907 brachten sich *Michael Tobin* und ein hier lebender Ureinwohner gegenseitig um. Während Tobin vom Speer schwer verletzt wurde, erlag der Eingeborene noch am Ort seinen Schussverletzungen. Wie es zu der Auseinandersetzung kam, ist bis heute unklar. Tobin starb einen Tag später und wurde 250 m entfernt (Kompasskurs 67°) auf einer Anhöhe begraben (→ Artikel: Eine Reise durch die Geschichte – Canning Stock Route). Minengesellschaften stifteten das heutige Grabkreuz, und 1987 wurde in privater Initiative das Grab eingefriedet.

Der Name „Waddawalla" rührt vom 15 m entfernten Wasserloch her *(native soak)*, das versteckt unter Papierrindenbäumen liegt, aber völlig versandet ist.

Vom Brunnen sind lediglich Abdeckung und Tränke geblieben. Bis Brunnen 41 sind es weitere dreizehn Sanddünen.

1165,9	653,6	*Marker FT 84* links
1173,9	645,6	*Marker FT 83* rechts
1179,2	640,3	Altes, zurückgelassenes Planierfahrzeug rechts
1184,3	635,2	Kreuzung: geradeaus fahren; Abzweigung rechts zu *Helena Springs* (55 km); Abzweigung links ist eine seismische Furche *(seismic line)* – die Spuren vieler Minengesellschaften, die hier nach Erdöl und Erdgas suchten (Hinweisschild rechts). Oft mehrere Meter breit, beginnen sie plötzlich und verschwinden auch wieder so. Hier hat man künstliche Erdbebenwellen erzeugt, die sich in infolge der unterschiedlichen Beschaffenheit des Untergrundes in verschiedener

Strecken 13–15

Strecken 16–17

Strecke 18

Strecken 20–21

Strecken 22–23

Strecken 24–25

Anhang

		Schnelligkeit ausbreiten und somit Rückschlüsse auf mögliche Lagerstätten zulassen.
		Wer nach *Helena Springs* möchte, von *David Carnegie* „Perle der Wüste" genannt, kann hier abbiegen. Der Rundtrip über *Helena Springs* und *Warrabuda Soak* ist etwa 200 km lang. Auf die *CSR* trifft man dann entweder bei KM 1219,3 (Warrabuda Soak) oder KM 1266,4 (Helena Springs).
1185,7	633,8	Geradeaus *CSR*; Abzweigung links zu *Well 41/Tiru* (1,9 km; GPS: 21°33'12"S – 125°50'52"E)
		Dieser Brunnen liegt mitten in einer 500 mal 200 m großen Lehmpfanne, in der Papierrindenbäume wachsen. Die Brunnenumzäunung ist stark beschädigt.
		Von *Well 41* bis *Well 42* sind 32 Dünen zu überwinden, darunter nach etwa 22 km auch die höchste (17 m) auf der gesamten Strecke. Nach etwa 34 km trifft man auf eine nur unwesentlich niedrigere Düne. Die Strecke zwischen *Well 41* und *Well 42* ist zugleich die längste zwischen zwei Brunnen, wobei der Verlauf nicht der ursprünglichen Route folgt.
1190,7	628,8	*Marker FT 81* links
1191,1	621,3	Geradeaus *CSR*; Abzweigung rechts zu *Gunowarba Native Well* (11 km)
1198,6	620,9	*Marker FT 80* links
1207,3	612,2	*Marker FT 79* rechts
1215,8	603,7	*Marker FT 78* rechts
1219,3	600,2	Geradeaus *CSR* zu *Well 42;* Abzweigung rechts via *Warrabuda Soak* (28 km; GPS: 21°22'05"S – 125°59'24"E) zu *Helena Spring* (87 km; GPS: 21°20'24"S – 126°33'56"E); Hinweisschild rechts (→ KM 1184,3)
1230,9	588,6	*Marker FT 76* rechts
1239,2	580,3	*Marker FT 75* rechts
1241,6	577,9	*Water Tank No. 42* (GPS: 21°18'55"S – 125°52'58"E) und *Guli Lake* links
		Von dem Brunnen, der einmal bestes Trinkwasser lieferte, ist heute kaum noch etwas übrig geblieben. Rücksichtslos haben Reisende die gesamte Holzumzäunung für Lagerfeuer benutzt. Früher bevölkerten Tausende von Zebrafinken und Wellensittichen die Papierrindenbäume hier, die ebenfalls als Brennholz herhalten mussten. Mit dem Verschwinden der Schatten spendenden Bäume blieben schließlich Vögel und auch Dingos aus. Heute ist der Brunnen ganz mit Sand gefüllt.

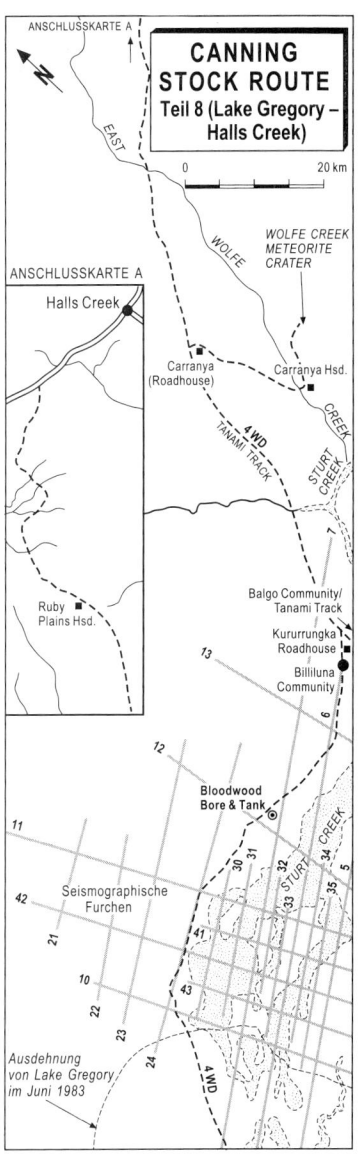

Auf dem Weg zum nächsten Brunnen überquert man drei Dünen. Zuvor führt die Strecke für knapp 5 km durch *Guli Lake*, der nur nach starkem Regen Wasser führt. Vorsicht ist aber immer geboten, da die Oberfläche schon nach leichten Niederschlägen aufweicht, und man sich leicht festfahren kann.

1241,8	577,7	Hinweisschild rechts: *Guli Lake*
1247,2	572,3	Hinweisschild rechts: *Guli Lake*
1248,4	571,1	*Marker FT 74* links
1256,9	562,6	*Marker FT 73* rechts
1260,1	559,4	T-Kreuzung: links *CSR*; rechts zu *Well 43/Billowaggi* (3,7 km; GPS: 21°12'48"S – 125°58'25"E)

Der ehemalige Brunnen zeigt sich lediglich als Loch in der Erde. Wasser ist hier nicht mehr zu finden. Ausgerüstet mit einer guten topografischen Karte und einem Kompass kann man von hier direkt zu *Well 44* und von dort zu *Well 45* fahren, allerdings querfeldein *(cross-country)*. Die Entfernung beträgt bis *Well 44* etwa 32 km: vom Brunnen zunächst für 21,7 km auf Kompasskurs 35° fahren und dann Kompasskurs 27° bis Brunnen 44. Ohne Kompass kann man noch von *Well 45* zu *Well 46* auf der ursprünglichen Strecke der *CSR* fahren.

Bis zur Abzweigung zu Brunnen 44 sind es 33 Sanddünen.

1266,4	553,1	Kreuzung: geradeaus *CSR*; rechts zu *Helena Springs*; links ist eine seismische Furche (→ KM 1184,3)
1273,4	546,1	*Marker FT 71* links
1281,8	537,7	*Marker FT 70* rechts
1285,3	534,2	Überreste eines Motorrads und Anhängers rechts
1290,6	528,9	*Marker FT 69* links
1292,9	526,6	Geradeaus *CSR*; Abzweigung rechts zu *Well 44* (17 km; GPS: 21°00'50"S – 126°08'59"E)

Der weit von der Strecke entfernte Brunnen wird selten besucht, da 1976 ein Feuer die ohnehin spärlichen Überreste völlig zerstörte und lediglich ein Loch im Wüstenboden zurückblieb. Von hier jedoch kann man auch querfeldein zum nächsten Brunnen fahren: für 3,2 km zunächst auf Kompasskurs 25° bis zu *Jimberingga Claypan* fahren, dann für 11 km auf Kompasskurs 347° bis zu *Pijalinga Claypan* und anschließend für weitere 11 km auf Kompasskurs 10° bis *Well 45*.

Ohne topografische Karte und Kompass sollte man auf dieses Abenteuer jedoch lieber verzichten.

Bis zum nächsten Brunnen sind es 31 Dünen.

1293,9	525,6	*Marker NMF 260* links

1301,0	518,5	*Marker FT 68* rechts
1314,7	504,8	*Marker FT 67* links
1322,0	497,5	*Marker FT 66* links
1329,5	490,0	*Marker FT 65* rechts
1335,7	483,8	Geradeaus *CSR*; Abzweigung rechts zu *Gravity Lake*
1337,4	482,1	*Marker FT 64* links
1350,8	468,7	*Well 45/Tjinditjindi* rechts (GPS: 20°47'37"S – 126°10'29"E); Abzweigung links auf der ursprünglichen *CSR* zu *Well 46* nehmen; Hinweisschild links: *Well 46* – 24,5 km; geradeaus *CSR* (→ Alternativstrecke: Heutiger Streckenverlauf der Canning Stock Route ab Well 45 bis zur Abzweigung von Well 47 (bei Marker FT 54)
		Der Brunnen wird selten besucht, da er vollständig eingefallen ist. Außerdem ist das brackige Wasser ungenießbar. Ab hier empfiehlt es sich, der ursprünglichen Strecke zu folgen, wenn man *Well 46* und *Well 47* besichtigen und dabei einige Kilometer sparen will. Die Dünen, die immer kleiner werden, deuten auf das baldige Ende der Wüste hin.

Alternativstrecke:
Heutiger Streckenverlauf der Canning Stock Route ab Well 45 bis zur Abzweigung von Well 47 bei Marker FT 54 (✦)

Der felsige *track* zu *Well 47* ist schwierig.

0	63,7	*Well 45* rechts
0,5	63,2	*Marker FT 62* links
19,5	44,2	*Marker FT 60* rechts
20,0	43,7	*Mt. Ford* rechts
31,2	32,5	Geradeaus *CSR*; Abzweigung links zu *Well 46* (14,6 km; → KM 1373,9)
36,7	27,0	*Marker FT 58* rechts
45,3	18,4	*Marker FT 57* links
46,6	17,1	*Mt. Stewart* rechts
53,5	10,2	*Marker FT 56* rechts
58,5	5,2	*Marker FT 55* rechts
60,4	3,3	*Mt. Romilly* rechts
63,7	0	Geradeaus *CSR*; Abzweigung links zu *Well 47* (25,7 km; → KM 1403,1)

Weiterfahrt auf der Hauptstrecke

1373,9	445,6	*Well 46/Kotjowari* (*Kuduarra*) links (GPS: 20°38'31"S – 126°17'15"E)
		Dieser Brunnen liegt in einer weiten Grasebene, nahe einem See, aus dem weißrindige Eukalypten ragen, die sich im flachen Wasser spiegeln – zweifelsfrei eine der schönsten Landschaften an der Canning Stock

Strecken 13–15

Strecken 16–17

Strecke 18

Strecken 20–21

Strecken 22–23

Strecken 24–25

Anhang

Route. Häufig kann man Wat- und Stelzvögel, wie Reiher, beobachten. Westlich des Brunnens dominieren Mulgas und Eukalypten, während östlich und südlich Honigmyrthen *(tea trees)*, Blutharzeukalypten *(bloodwoods)* und Spinifex überwiegen. *Well 46* bietet ideale Plätze zum Campen. Er ist im Januar 1991 restauriert worden und liefert erstklassiges Trinkwasser. 100 m vom Brunnen entfernt steht ein Hinweisschild, das die Richtung zu *Well 47* angibt *(Dave Morton's Track to 47: Follow track 13,2 km thru N.W. & go 4,5 km to Gravity Base Jctn. Turn north & go 11,0 km along shotline to track. West is to Well 47: 3,6 km; east to main track: 22,4 km).* Ab hier sind noch einmal 25 Sanddünen zu überqueren, bevor *Well 47* erreicht ist.

1374,0	445,5	Weggabelung: links fahren; Hinweisschild; rechts zur *CSR* zurück.
1387,2	432,3	T-Kreuzung: links fahren zu *Well 47* (19,1 km); rechts ist eine seismische Furche.
1389,8	429,7	*Starpicket* links
1391,9	427,6	Abzweigung rechts nehmen (Hinweisschild); der Weg geradeaus ist durch alte Benzinfässer blockiert.
1394,4	425,1	*Starpicket* links
1403,1	416,4	Kreuzung: rechts fahren (Hinweisschild); links zu *Well 47/Kardalapuru* (3,6 km; GPS: 20°25'50"S – 126°17'30"E); geradeaus ist eine seismische Furche. Der Brunnen ist lediglich ein riesiges 8 m tiefes Loch inmitten von Eukalypten und Akazien. Wasser findet man kaum, obwohl der Brunnen einst eine Speicherkapazität von 6.800 Litern hatte und mehr als 5.000 Liter in der Stunde förderte. Von hier führt der Weg zurück auf die heutige Strecke der Canning Stock Route. Bis Brunnen 48 sind es nur sechs kleinere Dünen. Wer möchte, kann auch hier querfeldein direkt zu Brunnen 48 fahren (Kompasskurs 48°), natürlich nur mit Kompass und topografischen Karten!
1425,2	394,3	T-Kreuzung: links *CSR* zu *Well 48;* rechts *CSR* zu *Well 45*
1425,3	394,2	*Marker FT 54* rechts
1428,6	390,9	*creek*
1449,1	370,4	*Marker FT 51* rechts
1449,8	369,7	T-Kreuzung: links *CSR;* rechts zu *Breaden Pool* und *Godfrey's Tank* (4,6 km)

Beide Wasserstellen liegen in den *Breaden Hills*, auch „Southesk Tablelands" genannt. Die letzten 200 m zu *Breaden Pool*, malerisch in einer Felsennische gele-

Strecke 18: Canning Stock Route

Strecke 13–15

Strecken 16–17

Strecken 20–21

Strecke 18

Strecken 22–23

Strecken 24–25

Anhang

gen, sind zu Fuß zurückzulegen. Von hier aus geht es auf dem Plateau in nordwestlicher Richtung weiter, bis man auf einen *creek* trifft. Wer dem felsigen Bett folgt, trifft auf *Godfrey's Tank*. Er wird von einem kleinen Wasserfall, der leider nur selten fließt, gespeist und fasst mehr als 180.000 Liter Wasser, ist aber die meiste Zeit trocken. Die rußgeschwärzten Wände der überhängenden Felsen zeugen davon, dass Aborigines auch heute noch diese Gegend besuchen. Vom Plateau kann man einen herrlichen Ausblick auf *Breaden Hills* und Umgebung genießen (GPS Breaden Pool-Parkplatz: 20°14'77"S – 126°34'18"E).

1451,3	368,2	Geradeaus *CSR*; Abzweigung links zu *Well 48/Koningara* (500 m; GPS: 20°14'54"S – 126°31'23"E)

Der mittlerweile versandete Brunnen führte einst wenig, aber erstklassiges Wasser. Von seiner Konstruktion und den früher hier wachsenden Papierrindenbäumen und kleinen Eukalypten ist kaum noch etwas zu sehen. Die mühseligen Dünenüberquerungen sind jetzt vorbei, denn ab hier verläuft die Piste parallel zu den Dünen. Besonders westlich von *Breaden Hills* ist sie ausgewaschen, und das ablaufende

Frisches Wasser an Brunnen 64

		Wasser hat tiefe, quer zur Fahrbahn verlaufende Rinnen gegraben.
1455,7	363,8	*Marker FT 50* links
1456,4	363,1	*creek*
1461,5	358,0	*Marker FT 49* rechts
1461,8	357,7	*Mt. Ernest* links
1464,1	355,4	*creek*
1467,6	351,9	*Marker FT 48* rechts
1474,2	345,3	*Marker FT 47* links
1474,9	344,6	*Well 49/Lumba* rechts (GPS: 20°09'51"S – 126°40'52"E)

Auch hier kann man Trinkwasser auffüllen. Inmitten von Papierrindenbäumen gelegen, ist Brunnen 49 einer der am besten erhaltenen Brunnen auf der Strecke.

Der sandige *track* ist von nun an gut zu befahren, und man kommt schnell voran.

| 1481,1 | 338,4 | Hinweisschild rechts: „NOTICE TO TRAVELLERS" (Sicherheitshinweise lesen!) |

Unter den Wüstenkasuarinen hier kann man sehr gut ein letztes Mal fern jeglicher Zivilisation übernachten (GPS: 20°10'30"S – 126°44'58"E).

| 1490,8 | 328,7 | *Minnie Range* links |
| 1507,3 | 312,2 | Geradeaus fahren; Abzweigung rechts zu *Well 50/ Tjgan* (2 km; GPS: 20°12'23"S – 126°57'52"E) |

Eine große Senke und ein paar Pfosten sind alles, was vom 19 m tiefen Brunnen 50 übrig geblieben ist. Der *track* führt nun durch überwiegend flaches Gebiet mit Akazien, Korkholz *(corkwood)* und vereinzelten Eukalypten.

1514,8	304,7	Rechts trifft kaum erkennbar (nur durch einen Eisenpfosten markiert) die Trasse von *Cornish Line A* auf die *CSR*.
1524,1	295,4	*Starpicket* rechts
1526,4	293,1	Kreuzung: geradeaus *CSR*; Abzweigung rechts ist die Trasse von *seismic line 8,* Beginn einer möglichen Umgehung von *Lake Gregory* (→ Umgehung von *Lake Gregory*); links ist ebenfalls eine seismische Furche, die nordöstlich im Sande verläuft!

Umgehung von Lake Gregory (✦)

Lake Gregory ist ein System vieler Seen, die sich während der Regenzeit füllen und ein riesiges Gebiet überfluten (auch *Well 51*). Gespeist werden diese Seen von *Sturt Creek,* der sich nur alle drei bis vier Jahre füllt und dann Überflutungsbreiten von 8 bis 10 km erreicht! Während der Trockenzeit bleiben ständig gefüllte *pools* und Wasserlöcher zurück. Die Umgehung der Seenlandschaft ist nicht ganz einfach. Auf unserer Reise folgten wir den Spuren von Fahrzeugen, die zwei Tage vorher hier und da Markierungen und Wegweiser hinterlassen hatten. Wo wir keinerlei Orientierungspunkte finden konnten, folgten wir ihren Reifenspuren. Den anschließenden Streckenlog sollte man peinlichst genau befolgen, um sich nicht zu verirren. Zur Sicherheit bringt man an markanten Punkten Hinweise (kleine Fähnchen, Blechbüchsen etc.) an, um zurückzufinden, falls man sich doch nicht mehr orientieren kann. Die Wegweiser hoch genug anbringen, um sie später nicht zu übersehen! Zunächst folgt man *seismic line 8*. Später ist der Weg teilweise völlig weggespült oder überwachsen. Kratzer am Lack sind hier nicht zu vermeiden. Kompass und topografische Karten sind hilfreich, aber nicht unbedingt erforderlich. Kommt man an diese Stelle und der See ist überflutet, hat man keine andere Wahl, als die folgende Umgehung zu nehmen.

0	211,5	Kreuzung *CSR/line 8*; rechts auf die Trasse von *seismic line 8* fahren
3,5	208,0	geradeaus fahren; Wegeinmündung von rechts
9,1	202,4	Weggabelung: rechts fahren
17,4	194,1	*Starpicket AUG RB 81–8 SP 500* rechts
18,7	192,8	*Starpicket AUG RB 81–8 SP 518* rechts
22,0	189,5	*Starpicket AUG RB 81–8/RB 82–48 SP 315* rechts; *seismic lines 8* und *48* kreuzen sich; weiter auf Trasse 8 bleiben
24,4	187,1	*Starpicket AUG RB 81–8 SP 598* rechts
25,8	185,7	*Seismic lines 8* und *49* kreuzen sich; weiter auf Trasse 8 bleiben

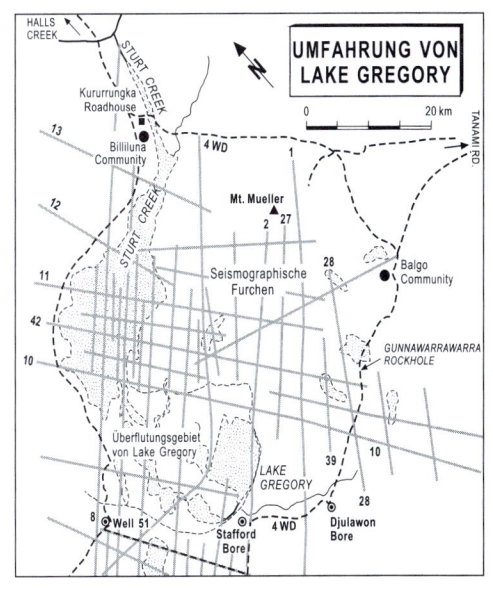

29,3	182,2	*Starpicket AUG RB 81–8 SP 666/RB 81–3 SP 244* links; *seismic lines 8* und *3* kreuzen sich; weiter auf Trasse 8 bleiben.
31,3	180,2	*Starpicket AUG RB 81–8 SP 698* links
36,6	174,9	*Starpicket AUG RB 81–8 SP 772/RB 81–2 SP 452* links; *seismic lines 8* und *2* kreuzen sich; links auf Trasse 2 (in Richtung Norden) fahren.
40,2	171,3	*Starpicket AUG RB 81–2 SP 600* links
42,3	169,2	Kreuzung: *Starpicket AUG RB 81–2 SP 628 SW 65 M*; Abzweigung rechts in Richtung *Balgo Community* nehmen; geradeaus geht es zu *Djaluwon Creek*.
43,6	167,9	Rechts abfahren; geradeaus geht es zur ehemaligen Flussdurchfahrt.
56,9	154,6	Kreuzung: geradeaus fahren; rechts und links ist die Trasse von *seismic line 1*.
59,5	152,0	Lehmpfanne; rechts umfahren
62,1	149,4	Abzweigung links nehmen; geradeaus geht es zu *Djaluwon Bore*.
69,3	142,2	Lehmpfanne
		Bevor der *track* auf die Lehmpfanne trifft, führt er an der Westseite eines niedrigen Bergrückens entlang. Nach ein paar hundert Metern in der Lehmpfanne muss man links abbiegen, um zu *Djaluwon Creek* zu gelangen, der nach weiteren 100 m schließlich durchquert wird. Oftmals haben Vorgänger an den Abzweigungen Markierungen angebracht (auf Stock mit Tüte, Steinhaufen, in den Sand gemalte Pfeile o. Ä. achten!).
69,7	141,8	*creek*
		Nach der Flussdurchfahrt ist die Piste für viele Kilometer völlig zugewachsen und man muss häufig neben dem ursprünglichen *track* entlangfahren.
91,8	119,7	*Starpicket* links
94,5	117,0	*Starpicket AUG RB 82–42* links; *seismic line 42* kreuzt den *track* (kaum erkennbar)
94,6	116,9	*Starpicket* rechts
98,4	113,1	*creek (Gunawarrawarra Rockhole)*
106,8	104,7	Gatter
108,7	102,8	Gatter
109,7	101,8	*creek*
121,9	89,6	*Balgo Community*
		In der Gemeinde leben etwa 500 Ureinwohner verschiedener Clans, die sich und ihr Dorf „Wirrumanu" nennen. Erst 1988 wurde eine Telefonverbindung zur Außenwelt eingerichtet. Heute ist die Gemeinde für ihre Künstlerkolonie und ein *Art Centre* bekannt, in dem Gemälde von zum Teil bekannten Aborigines-

Malern ausgestellt werden. Die *community* betreibt außerdem eine Fluggesellschaft *(Brolga Airlines)*, die Rundflüge z. B. über die Olgas und den Meteoritenkrater *Wolfe Creek* anbietet. Für den Besuch der Gemeinde ist eine Genehmigung *(permit)* erforderlich. Tanken kann man hier Mo–Fr 9–11.30 Uhr und 14–15.30 Uhr, Sa 9–11.30 Uhr.

127,1	84,4	Weggabelung: links in Richtung *Carranya Homestead* fahren (Ruine); rechts zur *Tanami Road*
162,0	49,5	Geradeaus fahren; Abzweigung links nach *Mt. Mueller* und *Mulan*
162,1	49,4	T-Kreuzung: links fahren; rechts ist der *Tanami Track* nach *Alice Springs* (→ Streckenbeschreibung 11, Tanami Track).
207,8	3,7	Geradeaus fahren; Abzweigung links zu *Billiluna Community;* GPS: 19°33'18"S – 127°39'42"E 1978 wurde die knapp 350 km² (!) große Farm Billiluna dem *Aboriginal Land Trust* verkauft. Mittlerweile bewirtschaften Aborigines die Farm und erzielen gute Gewinne, die *Mundiwungu Community* zufließen.
211,5	0	Geradeaus fahren; Abzweigung links via *Billiluna* auf der *CSR* zu *Well 51*

Weiterfahrt auf der Hauptstrecke

1530,5	289,0	*Well 51/Weriaddo* links (GPS: 20°08'54"S – 127°08'46"E)

Dies ist der letzte von *Canning* angelegte Brunnen auf der Canning Stock Route.

Wenn *Lake Gregory* über seine Ufer tritt, sind die Überreste dieses Brunnens nicht mehr zu sehen. Für Reisende, die die Strecke in Richtung Süden fahren, stehen jetzt insgesamt 48 Brunnenschächte, zwei Wassertanks, eine natürliche Wasserstelle in den Felsen (No. 38) und drei gefasste, mutmaßlich nie versiegende Quellen (*North Pool, Windich Springs* und *Killagurra*) auf dem Programm. *Albert Snell* baute neben den von *Canning* angelegten Brunnen noch weitere fünf (*Government Wells 4 A, 4 B, 17* und den neu errichteten *Well 31*).

Mit Brunnen 51 ist auch das Viehzuchtgebiet wieder erreicht, und Hinweise auf die nahe Zivilisation sind mehr als deutlich. Rechts und links münden alle paar Kilometer seismische Furchen in die Route.

1547,3	272,2	*seismic line 9* kreuzt; geradeaus *CSR*
1563,3	256,2	*seismic line 7* kreuzt; geradeaus *CSR*; Wegeinmündung von links

1583,2	236,3	*seismic line 10* kreuzt; Geradeaus fahren (*CSR/seismic line 24*); kurz dahinter führt links ein Weg zu *Chungla Well* (8 km; GPS: 19°46'33"S – 127°14'20"E) Für etwa 15 km folgt die Canning Stock Route der seismischen Furche 24.
1598,5	221,0	Wegeinmündung links von *Chungla Well* (11 km); geradeaus *CSR/seismic line 24*
1615,7	203,8	*Bloodwood Well* rechts (GPS: 19°41'26"S – 127°28'55"E)
1643,7	175,8	*Billiluna Community* rechts (→ Umgehung von *Lake Gregory* bei KM 1526,4)
1645,7	173,8	Weggabelung: links nach *Halls Creek* fahren; rechts zum *Tanami Track* und nach *Alice Springs* Hier endet die *Canning Stock Route* offiziell.
1688,5	131,0	Geradeaus fahren; Abzweigung rechts zu *Carranya Station* (16 km) und *Wolfe Creek Meteorite Crater* (23 km) *Carranya Station* wird ebenfalls von Aborigines geführt. Um zum Meteoritenkrater *Wolfe Creek*, dem zweitgrößten der Welt (größter ist *Canyon Diabolo Crater* in Arizona) zu gelangen, fährt man am alten Farmhaus vorbei. Häufig wird man dann von Aborigines angehalten, die Touristen anbetteln. Sieben Kilometer weiter befindet sich der Krater. Seine Maße: 25 m tief und 900 m im Durchmesser. Entstanden ist dieser Krater, so vermuten Wissenschaftler, vor rund einer Million Jahren, als ein zwischen 20.000 und 50.000 Tonnen schwerer Meteorit hier einschlug. Ursprünglich war das Loch, das er dabei in den Boden riss, 230 m tief. Im Laufe der Jahrtausende füllte es sich jedoch mit Sand. Der Kraterboden ist heute mit Spinifex, Eukalypten, Papierrindenbäumen und Sträuchern zugewachsen. Die Aborigines der *Balgo Community* nennen den Krater „Kandimalal".
1761,2	58,3	Geradeaus fahren; Abzweigung links zu *Ruby Plains Homestead*
1801,3	18,2	T-Kreuzung; rechts nach *Halls Creek* (18 km) fahren; links nach *Fitzroy Crossing* (282 km) Zum ersten Mal hat man nun – vielleicht seit Wochen – wieder Asphalt unter den Rädern.
1819,5	0	*Halls Creek*, Polizeistation (an- bzw. rückmelden!)

Halls Creek

(→ Streckenbeschreibung 11, Alice Springs – Halls Creek via Tanami Track)

Strecke 19
Newman – Dampier
(via Karijini- und Millstream-Chichester National Park)

- **Entfernung:** 620 km; max. Entfernung ohne Tankmöglichkeit: 233 km
- **Empfohlene Reisedauer:** 6 bis 7 Tage
- **Reine Fahrzeit:** 9 Stunden
- **Empfohlene Reisezeit:** das ganze Jahr über (beste Reisezeit Mai bis August)
- **Ab- und Rückmeldung:** nicht erforderlich
- **Ausrüstung:** Geländewagen (4-WD) mit Grundausrüstung bei Wagen und Werkzeug; bei guten Wetterbedingungen ist die Strecke auch langsam mit Pkw zu befahren, für Campmobile und Motorhomes ist sie jedoch ungeeignet!
- **Pistenart und -zustand:** Die ersten 210 km sind geteert, danach geht die Strecke in Schotter- und Erdpiste über. In *Hamersley Range* ist sie teilweise recht unwegsam. Von *Tom Price* nach *Dampier* geht es auf einer Versorgungsstrecke der Eisenbahn nach Dampier. Die Schotterpiste ist in wesentlich besserem Zustand als der *Roeburne-Wittenoom Highway*.
- **Versorgung:** Newman (kompletter Service); Wittenoom/233 km (Lebensmittelladen, Hotel, *caravan park*, Tankmöglichkeit); Tom Price/388 km (kompletter Service); Karratha/599 km (kompletter Service); Dampier/620 km (kompletter Service)
- **Telefonnummern:** Karijini Visitor Centre 08/ 91 89 81 21; Newman Touristeninformation 08/ 91 75 28 88; Hamersley Iron 08/ 91 89 23 75; Tom Price Touristeninformation 08/ 91 88 11 12; Karratha Touristeninformation 08/ 91 44 46 00; Port Hedland Touristeninformation 08/ 91 73 17 11; Straßenzustand 1800 01 33 14 (kostenlos)
- **Funkfrequenzen und Rufzeichen:** RFDS Derby (VJB) 5300 kHz; RFDS Meekatharra (VKJ) 4010 und 6880 kHz; RFDS Port Hedland (VKL) 4030 und 6960 kHz (Mo–Fr 7–17 Uhr, Sa 8.30–10 Uhr)
- **Kartenmaterial:** CALM *Karijini National Park* und *Millstream-Chichester National Park;* Hema (1:1.250.000) *The Pilbara and the Northern Gascoyne*; AUSLIG (1:250.000) *Newman* SF-50-16, *Mount Bruce* SF-50-11, *Pyramid* SF-50-07
- **Besondere Hinweise:** Für die Benutzung der Eisenbahnversorgungsstrecke ist eine Genehmigung von *Hamersley Iron Mine* erforderlich. Sie ist am Eingang zum *Minenkomplex* in *Tom Price* erhältlich (Tel. 08/ 91 43 53 64). Für die Nationalparks wird eine Eintrittsgebühr von 10 $ erhoben.

Die Strecke von *Newman* bis *Dampier* führt mitten durch den heißesten und trockensten (nur 250 bis 300 mm Niederschlag jährlich) Verwaltungsbezirk Australiens – *Pilbara*, eine Region von über 510.000 km² mit weniger als 100.000 Einwohnern. Seinen Namen erhielt Pilbara von dem gleichnamigen Zufluss von *Yule River*. Die überaus komplexe Geologie dieses Landstrichs umfasst u. a. die älteste Gesteinsformation Australiens, den Pilbara-Block. Die Besiedlung durch Europäer nahm mit der Entdeckung von Gold, Kupfer, Zinn, Asbest, Magnesium und vor

Strecken 13–15

Strecken 16–17

Strecke 19

Strecken 20–21

Strecken 22–23

Strecken 24–25

Anhang

allem Eisenerz zu. Letzteres ist Hauptprodukt des regen Bergbaus in dieser Region. 1960 stampften Minengesellschaften eine vollständige Infrastruktur, inklusive Bahnverbindung zum Hafen in Dampier, für zehn Ortschaften, darunter Newman, Tom Price und Wittenoom, aus dem Boden. Als zweiter Wirtschaftszweig zeichnet sich langsam der Tourismus ab, denn im Gebiet von Pilbara liegt *Hamersley Range* mit einzigartigen Schluchten, die im 6.176 km² großen *Karijini National Park* geschützt sind. Die Schluchten – jede hat ihren eigenen Charme und Charakter – verlaufen größtenteils in Nord-Süd-Richtung. Der hohe Mineralienanteil, u. a. Crocidolit (besser bekannt als Asbest), Kupfer und Eisen, lässt im Zusammenspiel mit der Sonne die steilen Felsenwände in vielen Farben erglühen. Ein miteinander verbundenes Schluchtensystem sind *Joffre-, Red-, Hancock-, Weano-* und *Knox Gorge.* Für Abenteurer, die sich fit fühlen und darauf vorbereitet sind, eiskalte Wasserlöcher zu durchqueren, steile Felsensimse zu erklimmen und hindernisreichen Wegen zu folgen, sind die Schluchten eine Herausforderung. Ein idealer Aussichtspunkt ist *Oxer's Lookout.* Vor allem bei Sonnenuntergang kann man Farbschauspiele bewundern, wie man sie in ähnlicher Brillanz nur an *Ayers Rock* zu sehen bekommt. Am Parkeingang befindet sich das 2001 eröffnete *Visitor Centre,* das alle Informationen über den Park bereithält.

Etwa 160 km nordwestlich von *Wittenoom* liegt der Millstream-Chichester-Nationalpark. Er schützt eine lehmige Hochebene und ein Basaltgebirge der Pilbara-Region. In dieser unwirtlichen Landschaft findet man verborgene *pools,* die gewöhnlich von unterirdischen Quellen gespeist werden. Die größte ist die Millstream-Quelle, an der eine palmenbewachsene, von der Außenwelt abgeschnittene Oase entstanden ist.

Auf die nächste Oase, allerdings ganz anderer Art, trifft man erst kurz vor Dampier: *Karratha.* Der Name der Ortschaft kommt aus der Sprache der Aborigines und bedeutet „Gutes Land". Karratha ist eine junge Stadt, die eigentlich nur entstand, weil Dampier keine Ausdehnungsmöglichkeit mehr hatte. Das Verwaltungszentrum bietet jede Annehmlichkeit, die man nach der langen, staubigen Fahrt durchs *outback* schätzt.

Newman

In *Newman* bestimmt der Eisenerzabbau in *Hamersley Range* das Bild des Ortes, dessen knapp 6.500 Einwohner größtenteils auch davon leben. Wie *Tom Price,* das von einer Minengesellschaft für ihre Arbeiter angelegt wurde, entstand auch Newman. Es gehört größtenteils *Mt. Newman Mining Company.* Nicht weit vom Ortskern entfernt ist *Mt. Whaleback* – der größte Tagebergbau der Welt – kostenlos zu besichtigen.

Streckenlog

| 0 | 620,0 | Newman; Touristeninformation |
| 1,3 | 618,7 | Abzweigung links auf den *Great Northern Highway* nehmen; rechts nach *Meekatharra* (400 km) und *Marble Bar* (297 km) |

Wer möchte, kann über *Marble Bar*, einen der heißesten Orte Australiens, die Küste nördlich von *Port Hedland* (Eighty Mile Beach) erreichen. Marble Bar ist auch unter Hobbyedelsteinsuchern berühmt. Besuche sollte man wegen der unerträglichen Hitze auf den Winter beschränken.

| 126,0 | 494,0 | Kreuzung: geradeaus fahren; links über die *Iron Ridge Road* zu *Yampire Gorge*; rechts über *Rhodes Ridge* zurück nach Newman |

Schächte, Schienen und alte, verrostete Kessel sind in *Yampire Gorge* noch zu finden. Es sind Überreste der ersten Asbestmine in dieser Gegend. Manchmal findet man hier auch Mineralien wie Jaspis oder Eisenerz. (Offiziell ist die Durchfahrt wegen Asbestverseuchung geschlossen. Gleiches gilt auch für Wittenom Gorge).

| 155,5 | 464,5 | Flussüberquerung (Brücke) |
| 191,3 | 428,7 | Kreuzung: links auf die *Munjina – Wittenoom Road* nach *Wittenoom* fahren; geradeaus nach Port Hedland (261 km); rechts zu *Marillana Homestead* (90 km) |

Port Hedland wurde nach Kapitän *Peter Hedland*, der 1863 den heutigen Standort der Stadt sichtete, benannt. Die landwirtschaftlichen Erfolge der ersten

Strecken 13–15

Strecken 16–17

Strecke 19

Strecken 20–21

Strecken 22–23

Strecken 24–25

Anhang

Kreuz und quer – Steinblöcke in Hamersley Range

Siedler, die Entdeckung von Perlmuscheln an der Küste und Goldfunde in *Marble Bar* ließen den Ort rasch wachsen. Doch erst vor dreißig Jahren erlangte *Port Hedland* Bedeutung, als die Eisenerzindustrie einen der geschäftigsten Häfen Australiens anlegte.

209,7	410,3	Abzweigung links auf *Juna Downs – Yampire Gorge Road* nehmen; geradeaus nach *Wittenoom* (24 km)

In Wittenoom erinnert heute kaum noch etwas an seine frühere Blütezeit. Seitdem man die Asbestmine in *Wittenoom Gorge* 1966 geschlossen hat, halten nur noch wenige Menschen im Dorf aus. Berichte über die hohe Asbestbelastung des Ortes und der Schlucht förderten nicht gerade das Tourismusgeschäft. Die verbliebenen Dorfbewohner verkaufen allerlei Souvenirs mit der makaberen Aufschrift: „We've been at Wittenoom, and we're still living".

Die Fahrt durch *Yampire Gorge* (GPS: 22°22'21"S – 118°28'08"E) und über den anschließend abzweigenden *Doug Francis Scenic Drive* gehört zu den eindrucksvollsten in *Hamersley Range*.

228,5	391,5	Geradeaus fahren; Abzweigung rechts auf *Doug Francis Scenic Drive*
230,0	390,0	Geradeaus fahren; Abzweigung rechts ist der *Doug Francis Scenic Drive*
236,7	383,3	Kreuzung: Abzweigung rechts auf die *Joffre Falls Road* nehmen; Abzweigung links zu *Dales Gorge*

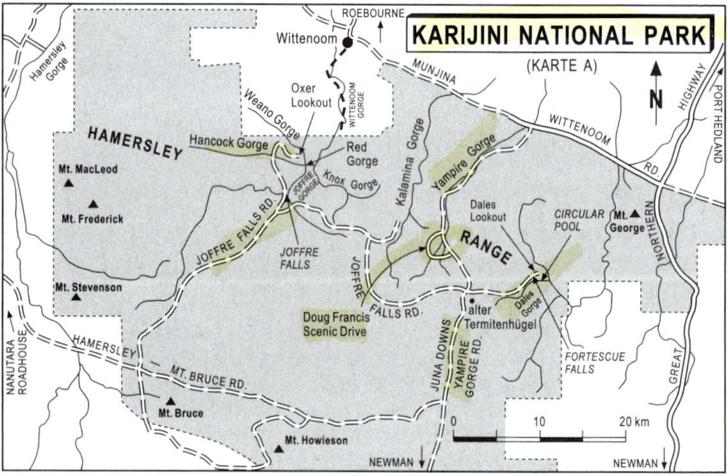

KARIJINI NATIONAL PARK (KARTE A)

NEWMAN – DAMPIER
0
40
80 km
Marble Bar
COONGAN
RIVER
SHAW
RIVER
FORTESCUE
RIVER
BASIN
CHICHESTER
RANGE
PORT HEDLAND
GREAT
NORTHERN
HWY.
YULE
RIVER
Wittenoom
Mt. Oxer
KARIJINI
NATIONAL
PARK
(Siehe Karte A)
CREEK
Mt. Meharry
GREAT
NORTHERN
HWY.
Newman
Mt. Bruce
Tom Price
Paraburdoo
SHERLOCK
RIVER
WEST
COASTAL
HWY.
NORTH
Wickham
Roebourne
Karratha
Dampier
MILLSTREAM CHICHESTER
NATIONAL PARK
(Siehe Karte B)
PYTHON
POOL
(Siehe Karte C)
FORTESCUE
RIVER
ROBE
RIVER
4 WD
HAMERSLEY
RANGE
Pannawonica
DUCK
CREEK
ASHBURTON
RIVER
4 WD
NORTH
WEST
COASTAL
HWY.
CARNARVON
CARNARVON
N

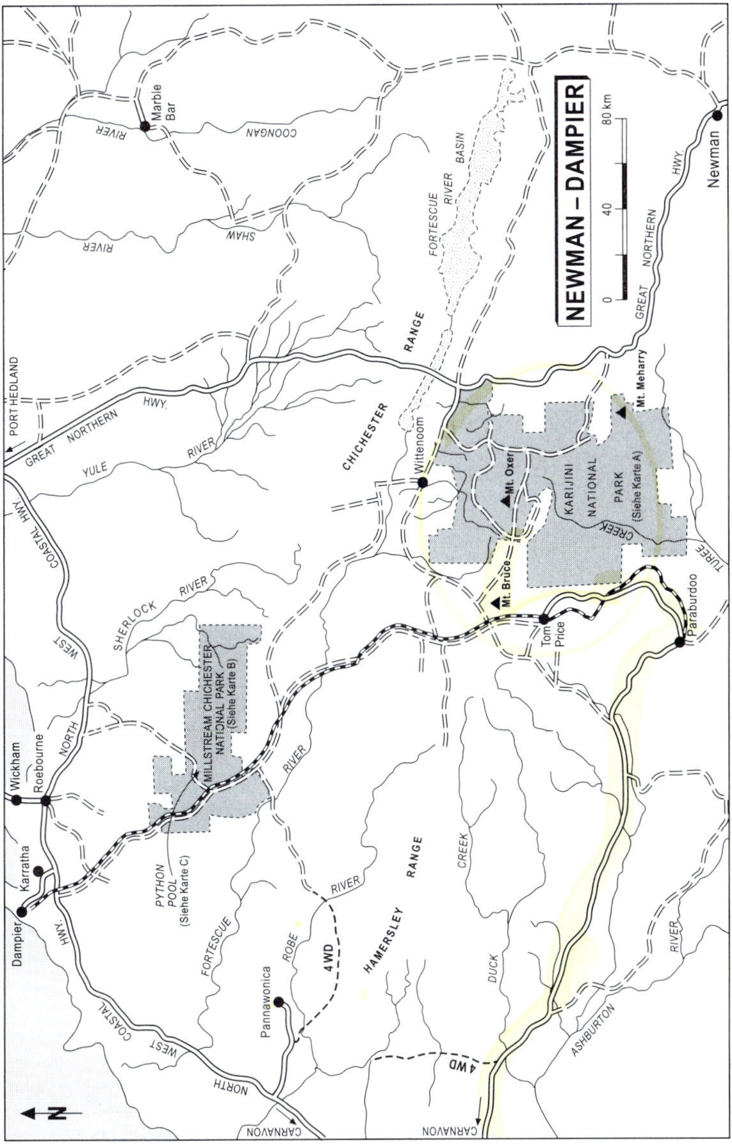

(10 km; GPS: 22°30'12"S – 118°35'04"E); geradeaus zum *Great Northern Highway* nach *Newman*

Dales Gorge ist eine beeindruckende Schlucht mit herrlichen Bademöglichkeiten. Ein 400 m langer Weg führt steil hinab zu *Circular Pool* oder zu *Fortescue Falls* (200 m), dem einzigen Wasserfall des Parks, der ständig Wasser führt. In der Schlucht kann man auch vom Wasserbecken zu den Fällen wandern. Oberhalb von *Circular Pool* gibt es eine Campingstelle.

255,1	364,9	Geradeaus fahren; Abzweigung rechts zu *Kalamina Gorge* (GPS: 22°21'01"S – 118°25'11"E; 6 km)

Ebenfalls beeindruckend und zum Wandern einladend ist die Kalamina-Schlucht. Eukalypten und Farne säumen kristallklare Wasserbecken. Für die Durchquerung der Schlucht sind mindestens drei Stunden zu veranschlagen.

265,4	354,6	Geradeaus fahren; Abzweigung rechts zu *Joffre Gorge* (1,5 km); *Red Gorge* und *Knox Gorge* (GPS: 22°23'01"S – 118°18'21"E; 6 km); Campingmöglichkeit links

Ein kurzer Weg führt vom Parkplatz von *Joffre Gorge* (GPS: 22°21'00"S – 118°16'60"E) zum Aussichtspunkt auf *Joffre Falls*, der allerdings nur nach heftigen Regenfällen Wasser hat. Will man in die Schlucht klettern, muss vorher ein Ranger informiert werden, denn das Vorhaben ist nicht ungefährlich. Der Zugang zu *Red Gorge* erfolgt entweder über Knox-, Joffre- oder Hancock Gorge. Auch hier gilt: Ranger informieren!

Von einigen Aussichtspunkten hat man einen fantastischen Ausblick auf die bis zu hundert Meter tiefen Schluchten.

268,2	351,8	T-Kreuzung: links fahren; rechts zu *Hancock-* und *Weano Gorge/Oxer's Lookout* (14 km)

Hancock Gorge ist eine Herausforderung für sich. Wer bereit ist, durch eiskaltes Wasser zu schwimmen, sich über schwierige Passagen zu quälen und Kletterpartien zu wagen, kommt hier auf seine Kosten (Ranger informieren!). Ein weiterer Höhepunkt ist *Oxer's Lookout*, wo Weano-, Red-, Hancock- und Joffre Gorge zusammentreffen.

Ein 150 m langer Weg führt von dem zum Campen geeigneten Platz zu *Weano Gorge* und weiter zu *Handrail Pool*. Wer weiter in die Schlucht vordringen will, muss auch hier den Ranger davon in Kenntnis setzen.

294,7	325,3	Kreuzung: rechts fahren; geradeaus Privatstraße; links zu *Mt. Bruce* (6 km) und weiter zur *Juna Downs-Yampire Gorge Road* (40 km)

Ein anstrengender Weg führt in knapp vier Stunden bis zum Gipfel des zweithöchsten Berges Westaustraliens (1.235 m; GPS: 22°36'22"S – 118°08'26"E). Höchster Berg ist *Mt. Meharry* mit 1.245 m weiter südlich im Park.

326,9	293,1	T-Kreuzung: links fahren; rechts zu *Rio Tinto-* und *Hamersley Gorge* (22 km) und nach *Wittenoom* (69 km)

Im Gegensatz zu *Rio Tinto Gorge*, die sich am eindrucksvollsten bei einer Fahrt während des Sonnenauf- oder -untergangs präsentiert, wartet *Hamersley Gorge* mit natürlichen *whirlpools* und interessanten Steinformationen auf. Die einzelnen Gesteinsschichten sind hier besonders gut zu erkennen.

347,6	272,4	Nach der Bahntrasse rechts auf die Eisenbahnversorgungsstrecke abbiegen; geradeaus noch 40 km bis *Tom Price* (Genehmigung besorgen)

Die Bahntrasse der Minengesellschaften verbindet die Förderstätten bei *Paraburdoo* und *Tom Price* mit dem Verladehafen (→ Dampier). Täglich bringen drei bis vier Züge mit je zweihundert Wagen (à 100 t) die kostbare Eisenerzfracht gen Norden. Ein Besuch der Mine von Tom Price (Eintritt 7 $) und der Verladestation lohnt.

Auch Tom Price wurde von Minengesellschaften aus dem Boden gestampft. Benannt wurde der Ort nach dem Amerikaner *Thomas Moore Price*, einem führenden Rohstoffexperten, der mit Enthusiasmus die Erschließung der riesigen Eisenerzlagerstätten unterstützte. Außer der Mine gibt es keine besonderen Sehenswürdigkeiten. In der Nähe liegt *Mt. Nameless* (1.128 m), von dessen Gipfel man einen guten Eindruck von der unendlichen Weite dieses Landes bekommt.

Ab der Abzweigung den Gleisen folgen.

382,1	237,9	Kreuzung: rechts zu *Rio Tinto Gorge* (GPS: 22°13'02"S – 117°18'12"E) und *Hamersley Gorge* (30 km; GPS: 22°14'46"S – 118°11'01"E) und nach *Wittenoom* (77 km); *Hamersley Homestead* links
415,1	204,9	*Fortescue River;* GPS: 22°12'13"S – 118°15'02"E
443,3	176,7	T-Kreuzung: links nach *Dampier* fahren; rechts nach *Wittenoom* (162 km)

| 474,4 | 145,6 | Geradeaus fahren; Abzweigung links zu *Millstream Chichester National Park* (21 km), *Millstream Homestead* und mehreren Campingmöglichkeiten |

Die einzigartige Landschaft des Nationalparks führt dem Besucher vor Augen, wie es vielleicht vor Jahrmillionen im Gebiet von Pilbara ausgesehen haben könnte. Palmen, Farne, Papierrindenbäume und Seerosen lassen vergessen, dass nicht weit entfernt nur Spinifex in einer öden Landschaft wächst. Die Millstream-Livistonien, die im Park vorkommen, gibt es nur noch an zwei anderen Orten in der Welt, und zwar ebenfalls in Pilbara; es handelt sich offensichtlich um Überreste einer feuchteren Periode. An *Millstream Homestead* lebt eine Kolonie Schwarzer Flughunde, deren Nahrung zum größten Teil aus den Früchten der Dattelpalmen besteht. *Millstream-Chichester National Park* ist ihr südlichstes Verbreitungsgebiet.

Die Ufer von *Chinderwarriner Pool* waren jahrtausendelang Heimat der Yinjibarni-Aborigines. An allen Wasserbecken gibt es gute Plätze zum Campen. Trinkwasser ist aber lediglich am *homestead*, gleichzeitig Rangerstation, erhältlich.

| 494,7 | 125,3 | Geradeaus fahren; Abzweigung rechts zu *Millstream-Chichester National Park* (Python Pool; 18 km) und nach *Roeburne* (106 km) |

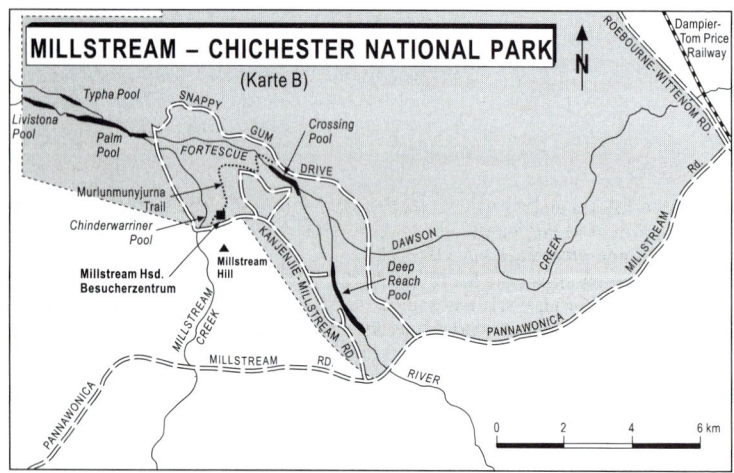

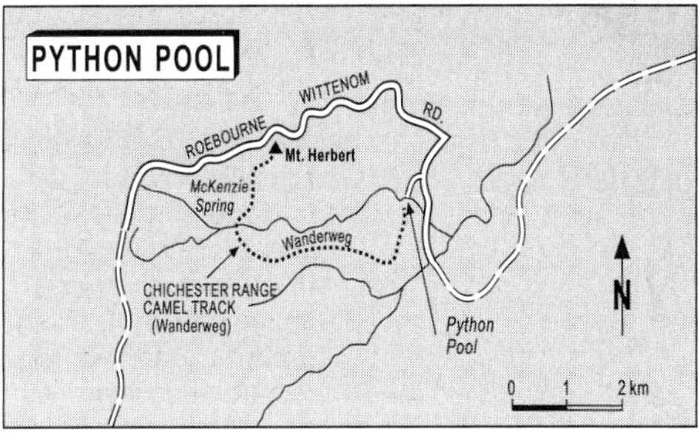

Am Fuß einer Felsenwand hat sich hier ein natürlicher Felsenpool gebildet. Pythons gibt es nicht, dafür aber jede Menge kleiner Fische.

522,9	97,1	Eisenbahnstrecke *Robe River* kreuzt
556,7	63,3	Kreuzung: geradeaus fahren; rechts nach *Roeburne* (40 km); Wegeinmündung von links
		Roeburne ist der älteste Ort im Nordwesten. Historische Gebäude aus den Jahren 1887 bis 1894 sind noch erhalten.
583,5	36,5	Kreuzung *(North West Coastal Highway):* rechts nach *Karratha* fahren; links nach *Onslow* (295 km)
592,2	27,8	Abzweigung links nach Karratha nehmen; geradeaus nach Roeburne (31 km)
599,3	20,7	*Karratha*
		Der Ort bietet dem Besucher wieder die Annehmlichkeiten der Zivilisation, darunter auch ein großes Einkaufszentrum.
20,0	0	*Dampier,* Touristeninformation

Dampier

Dampier entstand erst vor knapp dreißig Jahren als Verladehafen für das Eisenerz aus *Tom Price* und *Paraburdoo.* Die riesigen Halden warten auf den Abtransport und die Weiterverarbeitung in aller Welt.

Ihren Namen erhielt die Stadt vom britischen Entdecker *William Dampier,* der diese Region 1699 als erster Europäer besuchte. Nach ihm wurde auch das Dampier-Archipel, eine Gruppe von 42 Inseln, die westlich und nördlich der Stadt liegen, benannt.

Strecke 20
Derby – Kununurra
(Gibb River Road, Kalumburu Road und Mitchell Plateau)

- **Entfernung:** 705 km (nach Kalumburu und Mitchell Plateau – hin und zurück – 540 km zusätzlich); max. Entfernung ohne Tankmöglichkeit: 262 km (472 km)
- **Empfohlene Reisedauer:** 4 bis 5 Tage (nach Kalumburu und Mitchell Plateau 3 bis 4 Tage zusätzlich)
- **Reine Fahrzeit:** 11 Stunden (Kalumburu und Mitchell Plateau – hin und zurück – 14 Stunden zusätzlich)
- **Empfohlene Reisezeit:** April bis November (beste Zeit April und Mai); von Dezember bis April ist die Strecke wegen Überflutungen meistens unpassierbar.
- **Ab- und Rückmeldung:** nicht erforderlich
- **Ausrüstung:** Geländewagen (4-WD) mit Grundausrüstung bei Wagen und bei Werkzeug. Unter guten Bedingungen ist die *Gibb River Road,* abgesehen von der Strecke nach *Kalumburu* und *Mitchell Plateau,* auch mit Pkw ohne Allradantrieb zu befahren. Es können dann allerdings nicht alle Schluchten angefahren werden. Wer sämtliche Schluchten besuchen, zu Mitchell Plateau oder nach Kalumburu möchte, benötigt in jedem Fall ein geländegängiges Fahrzeug.
- **Pistenart und -zustand:** Zum Teil eine recht holprige, wellige Erdpiste. Kurz nach der Regenzeit ist die Strecke an vielen Stellen stark ausgewaschen; auch gibt es viele Schlaglöcher. Erst wenn das Planierfahrzeug *(grader)* die Strecke geebnet hat, ist sie einfach zu bewältigen.
- **Versorgung:** *Gibb River Road:* Derby (kompletter Service); Imintji Store/ 226 km (*roadhouse*); Mt. Barnett Station/306 km (*roadhouse*); Durack River Station/532 km (*roadhouse*; Kraftstoff aus Fässern; Home Valley Station/590 km (*roadhouse*); Wyndham/681 km (Grundversorgung); Kununurra/706 km (kompletter Service). *Kalumburu Road:* Drysdale River Station/472 km (*roadhouse*); Kalumburu Community/683 km (Lebensmittelladen, Flüge, Campen, Tanken)
- **Telefonnummern:** Derby Touristeninformation 08/ 91 91 14 26; Mt. House Station 08/ 91 91 46 49; Mt. Barnett Station 08/ 91 91 70 07; Durack River Station 08/ 91 61 43 24; Home Valley Station 08/ 91 61 43 22; Mt. Elizabeth Station 08/ 91 91 46 44; Wyndham Touristeninformation 08/ 91 61 10 54; El Questro Station 08/ 91 61 17 77; Kununurra Touristeninformation 08/ 91 68 11 77; Drysdale River Station 08/ 91 61 43 26; Kalumburu Store 08/ 91 61 43 04, Ellenbrae Station 08/ 91 61 43 25; Imintji Store 08/ 91 91 74 71; Mornington Station 08/ 91 91 70 35; Mt. Hart Station 08/ 91 91 46 45
- **Funkfrequenzen und Rufzeichen:** RFDS Derby (VJB) 5300, 6925 und 6945 kHz; RFDS Port Hedland (VKL) 4030, 2280 und 6960 kHz
- **Kartenmaterial:** CALM *East Kimberley, West Kimberley;* Hema (1:1.250.000) *The Kimberley;* AUSLIG (1:250.000) *Derby* SE-5-07, *Lennard River* SE-5-08, *Charnley* SE-5-04, *Mount Elizabeth* SE-52-01, *Ashton* SD-52-13, *Drysdale* SD-52-09, *Cambridge Gulf* SD-52-14

- **Besondere Hinweise:** Vom 1.4. bis 31.12. herrscht totales Feuerverbot in den östlichen Kimberleys. Für den Besuch von *Kalumburu Community* sind zwei Genehmigungen notwendig. Die erste Besuchserlaubnis (14-Tage-Permit 25 $ pro Fahrzeug) erhält man beim *Aboriginal Land Trust* (Tel. 08/ 92 35 80 00) vor Beginn der Fahrt, die zweite gibt es bei Ankunft in Kalumburu im örtlichen *Community Office*. Die Zufahrt ist nur werktags von 7–11 und 13.30–16 Uhr (Fr nur bis 11 Uhr) erlaubt. Alkohol darf nicht mitgebracht werden. Camping ist an *Mc Gowans Beach* und *Honeymoon Bay* möglich (20 $ pro Woche).
  Für die *Gibb River Road* ist etwa folgender Kraftstoffverbrauch einzuplanen: V-8-Benzinmotor – 150 l, 6-Zylinder-Benzinmotor – 180 l, 4-Zylinder-Benzinmotor – 130 l; 6-Zylinder-Dieselmotor – 160 l, 4-Zylinder-Dieselmotor – 120 l.

Die *Gibb River Road*, angelegt für den Viehtransport von den entlegenen Farmen zum Hafen an der Küste, führt mitten durch das zerklüftete Kimberley-Gebiet eine der am wenigsten erschlossenen Regionen Australiens. Höhepunkt auf der Strecke sind zahlreiche Schluchten, von denen keine der vorangegangenen gleicht, eine schöner als die andere ist und jede ein unvergessliches Erlebnis bleibt.

Die *Kimberleys* reichen – geografisch gesehen – westlich bis etwa 170 km südlich von *Broome* und östlich etwa bis *Wolfe Creek* – eine Gesamtfläche von knapp 350.000 km^2 und damit fast so groß wie ganz Deutschland. 70 % der Fläche sind Weideland, auf dem etwa 800.000 Rinder grasen. Von den restlichen 30 % Fläche gehört mehr als die Hälfte den Aborigines, der Rest besteht aus Nationalparks, freiem Regierungsland oder gehört Minengesellschaften.

Noch vor 60 Jahren konnte man die weiße Bevölkerung nördlich von *Napier Range* und westlich von *Wyndham* an einer Hand abzählen. *Mitchell Plateau* war bis in die 1950er-Jahre noch weitgehend unberührt. Selbst heute entdecken Wissenschaftler immer wieder seltene Pflanzen und Tiere auf dem Plateau. Mittlerweile leben in den Kimberleys 30.000 Menschen, überwiegend Aborigines. Sie wohnen größtenteils in den Orten am Rand der Region, so in *Derby, Broome, Wyndham, Halls Creek, Fitzroy Crossing* und *Kununurra*. Nur ein Bruchteil lebt in versprengten Ureinwohnersiedlungen oder auf einer der wenigen Farmen. Dass Menschen dieses Gebiet kaum als Lebensraum nutzen, ist nicht zuletzt auf das Monsunklima Nordwestaustraliens zurückzuführen. Es ist bestimmt durch trockene, warme Winter und heiße, schwüle Sommer. Heftige Regenfälle und tropische Zyklone mit Windgeschwindigkeiten bis zu 100 km/h fegen zwischen November und Mai über die zerklüfteten Berge. Viele der „Rinderbarone" verlassen in dieser Zeit ihre Farmen und verbringen den Sommer an der Ostküste oder im kühleren Süden. Die an das feucht-heiße Klima gewöhnten Aborigines führen dann in Abwesenheit ihrer Arbeitgeber die Farmen weiter.

Die komplexe Geologie der Kimberleys reicht bis ins Präkambrium vor 600 Millionen Jahren zurück. Die ältesten Felsenformationen finden sich in *King Leopold Range*, die faszinierendsten jedoch sind die versteinerten Korallenriffe von *Napier Range* und die spektakuläre Felsenlandschaft der *Bungle Bungle*. Entstanden sind die fossilen Riffe von *Napier Range* im Devon, also vor mehr als 350 Millionen Jahren, als noch ein warmes Meer das gesamte Gebiet bedeckte.

Schluchten, Plateaus und steile Abbruchkanten sind ebenso Teil der Kimberleys, deren Unzugänglichkeit die letzten Wildnisgebiete Australiens schützt.

Soweit bis heute bekannt, existieren über 1.500 Pflanzenarten im Kimberley-Gebiet. Davon kommen 350 ausschließlich hier vor. Eine Pflanze bleibt Besuchern unvergesslich im Gedächtnis: der Baobab *(boab)*. Dieser Baum mit dem mächtigen, flaschenähnlichen Stamm und knorrigen, nur spärlich belaubten Ästen, an denen dicke, pelzige Nüsse hängen, ist im Nordwesten weit verbreitet. In den Erzählungen der Aborigines war der Baobab auf seine Schönheit so stolz, dass die Geistwesen aus der Schöpfungsgeschichte ihn kurzerhand umdrehten. Sie hofften, ihn so von seiner Eitelkeit heilen zu können. Bei näherer Betrachtung eines entlaubten Baobabs entsteht der Eindruck, dass seine Wurzeln in die Luft ragen.

Für die ersten 400 km auf der Gibb River Road, die zunächst durch Napier Range führt, sollte man sich viel Zeit nehmen. Hier nämlich haben Touristen Zugang zu zahlreichen Schluchten, Wasserfällen und *pools* mit kristallklarem Wasser, an denen man auf keinen Fall vorbeifahren sollte. Wann hat man schon mal die Gelegenheit, morgens aus dem Zelt zu kriechen, unter einem Wasserfall zu duschen oder ein Bad in klarem Wasser zu nehmen.

Nach 413 km zweigt die Kalumburu Road von der Gibb River Road in Richtung Norden ab. Sie führt, wie der Name schon sagt, zur alten Missionssiedlung *Kalumburu* und zu *Mitchell Plateau*. Der erste Europäer, der 1818 seinen Fuß auf dieses Plateau setzte, war Leutnant *Phillip Parker King*, der mit seinem Schiff bei *Port Warrender* ankerte. 1921 leitete *William Robert Easton* eine Expedition in die nördlichen Kimberleys. Er war der erste Europäer, der das Plateau überquerte. Erst 34 Jahre später vermaß *John Morgan* eine Strecke von *Gibb River Station* nach Kalumburu. Er schuf damit die Voraussetzungen für eine Straße zum Plateau. 1965 entdeckte die Minengesellschaft *AMAX* riesige Bauxitvorkommen auf dem Plateau und beansprucht seither das Gebiet für sich. Doch nach und nach wollen die Aborigines, die während des Zweiten Weltkrieges aus dem Gebiet vertrieben wurden, wieder zurückkehren. Sie melden ihre Rechte an und leisten der Ausbeutung durch Minengesellschaften passiven Widerstand. Zukünftig soll um das Gebiet von *Mitchell River* und südlich von *Port Warrender* ein neuer Nationalpark ausgewiesen werden, so dass die Hoffnung bleibt, wenigstens einen kleinen Teil vor den Bulldozern der Minengesellschaften retten zu können.

Auffallend auf dem Weg zum Plateau ist die unvermittelt wechselnde Vegetation: von lichtem Buschland zu lichtem Eukalyptuswald, dominiert von Livistonia-Palmen. An Wasserläufen und in Sumpfgebieten wachsen schraubenförmige Pandanus-Palmen und gewaltige Papierrindenbäume. Durch den bisher geringen Eingriff von Menschen in dieses Ökosystem hat sich die Tierwelt in ihrer Urtümlichkeit und Einzigartigkeit erhalten. Siebzig von den etwa 230 in Australien heimischen Beuteltierarten kommen in den Kimberleys vor. Zwei davon *(scaley-tailed possum*, ein seltener Kletterbeutler, und *warabi*, eine kleine Känguruart) und eine Insekten fressende Fledermaus *(yellow-lipped eptesicus)* leben ausschließlich in den Kimberleys; relativ häufig sind sie auf dem Plateau vertreten. An gefährlichem Getier seien hier Reptilien erwähnt, darunter das Leistenkrokodil *(saltwater* oder *estuarine crocodile)* – es lebt überwiegend an der mangrovenumsäumten Küste, kommt aber auch in Flüssen vor –, Taipan *(western taipan)*, Braunkönigsschlange *(king brown snake)* und Todesotter *(death adder)*. Zur Plage geworden ist die *Aga-Kröte*, die ihren Weg in die Kimberlys wohl bald finden wird. Eingeführt in Queensland zur Bekämpfung von Zuckerrohrschädlingen, wandert sie zielstrebig in Richtung Westen und bedroht einzigartige Ökosysteme wie den Kakadu-Nationalpark und nun auch die Kimberleys. Es bleibt zu hoffen, dass Wissenschaftler einen Weg finden, die Kröte aufzuhalten, die das Aussterben von vielen Kleinsäugern zur Folge hätte.

Die Attraktion des Plateaus jedoch sind *Mitchell Falls*. Vor allem kurz nach der Regenzeit sind diese Wasserfälle ein unvergessliches Erlebnis.

Ohne Zweifel ist die Gibb River Road der einfachste Weg, einen Eindruck von den einzigartigen Kimberleys zu bekommen und gleichsam auch die kürzeste Verbindung von *Derby* im Westen nach *Kununurra* im Osten. In der Regel ist die Strecke während der Trockenzeit gut zu befahren. Die beste Zeit aber ist, kurz nachdem das Planierfahrzeug die Löcher und Auswaschungen der Regenzeit geebnet hat. Je später man reist, desto schlimmer wird die wellblechartige Piste. Der *track* zu Mitchell Plateau, Kalumburu und Crystal Head ist im Gegensatz zur Gibb River Road wesentlich schlechter, und man wird ganz schön durchgeschüttelt. Doch nur in der Trockenzeit ist es möglich, diesen *track* zu befahren. In der Regenzeit, wenn die Flüsse über ihre Ufer treten, ist die Strecke unpassierbar und schon aufgrund des heißen, schwülen Klimas und der Myriaden von Moskitos eine Qual.

Derby

Ausgangspunkt für die Gibb River Road ist *Derby*, oft „Gateway to the Gorges" (Tor zu den Schluchten) genannt. Es ist ein kleiner Ort am *King Sound,* nahe der Mündung von *Fitzroy River*. Da die Vorraussetzungen für einen Hafen hier sehr schlecht waren – schmale Fahrrinnen und die tückischen Klippen des Buccaneer-Archipels sowie der ungemein hohe Tidenhub –, erlangte *Wyndham* weiter im Norden mit der Fertigstellung seiner Hafenanlage (1887) größere Bedeutung für Abenteurer und Goldsucher. Außerdem war der Landweg von Wyndham nach *Halls Creek*, wo 1885 Gold gefunden wurde, auch wesentlich kürzer als der von Derby aus. Leider fehlt Derby der Charme des weiter südlich gelegenen *Broome*, und es ist als Badeort aufgrund fehlender Sandstrände und des hohen Tidenhubs (10 m) gänzlich ungeeignet. Dennoch ist der Ort bei Anglern sehr beliebt. Sie fischen am 577 m langen Landungssteg *(jetty)* zum Teil gigantische Krabben *(mud crabs)* aus dem schlammigen Wasser. Den meisten dient Derby nur als Ausgangspunkt zu den Kimberleys. Hier tankt man schnell noch einmal auf und kauft Proviant ein. Eine weithin bekannte Sehenswürdigkeit ist *Prison Tree*, 7 km südlich der Stadt: ein ausgehöhlter Baobab mit einem Umfang von 14 m, in dem die Polizei Gefangene bis zum Weitertransport nach Derby einsperrte.

Streckenlog

0	705,5	*Derby*, BP-Station	Tacho auf f, 0"
4,4	701,1	Abzweigung links nach *Gibb River* (368 km) nehmen; geradeaus zum *Great Northern Highway* und *Boab Prison Tree* (1 km; GPS: 17°21'03"S – 123°40'15"E)	

Devonian Reef – das Fenster in die Erdgeschichte

Vor 350 Millionen Jahren bedeckte ein tropisches Meer den Nordwesten Australiens. Im warmen, flachen Wasser wuchs ein riesiges Riff: etwa 1.000 km lang und über 20 km breit. Korallen im Devon waren im Vergleich zu Korallenarten in späteren Zeitaltern von untergeordneter Bedeutung bei der Riffbildung. Hier war es vor allem eine Gruppe kalkausscheidender, heute ausgestorbener Organismen: *Calcareous algae*, ein Kalkschwamm, und *Stromatoporen*, Nesseltiere mit einem massigen Kalkskelett. *Napier-, Oscar- und Geikie Range* mit ihren bis zu 100 m hohen Bergketten sind die höchsten Erhebungen des fossilen Riffs, in dem später Flüsse tiefe Schluchten wie *Geikie Gorge* und *Windjana Gorge* oder *Tunnel Creek* geschaffen haben. Heute sind in den Schluchten die fossilen Schichten des Riffs freigelegt und geben Aufschluss über das Leben im Devon.

Das Wasser von *Tunnel Creek* suchte sich einen 750 m langen Weg durch das prähistorische Riff und formte dabei einen 3 bis 12 m hohen und 15 m breiten Tunnel. Die Höhle zu erforschen, ist ein einzigartiges Erlebnis (unbedingt eine Taschenlampe und Ersatzbirnen mitnehmen!). Fühlt man sich am Anfang durch das einfallende Licht noch relativ sicher, so endet dieses Gefühl spätestens bei der ersten Wasserdurchquerung. Langsam sackt man in den schlammigen Untergrund ein und tastet sich im Licht der Taschenlampe vorwärts. Je nach Jahreszeit und Wasserstand sind dabei auch ein paar Schwimmzüge erforderlich. Am anderen Ufer angekommen, führt der Weg zumeist über sandige, aber auch felsige Passagen zur Mitte der Höhle. Durch die eingestürzte Decke fällt etwas Licht ein. Wurzeln, die nach Wasser suchen, hängen von der Decke und den Wänden herab. Etwas weiter in der Höhle schlafen dichtgedrängt Fledermäuse. Auf der linken Seite rieselt an einem Felsenvorsprung warmes Wasser herunter, wie bei einem kleinen Wasserfall. Schließlich wird es heller, und der Ausgang der Höhle ist in Sicht. Ein kleiner *pool*, jetzt unter freiem Himmel, sorgt für weitere Badefreuden.

39,1	666,4	Geradeaus *Gibb River Road* (GRR); Abzweigung links zu *Meda Station* (6 km)
66,7	638,8	Hier endet die Asphaltstraße.
78,5	627,0	Kreuzung: geradeaus *GRR*; links zu *Kimberley Downs Homestead*; rechts zu *Telegraph Bore*
123,8	581,7	Geradeaus *GRR*; Abzweigung (GPS: 17°23'42"S – 124°45'15"E) rechts zu *Windjana Gorge* (20 km), *Tunnel Creek* (30 km) und *Geikie Gorge* bei *Fitzroy Crossing* (154 km).
		In den Schluchten wächst dichter Wald aus Fluss-Eukalypten, Papierrindenbäumen, Gummibäumen und Süßwassermangroven. Er wird größtenteils von ganzjährig wasserführenden Flüssen versorgt. Das Johnston-Krokodil *(freshwater crocodile)* lebt in *Geikie-* und *Windjana Gorge*. Es ist häufig auf Sandbän-

ken oder an den Ufern zu beobachten und ernährt sich von Fischen und kleinen Krustentieren; für den Menschen ist es keine Gefahr. Die meisten Säugetiere in den drei Nationalparks sind klein, nachtaktiv und sehr scheu. In der Dämmerung entdeckt man hin und wieder ein Flinkwallaby *(agile wallaby)*, zu erkennen an den fahlen Streifen auf den Flanken, oder das massiger gebaute Bergkänguru *(euro)*. Nur mit viel Geduld und Glück erspäht man eines der seltenen Felsenkängurus. Ganz sicher aber treten die Schwarzen Flughunde *(fruit bats)* in Erscheinung, die jeden Abend zu Tausenden die Schluchten zur Nahrungssuche verlassen. Ebenso beeindruckend und geräuschvoll sind die großen Schwärme von Nacktaugenkakadus *(corellas)*. Sie haben sich vor allem die Baumkronen nahe des Campingplatzes *(camping area)* an *Windjana Gorge* zum Schlafplatz auserwählt. Der Weg zu den Nationalparks ist ohne weiteres mit konventionellen Fahrzeugen zu befahren. Schwimmen ist in allen drei Parks erlaubt. Von den Süßwasserkrokodilen sollte man sich dabei nicht unbedingt abschrecken lassen, jedoch angemessene Distanz wahren.

Während der sommerlichen Regenzeit sind die Nationalparks geschlossen (→ Artikel: Devonian Reef – das Fenster in die Erdgeschichte).

Jundumarra – ein tragischer Held

1897 erlangte *Cave of Bats*, wie *Tunnel Creek* früher hieß, traurige Berühmtheit. Ein Polizist erschoss gegenüber dem Höhleneingang den lang gesuchten Führer der Aborigines, *Jundumarra* – auch „Pigeon" genannt. Über Jahre hinweg hatte er sich durch Geschick, List und gute Verstecke der Festnahme entziehen können. Sein Verbrechen war, einen Polizisten getötet zu haben, der fünfzehn Aborigines gefangen hatte und – in Ketten gelegt – in Richtung Derby trieb. Während des Schlafs erschoss Pigeon ihn und befreite seine Landsleute. Für die Weißen war er ein Schwerverbrecher, für die Aborigines ein Held. Heute wird er eher als Freiheitskämpfer gesehen, der sich, sein Volk und sein Heimatland gegen die europäischen Einwanderer zu verteidigen versuchte.

[Handschriftliche Randnotiz:] Strecke bis zu 44,5 km gut/perfekt!! bis auf wenige kurze Gravel-Abschnitte
v. Gibb/Galvans Georg neue Strecke 17 km

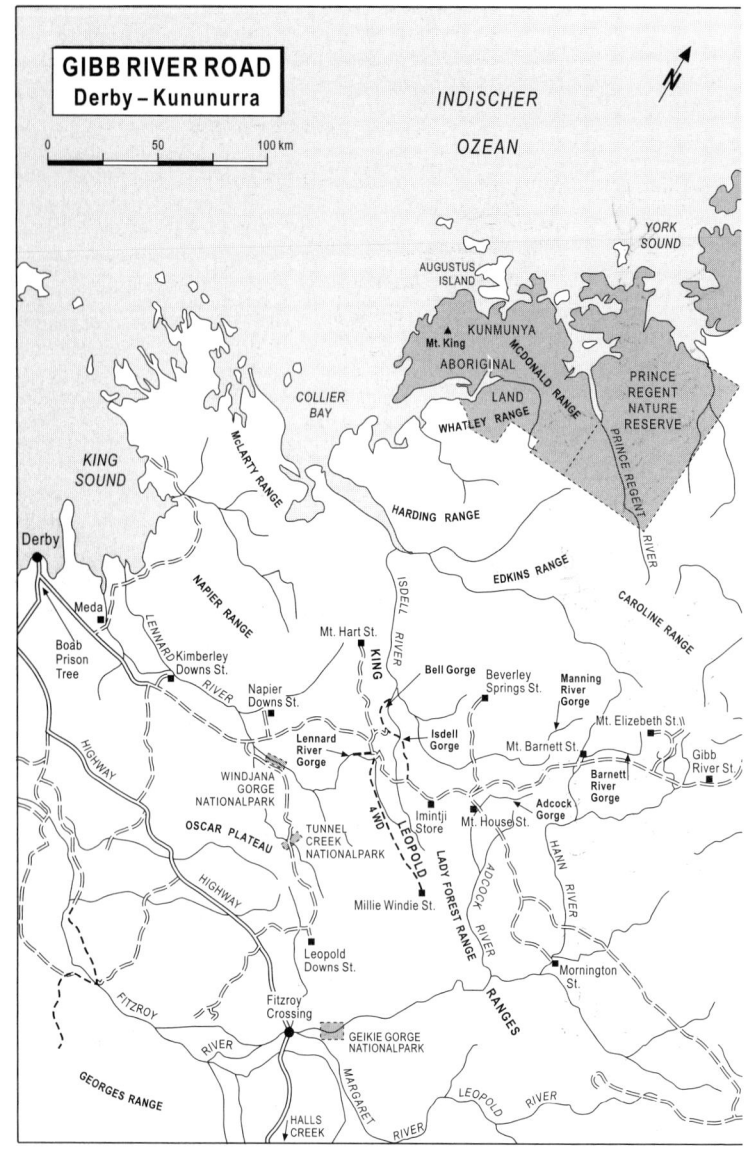

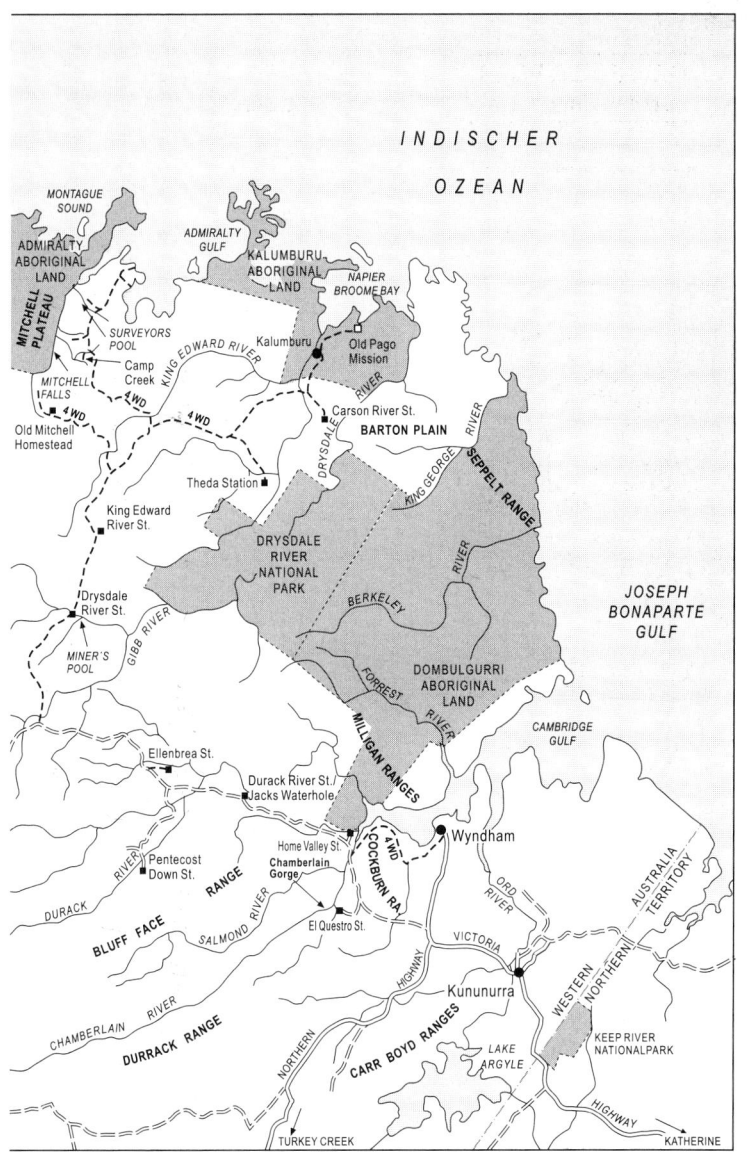

Strecken 13-15

Strecken 16-17

Strecken 18-19

Strecke 20

Strecken 22-23

Strecken 24-25

Anhang

124,2	581,3	*Lennard River*
133,0	572,5	Hinweisschild links: *Napier Range*

An dieser Stelle durchfährt man einen schmalen Felsendurchbruch in Napier Range. Auf der linken Seite ist nach der Durchfahrt eine Felsformation zu sehen sein, die der Silhouette des Kopfes von Königin Viktoria ähneln soll (Queen Victoria Head).

133,8	571,7	*Napier Creek*
133,9	571,6	Geradeaus *GRR*; Abzweigung links zu *Napier Downs Homestead* (1 km)
144,9	560,6	*Wombarella Creek*
145,9	559,6	Hinweisschild links: *King Leopold Range*
155,8	549,7	*Donkey Creek*
159,7	545,8	*Macs Creek* (Brücke)
162,9	542,6	*Yates Creek*
167,5	538,0	*Fletcher River*
173,6	531,9	*Bullfrog Hole* (Brücke)
176,3	529,2	*Boundary Creek*
187,5	518,0	*Inglis Gap*
188,7	516,8	*Apex Creek*
188,9	516,6	Geradeaus *GRR*; Abzweigung links zu *Mount Hart Station* (50 km)

Der Weg führt zu einem alten *homestead* in *King Leopold Range*. Das alte Farmgebiet ist heute in *King Leopold Range National Park* und Naturreservate aufgeteilt.

195,7	509,8	Geradeaus *GRR*; Abzweigung rechts zu *Lennard Gorge* (8,2 km; 4-WD) und *Milliewindie Station* (65 km; GPS: 17°08'36"S – 125°14'08"E)

Die etwa 5 km lange Schlucht, Teil des heutigen *King Leopold Range National Park*, formte *Lennard River*. Der *track* dorthin ist nur mit Geländewagen zu bewältigen. Vom Parkplatz (GPS: 17°10'50"S – 125°12'14"E), der sich zum Campen weniger eignet, führt ein kurzer Weg bis zum Schluchtrand. Dann folgt man kleinen Steinhaufen *(cairns)* hinunter in die Schlucht, wo man ein erfrischendes Bad in klaren Wasser genießen kann. Wer kurz nach der Regenzeit reist, kann sich auch noch am Anblick des Wasserfalls erfreuen (GPS: 17°10'46"S – 125°11'40"E).

197,9	507,6	*Dog Chain Creek*
203,7	501,8	*Fern Creek*
206,6	498,9	*Same Creek*
209,3	496,2	*March Fly Glen*

Auffallend sind die vielen Schraubenpalmen am Ufer des Bachs (gute Campingmöglichkeit). 4 km weiter erleichtert ein kurzes Stück Asphalt die Auffahrt zu *King Leopold Range.*

213,6	491,9	Aussichtspunkt
215,2	490,3	*Bell Creek*

Kurz vorher führt ein Weg zu einer guten Campingstelle an *Bell Creek.*

218,7	486,8	Geradeaus *GRR*; Abzweigung links zu *Silent Grove Homestead* (20 km) und zu *Bell Gorge* (32,3 km)

Ein weißer Reifen markiert die Abzweigung zu einer der eindrucksvollsten Schluchten an der Gibb River Road. Der *creek* fällt über kleinere Kaskaden und Wasserfälle in eine tiefe, schmale Schlucht und setzt seinen Weg durch *Isdell Range* fort. Neben diesem herrlichen Anblick sollte man auch auf jeden Fall ein Bad in den kleinen *pools* genießen (→ Weg zu Bell Gorge).

Weg zu Bell Gorge (◆)

0	32,3	Abzweigung *Gibb River Road* bzw. *Bell Gorge* (GPS: 17°08′60″S – 125°23′09″E)
6,4	25,9	Viehkoppeln links
6,6	25,7	*creek*

Kristallklares Wasser in Galvans Gorge

Steile Felswände von Windjana Gorge

13,2	19,1	Geradeaus fahren; Wegeinmündung von rechts
18,4	13,9	Gatter
19,1	13,2	*creek*
20,2	12,1	*Silent Grove Homestead* (Ruine). Das Farmhaus war früher ein Außenposten von *Mt. Hart Station*. Heute sind die Ruinen zusammen mit *Bell Gorge* Teil des Mount Leopold Range National Park.
24,3	8,0	Schöne Campingstelle (GPS: 16°59′56″S – 125°12′22″E) neben der Rangerstation unter Baobabs (mit Duschen, 7 $ p. P.). Näher zu Bell Gorge gibt es Bushcamps. Rechts halten.
32,3	0	Baobab mit eingeschnitzter Glocke in der Rinde. Von hier ein Fußweg (20 Min.; die ersten 50 m etwas schwierig) zur Schlucht. Er endet oberhalb der Fälle (GPS: 16°59′25″S – 125°12′05″E).

Weiterfahrt auf der Hauptstrecke

226,9	478,6	Geradeaus *GRR*; Abzweigung rechts zu *Imintji Community & Store*
228,0	477,5	*Saddlers Spring* (GPS: 17°09′01″S – 125°28′10″E)
232,2	473,3	*Grave Creek*
252,3	453,2	Weggabelung: links *GRR*; rechts zu *Mount House Station* (10 km) und *Mornington Station* (90 km)
256,3	449,2	Geradeaus *GRR*; Abzweigung links zu *Beverly Springs Homestead* (40 km)
266,2	439,3	*Billy Goat Springs*
272,7	432,8	Hinweisschild links: *Phillip Range;* geradeaus *GRR*; Abzweigung rechts zu *Adcock Gorge* (5 km) Der Weg ist bis auf die letzten 300 m ohne Probleme mit konventionellen Fahrzeugen zu befahren. Mit Allradantrieb kommt man bis unmittelbar an den ersten mit Seerosen bewachsenen Teich. Dort liegt unter Schraubenpalmen ein gemütlicher Platz zum Campen. Nur wenige Meter sind es zum zweiten *pool* und dem pittoresken Wasserfall. Besucher ohne Geländewagen können ihr Zelt 300 m vor der Schlucht aufschlagen.
278,0	427,5	*Adcock River*
291,6	413,9	Geradeaus *GRR*; Abzweigung links zu *Galvans Gorge* (600 m; GPS: 16°47′55″S – 125°50′56″E) Ein 200 m langer Wanderweg führt den Besucher in die hufeisenförmige Schlucht zu einem *pool* mit kristallklarem Wasser, in den sich aus 20 m Höhe ein Wasserfall ergießt. Am rechten Ufer sind an der

Schluchtwand mehrere Zeichnungen von Aborigines (Wandjinas) zu sehen. Der Platz am Eingang der Schlucht ist weniger zum Campen geeignet.

304,2	401,3	*Station Creek*
305,3	400,2	Geradeaus *GRR*; Abzweigung rechts zu einer Siedlung der Aborigines

305,6   399,9   Geradeaus *GRR*; Abzweigung links zu *Mount Barnett Station* (*roadhouse* 400 m) und *Manning Gorge* (7,6 km). Mt. Barnett Station; gehört seit 1988 den Kupingarri-Aborigines, wird aber von weißen Australiern geleitet. Auf dem 1.254 km² großen Farmgelände grasen 2.000 Rinder. Am Rasthaus (GPS: 16°43'09"S – 125°55'41"E) kann man Erfrischungen kaufen und duschen. Außerdem werden hier die Gebühren für den Besuch bzw. das Campen an *Manning Gorge* bezahlt (7 $ p.P.). Das Rasthaus ist täglich von 7 bis 12 und von 13 bis 17 Uhr geöffnet (in der Trockenzeit sogar ohne Mittagspause). Der Campingplatz liegt an *Lower Manning Gorge* (GPS: 16°39'23"S – 125°55'39"E) unter imposanten Baobabs. Er ist ausgestattet mit Toiletten und einem Wassertank. Um ein Bad in *Upper Gorge* (GPS: 16°88'27"S – 125°54'55"E) zu nehmen, muss man noch weitere 3 bis 4 km (1,5 Std.) wandern. Der Weg ist mit aufgeschichteten Steinhaufen und angemalten Büchsen, die in Bäumen und Sträuchern hängen, markiert. Ein längerer Weg (2,5 Std.) führt am Schluchtrand entlang. Wer diesen Weg wählt, kann die unzähligen Flughunde, die in den Bäumen der Schlucht den Tag verdösen, beobachten. Nach dem anstrengenden Marsch unter der heißen Sonne Australiens ist ein Bad in der von hohen Felsenwänden umgebenen *Upper Gorge* eine Wohltat. Die Wasserfälle von *Manning Gorge* gehören zu den größten an der Gibb River Road (solange Wasser fließt). Wer eine Luftmatratze mitgenommen hat, kann sich auf dem Wasser flussabwärts treiben lassen. Das erspart einen Teil des Rückwegs. Wer die Strapazen der Wanderung scheut, kann unter dem Geschrei der großen Kakaduschwärme auch an den sandigen Ufern von *Lower Gorge* baden und sich erholen.

306,6	398,9	*Barnett River*
311,8	393,7	Geradeaus *GRR*; Wegeinmündung von links
333,9	371,6	Geradeaus *GRR*; Abzweigung links zu *Barnett River Gorge* (5 km)

Weg zu Barnett River Gorge (♦)

0	4,8	Abzweigung *GRR/Barnett Gorge* (GPS: 16°33'31"S – 126°07'25"E)
2,4	2,4	Weggabelung: rechts fahren zu *Barnett Gorge;* links zu Campingmöglichkeiten am Fluss unter riesigem Baobab
3,2	1,6	Weggabelung: rechts fahren zu Campingstellen (4-WD); links ebenfalls zu Campingstellen
4,8	0	4-WD-Camp (GPS: 16°32'03"S – 126°07'40"E)

Von der letzten Campingmöglichkeit an der Schlucht läuft man ca. 500 m bis zum Ende eines großen *pools*, verborgen hinter dicht stehenden Papierrindenbäumen (GPS: 16°31'15"S – 126°07'30"E). Wer schwimmen möchte, muss den unmarkierten Weg am Schluchtrand entlang nehmen, um dann nach einer kurzen Kletterpartie *Barnett River* zu erreichen. Wie bei allen anderen Schluchten wird man mit einem erfrischenden Bad im kühlen Fluss oder mit *whirlpools* unter kleinen Kaskaden belohnt. Wer an der Schlucht sein Zelt aufschlägt, wird sich mit Anbruch der Dämmerung über die kreischenden Geräusche wundern. Es sind Schreie von Flughunden, die sich an Nektar und Pollen der blühenden

Kein Treibstoff!

Papierrindenbäume laben. Eine Nachtwanderung mit Taschenlampe lohnt sich.

Weiterfahrt auf der Hauptstrecke

343,5	362,0	Geradeaus *GRR*; Abzweigung links zu *Mount Eliza-beth Station* (30 km)

Die Eigentümer (Familie Lacey) dieser Rinderfarm bieten Übernachtungsmöglichkeiten, Duschen, Toiletten, Erfrischungen und Safaris mit erfahrenen Buschführern an. Besucher sind herzlich willkommen. Zelten kostet 7 $ p.P., eine Übernachtung im *homestead* 105 $ inkl. Frühstück und Abendessen.

352,7	352,8	*Snake Creek*
359,7	345,8	*Hann River*
369,0	336,5	*Mistake Creek*
370,1	335,4	*Bryce Creek*
373,5	332,0	Geradeaus *GRR*; Abzweigung links zu *Gibb River Station* (2 km)

Der Zutritt zu dieser Rinderfarm ist nur im Notfall gestattet. Es ist auf jeden Fall zu respektieren, dass Besucher nicht erwünscht sind.

397,2	308,3	*North Creek*

Nach der Flussdurchquerung ist auf der rechten Seite ein guter Platz zum Campen.

403,9	301,6	*creek*
413,5	292,0	Weggabelung: rechts *GRR* nach *Kununurra* (333 km) und *Wyndham* (292 km); links zu *Drysdale River Station* (63 km), *Mitchell Plateau* (Mitchell Falls 241 km) und *Kalumburu* (270 km)

Kalumburu Road (♦)

0	269,6	Abzweigung *GRR/Kalumburu Road* (GPS: 16°07′06″S – 126°31′15″E)
3,1	266,5	*Gibb River* (GPS: 16°57′36″S – 126°30′44″E)

Direkt nach dem Fluss ist rechts eine gute Camping- und Picknickmöglichkeit.

16,0	253,6	*Plain Creek*
58,9	210,7	Geradeaus fahren; Abzweigung (GPS: 15°42′32″S – 126°23′07″E) links zu *Drysdale River Homestead* (1,3 km)

Das Farmgelände von *Drysdale River Station* umfasst etwa 2.800 km², auf denen rund 5.000 Rinder weiden. Wie viele andere Farmer haben sich auch *John* und *Anne Koeyers* auf den zunehmenden Tourismus eingestellt und bieten neben Kraftstoff auch Übernachtungsmöglichkeiten (Camping 3 $ p.P., Homestead-Übernachtung 80 $ p.P.), einen Krämerladen (geöffnet 9–12 und 13–17 Uhr), eine kleine Repara-

		turwerkstatt und Rundflüge von 90 bis 140 Minuten Dauer (130–170 \$ p.P.) über die *Kimberleys*, so über *Moran Falls, Mitchell Plateau* und *Prince Regent River*, an.
61,2	208,4	Geradeaus fahren; Abzweigung rechts zu *Miners Pool* (3,5 km) Das ist eine sehr schöne, kostenlose Campingmöglichkeit am Fluss auf dem Farmgelände von *Drysdale River Station*.
61,6	208,0	*Drysdale River* (GPS: 15°41'09"S – 126°22'44"E) Steinige Durchfahrt, die aber problemlos ist.
65,6	204,0	*creek*
72,5	197,1	*creek*
91,5	178,1	*creek*
94,0	175,6	Gatter Etwa 3 km nach dem Viehgatter trifft man auf die ersten Livistonia-Palmen rechts und links der Piste.
99,0	170,6	Geradeaus fahren; Abzweigung rechts zu *King Edward River Station* (3 km; ehemals *Doonigan Station*)
108,0	161,6	Gatter
126,9	142,7	*Rocky Creek*
160,9	108,7	Geradeaus fahren; Abzweigung links zu *Mitchell Plateau* (→ Weg zu Mitchell Plateau und Mitchell Falls).

Weg zu Mitchell Plateau und Mitchell Falls (♦♦)

0	116,2	Abzweigung *Kalumburu Road/Mitchell Plateau* (GPS: 14°55'44"S – 126°14'06"E)
6,5	109,7	*King Edward River* (GPS: 14°53'60"S – 126°12'06"E) Vor und nach der Durchquerung des Flusses führen rechts mehrere Abzweigungen zu verschiedenen Campingstellen. Grundsätzlich gibt es wenig Schatten und auch kaum Feuerholz. Der schönste und beste Platz liegt ganz am Ende der zweiten Zufahrt (kurz vor dem Ufer 200 m links ab). Leider ist er immer sehr schnell belegt.
21,7	94,5	steiler Streckenabschnitt Dicht stehende Livistonia-Palmen begleiten den Reisenden bis hinunter ins Tal und wieder hinauf auf das Plateau. Oben angekommen, bietet sich ein schöner Ausblick.
67,5	48,7	Weggabelung: rechts fahren zu *Mitchell Falls* und *Port Warrender;* links zu *Camp Creek* (→ Weg zu Camp Creek).

Weg zu Camp Creek (♦♦♦)

0	7,2	Abzweigung *Mitchell Falls/Camp Creek*
0,5	6,7	Weggabelung: links fahren

1,9	5,3	Geradeaus fahren; links geht es zu einer Müllhalde *(rubbish tip)*
4,9	2,3	Steile Abfahrt ins Tal
7,0	0,2	Weggabelung: links zum Camp fahren
7,2	0	Campingmöglichkeit

Weiterfahrt zu Mitchell Falls, Crystal Creek und Port Warrender (♦♦)

70,8	45,4	*creek*
72,8	43,4	T-Kreuzung: rechts zu den Fällen und zur Landebahn (1 km) fahren; links ist die *Northern Road*.
72,9	43,3	Weggabelung: links fahren; rechts zur Landebahn
73,6	42,6	Weggabelung: links fahren (bis zur Campingstelle an den Fällen noch 15 km; GPS: 14°49'19"S – 125°43'01"E); rechts nach *Port Warrender*

Der Weg zur Campingstelle ist stark ausgewaschen und erfordert vorsichtiges Fahren, aber man sollte sich das unvergessliche Naturschauspiel der Wasserfälle nicht entgehen lassen. Vom Lager ist es noch etwa eine Stunde Fußweg über felsiges Land, durch dichte Wälder und Palmenhaine, vorbei an *Little Mertens-* und *Big Mertens Falls* bis *Mitchell River*. Schließlich steht man oberhalb der ersten Kaskade der Fälle. Am Fluss entlang gibt es herrliche kleine *pools* zum Schwimmen und Abkühlen. Obwohl Krokodile die Fälle nicht hinaufschwimmen können, ist hier Vorsicht geboten. Weitere 15 Minuten Marsch am Schluchtrand entlang (nach Überquerung von Mitchell River) führen zu einem Aussichtspunkt, von dem die Wasserfälle, heute geschützt durch den *Mitchell River National Park*, in ihrer ganzen Pracht zu bewundern sind. An der Campingstelle kann man auch recht günstig Helikopterflüge buchen und sich das einmalige Naturschauspiel aus der Vogelperspektive anschauen.

| 94,0 | 22,2 | Geradeaus nach *Port Warrender* fahren; Abzweigung links zu *Surveyors Pool* (6,5 km) |

Der einsame *pool* mit kristallklarem Wasser ist umgeben von hohen Sandsteinfelsen. Wenn das Ende des nicht ganz einfachen Weges nach 6,5 km erreicht ist (für die Fahrt sind ca. 1,5 Std. einzuplanen!), muss man noch etwa 4 km zu Fuß gehen, um zum erfrischenden Nass zu gelangen. Für den Hinweg müssen genügend Wasservorräte mitgenommen werden. Auffüllen für den Rückweg kann man problemlos am *pool*. Ein Seil, das an einem über dem Wasser hängendem Ast angebracht ist *(flying fox)*,

		sorgt für den nötigen Spaß beim Planschen. Flusskrebse tummeln sich am Rand des Wasserbeckens.
97,0	19,2	Weggabelung: rechts nach *Port Warrender* und *Crystal Creek* fahren; links zum *Helikopter-Landeplatz* (200 m)
103,5	12,7	T-Kreuzung: links zu *Crystal Creek* fahren; rechts nach *Port Warrender*
114,2	2,0	*creek*
114,7	1,5	Weggabelung: rechts fahren zu den Campingstellen und zum Mangrovengürtel; links ebenfalls zu Campmöglichkeiten (300 m)
115,9	0,3	Weggabelung: geradeaus fahren zum Mangrovengürtel; links zum Camp an einem Baobab (300 m)

Ungefähr 40 m hinter dem Baobab steht man auf den Klippen und sieht unter sich die Schlickflächen *(mudflats)* von *Crystal Creek* – gleichzeitig Endpunkt des *track*. Sein Name deutet nicht, wie vielleicht anzunehmen ist, auf die Klarheit des Wassers hin, sondern rührt von den Quarzkristallen her, die man hier fand. Das Zelt kann oberhalb des *creek*, in dem auch Leistenkrokodile leben, aufgeschlagen werden. Bei Ebbe sieht man von *Crystal Creek* eine mindestens 50 cm tiefe, graue Schlammschicht. Der *track* nach *Port Warrender* ist wie der zu *Crystal Creek* sehr unwegsam und nur etwas für ganz erfahrene Allradfans. Er führt ebenfalls durch Heideland, um dann an den Schlickflächen und Mangroven zu enden: für Angler ein Paradies. Allerdings benötigt man schon ein kleines Aluminiumboot *(tinnie)*, um erfolgreich zu sein.

116,2	0	Ende des *track* am Mangrovengürtel

Weiterfahrt auf Kalumburu Road (✦)

196,9	72,7	Geradeaus fahren; Abzweigung links zu *Theda Homestead* (600 m)

Theda Station ist ebenfalls eine Rinderfarm. Besucher sind willkommen, und neben Übernachtungen (Camping 9 $ p.P., B&B 25 $ p.P.) werden auch Rundflüge über das *Mitchell Plateau* (ab 100 $ p.P.) angeboten. Am Homestead erhält man ebenfalls ein *permit*, um den nahe gelegenen *Drysdale River National Park* besuchen zu dürfen.

249,0	20,6	*Carson River* (GPS: 14°27'09"S – 126°39'46"E)
249,5	20,1	Weggabelung (GPS: 14°10'31"S – 126°40'36"E): links fahren; rechts zu *Carson River Homestead* (15 km) und *Honeymoon Bay*

Kalumburu – die Geschichte einer Mission

Der Ort wurde 1932 von katholischen Mönchen als Mission gegründet. 1908 eröffneten sie zunächst eine Station an einem Platz, den die Aborigines „Pago" nannten. Ihre Bemühungen aber waren wenig erfolgreich, denn 1913 stürmten 103 Aborigines, Männer wie Frauen, die Mission und töteten die Mönche. Als man dann 1932 *Drysdale River Mission* errichtete, waren die Feindseligkeiten beigelegt und viele Aborigines zogen aus dem Gebiet um Pago nach „Kalumburu", wie die Mission 1951 offiziell genannt wurde. Während des Zweiten Weltkrieges spielte der Ort eine wichtige strategische Rolle. Die *Royal Australian Air Force* nutzte die Landebahn der Mission im Kampf gegen die Japaner. Diese bombardierten dann auch Kalumbru am 27. September 1943 und legten den Ort in Schutt und Asche. Ironischerweise blieb die Landebahn dabei unversehrt. Die Überlebenden flüchteten zu einem 3 km entfernten Ort, den die Aborigines „Tingun" nannten, und lebten dort für zwei Jahre in Zelten. Erst im Mai 1945 kehrten sie zur zerbombten Mission zurück und bauten sie, nachdem das Militär einen Monat später abgezogen war, wieder auf. Heute betreiben die Aborigines hier Rinderzucht und verwalten die Siedlung selbst.

269,6	0	*Kalumburu,* Ortseingang

Anmeldung im *Kalumburu Office* erforderlich! Hier erhält man auch eine Genehmigung zum Campen oder um den nahen *Drysdale River National Park* via *Carson River Station* besuchen zu dürfen. Camping ist im Nationalpark an *Honeymoon Bay* (GPS: 14°06'13"S – 126°40'48"E) möglich.

Weiterfahrt auf der Hauptstrecke

436,6	268,9	*Russ Creek*
444,1	261,4	*creek*
456,5	249,0	Geradeaus *GRR*; Abzweigung links zu *Ellenbrae Creek* (100 m)

Gute Plätze zum Campen unter hohen Papierrindenbäumen und Pandanus-Palmen am Fluss.

480,2	225,3	*Campbell Creek*
483,2	222,3	Geradeaus *GRR*; Abzweigung links zu *Ellenbrae Homestead* (7 km). Kleiner Campingplatz mit Küche.
503,9	201,6	*Durack River* (GPS: 15°56′28″S – 127°13′09″E)
		Am Fluss entlang gibt es gute Campingmöglichkeiten.
512,3	193,2	Geradeaus *GRR*; Abzweigung rechts zu *Karunjie Homestead* (45 km)
		Karunjie ist eine der drei Farmen, die von der Familie *Sinnamon* (→ KM 531,6) betrieben werden. Übernachtungsmöglichkeiten und geführte Touren werden auch hier angeboten.
522,1	183,4	*Bamboo Creek* (GPS: 15°52′20″S – 127°21′06″E)
531,6	173,9	Geradeaus *GRR*; Abzweigung links zu *Durack River Homestead* und *Jack's Waterhole* (800 m)
		Zusammen mit *Home Valley* und *Karunjie* umfasst das Farmgebiet der Sinnamons 10.118 km². Auf diesen riesigen Weideflächen grasen insgesamt etwa 10.000 Rinder. 1986/87 baute man das Farmhaus an *Jack's Waterhole*. Seitdem sind die Sinnamons damit beschäftigt, Einrichtungen und Komfort für die immer häufiger hierher kommenden Touristen zu verbessern. Bislang allerdings nur mit mäßigem

Unbedingt sehenswert – die „Bienenkörbe" der Bungle Bungle

Erfolg. Außerdem bieten sie interessante Buschwanderungen zu *Durack-* und *Oomaloo Falls* an, die man
allein kaum erreichen könnte. Camping ist an Jack's
Waterhole (gut für Vogelbeobachtungen) für 10 $
pro Platz erlaubt. Wer sich hier nur z. B. zum Grillen
oder für Naturbeobachtungen aufhalten möchte,
zahlt 2 $ p.P. Sehr einfache Zimmer in der Preisklasse
von 30–50 $ stehen zur Verfügung. Außerdem gibt
es einen kleinen Krämerladen, der Grundnahrungsmittel und gekühlte Getränke bietet. Den Treibstoff
für den Wagen pumpt man mit einer Handpumpe
aus Fässern in den Tank.

569,9	135,6	*Bindoola Creek* (GPS: 15°45'54"S – 127°43'00"E)
584,3	121,2	Aussichtspunkt rechts
587,1	118,4	Aussichtspunkt rechts
588,5	117,0	Geradeaus *GRR*; Abzweigung links zu *Home Valley Homestead* (1 km; → KM 531,6)

Die dritte Farm der Sinnamons bietet neben Unter-
künften (75 $ p.P. inkl. Frühstück, Abendessen) und
Campingmöglichkeiten (5 $ p.P.) auch regelrechte
Safaris und Wildschweinjagden sowie Flüge über die
Bungle Bungles an.

597,3	108,2	*Pentecoast River* (Furt; GPS: 15°17'48"S – 127°52'52"E)

Auf der Ostseite des Flusses (Achtung Krokodile!)
führt ein kaum zu erkennender Weg zu einigen Campingstellen und nach Wyndham (→ Weg Wyndham).

Weg nach Wyndham (♦)

0	83,6	*Pentecoast River*
0,4	83,2	Weggabelung: rechts halten; links zum Fluss
1,5	82,1	Gatter
1,9	81,7	T-Kreuzung: rechts fahren; links zum Fluss
5,1	78,5	Weggabelung: rechts halten; links zum Fluss
7,6	76,0	Weggabelung: rechts halten; links zum Fluss
9,3	74,3	*Pentecoast River* links
18,0	65,6	Weggabelung (in einer Salzpfanne): links halten
19,5	64,1	T-Kreuzung: links fahren
20,0	63,6	T-Kreuzung: rechts fahren
44,4	39,2	Wegeinmündung von links; geradeaus nach *Wyndham*
48,5	35,1	Gatter und T-Kreuzung: rechts fahren
50,1	33,5	T-Kreuzung: rechts fahren
52,3	31,3	T-Kreuzung (GPS: 15°40'31"S – 128°50'60"E): links fahren
52,7	30,9	*King River*

53,2	30,4	*Police Tree,* ein alter Baobab, der als Gefängnisbaum diente, links Ab hier führen zahlreiche Wege links zum Fluss.
58,2	25,4	Kreuzung: geradeaus Wyndham; Abzweigung rechts zum *Moochalabra Damm*
77,6	6,0	T-Kreuzung: *Great Northern Highway;* links nach *Wyndham;* rechts nach *Kununurra* (GPS: 15°30'45"S – 128°10'15"E)
83,6	0	*Wyndham,* Ortseingang

Weiterfahrt auf der Hauptstrecke

| 621,3 | 84,2 | Geradeaus *GRR;* Abzweigung rechts zu *El Questro Station* (16 km)
Auch diese 4.000 km² große Farm (GPS: 16°47'00"S – 127°28'53"E) mit einem Viehbestand von rund 3.000 Rindern hat sich in den letzten Jahren mehr und mehr dem Tourismus zugewandt. So werden z. B. Helikopterflüge (ab 140 $), geführte Buschwanderungen (halber Tag 55 $ p.P.), Ausritte auf Pferden (pro Stunde 25 bis 30 $), Verleih von Booten (halber Tag 100 $) oder Angelruten (15 $/Tag) und vieles mehr angeboten. Übernachten kann man, wer es etwas luxuriöser mag, im Farmhaus für 640 $ p.P. (für 2 Nächte). Obwohl eine Tour mit einem persönlichen Führer, Transfer von und nach Kununurra sowie gehobene Küche inklusive sind – dennoch ein stolzer Preis! Wesentlich günstiger sind andere Unterkünfte auf der Farm, wie z. B. *station camps* (23 $ für eine Übernachtung im 12-Bett-Raum) oder Bungalows, die 130 $ p.P. kosten, allerdings ohne Touren und Mahlzeiten. Wer auf dem Farmgelände nur campen möchte, zahlt 12 $ p.P. Wer im *El Questro Wilderness Park* wandern möchte, zahlt 15 $ Eintritt (gültig für 7 Tage).
Wer sich ein Boot ausleiht oder gar eins im Gepäck hat, sollte auf keinen Fall *Chamberlain Gorge/El Questro Gorge,* die auf dem Farmgelände liegt, auslassen – für Angler sowieso ein „Muss", denn die großen Katzenwelse *(catfish)* beißen das ganze Jahr über an. Barramundis, ebenfalls eine Fischspezialität, fängt man am besten zu Beginn der Trockenzeit. Am Ende der Schlucht sind an einem Felsenüberhang Zeichnungen der Aborigines (100 m links) zu sehen. Der Weg zur Schlucht ist mit dem höchsten Schwierigkeitsgrad ausgewiesen (die Wege auf dem Gelände von El Questro sind je nach Schwierigkeit von eins bis zehn kategorisiert), aber die Strapazen lohnen: Er |

		führt an einem Bach entlang über Palmenstämme und Felsen, durch nabelhohes Quellwasser. Andere schöne Schluchten sind *John Rat Gorge* und *Fleischer Gorge*. Ebenfalls auf dem Gelände der Farm liegen *Ben Springs* (Thermalquellen). Zu Beginn der Trockenzeit führen die kleinen Kaskaden genug Wasser, dass man unter einem Wasserfall in warmen *pools* baden kann.
630,8	74,7	Geradeaus *GRR*; Abzweigung links zu *Emma Gorge* (2 km)
		Auch diese Schlucht liegt auf dem Gebiet von *El Questro Station*; die Eintrittsgebühr ist im *El Questro Wilderness Park Permit* enthalten. Übernachten kann man für 60–155 \$ (cabin; 2 Personen). Angeboten werden auch Rundflüge, Kamelausritte, Safaris, geführte Touren und traditionelle Buschküche.
637,7	67,8	*King River*
654,4	51,1	T-Kreuzung: rechts auf den *Great Northern Highway* nach *Kununurra* (51 km) fahren; links nach *Wyndham* (48 km)
662,4	43,1	Geradeaus auf dem *Victoria Highway* nach *Kununurra* fahren; Abzweigung rechts ist der *Great Northern Highway* nach *Halls Creek.*
694,0	11,5	Geradeaus nach *Kununurra* fahren; Abzweigung links zu *Valentine Springs* und *Black Rock Pool*
701,4	4,1	*Ord River*
705,5	0	*Kununurra*, Ortsschild

Kununurra

Am Endpunkt der *Gibb River Road*, an der Grenze zu Northern Territory, liegt der junge Ort *Kununurra*, mit rund 3.500 Einwohnern einer der größeren Orte im dünn besiedelten Norden. Sein Name bedeutet in der Sprache der Ureinwohner „viel Wasser" und rührt vom breiten *Ord River* her. 1963 gründete man Kununurra als Versorgungsstation für das Bewässerungsprojekt *Ord River Irrigation Project*. In großem Stil pflanzte man zunächst Baumwolle an, die anfangs mit dem Wasser von *Lake Kununurra*, einem Stausee, großflächig bewässert wurde. 1972 wurde der 740 km^2 große Stausee *Lake Argyle* zur Bewässerung der heutigen Anbaugebiete angelegt. So viel versprechend der Baumwollanbau begann, so abrupt endete er mit dem blattsaugenden Insekt *Heliothis armigera*, das die Ernten zerstörte. Anschließend versuchte man es mit Zuckerrohr und Reis. Doch Spaltfußgänse *(magpie-geese)* kamen den Menschen regelmäßig bei der Ernte zuvor, so dass man die Felder Anfang der 1980er-Jahre endgültig aufgab. Heute setzt man eher auf einen breit gefächerten Anbau: während der Regenzeit Sojabohnen und Erdnüsse, während der Trockenzeit Mais, Sorghum-Hirse und Sonnenblumen. Dass Kununurra ungewöhnlich wohlhabend ist, verdankt es neben den steigenden Touristenzahlen auch der erfolgreich arbeitenden Diamantenmine, die 120 km südlich liegt.

Strecken 13-15

Strecken 16-17

Strecken 18-19

Strecke 20

Strecken 22-23

Strecken 24-25

Anhang

Strecke 21
Halls Creek – Katherine (The Big Run)

- **Entfernung:** 1.051 km; max. Entfernung ohne Tankmöglichkeit: 408 km
- **Empfohlene Reisedauer:** 4 bis 5 Tage
- **Reine Fahrzeit:** 18 Stunden
- **Empfohlene Reisezeit:** April bis November (beste Zeit April und Mai); im Sommer wegen der Monsunregenfälle meistens gesperrt. Auch der *Victoria Highway* ist dann oft überflutet.
- **Ab- und Rückmeldung:** nicht erforderlich
- **Ausrüstung:** Geländewagen (4-WD) mit Grundausrüstung bei Wagen und Werkzeug; bei trockener Piste ist die Strecke durchaus mit Pkw (auch Campmobil) zu befahren.
- **Pistenart und -zustand:** Die Strecke ist eine gute Schotterpiste. Der Abschnitt zwischen *Kalkarindji* und *Top Springs* (Buchanan Highway) ist wie der *Victoria Highway* nur eine einspurig geteerte Straße.
- **Versorgung:** Halls Creek (Grundversorgung); Kalkarindji/408 km (Lebensmittelladen, Camping, Tankmöglichkeit); Top Springs/578 km (*roadhouse/*Pub); Timber Creek/825 km (Lebensmittelladen, Hotel, *caravan park,* Tankmöglichkeit); Victoria River Wayside Inn/857 km (*roadhouse/*Pub); Katherine/1051 km (kompletter Service)
- **Telefonnummern:** Halls Creek (Polizeistation) 08/ 99 81 70 24; Kalkarindji (*roadhouse/*Polizei) 08/ 89 75 07 90; Timber Creek Ranger Station 08/ 89 75 08 88; Victoria River Wayside Inn 08/ 89 75 07 44; Katherine Touristeninformation 08/ 89 72 26 50
- **Funkfrequenzen und Rufzeichen:** RFDS Derby (VJB) 5300, 6925 und 6945 kHz; RFDS Darwin (VJY) 2360, 4010, 6840 und 7975 kHz
- **Kartenmaterial:** Hema (1:1.250.000) *The Top End and Western Gulf*; AUSLIG (1:250.000) *Gordon Downs* SE-52-10, *Limbunya* SE-52-07, *Wave Hill* SE-52-08, *Victoria River Downs* SE-52-04, *Delamere* SD-52-16, *Katherine* SD-53-09
- **Besondere Hinweise:** keine

The Big Run durchquert einen der größten landwirtschaftlich genutzten Landstriche im westlichen Northern Territory. Mittendrin liegt die historisch bedeutsame *Victoria River Downs Station,* kurz *VRD* genannt. In ihrer Gründerzeit hieß die Farm „The Big Run" und gab so dem Streckenverlauf seinen Namen. Sie galt einst als größte Rinderfarm des Britischen Imperiums (→ Artikel: Eine Farm der Superlative – Victoria River Downs).

Die Strecke ist eine gute Alternative zum Victoria Highway weiter nördlich, wenn man von den *Kimberleys* einen kurzen Abstecher nach *Katherine* machen will. Ausgangspunkt ist *Halls Creek,* das noch in Westaustralien liegt (→ Streckenbeschreibung 11, Tanami Track). Zunächst folgt man den Schildern auf dem Duncan Highway in Richtung *Old Halls Creek*. Dort sind Überreste der alten Goldgräberstadt zu besichtigen. Anschließend windet sich *The Big Run* durch pittoreske Hügel und Täler. Höhepunkte sind *Palm Springs,* eine natürliche Quelle in *Albert*

Edward Range, und *Sawpit Gorge*. Nach Albert Edward Range erstreckt sich weites Farmland. Kurz vor der Grenze zu Northern Territory zweigt der Duncan Highway in Richtung Norden ab, und die Fahrt geht weiter auf dem Buchanan Highway in Richtung *Kalkarindji*. Ab hier ist die Strecke zunächst wieder geteert und führt vorbei an der ehemaligen Polizeistation *Wave Hill* bis zu *Top Springs Roadhouse*, wo sie nach Nordwesten schwenkt und zu *Victoria River Downs* führt. Nach kurzer Fahrt ist *Jasper Gorge* an der Grenze zu *Gregory National Park* erreicht. Nach Durchquerung des Nationalparks trifft der *track* 30 km östlich von *Timber Creek* auf den einspurig geteerten Victoria Highway. Von dieser Abzweigung sind es noch 91 km bis zu *Victoria River Roadhouse* am gleichnamigen Fluss. Die letzte Etappe bis Katherine ist in etwa zwei bis drei Stunden zu schaffen.

Halls Creek

(→ Streckenbeschreibung 11, Alice Springs – Halls Creek via Tanami Track)

Streckenlog

0	1051,0	*Halls Creek,* Polizeistation
0,5	1050,5	Abzweigung rechts nach *Old Halls Creek* (Duncan Highway) nehmen; geradeaus ist der *Great Northern Highway*
5,7	1045,3	Geradeaus *The Big Run* (TBR); Abzweigung links zu *China Wall* (1,5 km)

China Wall ist eine fast vertikale Quarzader, die sich durch ihre weiße Farbe vom hier dominierenden Sandstein abhebt. Da der Quarz härter ist als das Gestein um die Ader, das im Laufe der Jahrtausende erodierte, blieb dieses mauerähnliche Gebilde zurück. Die weiße Wand erstreckt sich so über etwa 10 km und erinnert an eine Miniaturausgabe der Chinesischen Mauer.

12,5	1038,5	Geradeaus *TBR*; Abzweigung links zu *Caroline Pool* (2 km) und *Sophie Downs Homestead* (7 km)

Caroline Pool, ein natürliches Wasserloch, war einst Treffpunkt und Badeplatz von *Old Halls Creek*. Hier wurde geschwommen, Cricket gespielt oder ein Picknick veranstaltet. Zum Ende der Trockenzeit bleiben vom *pool* allerdings nur einige kleine Tümpel zurück.

15,1	1035,9	*Old Halls Creek*

Ein paar Ruinen (z. B. die alte Poststation) der ehemaligen Goldgräbersiedlung stehen noch. Auch gibt es noch einen alten Friedhof. Aus den Grabinschriften geht hervor, dass viele Bewohner jung gestorben sind – ein Hinweis auf ein Leben voll Entbehrungen und Härte.

Strecken 13–15

Strecken 16–17

Strecken 18–19

Strecke 21

Strecken 22–23

Strecken 24–25

Anhang

Eine Farm der Superlative – Victoria River Downs

Die ersten Besitzer von *Victoria River Downs* (VRD) waren ein reicher Australier namens *Charles Fisher* und der erfolgreiche Geschäftsmann *Morris Lyons*. Sie beauftragten 1883 den Viehtreiber *Nat Buchanan*, 20.000 Rinder aus Queensland über 3.000 km hierher zu bringen – ein Job, für den 70 Viehtreiber einige Monate benötigten. In ihren Anfängen war *VRD* eine der einsamsten Farmen der Welt. Die Menschen hier hatten mit widrigen Lebensbedingungen zu kämpfen. Malaria und andere tropische Krankheiten forderten immer wieder Opfer. Schon Mitte der achtziger Jahre mussten Lyons und Fisher, aufgrund von Fehlspekulationen und Preisverfall für Fleisch um mehr als die Hälfte, die gerade erst erworbene Farm wieder verkaufen. Die Firma *Goldsbrough Mort* übernahm die mittlerweile 21.400 km² große Farm mit 30.000 Rindern und 500 Pferden. Doch auch das brachte nicht den gewünschten Erfolg. Schon zu Beginn des 20. Jahrhunderts war das Anwesen dem Bankrott nahe. Die Transportkosten zu den Schlachthöfen waren enorm, tausende Rinder starben an Rotwasserfieber (→ Streckenbeschreibung 18, Canning Stock Route) oder brachten am Markt nur einen Preis von weniger als einem Pfund pro Stück. Im Januar 1900 wechselte *VRD* für damals lächerliche 27.500 Pfund den Besitzer. Neue Eigentümer waren der „Rinderbaron" *Sidney Kidman*, seine Geschäftspartner *Alexander Forrest* und *Isadore Emanuel*. Nur neun Jahre später interessierte sich die britische Fleischverarbeitungsfirma *Bovril Ltd.* für die Farm und erwarb sie schließlich für 165.000 Pfund – ein beträchtlicher Gewinn für Kidman und Co. Investitionsspritzen aus Großbritannien, die vornehmlich in den Erwerb neuen Landes flossen, ließen die Farm auf 37.000 km² anwachsen. Um die Größe des Anwesens zu dokumentieren, reichte folgende einfache Aussage: „Ein Reiter ist eine Woche unterwegs, bevor er fremdes Land erreicht".

31,5	1019,5	Geradeaus *TBR*; Abzweigung links zu *Bradley Mine* (1,5 km), *Mt. Bradley* (5 km), *Bradley Dam* (3,6 oder 10 km) und *Ruby Queen Mine* (34 km)
		Ruby Queen Mine ist nur mit Geländewagen zu erreichen. Leider ist von diesem Minenkomplex, der vor wenigen Jahren geschlossen wurde, kaum noch etwas übrig. Lediglich ein paar verrostete Gerätschaften liegen herum. Wer hier ein bisschen herumstöbern möchte, muss besonders auf alte Schächte achten!
41,0	1010,0	*Black Elvire River*
42,3	1008,7	*Palm Springs*
		Dieser idyllische Ort in *Albert Edward Range* ist hervorragend zum Baden und Campen geeignet. Die Quelle speist ein kleines Becken im Felsen. Früher nutzten Viehtreiber sie zum Tränken ihrer Rinder. Aus dieser Zeit stehen hier und da noch ein paar alte

Eine einschneidende Verbesserung der Situation auf *VRD* waren die Einrichtung der Luftverbindung mit London und das Pedalradio (Funkgerät, das nach dem Prinzip des Dynamo funktioniert). Letzteres leitete eine neue Ära für die Pioniere des *outback* ein. Man hatte nun bessere Verbindungen zu Märkten und Weltgeschehen und konnte dadurch schneller auf Veränderungen reagieren. Während des Zweiten Weltkrieges führten nur fünf *stockmen* den Betrieb, der Rest zog in den Krieg. Dieser Krieg aber sorgte auch für ein Ansteigen der Fleischpreise auf das Vierfache, was *VRD* einen kurzzeitigen Boom bescherte. Doch der hielt nicht lange an, und 1950 verkaufte die britische Gesellschaft während einer extremen Dürreperiode die Farm, weil sie das australische Geschäft im *outback* mittlerweile für eine Fehlinvestition hielt. Nächster Besitzer war *William Lionel Buckland*, ein Millionär aus Melbourne, der aber wenig Interesse an der Rinderzucht hatte. In seiner zehnjährigen Herrschaft über das Land und das Vieh hat er die Farm nicht ein einziges Mal besucht. 1960 kam es schließlich zu einem erneuten Besitzerwechsel. Mit dem Kauf ging *L. J. Hooker Company* in die Geschichte ein, denn sie erwarb den mittlerweile größten zusammenhängenden Landbesitz Australiens mit 65.000 Rindern. Die gleiche Firma führte zehn Jahre später auch frisches Blut in die Herden ein, was seit hundert Jahren (seit Buchanan) nicht mehr geschehen war. Mit reinrassigen Brahmanenbullen und Dreiviertel-Brahmanenkühen gelang es, ein Rind zu züchten, das besser an das Land angepasst war. Die Zukunft sah zunächst sehr viel versprechend aus. Dann purzelte in den siebziger Jahren der Fleischpreis so, dass die Farm in die Verlustzone zu geraten drohte. Im November 1984 gab es den vorläufig letzten Besitzerwechsel. *Peter Sherwin*, der das Rindergeschäft von der Pike auf gelernt und sich mittlerweile zum Rinderhändler hochgearbeitet hatte, erwarb *VRD* für 12 Millionen Dollar. Er baute ein Imperium auf, das heute durchaus mit dem der *Kidmans* konkurrieren kann. Er besitzt neben *VRD* weitere Farmen in Northern Territory, auf denen insgesamt mehr als 260.000 Rinder grasen.

		Schilder, die das Baden und Campen verbieten, was aber heute nicht mehr gilt.
42,5	1008,5	Geradeaus *TBR*; Abzweigung rechts zu *Sawpit Gorge* (2 km)
		Sawpit Gorge, auch „Sawtooth Gorge" genannt, wurde von *Black Elvire River* geschaffen, der hier im Gestein steile Wände und Überhänge zurückließ. An dem fast ganzjährig wasserführenden *pool* lässt sich herrlich campen.
62,5	988,5	*Johnstone River*
84,0	967,0	Geradeaus *TBR*; Abzweigung rechts ist die *Sturt Creek Road*
115,0	936,0	Geradeaus *TBR*; Abzweigung rechts zu *Flora Valley Homestead* (13 km)
165,0	886,0	Geradeaus *TBR*; Abzweigung links zu *Marella Gorge* (GPS: 18°07'12"S – 128°14'13"E)

		Diese schöne Schlucht mit Wasserfällen und *pools* liegt auf dem Gebiet von *Nicholson Station*. Wer hierher möchte, sollte sich von der 11 km entfernten Farm (Nicholson Station) eine Erlaubnis holen.
174,0	877,0	Geradeaus *TBR*; Abzweigung links zu *Nicholson Homestead* (2 km) und nach *Kununurra* (325 km); Abzweigung rechts zu *Birrindudu Homestead* (68 km)
186,0	865,0	Grenze zwischen Western Australia und Northern Territory (Uhren um 90 Minuten vorstellen).
219,0	832,0	Geradeaus *TBR*; Abzweigung links zu *Kirkimbie Homestead* (30 km)
232,0	819,0	Geradeaus *TBR*; Abzweigung rechts zu *Bunda Homestead* (10 km)
257,0	794,0	Geradeaus *TBR*; Abzweigung links zu *Mistake Creek Homestead;* Abzweigung rechts zu *Birrindudu Homestead* (60 km)
408,0	643,0	*Kalkarindji* (GPS: 17°26'56"S – 130°49'52"E) Ein paar Kilometer vor Kalkarindji beginnt eine einspurige Asphaltstraße. Dieser Luxus hält bis *Top Springs* an. Kalkarindji, Verwaltungsstelle des *Daguragu Land Trust*, ist ein winziger Ort, hat aber einen Campingplatz, einen Schnellimbiss, einen kleinen Supermarkt und eine Tankstelle.
420,0	631,0	Geradeaus *TBR*; Abzweigung rechts nach *Lajamanu* (104 km) und zum *Tanami Track* (347 km)
437,0	614,0	Geradeaus *TBR*; Abzweigung rechts zu *Wave Hill Homestead*
487,0	564,0	Geradeaus *TBR*; Abzweigung links zu *Camfield Homestead* (4 km)
488,0	563,0	*Camfield River*
578,0	473,0	*Top Springs Roadhouse* (GPS: 13°32'37"S – 131°47'44"E); Abzweigung links zu *Victoria River Downs Homestead* (101 km) nehmen; Abzweigung rechts ist der *Buchanan Highway* in Richtung *Stuart Highway* (184 km); geradeaus ist die *Delamere Road* zum *Victoria Highway* (164 km)
670,0	381,0	*Victoria River* (Furt)
679,0	372,0	*Victoria River Downs* (VRD); GPS: 16°24'15"S – 131°08'02"E Ursprünglich umfasste die Fläche der Farm *Victoria River Downs* ein Gebiet größer als ganz Belgien. Das riesige Anwesen (mehr als 500 Kilometer Zaun und 90.000 Rinder) hat eine eigene Post, einen Lebensmittelladen, ein kleines Krankenhaus und eine staatliche Schule für die hier lebenden Kinder. Heutzutage stimmt auch in Australien das Bild vom einsamen Cowboy *(stockman)* nicht mehr. Helikop-

		ter erledigen zusammen mit den Viehtreibern in ein paar Stunden das Zusammentreiben der Rinder, wofür man früher mindestens zwei Wochen brauchte. Zwar hat VRD heute etwas weniger an Fläche, aber immer noch gehört sie zu den größten Farmen der Welt (→ Artikel: Eine Farm der Superlative).
737,0	314,0	*Jasper Gorge* (GPS: 16°17'04"S – 130°46'29"E) und *Gregory National Park*

Der erst 1990 ausgewiesene 13.336 km² große Nationalpark liegt in einer Übergangszone zwischen tropischen und halbtrockenen Gebieten. Benannt wurde er nach *Augustus Charles Gregory*, der um 1855/56 die erste Expedition in diese Gegend führte. Beeindruckende Berge und Schluchten, darunter *Jasper Gorge*, wie auch bedeutsame Zeugnisse längst vergangener Kultur der Ureinwohner und europäischer Besiedlung sind einzigartig in diesem Gebiet. In den Flüssen des Parks sind sowohl das Leisten- wie auch das Johnston-Krokodil heimisch. Während ersteres, das *saltie*, überwiegend in *Victoria River* und seinen Ausläufern zu Hause ist, bewohnt letzteres, das *freshie*, mehr die Flüsse, *creeks* und kleinen Teiche *(billabongs)* im Inneren des Parks sowie in *Bullita Section*. Tafelberge, Sandsteinabbrüche und Kalksteinhügel dominieren diesen Parkteil im entlegenen Süden, wo spärlicher, lichter Eukalyptuswald mit einem Unterbewuchs aus Gras wächst. Majestätisch ragen überall beeindruckende, alte Baobabs empor.

795,0	256,0	T-Kreuzung: Abzweigung rechts auf den *Victoria Highway* nach *Katherine* (253 km) nehmen; Abzweigung links ist der *Victoria Highway* nach *Timber Creek* (30 km). Beide Richtungen sind asphaltiert.
857,0	194,0	*Victoria River Inn*
897,0	154,0	Geradeaus fahren; Abzweigung links zu *Innesvale Homestead*
926,0	125,0	Geradeaus fahren; Abzweigung rechts ist die *Delamere Road* nach *Top Springs* (164 km) Eine Alternative zu *The Big Run*, aber landschaftlich wenig reizvoll und ohne Höhepunkte.
991,0	60,0	Geradeaus fahren; Abzweigung links zu *Scott Creek Homestead*
1051,0	0	*Katherine*

Katherine

(→ Streckenbeschreibung 6, Stuart Highway)

Strecke 22
Mataranka – Roper Bar – Normanton
(Roper Highway und Savannah Way)

- **Entfernung:** 1.270 km; max. Entfernung ohne Tankmöglichkeit: 349 km
- **Empfohlene Reisedauer:** 4 Tage
- **Reine Fahrzeit:** 20 Stunden
- **Empfohlene Reisezeit:** April bis Oktober (beste Zeit April und Mai); im Sommer ist die Strecke wegen der Monsunregenfälle meist unpassierbar und gesperrt.
- **Ab- und Rückmeldung:** nicht erforderlich
- **Ausrüstung:** Geländewagen (4-WD) mit Grundausrüstung bei Wagen und Werkzeug
- **Pistenart und -zustand:** Bis kurz vor *Roper Bar* (140 km) ist die Strecke geteert. Dann geht sie in eine relativ gut zu befahrende Schotterpiste über, die sich nach der Grenze zwischen Northern Territory und Queensland erheblich verschlechtert (viele Schlaglöcher und *bulldust*). Die Durchquerungen von *creeks* und Flüssen sind in der Regel kein großes Problem, es sei denn, der Wasserstand ist nach heftigen Regenfällen angestiegen.
- **Versorgung:** Mataranka (Lebensmittelladen, Motel, *caravan park*, Tanken); Roper Bar/176 km (Lebensmittelladen, *caravan park*, Tanken); Borroloola/552 km (Lebensmittelladen, Hotel, *caravan park*, Tanken); Woologorang Roadhouse/806 km (*roadhouse*/Pub); Hell's Gate Roadhouse/865 km (*roadhouse*/Pub); Tiranna Roadhouse/1.010 km (*roadhouse*); Burketown/1044 km (Grundversorgung); Normanton/1.270 km (Grundversorgung)
- **Telefonnummern:** Mataranka Touristeninformation 089/ 75 45 30; Roper Bar 08/ 89 75 46 36; Roper River (Polizeistation) 08/ 89 75 46 44; Hell's Gate Roadhouse 07/ 47 45 82 58; Tiranna Roadhouse 07/ 47 48 55 33; Burketown Touristeninformation 07/ 47 45 51 77; Lawn Hill Ranger 07/ 47 48 55 72. Straßenzustand bei Polizeistationen: Ngukurr 08/ 89 75 46 44; Borrololoola (Polizeistation) 08/ 89 75 87 70; Burketown 07/ 47 45 51 20; Normanton (Polizeistation) 07/ 47 45 11 33 und Wildlife Commission Katherine 08/ 89 73 88 88; Adel's Grove 07/ 47 48 55 02; Escott Lodge 07/ 47 48 55 77
- **Funkfrequenzen und Rufzeichen:** RFDS Mount Isa (VJI) 2020 und 5110 kHz; RFDS Darwin (VJY) St.John's Ambulance 6840 und 7975 kHz
- **Kartenmaterial:** Hema *The Top End and Western Gulf* (1:2.000.000); Westprint Heritage (1:1.000.000) *Gulf Country*; AUSLIG (1:250.000) *Katherine* SD-53-09, *Urapunga* SD-53-10, *Roper River* SD-53-11, *Hodgson Downs* SD-53-14, *Tanumbirini* SE-53-02, *Bauhina Downs* SE-53-03, *Robinson River* SE-53-04, *Calvert Hills* SE-53-08, *Westmoreland* SE-54-05, *Burketown* SE-54-06, *Normanton* SE-54-07
- **Besondere Hinweise:** Leistenkrokodile *(salties)* leben in fast allen Flüssen am Golf von Carpentaria. Besondere Vorsicht ist in küstennahen Gebieten und an Flussmündungen geboten. Während der Sommermonate sind auch Würfelquallen *(stinger)* in Küstennähe. Schwimmen ist dann verboten.

Für die Strecke von *Borroloola* bis *Normanton* benötigt ein V-8-Benzinmotor etwa 200 l, ein 4-Zylinder-Benzinmotor ca. 150 l. Dieselmotoren sind erheblich sparsamer: Ein 6-Zylinder verbraucht etwa 150 l, ein 4-Zylinder ca. 110 l.

Der *Savannah Way*, auch bekannt als *Gulf-Savannah Track* oder *Great Top Road,* erstreckt sich von Darwin nach Cairns und ist eine interessante Strecke durch eines der abgelegensten Gebiete Australiens. Er folgt mehr oder weniger den Spuren *Ludwig Leichhardts* (→ Die Erforschung Australiens) und war anfangs kaum mehr als ein Trampelpfad durch den endlosen Busch. Hauptteil des Savannah Way ist die Strecke von Roper Bar im Northern Territory bis Normanton im Nordwesten Queenslands. Zwar sind die Tage vollkommener Abgeschiedenheit vorüber, doch immer noch hat man, dank geringer Bevölkerungsdichte, in unberührter Wildnis und ohne jegliche Zivilisation das Gefühl von Freiheit und Abenteuer beim Befahren dieser Piste. Erst 1872 – also 27 Jahre nach der Leichhardt-Expedition – wurden die ersten Rinder über diese Route von Queensland zum *Top End* getrieben. Aber schon der zweite Versuch scheiterte an Futtermangel, dem unwegsamen Gelände und feindlich gesinnten Aborigines. Ein Teil des *track* ist nach Leichhardt benannt. Erst 1878 unternahm der legendäre Nat „Bluey" *Buchanan* einen weiteren Versuch: Er trieb 1.200 Rinder von Armarc in Zentralqueensland zu Farmen nahe Darwin. An *Limmen Bight River* errichteten sie ein Camp. Als die Männer die Rinderherde zusammengetrieben hatten, kehrten sie zum Lager zurück und fanden ihren Koch enthauptet vor. Sie machten sich auf die Suche nach den Aborigines, die diese Tat begangen hatten, und nahmen furchtbare Rache. Drei Jahre später wurden Buchanan und weitere 70 Männer erneut beauftragt, Rinder von St. George im Südosten Queenslands nach Daly River im Northern Territory zu treiben. Diesmal waren es 20.000 Tiere. Buchanan teilte sie in 10 Herden auf, und man brach im Abstand von 1–2 Tagen auf. Als alle Herden schließlich in Daly Water eintrafen, hatten sie zwar einige hundert Tiere auf der harten Strecke verloren, aber nur einen einzigen *stockman*, der dazu noch an einer Krankheit verstorben war. Diese erfolgreiche Durchquerung machte Buchanan zum Nationalhelden und etablierte Leichhardts gefahrvolle Route als Viehtriebroute von Queensland zum Top End. 1886 gesellten sich zu den Viehtreibern die Glücksritter und Goldsucher auf ihrem Weg zu den Goldfeldern in den Kimberleys. Mit dem Ende des Goldrauschs zehn Jahre später und dem Ende der Viehtriebe ging der „Verkehr" auf dem Gulf Track drastisch zurück, bis schließlich kaum jemand mehr die Strecke benutzte. Erst mit Aufkommen des Tourismus kann man wieder behaupten, dass die Strecke gut frequentiert wird. Dennoch kann es auch heute vorkommen, dass man Hunderte von Kilometern fährt, ohne einem anderen Fahrzeug zu begegnen.

Der Savannah Way folgt zunächst dem gezeitenabhängigen, mit Schraubenpalmen umsäumten *Roper River* bis zum abgelegenen *Roper Bar, roadhouse* und Wetterstation zugleich, bevor er weiter in Richtung Südwesten führt. Von nun an wird ein Fluss nach dem anderen durchfahren. Alle münden in den Golf von Carpentaria und sind Heimat von Fischen wie Barramundi, Brasse *(bream)*, Australischem Knochenzüngler *(saratoga)*, Flusskrebsen sowie Leisten- und Johnston-Krokodilen. In der Regenzeit treten die Flüsse weit über ihre Ufer. Das Gebiet verwandelt sich dann in sumpfiges Gelände mit großen Seen. Während dieser Zeit sind viele Farmen und Gemeinden nur noch aus der Luft zu erreichen und zu versorgen. In der Trockenzeit trocknen die Sümpfe und Seen langsam aus und hinterlassen mit Seerosen bewachsene Teiche *(billabongs)* und Lagunen, die vielen Vogelarten als Lebensraum dienen. Von Borroloola, einer kleinen Ortschaft mit rund 700 Einwohnern, besteht die Möglichkeit, über den geteerten Carpentaria Highway zum Stuart Highway zurückzukehren. Der Savannah Way in Richtung Queensland verläuft vorbei an *Wollogorang Roadhouse* als gute Schotterpiste zumindest bis zur Grenze zwischen Northern Territory und Queensland. Unmittelbar hinter der Grenze verändert sich die Fahrbahn überraschend. Die bis dahin relativ gute *gravelroad* verengt sich zu einer schmalen Fahrspur, die auf weiten Strecken viele tiefe Schlaglöcher mit *bulldust* und unübersichtliche Kurven aufweist. Die Schüttelei hält bis *Tiranna Roadhouse* an. Von dort führt die Piste in nordöstlicher Richtung nach *Burketown*, zur ältesten Siedlung am Golf. Die Strecke zwischen Burketown und Normanton, Endpunkt des Savannah Way, ist eine gute, breite Schotterpiste und einfach zu bewältigen.

Mataranka

Bekannt wurde der kleine Ort durch seine Thermalquellen. Obwohl viele Touristenbusse die Quellen ansteuern, sollte man sich ein Bad im 34 °C warmen Wasser unter Palmen und Papierrindenbäumen nicht entgehen lassen, bevor man zum *Savannah Way* aufbricht (→ Streckenbeschreibung 6, Port Augusta – Katherine).

Streckenlog

0	1270,2	*Mataranka*
1,5	1268,7	Geradeaus fahren; Abzweigung links zu *Mataranka Homestead* und den Thermalquellen
7,0	1263,2	Links auf den *Roper Highway* in Richtung *Roper Bar* fahren; geradeaus nach *Tennant Creek*
92,5	1177,7	Geradeaus fahren; Abzweigung links zu *Moroak Homestead* (7 km)
118,0	1152,2	Geradeaus fahren; Abzweigung rechts zurück zum *Stuart Highway (Daly Waters)*
134,5	1135,7	Hier endet der Asphalt
173,9	1096,3	Abzweigung rechts auf den *Savannah Way* (SW) nach *Borroloola* nehmen; geradeaus liegt *Roper Bar* (2,5 km) und *Ngukurr Community* (30 km). Die betonierte Furt, die bei *Roper Bar* durch den Roper führt, wurde 1845 von *Ludwig Leichhardt* bei einer seiner Expeditionen entdeckt. Den Fluss benannte man nach dem Expeditionsteilnehmer *John Roper*. Die Furt teilt den vom Meer bis hierher schiffbaren Fluss in eine Salzwasserzone meerwärts und eine Süßwasserzone landeinwärts. Neben den gefürchteten Salzwasserkrokodilen leben in dem Fluss Barramundis und Australische Knochenzüngler.

Während des Baus der Telegrafenverbindung nach Darwin war Roper Bar Materiallager und Versorgungsstützpunkt. Heute gibt es hier einen Campingplatz und kleinen Laden von Aborigines.

174,9	1095,3	Abzweigung links nach *Borroloola* nehmen; geradeaus zum *Stuart Highway* und nach *Mataranka*
195,4	1074,8	Hinweisschild links über Angelregeln und Camping in der Golfregion *(gulf-country)*
195,7	1074,5	*Hodgson River* (Furt; GPS: 15°34'22"S – 134°57'03"E). 100 m weiter führt rechts ein Weg zu guten Campingmöglichkeiten.
206,4	1063,8	Hinweisschild links: Camping und Angeln auf den nächsten 19 km erlaubt
231,8	1098,4	*Toll Gate Creek*
220,9	1049,3	Lagune rechts
232,7	1037,5	*Mountain Creek* (Furt)
233,5	1036,7	Abzweigung links zum *creek* (100 m)
236,4	1033,8	Schild für entgegengesetzte Richtung mit dem Hinweis wie bei → KM 195,4.
243,4	1026,8	*St. Vidgeons Station* (verlassen) links. Bougainvilleen blühen in dem überwucherten Garten des alten Farmgebäudes. Das Gelände ist heute Staatseigentum, und man beabsichtigt, hier einen Nationalpark einzurichten. Prunkstück wäre dann sicherlich *Lormaieum Lagoon* (1 km). Umgeben von hohen Papierrindenbäumen, ist diese mit Wasserlilien bedeckte Lagune ein Paradies für Wasservögel – und ein guter Platz für ein Picknick.
254,0	1016,2	*Whirlpool Creek* (Furt)
261,3	1008,9	Weggabelung: rechts nach *Borroloola* (300 km); links *Port Roper* (44 km) und *Roper Aquafarm* (46 km)
288,1	982,1	*Little Towns River*
292,3	977,9	*Towns River* (Furt; GPS: 14°56'53"S – 135°22'36"E)
328,4	941,8	Lagune links (50 m)
330,2	940,0	Geradeaus fahren; Abzweigung links zu *Limmen Bight Rivercamp*. Beginn/Ende von *Limmen National Park*. 100 m weiter weist ein Schild auf die Möglichkeit zu Angeln und Camping hin.
330,5	939,7	*Cox River* (Furt)
333,2	937,0	Lagune links
345,6	924,6	*Piker Creek*
352,0	918,2	*Limmen Bight River* (Furt, GPS: 15°12'51"S – 135°35'22"E)
364,8	905,4	Weggabelung: rechts nach *Borroloola* fahren; links zu *Nathan River Station* (1 km); Camping nach telefonischer Vereinbarung (Katherine Wildlife Commission, → Telefonnummern) möglich.

397,1	873,1	*Sly Creek*
413,4	856,8	Geradeaus fahren; Abzweigung links zu *Lorella Springs Station* (35 km); Hinweisschild zu Angelregeln und Camping
419,7	850,5	*Copper Mine Creek*
459,4	810,8	Geradeaus fahren; Abzweigung rechts zu *Bauhinia Downs Station* (24 km)
466,3	803,9	*Batten Creek* (GPS: 15°51'36"S – 136°26'54"E) 100 m weiter führt links ein Weg zu Campingmöglichkeiten (300 m).
469,7	800,5	T-Kreuzung: links nach *Borroloola* (82 km) und *Billengarah* (8 km) fahren; rechts nach *Heartbreak Hotel* (46 km) und *Cape Crawford* (48 km) In der näheren Umgebung von *Cape Crawford* und *Heartbreak Hotel* liegen faszinierende Gesteinsformationen an Lagunen (*Southern Lost City*; GPS: 15°48'31"S – 135°27'20"E). Sie sind größtenteils von Schraubenpalmen umgeben und konkurrieren mit den Bungle Bungles. Viele Vogelarten nutzen diese Wasserstellen als Tränke oder gehen hier auf Beutefang. Vogelbeobachter kommen hier auf ihre Kosten.
472,6	797,6	Geradeaus fahren; Abzweigung links zu *Billengarah Station* (5 km)
509,1	761,1	*Crocodile Creek*
514,2	756,0	Geradeaus fahren; Abzweigung links zu *Tarwallah Station* (2 km)
517,0	753,2	Geradeaus fahren; Abzweigung links zu *Tarwallah Station* (2 km)
521,3	748,9	T-Kreuzung: links auf dem *Carpentaria Highway* nach *Borroloola* fahren; rechts nach *Cape Crawford* (→ KM 469,7)
533,5	736,7	Geradeaus fahren; Abzweigung links zu *Campbell Spring* (15 km; GPS: 16°55'02"S – 138°11'23"E)
547,6	722,6	Geradeaus fahren nach *Wollogorang* (258 km); Abzweigung links nach *Borroloola* (4 km) Borroloola ist das Verwaltungszentrum der Golfregion und für viele das Tor zum Golf von Carpentaria. Die kleine Ortschaft zieht in jedem Jahr viele Angler an, die hier Barramundi fangen wollen. An der Bootsrampe an *MacArthur River* ist Camping möglich (Vorsicht vor Krokodilen! Der Fluss ist bekannt für besonders große Exemplare). Wer die Sicherheit eines *caravan park* vorzieht, kann sein Zelt dort aufstellen. Von Borroloola aus hat man auch eine gute Gelegenheit, die Inseln im Golf zu besuchen.
549,2	721,0	*MacArthur River* (Furt)
569,0	701,2	*Poison Creek*

575,4	694,8	Geradeaus fahren; Abzweigung rechts zu *Spring Creek* (65 km)
581,7	688,5	*Little Fletcher Creek*
588,2	682,0	*Fletcher Creek*
591,4	678,8	*MacPherson Creek*
603,3	666,9	*Wearyan River* (GPS: 16°13'01"S – 136°49'19"E)
604,9	665,3	*Little Wearyan River*
618,0	652,2	*Foelshe River*
618,1	652,1	Abzweigung rechts nach *Wollogorang* nehmen; geradeaus nach *Manangoora* (19 km) und *Seven Emu Homestead* (39 km). Mit Genehmigung von Seven Emu (07/ 47 42 82 58) kann auf den farmeigenen Strecken zur Küste fahren und in der Gegend angeln.
638,9	631,3	*Horse Creek*
644,3	625,9	Geradeaus fahren; Abzweigung rechts zu *Robinson River Station* (45 km)
654,3	615,9	*Robinson River* (GPS: 16°45'27"S – 136°58'53"E)
692,2	578,0	*Kangaroo Creek*
699,9	570,3	Geradeaus fahren; Abzweigung links nach *Pungalina*
725,1	545,1	*Calvert River* (GPS: 16°21'10"S – 137°41'04"E)
748,0	522,2	Geradeaus fahren; Abzweigung rechts nach *Calvert Hills* und zum *Tablelands Highway*

MacArthur River aus der Vogelperspektive

755,1	515,1	*Karns Creek*
782,0	488,2	Geradeaus fahren; Abzweigung links zu *Redbank Mine*
804,6	465,6	*Settlement Creek*. Die silberblättrigen Bäume am Pistenrand sind Silber-Eukalypten *(silver box)*.
804,8	465,4	Gatter
805,4	464,8	Geradeaus fahren zu *Border Gate*; links *Wollogorang Roadhouse* (300 m).
811,0	459,2	*NT/QLD Border Gate* (GPS: 17°12'48"S – 137°59'42"E) Uhren um eine halbe Stunde vorstellen. Ab hier wird der *track* extrem schlecht. Der talkähnliche *bulldust* kriecht durch jede Ritze. Schon nach kurzer Zeit ist alles mit einer millimeterdicken Staubschicht bedeckt. Der Regen hat die *gravel*-Schicht, mit der die Strecke 1993 gedeckt wurde, im Laufe der Jahre ausgewaschen.
811,3	458,9	Weggabelung: links halten
813,9	456,3	*creek*
847,0	423,2	*creek* Direkt nach dem *creek* liegen rechts ein paar gute Plätze zum Campen.
848,7	421,5	*creek*

Durchquerung von Wearyan River

884,8	385,4	*creek*
865,0	405,2	*Hell's Gate Roadhouse* links (GPS: 17°27'10"S – 138°21'31"E)

Neben allerhand Informationen zum Leben in der Golfregion bietet man hier Angeltouren zum *Golf von Carpentaria* an. Den Besitzern der Raststätte, *Bill* und *Lee Olive,* macht es viel Freude, sich mit Besuchern zu unterhalten. Von hier aus kann man zur Küste fahren. Genehmigungen, um auf Land der Aborigines zu übernachten, bekommt man im *roadhouse* (20 $ Eintritt und 20 $ pro Fahrzeug und Tag.

876,5	393,7	*creek*
883,2	387,0	*creek*
915,2	355,0	Geradeaus fahren; Abzweigung rechts führt zu *Kingfisher Camp* (40 km) und *Lawn Hill National Park* (192 km; → KM 1018,1)

Kingfisher Camp liegt direkt an *Nicholson River* und bietet beste Campingmöglichkeiten am Fluss. Wer möchte, kann hier auch Kanus ausleihen (6 $/Stunde). Die Strecke bis *Nicholson River* und weiter zum *Lawn Hill National Park* ist in extrem schlechtem Zustand, doch die malerische Landschaft entschädigt für die Strapazen!

946,0	324,2	*Domadgee Community* rechts

Die *community* hat einen guten Namen, was handgefertigte Souvenirs betrifft. Ein kleiner Supermarkt versorgt Reisende mit dem Nötigsten.

949,4	320,8	Kreuzung: geradeaus fahren; Abzweigungen links und rechts sind Privatstraßen.
949,6	320,6	*Gunnalunja River Weir*

Das Wehr, erbaut zwischen April und November 1991, dient der Wasserversorgung einer nahen Siedlung von Aborigines. Am Ufer steht ein ziemlich ramponierter und offensichtlich häufig benutzter Grill. Hunderte leerer Bierbüchsen zeigen, mit welchen Problemen auch diese *community* zu kämpfen hat. Während der Trockenzeit campieren viele Aborigines am oder auch im trockenen Flussbett – ein Zeichen dafür, dass sie sich in ihren Häusern nicht wohl fühlen.

949,7	320,5	Beginn bzw. Ende von *Nicholson River* (Furt; GPS: 17°34'48"S – 139°29'57"E)
950,6	319,6	Ende bzw. Beginn von *Nicholson River* (Furt)
1003,9	266,3	*creek* (Furt)

Nach dem *creek* findet man rechts gute Plätze zum Campen.

1004,4	265,8	*creek* (Furt)
1008,9	261,3	*Gregory River* (Furt)

1010,1	260,1	*Tiranna Roadhouse* links (GPS: 17°53′04″S – 139°17′49″E)
1018,1	252,1	T-Kreuzung: links nach *Burketown* (26 km) fahren; rechts nach *Gregory Downs* (90 km) und *Lawn Hill National Park* (230 km)

In diesem unwirtlichen und dünn besiedelten Landstrich wirkt *Lawn Hill Gorge* mit dem ganzjährig wasserführenden *Lawn Hill Creek* wie eine Oase. Ein Besuch lohnt trotz der 230 km langen Anfahrt. In dem heute ariden Gebiet hat das Wasser über Jahrtausende aus einem Plateau eine atemberaubende Landschaft mit bizarren Formationen geschaffen. Die Wände der Schlucht zeigen sich als spinifexbewachsene Sand- und Kalksteinterrassen; ganz anders dagegen sieht es unten in der Schlucht aus, wo sich aufgrund des ständig fließenden Wassers eine ungewöhnliche Pflanzenvielfalt entwickelt hat. Nahe am Fluss wachsen Australische Livistonien, Trauben-Feigenbäume, Weißzedern, Schraubenpalmen und Fluss-Eukalypten. Auf den Schwemmflächen gedeiht lichter Wald aus Akazien, Coolabah- und Blutharz-Eukalypten. Vögel, darunter viele Wasservögel wie Schlangenhalsvogel, Kormoran und Reiher, trifft man am häufigsten im Park an.

Von Zeit zu Zeit fällt auch eine Kolonie Flughunde in die Schlucht ein, um sich an Früchten zu laben. *Lawn Hill Creek* ist Heimat von Johnston-Krokodilen, Kurzhalsschildkröten, Merten-Wasserwaranen und vielen Fischen. In den Felsenwänden sind Felsenringelschwanzbeutler, Bergkänguru und Braunbrustgudilang, eine Vogelart, zu Hause. Die kleinen, aus Schlamm gebauten Nester unterhalb der Felsensimse stammen von Arielschwalben, die hier in großen Kolonien leben.

Über 20 km Wanderwege ermöglichen den Zugang zu vielen Sehenswürdigkeiten in der Schlucht, so z. B. zu Malereien der Aborigines an *Wild Dog* oder *Rainbow Dreaming*.

Ein komfortabler, grasbewachsener Campingplatz *(camping area)* liegt an *Duwadarri Waterhole* (7,50 $ pro Platz) neben der Rangerstation und dem Informationszentrum des 122 km² großen Nationalparks. Es ist ratsam, den Zeltplatz vorher telefonisch zu reservieren. Eine gute Alternative ist der Campingplatz bei *Adel's Grove*, ca. 10 km außerhalb des Parks.

1065,6	231,6	Geradeaus fahren; Abzweigung links zu *Escott Lodge* (12 km)

Escott Lodge war eine Rinderfarm mit 8.000 Tieren, die zusätzlich auf ihrem Gelände eine Ferienanlage *(resort)* betrieb und verschiedene Aktivitäten für Touristen anbot. 2001 gaben die Eigentümer die Rinderzucht und auch das Touristengeschäft auf.

1043,8	226,4	*Burketown* (Touristeninformation) rechts

„Barra-Capital-City", wie Burketown vielerorts genannt wird, liegt an *Albert River*, der natürlichen Grenze zwischen den nördlichen Feuchtzonen und den südlichen Weidegebieten. Gegründet wurde der Ort, dessen höchster Punkt gerade mal 15 m über dem Meeresspiegel liegt, 1865 als erste Siedlung am Golf. Die Abgeschiedenheit lockte alle möglichen Galgenvögel *(outlaws)* hierher, sodass es recht rau zuging. Als 1866 eine Fieberepidemie *(gulf-fever)* in der Gegend grassierte, evakuierte man die Bevölkerung kurzerhand nach *Sweers Island*, der südöstlichsten Insel der Wellesley-Gruppe. Erst 1869 konnten die Menschen zurückkehren. Die meisten zogen jedoch in Richtung Westen zu *Norman River* und gründeten dort das heutige Normanton. Heute leben noch etwa 230 Menschen in Burketown.

Die Strecke ist ab hier für 16 km geteert.

1045,2	225,0	*Artesischer Brunnen* rechts

Durch die Ablagerungen verschiedenster Mineralien ist mittlerweile ein 1,5 m hoher, bunter Kegel über dem Bohrloch entstanden, aus dem das heiße Wasser quillt.

1048,1	222,1	*Albert River* (Brücke)
1053,8	216,4	*Harris Lake*
1059,2	211,0	*Harris Creek*
1115,5	154,7	Geradeaus fahren; Abzweigung rechts zu *Floraville Homestead*; *New Armraynald Homestead* links
1115,7	154,5	Beginn bzw. Ende von *Leichhardt River* (Furt)
		Südlich der Furt liegen die malerischen *Leichhardt Falls*.
1116,5	153,7	Ende bzw. Beginn von *Leichhardt River* (Furt)
1118,0	152,2	Weggabelung: links nach Normanton fahren; rechts zu *Donors Hill Homestead* (108 km)
1118,7	151,5	*Alexandra River*
		Eine holprige, steinige Durchfahrt
1125,3	144,9	Weggabelung: rechts fahren; links zu *Wernandinga Homestead*
1135,1	135,1	Geradeaus fahren; Wegeinmündung links von *Wernandinga Homestead*
1167,0	103,2	*Morning Creek*
1181,8	88,4	*Poingdestre Creek*

1199,6	70,6	*Lake Creek*
1200,1	70,1	Kreuzung: geradeaus fahren; Abzweigung rechts zu *Macalister Homestead* (26 km); Abzweigung links zu *Inverleigh Homestead*
1227,8	42,4	*Flinders River* (Furt)
1230,7	39,5	*Bynoe River* (Furt)
1233,2	37,0	*Little Bynoe River* (Furt)
1233,6	36,6	Geradeaus fahren; Abzweigung rechts zu *Burke & Wills Camp* (1 km). Im Februar 1861 schlugen *Burke* und *Wills* auf ihrem Weg zum Golf von Carpentaria hier ein Lager auf (→ Streckenbeschreibung 2, Strzelecki Track). Bis zum Golf konnten sie nicht vorstoßen, denn Sümpfe versperrten ihnen den Weg. Dass sie aber nicht weit vom Meer entfernt sein konnten, verrieten ihnen die Flüsse, deren Wasserstand sich mit den Gezeiten änderte.
1244,1	26,1	Weggabelung: rechts fahren; links zu *Mangowra Homestead*
1264,7	5,5	Weggabelung: links auf die *Burke Developmental Road* nach *Normanton* (5 km) fahren; rechts nach *Cloncurry* und *Croydon*
1270,2	0	*Purple Pub Normanton*

Purple Pub in Normanton

Normanton

Der Ort wurde 1867 gegründet und entwickelte sich, aufgrund der günstigen Lage an *Norman River*, schnell zu einem bedeutenden Binnenhafen für das 380 km entfernte *Cloncurry* und seine Kupferfelder. 1871 zählte die Ortschaft rund 3.000 Einwohner (heute ca. 1.200, davon etwa drei Viertel Aborigines). Als man 18 Jahre später 150 km südöstlich nahe dem heutigen *Croydon* Gold entdeckte, blühte Normanton auf. Die Verbindung zwischen den beiden Städten stellte die Eisenbahngesellschaft her. Ursprünglich sollte die Bahnlinie von Normanton nach Cloncurry führen, doch die Goldfunde erschienen den Verantwortlichen wichtiger. Ein Zug, der damals Gold und andere Frachten transportierte, der *Gulflander*, verkehrt auch heute noch als Touristenzug. Er fährt einmal pro Woche die Strecke *Normanton – Croydon – Normanton,* die als einzige Bahnstrecke Australiens nicht an ein Netz angeschlossen ist. Der Nostalgiezug genießt mittlerweile Popularität und lässt die Herzen der Liebhaber angestaubter Eisenbahnromantik höher schlagen. Jeden Mittwoch führt die vierstündige Fahrt mit dem Dieseltriebwagen durch menschenleeres Gebiet ins trostlose, ehemalige Goldgräberstädtchen Croydon und am nächsten Morgen zurück nach Normanton. Ein paar Häuser aus der Kolonialzeit und *Purple Pub* sind Mittelpunkt der Stadt. Während des Goldrauschs im späten 19. Jahrhundert hatte sie jedoch ein eigenes Gericht, ein Krankenhaus, Verwaltungsstellen, zwei Zeitungsverlage, zwei Banken, eine ganze Anzahl Kirchen und sogar eine Kunstschule. Doch die Glücksritter, und mit ihnen die Pracht von damals, sind verschwunden.

Von Normanton bietet sich ein Ausflug nach *Karumba* am Golf von Carpentaria an. Die Ansiedlung ist ein bedeutender Garnelenfangort, Anlegestelle der Fähre nach *Weipa* (Cape York; 385 $/Fahrzeug, 250 $ p.P. Vorbuchung notwendig! Gulf Freight Service, Tel. 07/ 4069 8619, Humbug Wharf, → Streckenbeschreibung 25, Cape York Track) und Verladehafen für die Rinder der umliegenden Farmen. Die mangrovenumsäumte Küste bietet zwar keine Bademöglichkeiten (Leistenkrokodile!), dafür aber gute Angelgründe.

Strecke 23

Normanton – Charleville (Matilda Highway)

- **Entfernung:** 1.427 km; max. Entfernung ohne Tankmöglichkeit: 181 km
- **Empfohlene Reisedauer:** 4 bis 5 Tage
- **Reine Fahrzeit:** 15 Stunden
- **Empfohlene Reisezeit:** April bis Oktober (beste Zeit April und Mai)
- **Ab- und Rückmeldung:** nicht erforderlich
- **Ausrüstung:** Pkw (auch Wohnmobile); keine besondere Ausrüstung erforderlich
- **Pistenart und -zustand:** Geteerte Straße ohne Schwierigkeiten
- **Versorgung:** Normanton (Grundversorgung); Burke & Wills Roadhouse/ 195 km (*roadhouse*); Cloncurry/376 km (Grundversorgung); McKinlay Roadhouse/495 km (*roadhouse*); Kynuna/569 km (*roadhouse*); Winton/733 km (Grundversorgung); Longreach/906 km (kompletter Service); Barcaldine/ 1.014 km (Grundversorgung); Blackall/1.121 km (Grundversorgung); Charleville/1.427 km (kompletter Service)
- **Telefonnummern:** Normanton Polizeistation 07/ 47 45 11 33; Winton Touristeninformation 07/ 46 57 11 05; Longreach Touristeninformation 07/ 46 58 17 76; Charleville Touristeninformation 07/ 46 54 30 57; Burke & Wills Roadhouse 07/ 44 72 59 09; McKinlay Roadhouse 07/ 47 46 84 24
- **Funkfrequenzen und Rufzeichen:** RFDS Charleville (VJN) 2020, 4980 und 6845 kHz
- **Kartenmaterial:** Hema (1:2.000.000) *The Top End and Western Gulf, Queensland's Outback*
- **Besondere Hinweise:** keine

Der *Matilda Highway* erhielt, wie das ihn umgebende *Matilda-country*, seinen Namen vom wohl populärsten Song Australiens: „Waltzing Matilda".

Eine Fahrt auf dem Highway ist nicht nur eine Fahrt durch das *outback* Queenslands, sondern gleichzeitig eine Reise durch die jüngste Geschichte eines ganzen Kontinents: *Normanton* ist der Heimatbahnhof des *Gulflander*, in Cloncurry wurde die Institution der *Flying Doctors* gegründet, an *Combo Waterhole* schrieb *Banjo Paterson* das Lied „Waltzing Matilda", in *Winton* ist die australische Fluggesellschaft *QANTAS* beheimatet, in *Barcaldine* wurde vor dem Hintergrund der Schafschererstreiks die *Labour Party*, Australiens älteste Partei, gegründet, und kurz vor *Longreach* liegt das wohl eindrucksvollste Museum Australiens, *Stockman's Hall of Fame*.

Außerdem führt die Fahrt auf dem Matilda Highway vorbei an den nicht nur in Australien bekannten *Burke & Wills-* und *McKinlay Roadhouses* (→ Streckenlog). Wer heute in eines der überall am Highway verstreuten Rasthäusern einkehrt, wird bemerken, dass das Essen hier deftig und üppig ist, viel Fleisch und Kartoffeln, wenig Frischkost. Die Gründe dafür liegen wohl darin, dass weniger verwöhnte Touristen den Matilda Highway bevölkern, sondern eher *trucker*, die tonnenschwere *roadtrains* steuern. Kleinere Autos sollten den Giganten ausweichen, denn plötzliche Bremsmanöver sind den Lastwagenfahrern nicht nur ein Gräuel, sondern

Waltzing Matilda

Once a jolly swagman camped by a billabong,
Under the shade of a Coolibah tree,
And he sang as he watch'd and waited till his billy boiled,
„Who'll come a-waltzing Matilda with me."
Waltzing Matilda, waltzing Matilda,
You'll come a-waltzing Matilda with me.
He sang as he watched and waited till his billy boiled,
You'll come a-waltzing Matilda with me.

Down came a jumbuck to drink from that billabong,
Up jumped the swagman and grabbed him with glee.
He sang as he stowed that jumbuck in his tuckerbag,
You'll come a-waltzing Matilda with me.
Waltzing Matilda, waltzing Matilda,
You'll come a-waltzing Matilda with me.
He sang as he stowed that jumbuck in his tuckerbag,
You'll come a-waltzing Matilda with me.

Down came the squatter mounted on a thoroughbred,
Down came policemen, one, two, three.
„Whose' that jolly jumbuck you've got in your tuckerbag,
You'll come a-waltzing Matilda with me".
Waltzing Matilda, waltzing Matilda,
You'll come a-waltzing Matilda with me.
Whose' that jolly jumbuck you've got in your tuckerbag,
You'll come a-waltzing Matilda with me.

Up jumped the swagman, sprang into the billabong,
„You'll never catch me alive", said he.
And his ghost may be heard if you pass by that billabong,
„Who'll come a-waltzing Matilda with me."
Waltzing Matilda, waltzing Matilda,
You'll come a-waltzing Matilda with me.
And his ghost may be heard if you pass by that billabong,
You'll come a-waltzing Matilda with me.

Für die Australier fast eine Nationalhymne, handelt das Lied von *Banjo Paterson* von einem Landarbeiter *(swagman),* der mit seiner Schlafmatte, der „Matilda", wie der Schlafsack *(swag)* auch genannt wird, auf der Walz ist. Während er am Ufer eines Wasserlochs *(billabong)* unter einem Coolabah-Eukalyptus campt und seinen Tee in einem Blechtopf *(billy)* über dem Lagerfeuer kocht, kommt ein Schaf *(jumbuck)* zur Wasserstelle. Der *swagman* freut sich *(glee)* über die unerwartete Mahlzeit, tötet das Tier und steckt es in seinen Vorratsbeutel *(tuckerbag).* Als ein Farmer *(squater)* auf seinem Vollblut *(thoroughbred)* und drei Polizisten *(policemen)* zu seinem Lager kommen und nach dem Schaf fragen, springt der *swagman* auf und wählt den Freitod im *billabong,* um seiner Verhaftung zu entgehen. Sein Geist soll noch hier an *Combo Waterhole* weilen.

unmöglich. Diese Tatsache macht den Matilda Highway für Tierfreunde zu einem Alptraum: Nach jedem Kilometer liegt ein Kadaver am Straßenrand. Die Zahl der Kollisionen mit Rindern, Schafen und Kängurus geht jährlich in die Tausende.

Normanton
(→ Streckenbeschreibung 22, Roper Bar – Normanton via Savannah Way)

Streckenlog

0	1427,0	*Normanton* (Purple Pub)
5,0	1422,0	Weggabelung: links *Matilda Highway* (MH); Abzweigung rechts nach *Burketown* (221 km) und zum *Savannah Way* (→ Streckenbeschreibung 22, Savannah Way)
7,0	1420,0	Weggabelung: rechts *MH*; Abzweigung links ist die *Gulf Developmental Road* nach *Croydon* (145 km).
193,0	1234,0	Geradeaus *MH*; Abzweigung rechts zu *Gregory Downs Roadhouse* (145 km)
195,0	1232,0	*Burke & Wills Roadhouse*

Es gibt Dinge, die man erst glaubt, wenn man sie mit eigenen Augen gesehen hat. Dazu zählt das Bier trinkende Pferd *Fourex* an *Burke & Wills Roadhouse*. Fourex soll als verwaistes *brumby*-Fohlen (australisches Wildpferd) von einem Kirchendiener gefunden worden sein. Dieser hatte eine Vorliebe für Bier der Marke *XXXX*, Queenslands bekannteste Biersorte. Hin und wieder soll er dem Fohlen einen kleinen Schluck davon gegeben haben. Heute reicht dem mittlerweile ausgewachsenen Pferd ein kleiner Schluck nicht mehr – es muss schon eine Flasche *(stubby)* sein. In den Wintermonaten kann man dem Pferd, allerdings erst nach 22 Uhr, ein Bier spendieren. Fourex nimmt die Flasche zwischen die Zähne, legt den Kopf zurück und lässt den Gerstensaft in die durstige Kehle rinnen. Die Beschränkung bezüglich der Jahres- und Uhrzeit wurde Fourex vom Tierarzt verordnet, der ihn angesichts des allzu exzessiven Alkoholgenusses auf Diät setzte, um seine Gesundheit nicht zu gefährden. Während der heißen Sommermonate ist Fourex dann sozusagen auf Entzug und grast auf einer weit entfernten Wiese. Dass Fourex Bier der Marke *XXXX* (sprich: fourex) bevorzuge, ist ein sich hartnäckig haltendes Gerücht. Wir sahen ihn auch *Fosters* oder *VB* trinken.

374,0	1049,0	T-Kreuzung: links *MH* nach *Cloncurry*; rechts nach *Mount Isa* (118 km)
376,0	1051,0	*Cloncurry*

Das 2.500-Seelen-Dorf war der Geburtsort des *Royal Flying Doctor Service* (→ Landeskunde, hier: Royal Flying Doctor Service; School of the Air), der auch bei uns durch die gleichnamige Fernsehserie „Die fliegenden Ärzte" bekannt wurde. *John Flynn* war die treibende Kraft der Organisation, mit deren Tätigkeit die Besiedlung des *outback* erst vorangetrieben werden konnte. Zu einer Zeit, in der die Fliegerei noch in den Kinderschuhen steckte, und Empfangs- und Sendegeräte, die den Funkverkehr über große Entfernungen ermöglichten, noch nicht existierten, machte sich John Flynn daran, seine Idee der „Ärzte mit Flügeln" zu verwirklichen. Um Notfälle zu melden oder ärztliche Anweisungen über lange Entfernungen geben zu können, musste eine Empfangs- und Sendeanlage her. Flynns Traum ging 1928 mit der Erfindung des Pedalradios, eines Zwei-Wege-Funkgeräts, in Erfüllung. Der Jungfernflug der einmotorigen „Victory" mit *Dr. K. St. Vincent Welch* an Bord führte zum ersten Notfall nach *Julia Creek*. Mit Hilfe der Fluggesellschaft *QANTAS*, gegründet 1920 in Winton, baute man das Netz der *Flying Doctors* aus. Der erste Hangar, an dem noch der ursprüngliche Name „Queensland and Northern Territory Aerial Service" zu lesen ist, und von dem aus die Hilfsflüge starteten, ist am Flugplatz von Cloncurry zu besichtigen. John Flynn starb 1951 im Alter von 71 Jahren und wurde in *Alice Springs* begraben, doch sein Name wird in Erinnerung bleiben, solange die *Fliegenden Ärzte* unterwegs sind.

390,0	1037,0	Rechts *MH* in Richtung *Winton*; geradeaus nach *Hughenden* (390 km)
495,0	932,0	*McKinlay Roadhouse*

Walkabout Creek Hotel ist der bekanntere Name dieses Rasthaus, dessen Außenfassade für einige Sekunden im Film „Crocodile Dundee" zu sehen ist. Für die Innenaufnahmen wurde das Hotel allerdings im Studio nachgebaut. Die nächsten Krokodile leben etwa 600 km entfernt.

569,0	858,0	*Kynuna Roadhouse*

18 km von Kynuna entfernt liegt der vermutlich bekannteste *billabong* Australiens: *Combo Waterhole*. Hier schrieb *Banjo Paterson* 1895 zu einer alten schottischen Melodie von *Robert Tannahill* den Text

zu „Waltzing Matilda", der auf einer wahren Bege-
benheit beruht. Vermutlich hätte er sich nie träumen
lassen, als er seinen *billy-tea* im Schatten der Coolabah-Eukalypten zubereitete, dass sein Lied über den
Landarbeiter, der sich hier im Wasserloch ertränkte,
über Generationen hinweg weiterleben würde. Wer
sich das Wasserloch mal aus der Nähe ansehen
möchte, kann sich im Rasthaus eine selbst gezeichnete Karte *(mud map)* geben lassen, die den Weg
beschreibt.

727,0	700,0	T-Kreuzung: links *MH* nach *Winton* fahren; Abzwei-gung rechts nach *Boulia* (360 km)
733,0	694,0	*Winton*

Bis 1879 hieß dieser Ort „Pelican Waterhole". Weil
der damalige Postvorsteher den Namen für viel zu
kompliziert hielt, taufte er die Siedlung kurzerhand in
„Winton", nach seinem Geburtsort in Großbritannien, um. Bedeutung erlangte Winton im Jahr 1920,
als man hier die australische Fluglinie *QANTAS* gründete. Ein Denkmal gegenüber von *North Gregory
Hotel* erinnert an diese Pioniertat im staubigen *outback*. Das Buchungsbüro von *QANTAS* war jedoch in
Longreach, wo die Flugzeuge auch gebaut wurden.
1921 startete das erste Flugzeug, die *AVRO 504 K*.
Auf keinen Fall versäumen sollte man den Besuch des
Qantilda Pioneer-Museums (Qantilda ist die Kombi-
nation von Qantas und Matilda), in dem die Urauf-
führungsszene des Liedes „Waltzing Matilda" mit
Banjo Paterson nachgestellt ist. Sie fand 1895 im
North Gregory Hotel statt. Darüber hinaus bietet das
1972 eröffnete Museum viele andere interessante
Objekte, wie z. B. einen alten Ford (Modell T) aus
dem Jahr 1920, einen uralten Geländewagen aus
dem Jahr 1916 oder ein Pedal-Radio. Gleich neben
dem Hotel bietet eines von nur zwei australischen Frei-
lichtkinos (das andere ist in Broome, Western Australia) jeden Samstag Filmvorführungen, immer eingeleitet von dem Uraltstreifen über „Waltzing Matilda".

Wer noch weiter in die Geschichte zurückblicken
möchte, kann von Winton in Richtung Jundah (Winton – Jundah Road) fahren, um in *Lark Quarry Environ-
mental Park* hundert Millionen Jahre alte Fußabdrücke
von Dinosauriern zu bestaunen (111 km; etwa 1,5
Std. Fahrt). Erstaunlich ist die unterschiedliche Größe
der Abdrücke. Wissenschaftler stellten fest, dass sie
von verschiedenen Sauriern stammen. Sie entstanden, als ein Fleisch fressender Saurier (Carnosaurus)

auf eine große Gruppe von Coelurosauren (Hohlkno-
chensaurier) und Ornithopoden (Vogelfußsaurier)
traf, die in wilder Flucht davonrannten.

781,0   646,0   Geradeaus *MH*; Abzweigung rechts zu
Lorraine Station (6 km)

Auf *Lorraine Station* weiden 2.000 Rinder und 25.000
Schafe auf 300 km^2 Land. 1985 entschieden sich die
Robinsons, die langen Dürreperioden durch Einnahmen aus dem Tourismus zu überbrücken. Sie reno-
vierten ihre alten Schafschererhütten, die heute
Übernachtungsmöglichkeiten für 70 Personen bieten. Durch die ständig sinkenden Wollpreise könnte
die Farm ohne diese zusätzlichen Einnahmen nicht
mehr existieren. Nur etwa 6 $ erzielt man für den
ganzen Wollertrag eines Merinoschafs. Davon sind
rund 1,30 $ Lohn für den Scherer abzuziehen. Die
Schur findet zweimal im Jahr (Frühling und Winter)
statt. Wer also bei Viehtrieb oder Schur dabei sein
will, sollte die Farm dann besuchen.

906,0   521,0   *Longreach*

Gegenüber der Landebahn von Longreach liegt
Stockman's Hall of Fame, die gewissermaßen zum
Pflichtprogramm eines *outback*-Interessierten ge-
hört. Sie ist die Ruhmeshalle all jener, die im *outback*
lebten und auch noch leben. Der etwas futuristische
Bau, dessen Kuppeln sich aus der flachen, fast baum-
losen Ebene erheben, beherbergt Erinnerungsstücke
an die Pioniergeschichte des Landes und vermittelt
ein Gefühl für Kunst und Kultur im *outback*. Seit seiner
Eröffnung durch die britische Königin 1988 zog das
Museum mehr als 400.000 Besucher aus der ganzen
Welt an.

1014,0   413,0   *Barcaldine*
(→ Artikel: Ein Baum schreibt Geschichte)

1121,0   306,0   *Blackall*

Hier steht die Statue eines bemerkenswerten Man-
nes, des Schafscherers *Jack Howe*. Er befreite 321
Schafe mit einer Blattschere in nur 7 Stunden und 20
Minuten von ihrer Wolle! Eine bemerkenswerte Leistung, wenn man bedenkt, dass ein guter Scherer
heute mit modernen elektrischen Schurgeräten 180
Schafe pro Arbeitstag schafft.

In Blackall steht gleich neben dem artesischen Brunnen eine Halle, *Woolscour* genannt, aus dem Jahr
1906. Hier wurde die Wolle nach der Schur und vor
dem Abtransport gereinigt. Die Reinigungsfließbän-
der waren zum damaligen Zeitpunkt eine Revolu-

Strecken 13–15
Strecken 16–17
Strecken 18–19
Strecken 20–21
Strecke 23
Strecken 24–25
Anhang

		tion, musste doch bis dahin in mühseliger Handarbeit gekämmt und gesäubert werden. 1977 kam aus Rentabilitätsgründen auch für diese Anlage das Aus. Ein Besuch lohnt sich durchaus, da die Einrichtung fast noch intakt ist und nach einigen Reparaturen jederzeit wieder in Betrieb gehen könnte.
1222,0	205,0	*Tambo*
1338,0	89,0	*Augathella*
1343,0	84,0	Abzweigung links auf den *Mitchell Highway* nach *Charleville* nehmen; geradeaus nach *Mitchell* (179 km)
1427,0	0	*Charleville*

Charleville

In *Charleville*, Endpunkt des Matilda Highway, fand zu Anfang des letzten Jahrhunderts ein interessantes Wetterexperiment statt: der Versuch, künstlich Regen zu erzeugen. Anlass war die schlimmste Dürreperiode seit der Besiedlung von Queensland. Sie ließ den Meteorologen *Clement L. Wragge* auf die Idee kommen, dass so genannte „Regenkanonen", mit Schießpulver gefüllt und die Ladung dann in den Himmel geschossen, den ersehnten Niederschlag bringen könnten. Natürlich fiel kein einziger Tropfen. Eine dieser Kanonen ist noch in Charleville (Sturt Street) zu besichtigen. Ebenfalls lohnt der Besuch der *RFDS-Basis* (Royal Flying Doctor Service). Sie verfügt über ein Flugzeug, einen Arzt und zwei Piloten, die ein Gebiet von der Größe Großbritanniens medizinisch versorgen. Selbst Birdsville, der entfernteste Ort, der von dieser Basis aus angeflogen wird, ist nach Eingang eines Notrufes in zwei Stunden zu erreichen. Mit dem Auto wären dazu etwa 15 Stunden notwendig.

Ein Baum schreibt Geschichte

Historischer Höhepunkt von *Barcaldine* ist der *Tree of Knowledge* (Baum des Wissens), in dessen Schatten die Schafscherer vor rund hundert Jahren Streikdemonstrationen abhielten. Der Streik wurde jäh von der Kavallerie beendet, die Streikführer verhaftet und zu Zwangsarbeit auf *St. Helena Island*, etwa 6 km von der Mündung des Brisbane River entfernt, verurteilt. Ein Jahr später (1891) war der Geistereukalyptus *(ghost gum)* erneut Schauplatz eines historischen Ereignisses: Verschiedene Arbeitervereinigungen trafen sich hier, um einen Parlamentsabgeordneten zu wählen und die *Labour Party* zu gründen. *T.J. Ryan* wurde so der erste von Arbeitern entsandte Abgeordnete der Welt. Als vor ein paar Jahren der Baum abzusterben drohte, bildete sich unter den Einwohnern eine „Rettet-den-Baum"-Initiative, die schließlich einen „Baum-Doktor" zu Rate zog. Der kürzte den Baum ganz einfach mit der Säge und ließ Löcher in den ihn mittlerweile umgebenden Asphalt bohren, damit er wieder genügend Nahrung aufnehmen konnte. Jetzt schlägt der Baum erneut aus und spendet wieder Schatten.

Strecke 24

Mossman – Musgrave
(Cape York Track, Teil 1)

- **Entfernung:** via Cape Tribulation und Lakefield National Park: 455 km; max. Entfernung ohne Tankmöglichkeit: 278 km; via Peninsula Developmental Road: 372 km; max. Entfernung ohne Tankmöglichkeit: 75 km
- **Empfohlene Reisedauer:** via Cape Tribulation und Lakefield National Park: 4 bis 5 Tage; via Peninsula Developmental Road: 2 Tage
- **Reine Fahrzeit:** via Cape Tribulation und Lakefield National Park: 10 Stunden; via Peninsula Developmental Road: 6 Stunden
- **Empfohlene Reisezeit:** April bis November; in der übrigen Zeit ist die Strecke nach Regenfällen oft unpassierbar;
- via Peninsula Developmental Road: Die Strecke nördlich von Laura ist von Dezember bis März gesperrt.
- **Ab- und Rückmeldung:** nicht erforderlich
- **Ausrüstung:** via Cape Tribulation und Lakefield National Park: Geländewagen (4-WD) mit Grundausrüstung für Wagen und Grund- wie auch Zusatzausrüstung beim Werkzeug.
- Via Peninsula Developmental Road: Pkw, in der Regenzeit Geländewagen (4-WD) mit Grundausrüstung bei Wagen und Werkzeug.
- **Pistenart und -zustand:** via Cape Tribulation und Lakefield National Park: Bis „Cape Trib" ist die Straße geteert (wenn auch schlecht); dann geht sie über in eine unwegsame Erdpiste durch bergiges Regenwaldgebiet. Die Strecke weist oft starke Auswaschungen und Schlaglöcher auf. Nach Regen verwandelt sie sich in eine Schlammpiste; via Peninsula Developmental Road: Bis Lakeland ist die Strecke, abgesehen von kurzen Unterbrechungen, geteert. Danach geht sie über in eine breite Schotterpiste mit streckenweise *bulldust* und *corrugations*. Manchmal treten tiefe Querrillen auf, die bei zu hoher Geschwindigkeit verheerende Folgen haben können, z. B. Achsbruch. Auch auf tiefe Senken *(dips)* muss man gefasst sein.
- **Versorgung:** via Cape Tribulation und Lakefield National Park: Mossman (Grundversorgung); Cooktown/177 km (kompletter Service); Musgrave/455 km (*roadhouse*/Pub);
- via Peninsula Developmental Road: Mossman (Grundversorgung); Palmer River Roadhouse/142 km (*roadhouse*/Pub); Lakeland/173 km (Lebensmittelladen, Hotel, *caravan park*, Werkstatt, Tankmöglichkeit); Laura/235 km (Lebensmittelladen, Hotel, *caravan park*, Werkstatt, Tankmöglichkeit); Hann River Roadhouse/310 km (*roadhouse*/Pub) Musgrave/372 km (*roadhouse*/Pub)
- **Telefonnummern:** RACQ Cairns 07/ 40 36 64 33; Cooktown (Polizeistation) 07/ 40 69 53 20; Palmer River Roadhouse 07/ 40 60 21 52; Lakeland Store 07/ 40 60 21 33; Laura Hotel 07/ 40 60 32 55; Jowalinna Bush Camp/S. & J. Trezise 07/ 40 60 32 36; Hann River Roadhouse 07/ 40 60 32 42; Musgrave Telegraph

Station 07/ 40 60 32 29; Hope Vale Community (Polizeistation) 07/ 40 60 92 24

- **Funkfrequenzen und Rufzeichen**: RFDS Cairns (VJN) 5145, 2260, 4926, 6785 und 7465 kHz; RFDS Mount Isa (VJI) 5110,4935, 6965 und 7392 kHz
- **Kartenmaterial**: Hema *Cairns to Cooktown* (1:250.000), *Cape York* (1:500.000); AUSLIG *Mossman* SE-55-01, *Walsh* SE-54-04, *Hann River* SD-54-16, *Cooktown* SD-55-13
- **Besondere Hinweise:** via Cape Tribulation und Lakefield National Park: Von Oktober bis April sind Würfelquallen *(stinger)* im Meer. Eine Berührung mit ihren Tentakeln erzeugt im günstigsten Fall nur heftige Schmerzen, in der Regel führt sie aber direkt zum Tod! Also: Aufpassen oder besser aufs Schwimmen verzichten! In *Bloomfield River, Daintree River* und anderen größeren Flüssen sowie in den Gewässern des Lakefield-Nationalparks leben Leistenkrokodile! Von Dezember bis März ist *Lakefield National Park* wegen Überschwemmungen nicht zugänglich. Die Fähre über den Daintree fährt von 6–18 Uhr (Überfahrt 16 $).
  Via Peninsula Developmental Road: Trotz der breiten Schotterpiste sollte man sich nicht zu überhöhter Geschwindigkeit hinreißen lassen!

Oft sind Australienreisende von *Cape York* enttäuscht. Der Regenwald und tropische Vegetation sind zwar weit verbreitet, doch nicht immer nur als undurchdringlicher Dschungel, wie ihn sich viele vorstellen. Auch zeigt er mehr Ähnlichkeit mit den Regenwäldern Neuguineas als mit den australischen Regenwäldern weiter südlich. Die Pflanzenwelt ist regional sehr verschieden. So wachsen im dichten Flachland-Regenwald der sandigen Küstengebiete im Osten überwiegend Papierrindenbäume, Honigmyrten und Schraubenpalmen. In den Bergregionen dominieren Araukariengewächse *(hoop-pines)*, Feigenbäume, kleinere Palmen und am Boden Orchideen. Wo die Niederschlagsmenge geringer ist, breiten sich Monsunregenwälder aus. So ist der äußerste Landvorsprung der Halbinsel von etwa 230 km² trockenem Monsunregenwald, so genanntem *lockerbie-scrub*, bedeckt, in dem Palmen, Farne, Feigenbäume mit riesigen Brettwurzeln, Würgefeigen und unzählige Kletterpflanzen das Bild bestimmen. Weitaus häufiger als Regenwald sind Eukalyptuswälder auf der Halbinsel vertreten. Auch hier dominieren, je nach Lage, Niederschlagsmenge oder Bodenbeschaffenheit, unterschiedliche Arten. An Flussläufen und in Sumpfgebieten trifft man immer wieder auf die Pflanzengemeinschaften der Papierrindenbäume, die feuchte Böden bevorzugen. Grevilleen, Banksien, Honigmyrten und kleine Papierrindenbäume gehören zur Heidelandschaft nördlich und westlich von *Gunshot Creek*. Eines der wichtigsten und markantesten Ökosysteme breitet sich an der Küste der Halbinsel aus. Über vierzig verschiedene Mangrovenarten, von denen einige unter idealen Bedingungen bis zu 30 m hoch werden können (wie z. B. an der Mündung von *Escape River* in der Bucht von Newcastle), bilden einen dichten Gürtel, der sich um die Halbinsel legt. Dieses Mosaik verschiedenster Vegetationszonen gestaltet einen Lebensraum, der einer Vielzahl von Tieren Nahrung und Unterschlupf bietet. Dass die meisten Touristen indessen kaum ein Tier zu Gesicht bekommen, ist nicht verwunderlich: In ihren Geländewagen poltern sie in der Trockenzeit in Massen über die holprigen Pisten, um möglichst schnell die äußerste Landspitze des Kaps zu erreichen.

Abends – zu einer der besten Zeiten, um Tiere zu beobachten – macht sich dann der Herdentrieb bei der Suche nach einer guten Campingstelle bemerkbar. An bestimmten Punkten wie *Elliot Falls* oder an *Wenlock River* drängen sich die Menschen und tauschen ihre Erlebnisse bei den Flussdurchquerungen aus. Nur selten kann man sich des Eindrucks erwehren, auf einem Rummelplatz zu sein. Dass sich an solchen Orten oder in der näheren Umgebung kein Tier aus dem Versteck wagt, ist nur allzu verständlich. Wer an Tierbeobachtung interessiert ist, muss schon abseits der Treffpunkte und Hauptstrecken bewegen, um die scheuen und nachtaktiven Geschöpfe zu Gesicht zu bekommen. Mit Geduld, Ruhe, Aufmerksamkeit und einer starken Taschenlampe wird man erstaunliche Entdeckungen machen. In den Baumwipfeln vielleicht ein Kuskus oder ein Ringelschwanz-Kletterbeutler, die sich langsam von Ast zu Ast bewegen, oder eins der seltenen Baumkängurus. Bestimmt aber flattern hier und da Fledermäuse vorbei, zu deren Familie in dieser Region ein Drittel der Säugetiere gehört. Im Gegensatz zu den Fledermäusen, die meist nur nachts als Schatten auftauchen, sind die größeren Flughunde leichter zu erkennen. Zu Beginn der Dämmerung fliegen sie zu Tausenden zu ihren Futterplätzen und streiten sich dort lautstark um die begehrten Früchte. Ein Großteil der Vögel hier ist selbst tagsüber eher zu hören als zu sehen, darunter der zu den Paradiesvögeln gehörende Katzenvogel *(catbird)*, der seinen Namen seiner Stimme verdankt, der Gelbbauchdickkopfschnäpper *(golden whistler)* oder der Reifelvogel mit seinem melodischen Zwitschern. An den Flüssen sieht man häufig Reiher und Raubvögel auf Futtersuche.

Von den 156 Reptilienarten auf Kap York ist die bekannteste das Leistenkrokodil (→ Artikel: Reptilien der Urzeit – Krokodile). Es bewohnt die Küstenabschnitte und Flüsse der Halbinsel. Weitaus häufiger als Krokodile bekommt man Echsen wie Warane *(goannas)* und Glattechsen *(skinks)* oder Amphibien wie Frösche (hier zumeist den Grünen Baumfrosch) zu Gesicht. Natürlich haben auch Schlangen ihren Lebensraum auf der Halbinsel, darunter harmlose Baumschlangen oder Pythons, aber auch gefährliche wie Braunkönigsschlange, Taipan und Schwarzotter. (Den Ängstlichen sei an dieser Stelle gesagt, dass die Halbinsel nicht gefährlicher ist als der Rest Australiens; → Artikel: Australische Schlangen) Unter den Insekten fallen vor allem die grünen Ameisen mit ihren kunstvoll versponnenen Nestern oder die Vielzahl von Schmetterlingen in *Iron Range National Park* auf. Darüber hinaus existieren hier über 119 Arten von Moskitos und eine nicht zählbare Menge Sandfliegen – ein Insektenschutzmittel ist wirklich angebracht. Aber niemand braucht Angst vor der gefürchteten Malaria zu haben, denn auch dieser Teil Australiens ist davon nicht betroffen.

Der Versuch zu beschreiben, in welchem Zustand sich die Piste befindet, erweist sich gerade beim *Cape York Track* als schwierig. Ein Abschnitt, der heute noch in erstklassigem Zustand ist, kann schon nach nur einem heftigen Regenfall zu einem Alptraum werden. Grundsätzlich handelt es sich um eine Erd- und Sandpiste mit häufigen Flussdurchquerungen. Der größte Fluss, *Jardine River*, ist mit einer Fähre zu überqueren. Manche Flussbetten sind steinig, andere tief sandig, sodass man grundsätzlich aussteigen und die Furt durchwaten muss (→ Fahrtechniken und Problemlösungen, hier: Flussdurchfahrten). Je später man in der Trockenzeit fährt, desto schlimmer ist der Zustand der waschbrettartigen Piste. Dies trifft besonders auf Alternativstrecken zu, die *creeks* und Flüsse umgehen. Auch die Flussein- und -ausfahrten verschlechtern sich mit wachsendem Verkehrsaufkommen. Besonders tückisch auf dem alten Telegrafentrack sind immer wieder Passagen aus feinstem *bulldust* (→ Fahrtechniken und Problemlösungen, hier: Bulldust) und enge, unübersichtliche Stellen, die zu Kollisionen mit entgegenkommenden Fahrzeugen führen können, weil jeder in der Mitte des *track* fährt. Nicht sonderlich beliebt bei den Bewohnern der Halbinsel wie auch bei anderen Reisenden sind die so genannten *loopies*. Es sind zumeist einheimische Urlauber, die in kürzester Zeit zum Kap fahren und nach drei Tagen wieder zu Hause sein möchten. Entsprechend schnell ist ihre Fahrgeschwindigkeit. Die Unfallgefahr auf dieser Piste darf deshalb auf keinen Fall unterschätzt werden.

Um zum nördlichsten Punkt Australiens zu gelangen, gibt es zwei Möglichkeiten: die Strecke über *Cape Tribulation, Cooktown* und *Lakefield National Park,* oder die Strecke über *Mareeba, Mt. Molloy, Lakeland* und *Laura* (Peninsula Developmental Road). Beide Strecken führen nach *Musgrave,* Ausgangspunkt der letzten Etappe zur äußersten Landspitze des Kaps (→ Streckenbeschreibung 25, Musgrave – Cape York). Von Mossman führt die Strecke via *Cape Tribulation* und *Lakefield National Park* parallel zur Küste, bis man auf *Daintree River* trifft. Eine Fähre setzt Passagiere und Fahrzeuge zur anderen Seite über. Nach der Überquerung des Flusses taucht die Piste in den Regenwald von *Cape Tribulation National Park* ein und windet sich zunächst an der Küste entlang bis nach *Cooktown.* Ab Cape Tribulation ist die Strecke definitiv nur für Allradfahrzeuge geeignet, zumal am Ende des Nationalparks der breite *Bloomfield River* zu durchfahren ist. Als *Captain Cook* mit der „Endeavour" bei *Cape Tribulation* auf ein Riff lief, musste er an der Mündung des nach seinem Schiff benannten *Endeavour River* an Land gehen, um es zu reparieren. Cooktown selbst entstand allerdings erst 103 Jahre später, als *James V. Mulligan* 120 km landeinwärts an *Palmer River* Gold fand. Von Cooktown geht es weiter durch den Lakefield-Nationalpark bis *Musgrave,* die nächste Tankmöglichkeit.

Die zunächst noch teilweise geteerte *Peninsula Developmental Road* ist der direkte Zugang zur Halbinsel. Landschaftlich ist diese Strecke aber bei weitem nicht so reizvoll wie eine Fahrt durch den dichten Regenwald des Cape-Tribulation-Nationalparks oder vorbei an den vielen Lagunen des Lakefield-Nationalparks. Dafür hat sie in der Nähe von Laura Felsenzeichnungen der Aborigines (*Quinkan Art Galleries*) aufzuweisen. Einige dieser einzigartigen Malereien, die hauptsächlich Menschen und Tiere darstellen, schätzt man auf ein Alter von 35.000 Jahren. Nördlich von Laura führt ein Weg zu den alten Goldfeldern an *Palmer River.* Auf der teilweise sehr holprigen, waschbrettartigen Piste verläuft die Peninsula Developmental Road am neuen *Hann River Roadhouse* vorbei und erreicht nach weiteren 62 km die ehemalige Telegrafenstation *Musgrave.*

Mossman

Dieser Ort liegt etwa 70 km nördlich von Cairns und rund 14 km nördlich von Port Douglas. Es ist die nördlichste Stadt von Queensland, in der die Menschen ihren Lebensunterhalt mit Zuckerrohranbau verdienen, der das gesamte Bild der Küstenregion bestimmt. Sehenswert ist besonders die *Mossman Gorge* im *Daintree Nationalpark.*

Strecke 24.1

via Cape Tribulation und Lakefield National Park

0	455,0	*Mossman*, Tankstelle
25,0	430,0	Rechts zur *Daintree-River-Fähre* (5 km) fahren; geradeaus nach *Daintree*
30,0	425,0	Fähre über *Daintree River*
43,2	411,8	Beginn bzw. Ende von *Cape Tribulation Area* (*Daintree National Park*)

Wolkenverhangene Gipfel und Regenwald, der sich bis hinunter zu weißsandigen Stränden erstreckt, kennzeichnen die atemberaubende Landschaft des fast 170 km² großen Teil des Daintree-Nationalparks. Ihren Namen erhielten das Kap und später der Park von *Captain James Cook*, der 1770 mit seinem Schiff „Endeavour" hier auf ein Riff lief und strandete („Cape Tribulation" = „Kap der Leiden"). Über nur wenige Kilometer steigt das Gelände des Nationalparks vom Meeresspiegel bis auf eine Höhe von

Fähre über Daintree River

Strecken 1–3–15

Strecken 16–17

Strecken 18–19

Strecken 20–21

Strecken 22–23

Strecke 24.1

Anhang

1.400 m an. Innerhalb der Parkgrenzen gibt es unterschiedliche Landschaften mit Mangrovenwald, Sümpfen, Regenwald und Heideland. Diese Pflanzengemeinschaften beherbergen eine artenreiche und einzigartige Tierwelt.

Private *caravan parks* liegen an *Myall Creek* und unmittelbar an *Cape Tribulation*. Neben einer Jugendherberge, einer Unterkunft für Rucksackreisende *(Jungle Village)* und kleinen Ferienwohnungen unterhält die Nationalparkverwaltung an *Noah Head* einen Campingplatz *(camping area)* mitten im Regenwald, nur wenige Schritte vom Strand entfernt. Die meisten Straßen innerhalb des Parks sind ungeteert und werden nach Regenfällen oft unpassierbar.

48,2	406,8	*Conner Creek*

52,8	402,2	*Bouncing Stones* rechts

Dieser Ort – übersetzt „Hüpfende Steine" – ist den Aborigines heilig. Vermutlich konnten sie sich nicht erklären, warum die Steine so sonderbar springen, wenn sie auf einen anderen Stein prallen. Um das Geheimnis der schwarzen Steine zu ergründen, sollte man vielleicht ein paar Würfe machen.

58,8	402,2	Geradeaus fahren; Abzweigung rechts

zu *Noah Beach*

Ein guter Wanderweg südlich von *Noah Head Camping Area* (ausgestattet mit Duschen und Toiletten; 9 $ pro Platz) macht die Besucher mit dem Regenwald vertraut. Eine Wanderung an einem Bach entlang über moosbewachsene Felsen und unter Baumstämmen hindurch, die mit Farnen und Orchideen bewachsen sind, wird zum unvergleichlichen Erlebnis. Weiße Strände und einsame Buchten laden zu ausgiebigen Strandwanderungen oder zum Baden ein. Wer an *Noah Head Camping Area* sein Zelt aufschlagen möchte, muss vorher den Ranger anrufen und einen Platz reservieren. 8 km südlich der *camping area* ist eine öffentliche Telefonzelle (aktuelle Telefonnummer steht allerdings erst an der *camping area*). Wer den Anruf versäumt, muss mit einer empfindlicher Strafe in Höhe von 75 $ rechnen.

67,0	388,0	*Cape Tribulation;* Ferienanlage *(resort)* an Myall Beach

Ab hier kann man nur mit Geländewagen weiterkommen. Nach starken Regenfällen ist der *track* oft geschlossen.

86,5	368,5	Ende bzw. Beginn von *Cape Tribulation Area*

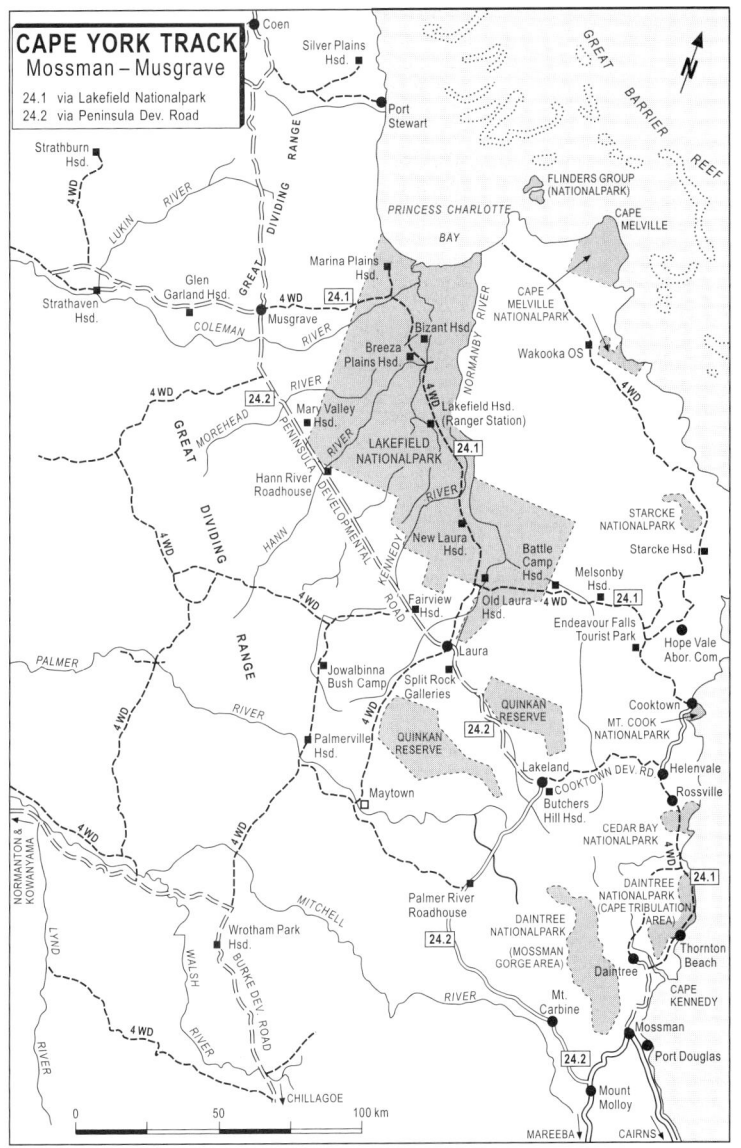

CAPE YORK TRACK
Mossman – Musgrave

24.1 via Lakefield Nationalpark
24.2 via Peninsula Dev. Road

Die faszinierende Geschichte einer Halbinsel – Cape York

Die Halbinsel *Cape York* ist eine Region, wie sie der Australienreisende nicht noch einmal auf dem Kontinent vorfindet. Egal ob passionierter Geländefahrer, Wanderer, Naturliebhaber, leidenschaftlicher Angler oder einfach nur Campingfanatiker – die Halbinsel bietet für jeden Geschmack etwas. Obwohl sich jedes Jahr während der Trockenzeit Karawanen von Geländewagen die Halbinsel hinauf zum „Top End of Australia" quälen, gibt es abseits der Hauptstrecken immer noch einsame Gegenden, wo man tagelang allein ist. Der *Cape York Track* gehört zu den reizvollsten Routen Australiens, nicht zuletzt wegen seiner vielen Flussdurchquerungen und des größtenteils unberührten Regenwalds.

Auf der 207.000 km² großen Halbinsel, die wie ein Finger in Richtung Neuguinea zeigt, leben rund 15.000 Menschen, davon 60 % *Aborigines* und *Torres Strait Islander*. Sie leben in den verstreuten Siedlungen um *Cooktown*, *Weipa*, *Bamaga* und auf Inseln in der *Torres Strait*, der Meerenge zwischen Australien und Neuguinea. Bevor Europäer ihren Fuß auf die Halbinsel setzten, lebten auf Kap York verschiedene Ureinwohnerstämme, die – je nördlicher ihre Heimat lag, um so enger – mit der Kultur der Eingeborenen Neuguineas verbunden waren. Leider ist nur wenig über die Aborigines im Süden bekannt, denn sie fielen schnell dem Landhunger der Goldsucher oder den eingeschleppten Krankheiten der Europäer zum Opfer. Im Norden und an den Küsten wurden sie als billige Arbeitskräfte beim Perlensuchen ausgenutzt. Wo Aborigines störten, und das taten sie in den Augen der Einwanderer fast immer, mussten sie verschwinden. So vertrieb man sie in Missionsstationen; und wenn die Landnahme auch bis dahin vorgedrungen war, verbannte man sie mitsamt der Station an einen anderen Ort. Erst in jüngster Zeit gelang es den noch verbliebenen Aborigines und Torres Strait Islander, sich einen kleinen Teil ihres Landes zurückzuerstreiten, so das Gebiet um *Lockhart River*, *Bamaga*, *Mapoon*, *Aurukun*, *Edward River*, *Kowanyama*, *Laura* und *Hope Vale* wie auch *Thursday Island*.

Der erste Europäer, der die Halbinsel erkundete, war *Ludwig Leichhardt*. Er fuhr 1845 *Mitchell River* stromabwärts. Nach einem Angriff von Aborigines wandte sich die Gruppe nach Süden, überquerte *Gilbert-* und *Norman River*, bevor sie schließlich ihren Weg nach Westen nahm, um *Port Essington* in Northern Territory zu erreichen. Die nächste Expedition unter der Leitung von *Edmund Kennedy* startete 1848 an *Rockingham Bay* bei Tully. Da ein Weg über die Bergketten von *Great Dividing Range* gefunden werden musste und die äußeren Umstände widrig waren, hatte die Expeditionsgruppe nach neun Wochen erst knapp 70 km zurückgelegt. Im Oktober erreichten sie nach der Durchquerung des heutigen *Lakefield National Park* die Bucht *Princess Charlotte Bay*. Hier hatte lange Zeit ein Schiff auf sie gewartet, war inzwischen aber schon wieder abgefahren. Müde und hungrig marschierten die Männer weiter bis *Cape Weymouth* im heutigen *Iron Range National Park*. Die gleichnamige Bergkette mit dichtem Dschungel versperrte ihnen den weiteren Weg nach Norden. Da die Lebensmittel knapp waren, versuchte Kennedy zusammen mit *Jackey Jackey*, einem Eingeborenenführer, und drei anderen Männern, einen Weg zu *Port Albany* weiter nördlich zu finden. Dort wartete ein weiteres Versorgungsschiff. Nach einer Woche erkrankten zwei der Männer schwer, und man ließ sie zusammen mit dem dritten Begleiter an *Shellburne Bay* zurück. Kennedy und Jackey Jackey marschierten allein weiter. Sie erreichten schließlich das Gebiet von *Escape River*. Heftige Regenfälle, Sümpfe und über die Ufer getretene Flüsse machten ein Vorankommen in der „feuchten Wüste" unmöglich. Aborigines griffen sie an und verwundeten Kennedy schwer, der kurz darauf seinen Verletzungen erlag. Jackey Jackey entkam und erreichte nach zehn Tagen völlig erschöpft das wartende Schiff.

In den nächsten Jahren folgten weitere Expeditionen zur Erkundung von Kap York. *James V. Mulligan*, der sich an *William Hanns* Berichten von Goldfunden orientierte, entdeckte 1873 ein großes Goldfeld an *Palmer River*. Diese Funde ließen später Cooktown als neuen Hafen an der Ostküste entstehen. Auf der Suche nach dem Edelmetall wurde die Halbinsel mehr und mehr durchkämmt. Fündig wurde man schließlich in der Nähe des heutigen *Coen* an *Wenlock River*, an *Starke River*, auf den Inseln in der *Torres Strait*, an *Philip River*, südlich der heutigen *Lockhart River Community* und in der *Iron Range*. Mit den Goldsuchern kamen auch die Siedler. Rinderfarmen wie *Laura Station* (heute Teil des Lakefield-Nationalparks), *Rokeby Station* (heute das Gebiet des gleichnamigen Nationalparks) und *Batavia Downs* entstanden. 1883 wurde *John R. Bradford* beauftragt, eine Route für eine Telegrafentrasse von Cooktown bis zum Kap zu vermessen. Nach Beendigung der Vermessungen begannen 47 Männer mit dem Bau der Telegrafenverbindung. Sie mussten viele Rückschläge hinnehmen, denn Aborigines kappten ständig die Leitungen, stahlen Isolatoren oder flämmten das trockene Gras ab, sodass die Arbeit erschwert wurde. Doch 1886 war es geschafft. *Musgrave* und *Coen* eröffneten ihre Telegrafenstationen. *Mein, McDonnell, Paterson* und *Peak Point* folgten Mitte des nächsten Jahres. Während des Zweiten Weltkriegs waren die Telegrafendrähte eine wichtige Verbindung, denn Meldungen vom nördlichsten Punkt Australiens gelangten so schnell zu den Städten der Ostküste. Das letzte Telegramm zwischen *Brisbane* und *Thursday Island* morste man am 24. Juni 1964. Bis zur endgültigen Stilllegung 1987 wurden die Leitungen noch als Telefonverbindung genutzt. Noch heute sind die Überreste der alten Masten und Leitungen, wenn auch in den meisten Fällen stark beschädigt, auf dem Weg zu „Top End" deutlich auszumachen.

100,2	354,8	*Bloomfield River* (GPS: 15°57'02"S – 145°19'09"E) Obwohl die Furt geteert ist und weit vom Meer entfernt liegt, ist eine Durchquerung nur bei Ebbe möglich, will man nicht riskieren, den Wagen zu fluten. Bei viel Wasser vorsichtig fahren!
101,0	354,0	*Wujal Wujal Community;* ab hier ist die Strecke für ca. 14 km geteert.
105,0	350,0	*Bloomfield Inn* (Shop und Tankstelle)
109,0	346,0	*Croc'n Barra Cafe* links
110,0	345,0	*Haley Camping Area*

115,0	340,0	Beginn bzw. Ende von *Cedar Bay National Park*
		Ein Hinweisschild auf den Park ist hier noch nicht zu sehen, aber Insider sind der Meinung, dieser Park sei die schönste, unerschlossene Küstenlandschaft von Queensland. Er besticht durch seine biologische Vielfalt. Neben Mangroven und Salzmarschen dominiert Regenwald, der an den Berggipfeln oft wolkenverhangen ist. Dichte Palmenbestände säumen Bäche und Flüsse.
122,7	332,3	Hinweisschild auf *Cedar Bay National Park*
135,5	319,5	*Rossville*
144,5	310,5	*Helenvale*
146,5	309,5	*Mungumby Lodge* rechts
147,5	308,5	Rechts sind die *Black Mountains* zu sehen
148,0	308,0	T-Kreuzung: rechts auf der *Cooktown Developmental Road* nach *Cooktown* fahren; links zur *Peninsula Developmental Road* und nach *Lakeland*
148,5	307,5	*Black Mountain National Park*
		Auf der rechten Seite der Piste sind deutlich die pechschwarzen Geröllblöcke des gleichnamigen Nationalparks zu sehen. Kleine Flechten geben den Felsen

Cooktown – „Königin des Nordens"

ihre Farbe (→ Artikel: Wie die schwarzen Steine in den Nationalpark kamen).

151,6	304,4	Guter Aussichtspunkt auf die *Black Mountains*
156,0	299,0	*Trevethan Creek* (Brücke)
157,0	298,0	Geradeaus fahren; Abzweigung rechts zu *Trevethan Falls* (13,5 km; Mt. Amos Drive; 4-WD)

Trevethan Falls ist ein pittoresker Wasserfall mit einer guten Bademöglichkeit unterhalb der Fälle. *Bushcamping* ist an den Fällen erlaubt, allerdings können hier nur maximal zwei Camper gleichzeitig ihr Zelt aufstellen. Das hat den Vorteil, dass man meistens den Wasserfall und die „Badewanne" für sich alleine hat.

Strecke zu Trevethan Falls (✦)

		Nach heftigen Regenfällen kann es an einigen Stellen auch für einen Allrad etwas schwierig werden.
0	13,5	Abzweigung zu den Fällen
10,0	3,5	Rechts ab zu den Fällen
10,8	2,7	Weggabelung; rechts halten zu den Fällen
13,5	0	*Bushcamp*; weitere 400 m Fußweg zu den Fällen.

Wie die schwarzen Steine in den Nationalpark kamen

Den Legenden der Aborigines zufolge entstanden die Berge in *Black Mountain National Park* kurz nach der „Traumzeit". Die unzertrennlichen Brüder *Ka-Iruji* und *Taja-Iruji* vom Wallaby-Totem waren auf der Jagd. Das Gebiet, in dem sie jagten, war eben und mit dickem, schwarzglänzendem Geröll, großen Murmeln nicht unähnlich, bedeckt. Die beiden bemerkten ein junges, hübsches Mädchen vom Felsenpython-Totem, das gerade Yamwurzeln suchte. Beiden gefiel das Mädchen, sodass sie in Streit gerieten. Ein Kampf sollte entscheiden, wer Ansprüche auf die Schöne hätte. Sie wussten jedoch, dass die Gesetze des Iruji-Volkes den Einsatz der Jagdwaffen im Zorn verboten. So beschlossen sie, die großen, schwarzen Murmeln zu zwei Haufen aufzuschichten und von oben Steine auf den Gegner zu werfen. Tag um Tag schichteten sie die Steine aufeinander, doch nie war einer der Steinhaufen so hoch, dass einer der Brüder den entscheidenden Stein hätte werfen können. Die Kämpfenden waren so beschäftigt, dass sie die ersten warnenden Wolken von *Kahinka*, dem Zyklon, nicht wahrnahmen. Auch das Mädchen hörte das Heulen des nahenden Sturms nicht. Der Zyklon fiel kreischend, stampfend und rasend über sie her und tötete beide Jungen auf ihren aufgeschichteten Steinhaufen. Das Mädchen starb in den reißenden Wassermassen zwischen den Steinen. Die schwarzen Steinhaufen sind geblieben – es sind die heutigen *Black Mountains*.

Weiterfahrt auf der Hauptstrecke

156,0	299,0	*Trevethan Creek* (Brücke)
162,1	292,9	Geradeaus nach *Cooktown* fahren; Abzweigung rechts nach *Archer Point* (20 km)
168,0	287,0	*Annan River* (Brücke)
177,5	277,5	*Cooktown*, Postamt

Schon ein Jahr nach dem ersten Goldfund an *Palmer River* (1873) arbeiteten über 15.000 Schürfer in dem Gebiet. Um zu den schwer zugänglichen Schürfstellen zu gelangen, ließen sie sich an der Mündung von *Endeavour River*, wo es eine Versorgungsstation gab, an Land setzen. Aus dieser anfänglich kleinen Zeltstadt entstand schon bald die blühende Hafenstadt Cooktown, zum damaligen Zeitpunkt die zweitgrößte Stadt von Queensland. Um die Wende vom 19. zum 20. Jahrhundert betrug die Einwohnerzahl rund 35.000, es gab 65 Hotels und Pubs, 20 Restaurants, 32 Lebensmittelläden und eine Menge anderer Läden, in denen die Bewohner alles kaufen konnten, was sie zum Leben brauchten. Bis in die 1930er-Jahre war der Hafen die einzige Verbindung mit dem übrigen Australien. Im Zweiten Weltkrieg verließen die meisten Männer Cooktown und die Goldfelder. 1949 zerstörte ein Zyklon den größten Teil der Stadt. Jahrelang schien es, als sei Cooktown zum Niedergang verurteilt, doch der aufkommende Tourismus in den fünfziger und sechziger Jahren brachte wieder Leben in den Ort. Heute leben etwa 1.300 Menschen in Cooktown, das zu Recht den Namen „Königin des Nordens" trägt.

Für die Weiterfahrt muss man zunächst in südlicher Richtung zurück, vorbei an *Cooktown Hotel*, und anschließend rechts in die *McIvor River Road* abbiegen.

179,0	276,0	Friedhof rechts
188,2	266,8	*Endeavour River* (GPS: 15°27'12"S – 145°12'35"E)

Der Fluss fließt durch den gleichnamigen Nationalpark und mündet nördlich von Cooktown ins Meer. Zum Endeavour-Nationalpark besteht vom Land aus kein Zugang. Er ist nur mit dem Boot zu erreichen.

188,4	266,6	Geradeaus fahren; Abzweigung rechts zur Landebahn von *Cooktown*
197,2	257,8	Geradeaus fahren; Abzweigung links zurück nach *Cooktown*
204,4	250,6	*Endeavour River North Branch (Webb Creek)*
208,2	246,8	*Isabella Creek*
210,1	244,9	*Endeavour Falls Tourist Park*

215,2	239,8	Weggabelung: links fahren; rechts zu *Hope Vale Community* (4 km), *Starcke National Park* und *Cape Melville National Park*.

Die Aborigines der *community* verkaufen Boomerangs und andere selbst gefertigte Gegenstände. Jedes Jahr im Juli/August wird ein großes Rodeo veranstaltet. Besucher sind willkommen. Den größten Teil des rund 80 km² großen Starcke-Nationalparks nimmt ein Sandsteinplateau ein. Im Park hat sich aufgrund verschiedenartiger Böden und unterschiedlicher Niederschlagsmengen eine große Pflanzenvielfalt entwickelt: Das Plateau ist mit Heidepflanzen und Sträuchern bedeckt; in den Tälern und an feuchteren Stellen wachsen Eukalypten und Regenwald. Die Zufahrt zum Park ist besonders hinter *Starcke Homestead* (80 km) sehr schwierig.

Zur Campingstelle in *Cape Melville National Park* sind es weitere neun bis zehn Stunden Fahrt auf sehr schlechter Piste. Dabei kommt man an den Ruinen von *Wakooka Outstation* vorbei. Der Bergzug von *Melville Range* besteht aus Geröllblöcken, die mit schwarzen Flechten bedeckt sind. Am Fuß der Berge breiten sich Sümpfe mit Palmen und Honigmyrten aus, an den höher gelegenen Hängen Heidesträucher. Im Süden des Parks wachsen vor allem Eukalypten und Papierrindenbäume. Oft ist im Park eine Herde von Wildpferden mit typischen weißen Blessen zu sehen – verwilderte Nachkommen aus der Pferdezucht von Wakooka.

Vor dem Besuch der beiden Parks ist eine Erlaubnis von *Starcke Homestead* einzuholen, denn die Zufahrt liegt auf seinem Farmland.

221,4	233,6	*Isabella Falls*
229,8	225,2	Abzweigung rechts; geradeaus fahren. Kurz nach dieser Abzweigung beginnt der dichte Regenwald.
248,7	206,3	*Henwood Road* rechts
249,5	205,5	*Normanby River* (GPS: 14°31'23"S – 144°09'57"E)

Je fortgeschrittener die Trockenzeit, desto weniger Wasser führt er. Gegen Ende der Trockenzeit lässt er meist nur sein sandiges Bett und ein paar *billabongs* zurück.

259,0	196,0	Beginn bzw. Ende von *Battle Camp Station*
268,1	186,9	Geradeaus fahren; Abzweigung rechts zu *Battlecamp Homestead* (1,5 km)

Battlecamp erhielt seinen Namen am 5. November 1873, als eine Gruppe von 130 Goldschürfern auf dem Weg zu *Palm River* von etwa 500 Aborigines angegriffen wurde. Dies war das einzige Mal in der Geschichte der Halbinsel, dass Ureinwohner sich zum Angriff in so großer Zahl zusammentaten. Die meisten Aborigines starben im Kugelhagel der Gewehre.

| 273,0 | 182,0 | Beginn bzw. Ende von *Lakefield National Park* |

Die Wasserläufe von *Normanby-, Bizant-* und *North Kennedy River* bestimmen weitgehend das Leben in diesem Park. Während der Regenzeit *(wet season)* vereinen sie sich und überfluten dabei riesige Gebiete. Mit dem Beginn der Trockenzeit *(dry season)* nimmt der Wasserfluss ab und hinterlässt große Seen und Sümpfe, die Lebensraum für viele Tiere und Pflanzen sind.

Der Park besteht überwiegend aus Wald- und Grasland, das in den Überschwemmungsgebieten von Eukalypten und Papierrindenbäumen dominiert wird. An den Flussufern geht die Vegetation in einen regenwaldähnlichen Bewuchs über. Am weiten Delta von *Normanby-* und *North Kennedy River* breiten sich große Mangrovensümpfe aus.

Johnston- und Leistenkrokodile sind die räuberischsten Bewohner des Parks. Die kleinen Johnston-Krokodile *(freshies)* ernähren sich von Fischen, Fröschen, Reptilien und Krustentieren und sind für Menschen ungefährlich. Die großen Leistenkrokodile *(salties)*, zu erkennen an ihrem breiten Maul, sind da weitaus gefährlicher (→ Artikel: Reptilien der Urzeit – Krokodile).

Mit seinen Sümpfen und Lagunen ist der Lakefield-Nationalpark, ähnlich wie der Kakadu-Nationalpark in Northern Territory, ein wahres Vogelparadies. Die Lagunenlandschaft mit ihren Tieren und Pflanzen ist am besten mit dem Boot zu erforschen. Dazu allerdings muss man das eigene Boot oder Kanu mitbringen. Lohnend für Tierbeobachtungen ist vor allem der frühe Morgen. Angeln ist an vielen Stellen erlaubt, allerdings gelten besondere Bestimmungen hinsichtlich der Anzahl der Fische, die man fangen darf (Informationen beim Ranger).

Um den Park richtig kennen zu lernen, sollte man an verschiedenen Stellen campen (4 $ p.P.). Bei der Auswahl dieser Plätze sind die Ranger gerne behilflich. Sie erteilen auch die notwendigen Genehmigungen. Von Zeit zu Zeit werden einige Gebiete geschlossen, damit sich Flora und Fauna regenerieren können. Verbots- und Hinweisschilder sind deshalb unbedingt zu beachten!

274,3	180,7	Geradeaus fahren; Abzweigung rechts zu *Emma Lake* (1 km); guter Platz zum Campen (600 m) für 9 \$ pro Platz. Angeln ist hier verboten.
277,0	178,0	Geradeaus fahren; Abzweigung rechts zu *Horseshoe Lagoon* (2 km); ebenfalls ein schönes Fleckchen, um sein Zelt aufzuschlagen.
288,9	166,1	Trockener, sandiger *creek*
297,0	158,0	*Laura River* (GPS: 15°15'35"S – 144°26'52"E) In der Regenzeit führt der Fluss viel Wasser, und die Durchfahrt ist tief. In der Trockenzeit bleiben nur noch ein paar Pfützen übrig.
298,1	156,9	*Old Laura Homestead* rechts (verlassen)
298,4	156,6	T-Kreuzung: links fahren; rechts geht es zu Campingstellen am Fluß bei *Old Laura Homestead.*
299,6	155,4	T-Kreuzung: rechts nach *Musgrave* fahren; links geht es nach *Laura* (28 km).
307,5	147,5	Geradeaus fahren; Abzweigung rechts zu *Six Mile Waterhole* (3km)
309,8	145,2	Geradeaus fahren; Abzweigung rechts zu *Eight Mile Swamp* (1km)
322,5	132,5	Geradeaus fahren; Abzweigung rechts zu *Twelve Mile Waterhole* und *8 Mile Lagoon* (15 km)
322,7	132,3	Geradeaus fahren; Abzweigung links zu *New Laura Homestead,* gleichzeitig Rangerstation. Hier bekommt man ebenfalls Erlaubnisscheine zum Campen und Informationen über Nationalpark, Flora und Fauna, Campingmöglichkeiten, gute Angelgründe, aber auch Angelverbote.
332,5	122,5	*Kennedy Bend Camping Area* links
334,0	121,0	*Normanby River* (Brücke)
335,0	120,0	*Kennedy River* (Brücke)
338,2	116,8	Geradeaus fahren; Abzweigung links zu *Catfish Waterhole Camping Area* (1 km)
346,5	108,5	Geradeaus fahren; Abzweigung rechts zur Campingstelle an *Mick Finn Waterhole* (9 km)
356,2	98,8	Weggabelung; links fahren; rechts zu *Kalpowar Homestead* (5 km) und sehr guten Campingmöglichkeiten an *Kalpowar Crossing.* Die Campingstelle an *Kalpowar Crossing* (9 \$) zählt zu den besten im Park, und die 18 Grasplätze mit Schatten sind je nach Saison dementsprechend gut gefüllt. An der Abzweigung steht eine Informationstafel, in der Buchungen und Aufenthaltszeit der Camper eingetragen sind. Ist eine Campingstelle frei, trägt man sich einfach ein und bezahlt an der Rangerstation. *Normanby River* ist ein sehr guter

		Angelplatz (Achtung: Krokodile!), und ein kurzer Wanderweg (4 km) führt am Fluss entlang.
357,2	97,8	*Lakefield Homestead*, gleichzeitig Rangerstation
357,7	97,3	Weggabelung; rechts fahren
360,3	94,7	Weggabelung; links fahren; rechts zu *Jeanette Hill, Bizant Ranger Station* und Campingmöglichkeiten an verschiedenen Lagunen und Wasserläufen
369,4	85,6	Weggabelung; links an *Breeza Plains Outstation* vorbei; rechts zu *Bizant Homestead* (= Rangerstation, 11 km)
371,9	83,1	Weggabelung; rechts fahren
377,8	77,2	Weggabelung; links fahren; rechts zu *Bizant Homestead* (= Rangerstation, 6 km)
378,3	76,7	*North Kennedy River* (Hann Crossing)
		Gute Plätze zum Campen. Die Durchquerung des Flusses stellt, abgesehen von den vielen Schlaglöchern und Steinen, kein Problem dar, allerdings kann es sein, dass nach längeren oder heftigen Regenfällen die Piste weggespült ist und der *track* gesperrt ist. Dann heißt es: umkehren! Ob die Piste passierbar ist, erfährt man an der Rangerstation oder den Informationstafeln an der Strecke.
390,2	64,8	*Morehead River*
404,9	50,1	Geradeaus fahren; Abzweigung links zu *Low Lake* (7 km)
		Der See ist gegen Ende der Trockenzeit für Vogelliebhaber ein besonderes Erlebnis.
406,1	48,9	*Saltwater Creek*
406,6	48,4	Weggabelung: links fahren
414,5	40,5	Weggabelung: links fahren; rechts zu *Marina Plains Homestead* (16 km)
420,6	34,4	Ende bzw. Beginn von *Lakefield National Park*
437,8	17,2	Geradeaus fahren; Abzweigung rechts zu *Lily Vale Homestead* (32 km)
439,1	15,9	Geradeaus fahren; Abzweigung links zu *Saltwater Creek* (4 km) und *15 Mile Creek* (13 km)
444,0	11,0	*Violet Vale Homestead* und Landebahn rechts
455,0	0	*Musgrave Roadhouse* (GPS: 14°46'04"5 – 143°30'10"E)

Strecke 24.2

via Peninsula Developmental Road

0	372,4	*Mossman, BP Roadhouse* (GPS: 14°46′04″5 – 149°30′10″E)
1,6	370,8	Abzweigung rechts nach *Mt. Molloy* nehmen; geradeaus nach *Cairns*
30,1	342,3	T-Kreuzung: Abzweigung rechts nach *Cooktown* nehmen; links nach *Mt. Molloy*
58,6	313,8	*Mt. Carbine Roadhouse* rechts Der kleine Ort verdankt seine Existenz den Wolframfunden in diesem Gebiet. Die Mine beschäftigt heute etwa hundert Arbeiter.
73,4	299,0	*McLeod River*
87,3	285,1	*Bob's Lookout* rechts Der Aussichtspunkt bietet eine hervorragende Sicht auf *Great Dividing Range*.
100,5	271,9	*Kelly St. George River*
141,3	231,1	*Palmer River*
141,7	230,7	*Palmer River Roadhouse* (200 m) rechts (GPS: 16°06′09″5 – 144°46′48″E) Im Rasthaus gibt es ein kleines Museum, das ein Sammelsurium von Gerätschaften aus den Goldfeldern von *Palmer River* zeigt. Hinter dem Rasthaus ist Camping erlaubt (7 $ p.P., Duschen kostet extra). Bis Lakeland ist der *track* jetzt im Patchworkmuster mal Asphalt, mal Staubpiste.
164,2	208,2	*Laura River* (Furt)
173,1	199,3	Abzweigung links nach *Laura* (62 km) und *Weipa* (544 km) nehmen; geradeaus nach *Cooktown* (82 km)
173,3	199,1	*Lakeland Store* (200 m) rechts Die kleine Ansiedlung versorgt die umliegenden Farmen mit allem, was man so zum Leben braucht. Campingmöglichkeiten, Duschen und Hotelzimmer stehen zur Verfügung. Ab hier ist die Strecke dann ungeteert, und die wellblechartige Piste mit Schlaglöchern rüttelt bis Laura ganz schön durch.
198,7	173,7	*Laura River/Caroll's Crossing* (Brücke)
200,4	172,0	Geradeaus fahren; Abzweigung rechts zu *Crocodile Homestead* (1 km)
203,4	169,0	*Gallop Creek* (Brücke)
205,4	167,0	*Ruth Creek* (Brücke)
206,7	165,7	*Quarz Creek* (Brücke)
209,9	162,5	*Earl Creek* (Brücke)

Strecken 16–17

Strecken 18–19

Strecken 20–21

Strecken 22–23

Strecke 24.2

Anhang

214,0	158,4	*Hell's Gate Creek* (Brücke)
217,9	154,5	*Kennedy Creek* (Brücke)
221,6	150,8	Parkplatz der *Split Rock Art Gallery* links

Die Felsenzeichnungen von *Split Rock* werden, da sie einfach und in kurzer Zeit zu erreichen sind, werden von allen Fundorten früher Kulturzeugnisse der Eingeborenen in diesem Gebiet am häufigsten besucht. Erst 1960 entdeckte man Malereien an vier Stellen, wobei an Split Rock die meisten Zeichnungen zu sehen sind. Dass oft eine Zeichnung über der anderen liegt, lässt darauf schließen, dass verschiedene Künstler diesen Ort über Jahrhunderte hinweg nutzten. Von Split Rock führt der Wanderweg weiter bis zu anderen Felszeichnungen (Guguyalangi-Galerie; 1,5 km). Hier sind zwei unterschiedliche Malstile zu sehen: die so genannte *stencil art* – dabei wird die Hand als Schablone benutzt, mit dem Mund Farbe darüber geblasen, und die Umrisse der Hand bleiben zurück – und die *free-hand art*, bei der frei gezeichnet wurde. Oft findet man die schablonenhaften Hände über den anderen Zeichnungen. Über die Bedeutung dieser Hände gibt es drei Theorien: Es könnte sich um die Signatur des Künstlers, eine Art Visitenkarte oder auch um eine Registrierung der Aborigines handeln. Welche Bedeutung ihnen tatsächlich zugrunde liegt, wird wohl niemand mehr erfahren, denn der Goldrausch an *Palmer River* beendete die seit Jahrtausenden bestehende künstlerische Tradition.

Die Zeichnungen sind zum größten Teil ein- oder zweifarbig. Die Aborigines stellten ihre Farben aus Mineralien her, die sie mit Wasser oder anderen Flüssigkeiten vermengten. Rote, violette, braune und gelbe Pigmente gewannen sie aus Ocker, weiße aus verwittertem Lehm. Damit diese einzigartigen Zeugnisse der Ureinwohnerkultur noch möglichst lange erhalten bleiben, bitte nur betrachten und nicht anfassen! Wer sich die Zeichnungen ansehen möchte, soll 5 $ in eine am Parkplatz aufgestellte Kasse werfen. 200 m nach dem Parkplatz führt rechts ein Weg zu Campingmöglichkeiten an *Laura River*.

224,3	148,1	*Coal Seam Creek*
226,0	146,4	*Cattle Creek* (Brücke)
231,9	140,5	*Laura River* (alte Holzbrücke)
233,4	140,0	*Laura Roadhouse* rechts
233,6	138,8	*Laura Caravan Park* links
234,4	138,0	Geradeaus fahren; rechts nach *Laura* und zu *Quinkan Hotel*

Laura liegt mitten im so genannten *Quinkan-Country*, das seinen Namen von den Geistwesen, den *Quinkans*, hat, die auch in den Zeichnungen der Aborigines dargestellt sind. Die Zeichnungen, viele Hundert an der Zahl, sind hier seit 1977 in Reservaten geschützt, die von den Ang-Gnarra-Aborigines und der Familie *Trezise*, die Buschcamps bei *Jowalbinna* und *Deighton River* hat, verwaltet werden. Sie bemühen sich auch um die Erforschung und Erhaltung der einzigartigen Zeichnungen. Die meisten Felsenzeichnungen sind für Besucher nicht zugänglich, nur drei Plätze sind relativ einfach zu erreichen: *Split Rock*, *Guguyalangi* und *Giant Horse Gallery*. Zu den bemerkenswertesten Zeichnungen gelangt man nur mit Führer und ist zwei bis drei Tage unterwegs (300 bis 600 $ p.P. und je nach Dauer). Aber es sind auch schon Halbtages- und Tagestouren für 40–60 $ möglich. Auskünfte erteilt der Wirt von *Quinkan Hotel*, oder man wendet sich an *Steve & Janelle Trezise* (→ Kurzinfo zur Strecke). Wer an *Little Laura River* nur campen möchte, kann dies für 5 $ p.P. tun. Nach *Jowalbinna* gelangt man nur mit einem Allradfahrzeug. Kartenmaterial ist in *Laura* erhältlich.

Darüberhinaus ist Laura auch durch das alle zwei Jahre organisierte „Aboriginal Dance Festival" bekannt. Zu dem dreitägigen Fest im Juni kommen Aborigines von der gesamten Halbinsel. Abgesehen von den Tanzdarbietungen erfährt man viel über die Kultur der Ureinwohner. Außerdem werden geführte Touren zu den Felsenzeichnungen angeboten.

Ab Laura wird der *track*, der für kurze Zeit der *Overland Telegraph Line* folgt, kurvenreicher; auch kommen viele tiefe Senken *(dips)*. Doch der Weg ist nach wie vor eine breite Sandpiste mit wellblechartigen Abschnitten. Auffallend sind die vielen bizarren Bauten der Kompasstermiten beiderseits der Strecke. Diese sind immer in Nord-Süd-Richtung ausgerichtet und geben der Landschaft einen besonderen Reiz.

235,3	137,1	*Laura River* (alte Holzbrücke)
235,8	136,6	Weggabelung: geradeaus fahren; rechts die *Battle Camp Road* zu *Lakefield National Park* und *New Laura Ranger Station* (50 km); links zum *Jowalbinna Bushcamp* und *Maytown/Palmer River Goldfield Reserve* (80 km)
241,5	130,9	*Sandy Creek*

246,4	126,0	*Little Laura River* (Brücke)
		Nach der Überquerung führt links ein Weg zu einer guten Campingmöglichkeit am Fluss.
253,4	119,0	Geradeaus fahren; Abzweigung links zu *Fairlight Homestead* (48 km), *Palmer River* und *Palmerville Homestead* (78 km)
254,3	118,1	Geradeaus fahren; Abzweigung rechts zu *Fairview Homestead* (1 km)
267,5	104,9	*Kennedy River* (Brücke)
		Vor der Überquerung führt links ein Weg zu Campingstellen mit Toiletten und Unterständen.
274,9	97,5	*Greenant Creek*
276,6	95,8	*Lakes Creek*
293,3	79,1	*North Kennedy River* (asphaltierte Furt)
296,1	76,3	*Weiss Creek*
305,2	67,2	*Rocky Creek*
309,4	63,0	*Hann River* (alte Holzbrücke)
309,6	62,8	*Hann River Roadhouse* rechts (GPS: 15°11'02"S – 143°52'25"E)
		Gute Plätze zum Campen liegen an *Hann River* (6 $ p.P.).
311,2	61,2	Geradeaus fahren; Abzweigung links zu *Kalinga Homestead* (2 km)
315,1	57,3	*Codvoy Creek*
319,6	52,8	*Healy Creek* (betonierte Furt)
330,0	42,4	Geradeaus fahren; Abzweigung rechts zu *Mary Valley Homestead* (6 km)
		Eigentlich eine Rinderfarm, hat dieses Anwesen seine Tore in den letzten Jahren auch für Touristen geöffnet. Man kann am Fluss campen, angeln oder dem Viehtrieb zusehen.
330,3	42,1	*Dead Horse Creek*
338,8	33,6	*Morehead River* (Brücke)
		Kurz bevor man den Fluss überquert, führt links ein schmaler Weg zu Campingstellen mit Toiletten und Unterständen. Nach der Flussüberfahrt lockern vermehrt Grasbäume das Landschaftsbild etwas auf. Senken, so genannte *dips*, erinnern an eine Achterbahnfahrt.
342,0	30,4	*Mary's Creek*
343,9	28,5	*Noovko Creek*
349,3	23,1	Geradeaus fahren; Abzweigung links zu *Artemis Station* und zu *Kowanyama Community*
		Kowanyama wurde 1905 vom anglikanischen Bischof von Carpentaria gegründet. Auf 2.590 km² leben hier heute etwa 900 Aborigines. Die Einwohner gehören überwiegend zu drei verschiedenen

Völkern, den Kokoberra-, Kokomenjana- und Kunjun-Aborigines. Nur wenige Touristen verirren sich hierher, obwohl im Gegensatz zu anderen Ureinwohnergemeinden diese *community* das Campen auf ihrem Land erlaubt. Allerdings ist dafür eine geringe Gebühr zu entrichten. Natürlich sollte man nicht einfach irgendwo sein Lager aufschlagen, sondern in Kowanyama nachfragen, wo es erlaubt ist und wo es schöne Plätze gibt. Wer gerne abseits der üblichen Touristenstrecke fährt, kann von hier aus auch direkt zu *Pormpuraaw Community* weiterfahren. Nach dem Weg, der auf den üblichen Karten nicht eingezeichnet ist, fragt man am besten Einheimische.

349,7	22,7	*Fifteen Mile Creek* (betonierte Furt)
353,0	19,4	*Windmill Creek*
356,4	16,0	*Carroll Creek* (betonierte Furt)
363,1	9,3	*South Five Mile Creek* (betonierte Furt)
372,2	0,2	Geradeaus fahren; Abzweigung links nach *King Edward River/Pormpuraaw Community* (227 km; 4-WD)

Edward River Mission war die letzte Missionsstation, die 1936 auf der Halbinsel eingerichtet wurde. Heute leben noch etwa 400 Munkan- und Tyore-Aborigines in der Siedlung, die ein Gesamtgebiet von 4.660 km^2 verwaltet. Bekannt ist die Gemeinde für ihre Krokodilfarm, die jeden Tag für ein paar Stunden für Besucher geöffnet ist. Natürlich sollte man in Pormpuraaw auch mal ein Kroko-Steak probieren. Camping und Alkoholgenuss sind nicht gestattet.

372,3	0,1	*Saltwater Creek* (betonierte Furt)
372,4	0	*Musgrave Homestead* und *Roadhouse* links (GPS: 14°46'04"S – 143°30'10"E); Abzweigung rechts zu *Lakefield National Park* (34 km) und nach *Cooktown* (→ Streckenbeschreibung 24.1, Mossman – Musgrave via Lakefield National Park)

Musgrave

Musgrave wurde 1887 als Telegrafenstation für die *Overland Telegraph Line* erbaut. Heute ist hier ein *roadhouse*, das Treibstoff, Souvenirs, Erfrischungen und Snacks verkauft. Camping ist am Rasthaus erlaubt und kostet 7 \$ p.P. inklusive Duschen. Wer sich unter Dusche nur einmal den Staub abwaschen möchte, zahlt 3 \$. (Weiterfahrt → Streckenbeschreibung 24, Musgrave – Cape York).

Strecke 25

Musgrave – Cape York
(Cape York Track, Teil 2)

- **Entfernung:** 566 km; max. Entfernung ohne Tankmöglichkeit: 194 km
- **Empfohlene Reisedauer:** 3 Tage (mit allen angegeben Abstechern 7 bis 8 Tage)
- **Reine Fahrzeit:** 20 Stunden (ohne Abstecher)
- **Empfohlene Reisezeit:** April bis November; in der übrigen Zeit ist die Strecke nördlich von Laura wegen der Monsunregenfälle gesperrt.
- **Ab- und Rückmeldung:** nicht erforderlich
- **Ausrüstung:** Geländewagen (4-WD) mit Grundausrüstung für Wagen plus Winde und eventuell Schnorchel und RFDS-Radio; Grund- und Zusatzausrüstung bei Werkzeug. Die Umgehungsstrecke *DCS-Road (Department of Community Services Road)* wird manchmal in der späten Trockenzeit mit Fahrzeugen ohne Allradantrieb befahren; davon ist jedoch abzuraten.
- **Pistenart und -zustand:** Von Musgrave bis Weipa ist die Strecke eine recht einfach zu befahrende Schotterpiste. Auf der *Overland Telegraph Line* (4-WD) sind die Fahrspuren eng, die Passagen unübersichtlich und Durchquerungen von *creeks* anfangs leicht, später aber schwieriger. Nach *Jardine River* treten extrem viele und tiefe *corrugations* auf. Die *DCS-Road* ist eine unüberschaubare, wellblechartige Piste mit vereinzelten, etwas leichteren Flussdurchquerungen.
- **Versorgung:** Musgrave (*roadhouse*/Pub); Coen/108 km (Lebensmittelladen, Hotel, *caravan park*, Werkstatt, Tankmöglichkeit); Archer River/173 km (*roadhouse*/Pub); Weipa/336 km (kompletter Service); Jardine River (*roadhouse*); Bamaga/530 km (Grundversorgung)
- **Telefonnummern:** Musgrave Telegraph Station 07/ 40 60 32 29; Coen Polizeistation 07/ 40 60 11 50; Archer River Roadhouse 07/ 40 60 32 66; Weipa Polizeistation 07/ 40 69 91 19; Lockhard River Community Council 07/ 40 60 71 44; Bramwell Station 07/ 40 60 32 37; Bamaga Polizeistation 07/ 40 69 31 56; Jardine River Roadhouse 07/ 40 69 32 52; Ranger, Jardine River National Park, Heathlands 070/ 60 32 41; Ranger, Iron Range National Park 07/ 40 60 71 70; Bamaga Service Centre 07/ 4049 3275; Seisia Campingground 07/ 4069 3243; Injinoo Community Council 07/ 40 69 32 52; New Mapoon Community Council 07/ 40 69 32 77; Umagico Community Council 07/ 40 69 32 51; Punsand Bay Private Reserve 07/ 40 69 17 22; Pajinka Wilderness Lodge 07/ 40 69 21 00
- **Funkfrequenzen und Rufzeichen:** RFDS Cairns (VJN) 5145, 2260, 4926, 6785 und 7465 kHz; RFDS Mount Isa (VJI) 5110, 4935, 6965 und 7392 kHz.
- **Kartenmaterial:** Hema *Cape York* (1:500.000); AUSLIG *Ebagoola* SD-54-12, *Cape Melville* SD-55-09, *Coen* SD-54-08, *Cape Weymouth* SD-54-04, *Weipa* SD-54-03, *Jardine River* SC-54-15, *Oxford Bay* SC-54-16, *Thursday Island* SC-54-11, *Cape York* SC-54-12

- **Besondere Hinweise:** Jedes Jahr kommt es auf der Strecke zu zahlreichen (auch schweren) Unfällen aufgrund überhöhter Geschwindigkeit oder rüder Fahrweise. Also: Vorsicht!

  In den größeren Gewässern wie *Jardine River* und im Küstengebiet leben Leistenkrokodile *(salties)*! Von Oktober bis April sind die gefährlichen Würfelquallen *(stinger)* im Meer.

  Die Durchfahrt von *Jardine River* (Jardine River Crossing) ist oft gesperrt. Am besten erkundigt man sich darüber bei der Polizeistation von Bamaga.

  Im Fährpreis für Jardine River (88 $ hin und zurück) sind Campinggebühren für Plätze außerhalb von Seisia, Umagico, Pajinka und Punsand Bay enthalten.

Die Fahrt nördlich an Laura vorbei nach *Coen* oder *Weipa* stellt in der Trockenzeit auch für konventionelle Fahrzeuge in der Regel kein Problem dar, wobei aber zu beachten ist, dass zu Beginn der Trockenzeit die Flüsse natürlich noch Wasser führen und die Regenzeit auch schon mal früher als gewöhnlich einsetzen kann. Von Dezember bis März sind die *tracks* nördlich von Laura generell für den Überlandverkehr gesperrt. Die Versorgung der Farmen und kleinen Ortschaften erfolgt dann per Flugzeug und Schiff. Von der Abzweigung *Telegraph Line/Developmental Road* wird die Strecke nach Weipa, die von der Minengesellschaft instand gehalten wird, breiter. Von Weipa ist es möglich, über *Stone Crossing* an *Wenlock River* bis zur Telegrafenlinie zurückzufahren. Diese Strecke ist auch mit Hilfe des aufgeführten Streckenlogs nicht ganz einfach zu finden. Doch versuchen sollte man es allemal, denn der Weg ist reizvoll und vor allem wenig befahren. Das Gebiet nördlich von Weipa ist durchzogen von Trassen der Minengesellschaft. Um den Weg nach *Stone Crossing* zu finden, fuhren wir stundenlang durch den Busch. Trotzdem braucht man nicht in Panik zu geraten, wenn man die Orientierung verloren hat. In diesem Gebiet kann eigentlich nicht viel passieren. Entweder man kommt irgendwann in Mapoon heraus, landet wieder in Weipa oder tatsächlich an *Stone Crossing* bei *Wenlock River*. Wer so genau wie möglich unseren Angaben folgt, wird kaum Probleme haben (→ Alternativstrecke: Weipa über Stone Crossing zur OTL).

Nördlich von Coen, der heimlichen Hauptstadt der Halbinsel, sieht man nur noch Touristen. Erstes Zeichen der Zivilisation ist, abgesehen vom 66 km entfernten *Archer River Roadhouse*, der Fährdienst an *Jardine River* (100 km vor Cape York). In der Regel ist die Strecke ab der Abzweigung *Telegraph Line/Peninsula Developmental Road* nur mit allradgetriebenen Fahrzeugen zu empfehlen, denn die Durchfahrten der *creeks* sind sehr schwierig. Deshalb gilt: Wer bis zur äußersten Landspitze des Kaps will, sollte schon einen Geländewagen haben. Aber auch diese robusten Fahrzeuge kommen selten unbeschadet an oder wieder zurück: Es fehlen Schrauben, Schutzbleche gehen verloren, oder Teile brechen. Die Anforderungen, die an Wagen und Fahrer (Beifahrer nicht zu vergessen) gestellt werden, sind auch auf der Umgehungsroute, der *DCS-Road*, extrem. Letztere fordert weniger durch abenteuerliche Flussdurchquerungen als vielmehr durch den wellblechartigen Untergrund, der alles durchschüttelt und das Nervenkostüm entsprechend strapaziert, viel Durchhaltevermögen. Die Gefahr bei diesem Streckenabschnitt liegt in den unübersichtlichen Kurven und der oftmals überhöhten Geschwindigkeit, die hier an der Tagesordnung ist. Dass auch Lastwagen die Strecke befahren, vergessen die meisten bis zu dem Zeitpunkt, zu dem sie

– wenn sie noch Glück haben – wenige Zentimeter vor dem Stoßfänger *(bullbar)* eines solchen Kolosses zum Stehen kommen oder schlimmstenfalls mit ihm kollidiert sind. Obwohl die DCS-Road 50 km länger als die *Telegraph Line* ist, kommt man auf ihr schneller voran und benötigt nur etwa vier Stunden Fahrzeit von der Abzweigung bis zur Fähre. Wenn *Jardine River* überquert ist, sind es noch etwa 80 km bis *Bamaga*. Der nahe gelegene Campingplatz in *Seisia* ist für viele die erste Anlaufstelle. Hier trifft man neu gewonnene Freunde von unterwegs, erholt sich von den Strapazen und bereitet sich auf die letzten 33 km bis zur Kapspitze vor. Ein kurzer Spaziergang durch trockenen Monsunregenwald *(lockerbie-scrub)*, ein Stück am mangrovenumsäumten Strand entlang, über ein paar Felsen klettern, und man kann sich gratulieren: „You've made it to the very top end of Australia!" – „Sie haben es bis zum äußersten Ende Australiens geschafft!".

Musgrave

(→ Streckenbeschreibung 24, Mossman – Musgrave)

Streckenlog

0	566,1	*Musgrave Roadhouse* (GPS: 14°46'04"S – 143°30'10"E) Die Strecke von *Musgrave* nach *Coen* ist teils breite Erdpiste, teils sandige Schotterpiste mit vielen Senken *(dips)*.
0,1	566,0	Weggabelung: links nach *Coen* fahren (109 km); rechts zu *Lakefield National Park* (39 km) und nach *Cooktown* (277 km)
8,8	557,3	*Five Mile Creek* (betonierte Furt)
16,6	549,5	Geradeaus fahren; Abzweigung rechts zu *New Bamboo Homestead* Der *track* windet sich nun langsam die Berge von *Bamboo Range*, Teil von *Great Dividing Range*, hinauf.
20,2	545,9	*Bamboo Range* (270 m hoch)
25,8	540,3	*Big Coleman River*
47,5	518,6	*Duck Holes Creek* (betonierte Furt)
49,3	516,8	*Lukin River* (betonierte Furt); nach der Überquerung rechts *Uncles Rest Area.*
61,6	504,5	*Ryans Creek*
62,0	504,1	Geradeaus fahren; Abzweigung links zu *Yarraden Homestead* (1 km)
64,9	501,2	*Curley's Hole*
67,9	498,2	*Kendle Creek* (Brücke)
83,1	485,8	Weggabelung: links nach *Coen* fahren; Weg rechts führt ebenfalls dorthin (28 km) und nach *Port Stewart* (60 km). Wer sich für den Weg rechts ab nach *Coen*

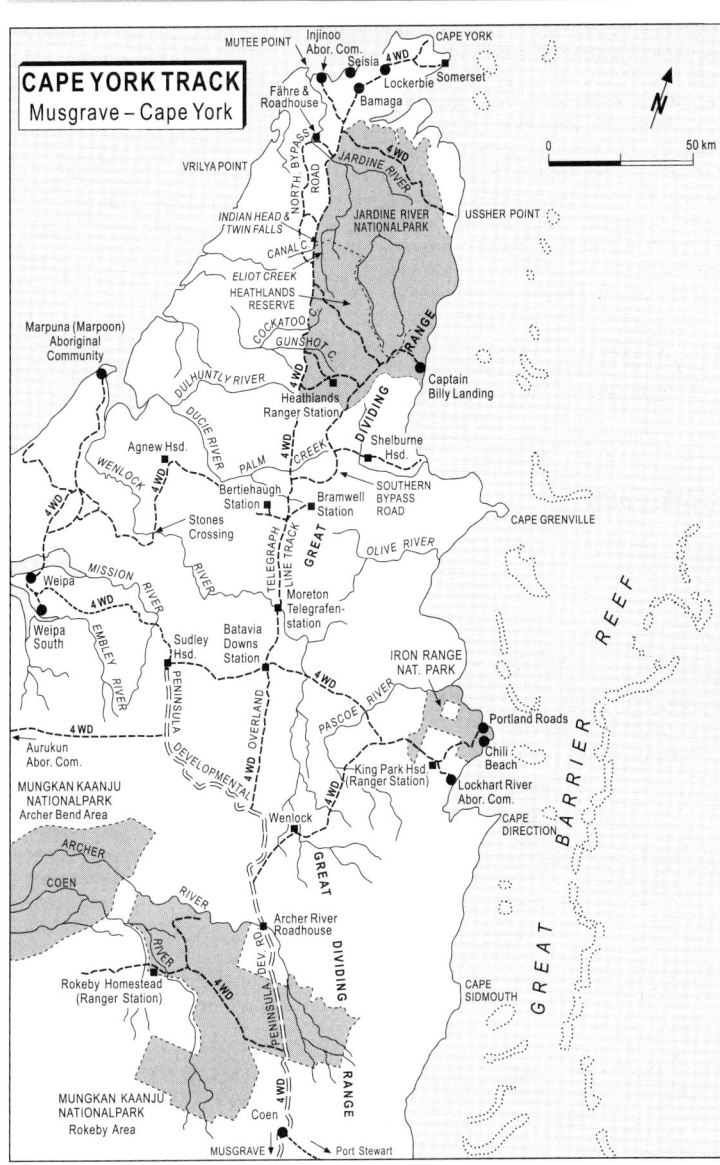

CAPE YORK TRACK
Musgrave – Cape York

entscheidet, muss zweimal *Stewart River* durchqueren; an der ersten Durchfahrt gibt es eine gute Campingmöglichkeit.

95,5	470,6	*Great Dividing Range* (250 m über dem Meeresspiegel)
107,9	458,2	Abzweigung rechts in Richtung *Weipa* nehmen; geradeaus nach *Coen* (100 m)

Coen, „Hauptstadt" von *Cape York*, ist eine alte Minenstadt, die ihre Gründung dem Goldrausch in den siebziger Jahren des 19. Jahrhunderts verdankt. Die Stadt blühte 1893 auf, als *Great Northern Goldmine* in Betrieb genommen wurde. Sie förderte bis 1916 etwa 52.000 Unzen Gold. Danach wurden weitere Minen eröffnet, die Coen als Basis für die Suche nach dem begehrten Edelmetall in Richtung Norden nutzten. Die Telegrafenlinie verband Coen bereits 1884 mit der Außenwelt. Heute besteht die Zivilisation des Ortes aus einem Pub, zwei Krämerläden, zwei Tankstellen, einer kleinen Reparaturwerkstatt, einer Post- und Polizeistation, einem kleinen Campingplatz (5 $ p.P.) sowie einem Krankenhaus. Nur Weipa bietet auf der Halbinsel mehr Annehmlichkeiten. Einmal im Jahr, wenn im August ein Pferderennen *(Annual Picnic Races)* veranstaltet wird, ist hier der Teufel los und die gesamte Halbinsel wie ausgestorben, weil sich alles in Coen trifft. Ab Coen ist die Strecke für ca. 21 km geteert.

108,7	457,4	*Lankelly Creek* (Brücke)
109,3	456,8	*Coen River* (Brücke)

Camping ist im Brückenbereich verboten!

110,9	455,2	*The Bend Camping Area* rechts
129,5	436,6	Weggabelung: rechts fahren; links zur *Landebahn von Coen* (1 km).

Die Landebahn *(airstrip)* war im Zweiten Weltkrieg von großer Bedeutung. Heute landet hier regelmäßig *Cape York Air Service*, der Waren und Post bringt. Der *track* verwandelt sich wieder in eine relativ gute Erdpiste.

131,5	434,6	Beginn bzw. Ende von *Mungkan Kaanju National Park/Rokeby Area* (Hinweisschild)
132,2	433,9	Geradeaus fahren; Abzweigung links zu *Rokeby Area*, Teil von *Mungkan Kaanju National Park* (Rangerstation 66 km) und *Meripah Homestead* (104 km)

Rokeby Area (4.570 km²) erstreckt sich von *McIlwraith Range* im Osten bis zu den Überflutungsgebieten von *Archer-* und *Coen River* im Westen. Beide Flüsse treten während der Regenzeit weiträumig über ihre Ufer. In der Trockenzeit fließen sie ruhig dahin und hinterlassen große Lagunen und Wasserlöcher. Während *Coen River* ein System aus mehreren breiten Flussläufen ist und dichte Schling- und Kletterpflanzen seine Ufer säumen, hat *Archer River* nur ein Bett. Galeriewälder von majestätischen Papierrindenbäumen stehen an seinen Ufern. Weiter westlich liegt die unzugängliche *Archer Band Area,* ebenfalls Teil des Nationalparks.

Dichter Regenwald bedeckt dagegen die kühleren Höhen von *McIlwraith Range.* Das Gebiet zwischen den beiden Flüssen wird von offenem Eukalyptuswald und Sumpfgebieten mit Papierrindenbäumen beherrscht. Rot blühende Frischwassermangroven der Art *Barringtonia acutangula* umgeben die vielen Lagunen, die selbst noch in der Trockenzeit von Seerosen bedeckt sind. Der Park bietet dem Besucher einen Querschnitt der gesamten Vegetation der Halbinsel. Er ist Lebensraum seltener Vögel wie des Freycinet-Großfußhuhns *(orange-footed scrubfowl),* harmloser Süßwasserkrokodile, verschiedener Känguruarten und leider auch verwilderter Schweine.

Zum Camping muss man vorher beim Ranger eine Genehmigung einholen und sich auch bei ihm abmelden. Diese Vorsichtsmaßnahme dient der eigenen Sicherheit und resultiert aus Erfahrungen mit Campern, die sich festgefahren oder verirrt haben. Außerdem kommt es immer mal vor, dass Wege oder Campingstellen, die man ansteuern will, überflutet oder – um die Vegetation zu schonen – geschlossen sind. Gute Plätze zum Campen sind *Langi Lagoon* und *Ten Mile Junction* (→ Weg zu Rokeby Area). An letzterer kann man auch einen riesigen Nesthügel (3 m hoch) des Freycinet-Großfußhuhns bestaunen.

Weg zu Rokeby Area (✦)

0	87,6	Abzweigung Rokeby Area/Developmental Road
59,3	28,3	Abzweigung rechts nach Langi Lagoon nehmen; geradeaus zur *Rangerstation* (1,7 km)
66,2	21,4	*creek*
68,2	19,4	*Spring Creek*
76,7	10,9	*Sandalwood Creek*
78,8	8,8	*creek*
79,2	8,4	*Langi Lagoon* links
80,2	7,4	*creek*
81,3	6,3	Weggabelung: rechts zu *Ten Mile Junction* (6,3 km) fahren; links zu *Old Archer Crossing* (2,2 km)

83,6	4,0	*Bob's Lagoon* rechts
85,0	2,6	Lagune rechts
85,3	2,3	Lagune links
87,6	0	*Ten Mile Junction*

Weiterfahrt auf der Hauptstrecke

148,1	418,0	*Bourne Creek*

Bis *Archer River* geht es wieder rauf und runter im „Achterbahnstil". Zu Beginn der Trockenzeit ist dieser Abschnitt in gutem Zustand. Auf dem Höhepunkt des Touristenansturms, etwa im August, ist er ausgefahren und hat tiefe Schlaglöcher, die mit feinstem Staub *(bulldust)* gefüllt sind.

156,4	409,7	Ende bzw. Beginn von *Mungkan Kaanju National Park/Rokeby Area* (Hinweisschild)
173,0	393,1	*Archer River Roadhouse* links (GPS: 13°26'13"5 – 142°56'03"E)

Weit über die Grenzen der Halbinsel hinaus ist dieses Rasthaus bekannt für seine berühmten *Archer Burger* – riesige, erstklassig schmeckende Hamburger. Neben dieser Delikatesse werden auch andere Speisen, gekühlte Getränke, Treibstoff etc. verkauft. Sehr aufschlussreich sind die kommentierten Fotoalben der Besitzer *John* und *Sherill Mehonoshen*, die am Eingang ausliegen. Anhand der Fotos kann man sich ein Bild vom Leben hier draußen machen. Ebenfalls im Bild festgehalten ist die große Flut an Weihnachten 1990, als die Wassermassen des Flusses das *roadhouse* erreichten.

Campen kann man in der Trockenzeit sehr gut im Flussbett von *Archer River* oder am Rasthaus selbst (7 $).

173,4	392,7	*Archer River* (asphaltierte Furt)
183,3	382,8	*creek*

100 m zuvor führt links ein Weg zu Campingstellen.

189,4	376,7	Geradeaus fahren; Abzweigung rechts zu *Wolverton Homestead* (2 km)
193,9	372,2	Weggabelung: links nach *Weipa* und zu *Overland Telegraph Line* fahren; rechts zu *Iron Range National Park* (99 km), *Lockhart River Community* (126 km) und *Portland Roads* (145 km)

Iron Range National Park, der seinen Namen einem Berg mit hohem Eisenerzgehalt in der Nähe des Flugplatzes verdankt, umfasst den letzten Tiefland-Regenwald Australiens. Er ist Heimat vieler endemischer Pflanzen und Tiere wie des großen Arakakadus,

Im Rudall River National Park (➤ Route 17)
oben: Queen Desert Bath – ein idyllischer Ort
unten: Sonnenuntergang und Mondaufgang am Hanging Rock

oben: Emma Gorge an der Gibb River Road (➤ Route 18)
unten: Im Karijini National Park (➤ Route 19)

Abseits der Gibb River Road ein lohnender Umweg – Mitchell Falls (➤ Route 20)

oben: Die Cockburn Range überragt die mit Boabs bewachsenen Ebenen (➤ Route 20)
unten: Ein alter, knorriger Flaschenbaum in der Nähe von Wyndham (➤ Route 20)

oben: Furt durch Gregory River (➤ Route 22)
unten: Eine einsame Bahnstation in der Nähe vom Matilda Highway (➤ Route 23)

Impressionen auf der Strecke von Musgrave nach Cape York (➤ Route 25)
oben: Shopping Centre Coen
unten: Die Kaskaden der Twin Falls

oben: Unterwegs auf dem Telegraph Track
unten: Fähre über den Jardine River

Die Plakette zeigt an, dass man sich am „Very Top End of Australia" befindet (➤ Route 25)

Helmkasuars, Tüpfelkuskus oder des Grünen Baumpythons. Viele der hier lebenden Vogelarten kommen nirgendwo sonst vor, ebenso wie Tüpfelkuskus *(spotted cuscus)* und Graukuskus *(grey cuscus)*, seltene Kletterbeutler. Berühmt ist der Regenwald besonders wegen seiner Vielfalt an Schmetterlingen. Nahezu 10 % der australischen Schmetterlingsarten sind hier heimisch, darunter 25 Arten, die nur hier vorkommen. Die Mannigfaltigkeit der Tierwelt setzt einen ebensolchen Reichtum der Pflanzenwelt voraus. Viele der Pflanzenarten gedeihen außer in diesem Park nur noch in Neuguinea. Sie sind damit auch ein Hinweis auf die enge Verbindung zwischen diesen beiden Regionen. Bisher registrierte man über 320 Pflanzenarten, darunter 27 Mangroven. Mindestens ebenso außergewöhnlich ist die Tatsache, dass ca. 10 % der Pflanzenarten noch unbekannt sind.

Weg zu Iron Range National Park, Chilli Beach, Portland Roads, Lockhart River und Alternativstrecke zurück (✦)

Für die Strecke bis *Portland Roads* oder *Chilli Beach* sind etwa drei bis vier Stunden Fahrzeit zu veranschlagen. Der *track* ist schmal und mit Beginn des Regenwalds eine feuchte Erdpiste. Abgesehen von vielen kleineren *creeks* sind zwei größere Flüsse (Wenlock River und Pascoe River) zu durchqueren. Beide stellen aber in der Regel kein Problem dar. Lediglich auf der Alternativstrecke, die nach 79 km vom *track* abzweigt und zurück zur Developmental Road führt, ist die Durchquerung von *Pascoe River* nicht ganz einfach. Es kommt auch vor, dass die Piste weggespült ist und unpassierbar wird. Neben dem hohen Wasserstand hat der Fluss eine starke Strömung. Hinzu kommt das überaus felsige Flussbett mit einigen tiefen Löchern. Dennoch bietet sich diese Strecke für den Rückweg geradezu an. Die zum Teil weißsandige Piste führt zumeist über ein heidebewachsenes Plateau, das einen fantastischen Ausblick bietet.

Einen Platz zum Campen findet man entweder mitten im Regenwald an der kleinen Campingstelle der Nationalparkverwaltung *(camping area* für maximal drei bis vier Camper; ohne Einrichtungen) oder an *Chilli Beach*, einem traumhaften, weißen Sandstrand. Hinter den Kokospalmen findet man Schutz vor dem ständigen scharfen Wind. Nach Einbruch der Dämmerung sind hier und da Kuskuse auf Nahrungssuche in den Baumwipfeln gut zu beobachten.

0,0	138,9	Weggabelung: *Peninsula Developmental Road/Iron Range National Park*
8,1	130,8	Geradeaus fahren; Wegeinmündung von links
11,6	127,3	*creek*
13,0	125,9	Weggabelung: geradeaus fahren; der Weg links führt zurück zur *Developmental Road.*
13,3	125,6	*creek*
19,8	119,1	*creek*

25,8	113,1	Rechts führt ein Weg zu Campingstellen an *Wenlock River*
25,9	113,0	*Wenlock River*
		200 m nach der Durchquerung führt links ein Weg zu verschiedenen Campingstellen unmittelbar am Fluss.
26,0	112,9	Links führt ein *track* zu den *Batavia-Goldfeldern*.
		Relikte aus der Goldgräberzeit sollen dort noch immer zu finden sein, allerdings holt sich der Busch langsam alles zurück und überwächst auch die größten rostigen Maschinen.
39,7	99,2	*creek*
54,2	84,7	*creek*
		Kurz vor der Durchquerung führt links ein *track* zu Campingstellen.
59,6	79,3	*Pascoe River*
65,1	73,8	Weggabelung: rechts halten
79,1	59,8	Weggabelung: rechts halten; links ist *Frenchman Track* zurück zur *Developmental Road* (→ Alternativstrecke: von Weggabelung KM 79,1 via Frenchman Track zur Developmental Road)

Pascoe River – die Durchquerung erfordert höchste Aufmerksamkeit

Alternativstrecke:
Von Weggabelung KM 79,1 via Frenchman Track zur Developmental Road (♦♦)

0	53,3	Weggabelung: links fahren; geradeaus zu *Chilli Beach, Lockhart River Community* und *Portland Roads* Der stellenweise stark ausgewaschene Weg führt zunächst durch weites Heideland.
5,4	47,9	Aussichtspunkt Von hier hat man einen sehr guten Ausblick auf *Janet-, Tozer-* und *Iron Range.*
10,2	43,1	Weggabelung: rechts halten Hier beginnt ein sehr unwegsamer Streckenabschnitt.
10,4	42,9	*Pascoe River* Diese Durchfahrt ist nicht zu vergleichen mit anderen Durchquerungen dieses Flusses. Das hier felsige Flussbett und eine starke Strömung erfordern höchste Aufmerksamkeit. Wichtig ist vor allem das Finden der Durchfahrtsroute (siehe Foto Seite 436). Am besten versucht der Beifahrer, den Wagen zu lotsen. Hat man dies hinter sich, führt der weiterhin sandige Weg durch lichten Wald mit größtenteils Eukalypten, Grasbäumen und Schraubenpalmen.
14,2	39,1	Geradeaus fahren; Abzweigung rechts zu *Wattle Hill* (Hinweisschild am Baum!)
18,2	35,1	Geradeaus fahren; Wegeinmündung von rechts
24,9	28,4	*creek* Nach diesem *creek* beginnt wieder ein etwas schwierigerer Abschnitt.
40,3	13,0	*Wenlock River* Nach der Durchquerung führen links und rechts Wege zu guten Campingstellen. Kurze Zeit später folgt eine tiefe Passage mit feinstem Staub *(bulldust).*
53,3	0	T-Kreuzung: rechts auf die *Developmental Road* zu *Moreton Telegraph Station* fahren; links nach *Coen*

Weiterfahrt zu Iron Range National Park, Chilli Beach,
Portland Roads, Lockhart River und Alternativstrecke zurück (♦)

81,3	57,6	*creek*
89,5	49,4	*creek* Überreste einer Brücke aus dem Zweiten Weltkrieg sind flussabwärts (links) zu sehen.
93,5	45,4	Beginn bzw. Ende von *Iron Range National Park*
96,5	42,4	*Mt. Tozer Viewing Platform* rechts (70 m)
96,9	42,0	Hinweisschild links auf *Tozers Gap*
100,2	38,7	*creek*

Reptilien der Urzeit – Krokodile

Zwei Arten von Krokodilen leben auf dem australischen Kontinent: das Johnston- oder Süßwasserkrokodil (Crocodylus johnstoni), genannt *freshie*, und das Leisten- oder Salzwasserkrokodil (Crocodylus porosus), auch als *saltie* bezeichnet.

Johnston-Krokodile gibt es nur in Australien und dort auch nur in Teichen, Seen und Flüssen der nördlichen Regionen. Die männlichen Tiere können 3 m lang werden, wobei aber Exemplare über 2,5 m sehr selten sind; weibliche Tiere werden fast nie größer als 2 m. Die Geschlechtsreife erlangen beide im Alter von zwölf Jahren. Die Eiablage erfolgt im August oder September während der Trockenzeit; dabei werden etwa zwölf Eier in ein Loch gelegt, das zuvor meist auf einer Sandbank in der Nähe des Flusses gegraben wurde. Durch Sonneneinstrahlung und Erdwärme brüten sich die Eier selbst aus. Nach 65 bis 90 Tagen schlüpfen die Jungen, noch bevor die ersten Fluten der Regenzeit hereinbrechen. Die Mutter hilft ihnen ins Wasser, indem sie die Jungen vorsichtig im Maul dorthin trägt. Die Tiere ernähren sich zunächst vorwiegend von Insekten, Spinnen, kleinen Fischen und Fröschen. Später wird der Speiseplan um Eidechsen, Schildkröten, Vögel und manchmal auch Säugetiere erweitert. In der Regel ist diese Krokodilart dem Menschen ungefährlich.

Salzwasserkrokodile (*saltwater* oder *estuarine crocodile*) bewohnen die mangrovenumsäumte Nordküste von Broome in Westaustralien bis Rockhampton in Queensland. Einige Exemplare wurden auch schon an *Great Barrier Reef*, auf den Inseln in der *Torres Strait* und in den Flusssystemen weiter landeinwärts gesehen. Männliche Tiere erreichen in der Regel eine Länge von 4 m – Ausnahmen mit bis zu 8 m Länge sind sehr selten anzutreffen – und werden im Alter von 15 Jahren geschlechtsreif. Die weiblichen Tiere werden kaum größer als 4 m, erreichen ihre Geschlechtsreife aber schon nach zehn Jahren. Während der Regenzeit von November bis März legen sie ca. 50 Eier in einen großen, aus Erde und Pflanzenresten bestehenden Hügel. Durch Sonneneinstrahlung und Erdwärme brüten sich die Eier selbst aus, und nach 90 Tagen schlüpfen auch hier schließlich die Jungen. Viele der Nester gehen durch Überflutungen verloren oder werden von Wildschweinen und Waranen

101,3	37,6	*creek*
102,7	36,2	*West Claudie River*
103,9	35,0	Die Wegeinmündung von links führt zu einer kleinen Campingstelle.
106,2	32,7	*Claudie River* (Brücke)
106,9	32,0	Weggabelung (GPS: 12°44'49''S – 143°16'49''E): links fahren zu *Rainforest Camping Area* (3,5 km), nach *Portland Roads* (29 km) und *Chilli Beach* (32 km); rechts zur Rangerstation (3 km), Landebahn (7 km) und zu *Lockhart River Community* (11 km); → Weg zu Lockhart River Community.

geplündert. Bis zu einer Größe von 2 m ernähren sich diese Krokodile vorwiegend von Krabben, Krebsen, Fischen und Kleintieren. Mit zunehmendem Alter wächst auch der Appetit. Dann werden Fische, Reptilien, Vögel und Säugetiere gejagt.

Obwohl immer wieder viele Schauergeschichten über Krokodile zu lesen sind, stellen sie im Grunde keine Gefahr für den Menschen dar. Erfahrene Australier sagen: „Sie kommen nicht in meine Kneipe, und ich schwimme nicht in ihrem Revier". Ursache der meisten Unfälle sind Unvorsichtigkeit und Ignoranz des Menschen, nicht die Gefräßigkeit dieser Reptilien. Folgende Regeln sind daher unbedingt zu beachten:

● Den Namen „Salzwasserkrokodil" sollte man nicht allzu wörtlich nehmen, denn sie kommen auch in Süßwassergebieten (Teichen, Flüsse etc.) und insbesondere in den Brackwasserzonen an Flussmündungen vor.

● Schwimmen in Krokodilgebieten ist nur etwas für Lebensmüde, ebenso das Füttern der Tiere, egal ob *freshie* oder *saltie*.

● Um Nester von Krokodilen einen großen Bogen machen! Was wir als Aggressivität bezeichnen, ist lediglich der Versuch, das Territorium oder den Nachwuchs zu verteidigen. *Nesting season* beachten!

● In Krokodilgebieten sein Zelt mindestens 50 m vom Wasser entfernt aufstellen!

● Richtig ist die Aussage, dass Krokodilaugen im Schein der Taschenlampe leuchten. Falsch ist die Schlussfolgerung, dass kein Krokodil in der Nähe ist, wenn keine aufleuchtenden Augen zu sehen sind.

● Beim Angeln oder Beobachten von Tieren ein paar Meter vom Ufer entfernt bleiben!

● Kein Essen oder Fische mehrmals hintereinander an der gleichen Flussstelle säubern!

● Den Platz zum Wasserholen ständig wechseln!

● Arme und Beine bei einer Bootsfahrt nicht über den Rand des Boots hängen lassen! Woher soll das harmlose *freshie* wissen, dass das, was im Wasser hängt, nur ein kleiner Teil eines eigentlich viel zu großen „Beutetieres" ist.

● Kinder und Hunde vom Wasser fernhalten! Sie sind für diese Reptilien eine gute Beute.

Weg zu Lockhart River Community (♦♦)

0	15,5	Weggabelung: rechts fahren
1,1	14,4	*creek*
6,6	8,9	Haus rechts
9,8	5,7	Kreuzung: geradeaus fahren
11,0	4,5	Geradeaus fahren: Abzweigung rechts zu *Iron Range Airstrip* (Landebahn)
11,7	3,8	Brücke
13,8	1,7	Brücke

Strecken 13–15

Strecken 16–17

Strecken 18–19

Strecken 20–21

Strecken 22–23

Strecke 25

Anhang

15,0	0,5	Weggabelung: links zu Laden, Post und Tankstelle; rechts zu *Quintel Beach* und zur Bucht *Taylor's Landing*
15,5	0	*Lockhart River Community,* Laden

Die kleine Aborigines-Gemeinde mit etwa 500 Einwohnern liegt an *Quintel Beach.* Hier gibt es eine Tankmöglichkeit und einen Laden (bescheidenes Angebot von Grundnahrungsmitteln, Fleisch und Obst). Sonntags ist manchmal geschlossen.

Weiterfahrt zu Iron Range National Park, Chilli Beach, Portland Roads, Lockhart River und Alternativstrecke zurück (✦)

110,5	28,4	Weggabelung: rechts halten; der Weg links führt zur kleinen *Rainforest Camping Area* der Nationalparkverwaltung. Zur Regenerierung der Natur wird die Campingstelle manchmal geschlossen. Eine Alternative bildet *Cooks Hut* oder *Gordon Creek Campground.*
111,2	27,7	Links liegt *Cooks Hut Camping Area* (altes Wellblechhaus) mit Toiletten.
112,6	26,3	*Gordon Creek Camping Area* rechts
112,8	26,1	*Gordon Creek*
113,1	25,8	*Gordon Creek Camping Area* rechts
114,5	24,4	*creek* (Brücke)
115,5	23,4	*creek* (Brücke)
126,0	12,9	*creek* (Brücke)
128,5	10,4	*creek* (Brücke)
129,5	9,4	*Chilli Creek*
131,8	7,1	Weggabelung: rechts nach *Chilli Beach* fahren; links geht es nach *Portland Roads* (5,4 km)
136,9	2,0	*creek* (betonierte Furt)
138,6	0,3	T-Kreuzung: rechts fahren
138,9	0	*Chilli Beach Camping Area*; Weggabelung: links liegen die *Northern Camps*, rechts die *Southern Camps*. Bitte beachten, dass es hier kein Wasser gibt. Wer ein paar Tage bleiben möchte, sollte ausreichend Wasser mitbringen.

Der schier endlose, weiße Strand, gesäumt von Kokospalmen, ist beeindruckend. Zum Campen sucht man besser Schutz hinter den Palmen, denn der Wind bläst unaufhörlich. Früher war es möglich, am Strand entlang in Richtung Süden zu fahren und dort einen Lagerplatz zu suchen; dies ist mittlerweile nicht mehr erlaubt. Am nördlichen Ende des Strandes lag das Wrack der „Castaway Fiji", einer Yacht, die während des Melbourne-Japan-Rennens 1986 hier strandete. Von dem Wrack ist heute nichts mehr zu sehen.

Weiterfahrt auf der Hauptstrecke

207,9	358,2	Geradeaus fahren; Abzweigung rechts führt zu *Iron Range National Park,* nach *Portland Roads* und *Lockhart River Community* (→ KM 193,9).

Der Strecke führt nun durch *Piccaninny Plains*, eine flache, grasbewachsene Ebene ohne Bäume. Hier sind oft Australische Trappen *(bustards)* zu beobachten.

223,4	342,7	Weggabelung: rechts via *Overland Telegraph Line* (OTL) nach *Bamaga* (290 km) fahren; links ist die *Developmental Road* nach *Weipa* (140 km; → Alternativstrecke: Peninsula Developmental Road nach Weipa)

Die Strecke nach Weipa ist gut an ihrer Breite zu erkennen. Die *Telegraph Line* ist sehr schmal und vor allem in Kurven unübersichtlich. Von nun an werden etliche Wasserläufe durchquert, die je nach Jahreszeit und Niederschlag mehr oder weniger Wasser führen.

Alternativstrecke:
Peninsula Developmental Road nach Weipa (✦)

Die breit ausgebaute Strecke ist auch mit konventionellen Fahrzeugen zu befahren. Seit eine Brücke *Myall Creek* überspannt, ist auch dieser Wasserlauf kein Hindernis mehr.

0	142,9	Abzweigung *Developmental Road/OTL;* links fahren
34,5	108,4	Geradeaus fahren; Abzweigung links zu *Merluna Homestead* (10 km)
46,7	96,2	Geradeaus fahren; Abzweigung links zu *Watson River* (30 km) und *Aurukun Community* (88 km)

Die kleine Ureinwohnergemeinde liegt an der Mündung von *Watson-* und *Archer River*. 1979 wurde ihr als einem der ersten Ureinwohnerreservate der Status einer eigenständigen Gemeinde *(shire council)* zugesprochen.

71,5	71,4	Geradeaus fahren; Abzweigung rechts zu *Batavia Downs Homestead* (38 km) und zur *OTL* (39 km)
75,6	67,3	Geradeaus fahren; Abzweigung links zu *Sudley Station* (3 km)

Die Rinderfarm gehört der Minengesellschaft *COMALCO* (Commonwealth Aluminium Corporation) und versorgt Weipa mit Fleisch.

88,1	54,8	*Myall Creek* (Brücke)
111,3	31,6	Geradeaus fahren; Wegeinmündung von rechts

129,1	13,8	Kreuzung: geradeaus fahren; rechts und links ist eine Transportstrecke der *COMALCO*
132,3	10,6	T-Kreuzung: Abzweigung rechts nach Weipa nehmen (→ Artikel: Weipa – der Bodenschatz der roten Klippen); links zum Flugplatz
133,8	9,1	Geradeaus fahren; Abzweigung links nach *Narpanum*
142,9	0	*Weipa Caravan Park*

Übernachten ist auf dem Campingplatz *(caravan park)* in Weipa oder südlich von Mapoon an *Red Beach* möglich (beide 7 $ p.P.). In *Mapoon* leben heute nur noch wenige Aborigines. Die meisten zogen nach *Weipa South* oder *New Mapoon*, nördlich von Bamaga. Über Jahre hinweg war die ehemalige Missionssiedlung eine Geisterstadt. Doch einige ehemalige Bewohner hatten wohl Heimweh und kamen an diesen idyllischen Ort zurück. Die Küste bietet vorzügliche Angelmöglichkeiten. Allerdings muss man dabei Moskitos und Sandfliegen in Kauf nehmen.

Von Weipa kann man über eine Alternativstrecke zurück zur *Overland Telegraph Line* fahren. Der *track* ist etwas schwierig zu finden, stellt aber fahrtechnisch, außer an *Wenlock River/Stone Crossing*, keine größeren Anforderungen. Ab *Wenlock River* geht es fast schnurgerade in Richtung Norden an der Landebahn von ehemals *Agnew Homestead* vorbei. Anschließend verläuft der Weg fast parallel zu *Ducie River*, vorbei an den Ruinen von *Bertiehaugh Homestead*, bis er in der Nähe der Abzweigung zu *Bramwell Station* wieder auf die *Overland Telegraph Line* trifft (→ Alternativstrecke).

Wer den Weg nicht findet, hat noch die Möglichkeit, etwa 70 km auf der *Peninsula Developmental Road* zurückzufahren und dann über *Batavia Downs* zur *Telegraph Line* zurückzukehren. Die Piste ist gut zu befahren, kann aber nach heftigen Regenfällen sehr schlammig werden (→ KM 272,1). Außerdem besteht die Möglichkeit, mit einer Autofähre nach *Karumba* überzusetzen (Abfahrt immer Montag, Ankunft in *Karumba* Mittwoch; 285 $/Fahrzeug, 250 $ p.P.). Einzelpersonen (ohne Fahrzeug) werden nur bei genügend Platz mitgenommen; am besten vorher buchen bei *Gulf Freight Service, Yapper Street,* Tel. 07/ 47 45 93 33; (→ Streckenbeschreibung 22, Savannah Way).

Strecke 25: Cape York Track

Strecken 13–15

Strecken 16–17

Strecken 18–19

Strecken 20-21

Strecken 22-23

Strecke 25

Anhang

Weipa – der Bodenschatz der roten Klippen

Aborigines lebten wahrscheinlich schon vor 40.000 Jahren in dem Gebiet um das heutige *Weipa*. Die ersten Konflikte entstanden zwischen 1870 und 1880, als zugewanderte Europäer den Küstenstreifen nach Perlen und Seegurken absuchten. Sie versklavten die Ureinwohner und nutzten sie als billige Arbeitskräfte aus. In den Jahren von 1882 bis 1884 kamen die ersten Rinderzüchter in dieses Gebiet. Die Farmen *Batavia Downs, York Downs* und *Pioneer Downs* (heute Merluna) entstanden. Als 1891 dann die Presbyterianer eine Mission in *Mapoon*, nördlich von Weipa an *Red Beach*, und 1898 in Weipa errichteten, waren die Jagd- und Lebensräume der Ureinwohner bereits unter den Weißen aufgeteilt. 1904 kam eine weitere Mission, *Aurukun* südlich von Weipa, hinzu. Viele Jahrzehnte lebten weitaus mehr Aborigines als Weiße in diesem Landstrich. Das änderte sich, als der Geologe *Harry Evans* 1955 feststellte, dass die roten Klippen, von denen schon die ersten holländischen Seefahrer und 1802 auch *Matthew Flinders* berichtet hatten, aus Bauxit bestehen – der Rohstoff, aus dem das Aluminium hergestellt wird. Die Minengesellschaft *COMALCO* begann mit dem Abbau der gewaltigen Vorkommen. Sie ließ Häuser bauen, stellte die Strom- und Trinkwasserversorgung sicher, baute Straßen, Freizeiteinrichtungen wie Basketball- und Tennisplätze, legte Parks an und organisierte die Müllbeseitigung. Kurz gesagt: *COMALCO* schuf binnen kürzester Zeit eine eigene Stadt mit der dazugehörigen Infrastruktur. Weipa entwickelte sich zu einem der führenden Bauxitförderorte der Welt. Heute leben hier etwa 3.300 Menschen, die größtenteils bei *COMALCO* angestellt sind (10 % der Beschäftigten sind Aborigines und Torres Strait Islander). Um seinen Arbeitsplatz braucht sich hier niemand Sorgen zu machen, denn Aluminium wird immer gebraucht und die Vorkommen reichen für mehr als hundert Jahre. Jährlich baut die Gesellschaft zehn Millionen Tonnen des Rohstoffes ab, aus dem dann etwa fünf Millionen Tonnen Aluminium gewonnen werden. Nach dem Bauxitabbau wird das kahle Terrain so gut es geht wieder aufgeforstet.

12 km südlich von Weipa entstand 1932 die Ureinwohnergemeinde *Weipa South*, wo etwa 700 Menschen leben.

Alternativstrecke:
Von Weipa über Stone Crossing zur OTL (✦)

0	161,2	*Weipa Caravan Park;* in Richtung *Mapoon, Angowa* und *Rocky Point* fahren
3,2	158,0	Weggabelung: rechts halten in Richtung *SP. Quarters;* 100 m nach der Gabelung rechts in die *Northern Road* einbiegen
4,4	156,8	T-Kreuzung: Abzweigung rechts in Richtung *Awonga Point* nehmen
6,9	154,3	*Mission River* (Brücke, 600 m)
7,6	153,6	*Andoom Creek* (Brücke, 300 m)

12,8	148,4	Abzweigung rechts nach *Stone Crossing* (56 km), *Mapoon* (72 km) und *Pennefather River* (62 km) nehmen
20,6	140,6	Kreuzung: geradeaus fahren
21,0	140,2	Weggabelung: rechts halten (weißes Hinweisschild links im Baum!)
27,0	134,2	Weggabelung: nicht dem breiten Weg folgen, sondern geradeaus (!) auf den schmalen Weg fahren.
28,0	133,2	T-Kreuzung: Abzweigung links nehmen
29,1	132,1	T-Kreuzung: Abzweigung rechts nehmen
33,9	127,3	Geradeaus fahren; Wegeinmündung von rechts
36,6	124,6	T-Kreuzung: Abzweigung rechts nehmen
38,3	122,9	Geradeaus fahren; Wegeinmündung von links
39,7	121,5	T-Kreuzung: Abzweigung rechts nehmen
60,7	100,5	Weggabelung: links halten; Hinweisschild am Baum: *Coolibah Stones-x*; der Weg rechts führt zu *Billys Lagoon Homestead*.
65,9	95,3	*Sandy Creek*
69,7	91,5	*Stone Crossing* an *Wenlock River* (GPS: 12°23'14"S - 142°10'03"E)
		Wie der Name schon vermuten lässt, besteht das Flussbett hier größtenteils aus scharfkantigem, zerklüftetem Gestein. Tiefe, ausgewaschene Löcher erschweren die Durchquerung zusätzlich. Deshalb: Eine Durchfahrt erst in Angriff nehmen, wenn man sich vorher vergewissert hat, wo es am ungefährlichsten ist. Am besten ist natürlich eine Einweisung durch den Beifahrer.
		Der Wenlock hat ausgezeichnetes Trinkwasser. Außerdem kann man mit einem Krabbennetz Flusskrebse und Garnelen fangen.
78,0	83,2	*creek*
89,9	71,3	Weggabelung: rechts halten
99,7	61,5	Ruinen von *Agnew Homestead* rechts
100,8	60,4	Weggabelung: rechts halten
104,5	56,7	*creek*
115,6	45,6	*creek*
128,7	32,5	*creek*
161,2	0	Kreuzung: links auf die *OTL* fahren; rechts nach *Coen*; geradeaus *Bramwell Station*

Weiterfahrt auf der Hauptstrecke

272,1	294,0	Geradeaus *OTL*; Abzweigung links zu *Batavia Downs Homestead* (Landebahn) und zur *Developmental Road* (38 km) nach *Weipa* (105 km); → Weg von Batavia Downs zur Developmental Road in Richtung Weipa.

Weg von Batavia Downs zur Developmental Road in Richtung Weipa (✦)

0	38,0	Abzweigung *OTL* in Richtung *Batavia Downs Homestead* links fahren
1,1	36,9	*Batavia Downs Homestead* links (GPS: 12°10'34"S – 141°53'03"E)
1,6	36,4	*creek*
22,7	15,3	*Arthur Creek*
32,8	5,2	*Cox Creek*
38,0	0	T-Kreuzung: *Peninsula Developmental Road;* rechts nach *Weipa* (65 km); links zu *Archer River Roadhouse* (120 km) und nach *Coen* (188 km)

Weiterfahrt auf der Hauptstrecke

273,8	292,3	Geradeaus *OTL*; Abzweigung rechts führt zu *Iron Range National Park* (→ Weg zu Iron Range National Park, Chilli Beach, Portland Roads, Lockhart River und Alternativstrecke zurück)
	295,8	270,3	*Wenlock River* (Brücke)

Seit 2004 überspannt eine Brücke Wenlock River, die eine Weiterfahrt auch bei schlechtem Wetter möglich macht. Vor dem Brückenbau musste man große Vorsicht walten lassen, denn hatte der schnell fließende Fluss einen hohen Wasserstand, konnte man sich leicht in dem sandigen Bett festfahren. Früher war die Durchquerung von Wenlock River definitiv das erste Cape-York-Abenteuer, und noch heute ist die Aussage richtig: „Wem die Strecke bis hierher schon reicht, kehre besser um, denn ab jetzt geht es richtig los." Viele, die diese Strecke vor Jahren schon einmal gefahren sind, werden die Jubelschreie der im Wasser sitzenden, Bier trinkenden Beobachter vermissen, die jeden begleiteten, der erfolgreich den Fluss durchfuhr.

Zwar haben ein paar Durchfahrten wie z.B. *Gunshot Creek* ihren Schrecken für jeden Toyota-Fahrer verloren (→ Gunshot Creek), die meisten der folgenden Flüsse an der *Telegraph Line* aber haben immer noch steile, rutschige Ab- und Auffahrten, unvermutete Kurven in den Durchfahrten und tiefe Löcher im felsigen Untergrund.

400 m hinter der Brücke liegt links *Moreton Telegraph Station.* Mit Fertigstellung der Funkverbindung 1987 wurde diese alte Telegrafenstation überflüssig. Vor ein paar Jahren hat *TELSTRA*, die australische Telefongesellschaft, sogar Telefonkabel bis hinauf ans Kap gelegt.

Heute kann man an der alten Telegrafenstation gut campen (6 $). Es gibt ein paar Souvenirs, Kaffee, Toiletten, Duschen und netten Smalltalk mit den Schweizer Betreibern der Station.

298,2	267,9	Weggabelung: geradeaus fahren; links zur Landebahn von *Moreton Telegraph Station*
307,1	259,0	*Schramm Creek* (betonierte Furt)
334,2	231,9	Geradeaus fahren; Abzweigung rechts führt zu *Bramwell Station* (7 km)

Eine sehr schöne Möglichkeit, auf dem Farmgelände neben dem *homestead* zu übernachten (8 $ p.P.). Seit 1941 bewirtschaften Roddie und Theresa Heinemann die 800 km² große Farm.

335,9	230,2	Abzweigung links zu *Bertiehaugh Station*

In früheren Jahren konnte man über das Farmland von Bertiehaugh Station über Stone Crossing nach Weipa gelangen. Heutzutage ist der *track* nur noch schwer auszumachen, denn die Farmer haben ihn für Touristen geschlossen. Nur mit Genehmigung der Eigentümer darf man diese Strecke befahren (Tel. 07/ 40 60 33 66). Diese wird allerdings nur selten gewährt. Wir haben die Beschreibung der Strecke dennoch aufgeführt, für den Fall, dass doch jemand die Freude haben darf, diese sehr einsame Strecke zu fahren (→ Alternativstrecke: Weipa über Stone Crossing zur OTL).

337,7	228,4	*Rocky Creek* (betonierte Furt)
338,5	227,6	*Bramwell Junction Roadhouse;* Weggabelung: geradeaus ist die *Old Telegraph Line*; rechts die *DCS Road* (Southern Bypass Road).

Hier am *roadhouse* bekommt man die neusten und notwendigen Informationen für die Durchquerung der nachfolgenden Flüsse und kann gelegentlich Reisende bemitleiden, die leichtsinnig ihren Geländewagen geflutet haben. Die *DCS Road* umgeht die schwierigsten Flussdurchfahrten, sodass man tatsächlich halbwegs trockenen Fußes an der Jardine-River-Fähre ankommen könnte. Die Gesamtdistanz beträgt 184 km, damit ist sie länger als die *Telegraph Line*. Da aber die schwierigen Flussdurchquerungen wegfallen, ist man hier wesentlich schneller am Ziel. Die Frage ist nur, was mehr an den Nerven zerrt: wenn der Wagen halb im Fluss versinkt und er nur mit großer Anstrengung geborgen werden kann oder die ständige Schüttelei auf der waschbrettartigen Piste?

Alternativstrecke: DCS Road (✦)

0	184,0	Abzweigung *OTL/DCS Road*
1,4	182,6	Geradeaus *DCS Road;* Abzweigung rechts zu *Bramwell Station* (8,3 km)
12,4	171,6	*creek*
22,0	162,0	Geradeaus *DCS Road;* Abzweigung rechts zu *Shellburne Station* und zu *Shellburne Bay*
44,3	139,7	Beginn bzw. Ende von *Heathlands Reserve*
56,5	127,5	Geradeaus *DCS Road;* Abzweigung links zu *Heathlands Ranger Base* (13 km) und zurück zur *OTL*
112,0	72,0	T-Kreuzung: rechts halten
120,3	63,7	Geradeaus *DCS Road;* Wegeinmündung von rechts
121,5	62,5	T-Kreuzung: rechts auf die *OTL* in Richtung Bamaga fahren; links *OTL* in Richtung *Moreton Telegraph Station*
128,8	55,2	Weggabelung: rechts auf der *OTL* bleiben; Wegeinmündung von links
130,8	53,2	Abzweigung links auf die *DCS Road* in Richtung Jardine-River-Fähre nehmen; geradeaus *OTL* zu *Jardine River* via *Elliot Falls;* Hinweisschild mit Fährpreisen
148,1	35,9	Geradeaus *DCS Road;* Wegeinmündung von rechts
148,5	35,5	Geradeaus *DCS Road;* Wegeinmündung von rechts
156,2	27,8	Geradeaus *DCS Road;* Wegeinmündung von links; Hinweisschild: *Aboriginal Land*
160,0	24	Geradeaus *DCS Road;* Abzweigung rechts zu *Jardine River Crossing* und zur *OTL*
184,0	0	Jardine-River-Fähre

Weiterfahrt auf der Hauptstrecke

340,0	226,1	*creek*
340,2	225,9	*Palm Creek.* Steile Ab- und Auffahrt, die zudem meist rutschig sind.
343,0	223,1	*Ducie River* Ebenfalls steile Uferböschungen, die die Ab- und Auffahrt sehr interessant gestalten können. Bei hohem Wasserstand ist hier Vorsicht geboten!
347,5	218,6	*South Alice Creek*
355,0	211,1	*North Alice Creek*
365,5	200,6	Beginn bzw. Ende von *Heathlands Reserve* (Hinweisschild); Abzweigung rechts zu schönen Campingstellen an *Dulhunty River* (7 km)
366,3	199,8	*Dulhunty River* (GPS: 11°54'10''S – 142°11'05''E) Gleich nach der Durchquerung sind auf der Nordseite einige gute Plätze zum Campen (mit Toiletten). Hier beginnt *Injinoo Custodial Land* – ein Gebiet der *Injinoo Aborigines*.

367,7	198,4	*Bertie Creek*

Eine Durchquerung, die es je nach Wasserstand in sich haben kann. Wer von Süden kommt, muss sich zunächst für gut 30 m rechts halten, bevor die eigentliche Durchfahrt beginnt. Vor und nach der Durchquerung liegen gute Campingstellen an *Bertie Creek*.

369,5	196,6	Weggabelung: geradeaus *OTL* zu *Gunshot Creek* (12 km); rechts Umgehung von *Gunshot Creek* und Weg zu *Heathlands Ranger Base* (13 km), *DCS Road* (25 km) und *Captain Billy Landing* (63 km); → Umgehung Gunshot Creek.

Umgehung Gunshot Creek (✦)

0	24,7	Weggabelung *OTL*/Umgehung
11,9	12,8	Weggabelung: links zur *OTL*; rechts zu *Heathlands Ranger Base* (3 km), *DCS Road* (13 km) und *Captain Billy Landing* (50 km)
22,6	2,1	Weggabelung: links halten
24,7	0	T-Kreuzung: rechts auf die *OTL* nach *Bamaga* fahren; links zu *Gunshot Creek* (2 km)

Weiterfahrt auf der Hauptstrecke

370,0	196,1	*Cholmondeley Creek*
379,8	186,3	*Gunshot Creek*

Die Fahrt durch diesen kleinen Fluss war in der Vergangenheit eine nervenaufreibende Sache; sie gehörte zu den härtesten Durchquerungen auf der Strecke nach Norden, und immer wieder waren spektakuläre Fotos vom eigenen oder fremden Auto möglich, das im Schlamm festsaß und nur mit viel Mühe wieder befreit werden konnte. Mittlerweile hat man die Durchfahrt begradigt. Diesen Zustand verdankt der Cape-York-Abenteurer der australischen Telefongesellschaft, die zwecks Kabelverlegung alles schön vereinfachte. Dennoch ist die Ab- und Auffahrt der schlammigen Uferböschung nicht zu unterschätzen, und noch immer kann man sich leicht festfahren. Auf Fotos mit Fahrzeugen, die vom Südufer langsam und fast senkrecht in den Fluss gleiten, muss man allerdings verzichten. Pflanzenliebhaber können an den Uferbänken Insekten fressende Pflanzen entdecken. Sonnentau und Kannenpflanzen gedeihen hier prächtig.

Der *track* in Richtung Norden wird nun immer schwieriger, und die Anfahrten zu den *creeks* erfordern viel Aufmerksamkeit.

381,7	184,4	Geradeaus *OTL*; Abzweigung rechts Umgehung von *Gunshot Creek* und Weg zu *Heathlands Ranger Base* (13 km), *DCS Road* (25 km) und *Captain Billy Landing* (63 km); → Umgehung Gunshot Creek.
383,3	182,8	Grab von *W.J. Brown*, einem Arbeiter der Telegrafenlinie, der am 03.05.1945 hier verstarb.
389,3	176,8	*Cockatoo Creek*

Diesen Bach sollte man in jedem Fall vorher durchwaten. Die Durchfahrt scheint schwieriger als sie tatsächlich ist. Wichtig ist nur, nicht die tiefen Löcher mit einem der Reifen zu treffen. Wer sich nicht sicher ist, sollte auf andere Reisende warten und zuschauen, welchen Weg sie nehmen und sich diesen genau merken. Auch mehrmaliges Ablaufen der Durchquerung kann nicht schaden. Auf der Südseite liegen links am Fluss ein paar sehr schöne Campingmöglichkeiten.

395,6	170,5	Links liegt *Sheldon Lagoon*.
402,1	164,0	*Sailor Creek*

Das Nordufer ist mit seiner felsigen Oberkante schwierig zu erklimmen.

403,7	162,4	Geradeaus *OTL;* Abzweigung rechts ist die *DCS Road* (Southern Bypass Road) in Richtung *Wenlock River*.
412,9	153,2	Geradeaus *OTL* via *Elliot Falls* (8 km) zu *Jardine River;* Abzweigung links ist die *DCS Road* in Richtung *Jardine-River-Fähre* (→ Alternativstrecke: DCS Road); Hinweisschild mit Fährpreisen

Weiter nördlich (31,5 km) führt eine andere Strecke ebenfalls zur Fähre. Wer schon hier in Richtung Fähre abbiegt, verpasst neben abenteuerlichen Flussdurchquerungen auch die Attraktion *Elliot Falls*.

413,0	153,1	Geradeaus *OTL;* Abzweigung rechts zu *Fruit Bat Falls* (2,6 km)

Camping ist an diesem Wasserfall nicht erlaubt. Dafür kann man sich aber herrlich beim Baden abkühlen.

413,9	152,2	*Scrubby Creek*
418,7	147,4	*creek*
419,4	146,7	Geradeaus *OTL;* Abzweigung rechts zu *Elliot Falls* (1,5 km)

Elliot Falls, an der Grenze zu *Jardine River National Park*, besteht aus zwei Fällen, *Indian Head Falls* von *Elliot Creek* und *Twin Falls* von *Canal Creek*. Zum Campen eignet sich der Zeltplatz an den Fällen nicht besonders, denn hier treffen sich alle "Cape-York-Fahrer", um den Anblick und ein Bad unter den Fällen zu genießen. Wer dennoch sein Zelt in einer der

		angelegten Buchten aufschlagen möchte, sollte möglichst frühzeitig hierher kommen. Schon am frühen Nachmittag ist der Zeltplatz zumeist hoffnungslos überfüllt. Wer es einsamer mag, kann sich am Ufer von *Canal Creek* niederlassen (1,7 km). Das „Badezimmer" ist dann zwar nicht so groß, dafür aber mit *whirlpool*.
419,6	146,5	*Canal Creek*
		Die Abfahrt zu diesem *creek* ist schlammig und nicht ganz einfach zu bewältigen. Die wesentlich einfachere Durchquerung liegt links der Markierungspfosten. Dennoch wird, vermutlich wegen der kleinen Pfosten im Flussbett, die Durchfahrt rechts öfter angesteuert. Das Wasser von *Canal Creek* ist kristallklar, sodass sein felsiges Bett mit den tiefen Löchern gut zu sehen ist.
		Kurz vor der Furt führt links ein kleiner Trampelpfad zum Flussufer. Wo der Felsen ausgewaschen ist, sind kleine Kaskaden, Wasserlöcher und *whirlpools* entstanden, die zu einem erfrischenden Sprudelbad einladen. Wie auch an *Gunshot Creek* wachsen hier Kannenpflanzen und Sonnentau. Ein mit Wellblech gedeckter Unterstand am Südufer ist ein idealer Platz zum Campen.
420,4	145,7	*Jardine River National Park* (Hinweisschild rechts)
422,4	143,7	*Sam-* oder *Turkey Creek*
		Nach der Durchfahrt liegt eine gute Campingstelle.
423,9	142,2	Weggabelung: links die *DCS Road* (Northern Bypass Road) in Richtung Jardine-River-Fähre (53 km) und Bamaga (89 km) nehmen; geradeaus führt die *OTL* in Richtung der alten Jardine-River-Furt (→ Alternativstrecke: Weg zu Old Jardine River Crossing).

Alternativstrecke: Weg zu Old Jardine River Crossing (✦)

0	27,3	Weggabelung bei KM 423,9
0,3	27,0	*Mistake Creek*
2,3	25,0	*Cannibal Creek*
		Beide Uferseiten von *Cannibal Creek* sind steil, wobei die Nordseite sicherlich die schwierigere von beiden ist. Die Auffahrt ist zudem lehmig und glitschig. Nach Regenfällen ist es kaum möglich, ohne Winde hier hinaufzukommen.
4,3	23,0	*Cypress Creek* (Brücke)
12,0	15,3	*Logan Creek*
		Der *track* kann hier sehr schlammig werden, da er durch sumpfiges Gebiet führt. Vor allem nach Regenfällen ist die Strecke mit Vorsicht zu genießen.

17,6	9,7	*Nolan's Brook* oder *Bridge Creek*
19,4	7,9	Geradeaus *OTL*; Abzweigung links zur *DCS Road* und *Jardine-River-Fähre*
21,1	6,2	Sumpfiges Gebiet
23,6	3,7	Weggabelung: rechts zur alten Furt fahren.
25,6	1,7	*Jardine River/Jardine River National Park*

Nur wenige Nationalparks verdienen die Bezeichnung „Wildnis". Einer dieser „Wildnisparks" ist der Jardine-River-Nationalpark am einsamen Ende der Halbinsel *Cape York*. Innerhalb der Parkgrenzen liegt der größte Teil des Wassereinzugsgebiets von *Jardine River*. Am unteren Jardine, fern von den überfluteten Lagunen, erstrecken sich Sümpfe, Moore und Marschen mit spärlichem Bewuchs. Das unwirtliche Land, die undurchdringliche Vegetation, viele giftige Pflanzen sowie fehlende Futterpflanzen veranlassten die ersten Entdecker und Siedler, diesen Landstrich als „nasse Wüste" *(wet desert)* zu bezeichnen. Beherrscht wird die Landschaft von Eukalyptus- und Regenwäldern, Heideland und Sümpfen. Diese variieren von Riedgrassümpfen bis zu regelrechten Sumpfwäldern. Ab *Cape Orford Ness* in Richtung Süden bedecken Buschland und dichte Vegetation eine weite Dünenlandschaft.

Im Park leben Vögel wie der Torotoro, eine Eisvogelart, und der Graukopf-Laubenvogel, der nur noch in diesem abgeschiedenen Gebiet auf der Halbinsel vorkommt. Vogelliebhaber werden in den Sümpfen des Parks mit Sicherheit auf ihre Kosten kommen und viele andere prächtige Exemplare seltener Arten wie z. B. den Arakakadu *(palm cockatoo)* beobachten können.

Zugang zur Küste ist nur an drei Stellen möglich: *Captain Billy Landing, Ussher Point* und *Shelburne Bay* (→ KM 474,5).

Der *Jardine* ist ein durchschnittlich 100 bis 200 m breiter Fluss, der das ganze Jahr über Wasser führt. Der Fluss hat die höchste Fließrate (Wasserdurchfluss pro Sekunde) von allen Flüssen in Queensland. Nur wenn der Wasserspiegel unter 80 cm sinkt, kann man eine Durchquerung wagen (Wer einen „Schnorchel" am Wagen hat, kann auch unter Umständen einen Wasserstand von 80 bis 90 cm bewältigen). Entscheidend jedoch sind nicht nur Wasserstand und Strömung, sondern auch die Breite des Flusses (hier: ca. 170 m), sein tief sandiges Bett und die Tatsache, dass man – von Süden kommend – die Hälfte der hier beschriebenen Strecke gegen die Strömung zurücklegen muss, um die Ausfahrt am anderen Ufer zu erreichen. Also auch bei nur 50 oder 60 cm Tiefe ist es noch schwierig genug, heil am anderen Ufer anzukommen. Die Durchfahrt nicht unterschätzen! Bleibt man in der Mitte stecken, reicht oft ein Windenkabel nicht aus. Auf jeden Fall sollte man den Reifendruck vermindern; bei Breitreifen ist das nicht unbedingt erforderlich (→ Fahrtechniken und Problemlösungen, hier: Flussdurchfahrten). Ob die Durchfahrt erlaubt ist, erfährt man am besten in Bamaga (→ Infos zur Strecke).

Camping ist an der Süd- wie Nordseite des Flusses möglich. Der Fluss ist Heimat der größten Salzwasserkrokodile. Auf Schwimmen sollte man besser verzichten. Auch wenn man keine Krokodile sieht, sind sie doch da und lauern auf unvorsichtige Tiere oder Menschen (→ Artikel: Reptilien der Urzeit – Krokodile).

| 25,8 | 1,5 | Ende bzw. Beginn von *Jardine River Crossing* |

Das Gebiet nördlich des Jardine gehört fünf unabhängig verwalteten Ureinwohnergemeinden: *Inji-*

Somerset – ein Polizeiposten fernab der Zivilisation

Auch wenn von ihm heute nicht mehr viel übrig ist, so hat *Somerset* wie viele andere, heute unscheinbaren Orte im *outback* seine Geschichte. Sie geht zurück bis ins Jahr 1864, als die britische Regierung hier einen Außenposten errichtete, mit dessen Leitung *John Jardine*, ein Polizeirichter, betraut wurde. Seine Söhne *Alex* und *Frank* folgten ihm mit einer Herde Rinder, die sie von Rockhampton in zehn Monaten hierher trieben. Frank Jardine, inzwischen aufgestiegen zum Polizeiinspektor, übernahm später das Amt seines Vaters. Die nicht allzu freundlichen Ureinwohnerstämme des Kaps, Kopfjäger und Kannibalen der Küstengebiete Neuguineas und der umliegenden Inseln, machten ihm das Leben in absoluter Isolation, fern der desinteressierten Regierung, nicht gerade einfach. Lediglich eine Handvoll schlecht ausgebildeter Polizisten stand ihm im ständigen Kampf ums Überleben zur Seite. Schiffbrüchige sahen in Somerset ihre Rettung. Die Ureinwohner betrachteten Frank Jardine wegen seiner Unbarmherzigkeit ihnen gegenüber als ihren schlimmsten Feind. Sie nannten ihn bald „debil-debil-Jardine". Nach seiner Entlassung aus dem Dienst 1873 und der Verlegung des Postens nach *Thursday Island* blieb Frank Jardine in Somerset, verwaltete die Rinderfarm, beschäftigte Perlen- und Muscheltaucher und legte Kokosnussplantagen an, die bis heute erhalten sind. Selbst im Grab fand Jardine, der im März 1919 starb und hier beerdigt wurde, keine Ruhe. Glaubt man den Gerüchten, buddelten ihn Aborigines wieder aus und begruben ihn erneut mit dem Gesicht nach unten. Ihrem Glauben nach konnte so der gefährliche Geist Jardines nicht aus der letzten Ruhestätte entweichen und ihr Volk weiterhin verfolgen.

noo, *Umagico, Bamaga, New Mapoon* und *Seisia*, die insgesamt etwa 1.700 Einwohner haben. Lediglich in *Punsand Bay* ist eine private Ferienanlage *(resort)*.

26,1	1,2	Rechts halten; links geht es zu schönen Campingstellen am Fluss.
26,6	0,7	Weggabelung: rechts halten
26,9	0,4	Krokodilwarnschild rechts
27,3	0	T-Kreuzung: rechts auf die *OTL* in Richtung Bamaga fahren; links geht es zur Fähre.

Weiterfahrt auf der Hauptstrecke

459,1	107,0	Geradeaus fahren; Wegeinmündung von rechts
460,2	105,9	Hinweisschild: *You are now entering Aboriginal land*
464,0	102,1	Geradeaus fahren; Abzweig rechts führt zur alten *Jardine-River-Furt*
488,0	78,1	*Jardine-River-Fähre* (GPS: 10°57'30''S – 142°14'25''E) Eine Überfahrt kostet hin und zurück 88 $ pro Fahrzeug. Darin enthalten ist ein *camping permit*, um z.B. an Jardine River sein Zelt aufschlagen zu dürfen.
497,9	68,2	Geradeaus fahren; Abzweigung rechts führt zur alten *Jardine-River-Furt*.
510,9	55,2	Geradeaus fahren; Abzweigung rechts zu *Ussher Point* (62 km) und *Shadwell Peak* (78 km)

Palmengesäumte Strände auf Cape York

Von *Ussher Point* kann man weitere 45 km in südlicher Richtung bis *Captain Billy Landing* fahren. Wer sich in diese einsame Gegend wagt, sollte zum einen viel Zeit mitbringen, zum anderen sich gründlich vorbereiten (genügend Wasser mitnehmen!), auf Gezeiten achten und vor allem – von Süden kommend – sich beim Ranger in *Heathlands Ranger Base* oder – von Norden kommend – in Bamaga ab- und auch wieder rückmelden. Flussdurchfahrten sind zwar in der Regel ohne nennenswerte Probleme, aber am Strand können auch Krokodile auftauchen. Überreste von Gerätschaften aus dem letzten Weltkrieg liegen hier verstreut, und am südlichen Strandabschnitt finden sich, z.T. von Sand zugedeckt, Flugzeug- oder Schiffswracks.

521,0	45,1	T-Kreuzung: Abzweigung rechts nach *Bamaga* nehmen; Abzweigung links nach *Mutee Heads* und zur Mündung von *Jardine River*
528,4	37,7	Flugzeugwrack und Parkplatz rechts. Das Wrack dieser *DC3* ist, da fast unmittelbar an der Straße gelegen, wahrscheinlich das am häufigsten besichtigte Kriegsüberbleibsel der Halbinsel. Das Flugzeug stürzte während des Landeanflugs ab, weil vermutlich ein Teil der Ladung verrutschte. Alle fünf Besatzungsmitglieder kamen ums Leben. Zwei weitere Wracks liegen zwischen *Jackey Jackey Creek* und Landebahn (Kittyhawk-Fighter, Beaufort-Bomber).
528,8	37,3	T-Kreuzung: Abzweigung links nach *Bamaga* nehmen; Abzweigung rechts zu einer Landebahn *Jackey Jackey Airstrip*, eine im letzten Krieg in den Busch gewalzte Landebahn, ist der Hauptflughafen nördlich von *Jardine River*. Hier landen vor allem Versorgungsflugzeuge und kleine Passagierflugzeuge von *Australien Airlines*, die eine regelmäßige Verbindung von Cairns nach Bamaga unterhalten.
533,4	32,7	Abzweigung rechts zu *Punsand Bay* (25 km) und *Cape York* (30 km) nehmen; geradeaus nach *Bamaga* (1 km) Bamaga ist nach einem Häuptling der Insel *Saibai* benannt, die zu den Inseln in der *Torres Strait* gehört und 4 km südlich von Neuguinea liegt. 1948 flüchtete *Bamaga Ginau* mit seinem Volk auf das australische Festland. Der größte Teil seiner Insel war von schwerer See und anschließenden Riesenwellen *(king waves)* überflutet. Die Flüchtlinge siedelten sich zunächst an der Mündung von *Cowal Creek* bei *Red Island Point* und bei *Mutee Heads* an. Ein paar Jahre später beschloss die Regierung, sie in das Gebiet der

Strecke 25: Cape York Track

Strecken 13–15

Strecken 16–17

Strecken 18–19

Strecken 20–21

Strecken 22–23

Strecke 25

Anhang

heutigen Ortschaft Bamaga umzusiedeln. Nach der Errichtung einiger Häuser zogen die meisten Inselbewohner auch hierher. Einige blieben allerdings an der Mündung von Cowal Creek (8 km südwestlich von Bamaga) zurück. Die Siedlung dort ist heute als *Injinoo Community* bekannt, deren Bewohner eine Mischung aus Aborigines und Torres Strait Islander sind; Red Island Point ist das heutige Seisia.

Im Zentrum von Bamaga gibt es einen Supermarkt, eine Post, eine Schule, eine Polizeistation, ein Krankenhaus, eine Tankstelle und Reparaturwerkstatt. Die Versorgung des Ortes übernimmt größtenteils ein Frachter, der jeden Dienstag im Hafen von Seisia anlegt. Camping ist in Seisia auf dem Campingplatz unmittelbar am Strand möglich (7 \$ p.P.). Eine andere, ebenfalls schöne Stelle ist der Campingplatz von Injinoo Community bei Umagico, am Nordende der Siedlung. Dreimal in der Woche veranstaltet das *Community Dance Team* in Seisia eine abendliche Vorführung traditioneller Tänze und Riten – eine gute Gelegenheit, die Menschen von Seisia kennen zu lernen. Dass Seisia anders als andere Gemeinden ist, bemerkt man schnell. Zwar gibt es auch hier Alkoholprobleme, doch im Großen und Ganzen scheinen die Menschen ihre Unabhängigkeit, vor allem von den Hilfsgeldern der australischen Regierung, anzustreben. Das erklärte Ziel der Gemeindeverwaltung lautet, alle Unterhaltszahlungen der Regierung zurückzuerstatten und keine weiteren mehr in Anspruch nehmen.

548,9	17,2	Rechts liegt *Lockerbie Homestead*; links der *Croc Shop* (Souvenirs und gekühlte Getränke)
549,0	17,1	Weggabelung: geradeaus fahren; Abzweigung links zu *Punsand Bay* (11 km; → Weg zu Punsand Bay)

Weg zu Punsand Bay (◆)

0	11,9	Abzweigung bei KM 549,0
1,1	10,8	Weggabelung: links halten
1,3	10,6	Rechts zu den Campingmöglichkeiten an *Laradenya Creek*
10,1	1,8	Ab hier ist ein Fahrzeug mit Allradantrieb notwendig, da es tief sandig wird.
11,9	0	*Punsand Bay Camping Area* (GPS: 10°42'37''S – 142°28'29''E)

Punsand Bay ist ein Feriendomizil direkt am Strand. Hier kann man im eigenen Zelt (10 \$ p.P.) oder in *cabins* übernachten. Ausflüge zu *Thursday Island* sind empfehlenswert (ab 95 $).

Weiterfahrt auf der Hauptstrecke

556,0	10,1	Weggabelung: links in Richtung *Cape York* (10 km) fahren; rechts nach *Somerset* (11 km; → Artikel: Somerset – ein Polizeiposten fernab der Zivilisation) und *Naram Beach.*
559,0	7,1	Geradeaus fahren; Abzweigung links zu *Punsand Bay Camping Area* (→ KM 512,6)
559,1	7,0	Auf der rechten Seite beginnt ein Regenwaldwanderweg *(Roma Flat Scrub Walk).*
563,6	2,5	Weggabelung: links halten
566,1	0	Campingstelle am Kap und *Pajinka Wilderness Lodge;* Parkplatz und Kiosk

Ab hier ist es eine Viertelstunde zu Fuß durch *locker-bie-scrub*, einen trockenen Monsunregenwald, bis zum „Top End of Australia" (GPS: 10°41'18''S – 142° 31'51''E). Die Kletterpflanzen bilden an einigen Stellen undurchdringliches Gestrüpp. Am auffallendsten sind die Feigenbäume mit Brettwurzeln, die schraubenartig verdrehten Pandanus-Palmen, die an der Kleidung haftenden *stick-palms* und die Würgefeigen, die ganze Bäume umschlingen. Die Artenvielfalt des Regenwaldes zeigt sich auch in den vielen kleineren Epiphyten wie Orchideen, Farnen und Pilzen. Die Überreste der *Pajinka Wilderness Lodge* liegen gleich neben dem Parkplatz. Seit 2001 überwuchert der Regenwald langsam die Hütten der ehemaligen Luxusherberge am „Tip". *Bushcamping* ist erlaubt.

Anhang

Strecken 13–15

Strecken 16–17

Strecken 18–19

Strecken 20–21

Strecken 22–23

Strecken 24–25

Anhang

Adressen

Fahrzeugvermieter und/oder Fahrzeugverkäufer

Apollo Motorhomes, 698 Nudgee Rd., Northgate (Brisbane) QLD 4013, Tel. 07/ 32 60 54 66, Fax 32 60 54 75, www.apollomhomes.com.au, E-Mail: info@apollocamper.com.au (Anbieter von Campervans und 4-WD-Campern mit Filialen in Brisbane/Hauptsitz, Sydney, Melbourne, Perth, Adelaide, Broome, Darwin, und Alice Springs)

Australian Motorcycles Adventures, 424 Samford Rd., Enoggera QLD 4051, Tel. 07/ 38 55 35 42, Fax 33 55 59 59, www.austmycleadventures.com.au, E-Mail: amatours@tpg.com.au (Motorräder sowie geführte Touren)

Bike Tours Australia, 10 Hitchcock St., Castlemaine VIC 3450, Tel. 03/ 54 72 23 71, Fax 03/ 54 72 23 61, www.carconnection.com.au, E-Mail: car@connection.com.au; Agentur für Deutschland: *Travel Action,* Einsiedeleiweg 16, 57399 Kirchhundem, Tel. 02764/ 78 24, Fax 79 38, E-Mail: travelaction@t-online.de (Campervans, 4-WD-Bushcamper, Kombis, Motorräder; auch Touren, u.a. nur für Frauen; → Anzeige im Anhang)

Boomerang Camper Rentals, 2 Yelland Way, Bassendean WA 6054, Tel. 08/ 62 78 41 28, Fax 62 78 41 29, www.swissaussie.com, E-Mail: swissaus@swissaussie.com (Kombis, 4-WD und Campmobile; → Anzeige im Anhang)

Britz Campervan Rentals, Central West Industry Park, Building 24, South Braybrook (Melbourne) VIC 3019, Tel. 03/ 83 79 88 66, Fax 03/ 96 87 08 96, www.britz.com.au, E-Mail: info@britz.com.au (größte Vermieterfirma von Campmobilen, 4-WD-Camper, 4-WD's und Motorrädern mit Filialen in allen größeren Städten; vertritt auch Koala Camper Rentals, Maui Rentals und Budget; Buchungen auch über deutsche Reisebüros)

CamperTravel Australia, PO Box 5385, Cairns QLD 4870, Tel. 07/ 40 46 76 00, Fax 07/ 40 34 14 94, www.campertravel.com

Camperbörse, Seitzstr. 19, 80538 München, Tel. 089/ 189 32 500, Fax 089/ 189 32 507, www.camperboerse.de, E-Mail: info@camperboerse.de (junge Firma mit großer Auswahl an Wohnmobilen und 4-WD; → Anzeige im Anhang)

Camperworld, 8 Hyne Road, 6055 South Guildford, Tel. 894 78 27 55, Fax 892 77 10 53, E-Mail: info@camperworld.com.au

Coolabah Motorhomes, 11/10 Pioneer Ave., Thornleigh (Sydney) NSW 2120, Tel. 02/ 99 80 63 14, Fax 99 80 60 44, www.coolabahmotorhomes.com.au, E-Mail: info@coolabahmotorhomes.com.au, (kleinerer Vermieter von Campmobilen und 4-WD mit 7 Agenturen in Australien, vertreten in der Schweiz durch *Coolabah,* Catherine Romano, CH-5637 Beinwil, Tel. & Fax 056/ 668 24 45)

Easy Life Tours & Rentals Australia Pty., Pia Etzensberger, PO Box 6135, Mooloolah Valley QLD 4553, Tel. 0061/ 754 94 79 6, Fax 0061/ 754 94 79 41, E-Mail: pia@easylife-rentals.com.au (Pkw, Campervans, 4-WD-Camper)

Four Wheel Drive Rentals South Perth, 80 Canning Hwy., Victoria Park (Perth) WA 6100, Tel., 08/ 93 62 54 44, Fax 08/ 94 70 31 58, www.sp4wd.com.au,

E-Mail: vicpark@sp4wd.com.au
(Fahrzeuge in ganz Australien, auch
in kleineren Ortschaften wie Karratha,
Newman, Blackwater, Kununurra)

hm touristik, Livry-Gargan-Str. 10,
82256 Fürstenfeldbruck, Tel. 08144/
77 00, Fax 08144/ 76 61, www.hm-
touristik.de, E-Mail: info@hm-touris-
tik.de (geführte Touren und indivi-
duelle Camperreisen; großes Baukas-
tensystem; → Anzeige im Anhang)

Kea Campers, PO Box 79, Milperra
(Sydney) NSW 2214, Tel. 02/ 8707
5500, Fax 8707 5575, www.keacam-
pers.com, E-Mail: reservationsau@
keacampers.com (gepflegte, sehr
gute Camperflotte, mit Filialen in
allen größeren Städten)

No Worries Travel, PO Box 89,
Glenn Innes NSW 2370,
Fax 02/ 96 67 12 20,
www.no-worries.com.au (Miete und
Kauf von Campervans; → Anzeige im
Anhang)

rms travelcars, Rolf's Mechanical Ser-
vice, 11 Pasquin St., Glenelg North,
Adelaide SA 5045, Tel. 08/ 82 94 19
40, www.rmstravelcars.com.au,
E-Mail: info@rmstravelcars.com.au
(Campervans, 4-WD-Bushcamper,
Panelvans, 4-WD Landcruiser;
→ Anzeige im Anhang)

Travellers Auto Barn, 177 William St.,
Kings Cross (Sydney) NSW 2000, Tel.
02/ 93601500, www.travellers-auto-
barn.com, E-Mail: cf@travellers-auto-
barn.com.au (mit Filialen in Cairns
und Brisbane)

Travel Car Centre, 26 Orchard Rd.,
Brookvale (Sydney) NSW 2100,
Bruno Frischknecht und Chris Boller,
Tel. 02/ 99 05 69 28, Fax
99 05 48 81, www.travelcar.com.au,
E-Mail: tcc@travelcar.com.au (Camp-
mobile, Geländewagen und Kombis;
Filialen auch in Perth und Darwin;
→ Anzeige im Anhang)

TSA Travelservice, Gartenstr. 39,
88255 Baindt, Tel. 07501/ 94 08 60,
Fax 07501/ 94 086-26, www.t-s-a.de,
E-Mail: info@t-s-a.de (Flüge, Unter-
künfte, Camper/Mietwagen;
→ Anzeige im Anhang)

Reisebüros & Veranstalter

BigelTours, Kobergerstr. 77, 90408
Nürnberg, Tel. 0911/ 33 69 97,
Fax 0911/ 937 41 67, www.bigel-
tours.de, E-Mail: info@bigeltours.de
(→ Anzeige im Anhang)

Boomerang Reisen GmbH, Biewerer Str.
15, 54293 Trier, Tel. 0651/ 966 800,
Fax 0651/ 966 8000, www.boome-
rang-reisen.de, E-Mail: info@boome-
rang-reisen.de

Horizont Fernreisen, Postfach 10 11 29,
44711 Bochum, Tel. 0234/ 911 75
75, Fax 0234/ 911 75 76,
www.horizont-fernreisen.de,
E-Mail: info@horizont-fernreisen.de

Kangaroo Tours, Westring 25,
44787 Bochum,
Tel. 0234/ 325 25 30, Fax 325 25 40,
www.kangaroo-tours.de,
E-Mail: info@kangaroo-tours.de
(→ Anzeige im Anhang)

Viadukt-Reisen, Markgrafenstr. 58,
10117 Berlin, Tel. 030/ 20 62 97 30,
Fax 030/ 20 62 97 33, www.viadukt-
reisen.de, E-Mail: info@viadukt-rei-
sen.de (→ Anzeige im Anhang)

Ausrüster von Geländewagen

New South Wales

ARB New South Wales, 103 Newbridge
Rd., Moorebank NSW 2170,
Tel. 02/ 98 21 36 33,
www.arb.com.au

Edge 4 Wheel Drive, Unit 4, 8 Bowen
Cres., Gosfort West (Sydney) NSW
2250, Tel. 02/ 43 24 77 70,
Fax 02/ 43 24 77 73,
www.thedge4wd.com.au

Opposite Lock New South Wales, 24 Winbourne Rd., Brookvale NSW 2100, Tel. 02/ 99 39 51 33, Fax 02/ 99 39 51 44, www.opposite-lock.com.au, E-Mail: info.brookvale @oppositelock.com.au (weitere Filialen in Dubbo, Orange, South Sydney)

TJM Products Sydney, Unit 3/1 Peachtree Rd., Penrith 2750 NSW, Tel. 02/ 47 31 14 00, Fax 02/ 47 31 13 24, www.tjm.com.au, E-Mail: info@tjm.com.au (weitere Filialen in Newcastle, Orange, Wagga Wagga)

Northern Territory

ARB Northern Territory, 64 Raphael Rd., Winnellie NT 0820, Tel. 08/ 89 47 22 62, www.arb.com.au

TJM Products Darwin, 498 Stuart Hwy., Winnellie NT 8201, Tel. 08/ 89 84 49 26, Fax 08/ 89 47 03 33, www.tjm.com.au, E-Mail: info@tjm.com.au

Queensland

ARB Queensland, State Office, 615 Nudgee Rd., Nundah QLD 4012, Tel. 07/ 32 66 32 55, www.arb.com.au (weitere Filialen in Mackay, Rockhampton, Toowoomba, Townsville, Cairns)

Opposite Lock Queensland, 53 Montpellier Rd., Bowen Hills, Brisbane QLD 4006, Tel. 07/ 32 52 12 20, Fax 07/ 32 52 11 07, www.opposite-lock.com.au (weitere Filialen in Cairns, Mackay, Redcliffe, Rockhampton)

TJM Products Brisbane, 959 Beaudesert Rd., Coopers Plains QLD 4108, Tel. 07/ 32 77 82 55, Fax 07/ 32 77 84 46, www.tjm.com.au, E-Mail: info@tjm.com.au (weitere Filialen in Caboolture, Cairns, Gold Coast, Hervey Bay, Mackay, Maryborough, Mt. Isa, Rockhampton, Toowoomba, Townsville)

South Australia

ARB South Australia, 606-608 South Rd., Regency Park SA 5010, Tel. 08/ 82 44 50 01, www.arb.com.au (weitere Filiale in Gawler)

Opposite Lock, 303 South Rd., Mile End SA 5031, Tel. 08/ 82 34 52 99, Fax 08/ 82 34 52 09, www.oppositelock.com.au, E-Mail: infoadelaide@oppositelock.com.au

TJM Products Adelaide, 163 Main North Rd., Nailsworth SA 5083, Tel. 08/ 83 44 64 44, Fax 08/ 83 44 32 22, www.tjm.com.au, E-Mail: info@tjm.com.au

Victoria

ARB Victoria, 42-44 Garden St., Kilsyth VIC 3137, Tel. 03/ 97 61 66 22, www.arb.com.au (weitere Filialen in Ballarat und Bendigo)

Duncans 4-WD Centre, 1354 North Rd., Oakleigh South (Melbourne) VIC 3167, Tel. 03/ 95 43 81 55

Ontourer Australia, 1295 North Rd., Oakleigh South, Melbourne VIC 3167, Tel. 03/ 9562 9066 (Autodachzelte)

Opposite Lock Victoria, 392 Plenty Rd., Preston VIC 3072, Tel. 03/ 9471 4888, Fax 03/ 94 71 42 33, www.oppositelock.com.au, E-Mail: infoprseton@oppositelock.com.au (weitere Filiale in Albury)

Piranha Off-Road Products, Factory 4, 383 Dorset Rd., Boronia VIC 3155, Tel. 03/ 9762 1200, www.piranhaoffroad.com.au

TJM Products Melbourne, 683 Sydney Rd., Coburg VIC 3058, Tel. 03/ 93 54 11 16, Fax 03/ 93 54 14 23, www.tjm.com.au, E-Mail: info@tjm.com.au (weitere Filialen in Ballarat, Bendigo, Geelong, Shepperton, Swan Hill, Traralgon)

Western Australia

ARB Western Australia,
  66 Collingwood St., Osborne Park
  WA 6017, Tel. 08/ 92 44 35 53,
  www.arb.com.au

Opposite Lock Western Australia,
  201 Gt. Eastern Highway, Midland
  WA 6056, Tel. 08/ 92 74 78 44,
  Fax 08/ 92 74 78 04, www.opposite-
  lock.com.au, E-Mail: info.midland@
  oppositelock.com.au (weitere Filialen
  in Bunbury, Kalgoorlie, Karratha)

TJM Products Perth, Cnr South & Prit-
  chard St., O'Connor WA 6163,
  Tel. 08/ 93 31 27 88,
  Fax 08/ 93 37 30 37,
  www.tjmperth.com.au,
  E-Mail: info@tjm.com.au

West Coast Off Road Gear,
  66 Collingwood St., Osborne Park
  (Perth) WA 6017,
  Tel. 08/ 9244 3553

Kartenanbieter

... in Australien

ABC Maps, 281 Gembrook Rd., Laun-
  ching Place VIC 3139, Fax 03/ 59 64
  61 67, www.abcmaps.com.au, E-
  Mail: abcmaps@bigpond.com.au
  (topographisches Kartenmaterial,
  Regionalkarten, Weltkarten etc.)

AUSLIG, Fern Hill Park, Bruce ACT
  2617, Tel. 02/ 62 01 42 01, Fax 02/
  62 01 43 66, www.auslig.gov.au,
  E-Mail: auslig@auslig.gov.au

Australian Geographic, Locked Bag,
  6507, St. Leonards NSW 2065, Tel.
  02/ 88 77 03 59, Fax 02/ 88 77 03 60,
  www.australiangeographic.com.au,
  E-Mail: ausgeo@data.com.au (unterhält Läden in allen größeren Städten;
  leider sind die Karten dort nicht
  immer vorrätig)

Central Map Agency, 1 Midland
  Square, Midland WA 6056,
  Tel. 08/ 9273 7209

Department of Land Administration,
  Cathedral Ave., Perth WA 6000,
  Tel. 08/ 93 23 01 51

Global Maps, Shop 2-4, 3 King St.,
  Caboolture QLD, Tel. 07/ 54 95 74
  91, Fax 07/ 54 95 25 16,
  www.globalmaps.com.au, E-Mail:
  enquires@globalmaps.com.au

Hema Maps, 25 Mc Kechnie Drv., Eight
  Mile Plains QLD 4113, Tel. 07/ 3340
  0000, Fax 07/ 3340 0099,
  www.hemamaps.com.au, E-Mail:
  enquires@hemamaps.com.au

Mapland, 372 Little Bourke St., Melbourne VIC 3000, Tel. 03/ 96 70 43
  83, Fax 03/ 96 70 77 79,
  www.mapland.com.au,
  E-Mail: info@mapland.com.au

Map World, 280 Pitt St., Sydney NSW
  2000, Tel. 02/ 92 61 36 01, Fax 02/
  92 61 26 40, www.mapworld.net.au,
  E-Mail: sydney@mapworld.net.au

Melbourne Map Centre, 740 Waverley
  Rd., Chadstone VIC 3148,
  Tel. 03/ 95 69 54 72,
  www.melmap.com.au,
  E-Mail: info@melmap.com.au

N.T. Dept. of Lands, Planning & Environment, Cnr. Bennett & Carenagh
  Sts., Darwin NT 0800, Tel. 08/ 89 99
  70 32, Fax 08/ 89 99 77 50

Tasmanian Map Centre, 100 Elisabeth
  St., Hobart TAS 7000,
  www.map-centre.com.au,
  E-Mail: maptas@netspace.net.au

The Mapshop, Adelaide Map Centre, 6-
  10 Peel St., Adelaide SA 5000, Tel.
  08/ 82 31 20 33, Fax 08/ 82 31 23
  73, www.mapshop.net.au, E-Mail:
  mercartor@mapshop.net.au

World Wide Maps & Guides, Shop 30,
  Anzac Square Arcade, 267 Edward
  St., Brisbane QLD 4000, Tel. 07/ 32
  21 43 30, Fax 07/ 32 11 36 84,
  www.worldwidemaps.com.au

Sehr gute Karten erhält man bei den Automobilclubs in jeder größeren Stadt. Für Mitglieder sind die Karten z. T. auch kostenlos (auch für Mitglieder eines ausländischen Automobilclubs).

... in Deutschland

Australien Shop Frankfurt, Frauke Hom, Berliner Str. 33, 60311 Frankfurt, Tel. 069/ 90 02 40 37, Fax 069/ 90 02 84 38, www.australien-shop-frankfurt.de, E-Mail: info@australien-shop-frankfurt.de

Australien-Shop Uluru, Stephan Reiners, Angelstr. 21, 48167 Münster, Tel. 0171/ 273 55 75, www.austra-lien-lifestyle.de

Dr. Götze Land und Karte, Alstertor 14–18, 20095 Hamburg, Tel. 040/ 35 74 630, Fax 040/ 35 74 63 44, www.mapshop-hamburg.de, E-Mail: info@mapshop-hamburg.de

Fata Morgana Bücher und Landkarten, Reisebüro auf den Häfen, Auf den Häfen 7–8, 28203 Bremen, Fax 0421/900 999, www.fata-morgana-buch.de, E-Mail: service@.fata-mor-gana-buch.de

Landkartenhaus Gleumes & Co., Hohenstaufenring 47–51, 50674 Köln, Tel. 0221/ 21 15 50, Fax 24 94 17, www.landkartenhaus-gleumes.de, E-Mail: webmaster@landkartenhaus-gleumes.de

LandkartenShop.de, Michael Ritz, Zur Burgmühle 6, 41199 Mönchenglad-bach, Tel. 012120/ 29 16 01, www.landkartenshop.de, E-Mail: webmaster@landkartenshop.de

Magellan Buchversand, Gudrun Roden-bach, Hauptstr. 111, 46244 Bottrop, Tel. 02045/ 845 92, Fax 02045/ 40 97 62, www.magellan-buch.de, E-Mail: info@magellan-buch.de

Schropp Land & Karte GmbH, Potsda-mer Straße 129, 10785 Berlin, Tel. 030/ 2355 7320, Fax 030/ 2355 7310, www.schropp.de, E-Mail: landkarten@schropp.de

... in der Schweiz

Atlas Travel World, Schauplatzgasse 31, CH-3011 Bern, Tel. 031/ 312 20 11, www.atw.ch, E-Mail: info@travel-book.ch

Buchhandlung Orell-Füssli, Bahnhofstr. 70, CH-8001 Zürich, Tel. 01/ 2110 444, Fax 01/ 2157 205, www.books.ch, E-Mail: orders@books.ch

Stauffacher Buchhandlungen AG, Neu-engasse 25, CH-3011 Bern, Tel. 031/ 313 136 363, Fax 031/ 313 6339, www.stauffacher.ch, E-Mail: info@stauffacher.ch

Travel Book Shop & Map House, Rinder-markt 20, CH-8001 Zürich, Tel. 01/ 252 38 83, Fax 01/ 252 3883, www.travelbookshop.ch, E-Mail: info@travelbookshop.ch

... in Österreich

Freytag-Bernd & Artaria KG, Brunner Str. 69, A-1231 Wien, Tel. 01/ 86 99 09 00, Fax 01/ 86 99 09 061, www.freytagberndt.at, E-Mail: office@freytagberndt.at

ÖAMTC, Schubertring 1–3, A-1010 Wien, Tel. 0810/ 120 120, www.oeamtc.at, E-Mail: office@oeamtc.at

Kühlschrankvermieter

... in New South Wales

Kingscliff Camping Fridge Hire, 5 River St., Chinderah NSW 2487, Tel. 02/ 6674 2007

PHD Rentals, Tel. 02/ 93 16 45 66, Fax 02/ 93 16 45 33

... in Queensland

Davidson's Fridge-Freezer Hire, PO Box 826, Caloundra QLD 4551, Tel. 018/ 307 80

PHD Rentals, Tel. 07/ 33 91 30 04, Fax 07/ 33 91 25 60

... in South Australia

Portman 4-WD Fridge Hire, Adelaide SA 5000, Tel. 08/ 83 63 14 93

Portman 4-WD Fridge Hire, Mile End SA, Tel. 08/ 82 34 52 99

... in Victoria

Kempco Refrigeration, Lower Paper Mill Rd., Fyansford VIC 3221, Tel. 03/ 52 23 18 48

Portman 4-WD Fridge Hire, South Melbourne VIC, Tel. 03/ 96 96 90 70

... in Western Australia

Carry On Camping Hire, 129 Burswood Rd., Victoria Park WA 6100, Tel. 08/ 93 62 44 55, Fax 94 72 34 75

Engeland Freezer Hire, 12 Kewdale Rd., Welshpool WA 6106, Tel. & Fax 08/ 93 58 54 04

Getaway Portable Refrigerator Hire, 5 Nadine Place, Woodvale (Perth) WA 6026, Tel. 04/ 17 97 95 96

Hire Me, 136 Balcatta Rd., Perth WA 6000, Tel. 08/ 93 45 31 27

Funkgerätekauf und -vermietung

... in New South Wales

BTW Communications, 52A Hamstead Rd., Aubun NSW 2144, Tel. 02/ 97 37 89 44, Fax 02/ 97 37 86 94, www.btw.com.au, E-Mail: rentals@btw.com.au (weitere Filialen in Wollongong, Fyshwyck-ATC, Penrith)

Royal Flying Doctor Service, Barrier Highway, Broken Hill NSW 2880

TR-Tech-Rentals, Unit 13, Metro Centre, 38-46 South St., Rydalmere NSW 2116, Tel. 02/ 99 33 11 00, Fax 02/ 99 33 11 99, www.techrentals.com. au, E-mail: nsw_sales@techrentals. com.au

... in Northern Territory

TR-Tech-Rentals, Unit 8, 143 Coonawarra Rd., Winnellie NT 0801, Tel. 08/ 89 47 28 60, Fax 08/ 89 47 29 01, www.techrentals.com.au, E-Mail: nt_sales@techrentals.com.au

... in Western Australia

Barrett Communications, 10 Port Kembla Drive, Bibra Lake WA 6136, Tel. 08/ 94 34 17 00

Rodger Williams Communications, 5 Duyer St., Boulder WA 6432, Tel. 08/ 9093 4443

TR-Tech-Rentals, 122 Kewdale Rd., Kewdale WA 6105, Tel. 08/ 94 41 39 00, Fax 08/ 94 41 39 99, www.techrentals.com.au, E-Mail: wa_sales@techrentals.com.au (weitere Filiale in Pilbara)

... in South Australia

Adelaide Radio Hire, 508 Goodwood Rd., Daw Park SA 5041, Tel. 08/ 83 57 15 00

Electric Bug Communications, GPS & Navigation, 199-203 Torrens Rd., Ridleyton SA 5008, Tel. 08/ 83 46 92 34, Fax 08/ 83 40 33 65, www.electricbug.com.au, E-Mail: sales@electricbug.com.au

TR-Tech-Rentals, 81-83 Stephans Ave., Torrensville SA 5031, Tel. 08/ 83 02 88 00, Fax 08/ 83 02 88 99, www.techrentals.com.au, E-Mail: sa_sales@techrentals.com.au

... in Victoria

Just Communications, 16 Molan St., Ringwood VIC 3134, Tel. 03/ 95 57 80 15

Time Plus Communications,
49 Sydney Rd., Brunswick VIC 3056,
Tel. 03/ 9380 4172,
www.timeplus.com.au,
E-Mail: jcullen@timeplus.com.au

TR-Tech-Rentals Head Office, 6 Joseph
St., Blackburn VIC 3130, Tel. 03/ 98
96 30 00, Fax 03/ 98 96 30 99,
www.techrentals. com.au,
E-Mail: sales@techrentals. com.au

... in Queensland

Olbis Communications, 1717 Ipswich
Rd., Rocklea (Brisbane) QLD 4000,
Tel. 07/ 38 75 11 55, Fax 07/ 3875
1462, www.olbis.com.au,
E-Mail: sales@olbis.com.au

TR-Tech-Rentals, Unit 1, 46 Longland
St., Newstead QLD 4006, Tel. 07/ 38
50 77 00, Fax 07/ 38 50 77 99,
www.techrentals.com.au,
E-Mail: qld_sales@techrentals.com.au
(Filialen in Gold Coast und Townsville)

Weitere Adressen können bei allen Basen des *Royal Flying Doctor Service* erfragt werden.

Camping- & Outdoorausrüster

... in New South Wales

All Camping Supplies, 12 Railway Pde.,
Thornleigh NSW 2120,
Tel. 02/ 94 81 04 73,
www.allcamping.com.au,
E-Mail: allcamping@ihug.com.au

Aussie Disposals, 100 Crown Street
Mall, Wollongong NSW 2500, Tel.
02/ 42 25 93 29, Fax 02/ 42 25 93 87,
www.aussiedisposals.com.au (weitere Filialen in Albury, Port Maquarie,
Tweed Heads, Wagga Wagga)

Aussie Traveller, Unit 2, 6 Robertson
Place, Jamison Town, Penrith NSW
2750, Tel. 02/ 47 22 68 86,
Fax 02/ 47 22 98 86,
www.aussietraveller.com.au,
E-Mail: awnings@bigpond.net

Kangaroo Tent City, 93–99 Parramatta
Rd., Camperdown NSW 2050,
Tel. 02/ 95 19 10 11, www.kangarootentcity.com.au, E-Mail:
parr@kangarootentcity.com.au (weitere Filialen in Chatswood, Penrith,
Tuggerah und Maitland)

Rent-a-tent, 10 Fishburns Rd., Galston
NSW 2159, Tel. 02/ 96 53 16 31,
www.rentatent.com.au,
E-Mail: info@rentatent.com.au

... in Queensland

Aussie Disposals, 239 Margret St., Toowoomba QLD 4350, Tel. 07/ 46 39
66 22, Fax 07/ 46 39 66 23,
www.aussiedisposals.com.au

Aussie Traveller Brisbane,
989 Kingsford Smithdrv, Eagle Farm
QLD 4009, Tel. 07/ 38 68 38 68,
Fax 07/ 38 68 38 69, www.aussietraveller.com.au, E-Mail: enquires@aussietraveller.com.au

Complete Camping Hire, Unit 1, Tradelink Rd., Browns Plains QLD 4118,
Tel. 38 00 51 00

Camping Galore, 225 Charter Towers
Rd., Hermit Park QLD 4812,
Tel. 1800/ 24 68 74

SwagsAustralia.com, Shop 3, 131Beaudesert Rd., Moorooka, Brisbane, Tel.
07/ 30 30 43 79, Fax 07/ 38 92 66
48, www.swagsaustralia.com.au

... in South Australia

Adventure Camping & Off Road Trailers,
100 Daws Rd., Edwardstown SA
5039, Tel. 08/ 8276 5666

Aussie Disposals Pty. Ltd., Shop 40-42,
Cti Centre Arcade Pulteney Sreet,
Adelaide SA 5000,
Tel. & Fax 08/ 82 24 03 88,
www.aussiedisposals.com.au (weitere Filialen in Colonnades, Elisabeth
und Enfield)

... in Victoria

Aussie Disposals, 283 Elizabeth St., Melbourne VIC 3000, Tel. 03/ 96 70 40 57, Fax 03/ 96 02 21 06, www.aussiedisposals.com.au (26 weitere Filialen u.a. in Ballarat, Bendigo und Mildura)

Aussie Traveller Melbourne, 34-36 Merola Way, Campbellfield VIC 5036, Tel. 03/ 93 57 65 65, Fax 03/ 93 57 65 15, www.aussietraveller.com.au, E-Mail: vicinfo@aussie-traveller.com.au

Ray's Outdoors, Melbourne City Store, 592-600 Elizabeth St., Melbourne VIC 3000, Tel. 03/ 93 47 76 66, www.corporate.raysoutdoors.com.au, E-Mail: support@raysoutdoors.com.au

... in Western Australia

Cargills Holiday Equipment, 80 Burswood Rd., Victoria Park WA 6100, Tel. 08/ 9470 3230, Fax 08/ 9470 3797

Go Camping, 9/58 Erindale Rd., Balcatta WA 6021, Tel. 08/ 93 44 62 52, www.gocampingwa.com.au, E-Mail: gocamping@iinet.net.au

... in Northern Territory

Central Rentals, 9 Boucant St., Alice Springs NT 0870, Tel. & Fax 08/ 8952 8077

Automobilclubs in den Hauptstädten

AANT, 79–81 Smith St., Darwin NT 0800, Tel. 08/ 89 81 38 37 oder 08/ 8941 2965

NRMA, 74-76 King St., Sydney NSW 2000, Tel. 02/ 92 92 82 92, Fax 02/ 92 92 90 49

NRMA, 92–96 Northbourne Ave., Canberra ACT 2601, Tel. 02/ 62 43 88 00

RAA, 41 Hindmarsh Square, Adelaide SA 5000, Tel. 08/ 82 02 45 89

RACV, 360 Bourke St., Melbourne VIC, Tel. 03/ 96 42 55 66

RACW, 228 Adelaide Tce., Perth WA 6000, Tel. 08/ 94 21 44 44

RACQ, 300 St. Pauls Tce., Fortitude Valley QLD 4006, Tel. 07/ 3361 2556 (kostenlos)

Informationsstellen für Nationalparks

... in New South Wales

NPWS (National Park & Wildlife Service), Broken Hill District Office, 183 Argent St., Broken Hill NSW 2880, Tel. 08/ 80 80 32 00, E-Mail: brokenhill.office@environment.nsw.gov.au

NPWS, Cadmans Cottage, 110 George St., The Rocks, Sydney NSW 2000, Tel. 02/ 9247 5033, Fax 02/ 9241 3303, E-Mail: cadmans.cottage@environment.nsw.gov.au

NPWS, Tibooburra District Office, Briscoe St., Tibooburra NSW 2880, Tel. 08/ 80 91 33 08, E-Mail: tibooburra.office@environment.nsw.gov.au

... in Northern Territory

Alice Springs Regional Office, Stuart Highway, Tom Hare Building, PO Box 1046, Alice Springs NT 0871, Tel. 08/ 89 51 82 11, Fax 08/ 8951 8268

Parks & Wildlife Commission Katherine Regional Office, 1920 Giles St., PO Box 344, Katherine 0851 NT, Tel. 08/ 8973 8888, Fax 08/ 8973 8899

Parks & Wildlife Commission of the Northern Territory (Head Office), Goyder Centre, 25 Chung Wah Terrace, PO Box 496, Palmerston NT 0830, Tel. 08/ 8999 5511, Fax 08/ 8932 3849, E-Mail: info@atn.com.au

... in Queensland

QNPWS, 160 Ann St., PO Box 155, Brisbane QLD 4000, Tel. 07/ 32 27 71 11

QNPWS, Cairns Regional Office, 5B Sheridan St., Cairns QLD 4870, Tel. 07/ 40 46 66 02, Fax 07/ 32 02 68 44

QNPWS, Simpson Desert National Park, Longreach District Office, 41 Plover St., PO Box 202, Longreach QLD 4730, Tel. 07/ 46 58 17 61, Fax 07/ 4658 1860

The Ranger, Cape Tribulation National Park, PMB 10 PS 2041, Mossman QLD 4873, Tel. 07/ 40 98 00 52, Fax 07/ 4098 0074

The Ranger, Jardine River National Park, Heathlands, PMB 76, Cairns Mail Centre QLD 4871, Tel./ Fax 07/ 40 60 32 41

... in South Australia

Department for Environment & Heritage, Far North Regional Office, PO Box 102, Hawker SA 5434, Tel. 08/ 86 48 42 44

Department for Environment & Heritage, 77 Grenfell St., PO Box 1047, Adelaide SA 5001, Tel. 08/ 82 04 19 10, Fax 08/ 8204 1919

... in Western Australia

Department of Conservation and Land Management (CALM), Head Office, Hackett Dve., Crawley WA 6009, Tel. 08/ 9442 0300, Fax 08/ 9386 1578

Karijini National Park, Ranger-in-Charge, Yampire Gorge Rd., PO Box 29, Tom Price WA 6751, Tel. 08/ 91 89 81 57, Fax 08/ 9189 8104

Millstream-Chichester National Park, Ranger-in-Charge, Millstream Homestead, PO Box 835, Karratha WA 6714, Tel. 08/ 91 84 51 44, Fax 08/ 91 84 51 46

Pilbarra Regional Office, Mardie Rd., Karratha Industrial Estate, PO Box 835, Karratha WA 6714, Tel. 08/ 9143 1488, Fax 08/ 9144 1118

Adressen im Internet

Internetseiten zu Australien allgemein

http://australianwildlife.com (gute Seite über die Tierwelt Australiens)
http://australien-info.de (deutsche Informationsseite über Australien)

Internetseiten zu Nationalparks

http://calm.wa.gov.au
http://environment.gov.au/parks
http://parkweb.vic.gov.au
http://environment.nsw.gov.au/natio-nalparks.html
http://parks.sa.gov.au/parks/index.htm
http://atn.com.au/parks//ntparks.html

Suchmaschinen in Australien

http://yahoo.com.au
http://anzwers.com.au (nutzt yahoo- und goolge-Datenbank)
http://aussieseek.com
http://aussie.com.au (Verzeichnis für australische Webseiten und Business Listings)
http://croccrawler.com
http://ozsearch.com.au

Internetseiten zum Outback

http://4WDonline.com (4 WD-Seite)
http://anfwdc.asn.au (4-WD-Club-Seite mit vielen Informationen und aktuellen Straßenzuständen)
http://ExplorOz.com (eine der besten Informationsseiten des Netzes bezüglich Outback. Hier findet man neben allgemeinen Informationen Streckenbeschreibungen, Vorbereitungen, aktuelle Wetterinformationen sowie Infos über den momentanen Zustand von Strecken; die Seite wird alle 14 Tage aktualisiert)

http://outback-guide.de (deutsche Informationsseite rund ums Outback)
http://naturalresource.alphalink.com.au
http://australiangeographic.com
http://outback-australia.info (deutsche Seite rund ums Outback)

Sonstiges

http://australiasgoldenoutback.com/en /Aboriginal+Lands+Permits.htm (permits für Westaustralien)
http://exploroz.com/TripPlanning/Permits/Default.aspx (permits für Aboriginal Land)

Allradorganisationen

Jeder Staat hat einen Dachverband der Allrad-Clubs. Sie können nicht nur hilfreiche Informationen zu den Strecken, deren Zustand oder über benötigte *permits* geben, sondern vermitteln auch den Kontakt zu nächstgelegenen Clubs.

... in New South Wales

Recreational 4WD Clubs Association of NSW & ACT, PO Box 1371, Parramatta, NSW 2124, Tel. 1800 64 66 30, Fax 1800 65 06 64,
E-Mail: sec@rfwdca.asn.au

... Northern Territory

NT Association of 4WD Clubs, PO Box 37476, Winnellie, NT 0820,
Tel. 08/ 89 85 35 73

... in Queensland

Queensland Association of 4WD Clubs, PO Box 174, Brisbane Markets QLD 4106, Tel. 07/ 3277 6071,
Fax 07/ 3277 0069,
www.qafwdc.com.au,
E-Mail: qafwdc@bigpond.com

... South Australia

South Australian Association of 4WD Clubs, PO Box 178, Enfield Plaza SA 5058, Tel. 08/ 8359 0627,
Fax 08/ 8359 0632,
www.saafwdc.asn.au
E-Mail: saafwdc@saafwdc.asn.com

... Western Australia

Western Australian Association of 4WD Clubs, PO Box 6029, East Perth WA 6892, Tel. 0405/ 20 78 44,
Fax 0427/ 84 24 43
E-Mail: chairman@wa4wda.com.au

... Victoria

Victoria Association of 4-WD Clubs Inc., PO Box 596, North Balwyn (Melbourne) VIC 3104, Tel. 03/ 9857 5209, Fax 03/ 9857 5260,
E-Mail: vafwdc@vafwdc.org.au

... Tasmania

Tasmanian Recreational Vehicle Association, PO Box 662, Glenorchy TAS 7010, Tel. 03/ 6244 5290,
E-Mail: ghdaly@gmail.com

Literaturhinweise

Australische Literatur

Beadell, Len: End of an Era; Too long in the Bush; Blast the Bush; Bush Bashers; Still in the Bush; Beating about the Bush; Outback Highways, Weldon Publishing, Sydney NSW 2000, 1983 (alle Bücher berichten von den letzten australischen Pionieren)

Cussack, Michael & Susan: Our Year in the Wilderness, Australian Geographic Pty. Ltd., Terrey Hills NSW (ein Paar verbrachte ein Jahr in einem einsamen Landstrich der Kimberleys, interessante Lektüre)

Department of Conservation and Land: North-West Bound, Como WA 6152, 1990 (informatives Buch über den Nordwesten von Western Australia)

Finley, H., Murray, J., Tiller, A., Hindle, Ch., Wheeler, T., Noble, J., Forsyth, S.: Australia – travel survival kit, Lonely Planet, Hawthorn VIC 3122, 2000 (umfassender, guter Reiseführer)

Gard, Eric & Ronele: Canning Stock Route, Western Desert Guides, Wembley Downs WA 6019, 1990 (ein 450 Seiten starkes Buch nur über die Canning Stock Route; ausführlicher geht's nicht; wer die Strecke fahren will, sollte dieses Buch unbedingt dabeihaben; erhältlich in den meisten Buchhandlungen in Australien)

Howitt, R. & Douglas, J.: Aborigines & Mining Companies in Northern Territory, APCOL, Darwin 1983 (zeigt Probleme der Ureinwohner im Kampf um ihr Land auf)

Kestel, Bernard: The Glovebox Guide to 4-Wheel Driving, Forestry Commission of NSW, Sydney NSW 2000, 1987 (kleines Buch fürs Handschuhfach mit allen wichtigen Informationen für den richtigen Umgang mit einem Geländewagen)

McLelland, R.: Outback Touring, Horwitz Grahame Books, Cammeray NSW 2062, 1989 (gutes Buch zur Vorbereitung mit vielen Tipps; erhältlich in den meisten Buchhandlungen in Australien)

Moon, Ron & Viv: Cape York, Kakirra Adventure Publications, Chelsea VIC 3196, 1995 (sehr guter Reiseführer mit vielen Informationen über Cape York, wenn auch leider etwas konfus aufgebaut; erhältlich in den meisten Buchhandlungen in Australien)

ebenda: The Kimberleys, Kakirra Adventure Publications, Chelsea VIC 3196, 1989 (besser als der Cape York Führer)

ebenda: The Flinders Ranges, Kakirra Adventure Publications, Chelsea VIC 3196, 1992 (enthält alles über Flinders Ranges)

Morrison, M.: Australian Dreaming – 40.000 Years of Aboriginal History, Landsdowne Press 1989 (Thema ist die Schöpfungsgeschichte der Aborigines)

ebenda: The Four Billion Year Journey of a Continent, Weldon Publishing, Willoughby NSW 1990 (sehr gutes Buch über die Entstehung Australiens)

Peake-Jones, K.: To the desert with Sturt (a diary of the 1844 Expedition), South Australian Government Printer, Netley SA 5037, 1988 (berichtet über die Strapazen, die die ersten Forscher durchmachten)

Strecken 13–15

Strecken 15–17

Strecken 18–19

Strecken 20–21

Strecken 22–23

Strecken 24–25

Anhang

Literatur

Deutsche Literatur

Chatwin, Bruce: Traumpfade, Fischer TB Verlag, München 1992 (sehr guter, einfühlsamer Roman über *songlines* und die Ahnen der Aborigines)

Gottberg von, Hans: Fahrten – Ferne – Abenteuer, Ensslin & Laiblin Verlag 1983 (nützliches, kleines Buch für alle Outdoorfans)

Hoff, Edgar P.: Australien, Reise Know-How Edgar Hoff Verlag, Rappweiler (informativer Reiseführer, der trotz seiner Ausführlichkeit nie unübersichtlich wird; das Standardwerk zu Australien)

Lind, O. & Niehues, A.: Australien – Die schönsten Nationalparks, Reise Know-How Edgar Hoff Verlag, Rappweiler, 2007 (detaillierte Informationen zu Nationalparks, Flora und Fauna, zusätzlich zahlreiche Übersichtskarten)

Nehberg, Rüdiger: Survival – Die Kunst zu überleben, Ernst Kabel Verlag, 1981 (für alle, die Überleben trainieren möchten)

ebenda: Survival Training, Droemersche Verlagsanstalt, 1989

Australische Off-Road-Zeitschriften

4X4 Australia, The 4-WD Adventure Magazin (ca.6 $)

4-WD Great Treks „The Yearbook" von Gregorys (ca. 5,50 $)

4-WD Buyers Guide von Gregorys (ca. 7 $)

4-WD Weekender von Gregorys (ca. 5,50 $)

4-WD Offroad Australia (ca. 8,50 $)

Neben unzähligen Anzeigen (mit Adressen und Telefonnummern) der *Off-Road*-Ausrüster bieten diese Magazine auch interessante Streckenbeschreibungen. Sie erscheinen monatlich oder zweimonatlich und sind selbst in kleineren Städten zu erhalten.

Deutsche Off-Road-Zeitschriften

Allrad Abenteuer, Heko-Verlag (monatlich)

Auto-Off, Auto-Off Verlag (zweimonatlich)

delta 4x4 magazin, Delta Geländesport GmbH (jährlich)

Off Road, AC-Verlagsgesellschaft (monatlich)

Bildnachweis

Schwarzweißfotos

Australian Tourist Commission: S.30, 137
Broken Hill Tourism: S. 12, 31, 54, 55 unten, 136, 157
Edgar P. Hoff: S.13, 19, 23 links, 137 oben, 50,
78, 90, 94, 234, 263, 383, 392, 425, 467
Marita Korst: S. 13 unten, 21, 46, 243, 274, 367
Jochen Marmit: S.185, 261
North Travel: S. 189
Northern Territory Tourist Commission: S. 181, 187, 221, 225, 271, 407
Rob Stevens: S. 77, 199

Umschlag*Marita Korst:* Stuart Desert Pea
Northern Territory Tourist Commission: Outback-Landschaft,
Windrad im Sonnenuntergang, Camping im Outback
Australian Tourist Commission: 4-WD-Flussdurchfahrt
Broken Hill Tourism: Frilled Lizard

Alle anderen Fotos

die *Autoren* und *Cockatoo Dreaming Gallery*

Dankeschön

Unser Dank geht an:
Rob & Anita Stevens sowie *Rod, Betty & Phil Hartvigsen,* die uns durch *Simpson Desert* begleiteten; *Nev & Fay Poole,* die wir mehrere Male auf verschiedenen Strecken unterwegs trafen; *Ian Cannon & Don Lee,* die mit uns das Abenteuer „Canning Stock Route" bestritten; *Stephen Dance & Sally Wallace,* mit denen wir so manchen Fluss auf *Cape York* durchquerten; *Regina* und *Jan Kybelka,* die uns tatkräftig nach unserem Unfall unterstützten, sowie alle anderen Australier, die wir unterwegs trafen. Wir haben versucht, auch ihre Informationen und Erfahrungen in dieses Buch einzubringen. Ebenso gilt unser Dank den australischen Automobilclubs, die uns mit guten Karten ausstatteten.

Besonders danken wir *Bruno Frischknecht* und der ganzen Mannschaft vom *Travel Car Centre* in Sydney für die Unterstützung bei Kauf und Ausrüstung unserer Fahrzeuge.

Nicht zuletzt möchten wir unseren Lesern danken, die mit ihren ausführlichen Briefen zur Aktualität dieser Auflage beigetragen haben.

Darüber hinaus möchte sich der Verlag bei allen Einrichtungen bedanken, die ihr Bildmaterial zur Verfügung gestellt haben.

Spezielle Begriffe

Im Folgenden sind besondere Begriffe, die im Buch immer wieder verwendet werden bzw. die während der Reise oft auftauchen, kurz erklärt.

aboriginal, aborigine – Ureinwohner

airstrip – Landebahn für kleine Flugzeuge

base plate – Bodenplatte, Unterlegplatte (für Wagenheber)

beef road – Strecke, auf der Rinder mit *roadtrains* transportiert werden.

billabong – Teich oder Tümpel, zumeist in einem Flussbett

billy – Allzweckblechtopf, nicht nur für den berühmten „Billy-Tea"

bogged – in Schlamm oder Sand festgefahren

bore – Brunnen oder Bohrloch; besteht meist nur aus einem Rohr, aus dem Wasser fließt oder durch das Wasser gepumpt werden kann.

bullbar – Rammschutz vor dem Kühler

bulldust – feinster, talkähnlicher Staub

bushcamp – Campen im Busch, meist an der Strecke selbst; keine sanitären Einrichtungen u. Ä.

bushtucker – Nahrung aus der Natur

cabin – eine Art Wohncontainer (auch Hütte) auf einem Campingplatz

cairn – Steinhaufen, an der Strecke meist pyramidenförmig aufgeschichtet.

canyon – Schlucht

cattle – Rinder, Vieh

cattle drover – Rindertreiber, Viehtreiber

cattle station – Rinderfarm

claim – eine Parzelle auf einem Goldfeld, Opalfeld o. Ä., an die Nutzungs- oder Besitzrechte geknüpft sind.

claypan – Lehmpfanne

community – Siedlung der Ureinwohner

corrugations – auf der Fahrbahn in Querrichtung verlaufende Vertiefungen; wellblech- oder waschbrettartige Piste

creek – Bach, Flusslauf

crest – Hügel; steht auf Warnschildern, die unbedingt ernst zu nehmen sind.

damper – ungesäuertes Brot, das meist in einem gusseisernen Topf auf der Glut des Lagerfeuers gebacken wird.

desert – Wüste, ödes Land

dip – Senke; steht auf Warnschildern, die unbedingt ernst zu nehmen sind.

downs – Senke; in anderem Sinne auch Bezeichnung einer Farm (z.B. Cordillo Downs)

eski – Kühlbox

falls – Wasserfall

flash floods – plötzlich auftretende Sturzfluten, zumeist ausgelöst durch Regen in entfernten Gebieten.

fossicker – Hobby-Edelsteinsucher

four-wheel drive – Allradantrieb, abgekürzt: 4-WD

fridge – Kühlschrank

gap – schmaler Felsendurchbruch

gate – Tor oder Gatter auf der Piste

general store – Tante-Emma-Laden

gibber-plains – rote Geröll- und Kieswüsten aus verwittertem Gestein; spärlicher Bewuchs

gorge – Schlucht

grader – Planierfahrzeug

gravelroad – Schotterpiste

grid – in die Fahrbahn eingelassene Roste, die Rinder am Verlassen des Farmgeländes hindern.

ground sheet – Unterlegplane

gulf – Golf (Meer)

jack – Wagenheber

Hi-Lift-Jack – langhubiger Wagenheber

homestead – Farmhaus

lake – See

line – Piste, die nur mit Allradantrieb befahrbar ist (z. B. French Line in Simpson Desert)

lookout – Aussichtspunkt

marker – Markierungspfosten

matilda – Bündel der Wanderarbeiter; bestehend aus dem *swag*, in den die wenigen Habseligkeiten eingerollt sind.

mustering – Zusammentrieb der Rinder (Musterung)

outback – (→ „Outback – was ist das eigentlich?")

pebbles – Steine

permit – Genehmigung, Erlaubnis

pool – Wasserbecken, Wasserloch

roadhouse – Tankstelle (zumeist mit Imbiss und kleinem Verkaufsladen), die an Highways, Ausfallstraßen oder an einsamen Strecken im *outback* liegt

roadtrain – Laster mit zwei bis drei Anhängern

range – Berge, Bergkette

roobar – auch *bullbar* genannt

roofrack – Dachgepäckträger

route – Piste, die oft nur mit Allradantrieb zu befahren ist.

run-up – Anlauf-Fahrspur vor einer Düne

seismic line – Von Ölgesellschaften angelegte Trasse, um seismische Untersuchungen durchzuführen. Meist wurde dabei nach Ölvorkommen gesucht.

snorkel – Schnorchel; beim Auto Verlängerung des Luftansaugstutzens

spring – Quelle

spinifex – stacheliges Gras, das fast überall im *outback* wächst

starpicket – Eisenpfosten (Markierungspfosten), dessen Querschnitt sternförmig ist

station – Farm

stock – Vieh

stockman – Viehhüter, Cowboy

stock route – Route, auf der Vieh getrieben wurde, auch *beef road* genannt.

swag – Schlafsack, bestehend aus einer Außenhaut mit eingelegter Matte und einem Inlett; wird zumeist benutzt, um im Freien ohne Zelt zu übernachten.

tea – Tee; Abendessen der Australier

track – Piste, die nur mit Allradantrieb befahrbar ist.

trucking yard – Viehkoppel, in die Rinder oder Schafe zum Abtransport getrieben werden.

tucker – Nahrung

washouts – ausgewaschene Stellen auf der Piste

well – ausgeschachteter Brunnen

whirlpool – Becken mit sprudelndem Wasser

winch – Winde

windmill – Windrad, um Wasser zu fördern

Strecken 13–15

Strecken 16–17

Strecken 18–19

Strecken 20–21

Strecken 22–23

Strecken 24–25

Anhang

Personenregister

Sachwortregister

Strecken 13–15

Strecken 16–17

Strecken 18–19

Strecken 20–21

Strecken 22–23

Strecken 24–25

Anhang

Ortsregister

Strecken 13–15

Strecken 16–17

Strecken 18–19

Strecken 20–21

Strecken 22–23

Strecken 24–25

Anhang

Damit es nicht so endet

Mit der **VIP Card** in **Neuseeland** und **Australien** lassen sich in den angeschlossenen Backpacker Hostels viele **$$$$$** sparen. Außerdem gibt's mit der *Discount Card* weitere Vergünstigungen.

Hier nur ein kleiner Auszug aus dem *Discount Directory* zu **Australien** und **Neuseeland***

Australien

Great Southern Railway	bis 45 %
Coachtrans	bis 25 %
Sydney Skywalk	20 %
McCafferty's	bis 15 %
Greyhound Australia	bis 15 %
Ascot Car Rentals	10 %
Adventures Tours	bis 10 %
Australia Zoo	10 %
Reef Magic Cruise	10 %
PremierMotor Service(Bus)	10 %
RnR Rafting	10 %
Story Bridge Climb	5 %
Oz Experience	5 %

Neuseeland

Shotover Jet	50 %
TranzScenic	20 %
Northliner Express	30 %
Auckland Explorer Bus	20 %
Newmans Coach Lines	15 %
Intercity Coachline	15 %
Fullers Northland Tours	15 %
Pegasus Rental Cars	10 %
Awersome Adventures	10 %
Tari Gorge Train	10 %
Marineland of NZ	10 %
Doyels Camping Stores	10 %
Kiwi Experience	5 %

Die **VIP Card** und Informationen dazu gibt's beim

Backpacker Information Service
Zwalbacher Str. 3
D-66709 Rappweiler
Tel. 06872-91737
Fax 06872-91738
http://www.reise-know-how.com
*Stand Mai 2008

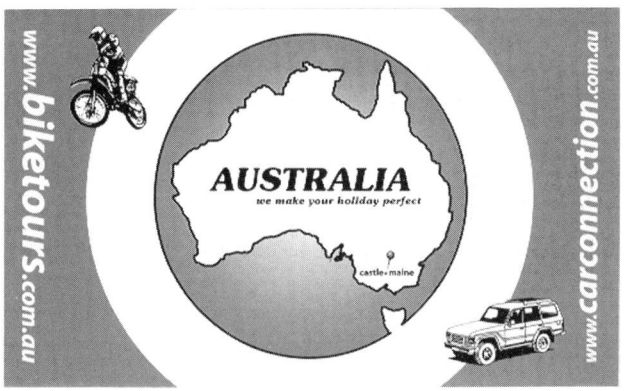

Mietfahrzeuge Australien:

Seit 1991 vermieten wir:

- •4WD Bushcamper (neu 5-Plaetzer)
- •4WD Landcruiser mit Dachzelt
- •Campervans

- • Hauptsitz: Adelaide

- • Mietstationen:
  Alice Springs/Brisbane/Cairns/
  Darwin/Melbourne/Perth/Sydney
- • freundlicher Service/faire
  konkurrenzfaehige Preise
- • alle Fahrzeuge in eigener Werkstatt gewartet

rms travel cars
(Rolf's Mechanical Service)

Sibylle & Rolf Faeh-Kümin

11 Pasquin Street, Glenelg North
ADELAIDE 5045, South Australia
Tel/Fax: +61 (0) 8 8294 1940 (Workshop + Office)
e-mail: **infokh@rmstravelcars.com.au**
Website: **www.rmstravelcars.com.au**

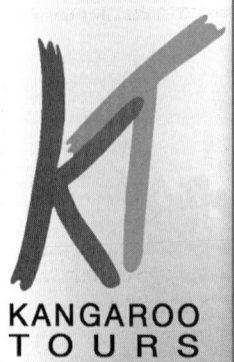